Bei **CONBOOK** sind außerdem die folgenden Nordamerika-Reiseführer erschienen:

Nationalparkroute USA – Kalifornien	ISBN 978-3-934918-83-2
Nationalparkroute USA – Neuenglandstaaten	ISBN 978-3-95889-133-3
Nationalparkroute USA – Nordwest	ISBN 978-3-943176-72-8
Nationalparkroute USA – Südwest	ISBN 978-3-943176-23-0
Pacific Coast Highway USA	ISBN 978-3-943176-37-7
Route 66	ISBN 978-3-943176-13-1
Nationalparkroute Kanada	ISBN 978-3-943176-36-0
Vancouver Island	ISBN 978-3-943176-17-9

Impressum

2. Auflage, Aktualisierung Juni 2017

© Conbook Medien GmbH, Meerbusch, 2013, 2017
Alle Rechte vorbehalten.

www.conbook-verlag.de

Autorin: Marion Landwehr

Einbandgestaltung und Satz: David Janik
Druck und Verarbeitung: Himmer GmbH, Augsburg
Printed in Germany
ISBN 978-3-943176-39-1

Bildnachweis: Alle Fotos stammen von der Autorin mit Ausnahme: S. 30, 275, 280, 281: USDA Forest Service Photo; S. 49, 55, 61: Images Courtesy of Visit Orlando; S. 59, 146, 271: Enrico Lanza; S. 60, 62: Michael Früchtl; S. 63, 96, 151: Viktoria Landwehr; S. 70, 81: Indian River Chamber of Commerce; S. 76: Rob Wotherspoon/Sebastian Inlet State Park; S. 84, 85: St. Lucie County Media Relations and Office Tourism; S. 88, 90, 289: Thomas Fuz; S. 94, 98, 115: Bernd Neugebauer; S. 124: istockphoto.com/ilographiy; S. 145: J. Cobb/John Pennekamp Coral Reef State Park; S. 169: Chester Kalb/Fort Zachary Taylor State Park; S. 233: Vera Jordan/Gasparilla Island State Park; S. 256: Visit St. Petersburg/Clearwater; S. 268, 270: Dawn Henthorn; S. 273: Scott Veix/Hillsborough River State Park

Kartografie: CONBOOK Verlag, wenn nicht anderweitig angegeben; Hauptkarte der Route basierend auf Kartenmaterial © Stepmap, 123map; Daten: Natural Earth / OpenStreetMap, Lizenz ODbL 1.0

Lizenzkarten: S. 50, 53: Provided courtesy of the City of Orlando; S. 77: Sebastian Inlet State Park and the Florida Department of Environmental Protection; S. 101: Maps courtesy of Greater Miami Convention & Visitors Bureau and HCP/Aboard Publishing; S. 102 (beide): Courtesy of Miami Dade County; S. 128/129: Courtesy of NPS Map; S. 142/143: Courtesy of Florida Department of Environmental Protection; S. 161: Cartonova, 2013, all rights reserved, Courtesy of Florida Keys Tourism Council, www.fla-keys.com; S. 196/197: Courtesy of City of Naples; S. 206/207: Copyright 2013 Lee County Transit, the information was accurate at the time of printing, but an updated map can be viewed at http://www.rideleetran.com; S. 226/227: USFWS/J.N. Ding Darling NWR; S. 246–249: Visit St. Petersburg/Clearwater; S. 250: CJ Publishers, Inc., www.CJPublishers.com; S. 266/267: Map Courtesy of the TECO Line Streetcar System, June 2013

Inhalt

EINLEITUNG

Florida – die sonnenverwöhnte Halbinsel

The Sunshine State – das sagt eigentlich schon alles. Die Sonne scheint (fast) das ganze Jahr und es ist immer angenehm warm. Das ist die Hauptbotschaft, wenn es um Florida geht. Dazu das azurblaue Wasser der Ozeane, die die Halbinsel umgeben, und paradiesische Strände, von denen einige die Top Ten der schönsten Strände der ganzen USA anführen. Man kann kaum glauben, dass es einiges mehr gibt, was einen Urlaub in Amerikas Süden noch attraktiver macht. Gibt es aber! Da ist zum einen die faszinierende Natur an der Südspitze mit einer Tiervielfalt, wie man sie selten vorfindet. Wälder, Seen, Flüsse und Sümpfe mit Alligatoren, seltenen Vogelarten, Schildkröten und Schlangen liegen um die Ecke von Großstädten wie Miami mit multikulturellen Stadtteilen und knalligem Art-Deco-Baustil. Shopping und alle Arten von Vergnügungsparks bieten das Kontrastprogramm zu den urwaldartigen Sumpflandschaften rund um die **Everglades**. Endlos lange Highways über dem Wasser, Inselketten und ausgeprägte Netze von Kanälen in den Städten sorgen dafür, dass das Element Wasser allgegenwärtig ist. Die Küstenlänge beträgt unglaubliche 3.000 Kilometer, davon sind knapp die Hälfte nur Strände. Damit ist nicht nur das Angebot an Wassersportmöglichkeiten nahezu unbegrenzt, auch ein hoher Freizeit- und Erholungswert ist stets gegeben. Man muss keine weiteren Gründe suchen – damit ist bereits klar, warum Florida das Lieblingsziel Nummer 1 der Deutschen in den USA ist.

Dabei spielt es keine Rolle, ob jemand zum ersten Mal in die USA fliegt oder bereits Profi ist. Im Gegenteil: Beide Kategorien von Urlaubern werden eine Reise nach Florida zu schätzen wissen. Amerika-Neulinge haben es auf alle Fälle leicht. Der Bundesstaat ist überschaubar groß, Strecken und Entfernungen sind nicht so bedrohlich lang wie in anderen amerikanischen Regionen. Wer schon viel von den USA gesehen hat, kommt hier aber ebenfalls auf seine Kosten: Durch den deutlich karibischen Einschlag und Südstaaten-Charme ist Florida so ganz anders als der Rest Amerikas. Hinzu kommen Sehenswürdigkeiten, die es sonst nirgendwo gibt. Erwähnt seien

Der Beiname Floridas taucht auch in den Nummernschildern der Fahrzeuge auf.

vor allem die Florida Keys, eine Kette aus über 200 Koralleninseln, die auf einer Länge von 290 Kilometern durch einen Highway miteinander verbunden sind und bis in die Karibik reichen. Und wo sonst kann man mit Delfinen schwimmen wie einst Sandy Ricks mit seinem Flipper? Wo sonst gibt es die sonnengebräunten Körper à la Miami Vice? Aber auch Attraktionen ganz anderer Art wie der Weltraumbahnhof auf Cape Canaveral bieten unvergessliche Eindrücke und Erlebnisse.

Lange Zeit galt Florida als reines Winterreiseziel. Der Reiz lag darin, unter Palmen in der Sonne zu liegen, während in Europa winterlich kalte Temperaturen herrschen. Auch die Amerikaner selbst kamen als **Snow Birds** zum Überwintern nach Florida, ebenso Rentner, die ihren Altersruhesitz ganz in den Sunshine State verlegten. Mittlerweile hat sich das Blatt gewendet. Dank Klimaanlagen kann man inzwischen auch die Hitze des Sommers ertragen, sodass sich Florida allmählich zum Ganzjahresziel entwickelt hat. Die touristische Infrastruktur ist bereits bestens darauf eingestellt – und das muss sie auch sein: Etwa 75 Millionen Besucher kommen jährlich nach Florida. Dadurch liegt man zwar selten alleine am palmengesäumten Traumstrand, aber zum einen verteilen sich die Menschen über das ganze Jahr, zum anderen über die zahlreich vorhandenen Traumstrände. Und dazwischen gibt es jede Menge Geheimtipps, die alles andere als überlaufen sind und einem das wirkliche Florida erleben lassen. Während es in der Metropole um Miami/Fort Lauderdale recht turbulent zugeht, gibt es in den unmittelbar im Süden angrenzenden Sumpfgebieten viel Natur, wenig Zivilisation und manchmal überhaupt keine Siedlungen. Während in Orlando Vergnügungsparkstimmung herrscht, findet man direkt nebenan im Ocala National Forest friedvolle Beschaulichkeit, und während in Key West karibische Stimmung herrscht, liegt zwei Schiffsstunden entfernt mitten im Ozean ein unberührter National Park.

Das subtropische Klima im Süden Floridas hat aber auch andere positive Auswirkungen. Da die Mittagszeit in den Sommermonaten meist zu heiß für Aktivitäten aller Art ist, lassen es die Menschen geruhsamer angehen. Man kennt das von den Bewohnern mediterraner, europäischer Länder. Die Menschen nehmen sich deutlich Zeit, das heißt, sie wirken entspannt, sind freundlich und ausgeglichen. Der zwanglose Lebensstil

ist dafür verantwortlich, und das überträgt sich auch auf die Gäste. Das ist die tropische Ausgabe des **American Way of Life**.

Trotz der ganzjährigen guten Wetterbedingungen gelten jedoch Winter und Frühling als optimale Reisezeit. Die Temperaturen sind dann am angenehmsten und man kann am meisten unternehmen. Regentage sind seltener als im Hochsommer. Im Sommer beträgt die Luftfeuchtigkeit nahezu 100 Prozent und zwischen Juni und November toben nicht selten Hurrikane über Florida. Die subtropischen Wetterbedingungen gelten allerdings nur für den Südteil des Staates. In Nordflorida kann es im Winter Temperaturen unter dem Gefrierpunkt und Schneefälle geben. Deshalb sind im nördlichen Bereich die Sommermonate Hauptreisezeit.

In diesem Routenreiseführer soll der Fokus allerdings klar auf den Südteil liegen. Geografisch ist Florida zweigeteilt: Zwischen dem Atlantik und dem Golf von Mexiko liegt in Höhe Nordafrikas die südliche Halbinsel Florida. Auf Key West befindet sich der südlichste Punkt der kontinentalen USA. Von hier nach Havanna auf Kuba sind es nur 145 Kilometer. Berge oder auch nur Hügel sucht man auf der flachen Halbinsel vergeblich. Der Norden beziehungsweise Festlandteil des Staates wird wegen seiner pfannenstilähnlichen Form „Panhandle" genannt. Er grenzt an Georgia und im Nordwesten an Alabama. Das Gebiet nördlich des Ocala National Forest ist deshalb kein Bestandteil der Route, weil es dort nicht mehr so spektakulär zugeht wie im Süden, der schon alleine kaum in einem Urlaub zu schaffen ist. Zwar gibt es im Bereich des Pfannenstils ebenfalls schöne Naturschutzgebiete und Strände mit türkisfarbenem Wasser – aber alles in allem lohnt es den doch erheblichen Weg in den Norden nicht. Auch die Großstädte, die Hauptstadt **Tallahassee** inbegriffen, können den munteren Städten im Süden nicht das Wasser reichen. Industrie ist hier vorherrschend, vor allem in Tallahassee und Jacksonville.

Um Florida in diesem Routenreiseführer besser erfassen zu können, kann eine Einteilung in verschiedene thematische Regionen hilfreich sein: Die Ostküste mit den Stränden am Atlantischen Ozean und den Touristenzentren um Miami und Fort Lauderdale, der südliche Zipfel mit den Sumpfgebieten des Everglades National Park und den Florida Keys, die Westküste am Golf von Mexiko mit den Traumstränden und Zentral-Florida rund um Orlando.

Ein allgemeiner zeitlicher Hinweis: Pro Ziel sollten Sie eine oder in vielen Fällen zwei oder sogar drei Übernachtungen veranschlagen. Nur so ist gewährleistet, dass Sie die jeweilige Attraktion auch wirklich stressfrei genießen können. Mit dieser Vorgabe ist die nachfolgende Route inklusive aller Umwege ein etwa drei-bis vierwöchiger-Trip. Nehmen Sie den Bogen über den Ocala National Forest heraus oder entfällt der längere Bade-Urlaub rund um Cape Coral, ist die Reise in zwei bis drei Wochen gemütlich, stressfrei, aber ebenso erlebnisreich zu absolvieren. Die Gesamtfläche Floridas beträgt knapp die Hälfte der Fläche Deutschlands. Zum Meer sind es, auch vom Landesinneren aus, nie mehr als 120 Kilometer. Das erscheint auf den ersten Blick nicht viel – aber wer würde schon innerhalb eines zwei- oder dreiwöchigen Urlaubs alle sehenswerten Ziele in Süddeutschland abklappern können und wollen? Die Anzahl der State und National Parks, Städte, Strände, Naturschutzgebiete und Freizeitparks, die Seen, Wälder und Flüsse ist so hoch, dass es einer guten Reiseplanung bedarf, um das Sehenswerteste nicht nur gesehen, sondern auch erlebt zu haben. Es ist nicht möglich, Florida – und sei es „nur" der Süden – im Rahmen eines Urlaubes auch nur annähernd ganz zu sehen. Eine wahrhaft disziplinierte Planung ist nötig, um sich nicht zu übernehmen. Denn es muss so manches im wahrsten Sinne des Wortes auf der Strecke bleiben, weil man in einem Urlaub nicht nur begrenzt viel Zeit hat, sondern vor allem nur eine begrenzte Menge an Eindrücken verarbeiten kann. Der vorliegende Routenreiseführer pickt die lohnenswertesten Ziele heraus und gibt einen Rahmen vor, der genussvoll machbar ist. Es wird an dieser Stelle ausdrücklich dazu geraten, sich nicht zu viel vorzunehmen. Es würde dem bemerkenswerten Staat und dem darin herrschenden Lebensstil nicht gerecht werden, wenn man in Hektik durch ihn hindurch eilt. Ich habe versucht, die Highlights so auszuwählen und zusammenzustellen, dass die Reise an keiner Stelle in Stress ausartet. Wenn man in etwa das Terrain absteckt, bietet sich die Runde, die Sie in diesem Reiseführer finden, auch auf natürliche Weise an. Im Text selbst finden Sie immer wieder Stellen, an denen Sie je nach persönlichem Zeitplan einen Umweg oder Abstecher einfügen können. Denn in erster Linie

soll Ihnen der Routenreiseführer helfen, sich nicht zu verzetteln.

Gerade das kann aber ohne diesen roten Faden leicht passieren. Das Freizeitangebot des Sunshine State ist unüberschaubar groß. Und man möchte den Urlaub ja auch nicht ausschließlich am Strand oder bei Mickey Mouse verbringen, sondern von allem etwas mitnehmen. Da man aber im Normalfall nicht drei Monate, sondern eher drei Wochen unterwegs ist, sollte man sich von Anfang an klar darüber sein, dass einfach nicht alles geht.

AUFBAU UND NUTZUNG

Nach dem Inhaltsverzeichnis und der Einleitung folgt ein Exkurs „Land & Leute". Danach erhalten Sie einen optischen Überblick über die **Highlights** der Route. Es folgt die **Smart-Route** mit einer Skizzierung der kompletten Route, bevor es schließlich losgeht. Die **Rundreise** startet und endet in **Orlando**, wohin es einige Nonstop-Flugverbindungen gibt. Der Orlando International Airport liegt recht günstig im Südosten der Stadt, so hat man eine gute Infrastruktur, um weiterzukommen. Der Vorteil eines Reisestartes ab Orlando ist, dass man sich in Zentral-Florida zunächst an Zeitzone, Klima und Sonnenintensität gewöhnen kann, bevor es in die ganz warmen, tropischen Gefilde des Südens geht. Auch die Highlights sind auf diese Weise homogener auf das Reise-Gebiet verteilt, sodass die Erlebnisse besser dosiert sind. Eine Alternative wäre der Reisestart in Miami. Die Auswahl der Airlines, die Miami nonstop anfliegen, ist jedoch nicht größer als die der Direktflüge nach Orlando. Insofern überwiegen die oben genannten Vorteile für einen Start in Orlando diejenigen für Miami. Die Reiserichtung im Uhrzeigersinn ergibt sich daraus, dass das Abenteuer in den beiden Großstädten Orlando und Miami und der Besuch von Cape Canaveral zu Beginn der Reise im Vordergrund stehen und danach der Genuss der Natur, die Erholung und der Badeurlaub an den Traumstränden der Westküste folgen.

Die Gesamtroute ist zur besseren Orientierung in drei Routenabschnitte unterteilt. Innerhalb der Routenbeschreibung erhalten Sie zu jeder Sehenswürdigkeit praktische Informationen wie Adresse, Öffnungszeiten und Eintrittspreise. Sie bekommen Freizeitaktivitäten und Wandermöglichkeiten angeboten. Dies kann jedoch jeweils nur eine Auswahl sein und erhebt keinen Anspruch auf Vollständigkeit. Gerade in den National und State Parks gibt es viele Wanderungen in allen Längen und Schwierigkeitsgraden. In diesem Routenreiseführer finden Sie eine Selektion, die für jeden Anspruch einen Vorschlag anbietet und Ihnen die Entscheidung vor Ort erleichtern soll. Auch bei den vorgestellten Sehenswürdigkeiten handelt es sich um eine Auswahl, die gut in die Gesamtreise integrierbar ist und für jeden Geschmack etwas bereithält. An jede Wanderung schließt ein Informationsteil an, der die Fakten enthält. Falls nicht explizit anders angegeben, beziehen sich Wegeslänge und Zeitaufwand grundsätzlich auf die Gesamtstrecke, also Hin- und Rückweg. Entsprechend ist auch der Zeitbedarf immer für die Gesamtstrecke angegeben und beinhaltet kleinere Pausen und das Verweilen bei Aussichtspunkten. Er bezieht sich auf eine durchschnittliche Konstitution des Wanderers, Ungeübte sollten etwas mehr, Sportliche etwas weniger Zeit einplanen. Auf die Angabe von Höhenmetern wurde prinzipiell verzichtet, da Florida topfeben ist und auf Wanderungen keine nennenswerten Höhenunterschiede zu bewältigen sind.

Sie finden eine gute Auswahl an Unterkunftsmöglichkeiten für jede Region. Hierzu eine wichtige Anmerkung: Aufgrund saisonaler Schwankungen sind für die Übernachtungen keine konkreten Preise angegeben. Stattdessen finden Sie eine Kategorisierung der Kosten, die neben den Saisonzeiten auch der Tatsache Rechnung trägt, dass es auf den Campgrounds Stellplätze in unterschiedlichen Preiskategorien gibt. (Wenn im Informationsteil eines Campgrounds die Anzahl der Stellplätze für Wohnmobile der Anzahl der Stellplätze für Zelte entspricht, können Sie davon ausgehen, dass auf diesem Campground die Stellplätze variabel mit Zelten oder Wohnmobilen belegt werden können). Für Motel-Zimmer gilt ebenfalls, dass sie je nach Größe, Lage und Ausstattung unterschiedlich teuer sind. Für Campgrounds und Hotels beziehungsweise Motels gibt es zwei verschiedene Kategorisierungen:

Campgrounds

Wohnmobile/Wohnwagen
$ 12–35:   *
$ 35–60:   **
ab $ 60:   ***

Zelt
bis $ 20:   *
$ 20–35:   **
ab $ 35:   ***

Hotels/Motels
$ 60–120:   *
$ 120–200:   **
ab $ 200:   ***

Staatliche Campgrounds innerhalb der National und State Parks unterliegen solchen Schwankungen in der Regel nicht und haben ganzjährig gültige Fixpreise. Die Campgrounds sind alle, wenn nicht ausdrücklich anders erwähnt, ganzjährig geöffnet, weswegen auf die Angabe der Öffnungszeit generell verzichtet wurde.

Ein wichtiges Instrument des Routenreiseführers ist die sogenannte **SmartRoute**. Sie liefert eine kompakte Übersicht über alle wichtigen Stationen der kompletten Route und stellt strukturiert und komprimiert die relevanten Fixpunkte dar. Der Leser kann sich mit schnellem Blick orientieren, Entfernungen ablesen und persönliche Entscheidungen bezüglich der weiteren Streckenplanung treffen. Zudem kann man anhand der Übernachtungsmöglichkeiten außerhalb der Städte strukturiert Tagesrouten festlegen (Wohnmobilreisende finden sämtliche Übernachtungsmöglichkeiten innerhalb der Route aufgeführt). Es gibt die Möglichkeit des **Downloads der SmartRoute** in DIN A4-Größe fürs Reisegepäck unter ▤ **www.seitnotiz.de/NPRFL1**.

Die vorliegende Rundreise greift alle attraktiven Ziele auf, die mehr oder weniger am Wegesrand liegen. Wenn jedoch ein größerer Umweg oder Abstecher nötig ist, sehen Sie in der SmartRoute auf einen Blick, wie viele Kilometer/Meilen ein Umweg konkret bedeutet. Die Beschreibungen der abseits gelegenen Attraktionen sind genauso detailliert wie die der Hauptroute, sodass Sie von Fall zu Fall entscheiden können, ob Sie einen Umweg fahren wollen und können oder nicht. Diese Nebenstrecken sind zur besseren Orientierung farblich unterlegt.

Im Anschluss an die Route erhalten Sie im Kapitel „**Wissenswertes**", das unterteilt ist in die Abschnitte „Reisevorbereitung" und „Unterwegs", alle für die Reise und Vorbereitung notwendigen Informationen. Dieses Kapitel sollte unbedingt vor Reiseantritt gelesen werden, da es viele für die Route und deren Vorbereitung relevanten Informationen beinhaltet. Nach einem ausführlichen Stichwortregister folgt die Orientierungskarte für die gesamte Route. Eine kompaktere Übersichtskarte finden Sie in der vorderen Innenklappe des Buches. In der hinteren Innenklappe sind die wichtigsten Verkehrszeichen der USA abgebildet. Legenden zu den Karte sowie die Erklärungen der Textsymbole finden Sie ebenfalls dort.

Für die so konzipierte Route gibt es zwei Reisemöglichkeiten: Das Anmieten eines Wohnmobils, das für alle Regionen der USA ein ebenso empfehlenswertes wie abenteuerliches Fortbewegungsmittel ist, oder ein Mietwagen. Florida ist vom einfachen bis zum Luxusplatz zufriedenstellend mit Campgrounds versorgt. Diejenigen, die innerhalb der Städte oder in deren Peripherie liegen, sind fast ausschließlich privat betrieben und infolgedessen nicht ganz günstig, dafür aber hochwertig ausgestattet. Eine Alternative sind die staatlichen Plätze innerhalb der vielen State Parks und der National Parks. Sie sind meist schön gelegen, bieten viel Privatsphäre und sind ausgestattet mit einem Maximum an Abenteuergefühl. Allerdings sollte man berücksichtigen, dass die Mietkosten für ein Wohnmobil in kaum einem Bundesstaat so hoch sind wie in Florida. Demgegenüber ist die Miete für einen Pkw kaum irgendwo so niedrig wie hier. Mittlerweile bieten die gängigen Vermieter Wohnmobile in Florida an, wenngleich die Auswahl von Anbietern immer noch nicht so groß ist wie beispielsweise im Westen der USA. Demgegenüber ist das Angebot an Mietwagenfirmen unüberschaubar groß. Rechnet man Aufwendungen für Motel und Mietwagen gegen Wohnmobil und Campground, ist ein Mietwagen eine durchaus kostengünstige Alternative. Hotels, Motels und B&B's gibt es in allen Preisklassen und das zu fast 100 Prozent flächendeckend. Falls Sie sich für ein Wohnmobil entscheiden, sind Sie bei den einzelnen Etappen ebenfalls ausgiebig mit der Angabe von Plätzen versorgt. Lediglich in den Großstädten kann man nicht in allen Fällen zentrumsnah campen, sondern muss auf teilweise weit außerhalb liegende Plätze ausweichen.

Florida ist der **Shopping**-Bundesstaat. Nicht nur in den Metropolen, auch in ländlichen Gebieten ist der Reisende immer gut versorgt mit Einkaufsmöglichkeiten – sei es für den täglichen Bedarf, seien es Souvenirs oder sei es Bekleidung. Herausragende Outlets sind besonders hervorgehoben. Sind die Einkaufsmöglichkeiten in einem Gebiet dennoch einmal eingeschränkt, wird gesondert darauf verwiesen und es werden Optionen vorgeschlagen, wie man sich versorgen kann. Dasselbe gilt für Restaurants, die ebenfalls flächendeckend innerhalb des Reisegebietes zu finden sind. Insbesondere Seafood und Steaks stehen auf den regionalen Speisekarten. Explizit erwähnt werden besondere Restaurants mit einem in irgendeiner Hinsicht aus dem Rahmen fallenden Angebot.

Wie auch immer Sie unterwegs sind, was auch immer Ihre Schwerpunkte auf der Reise sein mögen – Florida ist so abwechslungsreich, dass es kaum von einem anderen Fleckchen Erde überboten werden kann: Bade- und Wassersport, Vergnügungsparks und Partystimmung in den großen Städten stehen im Kontrast zu den Landschafts- und Naturparks, dem Tierreichtum, dem tropischen Dschungel und den traumhaften karibischen Stränden. Zusammen mit den optimalen klimatischen Bedingungen wird der Sunshine State seinem Namen mehr als gerecht und Ihnen einen unvergesslichen Urlaub bescheren.

Das wünsche ich Ihnen von Herzen!

LAND & LEUTE

USA

Offizielle Bezeichnung	Vereinigte Staaten von Amerika (United States of America)
Staatsform	Präsidialrepublik mit bundesstaatlicher Verfassung
Staatsoberhaupt	Präsident
Bevölkerung	322.262.226 (33 Einwohner pro km²)
Sprachen	Auf Bundesebene ist keine Amtssprache festgesetzt, de facto: Englisch; ansonsten: Spanisch und regionale Sprachen
Nationalfeiertag	4. Juli (Independence Day)
Zeitzonen	Eastern Standard Time: MEZ - 6 Std. Central Standard Time: MEZ - 7 Std. Mountain Standard Time: MEZ - 8 Std. Pacific Standard Time: MEZ - 9 Std. Alaska: MEZ - 10 Std. Hawaii: MEZ - 11 Std.
Hauptstadt	Washington, D. C.
Größte Städte	New York City (18,9 Mio. Einwohner) Los Angeles (12,8 Mio. Einwohner) Chicago (9,6 Mio. Einwohner) Dallas (7,2 Mio. Einwohner) Houston (6,3 Mio. Einwohner) Washington, D. C. (6,1 Mio. Einwohner) Philadelphia (6,1 Mio. Einwohner) Atlanta (5,7 Mio. Einwohner) Miami (5,6 Mio. Einwohner) Boston (4,6 Mio. Einwohner)
Kenndaten	Gesamtfläche: 9.926.675 km² (28 mal größer als Deutschland) davon Wasserfläche 664.706 km²
Größter See	Michigansee: 58.016 km²
Größte Insel	Hawaii
Längste Flüsse	Mississippi (mit Missouri): 7.808 km/4.880 mi Yukon River (mit Teslin River): 3.185 km/1.991 mi (davon 1.149 km/718 mi in Kanada) Rio Grande; 3.040 km/1.900 mi
Höchste Erhebungen	Mount Mc Kinley/Denali (Alaska): 6.194 m Mount Foraker (Alaska): 5.304 m Mount Whitney (Sierra Nevada): 4.418 m
Tiefster Punkt	Badwater Basin im Death Valley (85,95 m u. NHN)
Nationalparks	59 National Parks
Strom	110 Volt, 60 Hz Wechselstrom
Top-Level-Domains	.us, .gov, .mil, .edu

Mit einer Fläche von insgesamt 9,7 Mio. Quadratkilometern sind die Vereinigten Staaten von Amerika (United States of America, USA) das drittgrößte Land der Erde (nach Russland und Kanada). Die USA erstrecken sich auf dem nordamerikanischen Kontinent vom Atlantischen Ozean im Osten bis zum Pazifischen Ozean im Westen (Ost-West-Ausdehnung 4.500 km/2.813 mi). Im Norden bildet Kanada die Grenze, im Süden ist es Mexiko (Nord-Süd-Ausdehnung 2.500 km/1.563 mi).

Die USA besteht aus insgesamt 50 teilsouveränen Bundesstaaten. Die ersten Bundesstaaten gingen aus den dreizehn Kolonien mit Inkrafttreten der Verfassung hervor. Hinzu kamen weitere Staaten durch die Erweiterung nach Westen, das Louisiana-Gebiet, den Beitritt von Texas und die Aufnahme Hawaiis und Alaskas als Bundesstaaten. Das Staatsgebiet wird von den verschiedenen Außengebieten ergänzt.

Bund und Bundesstaaten haben jeweils strikt getrennte Machtbefugnisse: Der Bund übt die von der Verfassung übertragenen, gesetzgebenden Kompetenzen aus, für alle anderen Kompetenzen sind die einzelnen Staaten zuständig. So hat wiederum jeder einzelne Bundesstaat sein eigenes, autarkes politisches System mit jeweils eigener Verfassung und Verwaltung. Auch die Polizei ist Angelegenheit der jeweiligen Bundesstaaten. Jeder Bundesstaat ist noch einmal unterteilt in Countys.

Auf Bundesebene übt der in zwei Kammern geteilte Kongress die legislative Macht aus. Die eine der beiden Kammern ist der Senat, in dem je zwei Mitglieder aus jedem Bundesstaat vertreten sind. Die Sitze in der zweiten Kammer, dem Repräsentantenhaus, orientieren sich an der Bevölkerungszahl der einzelnen Bundesstaaten. Der Kongress hat die Gesetzgebungskompetenz und beaufsichtigt den exekutiven Zweig der Regierung.

Die Exekutive wiederum besteht aus dem Präsidenten und seiner Delegation. Der Präsident bekleidet eines der machtvollsten Ämter der Welt. Er ist in den USA Staatsoberhaupt, Regierungschef und Oberbefehlshaber der Streitkräfte in Personalunion. Er beaufsichtigt die Ausführung der Gesetze und hat Vetorecht über die Gesetze, hat judikative Machtbefugnisse und ist innerhalb der Exekutive mit umfangreichen Befugnissen ausgestattet, nationale Angelegenheiten zu verwalten. Am 4. März 1789 ist nach dem Verfassungskonvent in Philadelphia die Verfassung der Vereinigten Staaten von Amerika in Kraft getreten. In sieben Artikeln definiert sie den Rahmen des amerikanischen Regierungssystems.

Aufgrund der hohen Zahl von Einwanderern wird die USA oft als „Melting Pot" bezeichnet – als Schmelztiegel der Völker. Die Indianer sind die Ureinwohner der USA, auf sie trafen die ersten kolonialen Einwanderer aus Europa, zunächst vorwiegend aus Spanien, Frankreich und England, später waren es auch deutsche, irische, italienische, skandinavische und osteuropäische Einwanderer. Die Afroamerikaner als Nachfahren der afrikanischen Sklaven stellen mit ca. 13 Prozent einen nicht geringen Bevölkerungsanteil.

Viel Zuwanderung kann auch zu viel Unruhe führen und dazu, dass man Fremden gegenüber nicht gerade aufgeschlossen ist. Nicht so die Amerikaner, wenn es um ihre Urlaubsgäste geht, denn ihnen gegenüber zeigen sie sich sehr offen: Stets wird man herzlich behandelt, das Interesse an der Herkunft der Gäste ist groß. Man sagt ihnen eine gewisse Oberflächlichkeit nach, dennoch ist es erfrischend, mit Amerikanern ins Gespräch zu kommen. Bei diesen Gelegenheiten lernt man viel darüber, wie die Leute hier so „ticken". Tausend Fragen stellen sie den Gästen und erzählen dabei, wenn man es geschickt anstellt, auch ein bisschen über sich und das Leben in den USA.

Der Tourismus spielt in allen Regionen des Landes eine große Rolle. Es gibt mehr oder weniger populäre Ziele und Bundesstaaten, aber prinzipiell sind die USA ein Touristenland, wie kaum ein anderes: Laut dem State Department für Handel, Tourismus und Industrie machen jährlich etwa 60 Millionen Menschen Urlaub in den Vereinigten Staaten – damit ist es das am zweithäufigsten besuchte Land der Welt (nach Frankreich).

Der Anteil europäischer Touristen beträgt dabei etwa 12,6 Millionen. Auf Platz 1 stehen die USA sogar, wenn es um die am meisten besuchten Orte und Plätze geht: 19 der 50 ersten Plätze liegen auf dem Staatsgebiet der Vereinigten Staaten. Disney World in Orlando rangiert dabei sogar auf Platz 3.

Florida

Bevölkerung	20.000.000 Einwohner (117 Einwohner pro km²)
Sprachen	Englisch, Spanisch
Zeitzone	Eastern Standard Time: MEZ - 6 Std.
Hauptstadt	Tallahassee (188.000 Einwohner)
Größte Städte	Jacksonville (870.000 Einwohner) Miami (441.000 Einwohner) Tampa (348.000 Einwohner) Orlando (262.000 Einwohner) Saint Petersburg (254.000 Einwohner)
Kenndaten	Gesamtfläche: 170.304 km² (etwa halb so groß wie Deutschland), davon Wasserfläche 31.000 km²
Größter See	Lake Okeechobee: 1.890 km²
Längster Fluss	St. Johns River: 496 km/310 mi
Höchste Erhebung	Britton Hill (105 m)
National Parks	Everglades National Park Dry Tortugas National Park Biscayne National Park

Florida hat eine charakteristische Staatsflagge, die häufig neben der USA-Flagge weht.

Auf weißem Hintergrund befindet sich ein rotes Andreaskreuz, in dessen Mitte das Siegel Floridas abgebildet ist. Dieses zeigt ein karibisch anmutendes Bild mit einer indianischen Blumenfrau, dem Meer, einem Dampfschiff und natürlich der Sonne – für den Sunshine State. Das Motto des Staates „**In God we trust**" befindet sich ebenfalls auf dem Siegel. Man vermisst allerdings regelrecht einen Alligator auf dem Arrangement. Etwa eine Million der Krokodilartigen lebt in den Wasserläufen und Sümpfen Floridas. Das Wappentier ist jedoch der Florida-Panther, der eigentlich ein Puma ist und vor allem in den Wäldern und Sümpfen lebt. Im Süden gibt es deshalb am Straßenrand gelegentlich Warnschilder vor dem stattlichen Wildtier.

Die Warnung ist allerdings übertrieben, denn der Florida-Panther zählt zu den meist-bedrohten Tierarten der Welt und dementsprechend selten trifft man auf ihn. In den 70er-Jahren des 20. Jahrhunderts galten die Pumas bereits als ausgestorben. Der Florida-Panther kam in den 90er-Jahren aber doch noch einmal zu unverhofftem Nachwuchs, als man Pumadamen aus Texas einflog. Das Ergebnis waren 20 Jungtiere, die den Bestand vorübergehend wieder aufstockten.

Die Inschrift des Siegels „Great Seal of the State of Florida" beinhaltet den Namen des Staates. Er ist nicht ganz so exponiert wie es bei anderen Staatsflaggen der Fall ist, zum Beispiel bei der kalifornischen Flagge.

Der Ursprung des Namens Florida hat mit der Entdeckung des heutigen Staatsgebietes zu tun. Florida ist abgeleitet von „Pascua Florida". Das ist Spanisch und heißt übersetzt „Blühendes Ostern". Der Grund für die Namensgebung liegt nahe: Florida wurde zur Osterzeit entdeckt. Es waren die Spanier, die hier landeten und den Staat so tauften. 1513 startete der Konquistador **Juan Ponce de León** im königlichen Auftrag mit drei Segelschiffen von Puerto Rico aus, um nach Land nördlich von Kuba zu suchen. Er war als junger Wissenschaftler bereits 1493 auf Christoph Kolumbus' zweiter Amerikareise dabei gewesen. Anfang April 1513 erreichte Ponce de León die Nordost-Küste des heutigen Floridas und hielt das Land für eine Insel. Er betrachtete seine Entdeckung als spanisches Land und nannte es „La Florida", weil gerade Osterzeit und die Vegetation am Erblühen war.

Im Anschluss erforschte Ponce de León die Südküste und die heutigen Florida Keys, die Dry Tortugas, den nördlichen Teil der Westküste und kehrte danach nach Puerto Rico zurück. Ponce de León war mit Sicherheit nicht der erste Spanier, der Florida erreichte, aber der erste, der mit Erlaubnis der spanischen Krone kam. Sein offizielles Ziel im neu entdeckten Land war die Suche nach einem sagenumwobenen Jungbrunnen. Allerdings dürfte er in erster Linie nach Gold, Indianern, die er als Sklaven mitnehmen konnte, und Land, das von der spanischen Krone regiert werden konnte, gesucht haben. Man kann annehmen, dass zuvor schon andere spanische Schiffe heimlich in Florida angekommen waren, um indianische Sklaven gefangen zu nehmen. Denn der Kontakt Ponce de Leóns mit den Ureinwohnern der Ost- und Südwestküste verlief feindselig. Nach dieser Mission folgten schnell weitere Reisen von Spaniern nach Florida. Dabei wurden Hunderte von Indianern versklavt. Ponce de León selbst wurde bei einer zweiten Reise nach Florida im Jahr 1521 durch einen Indianerpfeil tödlich verletzt.

Die indianischen Ureinwohner hatten schon lange in Nordamerika gelebt – genau genommen schon vor 30.000 bis 10.000 Jahren. Die ältesten Spuren menschlichen Lebens in Florida wurden südlich von Sarasota gefunden. Ungefähr 100.000 indianische Ureinwohner lebten im frühen 16. Jahrhundert im heutigen Florida. Das waren vor allem die **Calusa** im Südwesten, die **Tequesta** an der südlichen und die **Timucan** an der nördlichen Atlantikküste sowie die **Apalachee** im Gebiet des Panhandle. Zu Lebzeiten dieser Ureinwohner erkundeten die ersten Entdecker die Halbinsel. In der darauffolgenden Zeit drangen Spanier, Engländer und Franzosen in die neu entdeckte Welt ein. Viele Indianer fielen diesem Eindringen zum Opfer, vor allem weil Krankheiten aus Europa eingeschleppt wurden, gegen die ihr Immunsystem keine Resistenzen hatte. Gegen die verschiedenen Eroberer blieben die Indianer jedoch wehrhaft, sodass die spanische Krone um 1559 vorübergehend das Interesse an Florida verlor. Allerdings wurden dennoch spanische Festungen errichtet, mit deren Hilfe man vor allem die Goldtransporte aus Mexiko sicherte. 1570 war Florida eine Provinz Neuspaniens, galt jedoch im Vergleich zu anderen Provinzen als unbedeutendes, weil armes Land.

Neue Siedler ließen sich selten außerhalb der militärischen Stützpunkte nieder. Deshalb begannen die Spanier um 1565, im Zuge der Christianisierung Missionen zu errichten. Eine der bedeutendsten Missionssiedlungen war San Luis de Talimali, die an der Peripherie der heutigen Hauptstadt Tallahassee erbaut wurde. In diesen Siedlungen lebten Indianer, spanische Franziskaner-Mönche und Soldaten friedlich zusammen. Es gab christliche Kirchen und Rathäuser, daneben aber auch ein eigenes Indianerdorf mit Versammlungshalle. Kritischer war das Auskommen mit den Briten. Im **Vertrag von Paris** (1763) wurde bestimmt, dass die

Die Flagge Floridas ist die mittlere.

Den Florida-Panther trifft man höchst selten leibhaftig.

im **Siebenjährigen Krieg** von den Briten geschlagenen Franzosen Teile ihrer Ansprüche in Nordamerika zurückgeben mussten. Da die Spanier ebenfalls als Folge des Krieges Florida abgeben mussten, wurde Florida britisch. Die neuen Herrscher teilten die Halbinsel in Ostflorida und Westflorida auf. Die Einwanderung europäischer Familien wurde gefördert. In der Folge entstanden an den schiffbaren Flüssen von Sklaven bewirtschaftete Baumwoll-, Indigo- und Zuckerrohrplantagen. Außerdem wurden tropische Hölzer exportiert. Zu diesem Zeitpunkt entwickelte sich in Florida erstmals ein bescheidener Wohlstand.

Doch nur kurze Zeit später wandelte sich das Blatt erneut. Britische Siedler verließen Florida, nachdem der englische König seine treuen floridianischen Untertanen quasi gegen die Bahamas und Gibraltar eingetauscht hatte. Gleichzeitig ließen sich **Seminolen** nieder, die von den Amerikanern aus anderen Gebieten vertrieben worden waren. Hinzu kam, dass die Indianer entflohenen afrikanischen Sklaven Schutz gewährten. Das belastete das spanisch-amerikanische Verhältnis stark. Da im Norden Floridas der Grenzverlauf nicht eindeutig geregelt war und sich im Süden die Gesetzlosigkeit ausbreitete, begann die amerikanische Regierung, Teile Floridas zu beanspruchen. Das setzte die spanische Kolonialverwaltung unter Druck. Nachdem bei einem amerikanischen Überfall auf Florida indianische Dörfer zerstört, ihre Bewohner getötet oder vertrieben und zuletzt sogar spanische Siedlungen überfallen worden waren, kam es 1817/1818 zum ersten **Seminolen-Krieg**. 1821 verkaufte Spanien Florida für 5 Millionen Dollar an die USA. Am 3. März 1845 wurde Florida der **27. Bundesstaat der USA**.

Es folgten zwei weitere Seminolen-Kriege und unmittelbar danach brachte der **Amerikanische Bürgerkrieg** (1861–1865) neue Unruhen in den jungen Bundesstaat. Zu dieser Zeit gab es etwa 70.000 dunkelhäutige Sklaven in Florida, die auf den Plantagen arbeiteten. Gleich zu Beginn schlug sich Florida auf die Seite der Konföderierten, blieb jedoch vom Kriegsgeschehen weitgehend verschont. Als 1865 die Union den Krieg gewann, wurde auch in Florida die Sklaverei abgeschafft. Nach Kriegsende erfuhr die Wirtschaft Floridas einen Aufschwung, vor allem durch Investoren aus dem Norden. Bereits 1884 war Florida zu einem Ziel für Winter-Touristen geworden.

Im 20. Jahrhundert veränderten weitere Ereignisse den Bundesstaat tiefgreifend. Nachdem 1959 **Fidel Castro** als kubanischer Diktator an die Macht gekommen war, verließen tausende von Kubanern ihr Land und kamen nach Florida – vor allem in der Folge der **Kuba-Krise** 1962. 1961 startete der erste bemannte **Weltraumflug** von Cape Canaveral. Es folgten viele weitere Missionen, die Cape Canaveral als Weltraumbahnhof etablierten. In den 70er-Jahren hielten **Mickey Mouse** & Co. in Orlando Einzug.

Florida war auch im 20. Jahrhundert das Ziel von Flüchtlingen aus dem karibischen und lateinamerikanischen Raum. Es folgte eine Flüchtlingswelle aus Haiti, nachdem 1991 das haitianische Militär ein Terrorregime errichtet hatte. Das ist nicht immer komplikationslos gewesen. In den 80er- und 90er-Jahren des 20. Jahrhunderts gab es Bandenkriege und Drogenkriminalität. In Miami wurden Touristen überfallen. Es war eine Zeit, in der Florida dem Sunshine State seinem Namen keine Ehre machte.

Heute jedoch ist der Tourismus die am meisten florierende wirtschaftliche Kraft in Florida. Das hat dem Staat Wohlstand gebracht und nicht nur große Zentren wie Miami und Orlando, sondern auch die kleinen und charmanten Städte wie Key West, Fort Lauderdale oder Sarasota, sowie die Naturparks etabliert. Die Bevölkerung Floridas spiegelt die geschichtliche Entwicklung wider: eine multikulturelle Mischung aus Angloamerikanern, Menschen hispanischer Abstammung, Afroamerikanern, Asiaten, Europäern bis hin zu Haitianern und Frankokanadiern.

Florida hat als Halbinsel eine Breite von nur 260 km/163 mi und eine Länge von 800 km/500 mi. Mit der Gesamtfläche von 170.304 km^2 rangiert der Staat größenmäßig auf Platz 22 aller Bundesstaaten der USA. 18 Prozent des Staatsgebietes von Florida sind Wasserfläche. Die Bevölkerungsdichte von 117 Einwohner pro Quadratkilometer liegt deutlich über der der gesamten USA. Von den knapp 19 Millionen Einwohnern leben 5,6 Millionen im Metropolgebiet von Miami, 2,3 Millionen in dem von Orlando und dagegen nur knapp 400.000 in der Metropolregion der Hauptstadt Tallahassee, die schon deshalb neben den beiden berühmten Städten im Süden eine untergeordnete Rolle spielt. Gesamt betrachtet leben sechs Prozent der US-Bürger in Florida, damit ist es der viertbevölkerungsreichste Bundesstaat.

In Florida machen die Bürger lateinamerikanischer Herkunft (Latinos oder Hispa-

Südstaaten-Charme auf Key West

nics) einen großen Bevölkerungsanteil aus (über 20 Prozent). Viele Lateinamerikaner fliehen vor der wirtschaftlichen Not in ihren Heimatländern nach Nordamerika, wo sie oft als illegale Einwanderer leben und stark an ihrer Kultur und Sprache festhalten. In Florida bilden die **Cuban Americans** die größte und einflussreichste Gruppe der Hispanics – anders als in Texas und Kalifornien, wo es die Mexican Americans sind. Bei den Cuban Americans handelt es sich um Kubaner, die vor dem früheren Diktator Fidel Castro aus der Heimat geflüchtet sind. Sie machen heute ungefähr eine Million Einwohner Floridas aus. So verwundert es nicht, dass das heutige Zentrum ihres Lebens beispielsweise als Ortsteil von Miami „Little Havana" genannt wird. Eine weitere hispanische Gruppe bilden die Einwanderer aus Nicaragua, die vor allem in Südflorida leben. In Orlando leben vorwiegend puerto-ricanische Amerikaner, in anderen Gegenden dominieren die Mexikano-Amerikaner.

Indianer als die Ureinwohner Amerikas sind in Florida stark vertreten durch den Stamm der **Seminolen**. Zu ihnen zählen sechs Reservate vor allem im Bereich des Everglades National Parks. Verwandte der Seminolen sind die **Miccosukee**, die lange Zeit in den Sümpfen Floridas lebten. Erst 1962 wurden sie von der Bundesregierung anerkannt. Ihr heutiges Gebiet erstreckt sich entlang des Tamiami Trails zwischen Tampa und Miami. Afro-Amerikaner bilden ebenfalls einen großen Anteil an der Bevölkerung (etwa 15 Prozent), schwarze Kultur spielt beispielsweise im Stadtbild von Fort Lauderdale eine deutliche Rolle. Hingegen sind die Asiaten mit 2,2 Prozent Bevölkerungsanteil in Florida eher unterrepräsentiert.

Die bunte Mixtur aus Einwohnern schlägt sich auch in der Sprache nieder. Die meist gesprochene und seit 2006 als „Nationalsprache" erklärte Sprache der USA ist Englisch. Daneben existieren die Sprachen der amerikanischen Ureinwohner und der Immigranten. Wegen der Einwanderer aus den lateinamerikanischen Ländern ist der Spanisch sprechende Anteil der Bevölkerung Floridas sehr hoch, vor allem im Süden. Jeder sechste Einwohner Floridas ist spanischer Muttersprachler. In manchen Gebieten kann es deshalb vorkommen, dass man eher mit Spanisch weiter kommt, als mit Englisch (besonders in Miami). Mitunter kann man

Köstlich und wie frisch gepresst schmeckt der Orangensaft, der aus Floridas Früchten hergestellt wird.

sich aber sogar auf Deutsch verständigen und findet Landsmänner und -frauen unter den Angestellten, vor allem an touristischen Knotenpunkten.

Die Bereiche Wirtschaft, Industrie, Landwirtschaft und Kultur sollen im Folgenden speziell für den Bundesstaat Florida betrachtet werden. In erster Linie ist Floridas Wirtschaft geprägt vom Fremdenverkehr. Der Staat ist wegen seines günstigen und ganzjährig warmen Klimas nicht nur ein begehrtes Ziel für Urlauber aus aller Welt, sondern auch Alterssitz für viele Amerikaner. Die zahlreichen **Vergnügungsparks** rund um Orlando erwirtschaften einen großen Teil des Einkommens aus dem Tourismus. Die Zahl der Hotelbetten in Orlando wird eigentlich nur von der in Las Vegas überboten. In Florida ist praktisch das ganze Jahr über Saison.

Banken, der Abbau von Phosphat und natürlich der Stützpunkt der Luft- und Raumfahrt am Cape Canaveral (NASA) sind weitere relevante wirtschaftliche Standbeine. Kreuzfahrten starten von den Häfen in Miami, Fort Lauderdale, Port Canaveral und Tampa aus zu Zielen in der Karibik.

Der Anbau von **Zitrusfrüchten** und die damit einhergehende Saftproduktion dominieren die Landwirtschaft Floridas.

Etwa die Hälfte des Verbrauchs von Zitrusfrüchten der gesamten USA wird von Florida gedeckt, ein Viertel des weltweit produzierten Orangensaftes wird aus floridianischen Früchten gewonnen. Hierfür bieten die warmen Temperaturen, die fruchtbaren Böden und die gute Wasserversorgung durch ausreichend viele Regentage optimale Voraussetzungen. Weitere landwirtschaftliche Erzeugnisse im Süden Floridas sind Wintergemüse, Geflügel-, Rind- und Kalbfleisch. Der Obst- und Gemüseanbau ist nach Kalifornien der zweitbedeutsame der USA. Der hohe Anteil an Wasserfläche am Staat ermöglicht zudem kommerziellen Fischfang. Allein in den Binnengewässern findet man mehr als 200 unterschiedliche Fischarten.

In Sachen **Kultur** muss Florida allein deshalb ein wenig hinterherhinken, weil der Süden erst zu Beginn des 20. Jahrhunderts besiedelt wurde. Eine kulturelle Identität zeigt sich vor allem in der Architektur. Ein Beispiel sind die im sogenannten **Conch-Stil** errichteten Häuser auf Key West. Sie sind gekennzeichnet durch feste Holzrahmen und offene Veranden. Meist sind sie auf Stelzen gebaut und insgesamt dem tropischen Klima angepasst.

Die englisch anmutende Bauweise spiegelt sich in der starken Beziehung zu den englischen Siedlern wider, die auf den nahen Bahamas gelebt haben. Bestes Beispiel für die architektonische Kultur ist allerdings der **Art Déco District** in Miami Beach mit gut erhaltenen Häusern aus den 30er- und 40er-Jahren des 20. Jahrhunderts. Es gibt

Verschnörkelt, verspielt und bunt präsentieren sich die Gebäude in Miami Beach.

keine einheitlichen Kennzeichen dieser Stilrichtung. Sie verbindet vielmehr Eleganz, bunte Farben, Verzierungen und Sinnlichkeit miteinander. Der Ursprung stammt aus dem Jugendstil.

Ausgerechnet **Orlando**, die Hauptstadt des Kommerzes, kann mit den meisten Museen des Bundesstaates aufwarten. Daneben gibt es allerhand Galerien mit Werken nationaler, internationaler und lokaler Künstler. Es ist aber bei Weitem nicht die einzige Stadt, die mit Museen aller inhaltlichen Richtungen gesegnet ist. Daneben haben **Festivals** ihren festen Platz im Staat. Es gibt kaum einen Monat, an dem nicht mehrere Veranstaltungen in Florida stattfinden (eine Übersicht findet man unter 🌐 http://south fest.com/florida.shtml). Das bekannteste Festival ist das „Art-Déco-Weekend" in Miami Beach. Es findet jährlich Mitte Januar auf dem Ocean Drive statt. Kunstausstellungen, Modeschauen, Paraden, Lesungen, Filme, Straßenkunst und vieles mehr werden geboten. Die meisten Feste dieser Art in Florida sind Musikfestivals. Das Angebot reicht von Blues über Jazz und Klassik bis hin zu Rock-Veranstaltungen. Alte Forts, Plantagen aus den Zeiten der Sklaverei und Städte aus der Kolonialzeit, die ihren natürlichen Charme erhalten haben, zählen ebenfalls zu den kulturellen Schätzen des Staates.

Der überwiegende Teil Floridas hat die **Eastern Time Zone** mit einer Zeitdifferenz von sechs Stunden zur Mitteleuropäischen Zeit (das heißt, Florida liegt sechs Stunden hinter Mitteleuropa zurück). Lediglich der westliche Panhandle des Staates gehört zur Central Time Zone mit sieben Stunden Zeitdifferenz. Florida hat Sommerzeit (**Daylight Saving Time**), die vom zweiten Sonntag im März bis zum ersten Sonntag im November gilt. Dann werden die Uhren um eine Stunde vorgestellt. An den paar Tagen, an denen in Deutschland die Uhren noch nicht auf Sommerzeit gestellt sind (was ab Ende März der Fall ist), hat die Sommerzeit also Auswirkungen auf die Zeitdifferenz zwischen Europa und den Vereinigten Staaten; dann beträgt die Zeitdifferenz nur fünf Stunden.

Nicht nur die unterschiedlichen Zeitzonen, auch die klimatische Vielfalt des Landes ist eine Besonderheit. Innerhalb der USA kann man aufgrund der immensen Ausdehnung alle Klimazonen der Welt erleben. Arktisches Klima in Alaska, Tropenklima in Florida mit Trockenzeit im Winter und Regenfällen im Sommer, alpines Klima mit viel Schnee im Bereich der Rocky Mountains, Wüsten in Texas, Kalifornien und Nevada und zu guter Letzt auch kontinentales Klima mit einer gleichmäßigen Verteilung der Niederschläge über das ganze Jahr und kühleren Bereichen zur Grenze nach Kanada hin. Die diversen klimatischen Erscheinungsbilder bringen es aber auch mit sich, dass die USA oft von Naturkatastrophen wie Hurrikans, Tornados und Blizzards heimgesucht werden.

Welchen Aspekt man auch immer betrachtet – „Vielfalt" scheint einfach ein Markenzeichen zu sein, dem man in den USA immer und immer wieder begegnet. In allen Bereichen des gesellschaftlichen, wirtschaftlichen und kulturellen Lebens und vor allem des Tourismus.

HIGHLIGHTS

Ein neuer Tag im Paradies
Spektakuläre Sonnenaufgänge an der Atlantikküste wie
hier in Miami Beach konkurrieren mit faszinierenden
Sonnenuntergängen am Golf von Mexiko.

Orlando
Jubel, Trubel, Heiterkeit und ein unerschöpfliches Angebot an
Freizeitaktivitäten – das ist Orlando, die Stadt von Disney & Co.

Kennedy Space Center
Alles dreht sich um Raketen, Weltraummissionen und Mondlandungen im Visitor Complex des Kennedy Space Center auf Cape Canaveral.

Miami
Miami ist die Stadt der Gegensätze: Reichtum und Armut, Wolkenkratzer und Natur, Moderne und Geschichte. In wenigen Städten pulsiert das Leben so wie hier.

Miami Beach
In Miami Beach ist der Himmel blauer, der Sand feiner und das Stadtbild bunter als irgendwo sonst auf der Welt.

Everglades National Park
Unberührte Natur, Sumpflandschaft und ein Tierreichtum ohnegleichen sind charakteristisch für den Everglades National Park, der die gesamte Südspitze der Florida-Halbinsel einnimmt.

Alligatoren
So sicher wie die Gänsehaut, die man bei ihrem Anblick bekommt, ist eine Begegnung mit Alligatoren in Florida.

Florida Keys
Eine der Traumstraßen dieser Erde ist der US-Highway 1, der auf einer Länge von 200 Kilometern über die Florida Keys bis nach Key West führt.

Key West
Bezaubernde Stadt am Ende der Florida Keys mit karibischer Stimmung und tropischem Klima. Danach: Nur noch die Unendlichkeit des Golfs von Mexiko.

Dry Tortugas National Park
Nur per Boot oder Wasserflugzeug ist die malerische Insel Garden Key zwischen den USA und Kuba erreichbar. Das beeindruckende Fort Jefferson ist der Mittelpunkt des National Parks.

Naples
Die amerikanische Version von Neapel macht der süditalienischen Stadt alle Ehre: Naples mit seinem mediterranen Flair und exklusiven Lebensstil.

State Parks an der Golfküste
Ein State Park ist reizvoller als der andere. Hier Lovers Key State Park auf einer Barriereinsel vor Fort Myers.

Sanibel Island
Inselparadies auf Sanibel Island mit herrlichen Stränden und einer Reise zurück zu Zeiten vor Kommerz und Neonreklame.

St. Petersburg
Der beeindruckende Jachthafen ist eines der Markenzeichen von „St. Pete".

Ocala National Forest
Im Ocala National Forest sprudeln Quellen und plätschern Flüsse. Die Szenerie wechselt zwischen Dschungel und Sandkiefernwald.

Wasserstraßen
Sie sind das Markenzeichen Südfloridas und in jeder Stadt zu finden: Wasserstraßen, die sich als dichtes Netz malerisch durch die Städte ziehen.

NORTH

1

SOUTH

1

SmartRoute

Die nachfolgende SmartRoute zeigt Ihnen den kompletten Routenverlauf mit Entfernungs-angaben, allen wichtigen Stationen und außerstädtischen Übernachtungsmöglichkeiten für Wohnmobilfahrer. Bei den Campgrounds sind prinzipiell keine Öffnungszeiten angegeben, weil alle vorgestellten Plätze ganzjährig geöffnet sind. Sie finden die komplette SmartRoute zum Mitnehmen im DIN A4-Format als Download unter ▬ **www.seitnotiz.de/NPRFLO1**.

km/mi Haupt	km/mi Neben	Hwy	Station	Übernachtungsmöglichkeit
0		East-West Expy (Start Downtown Abzweig von der I-4)	🛥 **Orlando** 🏨🛈➕✕🛒🏧 Metropole in Zentralflorida, reichhaltiges Freizeit- und Kulturangebot, Disney- und Vergnügungsparks (▶S. 49)	🏕 **Disney's Fort Wilderness CG**, komfortabler und großer Platz 🅿 Über die I-4 Süd Ausfahrt Lake Buena Vista, Exit 68 ⊗ ✱✱✱ 🔆 Ja 🔌 Ja
15/9		East-West Expy/SR-408	Kreuzung East-West Expy und SR-417	
33/21		SR-417	Kreuzung SR-417 und SR-528	🏕 **Orlando S.E./Lake Whippoorwill KOA**, am See gelegen 🅿 SR417, Exit 22 Narcoossee Rd Süd ⊗ ✱✱✱ 🔆 Ja 🔌 Ja (▶S. 67)
69/43		SR-528	Kreuzung SR-528 und SR-407	
76/48			Kreuzung SR-407 und SR-405 (NASA Causeway)	
94/59		SR-405	👁 **Kennedy Space Center Visitor Complex** 🛈✕ Weltraumbahn-hof, Besucherzentrum mit vielfältigem Aktivitätenangebot 🕐 Tägl. 9–17/18 h ⊗ Erw. $ 50, Kinder (3–11 J.) $ 40, Parken: Pkw $ 10, RVs $ 15 (▶S. 69)	
104/65		SR-405	Kreuzung SR-405 und SR-3	
111/69		SR-3	Kreuzung SR-3 und SR-528/A1A	
122/76		SR-528/A1A		🏕 **Jetty Park CG**, schöne Strandlage 🅿 Erreichbar über SR-3 und SR-528 in 28 km/18 mi ab dem Kennedy VC ⊗ ✱–✱✱ 🔆 Ja 🔌 Ja (▶S. 74)
131/82		SR-528/A1A	🛥 **Cocoa Beach** 🏨🛈➕✕🛒🏧 Küstengemeinde, Surfer-Eldorado (▶S. 75)	
184/115		A1A		🏕 **Long Point Park CG**, Insel-lage in der Indian River Lagoon 🅿 A1A, ca. 3 km/1,9 mi nördl. der Sebastian Inlet SRA re. und Straße bis zum Ende folgen ⊗ ✱ 🔆 Ja 🔌 Ja (▶S. 78)

km/mi Haupt	km/mi Neben	Hwy	Station	Übernachtungsmöglichkeit
187/ 117		A1A	♨ **Sebastian Inlet State Park** 🅱 Beliebter State Park mit Zugang zum Meer, reichhaltiges Wassersportangebot, ◯ $ 8 pro Fahrzeug, $ 2 Fußgänger & Radfahrer (▶S. 76)	⛺ **Sebastian Inlet SP CG**, idyllisch gelegen, einf. ausgestattet ☎ Erreichbar über die A1A ◯ ★ ◯ Ja ◯ Ja
192/ 120		A1A	♨ **Pelican Island National Wildlife Refuge**, erstes staatl. Tierschutzgebiet der USA, etwa 130 Vogelarten, Bootstouren, Wandern ◯ Tägl. 7.30 h bis Sonnenuntergang (▶S. 79)	
199/ 124		A1A	Kreuzung A1A und Wabasso Rd, nach Westen	
			♨ **Environmental Learning Center (ELC)**, Einblicke in Lebensraum von Vögeln, Fischen u. Säugetieren ☎ Ende der Wabasso Bridge li. a. Wabasso Lane u. danach re. auf Live Oak Dr ◯ Di–Fr 10–16 h, Sa 9–16 h, So 13–16 h ◯ $ 5 (ab 12 J.) (▶S. 79)	
203/ 127		Wabasso Rd	Wabasso, Kreuzung Wabasso Rd und US-1	
212/ 133		US-1	Nach Westen	🏨 **Capt. Hirams Resort** ☎ Von Wabasso etwa 9 km Richtung Süden auf dem US-1, ◯ 1580 US Hwy 1 ☎ 1-772-388-8588 ◯ ★–★★ (▶S. 78)
234/ 146		US-1	🏙 **Vero Beach** 🄯🅱➕❌☑🄼 Charmanter Ort mit schönen Stränden und Kulturangebote (▶S. 80)	
237/ 148		SR-656	Kreuzung SR-656 und A1A, nach Osten	
247/ 154		A1A	♨ **Round Island Park**, Boardwalk, Bootsrampe, Picknick- und Spielplatz (▶S. 82)	
249/ 155		A1A	♨ **Avalon State Park**, naturbelassener Strand, Schwimmen, Schnorcheln ◯ Tägl. 8 h bis Sonnenuntergang ◯ $ 2 (▶S. 82)	
256/ 160		A1A	👁 **National Navy UDT-SEAL Museum** ◯ Di–Sa 10–16 h, So 12–16 h ◯ Erw. $ 8, Kinder (6–12 J.) $ 4 (▶S. 82)	
258/ 161		A1A	♨ **Fort Pierce Inlet State Park**, Idylle an der Atlantikküste, Wandern, Schnorcheln, Vögel beobachten ◯ Tägl. 8 h bis Sonnenuntergang ◯ $ 6 (Fahrzeug), $ 2 Fußgänger (▶S. 82)	
266/ 166		A1A	🏙 **Fort Pierce** 🄯🅱➕❌☑🄼, Hauptstadt der Treasure Coast, reichhaltiges Angebot an Stränden und Parks (▶S. 83)	⛺ **Fort Pierce/Port St. Lucie KOA**, gepflegt, schattig ☎ 5 km/ 3,1 mi nach dem Fort Pierce Inlet SP ◯ ★★ ◯ Ja ◯ Ja
271/ 169		US-1	Kreuzung A1A und US-1, Hauptroute (schnell) über I-95 nach Süden	
275/ 172	0	US-1	**Alternativroute zum Lake Okeechobee**, Abzweig SR-70 von der US-1 nach Westen (▶S. 87)	
	57/36	SR-70	Kreuzung SR-70 und US-441	

km/mi Haupt	km/mi Neben	Hwy	Station	Übernachtungsmöglichkeit
	62/39	US-441	♨ **Lake Okeechobee** 🔲🔳🔀📲📷 Größter See Floridas, amerikanischer Lifestyle (▶ S. 87)	⛺ **Okeechobee KOA**, luxuriös ausgestattet 🔵 US-441 kurz vor Erreichen des Sees 🌐 Ja 🌐 ★★
	99/62	US-441	Kreuzung US-441 und Hwy 76	
	117/73	Hwy 76	Abzweig SR-710 vom Hwy 76	
	121/76	SR-710		🏨 **Seminole Inn** ⭕ 15885 SW Warfield Boulevard, Indiantown, FL 34956 📞 1-772-587-3777 🌐 ★–★★ (▶ S. 89)
	124/78	SR-710	Zurück auf den Hwy 76	
	138/86	Hwy 76	Kreuzung Hwy 76 und SE Bridge Rd	
324/203	146/91	SE Bridge Rd	Auf die I-95	
338/211		Exit 87b, I-95		♨ **Jonathan Dickinson SP CG**, naturnah, reizvoll 🔵 I-95 Exit 87b li. auf SR-706 bis Abzweig A1A Nord, folgen bis zum Park 🌐 Ja 🌐 Ja 🌐 ★★ (▶ S. 90)
366/229		I-95	Abzweig Okeechobee Blvd West Palm Beach	
371/232		Okeechobee Blvd	Kreuzung Okeechobee Blvd und S Ocean Blvd, Palm Beach	
371/232		Okeechobee Blvd	♠ **Palm Beach** 🔲🔳➕🔀📲📷 „Stadt der Reichen und Schönen", Küstenort mit mildem Klima (▶ S. 90)	
405/253		SR-704, US-1, US-98, Lion Country Safari Rd nach Westen	♨ **Lion Country Safari Park** 🔀 Tiere in freier Wildbahn 🔵 Palm Beach SR-704 E, dann US-1 S bis US-98 W, diesem folgen bis Lion Country Safari Rd (▶ S. 92)	
406/254		Lion Country Safari Rd	Kreuzung Lion Country Safari Rd und Southern Blvd	
			Weiter auf Southern Blvd /SR-80 nach Osten	
430/269		Southern Blvd	Kreuzung Southern Blvd und I-95	
498/311		I-95	♠ **Fort Lauderdale** 🔲🔳➕🔀📲📷 „Venedig Amerikas", reichhaltiges Angebot an (Wasser-)Aktivitäten, internationaler Seehafen, Sawgrass Mills Outlet, gigantisches Einkaufszentrum (▶ S. 93)	⛺ **Kozy Kampers RV Park**, stadtnah, Platz mit Grünflächen 🔵 Downtown Fort Lauderdale 15 km/9,4 mi über SR-9 und W Broward Blvd 🌐 ★–★★ 🌐 Ja 🌐 Ja

km/mi Haupt	km/mi Neben	Hwy	Station	Übernachtungsmöglichkeit
541/ 338		I-95	⚓ **Miami** 🆔🅿️➕❎📶🏧 Weltberühmte Metropole in Südflorida, starker kubanischer Einschlag, vielfältige Sehenswürdigkeiten, besondere Attraktion: Miami Beach (▶ S. 100)	🚍 **Larry and Penny Thompson Park & CG**, großes Parkgelände mit Badesee 🅿️ Downtown Miami über FL-821 nach Süden bis Exit 13 (Eureka Dr/Quail Roost Dr) 🌀 ★ 🔵 Ja 🔴 Ja
541/ 338		I-95	Abzweig I-395/A1A	
549/ 343		I-95/A1A	⚓ **Miami Beach** 🆔🅿️➕❎📶🏧 Touristenort, Art Déco District (▶ S. 115)	
557/ 348		A1A/I-395	Auffahrt auf die I-95	
562/ 351		I-95	Abfahrt SW 26th Rd/Rickenbacker Cswy zu Virginia Key und Key Biscayne nach Osten (▶ S. 123)	
563/ 352		Rickenbacker Cswy	👁 **Historic Virginia Island Beach Park** 🅿️❎ Kulturell und geschichtl. interessanter Park 🕐 7 h bis Sonnenuntergang 🌀 Sa & So $ 5 (▶ S. 108)	
573/ 358		Rickenbacker Cswy	🏊 **Crandon Park** 🅿️🏧 Strandbad mit Wald- und Naturareal 🕐 Sonnenauf- bis Sonnenuntergang, Hauptsaison $ 8 (▶ S. 109)	
578/ 361		Rickenbacker Cswy	🏊 **Bill Baggs Cape Florida State Park** ❎ 🕐 8 h–Sonnenuntergang 🌀 $ 8 Fahrzeug, $ 2 Fußgänger (▶ S. 110)	
579/ 362		Rickenbacker Cswy	Ende der Barriereinsel Key Biscayne	
590/ 369		Rickenbacker Cswy/ SW 26th Rd	Zurück zur I-95/US-1	
613/ 383		US-1	Abzweig SR-994	
624/ 390		SR-994		🚍 **Miami Everglades Resort**, luxuriös, gut bewertet 🅿️ SR-994 n. ca. 9 km/5,6 mi Rchtg. Westen li. in die SW 162nd Ave 🌀 ★–★★★ 🔵 Ja 🔴 Ja (▶ S. 114)
632/ 395		SW 162 S, 216th St/ SW n. Osten bis US-1	Zurück zur US-1	
645/ 403		US-1	⚓ **Homestead** 🅿️➕❎📶🏧 Ausgangspunkt zum Everglades NP (▶ S. 122)	🚍 **The Boardwalk RV Resort**, Ferienanlage mit allem Luxus 🅿️ US-1 Innenstadtbereich li. auf NE 6th Ave 🌀 ★★ 🔵 Ja 🔴 Ja
	0	US-1	**Ausflug Biscayne National Park**, Abzweig Campbell Dr (▶ S. 123)	
	3/2	Campbell Dr	Abzweig 152nd Ave/Speedway Blvd	
	10/6	N Canal Dr	Abzweig SW 328th St/N Canal Dr	

km/mi Haupt	km/mi Neben	Hwy	Station	Übernachtungsmöglichkeit
	19/12	N Canal Dr	🅗 **Dante Fascell Visitor Center/Biscayne National Park**, Tauchen, Glasboden-Bootstouren, Schnorcheln 🕐 Tägl. 9–17 h (▶S. 125)	
645/ 403	38/24	N Canal Dr	Zurück nach Homestead/US-1	
646/ 404		US-1 nach Süden	Florida City zum Abzweig W Palm Dr	
650/ 406		US-1/ Abzweig W Palm Dr	Abzweig SR-9336/West Palm Dr	
662/ 414		SR-9336	♨ **Everglades National Park** 🅒🅗✖ Einer der berühmtesten National Parks der USA, außergewöhnliche Tier- und Pflanzenvielfalt, schön angelegte Wanderwege (▶S. 126)	
662/ 414		SR-9336	🅗 **Ernest F. Coe Visitor Center** 🕐 Dez.–April tägl. 8–17 h, Mai–Nov. tägl. 9–17 h (▶S. 131)	
669/ 418		SR-9336	🚶 **Royal Palm Area** (▶S. 132)	
674/ 421		SR-9336		⛺ **Long Pine Key Campground**, staatlich, naturnah, einfach 🅟 Direkt an der SR-9336 💧 ★ 🚿 Ja 🔌 Nein (▶S. 133)
674/ 421		SR-9336	🚶 **Pineland Trail** (▶S. 133)	
683/ 427		SR-9336	🚶 **Pahayokee Overlook** (▶S. 134)	
694/ 434		SR-9336	🚶 **Mahogany Hammock Trail** (▶S. 134)	
725/ 453		SR-9336	⚓ **Flamingo** 🅒🅗✖🎥🏨 Ehemaliger Fischerort am Ende der Parkstraße, Bootstouren, Kanu-/Kajak-/Fahrradverleih, Wandern (▶S. 134)	⛺ **Flamingo Campground**, naturbelassen, idyllisch gelegen, viel Privatsphäre 🅟 Direkt an der Florida Bay 💧 ★ 🚿 Ja 🔌 Ja
800/ 500		SR-9336/W Palm Dr	Zurück zur US-1	
800/ 500		US-1	👁 **Florida Keys Scenic Highway** 🅒🅗➕✖🎥🏨 200 km lange Panoramastraße über die Florida Keys (▶S. 139)	
832/ 520		US-1	👁 **Florida Keys** 🅒🅗➕✖🎥🏨 Kette aus Koralleninseln vor der Südspitze Floridas vom Atlantik bis zum Golf von Mexiko (▶S. 141)	
832/ 520		US-1	♨ **Upper Keys** 🅒🅗➕✖🎥🏨 Die nördlichsten Keys von Virginia Key bis Islamorada (▶S. 141)	
838/ 524		US-1	♨ **John Pennekamp Coral State Park** 🅗 Ältester Unterwasserpark der USA, Glasbodenbootfahrten und Schnorcheln 🕐 8–17 h 💧 $ 8 Fahrzeug, $ 2 Fußgänger (▶S. 144)	⛺ **John Pennekamp Coral Reef State Park CG**, staatlicher Platz im SP 🅟 An der US-1 💧 ★★ 🚿 Ja 🔌 Ja

km/mi Haupt	km/mi Neben	Hwy	Station	Übernachtungsmöglichkeit
845/ 528		US-1	⛵ **Key Largo** 🅿️🛈➕✖️🔄🎦 Touristisch bedeutsamer Ort mit entsprechender Infrastruktur (▶S. 145)	
846/ 529		US-1	👁 **Dolphins Plus**, Key Largo, MM 99.5, Schwimmen mit Delfinen, unvergessliches Erlebnis 💰 Ab $ 150 (▶S. 148)	
867/ 542		US-1	🌿 **Islamorada** 🅿️🛈➕✖️🔄🎦 Umfasst mehrere Inseln, hohe Fischvielfalt (▶S. 148)	
888/ 555		US-1	🌿 **Middle Keys** 🅿️🛈➕✖️🔄🎦 Die mittlere Inselkette ab Craig Key (▶S. 150)	
896/ 560			🌿 **Long Key State Park**, Paddeln und Wandern durch fantastische Tier- und Pflanzenwelt 💰 $ 2 für Fußgänger (▶S. 150)	🏕 **Long Key State Park Campground**, naturnah, toller Ausblick, viel Privatsphäre 🚻 Ja 🚿 Ja 💰 ★★
909/ 568		US-1	👁 **Dolphin Research Center (DRC)**, Einrichtung zum Schutz von Delfinen, Verhaltensforschung, Interaktion mit Delfinen 🕐 Tägl. 9–16.30 h 💰 Erw. $ 28, Kinder (4–12 J.) $ 23 (▶S. 150)	
912/ 570		US-1	🌿 **Curry Hammock State Park**, schöner Sandstrand, Schnorcheln, Paddeln und Wandern 💰 $ 5 pro Fahrzeug, $ 2 für Fußgänger (▶S. 151)	🏕 **Curry Hammock State Park Campground**, Übernachten mit Blick auf den Atlantik 🚻 Ja 🚿 Ja 💰 ★★
920/ 575		US-1	⛵ **Marathon** 🅿️🛈➕✖️🔄🎦 Zentrum der Florida Keys, ausgeprägte Infrastruktur, umfasst 13 Inseln (▶S. 152)	🏕 **Grassy Key RV Park & Resort**, gepflegter Platz in schöner Lage 📍 Ca. 8 km/ 5 mi nördl. v. Marathon am US-1 💰 ★★–★★★ 🚻 Ja 🚿 Ja
928/ 580		US-1	👁 **Seven Mile Bridge**, verbindet auf knapp 11 km/7 mi Länge die Inseln Vaca Key und Bahia Honda Key (▶S. 153)	
939/ 587		US-1	🌿 **Lower Keys** 🅿️🛈➕✖️🔄🎦 Malerischster Teil der Florida Keys (▶S. 155)	
942/ 589		US-1	🌿 **Bahia Honda State Park** 🛈, wunderschöner Park mit herrlichen Badestränden 🕐 8 h bis Sonnenuntergang 💰 Je nach Personenzahl (▶S. 155)	🏕 **Sandspur Campground**, traumhafte Ozeanlage 📍 Im SP 💰 ★★ 🚻 Ja 🚿 Ja
957/ 598			🌿 **National Key Deer Refuge** 🛈 Paradies zum Wandern und für Tierbeobachtungen 📍 Big Pine Key Abfahrt re. v. US-1 auf Key Deer Blvd, weiter ca. 2,5 km/1,5 mi, dann li. in Watson Blvd (▶S. 158)	
978/ 611		US-1		🏕 **Sugarloaf Key Resort KOA**, komfortabel ausgestatteter Platz 📍 Auf Summerland Key, 32 km/20 mi nördl. v. Key West 💰 ★★★ 🚻 Ja 🚿 Ja (▶S. 159)
992/ 620		US-1		🏕 **Boyd's Key West Campground**, gut ausgestatteter Platz in schöner Lage 📍 Bei MM 5 li. auf MacDonald Ave 💰 ★★★ 🚻 Ja 🚿 Ja (▶S. 171)

SMARTROUTE

km/mi Haupt	km/mi Neben	Hwy	Station	Übernachtungsmöglichkeit
1.010/ 631		US-1	🛥 **Key West** 🔲🔳➕❌🔲🔲 Endpunkt des Scenic Highway, charmant-exzentrische und quirlige Stadt am Ende der Keys, südlichster Punkt der kontinentalen USA (▶S. 159)	🏕 **Leo's Campground**, Key West am nächsten gelegener CG 🔘 Ausfahrt 5th Ave vom US-1 🔵 ＊–＊＊ 🔵 Ja 🔴 Ja
1.010/ 631		Schiff- fahrt/Flug	🚣 **Dry Tortugas National Park** 🔲🔲 Auf einer Insel inmitten des Golfs von Mexiko, Fort Jefferson (▶S. 175), Zugang per Schiff oder Was- serflugzeug, altes Fort, Schnor- chelparadies (▶S. 172)	🏕 **Garden Key**, reiner Zelt- platz auf der Insel 🔵 ＊ 🔵 Nein 🔴 Nein
1.214/ 759		US-1	Zurück nach Florida City/Homestead	
1.214/ 759		US-1	Florida City, Abzweig SR-997	
1.250/ 781		SR-997	Abzweig US-41/**Tamiami Trail Scenic Highway** (▶S. 178)	
1.258/ 786		US-41	🚣 **Coopertown Airboats** ❌ Natur (und Alligatoren) hautnah erleben 🔵 Erw. $ 22, Kinder (7–11 J.) $ 11 (▶S. 179)	
1.277/ 798		US-41	🔲 **Shark Valley Visitor Center** 🕐 Tägl. 9.15–17.15 h (▶S. 179)	
1.277/ 798		US-41	🚣 **Shark Valley** 🔲❌ Aussichtsturm mit Blick in Sumpfland- schaft, erreichbar über Tramtour oder per Fahrrad 🕐 Dez.–April tägl. 9–16 h stündl. & Mai–Dez. 9, 11, 14 & 16 h 🔵 Erw. $ 25, Kinder (3–12 J.) $ 12,75, Sen. (über 62 J.) $ 19 (▶S. 181)	
1.284/ 803			🚣 **Big Cypress National Preserve**, offizieller Beginn des Gebie- tes (▶S. 181)	
1.284/ 803		US-41	Fortymile Bend, **Abzweig Alternativroute über die Loop Rd** (Scenic Drive), 26 km/16 mi, zuerst zweispurig, später Schotter- piste, nicht für Wohnmobile geeignet (▶S. 181)	
	0	Loop Rd	🚣 **Loop Road Scenic Drive** 🔲 Urtümliche Sumpfvegetation, hohe Alligator-Wahrscheinlichkeit	
	9/6	Loop Rd		🏕 **Pinecrest & Mitchell Lan- ding CG**, 2 kleine, einfache, na- turnahe Plätze 🔘 Ca. 9 km/6 mi auf der Loop Rd 🔵 ＊ 🔴 Nein 🔴 Nein (▶S. 181)
	32/20	Loop Rd	🚶 **Gator Hook Trailhead** (▶S. 182)	
	38/24	Loop Rd	Zurück auf US-41/Tamiami Trail, Monroe Station, Ausfahrt Loop Rd	
1284/ 803		US-41	Hauptroute ab Abzweig Loop Rd v. US-41 weiter auf dem Tamiami Trail nach Westen	
1.306/ 816		US-41		🏕 **Midway Campground**, staat- licher, naturnaher Platz 🔘 Ca. 5 km/3 mi östl. v. Oasis Vis. Center 🔵 ＊ 🔵 Ja 🔴 Nein (▶S. 182)

km/mi Haupt	km/mi Neben	Hwy	Station	Übernachtungsmöglichkeit
1.310/ 819		US-41	🏠 **Oasis Visitor Center** 🕐 9–16.30 h, Mi geschlossen (▶S. 182)	
1.318/ 824		US-41		🏕 **Monument Lake Campground**, staatlicher CG, ruhig gelegen, einfach ausgestattet 📍 Kurz nach Monroe Station, (Jct. Loop Rd/US-41) 💲 ★ 🚻 Nein 🚿 Nein (▶S. 182)
1.323/ 827		US-41	☘ **Kirby Storter Roadside Park**, kurzer Spazierweg über Boardwalk mit exotischen Tieren (▶S. 183)	
1.334/ 834		US-41	☘ **H.P. Williams Roadside Park** 🖼 Tierbeobachtung und Picknick (▶S. 183)	
1.334/ 834		US-41	Abzweig SR-839/Turner River Rd nach Norden	
1.339/ 837		US-41	👁 **Joanie's Blue Crab Café** ❌ Spezialitäten aus der Region, ungewöhnliche Einrichtung, sehenswert 🕐 Winter: tägl. 10–17 h, Sommer Do–So (▶S. 183)	
1.339/ 837		US-41	👁 **Ochopee Postamt**, kleinstes Postamt der USA, noch in Betrieb 🕐 Mo–Fr 10–12 & 13–16.30 h, Sa 10–11.30 h (▶S. 184)	
1.341/ 838		US-41	Abzweig SR-841 n. Norden	
1.342/ 839		US-41	🏠 **Big Cypress Swamp Welcome Center** 🕐 Tägl. 9–16.30 h (▶S. 184)	
1.346/ 841		US-41	Abzweig SR-29	
	0	SR-29	**Ausflug nach Everglades City** (▶S. 184)	
	7/4	SR-29	⚓ **Everglades City** 🅿🏠❌🚗🖼 Charmanter kleiner Ort an der Chokoloskee Bay, Ausgangspunkt zu Aktivitäten im Everglades NP (▶S. 185)	🏕 **Chokoloskee Island Park**, schöne Lage am Wasser, gute Ausstattung 📍 Südwestl. (5 km/3 mi) von Evergelades City 💲 ★★ 🚻 Ja 🚿 Ja
	14/9	SR-29	Zurück zum Tamiami Trail US-41	
1.346/ 841		US-41	Weiter auf dem Tamiami Trail nach Westen	
1.366/ 854		US-41	🚶 **Big Cypress Bend Trail** (▶S. 188)	
1.371/ 857		US-41	☘ **Collier-Seminole State Park** 🏠 Wandern, Paddeln, Natur und Geschichte 🕐 Tägl. 8 h bis Sonnuntergang 💲 $ 5 pro Fahrzeug, $ 2 pro Fußgänger (▶S. 188)	🏕 **Collier-Seminole State Park Campground**, naturnaher Platz mit Wildnis-Charme 💲 ★ 🚻 Ja 🚿 Ja

km/mi Haupt	km/mi Neben	Hwy	Station	Übernachtungsmöglichkeit
1.389/ 868		US-41		⌂ **Naples/Marco Island KOA**, guter CG mit Auszeichnung ⊙ 12 km/7,5 mi südöstl. v. Naples, v. US-41 re. a. Barefoot Williams Rd bis z. CG ✪ ★★★ ⊕ Ja ⊙ Ja
1.400/ 875		US-41	⚓ **Naples** 🅿🛈➕✖🅿🏨 Stadt an der Golfküste mit italienischem Flair, Museen und gute Freizeitangebote (▶S. 192)	
1.414/ 884		US-41	Abzweig 111th Ave N/Bluebill Ave zum **Delnor-Wiggins Pass State Park** (▶S. 200)	
1.421/ 888		US-41	Abzweig Bonita Beach Rd SW	
	0	Bonita Beach Rd	**Ausflug zum Barefoot Beach Preserve County Park** (▶S. 201)	
	4/3	Bonita Beach Rd	Kreuzung Bonita Beach Rd/Barefoot Beach Blvd	
	8/5	Barefoot Beach Blvd	➿ **Barefoot Beach Preserve County Park** 🅿✖ (unter Naturschutz), hinter Dünen, schöner Strand ✪ $ 8 (▶S. 201)	
	16/10	Barefoot Beach Blvd/Bonita Beach Rd	Zurück auf den US-41	
1.421/ 888			Weiter auf dem US-41	
1.432/ 895		US-41	Abzweig Corkscrew Rd	
1.434/ 896		Corkscrew Rd	◉ **Koreshan State Historic Site** 🅿 Siedlung einer ehemaligen Sekte, umfangreiches Naturporgramm ✪ $ 5 pro Fahrzeug, $ 2 pro Fußgänger (▶S. 202)	⌂ **Koreshan Historic Site Campground**, staatlicher Platz am Fluss ⊙ In der Koreshan Historic Site ✪ ★ ⊕ Ja ⊙ Ja
1.435/ 897		Corkscrew Rd/US-41	Weiter auf US-41	
1.454/ 909		US-41	Abzweig CR-884	
1.464/ 915		CR-884/ Midpoint Memorial Brg nach Cape Coral	⚓ **Cape Coral** 🅿🛈➕✖🅿🏨 Ferienort und größte Stadt Südwest-Floridas, gute Ausgangslage zu den Barriereinseln am Golf (▶S. 203)	⌂ **Pine Island KOA**, idyllisch auf Pine Island gelegener, tropischer Platz ⊙ 34 km/21 mi westl. v. Cape Coral auf Pine Island ✪ ★★ ⊕ Ja ⊙ Ja
	0	CR-884/ Pine Island Rd/Abzweig Hancock Bridge Pkwy	**Ausflug nach Fort Myers** (▶S. 210)	

km/mi Haupt	km/mi Neben	Hwy	Station	Übernachtungsmöglichkeit
	9/6	Hancock Bridge Pkwy	Abzweig US-41	
	13/8	US-41	⚓ **Fort Myers** 🅿️🚻➕❌📷🖥 Stadt mit vielen Palmen, früherer prominenter Bewohner Thomas Edison, zahlreiche Museen (▶S. 210)	🏕 **Pioneer Village RV Resort**, Luxusplatz mit allen Annehmlichkeiten 🅿️ Über den US-41 N (Coloosahatchee Bridge) und SR-78 erreichbar 🌀 ★ 🔌 Ja 🔵 Ja 🏕 **Cypress Woods RV Resort**, top ausgestattet 🅿️ US-41 auf Colonial Blvd (SR-884) n. Osten bis I-75 Exit 136, I-75 n. Norden bis Exit 139, re a. Luckett Rd 🔵 Ja 🔌 Ja 🔵 Ja 🌀 ★★★
1.464/ 915	26/16	US-41/ Hancock Bridge Pkwy	Zurück nach Cape Coral	
	0	CR-884/ Midpoint Memorial Brg	**Ausflug über Fort Myers Beach nach Lovers Key**, Cape Coral über die Midpoint Brg verlassen (▶S. 216)	
	5/3	CR-867A	Abzweig College Pkwy	
	9/6	College Pkwy	Abzweig SR-867 McGregor Blvd	
	15/9	SR-867	Abzweig SR-865 San Carlos Blvd	
	22/14	SR-865	Estero Island, Abzweig Estero Blvd	
	23/14	Estero Blvd	⚓ **Fort Myers Beach** 🅿️🚻➕❌📷🖥 Touristisches Seebad am Golf von Mexiko, lange Sandstrände (▶S. 216)	🏕 **San Carlos RV Park**, ruhiger Platz außerhalb von Fort Myers Beach 🅿️ Ca. 2 km/1 mi vor Fort Myers Beach a. d. Festland 🌀 ★★ 🔌 Ja 🔵 Ja
	34/21	Estero Blvd	⚘ **Lovers Key State Park** 🚻❌ Beschauliches Kleinod mit Traumstrand, Wanderwege, Delfine und Seekühe (▶S. 220)	
1.464/ 915	68/43	Estero Boulevard/ SR-865/ SR-867/ CR-884	Zurück nach Cape Coral	
	0	CR-884/ Midpoint Memorial Brg	**Ausflug nach Sanibel und Captiva Island** (▶S. 220)	
	5/3	CR-867A	Abzweig College Pkwy	
	9/6	College Pkwy	Abzweig SR-867 McGregor Blvd/später Sanibel Causeway	

km/mi Haupt	km/mi Neben	Hwy	Station	Übernachtungsmöglichkeit
	32/20	SR-867	☂ **Sanibel Island** 🅿🛈➕❌🛏📷 Paradiesische Insel mit subtropischem Flair, Traumstrände mit vielen Muscheln (▶S. 221)	🏕 **Periwinkle Park & CG**, einziger, schöner Platz auf Sanibel Island 🅿 1 km/0,6 mi n. Erreichen der Insel ⊘ ★★ 🅦 Ja 🅢 Ja
	49/31	SR-867	☂ **Captiva Island** 🅿❌🛏📷 Noch ursprünglichere Insel nördlich von Sanibel Island, Strandleben (▶S. 230)	
1.464/ 915	98/61	SR-867/ College Pkwy/CR-867A	Zurück nach Cape Coral über Midpoint Brg auf Veterans Pkwy	
1.470/ 919			Veterans Pkwy auf Del Prado Blvd nach Norden bis SR-78	
1.475/ 922		SR-78	SR-78 nach Osten bis Abzweig US-41 N	
1.480/ 925		SR-78	Kreuzung SR-78/US-41	
1.502/ 939		US-41	**Punta Gorda** (▶S. 231)	
1.507/ 942		US-41	**Port Charlotte Town Center**, Abzweig SR-776 (▶S. 231)	
			Beginn schnelle Alternativroute über US-41, sie trifft nach 27 km/17 mi wieder auf die Hauptroute	
1.515/ 947		US-41/SR-776	Abzweig SR-776 West nach Gasparilla Island	
1.528/ 955		SR-776	Abzweig FL-771	
1.541/ 963		FL-771	Placida, Boca Grande Cswy	
1.550/ 969		Boca Grande Cswy/ FL-771	☂ **Gasparilla Island** 🛈➕❌🛏📷 Barriereinsel der Golfinselkette, Hauptort Boca Grande (▶S. 233) (▶S. 232)	
1.554/ 971			☂ **Gasparilla Island State Park** 🛈 Idylle und weiße, naturbelassene Sandstrände, Leuchtturm-Museum ⊙ Nov–Apr. tägl. 10–16 h, So 12–16 h, Mai–Juli & Sep./Okt. Mi–Sa 10–16 h, Aug. geschl. ⊘ $ 3 pro Fahrzeug, $ 2 für Fußgänger (▶S. 234)	
1.565/ 978		Boca Grande Cswy/ FL-771	Zurück bis zum Abzweig CR-775 Nord (Placida Rd)	
1.579/ 987		CR-775	Abzweig SR-776	
1.595/ 997		SR-776	Zurück auf den US-41 (South Venice), hier trifft die schnelle Alternativroute auf die Hauptroute	
1.603/ 1.002		US-41	Venice	

km/mi Haupt	km/mi Neben	Hwy	Station	Übernachtungsmöglichkeit
1.614/ 1.009		US-41	Osprey	
1.632/ 1.020		US-41	⚓ **Sarasota** 🅿️🛈➕❌🅿️🏧 An der Sarasota Bay mit schönen, vorgelagerten Inseln als Hauptattraktion, schicke Downtown (▶S. 235)	⛺ **Turtle Beach CG**, direkt am Nr. 1-Strand a. Siesta Key 🚩 US-41 im Süden üb. SR-72 n. Westen, auf Siesta Key li. a. SR-758/ Midnight Pass Rd in 4 km/2,5 mi z. CG ✪ ★★ 😊 Ja 😊 Ja
1.632/ 1.020		US-41/SR 789	Abzweig SR-789 nach Westen vom US-41	
1.661/ 1.038		SR-789	**Anna Maria Island**, Abzweig SR-64 (▶S. 241)	
1.675/ 1.047		SR-64	Abzweig US-41	
1.677/ 1.048		SR-64	👁 **Manatee Village Historical Park**, restaurierte Gebäude aus der Siedlerzeit 🚩 Am Abzweig US-41 auf d. SR-64 nach Osten zur 14th St, der Park befindet sich links 🕐 Mo–Fr & jeden 2. & 4. Sa i. Monat 9–16.30 h ✪ Frei (Spende) (▶S. 242)	
1.678/ 1.049			Zurück zum Abzweig US-41 Nord	
1.685/ 1.053		US-41	Abzweig US-19	
1.688/ 1.055		US-19	Terra Ceia, Auffahrt auf die I-275 nach Westen	
1.691/ 1.057		I-275	👁 **Bob Graham Sunshine Skyway Bridge**, eindrucksvolle Schrägseil-Brücke, geb.pflichtig, überspannt Tampa Bay (▶S. 243)	
1.712/ 1.070		I-275	⚓ **Saint Petersburg** 🅿️🛈➕❌🅿️🏧 Stadt in der Tampa Bay, auch „Florida's Sunshine City" wegen des dauerhaft guten Wetters, umfangreiches Kultur- und Naturangebot (▶S. 244)	
1.712/ 1.070		I-275	Abzweig SR-682 nach Westen	
1.715/ 1.072		SR-682	Isla del Sol, Abzweig SR-679 nach Süden	
1.725/ 1.078		SR-679	🦆 **Fort De Soto Park** 🛈 Unbewohnte Insel, preisgekrönter Strand, Fundamente eines Forts, viele Freizeitaktivitäten 🚩 I-275 Downtown n. Süden, weiter ü. SR-682 n. Westen auf erste vorgelagerte Isla del Sol bis Abzweig Pinellas Bayway/SR-679 (geb. ✪ $ 1,50), auf SR-679 bis Mullet Key (▶S. 252)	⛺ **Fort De Soto Campground**, in traumhafter Lage auf unberührter Insel 🚩 Im Fort De Soto SP ✪ ★–★★ 😊 Ja 😊 Ja ✪ RV: $ 35 (zuzügl. $ 2 für Platz a. Wasser & $ 3,50 Saisongeb. Jan.–April)
1.734/ 1.084		SR-679	Abzweig SR-682 nach Norden	

km/mi Haupt	km/mi Neben	Hwy	Station	Übernachtungsmöglichkeit
1.738/ 1.086		SR-682	Abzweig SR-699	
1.740/ 1.088		SR-699	⚓ **St. Pete Beach** 🅿🛏➕❌🍴🏧 Seebad von St. Petersburg auf Long Key, großes Angebot an Unterkünften und Restaurants (▶S. 254)	
1.755/ 1.097		SR-699	Madeira Beach	🚐 **St. Petersburg/Madeira Beach KOA**, komfortabel ausgestattet, viele Freizeitaktivitäten 🚗 SR-699 re. n. Osten (150th Ave/Tom Stuart Causeway/SR-666, I-19), weiter bis Abzweig li. 95th St N 🅿 Ja 🛏 Alle Anschlüsse 🚻 Ja 🐕 Ja 💲 ★★–★★★ (▶S. 255)
1.774/ 1.109		SR-699	Abzweig SR-60 West nach **Clearwater Beach** (▶S. 259)/ **Caladesi Island** (▶S. 260)	
1.778/ 1.111		SR-60	⚓ **Clearwater** 🅿🛏➕❌🍴🏧 Zwischen Tampa Bay und Golf von Mexiko, Zentrum Cleveland Street District, schöne Barriereinseln (▶S. 257)	
		SR-60/US-19-ALT	SR-60 nach Osten bis Abzweig US-19-ALT nach Norden	
1.789/ 1.118		US-19-ALT		🚐 **Dunedin Sun RV Resort**, parkplatzähnlich, Außenpool, Fitnessraum 🚗 Von SR-60 ca. 11 km/7 mi n. Norden auf US-19-ALT, ideal für Besuch von Honeymoon Island 💲 ★★– ★★★ 🚻 Ja 🐕 Ja (▶S. 262)
1.800/ 1.125		US-19-ALT	Zurück nach Clearwater, Abzweig SR-60	
1.810/ 1.131		SR-60	Auffahrt auf den W Courtney Campbell Causeway	
1.826/ 1.141		W Courtney Campbell Cswy	Rocky Point, SR-60	
1.827/ 1.142		SR-60	Auffahrt auf die I-275 nach Osten	
1.835/ 1.147		I-275	⚓ **Tampa** 🅿🛏➕❌🍴🏧 Berühmteste Stadt in der Tampa Bay, kubanischer Einschlag, authentischere Ausgabe von Miami (▶S. 263)	
1.845/ 1.153		I-275	Abzweig SR-580 nach Osten	
1.850/ 1.156		SR-580	👁 **Busch Gardens** ❌ Kombi aus Safari- und Freizeitpark, spektakuläre Achterbahnen 🚗 Downtown Tampa I-275 N ca. 10 km/6 mi, Exit 50 re. East Busch Blvd (SR-580) n. Osten ca. 4 km/2,5 mi, dann li. N McKinley Dr 🕐 Je nach Saison 9–18/19/20/22/23 h 💲 Pers. ab 3 J.: $ 104,99 (Online im Voraus $ 89,99), Parken $ 20 (▶S. 271)	
1.851/ 1.157		SR-585A/N McKinley Dr	Abzweig SR-582 Richtung Osten	

km/mi Haupt	km/mi Neben	Hwy	Station	Übernachtungsmöglichkeit	
1.861/ 1.163		SR-582	Abzweig US-301		
		US-301	**♨ Hillsborough River State Park**, viel ursprüngliche Natur, lohnenswerte Wanderungen, altes Fort, am US-301 gelegen ca. 16 km/10 mi nördlich (▶S. 272)	**⌂ Hillsborough River State Park CG**, ursprünglicher, abgelegener, großzügiger Platz ⊙ Im Hillsborough River SP ⊕ ✶ ⊕ Ja ⊕ Ja	
		US-301	zurück auf der US-301 nach Süden		
1.864/ 1.165		US-301	Auffahrt auf die I-75 und weiter nach Norden		
1.878/ 1.174		I-75	Einmündung der I-275, weiter auf der I-75 nach Norden		
2.013/ 1.258		I-75	Abzweig SR-40 nach Osten		
2.018/ 1.261		SR-40	**⚓ Ocala** 🏠🛏➕✖🍴🏧 Komplette Infrastruktur vorhanden (▶S. 274)		
2.027/ 1.267		SR-40	Silver Springs		
2.027/ 1.267		SR-40	**♨ Ocala National Forest** 🏠🛏✖🍴🏧 Ältester Wald östlich des Mississippi, tropisch, Highlight sind die vielen sprudelnden Quellen, diverse State Parks und Recreation Areas zum Wandern und Paddeln, Visitor Center 🌐 www.fs.usda.gov (▶S. 275)		
		SR-40/ SR-35	Abzweig SR-35 nach Süden		
2.030/ 1.269		SR-35	**♨ Silver Springs State Park** 🛏 Am Silver River gelegen, mit historischen Elementen, schöne Wanderungen ⊕ $ 6 pro Fahrzeug, $ 2 für Fußgänger (▶S. 276)	**⌂ Silver Springs State Park CG**, naturnaher CG, Blockhäuschen zu mieten ⊙ Im Silver River SP ⊕ ✶ ⊕ Ja ⊕ Ja	
2.034/ 1.271		SR-35	Zurück zur SR-40		
2.035/ 1.272		SR-40	**🛏 Lake George Ranger Station** ⊕ Werktags 7.30–16 h (▶S. 278)		
2.070/ 1.294		SR-40	**♨ Juniper Springs Recreation Area** 🛏🍴🏧 Quellen mit Badebecken und Fluss zum Kanufahren, Nature Trail und historische Mühle ⊕ 8–20 h (saisonal) ⊕ $ 5 pro Person (▶S. 278)	**⌂ Juniper Springs CG**, schönster Platz im Ocala NF, Stellplätze am Fluss ⊙ In der Juniper Springs Rec. Area ⊕ ✶ ⊕ Ja ⊕ Ja	
2.077/ 1.298		SR-40	Kreuzung SR-40/SR-19		
2.086/ 1.304		SR-19 nach Norden	**♨♨ Yearling Trail** (▶S. 281)		

km/mi Haupt	km/mi Neben	Hwy	Station	Übernachtungsmöglichkeit
2.086/ 1.304		SR-19	**᛭ Silver Glen Spring Recreation Area**, Kanufahrt zum Lake George, Schnorcheln (▶S. 281)	
2.096/ 1.310		SR-19	Zurück zur Kreuzung mit der SR-40	
	0	SR-40	**Alternativroute zur Alexander Springs Recreation Area** (▶S. 282)	
	8/5	SR-40	Astor Park, Abzweig South Fairview Avenue CR-445	
	9/6	South Fairview Avenue	Abzweig CR-445	
	18/11	CR-445	**᛭ Alexander Springs Re-creation Area** 🗙🏠 Vielfältige Freizeitaktivitäten (▶S. 282)	🏕 **Alexander Springs CG**, schattige Plätze nahe dem Badebecken 🛁 In der Alexander Springs Rec. Area 🐕 ★ 🚿 Ja 🚻 Ja
	26/16	CR-445	weiter auf der CR-445 nach Süden bis zur SR-19	
2.110/ 1.319		CR-445/ SR-19	Alternativ- und Hauptroute treffen aufeinander	
2.114/ 1.321		SR-19 nach Süden	**🛈 Pittman Visitor Center** (▶S. 283)	🏕 **Lake Dorr CG**, schöne Übernachtungsalternative für Orlando 🛁 Gegenüber dem Pittman VC 🐕 ★ 🚿 Ja 🚻 Ja
2.136/ 1.335		SR-19	Abzweig US-441	
2.158/ 1.349		US-441	Abzweig SR-414	
2.189/ 1.368		SR-414	Kreuzung mit der I-4, auf diese auffahren	
2.195/ 1.372		I-4	**Downtown Orlando**	
2.202/ 1.376		SR-408 nach Osten	Abbiegung auf den SR-436	
2.214/ 1.384		SR-436	Orlando International Airport	

Ende der Hauptroute

VON ORLANDO ÜBER CAPE CANAVERAL UND DIE ATLANTIKKÜSTE NACH MIAMI

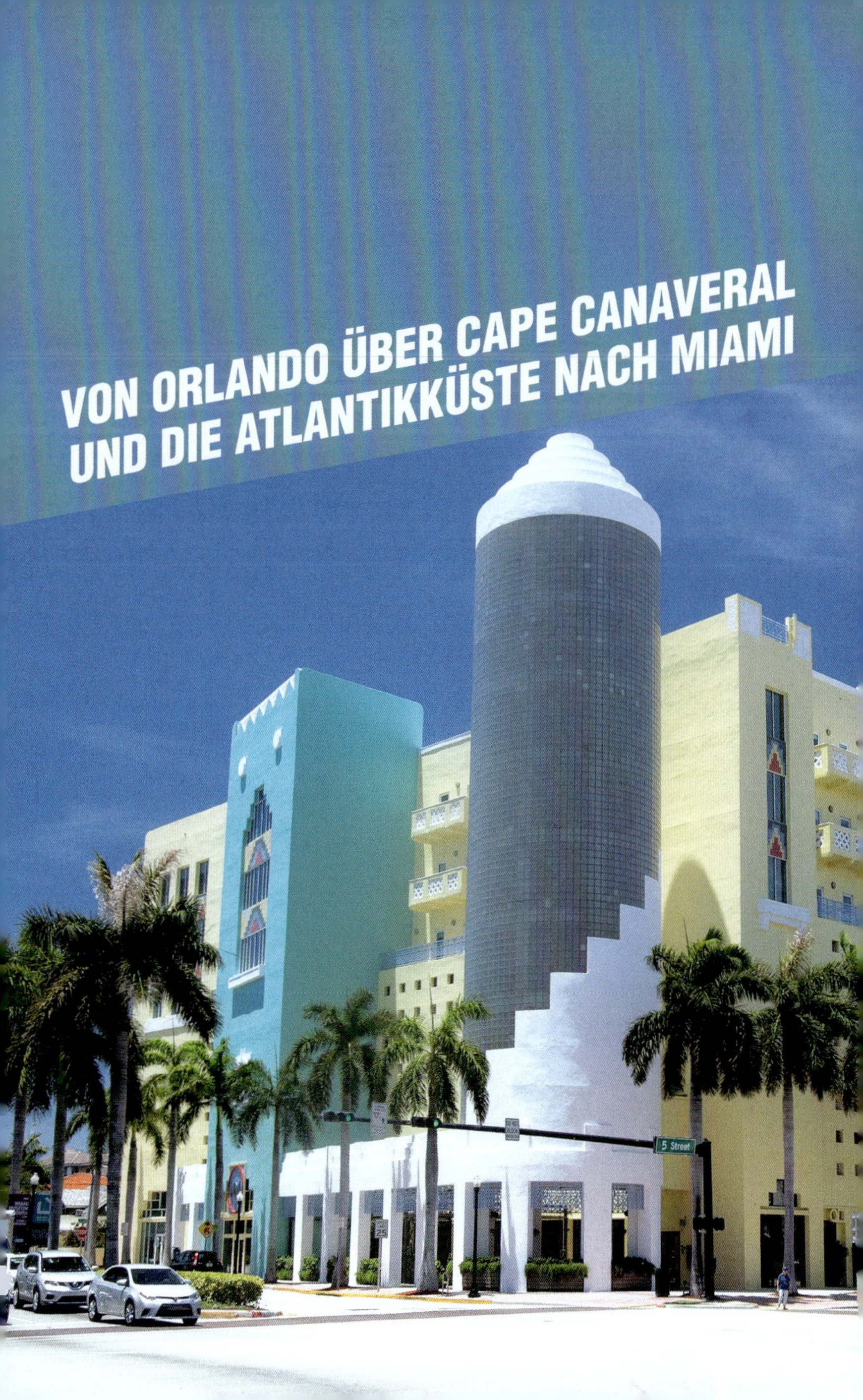

Von Orlando über Cape Canaveral und die Atlantikküste nach Miami

Disney, Kommerz und Amüsement – das sind die Schlagwörter, die den Auftakt dieser Reise in Orlando beschreiben. Und so vielfältig die Möglichkeiten sind, die Stadt zu erleben, so abwechslungsreich geht es danach weiter: Es folgt Cape Canaveral mit dem weltberühmten Kennedy Space Center. Als Kontrast zum Trubel der Stadt und der Technik der Raumfahrt geht es auf einer Lagune zwischen Atlantischem Ozean und **Intercoastal Waterway** *gen Süden,* *vorbei an berühmten Stränden, nach Fort Lauderdale und Miami.*

Es gibt viel zu verarbeiten in Florida und da die Rundreise in Orlando startet und endet, bietet es sich an, das komplette Touristenprogramm in der Stadt zu portionieren. Wenn man mehr als einen Themenpark besuchen will, kann man dies ebenso auf beide Besuche aufteilen, genauso die Stadtbesichtigungen und Shopping. Reist man in der floridianischen Hauptsaison, also während der europäischen Wintermonate, ist man gut beraten, es am Anfang erst einmal langsam angehen zu lassen und sich an die warmen Temperaturen zu gewöhnen. Dann kann man das Orlando-Programm auch komplett ans Ende der Reise verlegen.

💡 Da nur Hotels in Flughafennähe einen kostenlosen Shuttleservice anbieten, ist man für den Transfer zu einer Unterkunft außerhalb dieses Bereichs auf ein Taxi oder den öffentlichen Bus Lynx (🌐 www.golynx.com) angewiesen. Es empfiehlt sich deshalb, den Mietwagen gleich bei Ankunft in Orlando bei einem der zahlreichen Vermieter rund um den Flughafen aufzunehmen. Da die Mietwagen in Florida pro Tag sehr günstig sind, rechnet sich dies möglicherweise schon gegenüber einer Taxifahrt zum Hotel und man spart sich – sollte man die Route per Pkw absolvieren wollen – bei Reiseantritt den Weg vom Hotel zur Vermietstation, wenn die Rundreise losgeht. Innerhalb Orlandos sind große Entfernungen zu bewältigen, deshalb werden Sie das eigene Fahrzeug gleich ab Beginn der Reise zu schätzen wissen. Prüfen sollten Sie dann lediglich im Vorfeld, ob Ihr Vermieter direkt nach Ihrer Landung in den USA das Fahrzeug übergibt (▶ Seite 285).

Willkommen am Orlando International Airport!

ORLANDO 🏠📷ℹ️➕❌🚐📅

		Orlando	Siegen
🚶	Stadt	277.000	102.350
	Metropol	2.400.000	
	pro km²	1.017	892
⊘	km²	287	115
〰️	über NN	34 m	280 m
🌧️	mm	1.222	1.160
❄️	°C	25	12
☀️	°C	32	20
⚬	Cape Canaveral		94 km/ 59 mi
	Vero Beach		186 km/ 116 mi

Die Innenstadt Orlandos präsentiert sich gepflegt und mitunter farbenfroh.

Über 60 Millionen Touristen aus aller Welt besuchen jedes Jahr Orlando – das ist ein Wort! Bei solchen Besucherzahlen ist es kein Wunder, dass Orlando die **Touristen-Hauptstadt der USA** ist. Die Vergnügungsparks sind glücklicherweise nicht alleine „schuld" an der Popularität der subtropischen Stadt. Auch das Angebot, gut und günstig einzukaufen, die vielfältigen Shows und nicht zuletzt die Möglichkeit, gleichermaßen gut an die Atlantik- und die Golfküste zu gelangen, machen Orlando zu einem attraktiven Ziel.

Orlando ist mit seiner zentralen Lage der Mittelpunkt des Bundesstaates. Dabei verteilen sich die vielen Touristen gut auf einer weitläufigen Stadtfläche mit viel Grün. Den Kern der Stadt bildet abseits aller Parks **Downtown Orlando** rund um die Orange Avenue. Um die südliche Innenstadt herum sind die Freizeit- und Themenparks angesiedelt, eine Vielzahl von kleinen und größeren Seen und Golfplätzen findet man sowohl in der Stadt als auch in der Peripherie. Wenn man sich auf einen der Themenparks festgelegt hat, bietet sich eine Übernachtung in dessen Umfeld an. Liegt der Fokus auf der Stadtbesichtigung, ist eine Unterkunft in Downtown ratsam. Soll die Reise sofort losgehen und Orlando erst einmal außen vor gelassen werden, kann man in einem der flughafennahen Hotels absteigen. Wie und wo auch immer Sie wohnen wollen – bei den enormen Bettenkapazitäten der Stadt dürfte es nirgendwo ein Problem sein, unterzukommen!

Der **Orlando International Airport (MCO)** liegt 16 km/10 mi südlich von Downtown. Es ist der größte Flughafen des Bundesstaates, dabei aber ausgesprochen unkompliziert, da sehr großzügig und übersichtlich gestaltet. Von Deutschland aus fliegen die Lufthansa und United ohne Zwischenstopp ab Frankfurt, Delta Air Lines ab Düsseldorf und München und Air Berlin ab Berlin nach Orlando.

Trotz der zentralen Lage und der Einwohnerzahl ist Orlando nicht Hauptstadt des Bundesstaates, sondern das ganz im Norden gelegene **Tallahassee**. Während die Hauptstadt vor allem als Industriestandort genutzt wird, hat sich Orlando ganz und gar dem Tourismus verschrieben. Es gibt Museen, Aquarien, Parkanlagen und Botanische Gärten – aber man muss es ganz klar sagen: Der Fokus in Orlando liegt auf den Freizeitparks. Das ist indes nicht erstaunlich, weil einige davon zu den besten der Welt zählen. Zudem gibt es nirgendwo sonst eine so hohe Konzentration solcher Parks wie in Orlando – zusammen mit der näheren und weiteren Umgebung der Stadt sind es etwa 50 Parks.

downtownorlando.com

FROM DAYTONA BEACH

LAKE IVANHOE

LAKE HIGHLAND

LAKE CONCORD

63 LOCH HAVEN PARK INSET

Orlando Philharmonic Orchestra · Orlando Shakespeare Festival · Orlando Museum of Art · Orlando Fire Museum · Orlando Science Center · Orlando Loch Haven Park · Orlando Cultural Park · Orlando Repertory Theatre · Mennello Museum of American Folk Art

LAKE DOT PARK

Creative Village

FROM SPACECOAST

LAKE EOLA PARK

FROM TURNPIKE

TO ORLANDO EXECUTIVE AIRPORT

TO CITRUS BOWL & TINKER FIELD

Amway

LAKE OLIVE

★ info center

408

LAKE LUCERNE

LAKE LUCERNE

LAKE CHEROKEE

408

FROM DISNEY

LAKE DAVIS

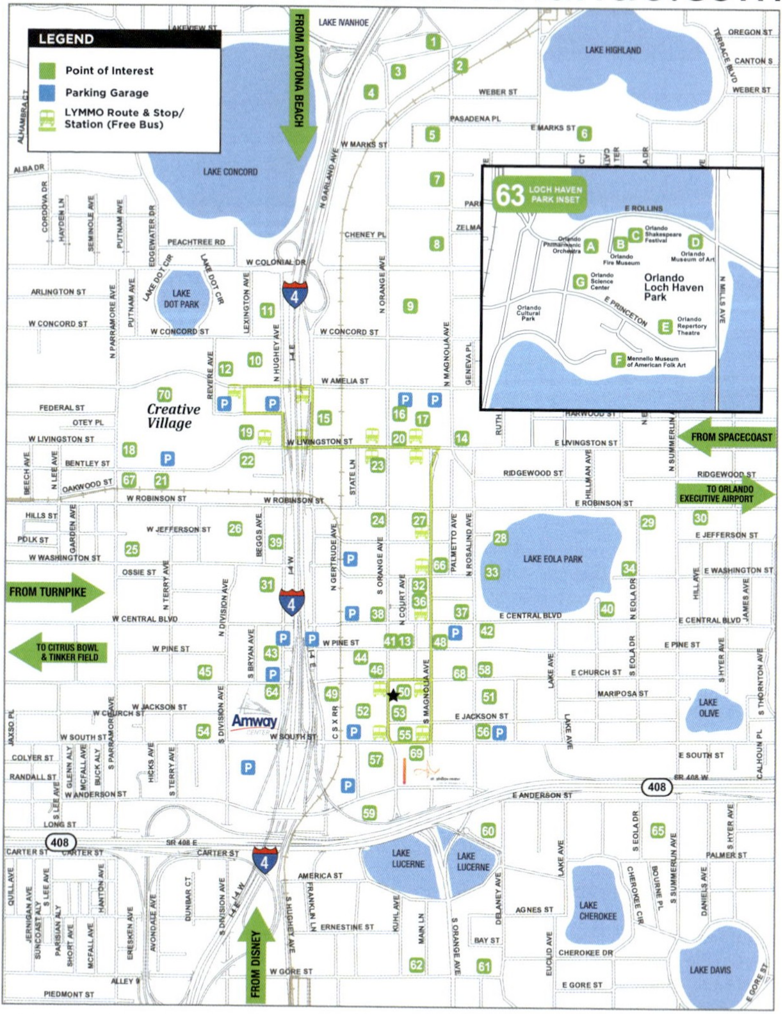

1. Orlando Regional Chamber of Commerce
2. Dr Phillips Performing Arts Center
3. Doubletree by Hilton Orlando Downtown
4. Gateway Center
5. Marks Street Senior Center
6. Lake Highland Prep.
7. One Orlando Centre (Wells Fargo)
8. Courtyard by Marriott Orlando Downtown
9. Orlando Sentinel
10. Orlando Technical Center
11. Crowne Plaza
12. Orange County Public Schools Ed. Leadership Center
13. SAK Comedy Lab
14. Travelodge Downtown
15. LYNX Central Station
16. Orange County Public Defender
17. Orange County Courthouse
18. Downtown Rec and Tennis Centre
19. Bob Carr Performing Arts Centre

20. Orange County Civil and Traffic Court
21. UCF Center For Emerging Media
22. Sheraton Orlando Downtown Hotel
23. Bank of America Building
24. Old Southern Bank Building
25. Callahan Neighborhood Center
26. State Office Building Hurston Building Complex
27. Downtown Post Office
28. Swan Boat & Gondola Rentals
29. EO Inn
30. Howard Middle School
31. Federal Building
32. Orange County Regional History Center
33. Walt Disney Amphitheater
34. Children's Playground
35. Heritage Square
36. Orange County Public Library
37. Orlando Tower (Wells Fargo)
38. Orlando Tower (Wells Fargo)

39. FAMU College of Law
40. Orlando Farmer's Market
41. CityArts Factory
42. Embassy Suites
43. Orlando Police Headquarters
44. UCF Downtown Ying Academic Center
45. H.D. Supply
46. Valencia Community College
47. Orange County Human Resources
48. Gallery at Avalon Island
49. Church Street Station
50. Seaside Bank
51. Orange County Administration Center
52. Suntrust Center, Orange Co. Tax Collector and Property Appraiser
53. Citrus Center (BB&T Bank)
54. Wells' Built African-American Historical Museum
55. Grand Bohemian Hotel
56. Auto Tag Office

57. Orlando City Hall & Terrace Art Gallery
58. Orange County Records
59. Orlando Utilities Commission
60. Courtyard at Lake Lucerne
61. Beardall Senior Center
62. Orlando Regional Lucerne Hospital
63. Loch Haven Park (Inset)
64. Amway Center
65. Cherokee School
66. Lake Eola Charter School
67. Nap Ford Community School
68. The Christ School
69. Dr Phillips Center for Performing Arts
70. Creative Village

★ Downtown Info Center

Map provided courtesy of the City of Orlando

Für viele Reisende ist Orlando lediglich ein Ankunfts-Fixpunkt. Vielleicht kommt noch ein für den persönlichen Geschmack attraktiver Freizeitpark aufs Programm – und das war's. Das ist schade, denn Orlando hat beispielsweise eine sehr schöne Downtown mit vielen netten Restaurants und Bars.

Diese liegt direkt an der Interstate 4, die Orlando von Nord nach Südwest durchläuft. Schon eine Fahrt auf dieser Stadtautobahn versetzt den Besucher in eine andere Welt: Büro-, Apartment- und Hoteltürme in allen Farben und Formen, digitale Werbeflächen und Fast-Food-Restaurants, wohin man auch blickt. Parallel zur Autobahn verläuft die **Orange Avenue**, das Zentrum Downtowns und Hauptgeschäftstraße. Downtown selbst ist weiter unterteilt in die Stadtteile **Uptown**, **Parramore**, **Central Business District** und **Lake Eola Park**. Im Bereich um die von der Orange Avenue abzweigende **Church Street** schließlich gibt es die einzigen etwas älteren Häuser aus den Gründungsjahren der Stadt. Umrahmt das Viertel von den Wolkenkratzern Downtowns – ein skurriles Ambiente!

Attraktiv ist definitiv jedoch nur der nördliche Teil Downtowns. Je weiter südlich man parallel zur Interstate gelangt, desto unschöner, zum Teil richtig ungepflegt und vernachlässigt wirkt die Stadt. Innerhalb Downtowns bieten sich zahlreiche Parkmöglichkeiten (Public Parking) in Parkhäusern. Diese kosten für eine unbegrenzte Parkdauer recht einheitlich alle etwa 🅿 $ 15.

💡 Wenn Sie vorab übers Internet eine Parkmöglichkeit suchen wollen, ist die Seite 🌐 www.downtownorlando.com/getting-around/parking hilfreich.

Man findet sich in der autofahrerfreundlichen Stadt gut zurecht, das Stadtzentrum ist schachbrettartig gegliedert. Nur wenige Kilometer östlich von Downtown befindet sich der Orlando International Airport. Folgt man von Downtown der Interstate in nordöstliche Richtung, erreicht man den Stadtteil **Loch Haven Park**. Er ist das kulturelle Zentrum Orlandos und hat neben Museen künstlich angelegte Seen und einen Rosengarten zu bieten. Nordöstlich davon liegt der als Künstlerkolonie gegründete **Winter Park**. Auch hier gibt es neben Kunst- und Skulpturenmuseen einen schön angelegten Garten und einen See. Von Ost nach West ist die Stadt vom **Holland**

East-West Expressway (gebührenpflichtig) erschlossen. Man erreicht die Straße über die Ausfahrt 82A von der Interstate 4. Diese Querachse Orlandos befindet sich direkt südlich von Downtown und begrenzt die attraktivere nördliche Innenstadt von der südlichen.

Südwestlich von Downtown ist schließlich alles konzentriert, was man mit Orlando verbindet: Zunächst ist hier am Südostufer des Lake Buena Vista **Disney Springs**, die Downtown im Disney-Distrikt, angesiedelt mit einer reichen Auswahl an ausgefallenen und zum größten Teil themenbezogenen Einkaufsmöglichkeiten, Designerläden und Factory Outlets, Restaurants, spektakulären Hotels und Freizeitangeboten. Das komplette Shoppingangebot der Stadt mit Outlets, Markengeschäften und Malls findet man unter 🌐 www.visitorlando.com. Drei der sehr großen und viele kleine Themenparks befinden sich in unmittelbarer Nähe. Im weiteren Umfeld von Orlando gibt es zahlreiche Wohngebiete, 47 Stadtparks und Golfplätze, insgesamt 54 Seen sowie weitere Vergnügungsparks.

Vor allem für die Wohnmobilreisenden ist der Ersteinkauf in Orlando sehr wichtig. Der vom Flughafen aus am schnellsten erreichbare Walmart ist der 10,5 km/6,6 mi entfernte in der 📍 5991 South Goldenrod Road, Orlando, FL 32822 ☎ 1-407-382-8880. Er ist rund um die Uhr geöffnet.

Dass es wenig ältere Bausubstanz in Orlando gibt, liegt schlicht an der Jugend der Stadt. Erst Mitte des 19. Jahrhunderts ließen sich die ersten Siedler nieder, als mit dem Bau einer Ranch ein Handelsposten errichtet wurde. Zuvor hatte hier der Indianerstamm der **Seminolen** gelebt. Innerhalb des nächsten Jahrzehnts war die Gegend bereits von Farmen und Baumwollplantagen übersät, 1872 erhielt Orlando Stadtrechte. Nach dem Bürgerkrieg hielten die Zitrusfrüchte Einzug, 1875 wurde der erste Orangenhain angelegt. Als 1880 die Eisenbahn nach Orlando kam, brachte sie auch die ersten Touristen mit, die in Hotels an der Orange Avenue abstiegen. Es war aber zunächst ein zaghafter Vorstoß, denn die meisten Touristen bevorzugten die Küstenregionen. Erst mit Walt Disney, „Vater" von Donald Duck und Konsorten, kamen die Touristen scharenweise. Disney ließ Sumpfland trockenlegen und plante nicht nur einen Vergnügungspark, sondern gleich ein ganzes Resort mitsamt Unterkunft, Transport und

Die ganze Stadt ist übersät von kleinen und großen Seen – dadurch zeigt sich Orlando sehr grün.

Verpflegung. Bis zum Auftauchen von Walt Disney beziehungsweise der Eröffnung des ersten Parks **Magic Kingdom** 1971 war Orlando ein ruhiges Städtchen mit gerade mal 30.000 Einwohnern gewesen.

Orlando ist trotz seiner Weitläufigkeit überschaubar. Es ist kein Problem, sich mit dem Mietwagen zurechtzufinden. Ohne eigenes Fahrzeug stehen als öffentliche Verkehrsmittel die Linienbusse von **Lynx** zur Verfügung. Das ist die günstigste Möglichkeit, innerhalb Orlandos herumzukommen. Man erkennt die Busse an der pinkfarbenen Aufschrift „Bus" beziehungsweise der pinkfarbenen Tatze. Je nach Stadtgebiet fahren die Busse im 15-, 30- und 60-Minuten-Takt. Eine Fahrt kostet 🔆 $ 2, Kinder unter 6 Jahren fahren kostenlos bei den Eltern mit. Es gibt Tagespässe für 🔆 $ 4,50 und 7-Tages-Pässe für 🔆 $ 16. Innerhalb Downtowns sind die Busse der Linie **Lymmo** im Einsatz. Von der Amway Arena fahren sie kostenlos über 21 Haltestellen in Downtown bis zur City Hall. Abfahrt alle zehn Minuten (Informationen für beide Linien unter 🌐 www.golynx.com).

Eher nostalgisch als eine verkehrstechnische Hilfe sind die sogenannten **Trolleys**, die entlang des International Drive verkehren. Alle 20 bis 30 Minuten werden die sich überschneidenden Strecken Red Line und Green Line von 8–20 Uhr bedient. Die einfache Fahrt kostet 🔆 $ 2, der Tagespass $ 5. Informationen unter 🌐 www.iridetrolley.com.

> ❗ Wenn Sie eine ausführliche Besuchszeit für Orlando einplanen, empfiehlt sich ein entsprechender Stadtreiseführer und/oder eine detaillierte Straßenkarte der Metropole als zusätzliches Material.

🅷 ORLANDO/ORANGE COUNTY OFFICIAL VISITOR CENTER

📧 *8723 International Dr, Suite 101, Orlando, FL 32819*
📞 *1-407-363-5872*
@ *info@visitorlando.com*
🌐 *www.visitorlando.com*
🕐 *Tägl. 8.30–18.30 h*

👁 Highlights Downtown

▶ Downtown Orlando Historic District Walking Tour

Um einen ausführlichen Überblick über den historischen Bereich Downtowns zu erhalten, ist diese Tour, in der alle Sehenswürdigkeiten zusammengefasst sind, zu empfehlen. Sie beinhaltet alle Gebäude, die die Geschichte Orlandos zwischen 1880 und den frühen 40er-Jahren des 20. Jahrhunderts widerspiegeln. Die Tour ist in zwei Rundwege unterteilt, die man unabhängig voneinander oder zusammen begehen kann. Man kann sie komplett oder in Auszügen unternehmen und sich von einem von der Stadt im Internet bereitgestellten Dokument (siehe unten, Karte nebenstehend) leiten und mit Informationen versorgen lassen. Darin sind insgesamt 28 historisch bedeutsame Gebäude und Orte innerhalb von acht Blocks mit Adresse und kurzer Beschreibung aufgeführt. Am Ende des Dokuments befindet sich ein Plan von Downtown mit den eingezeichneten Stationen der Tour und beiden separat eingetragenen Rundwegen. Auf dem Plan sind auch die Haltestellen der Lymmo-Buslinie eingezeichnet, sodass man zwischen Gehen und Busfahren variieren kann.

DOWNTOWN ORLANDO HISTORIC DISTRICT

1 Well'sbuilt Hotel (511 W South St)
2 Dr. William Monroe Wells House (519 W South St)
3 Victorian House & Cottage (541 W South St)
4 Hankins Building (647 W South St)
5 Mount Pleasant Baptist Church (701 W South St)
6 Ebenezer Methodist Church (596 W Church St)
7 Slemons Department Store (129 W Church St)
8 Bumby Hardware Building (102–110 W Church St)
9 Old Orlando Railroad Depot (76 W Church St)
10 Nicholson-Colyer Building (29 W Church St)
11 Kress Building (15 W Church St)
12 First National Bank (190 S Orange Ave)
13 Orlando Bank & Trust Company (100 S Orange Ave)
14 Tinker Building (18 W Pine St)
15 Elijah Hand Building (15–17 W Pine St)
16 Carey Hand Building (36 W Pine St)
17 Yowell-Duckworth Building (1 S Orange Ave)
18 Dickson-Ives Company (2 S Orange Ave)
19 The State Bank of Orlando (1 N Orange Ave)
20 Angebilt Hotel (37 N Orange Ave)
21 Rose Building (49 N Orange Ave)
22 Rutland's (63 N Orange Ave)
23 U.S. Post Office & Courthouse (46 E Robinson St)
24 Cathedral of St. Luke (140 N Magnolia Ave)
25 First Church of Christ Scientist (24 N Rosalind Ave)
26 Old Orange County Courthouse (65 E Central Blvd)
27 Rogers Building (37 S Magnolia Ave)
28 Ellis Building (35 E Pine St)

1 HISTORIC BUILDING

PARKS/PUBLIC SPACE

LYMMO ROUTE (FREE BUS CIRCULATOR)

♦ LYMMO STOP

P PARKING

DOWNTOWN HISTORIC DISTRICT

WEST LOOP 1.27 MILES

EAST LOOP 1.23 MILES

🔄 Entsprechend der Nummerierung auf obenstehendem Plan startet man die Tour am besten bei Punkt 1, Well'sbuilt Hotel, 🔄 511 West South St.

🔄 4 km/2,5 mi

🌐 www.cityoforlando.net/city-planning/wp-content/uploads/sites/27/2015/08/2015-WalkingTour_BrochureWEB-2.pdf

▶ **Lake Eola Park** ★

Ein Kleinod mitten in der Stadt und von Wolkenkratzern gesäumt ist der Lake Eola mit seinem umgebenden Park. Ob zum Spazieren-gehen, einer Fahrt mit einem Tretboot-Schwan oder einfach nur für eine Auszeit vom Trubel der Stadt – eine sehr schöne Stimmung herrscht in dem kleinen Park, in dem auch Mickey Mouse und Co. mal Pause haben. Man kann den See auf einer Länge von 1,5 km/1 mi umrunden und dabei Vögel beobachten. Besonders romantisch ist das abends bei Sonnenuntergang, wenn sich die Wolkenkratzer auf der Seeoberfläche spiegeln. Auch Jogger nutzen den Rundweg um den See gerne in den Abendstunden. Am Westufer befindet sich das **Walt Disney Amphitheater**, eine

Ein von Wolkenkratzern umgebenes Kleinod – der Lake Eola

Konzertmuschel direkt über dem Wasser. Im Park gibt es jeden Sonntag von 10 bis 16 Uhr einen **Bauernmarkt** (Farmer's Market) mit frischem Obst und Gemüse, Livemusik und Biergarten, authentische Atmosphäre inklusive ✉ Ecke E Central Blvd und N Eola Dr.

🅿 *Parken: Sonntags (Markttag) kostenlos auf den eingezeichneten Parkflächen an der Straße, sonst gebührenpflichtig in einem der Parkhäuser auf der S Osceola Ave oder dem N Eola Dr*

✉ *195 N Rosalind Ave, Orlando, FL 32801*

► **Orange County Regional History Center** ♟

Allein wegen des Hauses, ein historisches Gerichtsgebäude (Orange County Courthouse), ist das Museum einen Besuch wert. Kultur und Geschichte in wechselnden Ausstellungen sind Schwerpunkt des Museums. Dabei steht die Historie Floridas und Orlandos im Vordergrund. Die Exponate werden ansprechend und gerne auch mal unterhaltsam, zum Beispiel mit Hilfe der Muppets, präsentiert. In der Dauerausstellung wird der Besucher auf eine Zeitreise geschickt und erfährt, wie es in Florida zur vor-europäischen Eroberung durch die Spanier ausgesehen hat. Es geht außerdem um die Entwicklung der Zitrusplantagen, die Flora und Fauna allgemein und 100 Jahre Tourismus vor Disney. Thema einer Wech-

selausstellung können beispielsweise die Seminolenkriege (auch: Floridakriege, insgesamt drei Kriege vom Anfang bis zur Mitte des 19. Jahrhunderts zwischen den USA und verschiedenen, in Florida lebenden Indianerstämmen, zusammengefasst als Seminolen), der amerikanische Bürgerkrieg oder Gemälde mit Landschaften Floridas sein. Das Museum bietet auch Familien-, Kinder- und Jugendprogramme an.

🅿 *Parkhaus auf dem 112 E Central Blvd, Orlando, FL 32801*

✉ *65 E Central Blvd, Orlando, FL 32801*

☎ *1-407-836-8500*

🌐 *http://thehistorycenter.org*

🕐 *Mo–Sa 10–17 h, So 12–17 h*

💲 *Erw. $ 8, Kinder (5–12 J.) $ 6, Sen. (über 60 J.) $ 7*

► **Heritage Square Park**

Der Park ist Veranstaltungsort für Festivals und Konzerte und außerhalb solcher Festzeiten eine kleine Oase im Herzen Downtowns. Im Mittelpunkt der Grünfläche steht ein Springbrunnen mit Symbolen und Statuen aus Orlandos Geschichte, zum Beispiel Bronzestatuen von Alligatoren. Der Park hat viele schöne, schattige Picknickplätze unter Zypressen und umgibt das Orange County Courthouse (►Seite 54). Es gibt zahlreiche, schöne Spazierwege.

🅿 *Parkhaus auf 112 E Central Blvd, Orlando, FL 32801*

✉ *65 E Central Blvd, Orlando, FL 32801*

► Orlando City Hall & Terrace Art Gallery

Im Rathaus von Orlando ist nicht nur der Sitz des Bürgermeisters untergebracht, sondern auch die Terrace Gallery im Erdgeschoss und die Mayor's Gallery im ersten und zweiten Stockwerk des Gebäudes in neoklassischer Architektur. Während in der **Mayor's Gallery** ausschließlich Künstler aus Zentralflorida ausstellen, kann man in der **Terrace Gallery** Wechselausstellungen nationaler und internationaler Künstler besichtigen. Zusätzlich zu den Exponaten in den Galerien ist das gesamte Rathausgebäude gespickt mit Kunstwerken aller Art wie Gemälde, Skulpturen und Töpferware – und das an Stellen, an denen man gar nicht damit rechnet. In jedem Stockwerk des Gebäudes befinden sich beispielsweise Porträtgemälde außen auf den Aufzugstüren. Ein schöner Ort für eine Auszeit vom geschäftigen Treiben der Stadt.

🏠 *Auf der gegenüberliegenden Seite der Orange Avenue und der City Hall befindet sich die City Commons Parking Garage.*

✉ *400 S Orange Ave, Orlando, FL 32801*

☎ *1-407-246-4279*

🌐 *http://www.downtownorlando.com/locations/orlando-city-hall-terrace-gallery*

🕐 *Terrace Gallery: Mo–Fr 8–21 h, Sa & So 12–17 h; Mayor's Gallery: Mo–Fr 8–17 h, an Feiertagen geschlossen*

💲 *Frei*

► Amway Center

In Parramore, West Downtown, finden nicht nur Basketballfans eine supermoderne **Indoor-Arena**: das Amway Center. 2010 fertiggestellt, hatte die moderne Sport- und Veranstaltungshalle eine Bauzeit von zwei Jahren. Es ist die Ersatzarena für die Amway Arena, die weitgehend außer Betrieb ist, in Downtown aber noch besichtigt werden kann. Fast 19.000 Zuschauer finden in der neuen Arena Platz, die Heimstätte des Basketball-Teams Orlando Magic ist. Seit 2011 spielt auch die Football-Mannschaft Orlando Predators in diesem Stadion, in der Saison 2012/13 kam die Eishockeymannschaft Orlando Solar Bears hinzu. Allein schon sehenswert ist der gläserne Turm an der nordöstlichen Ecke des Stadions, dessen LED-Beleuchtung seine Farben ändert. Besonders im Dunkeln ist das ein beeindruckendes Farbspiel. Besichti-

gungen des Gebäudes außerhalb der Spiele und Events sind nicht möglich.

🏠 *Gegenüber der Arena befindet sich das Geico Parkhaus Ecke South St und Hughey Ave in der 400 W South St.*

✉ *400 W Church St, Orlando, FL 32801*

☎ *1-407-440-7900*

🌐 *www.amwaycenter.com*

👁 Highlights nördlich von Downtown

► Loch Haven Park

Der Park liegt eingebettet zwischen drei künstlichen Seen: Lake Estelle im Norden, Lake Rowena im Osten und Lake Formosa im Süden. Mehrere Museen und Theater befinden sich innerhalb des Parks und machen ihn zum kulturellen Zentrum der Region: Das **Orlando Science Center** (siehe unten), das **Orlando Museum of Art** mit Schwerpunkt auf amerikanischer, vor allem zeitgenössischer Kunst (🕐 Di–Fr 10–16 h, Sa & So 12–16 h 💲 Erw. $ 15, Kinder (4–17 J.) $ 5 🌐 www.omart.org) und das **Orlando Fire Center** im nördlichen Teil des Parks, in dem es um die Geschichte des Orlando Fire Department geht (🌐 www.cityoforlando.net/fire/community/#museum). Nach so viel Kultur lädt die Rasenfläche inmitten des Loch Haven Parks zum Entspannen und Genießen ein, während man unter majestätischen Eichen sitzend die Seen betrachtet (die älteste und größte Eiche Floridas, **The Mayor**, wächst im Park!). Viele regelmäßige Veranstaltungen finden hier statt, zum Beispiel Theater-Festivals, Tiermessen und Antiquitäten-Shows.

🏠 *Zwischen North Mills Ave und Princeton St*

✉ *777 E Princeton St, Orlando, FL 32803*

☎ *1-407-246-2283*

🕐 *5 h–Sonnenuntergang*

💲 *frei*

► Orlando Science Center (OSC) 👫

Nördlich von Downtown befindet sich im Loch Haven Park das Science Center, dessen Schwerpunkt auf der Naturgeschichte Floridas und dem interaktiven Erleben von Wissenschaft und Technik liegt. Im **Science Park** beispielsweise beschäftigt sich die Ausstellung mit Licht, Elektrizität und Magnetismus, den Kräften der Natur und deren

Bereit für das Abenteuer Disney?

Simulation. Im obersten Stockwerk sind Dinosaurier beherbergt, die im Umfeld von Astronomie und der Wissenschaft der Erde präsentiert werden. Für Kinder gibt es Mitmachstationen und eine eigene **Kids Town** mit Wissenschaft zum Anfassen.

Ausgestattet mit IMAX-Kino und Planetarium wird hier mit vielen Methoden Wissen vermittelt – einen Tag sollte man schon einplanen, denn die Ausstellungen erstrecken sich über vier Etagen. Highlight vor allem für Familien mit Kindern ist die **Titanic Experience** mit Original-Nachbauten von Teilbereichen des legendären Schiffes. Das futuristisch anmutende Gebäude ist eine Sehenswürdigkeit für sich.

🧭 Über die I-4 in nördliche Richtung etwa 5 km/3 mi bis Ausfahrt Princeton St fahren. Auf diese rechts abbiegen, zwei Ampeln weit folgen. An der dritten Ampel rechts in die Parkgarage des Museums einbiegen.

✉ 777 E Princeton St, Orlando, FL 32803

☎ 1-407-514-2000

@ gservices@osc.org

🌐 www.osc.org

🕐 Tägl. 10–17 h

💰 Erw. $ 20,95, Kinder (3–11 J.) $ 14,95, Stud. & Sen. (über 55 J.) $ 18,95

► **Harry P. Leu Gardens**

Am südlichen Ufer des Lake Rowena (östlich des Loch Haven Parks) befindet sich dieser Botanische Garten, der vor allem für die größte Kameliensammlung der USA bekannt ist. Ein Rosengarten mit über 100 Arten,

Magnolien-, Orchideen- und Azaleen-Bepflanzungen sowie der **Butterfly Garden** mit bunten Schmetterlingen aus aller Welt sind die Attraktionen der schönen Gartenanlage.

🧭 Über die I-4 in nördliche Richtung etwa 5 km/3 mi bis Ausfahrt Princeton St fahren. Ab hier der Ausschilderung „Leu Gardens" folgen.

✉ 1920 N Forest Ave, Orlando, FL 32803

☎ 1-407-246-2620

🌐 www.leugardens.org

🕐 Tägl. 9–17 h

💰 Erw. $ 10, Kinder (ab 4 J.) $ 3, jeweils zzgl. Steuern

► **Albin Polasek Museum & Sculpture Gardens**

In dem als Künstlerkolonie gegründeten Stadtteil **Winter Park** ist dieses lebendige Museum mit Gartenanlagen beheimatet. In einer Verbindung aus hellen Hallen und einem Palmengarten wird das Lebenswerk des tschechisch-stämmigen Künstlers präsentiert.

Vor einer blumenreichen und farbenfrohen Kulisse kann man 50 freistehende Skulpturen von Polasek sowie anderen Bildhauern des 20. Jahrhunderts bewundern. Im zugehörigen Museum zeigen aktuelle Künstler Werke (Gemälde, Fotografien und Skulpturen) in einer Dauerausstellung sowie in Ausstellungen mit wechselnden Themenschwerpunkten. Im Rahmen einer Führung können sowohl der Skulpturengarten als auch das historische Wohnhaus und die Kapelle Polaseks besichtigt werden.

📻 *Von der I-4 die Ausfahrt Fairbanks Ave nehmen und rechts in östliche Richtung fahren. Nach etwa 4 km/1,5 mi erreicht man Winter Park. Etwa ein Block nach der Winter Park Library (links) ist linkerhand das Polasek Museum.*

✉ *633 Osceola Ave, Winter Park, FL 32789*

☎ *1-407-647-6294*

🌐 *www.polasek.org*

🕐 *Di–Sa 10–16 h, So 13–16 h, Führungen: Di–Sa 10.30, 11.45, 13.30 & 15 h, So 13.30 & 15 h, Führungen Skulpturengarten nur Di 10.30 h*

💲 *Erw. $ 5, Kinder (ab 12 J.) & Stud. $ 3, Sen. $ 4, öffentliche Führungen inkl., Gruppenführungen $ 4*

👁 Highlights südlich von Downtown

❗ Es ist nicht möglich und auch nicht Sinn dieses Routenreiseführers, jeden einzelnen Park in und um Orlando zu beschreiben. Im Folgenden sollen deshalb lediglich jeweils die meist besuchten beziehungsweise berühmtesten Vertreter ausführlich vorgestellt werden. Die Öffnungszeiten beziehen sich bei allen Parks auf die Hochsaison im April.

❗ Grundsätzlich lohnt es sich, die Tickets vorab übers Internet zu kaufen.

▶ Walt Disney World Resort

Neben dem Gelände von Downtown Disney gibt es im Walt Disney World Resort vier Disney-Themenparks und zwei Wasserparks. Das Resort liegt etwa 34 km/21 mi südwest-

lich der Innenstadt von Orlando und ist direkt über die Interstate 4 erreichbar.

Disney Springs

Der Bereich hieß bis Sommer 2015 Downtown Disney und wurde dann im Rahmen einer großen Neugestaltung in Disney Springs umbenannt. Das Angebot ist identisch geblieben, man kann auch weiterhin alles: gut essen, tanzen, einkaufen, spielen und unterhalten werden. Und das Ganze ohne Eintritt in einen der Disney-Parks, aber mit so ziemlich demselben Ambiente. Um die reiche Auswahl an Läden, Shops und Boutiquen, Restaurants, Theatern und Konzerthäusern vorzustellen, bräuchte es einen eigenen Reiseführer. Deshalb hier eine Liste für den schnellen Überblick: 🌐 www.wdwinfo.com/downtown/marketplace. Im Folgenden werden die drei Bereiche vorgestellt, aus denen Disney Springs im Wesentlichen besteht.

📻 *Innerhalb von Disney Springs verkehrt ein Bus, der auch das Walt Disney World Resort und die Hotels anbindet. Eine Parkgarage befindet sich in 1780 E Buena Vista Dr, Lake Buena Vista, FL 32830.*

✉ *Lake Buena Vista, FL 32830*

🌐 www.disneysprings.com

❗ Die vier Bereiche innerhalb Disney Springs verfügen über unendlich viele, kostenlose Parkplätze!

Disney Springs Marketplace 👫

Um den Marketplace am östlichen Ende von Downtown Disney gruppieren sich vor allem

Eine Seeschlange aus tausenden von Legoteilen bewacht das Seeufer von Disney Springs.

Westside ist das Unterhaltungsviertel in Disney Springs

Läden und Shops, darunter der größte **Disney Store** der Welt. Hier gibt es Spielzeug, Kleidung und Souvenirs in Hülle und Fülle. Auch das **Lego Imagination Center** befindet sich am Marketplace. Nahezu die ganze Welt der Legosteine ist hier erhältlich, vom einfachen Stein bis zum hochanspruchsvollen Set. Highlight für die Kleinen sind eine Spielzone und überlebensgroße Lego-Kreationen rund um den Shop. Einige empfehlenswerte Restaurants sind ebenfalls am Marketplace angesiedelt, darunter das **Cap'n Jack**, in dem vorwiegend Seafood serviert wird, und das **Rainforest Café**, in dem man neben der Nahrungsaufnahme mit allerhand Spezialeffekten konfrontiert wird – nomen est omen in diesem Restaurant.

💡 Dem Marketplace sollte man am besten tagsüber einen Besuch abstatten, denn am Abend, wenn sich die Vergnügungsparks leeren, füllt sich gleichzeitig der Platz. Auch am Wochenende ist es hier sehr überfüllt.

Disney Springs Westside
Ein überdimensionales Kino mit 24 Leinwänden, das **House of Blues**, in dem es allabendliche Live-Musik gibt, Akrobatik-Shows, Theatervorstellungen und die Show **Cirque de Soleil** im futuristischen, weißen Gebäude nach Art eines Zirkuszelts (🌐 www.cirquedusoleil.com) – wer kann sich bei einem solchen Unterhaltungsangebot noch langweilen? Da hier alles überdimensioniert ist, gibt es das Restaurant **Planet Hollywood** in Übergröße und Form einer Weltkugel. Die drei Etagen sind

ausstaffiert mit Filmrequisiten und gespeist wird unter dem Himmel des Planetariums.

Disney Springs The Landing
Es ist der Verkehrsknotenpunkt der Miniatur-Disneystadt und beinhaltet einen Jachthafen, weswegen alle Restaurants, Bars und Läden im Seefahrer-Design gestaltet sind. Unter den durchaus aus dem Rahmen fallenden Restaurants befinden sich beispielsweise das Portobello mit italienischer Küche oder das Paddlefish auf einem ausrangierten Schaufelraddampfer.

Disney Springs Town Center
Das kommerzielle Geschäftsviertel von Disney Springs präsentiert neben zahlreichen Händlern und Markenshops die namensgebenden „Springs", ein künstliches und sehr dekoratives Wasserbecken, das gleichzeitig die beiden Bereiche Town Center und The Landing voneinander trennt. Zum Angebot gesellen sich auch hier Restaurants und Unterhaltungsmöglichkeiten.

Disney Parks
🧭 *Für alle Parks: Für Hotelgäste des Walt Disney World Resort (▶ Seite 66) ist der Shuttleservice zu den Parks kostenlos. Die Parks sind untereinander mit kostenlosen Bussen, Fähren und einer Monorail verbunden, die im ganzen World Resort verkehren (ein Mietwagen ist deshalb hier nicht nötig!). An den Parks direkt parkt man für* *$ 20 für einen Pkw und $ 22 für einen Camper.*

💡 Wer mehrere Parks besuchen möchte, sollte auf jeden Fall ein **Park Hopper-**

Ticket kaufen. Das ist deutlich günstiger als die entsprechenden Einzeleintritte. Mit dem Ticket wechselt man zwischen den Parks, ohne erneut Eintritt bezahlen zu müssen. Man muss jedoch beachten, sich beim Verlassen eines Parks die Hand abstempeln zu lassen, denn ohne diesen Stempel kann man den nächsten Park nicht betreten.

Magic Kingdom 🎠
Es ist nicht nur der älteste, sondern auch der abwechslungsreichste der Disney-Parks. Magic Kingdom wurde am 1. Oktober 1971 eröffnet und ist der große Zwilling des kalifornischen Disneyland. Der Park ist der Klassiker und meistbesuchte der vier Disney-Parks, was sich in einem Besucheraufkommen von knapp 20 Millionen Gästen pro Jahr niederschlägt – damit ist Magic Kingdom der meistbesuchte Freizeitpark der Welt. Rund um das aus Filmvorspännen berühmte **Cinderella Castle** gruppieren sich sieben Bereiche, die ineinander übergehen: Die **Main Street** führt auf die Burg zu, vor der häufig Musik- und Tanzshows stattfinden – natürlich mit Mickey, Minnie und Gefolge als Darsteller. Mit der Eisenbahn kann man den Park umrunden. Rechts der Main Street sind im **Tomorrowland** Technologien der Zukunft Thema, im benachbarten **Storybook Circus** fühlen sich vor allem die Kleinkinder wohl. Hier ist ein hautnahes Zusammentreffen mit Donald, Onkel Dagobert, Goofy, Mickey und

Minnie garantiert. Auf sie trifft man auch im **Fantasyland** (das bis 2014 stark erweitert werden soll). Während es in diesen Bereichen überall Fahrgeschäfte gibt, widmet sich der **Liberty Square** der amerikanischen Geschichte und lässt alle 43 Präsidenten „zu Wort kommen". Mit der Geisterbahn „The Haunted Mansion" ist ein gruseliger Höhepunkt im Spukhaus gewährleistet.

In den Wilden Westen geht es im **Frontierland**, in dem die Achterbahn „Big Thunder Mountain Railroad" die Fahrgäste durch authentische Westernszenen wirbelt. Im **Adventureland** schließlich ist Abenteuer angesagt. Dschungel-Feeling entsteht nicht nur dank der tropischen Vegetation, sondern auch beim Anblick täuschend echt wirkender und roboteranimierter Krokodile, Elefanten und Affen. Blutige Seeschlachten und Piratenüberfälle erlebt man auf einer Bootstour der „Pirates of the Carribean". Natürlich gibt es im Magic Kingdom auch Paraden, Light Shows, Auftritte der bekannten Comic-Figuren sowie ein abendliches Feuerwerk. Mit dem Eintritt erhält man einen Übersichtsplan über die Zeiten aller Veranstaltungen.

✉ *1180 7 Seas Dr, Lake Buena Vista, FL 32830*
☎ *1-407-824-4321*
🌐 *https://disneyworld.disney.go.com/destinations/magic-kingdom*
🕐 *Je nach Saison, in der Hauptsaison 9–23 h*
💲 *Personen über 10 J.: ab $ 107, Kinder (3–9 J.) $ 101, 1-Tages-Park-Hopper-Ticket: über 10 J. ab $ 162, Kinder $ 156 (alles Online-Preise!)*

Alle berühmten Disney-Figuren sind in Magic Kingdom vertreten.

Nicht nur ein Markenzeichen des Epcot Center, sondern ein Wahrzeichen der Stadt Orlando ist diese Kugel, die Spaceship Earth.

Epcot Center ♀♂

Der Name steht für **E**xperimental **P**rototype **C**ommunity **o**f **T**omorrow und bedeutet so viel wie "Stadt der Zukunft". Der 1982 eröffnete Park hat edukativen Charakter, es geht um Technologie und Fortschritt, verschiedene Länder und Kulturen. In mehreren Themenpavillons werden aufwändig Visionen und Entwicklungen rund um Raumfahrt, Energie, Länder, Naturwunder und vieles mehr präsentiert. Eine Multimediashow, Filme, Fahrgeschäfte und ein abendliches Feuerwerk ergänzen das Angebot.

✉ *200 Epcot Center Dr, Lake Buena Vista, FL 32830*
☎ *1-407-824-4321*
🌐 *https://disneyworld.disney.go.com/destinations/epcot*
🕐 *9–21 h*
💲 *Personen ab 10 J.: ab $ 99, Kinder (3–9 J.) $ 93, 1-Tages-Park-Hopper-Ticket: ab 10 J. $ 162, Kinder $ 156 (alles Online-Preise!)*

Disney's Hollywood Studios ♀♂

Der dritte Disney-Park öffnete 1989 seine Pforten und widmet sich dem Thema Film. Hollywood und der Sunset Boulevard versetzen den Besucher in die Filmwelt von Los Angeles. Life-Shows, Stunts, Fahrgeschäfte und Backstage-Touren gewähren einen Blick hinter die Kulissen à la Hollywood. Alle Fans des Star Wars-Universums kommen bei den „Star Wars-Weekends" auf ihre Kosten – besondere Shows und „Original"-Figuren sind dann am Start.

✉ *351 S Studio Dr, Lake Buena Vista, FL 32830*
☎ *1-407-824-2222*

🌐 *https://disneyworld.disney.go.com/destinations/hollywood-studios*
🕐 *9–22 h*
💲 *Personen ab 10 J.: ab $ 99, Kinder (3–9 J.) $ 93, 1-Tages-Park-Hopper-Ticket: ab 10 J. $ 162, Kinder $ 156 (alles Online-Preise!)*

Disney's Animal Kingdom ♀♂

Es ist der jüngste und größte Disney-Park der Welt und er besteht aus sieben Inseln mit Themen rund um die Tierwelt, vor allem der asiatischen und afrikanischen. 1998 eröffnet ist der Park eine Kombination aus Zoo und Vergnügungspark. Das Angebot an Fahrgeschäften und Shows ist nicht so groß wie in den anderen drei Parks, Vertreter der Disney-Szenerie trifft man aber auch hier, so zum Beispiel bei Aufführungen wie das „Festival of the Lion King".

✉ *551 Rain Forest Rd, Lake Buena Vista, FL 32830*
☎ *1-407-824-4321*
🌐 *https://disneyworld.disney.go.com/destinations/animal-kingdom*
🕐 *9–23 h*
💲 *Personen ab 10 J.: ab $ 99, Kinder (3–9 J.) $ 93, 1-Tages-Park-Hopper-Ticket: ab 10 J. $ 162, Kinder $ 156 (Online-Preise!)*

Typhoon Lagoon ♀♂

Der tropische Wasserpark ist in Themenbereiche aufgeteilt – es gibt beispielsweise ein Shark Reef, einen Salzwasserpool mit echten Fischen, ein Wellenbad und fantasievoll angelegte (Riesen-)Rutschen.

✉ *1494 E Buena Vista Dr, Lake Buena Vista, FL 32830*
☎ *1-407-939-6244*

Das Riesenrad Orlando Eye ist die neueste Attraktion der Stadt.

🌐 https://disneyworld.disney.go.com/destinations/typhoon-lagoon
🕐 9–17 h
💲 Erw. $ 60, Kinder (3–9 J.) $ 54

Blizzard Beach 🛝

Die abenteuerlichen Rutschen starten fast alle auf dem 27 Meter hohen künstlichen „**Mount Gushmore**". Eine 36 Meter lange Rutsche ist die zweithöchste und schnellste der Welt. Der ganzen Anlage liegt optisch und inhaltlich die Idee eines Skigebietes zugrunde, sodass zum Beispiel in den Wellenpool kontinuierlich Schmelzwasser einläuft.

✉ 1534 E Buena Vista Dr, Lake Buena Vista, FL 32830
📞 1-407-939-6244
🌐 https://disneyworld.disney.go.com/destinations/blizzard-beach
🕐 10–17 h
💲 Personen ab 10 J.: $ 62, Kinder (3–9 J.) $ 56

▶ Skyplex und Orlando Eye

Eine neue Attraktion ab 2017 ist der Entertainment-Komplex **Skyplex**, zwischen der Innenstadt Orlandos und Disney Springs gelegen. Highlight ist ein etwa 170 Meter hoher Turm, um den herum sich die höchste Achterbahn der Welt namens Skyscraper windet. Ein Unterhaltungsbereich für Erwachsene mit Videospielen, Billard und einer Indoor-Kartstrecke sowie die Promenade SkyPlaza mit Restaurants ergänzen das Angebot.

📍 An der Kreuzung I-4 und Sand Lake Rd gelegen, nordöstlich von Downtown Disney und südlich der Innenstadt Orlandos
✉ Sand Lake Rd, Orlando, FL 32819

In unmittelbarer südlicher Nachbarschaft kann man seit dem Frühjahr 2015 im Riesenrad **Orlando Eye** seine Runden hoch über der Stadt drehen.

✉ 8401 International Dr, 100, Orlando, FL 32819
📞 1-866-228-6438
🌐 www.officialorlandoeye.com
🕐 So–Do 10–22 h, Fr & Sa 10–24 h
💲 Erw. $ 27,50, Kinder (3–12 J.) $ 22,50 (Online 10 % sparen)

▶ Universal Parks

Die Universal Studios und Island of Adventure sind beides Universal Parks. Sie liegen auf dem Gelände des Universal Orlando Resorts, wo sich auch der City Walk (siehe unten) befindet. Von Downtown Orlando aus sind es 16 km/10 mi Fahrt zu den beiden Parks. Von der Interstate 4 nimmt man die Ausfahrt 74B Richtung Universal.

Universal Studios 🛝

Es war einst ein Nachbau der Universal Studios in Los Angeles, ist aber zwischenzeitlich in Sachen Shows und Fahrgeschäfte größer als das Original. Vor allem ist es eine Konkurrenz für die Disney's Hollywood Studios in direkter Nachbarschaft. Im Zentrum des Parks liegt ein See, um den herum sich sechs Themenbereiche gruppieren. In der **Production Central** gibt es Abenteuer für Kinder in den Studios von Nickelodeon und einen rasanten Rollercoaster, im Bereich **New York** treibt King Kong in einer Indoor-Achterbahn sein Unwesen und im Bereich **San Francisco** tanzen Monster zu Pyrotechnik und die Besucher erleben in einer U-Bahnfahrt ein Erdbeben nach. Im Bereich **World Exposition** trifft man auf die Simpsons und Men in Black, in der **KidZone** fühlen sich Kleinkinder wohl. Als letzten Themenbereich gibt es **Hollywood** mit 3D-Show und Live-Stuntshow. Neu geplant ist ein **Springfield-Themenbereich** mit authentischen Gebäuden, Elementen und Charakteren aus der Heimatstadt der Simpsons.

Die **Zauberwelt von Harry Potter** wurde 2007 als neuestes Themenareal eröffnet. Besucher können am Gleis 9¾ im Bahnhof King's Cross in den legendären Hogwarts-Express steigen und die reise zur Zauberer-

Florida-Pendant zu den
Universal Studios in Hollywood

Die **Blue Man Group** hat auf dem City
Walk seit einigen Jahren eine feste Spielstätte. Der City Walk ist vor allem am Abend einen
Ausflug wert – dann sind die Gebäude illumi-
niert, überall spielen Bands und die tropische
Stimmung eines lauen Sommerabends wird
gemischt mit dem Trubel der Großstadt.

*Die Universal Studios liegen im Südwesten Orlandos,
Ausfahrt S Kirkman Rd von der I-4, dann über Universal Blvd bis zum Park. Die Adresse der Parkmöglichkeiten für die Themenparks und City Walk ist 6000
Universal Blvd, Orlando, FL 32819 ($ 15 für Pkw,
$ 20 für RVs, nach 18 Uhr einheitlich $ 5).*

1000 Universal Studios Plaza, Orlando, FL 32819
1-407-363-8000
www.universalorlando.com
9–21 h
Erw. $ 124, Kinder $ 119

Universal's Islands of Adventure

Direkt an die Universal Studios schließt der
Partnerpark Universal's Islands of Adventure
an. Auch hier stehen die Fahrgeschäfte und
Attraktionen natürlich unter verschiedenen
Filmmottos. Der Ort **Hogsmeade**, bekannt aus
der Welt von Harry Potter & Co., befindet sich
ebenfalls in diesem Park und ist mit dem Hogwarts Express an die Universal Studios angeschlossen. Freunde besonders extremer Rides
mit einigem Nervenkitzel sind hier genau richtig, dafür fehlen diesem Park die Schnörkel
und fantasievollen Gestaltungen à la Disney.

*Dieselbe Anfahrt und Parkplätze wie bei den
Universal Studios*
6000 Universal Studios Plaza, Orlando, FL 32819

schule Hogwarts antreten. Im benachbarten
Park Universal's Island of Adventure (Quer-
verweis) befindet sich ein weiterer teil der
Zauberwelt, der mit dem Hogwarts Express
an die Universal Studios angebunden ist.

Vom Parkplatz aus geht es ganz nach
dem Vorbild in Hollywood zunächst über den
City Walk durch einen Restaurant- und Dis-
cobereich zum Eingang der Universal Studios
beziehungsweise zum zweiten Park **Islands of
Adventure**. Neben Jazz-, Reggae- und Tanz-
clubs ist hier auch das **Hard Rock Café** zu finden, das größte der Welt, in Colosseum-Optik.

Die Zaubereischule Hogwarts – eine abenteurliche Festung
im Themenpark Universal's Island of Adventure

ORLANDO, CAPE CANAVERAL & MIAMI

62

Absolutes Highlight Im SeaWorld Adventure Park ist die Orka-Show

📞 *1-407-363-8000*
🌐 *www.universalorlando.com*
🕐 *9–20 h*
💰 *Erw. $ 124, Kinder (3–9 J.) $ 119*

💡 Wenn man beide Universal Parks besuchen will, gibt es diverse Möglichkeiten, Geld zu sparen. Online sind die Tickets grundsätzlich günstiger, eine Park-to-Park-Admission kostet 💰 für Erwachsene $ 174, für Kinder $ 169 (Online-Preise). Es gibt auch Mehrtagestickets, die im Vergleich zu Einzeleintritten günstiger sind. Einen Überblick über das diverse Preisgefüge erhält man unter 🌐 www.universalorlando.com/Theme-Park-Tickets/General-Admission.aspx

▶ **Verschiedene Themenparks**

SeaWorld Orlando 👫

Lebensraum „Meer" kombiniert mit Fahrattraktionen und Shows ist das Thema von Sea World, einem der berühmtesten Parks in und um Orlando. Highlight der Vorführungen ist die Show **One Ocean**, in der schwarzweiße Killerwale Kunststücke zeigen. Dass dabei die Tiertrainer auf den Walen reiten oder von ihnen in die Luft katapultiert werden, grenzt an eine Sensation. Aber auch die anderen Tiershows sind qualitativ sehr hochwertig. Kombinationen aus Tiertricks und menschlichen Stunts sind an akrobatischer Leistung nur schwer zu überbieten. Auch die Rides gehören in den Superlativ-Bereich: Die Achterbahnen des Parks verdienen Vokabeln wie „wild" und „irrsinnig", wenn man kopfüber und liegend im Rollercoaster „Manta Madness", dessen Züge als Rochen gestaltet sind, herumgewirbelt wird. Im Vordergrund eines Besuches stehen jedoch unbenommen die Begegnungen mit Orkas, Delfinen, Seelöwen, Haien und anderen Meeresbewohnern.

💡 Da die Shows sehr gefragt sind, sollte man sich gleich nach Parkeintritt über die Showzeiten informieren und jeweils mindestens eine halbe Stunde vor Beginn da sein – sonst gibt es keinen Sitzplatz mehr.

🚗 *Ausfahrt Beachline Expy von der I-4. Vom Expy die Abfahrt International Dr nehmen und bis zur Ampel fahren, dort links. An der zweiten Ampel rechts in den Central Florida Pkwy, wo rechterhand der Eingang ist. Vom Parkplatz gibt es einen Shuttle-Service zum Eingangsbereich (💰 Parkgebühren $ 12 für Pkw und $ 16 für RVs).*
✉ *7007 SeaWorld Dr, Orlando, FL 32821*
📞 *1-407-545-5550*
🌐 *http://seaworldparks.com/seaworld-orlando*
🕐 *9–18.30 h*
💰 *Erw. & Kinder (ab 3 J.) $ 99 (Online-Tickets günstiger!)*

💡 Es gibt Kombitickets für Sea World und Busch Gardens in Tampa. (▶ Seite 271)

Discovery Cove ᵗↂↂ

Errichtet auf einer künstlichen Südseeinsel legt auch dieser exklusive Marinepark den Schwerpunkt auf Meeresbewohner. Besonderes Bonbon: Man kann mit Delfinen schwimmen. Während der Hauptsaison mindestens einen Monat vorher buchen!

- Ausfahrt Beachline Expy von der I-4. Vom Expy die Abfahrt International Dr nehmen und bis zur Ampel fahren, dort links. An der dritten Ampel rechts abbiegen, der Park ist auf der linken Seite.
- 600 Discovery Cove Way, Orlando, FL 32821
- 1-407-513-4600
- www.discoverycove.com
- 9–17.30 h
- $ 229–359 je nach Jahreszeit (inkl. Delfinschwimmen)

Aquatica ᵗↂↂ

Ein Wasserpark mit Strand, Seegang und Wasserrutschen, Stromschnellen und einer durchsichtigen Rutsche, die durch einen See mit Großfischen führt.

- Ausfahrt Beachline Expy von der I-4. Vom Expy die Abfahrt International Dr nehmen und bis zur Ampel fahren, dort links. An der zweiten Ampel rechts in den Central Florida Pkwy. Aquatica ist auf der linken Seite (gegenüber Sea World).
- 5800 Water Play Way, Orlando, FL 32821
- 1-407-545-5550
- www.aquaticabyseaworld.com
- 9–17 h
- Erw. & Kinder (ab 3 J.) $ 59,99 (Online-Tickets günstiger!)

Gatorland ᵗↂↂ

Ein ganz anderes Thema erwartet die Besucher im Gatorland – es geht, wie der Name sagt, um Alligatoren und Krokodile. Man kann die Reptilien gefahrlos aus der Nähe betrachten und sie sogar füttern oder sich zusammen mit ihnen fotografieren lassen. Für den Besuch sollte man etwa drei Stunden kalkulieren.

- Von der I-4 die Ausfahrt Beachline nehmen. Dann die Abfahrt 80 Orange Blossom Trail, an der Ampel rechts und etwa 8 km/5 mi in südliche Richtung fahren. Gatorland folgt rechterhand nach der Hunters Creek Subdivision.
- 14501 S Orange Blossom Trail, Orlando, FL 32837
- 1-800-393-5297
- www.gatorland.com
- 10–18 h
- Erw. $ 26,99, Kinder (3–12 J.) $ 18,99 (Online-Tickets sind günstiger!)

💡 Es gibt etliche Ticketvariationen für den Besuch mehrerer Parks an bis zu fünf

Tagen. 🔄 Die Kosten für zwei Parks an zwei Tagen starten bei $ 274,99 (Kinder 3–9 J. $ 264,99) und umfassen alle Varianten bis hin zu drei Parks an fünf Tagen für $ 354,99 (Kinder $ 344,99).

👁 Weitere Highlights

▶ Kennedy Space Center

Das Kennedy Space Center (▶Seite 69) ist zwar gut von Orlando aus zu erreichen, da es aber schon auf der Route zu den nächsten Zielen der Reise liegt, ist es nicht sinnvoll, nach einem Besuch noch einmal nach Orlando zurückzukehren. Man sollte die Stadt vielmehr früh morgens verlassen, ausreichend Zeit für das Space Center einplanen und danach entweder direkt vor Ort (▶Seite 73) oder auf der Weiterfahrt Richtung Süden eine Übernachtung einplanen, zum Beispiel in der Nähe des Sebastian Inlet State Parks, ▶Seite 76.

- Kennedy Space Center, FL 32899
- 1-855-433-4223
- @ ksc-public-inquiries@mail.nasa.gov
- www.nasa.gov/centers/kennedy

🏨 Übernachten

Liegt der Fokus in Orlando auf den Vergnügungsparks oder im Bereich Downtown Disney, bietet sich dort auch die Übernachtung an. Will man mehr Stadt-Sightseeing machen, ist ein Hotel in Downtown beziehungsweise in den nördlicheren Stadtteilen empfehlenswert. Ist Orlando (zunächst) nur der Startpunkt der Rundreise, kann man auch in einem der Flughafenhotels bleiben. Da die Übernachtungskapazitäten in Orlando nahezu grenzenlos sind, kann im Folgenden nur eine Auswahl an Hotels vorgestellt werden, die sich homogen über das Stadtgebiet verteilt und für jeden Geldbeutel etwas bereithält.

Es wird davon ausgegangen, dass im Falle einer Wohnmobilreise für den Startaufenthalt in Orlando der Camper noch nicht aufgenommen ist, sondern erst ab Beginn der Rundreise als fahrbarer Untersatz und Übernachtungsmöglichkeit dient. Wer sich jedoch auf Disney World stürzen möchte und den Camper schon bei Ankunft aufnimmt, findet unten einen Campground in diesem Bereich, von dem aus man mittels kostenloser Shuttle-

Möglichkeiten zu den Attraktionen gelangt. Man kann in diesem Fall den Camper für den Aufenthalt in Orlando am Platz stehenlassen. Wer in der Nähe des Flughafens übernachten möchte (auch der Wohnmobil-Vermieter Road Bear ist nur 10 km/6 mi entfernt), ist auf dem ebenfalls beschriebenen KOA-Campground im Osten Orlandos gut aufgehoben.

🏨 Flughafenhotels

🏨 Hyatt Regency Orlando International Airport

Direkt im Hauptterminal des Flughafens befindet sich dieses Hotel der oberen Preiskategorie. Der Blick aus dem Zimmer kann also durchaus auf die Flughafenhalle oder die Rollfelder fallen. Das ist zwar ungewohnt, hat aber auch etwas für sich, zumal die Fenster ausgezeichnet isoliert sind und es kaum Beeinträchtigungen durch Fluglärm gibt. Ein Pool sorgt für Urlaubsstimmung. Perfektes Hotel, wenn man den Mietwagen noch nicht beziehungsweise nicht mehr hat oder wenn man spätabends in Orlando landet.

📍 *Im Orlando International Airport*
✉ *9300 Jeff Fuqua Blvd, Orlando, FL 32827*
☎ *1-407-825-1234*
@ *concierge@hyatt.com (Hilfe bei der Reservierung)*
🌐 *http://orlandoairport.regency.hyatt.com*
⭐ ***

🏨 Holiday Inn Express Hotel & Suites Orlando International Airport

Es zählt zwar als Flughafenhotel, ist aber dennoch ein Kompromiss, wenn man die Vergnügungsparks besuchen und nahe am Flughafen beziehungsweise der Innenstadt bleiben möchte. Die Lage ist ausgesprochen günstig für alle Aktivitäten, die Autobahnen sind von hier aus ebenfalls gut erreichbar. Es gibt dennoch keine Beeinträchtigungen durch Verkehrs- oder Fluglärm. Das Hotel hat einen Pool, in der Nähe gibt es zahlreiche Restaurants (zu diesen und zum Flughafen wird ein Shuttle-Service angeboten). Insgesamt ein sehr gutes Preis-Leistungs-Verhältnis.

📍 *Entweder Shuttle-Service vom Flughafen aus oder vom Flughafen über den Airport Blvd auf den Beachline Expy in westliche Richtung fahren. Nach etwa 2,5 km/1,5 mi rechts Ausfahrt Richtung Tradeport Dr/Conway Rd. Dann rechts auf die S Conway Rd abbiegen (Hotel auf der linken Seite).*
✉ *7900 S Conway Rd, Orlando, FL 32812*

Originelle Übernachtung inmitten des Flughafens Orlando

☎ *1-407-581-7900*
🌐 *www.ihg.com/holidayinnexpress/hotels/de/de/orlando/mcocr/hoteldetail*
⭐ **

🏨 La Quinta Inn & Suites Orlando Airport North

In diesem Hotel überzeugt das Preis-Leistungs-Verhältnis. Es ist in einem guten Zustand, nur fünf Minuten vom Flughafen entfernt und bietet geräumige Zimmer. Pool und Whirlpool sind vorhanden. Das Hotel hat einen Parkplatz.

📍 *Vom Airport Blvd in nördliche Richtung geradeaus in den S Semoran Blvd und von diesem nach knapp 1 km/0,6 mi rechts auf die N Frontage Rd abbiegen.*
✉ *7160 N Frontage Rd, Orlando, FL 32812*
☎ *1-407-240-5000*
☎ *1-800-753-3757*
🌐 *www.lq.com*
⭐ **

🏨 Stadthotels

🏨 Hard Rock Hotel at Universal Orlando

Allein das Gebäude ist ein Urlaubserlebnis, zusätzlich überzeugen die Transportmöglichkeiten zu den Universal Studios: Dorthin kann man nämlich kostenlos mit dem Bus oder dem Schiff gelangen. Vom Hotel erhält man eine sehr praktische Karte für die Express-Eingänge der beiden Universal Parks. Die Zimmer sind groß, geräumig und sauber, dem Hotel ist ein Restaurant angeschlossen. Besonders Familien mit Kindern zählen zu den Übernachtungsgästen des Hard Rock, nicht zuletzt wegen der großen Poolanlage und der Kinderbetreuung. Die zum Hotel passende Rockmusik und verschiedene Events (Live-Shows und Animationsprogramm) sowie eine Sauna sind allerdings auch Anziehungspunkte für Paare und Einzelreisende.

🚗 *Den Flughafen in nördliche Richtung über den Airport Blvd verlassen. Auf den Beachline Expy Richtung Westen fahren. Ausfahrt 4 auf Florida's Turnpike Richtung US-17/US-92/US-441/Orange Blossom Trail nehmen. Beschilderung Florida's Turnpike North folgen und auffahren bis Auffahrt auf die I-4 Richtung Tampa. Abfahrt S Kirkman Rd, links abbiegen auf die Vineland Rd und wieder links auf den Universal Blvd.*

📧 *5800 Universal Blvd, Orlando, FL 32819*
📞 *1-407-503-2000 oder 407-503-7625*
📠 *1-888-832-7155*
🌐 *www.hardrockhotelorlando.com*
🚕 ★★★

🏨 Eo Inn & Spa

Das kleine Hotel im Boutique-Stil liegt mitten in Downtown am Lake Eola und ist schon allein wegen seiner Lage ein Kleinod. Es ist das absolute Kontrastprogramm zu den knalligen Disney-Hotels. Die 17 Zimmer sind klein, aber sauber, manche haben einen Balkon. Es gibt einen Whirlpool auf der Dachterrasse zur Entspannung nach einem anstrengenden Sightseeing-Tag. Im Spa-Bereich kann man Massagen und kosmetische Behandlungen buchen. Ein kleiner Parkplatz steht den Hotelgästen kostenfrei zur Verfügung.

🚗 *Den Flughafen über die SR-436 verlassen. Etwa 11 km/7 mi bis zum East-West-Expy fahren. Von diesem die Ausfahrt Mills Ave nehmen. An der zweiten Ampel rechts in die Summerlin Ave abbiegen, dann links in die Robinson St – das Eo Inn ist dann sofort auf der linken Seite.*

📧 *227 N Eola Dr, Orlando, FL 32801*
📞 *1-407-481-8485*
📠 *1-888-481-8488*
@ *info@eoinn.com*
🌐 *www.eoinn.com*
🚕 ★★

🏨 Quality Inn & Suites Winter Park Village Area

Ein wenig außerhalb des Trubels nördlich der Innenstadt liegt das Motel mit eigenem Parkplatz. Die Innenstadt ist dennoch gut erreichbar, ebenso die Ziele in Winter Park. Sehr gute Anbindung an die Interstate 4, aber ohne Verkehrslärm. Besonders erwähnenswert sind der gute Service und die netten Mitarbeiter. Es gibt einige neu renovierte Zimmer.

🚗 *Über die I-4 aus Richtung Downtown bis Ausfahrt Lee Rd fahren. U-Turn an der ersten Ampel – das Hotel ist rechterhand.*

📧 *626 Lee Rd, Orlando, FL 32810*
📞 *1-407-645-5600*
🌐 *www.choicehotels.com*
🚕 ★★

🏨 Unterkünfte Walt Disney World Resort

🏨 Disney's Yacht Club Resort

Es ist riesig, es ist künstlich, es ist amerikanisch – es ist ein Hotel der Extra-Klasse und hat seine vier Sterne verdient, was sich auch im Preis niederschlägt. Im maritimen Stil errichtet, liegt es an einem angelegten See mit eigenem Jachthafen zwischen den Parks Epcot (zu Fuß/per Boot erreichbar) und Hollywood Studios (Boot-Shuttle). Sandstrand, Lagune, Pools und eine Anlegestelle für die Fähre verbreiten Karibikstimmung. Ebenso groß wie der ganze Komplex (lange Wege einplanen!) sind die Zimmer, alle mit Balkon oder Terrasse ausgestattet und mit Seefahrtelementen geschmückt. Das Yacht Club Resort bietet ein Fitness Center und Spa-Angebote, einen Schönheitssalon und Kinderbetreuung an. Die Parkmöglichkeiten befinden sich in der Nähe des Convention Center.

🚗 *Von der I-4 aus Richtung Downtown Orlando die Abfahrt Epcot/Downtown Disney nehmen. Für etwa 2,5 km/1,5 mi der Straße folgen bis zur Abfahrt Old Key West/Point Orleans/Dixie Landing/Bonnet Creek Golf/Disney Institute. Nach 400 Metern links auf den E Buena Vista Dr abbiegen. Nach 2 km/1,3 mi rechts auf den Epcot Resorts Blvd einbiegen. Das Resort ist nach 1,7 km/1 mi erreicht.*

📧 *1700 Epcot Resorts Blvd, Lake Buena Vista, FL 32830*
📞 *1-407-934-7000*
🌐 *http://disneyworld.disney.go.com/ resorts/yacht-club-resort*
🚕 ★★★

🏨 Disney's Port Orleans Resort – Riverside

Dieses Hotel ist ein Vertreter in Downtown Disney mit guter Ausgangsposition zu allen Parks des Disney Resorts. Und es ist eines von wenigen, das nicht grellbunt leuchtet und mit allen denkbaren Disney-Animationen ausgestattet ist – zumindest nicht gar so aufdringlich. Es ist im Louisiana-Stil gebaut, liegt idyllisch direkt am Fluss und hat sechs verschiedene Pools und einen Anglersee. Man kann Boote und Fahrräder mieten, kostenlos parken und es gibt einen unentgeltlichen Transfer zum Flughafen. Die Zimmer sind rustikal im Lodge-Stil eingerichtet. Es gibt einige neue „Story-Rooms", in denen die Gäste dekomäßig in eine der Disney-Geschichten versetzt werden.

📍 *Über die I-4 aus Richtung Downtown Orlando die Ausfahrt Epcot/Downtown Disney nehmen. Der Straße 2,4 km/1,5 mi folgen, dann rechts abfahren Richtung Old Key West/Port Orleans/Dixie Landing/Bonnet Creek Golf/Disney Institute, knapp 2 km/1,3 mi folgen. Dann rechts auf den Orleans Dr abbiegen und diesem folgen, bis rechts die Riverside Dr abzweigt.*

📫 *1251 Riverside Dr, Lake Buena Vista, FL 32830*
☎ *1-407-934-6000*
🌐 *http://disneyworld.disney.go.com/resorts/port-orleans-resort-riverside*
💲 ✶✶–✶✶✶

🏨 Hampton Inn Orlando/ Lake Buena Vista

Wer am Abend mal kein Disney mehr sehen kann, aber trotzdem in der Nähe des Disney Resorts übernachten möchte, ist hier an der richtigen Adresse (kostenloser Shuttleservice dorthin, den Fahrplan erhält man an der Rezeption). Auch die Ausgangslage für die Stadt und Downtown, zum Flughafen und zu verschiedenen Outlets ist hier günstig. Besonders empfehlenswert sind die Orlando Vineland Premium Outlets fast direkt an der Interstate (📫 8200 Vineland Ave, Orlando, FL 32821) mit vielen Markenshops in einem ansprechenden, gepflegten und luftigen Komplex. Die Lage des Hotels ist trotz der nahen Interstate 4 dennoch ruhig. Es gibt einen kleinen Pool, einen Whirlpool und ein Fitnessstudio. Die Zimmer sind geräumig und komfortabel eingerichtet. Den Gästen steht ein kostenloser Parkplatz zur Verfügung. Erwähnenswert ist ein gutes und abwechslungsreiches Frühstück mit frischem Obst und ständig frisch zubereiteten warmen Speisen wie Rührei oder Porridge.

📍 *Über die I-4 aus Richtung Downtown Orlando bis Ausfahrt Richtung SR-535 North/Lake Buena Vista/ Winter Garden. Dann rechts abbiegen auf die Apopka Vineland Rd und wieder rechts auf den Palm Pkwy. Zum Hotel ist es etwa 1 km/0,6 mi auf dieser Straße.*

📫 *8150 Palm Pkwy, Orlando, FL 32836*
☎ *1-407-465-8150*
🌐 *http://hamptoninn3.hilton.com*
💲 ✶–✶✶

🏕 Orlando S.E./Lake Whippoorwill KOA

Schön an einem See gelegen und nur 15 Minuten vom Orlando International Airport entfernt liegt dieser KOA-Campground als strategisch günstiger Startpunkt für die Reise. Neben lauschigen Plätzen direkt am Wasser kann man auch in Blockhäuschen wohnen. Wer hier verweilen möchte, kann Kanus mieten, den Pool genießen oder spazieren gehen.

📍 *Auf der SR-528 Richtung Osten fahren, dann etwa 8 km/5 mi auf der SR-417 in südliche Richtung, bis linkerhand die Narcoossee Rd abzweigt.*

📫 *12345 Narcoossee Rd, Orlando, FL 32832*
☎ *1-407-277-5075*
🌐 *http://koa.com/campgrounds/orlando-se*

Ja	112	Ja
Ja	Ja	Nein

💲 ✶✶✶

🏕 Disney's Fort Wilderness Campground

Es ist ein Campground der Superlative, daher auch nicht ganz preisgünstig. Im Zentrum des Areals stehen ein Pool, ein Laden, ein Bootsverleih und ein Kino mit Disney-Filmen. Um dieses Zentrum herum gruppieren sich parkartig die einzelnen Bereiche. Shuttle-Busse bringen die Camper entweder zur Anlegestelle der Fähre zum Park Magic Kingdom oder zu den übrigen Themenparks direkt. Ohne Stellplatz-Reservierung geht trotz der Größe des Platzes gar nichts! Jeder Platz hat viel Privatsphäre, teils mit dichter Vegetation, Pinien und Zypressen drumherum. Service und Komfort des Campgrounds sind unschlagbar. Neben dem Campingbereich gibt es über 400 Blockhäuschen zu mieten. Darin können bis zu sechs Personen übernachten. Es gibt einen Waschsalon und für die Gäste der Blockhäuschen sogar einen Wäscheservice. Für die Gäste der Anlage werden ein Babysitter-Service und eine Kinderbetreuung angeboten.

📍 *Über die I-4 aus Richtung Downtown Orlando bis Ausfahrt Richtung SR-535 North/Lake Buena Vista/Winter Garden. Dann rechts abbiegen auf die*

Die Einrichtungen des berühmten Weltraumbahnhofs dominieren das Kap.

Apopka Vineland Rd und dann links auf die Winter Garden Vineland Rd. Nach etwa 3,2 km/2 mi links auf den Vista Blvd fahren. Nach knapp 3 km/1,9 mi rechts auf Fort Wilderness Parking und wieder rechts auf den Fort Wilderness Trail abbiegen. Der Campground folgt nach 1,5 km/1 mi.

4510 N Fort Wilderness Trail, Lake Buena Vista, FL 32830

1-407-824-2900

http://disneyworld.disney.go.com/resorts/campsites-at-fort-wilderness-resort

Ja		709		90	
Ja		Ja		Ja	
★★★					

Der Camper ist aufgenommen, der Großeinkauf (Walmart, siehe oben) erledigt? Oder der Mietwagen ist eingefahren und Orlando ist verdaut? Dann kann es losgehen, mitten hinein ins Abenteuer Richtung Floridas Atlantikküste!

Wir nehmen streng Kurs Richtung Ozean. In Downtown Orlando zweigt von der **Interstate 4**, der **East-West Expressway**, in kerzengerader Richtung nach Osten ab. Über diesen verlassen wir Disney-Town. Nach 15 Kilometern geht es zunächst in südliche Richtung, bevor der **Beachline Expressway (SR-528)** uns, wie der Straßenname schon sagt, Richtung Küste bringt, der sogenannten **Space Coast**, die nach etwa 80 km/50 mi erreicht ist. Das kostet über die gesamte Strecke $ 3,50 Maut (zu bezahlen an drei Stationen).

ℹ Sunpass ist ein spezielles Mautsystem Floridas, bei dem das registrierte Nummernschuld an den Mautstellen gescannt wird. Der fällige Betrag wird dann der hinterlegten Kreditkarte belastet (▶ Seite 305).

Kaum hat man den Kern Orlandos verlassen, ist man schon draußen aus der Großstadt. Rechts und links ziehen nur noch Felder und Bäume vorbei, sodass die Fahrt auf der zweispurigen Straße recht eintönig verläuft. Nach Verlassen des Expressway biegt man auf die **State Road 407** ab und dann rechts auf die **State Road 405 (Columbia Boulevard)** Richtung Osten. Über den **NASA Causeway** nimmt man schließlich den ersten und ersehnten Kontakt mit dem Atlantischen Ozean auf.

Die eben noch monotone Autofahrt wird davon schlagartig unterbrochen, der Empfang an der Atlantikküste ist stimmungsvoll: Man passiert eine Lagune, die zwischen Festland und Barriereinseln vor dem Atlantik liegt. Es ist der **Indian River**, den man über einen Damm, der rechts und links von Palmen gesäumt ist, überfährt. Neben den Palmen fließt munter ein kleiner Kanal. Noch vor dem Damm befindet sich rechterhand die **Astronaut Hall of Fame**, die als Vorbote zum Visitor Complex des Kennedy Space Centers gehört. Nach Überfahren des Damms ist die Insel **Merritt Island** zwischen Festland und **Cape Canaveral** erreicht. Auf dieser Insel befindet sich der berühmte Raumfahrtbahnhof. Nach der ersten Ampel rechts geht es gut ausgeschildert und kaum zu übersehen zum Kennedy Space Center, dem ersten und zugleich weltberühmten Ziel der Rundreise.

ℹ Was manchmal für etwas Verwirrung sorgt: Nordöstlich des Space Centers gibt es auf einer weiteren schmalen Landzunge auch einen Ort mit Hafen namens Cape Canaveral, der zwar unter anderem über den NASA Causeway vom Kennedy Space Center aus erreichbar ist, mit diesem aber nichts zu tun hat.

👁 KENNEDY SPACE CENTER (KSC) ℹ ✕ 🚻 ⭐

Auch wenn man kein Technikfreak oder Hobbyastronaut ist – ohne einen Abstecher zum Kennedy Space Center ist ein Florida-Aufenthalt undenkbar. Das KSC liegt zusammen mit den wichtigsten Weltraumbahnhöfen (wie zum Beispiel die Cape Canaveral Air Force Station) im Süden der Insel Merritt Island.

Alles begann 1949 als Teststrecke für Langstrecken-Raketen. Die Lage war günstig, da das Kap sich weit in den Atlantik hineinschiebt und deshalb über dem Ozean getestet werden konnte. Als Antwort auf den Erfolg der russischen Raumfahrtindustrie wurde 1959 die Weltraumbehörde NASA gegründet. Ein großer Teil von Merritt Island wurde bereits 1963 als **Merritt Island National Wildlife Refuge** unter Naturschutz gestellt. Das Schutzgebiet besteht aus Marschen, Dünen, Palmen, Pinienwäldern und sogenannten **Hammocks** (waldige Inseln in einem Sumpfgebiet) und beherbergt etwa 500 Tierarten, darunter auch bedrohte wie den Weißkopfseeadler.

Innerhalb des Gebietes gibt es zwischen drei und acht Kilometer lange Wanderungen, auf denen man sich der Tier- und Pflanzenwelt nähern kann. Teilweise überschneidet sich das Schutzgebiet mit der Sicherheitszone des Kennedy Space Centers. Die restliche Insel mit kilometerlangen Sandstränden im Norden steht als **Canaveral National Seashore** unter der Verwaltung des National Park Services. Die Seashore ist eine etwas mehr als 20 Kilometer lange Barriere-Insel mit unberührter Natur und vielen seltenen Tierarten. Einer der herrlichsten Strände in diesem Bereich ist der Badestrand **Playalinda Beach** im Süden des Schutzgebietes. Der Name sagt alles – „Playa linda" ist Spanisch für „schöner Strand".

1963 wurde das Kennedy Space Center als Startgelände für die Saturn-V-Trägerraketen aus der Taufe gehoben. Die Geschichte der Weltraumflüge startete allerdings bereits 1961, als von Cape Canaveral aus der erste bemannte US-Weltraumflug startete, 1969 folgte am 21. Juni die erste Mondlandung mit der „Apollo 11" und den Astronauten Neil Armstrong und Edwin „Buzz" Aldrin an Bord. Es gab allerdings auch Katastrophen bei Weltraumflügen ab Cape Canaveral. 1967 starben drei Astronauten bei einem Feuer in der Apollo 1, mit der Apollo 13 gab es 1970 eine Beinahe-Katastrophe, 1986 kamen sieben Astronauten an Bord der Challenger ums Leben.

Wenn vom KSC die Rede ist, dann ist zunächst der **Kennedy Space Center Visitor Complex** gemeint. Es handelt sich hierbei um mehrere Gebäude mit Ausstellungen, zwei IMAX-Kinos, einem virtuellen Raumflug und dem Startpunkt für die Rundfahrten über das weitläufige Gelände des Weltraumbahnhofs zu Abschussrampen, Montagehallen und Raketen außerhalb des Visitor Complex. Aufgrund der vielfältigen Angebote auf dem Gelände sollte für einen Besuch mindestens ein halber, besser ein ganzer Tag eingeplant werden.

🛈 Auf der Seite 🌐 www.kennedyspacecenter.com/information/plan-a-trip.aspx bekommt man Vorschläge für die (zeitliche) Gestaltung des Besuchstages im Kennedy

Eindrucksvolle Marschlandschaft und Natur pur auf Merritt Island

Space Center. Die Optionen richten sich entweder an Paare oder an Familien mit Kindern und sie enthalten jeweils zusätzliche Vorschläge mit exakten Zeitanagaben.

> ❗ Bei einem Raketenstart kann das KSC ganz oder teilweise geschlossen sein, man sollte sich vor einem Besuch über die aktuelle Situation informieren. Startet am Besuchstag allerdings tatsächlich gerade eine Rakete, gibt es gute Aussichtspunkte auf der Strecke über den Damm nach Merritt Island, über den man auch das Kennedy Space Center vom Festland aus erreicht.

ℹ JOHN F. KENNEDY SPACE CENTER

✉ Kennedy Space Center, FL 32899
☎ 1-321-867-5000
@ ksc-public-inquiries@mail.nasa.gov
🌐 www.nasa.gov/centers/kennedy/home/index.html

👁 Highlights

▶ Kennedy Space Center Visitor Complex

Der Kennedy Space Center Visitor Complex ist Eingangsbereich und Kernstück des Kennedy Space Centers. Er trägt seinen Namen zu Ehren des ermordeten Präsidenten John F.

Kennedy, der Anfang der 60er-Jahre die Vision hatte, dass noch im entsprechenden Jahrzehnt Menschen zum Mond fliegen werden.

Der Visitor Complex besteht aus mehreren Gebäuden mit verschiedenen Themenbereichen und dem Raketenareal Rocket Garden. Dokumente und Ausstellungsstücke erzählen die Geschichte der amerikanischen Raumfahrt, es gibt Zukunftsvisionen und Ausblicke – auf Kinder und Jugendliche wartet Spiel und Spaß im **Children's Play Dome**.

Seit Sommer 2013 ist das Space Shuttle **Atlantis** eine neue Attraktion des Visitor Complex. Anhand von Simulatoren und interaktiven Elementen wird die 30-jährige Geschichte des Space-Shuttle-Programms erzählt. Im imposanten **Rocket Garden** schließlich kann man eine Galerie namhafter Modelle bis hin zur „Saturn V" bewundern. Täglich um 9.30, 10.15, 11.30 und 12.15 Uhr werden kostenlose Führungen durch den Raketengarten angeboten.

Das **IMAX-Filmtheater** hat immer zwei visuelle Glanzstücke mit 3D-Aufnahmen im Angebot. Der eine präsentiert atemberaubende Bilder von der Erde, der andere handelt von laufenden NASA-Projekten. Ein Film dauert etwa 40 Minuten, ist im Eintrittspreis inbegriffen und sollte unbedingt „mitgenommen" werden. Die beiden Filme laufen abwechselnd mehrfach am Tag. Ein Highlight des Visitor Complex ist die sogenannte Shuttle Lunch Experience. Man steigt in ein Space

Shuttle und begibt sich auf einen virtuellen Raumflug. Mit Spezialeffekten wie Licht- und Geräuschanimationen fühlt man sich tatsächlich auf eine imaginäre Weltraumreise geschickt. Besonders authentisch wird das Erlebnis, wenn Ex-Astronauten anwesend sind und die Besucher ins Space Shuttle begleiten. Auch dieses Angebot ist im Eintrittspreis des Visitor Complex inbegriffen. Im Themenfeld **Journey to Mars** geht es um die Zukunft. Mit Live-Theater, interaktiven Stationen und multimedialen Präsentationen soll die künftige Erforschung des Weltraums veranschaulicht werden.

Am **Astronaut Encounter** hat man die Möglichkeit, auf echte, ehemalige Astronauten zu treffen und ihnen Fragen zu stellen. Die aus dem Visitor Complex ausgelagerte **Astronaut Hall of Fame** erzählt mit viel Multimedia-Einsatz aus dem Leben der berühmten Astronauten. Es ist eine richtige Heldenverehrung, die hier zelebriert wird (✉ 6225 Vectorspace Blvd, Titusville, 🕐 12–17 Uhr). Für viele Besucher ist es auch ein Highlight, mit einem ehemaligen NASA-Astronauten zu essen. „**Lunch with an Astronaut**" nennt sich das Angebot und kostet zusätzliche 💲 $ 29,99 für Erwachsene und $ 15,99 für Kinder von 3–11 Jahren. Es findet täglich um 12 Uhr statt. Unter dem Menüpunkt „Upcoming Events" erfährt man auf der Seite www.kennedyspacecenter.com/events.aspx, welcher Astronaut in den nächsten Tagen erwartet wird. Vielleicht ist ja ein richtig berühmter darunter?

Im **Apollo/Saturn V Center** (außerhalb des Visitor Complex und über die Busfahrt (KSC Touren, ▶ Seite 72) zu erreichen) stehen die Apollo-Mondmissionen im Mittelpunkt, so zum Beispiel sind die Raumanzüge der Astronauten ausgestellt, die den Mond betreten haben oder die Instruktionen für den Astronauten John Young, wie er die Flagge auf dem Mond aufzustellen hat, zu hören. Die Filmvorführungen, bei denen man teilweise von einem Raum in den anderen geschleust wird und in einem nachgebildeten Control Center landet, darf man sich auf gar keinen Fall entgehen lassen! Die größte Rakete der Welt, die gigantische **Saturn V**, füllt den ganzen Raum des Apollo/Saturn V-Centers und fasziniert durch ihre Mächtigkeit.

Der Eintrittspreis für das Kennedy Space Center beinhaltet das IMAX-Kino, alle Ausstellungen und Shows, die reguläre Kennedy Space Center Bus Tour und die Astronaut Hall of Fame (letztere kann man mit der Eintrittskarte sogar an einem zweiten Tag besuchen). Ein ausschließlicher Besuch der Hall of Fame kostet für Erwachsene $ 27 und für Kinder (3–11 Jahre) $ 23.

Das Space Center ist Präsident Kennedy gewidmet.

❶ Es empfiehlt sich, vorab Tickets über das Internet auszudrucken, da diese für Erwachsene etwa $ 15 und für Kinder etwa $ 10 günstiger sind als die Eintrittskarten vor Ort.

✉ Kennedy Space Center, FL 32899
☎ 1-855-433-4210
🖥 www.kennedyspacecenter.com
🕐 Tägl. 9–18 Uhr
💰 Erw. $ 50, Kinder (3–11 J.) $ 40, Parken: $ 10 für Pkw, $ 15 für RVs

▶ **KSC Touren**

Im Eintrittspreis für den Vistor Complex inbegriffen ist die etwa dreiviertelstündige **Kennedy Space Center Tour** (reine Fahrzeit). Mit Bussen geht es auf das NASA-Gelände, und in einer Rundstrecke werden Ziele passiert wie mobile Abschussrampen, mit etwas Glück originale Raketen und die Montagehalle **(Vehicle Assembly Building)** – dort wird montiert und geschraubt, es ist das höchste einstöckige Gebäude der Welt.

Auf dem Weg der Rundfahrt liegen außerdem Ziele wie die Headquarters, eine Shuttle-Landebahn oder das Control Center für die Raketenstarts. Die Bustouren starten täglich um 10 Uhr, danach fahren die Busse alle 15 Minuten. Letzte Abfahrt ist um 15.45 Uhr. Die Tour hat zwei Haltepunkte, an denen man aussteigen kann. Insgesamt sollte man mindestens zwei Stunden einkalkulieren.

❶ Da die Bustouren sehr beliebt sind und es zu langen Wartezeiten sowohl beim Startpunkt als auch beim Wiedereinstieg an den Haltepunkten kommen kann, sollte man gleich als erstes und vor allem morgens die KSC-Tour unternehmen und danach die Einrichtungen des Visitor Complex besuchen.

Die beiden Ziele, an denen man aussteigen kann, sind das **LC 39 Observation Gantry**, von wo man einen Blick auf die allerdings etwas entfernt liegenden Abschussrampen erhascht, und das sehr empfehlenswerte **Apollo/Saturn V Center** mit der größten, jemals gebauten Rakete Saturn V. Hier erfährt man alles über die Apollo-Missionen und welche davon erfolgreich waren. Angefangen bei der ersten Mission bis hin zur Wirklichkeit gewordenen Mondlandung 1969 mit der Apollo 11. Bezüglich der Informationen, deren Vermittlung und gezeigten Exponate ist dies der eindrucksvollste Teil des Space Centers.

Alles in allem sieht man die Ziele auf dieser Tour abgesehen von den Haltepunkten vor allem aus der Distanz. Wer einen tieferen Blick hinter die Kulissen der Raumfahrt werfen möchte, wird sicher bei einer der drei kostenpflichtigen Zusatztouren **Up Close** fündig: Die **Launch Pad Tour** führt die Besucher unter anderem hautnah an eine Abschussrampe heran, hier hat man die Möglichkeit zu fotografieren. Bei der **Launch Control Center Tour** geht es in einen Kontrollraum, von dem aus alle 21 Shuttle-Starts seit 2006 kontrol-

Die faszinierende Rakete Saturn V nimmt die ganze lange Seite der Halle ein.

liert wurden. Man kann die Konsolen und Monitore des computergesteuerten Abschusssystems betrachten und sich ein Bild davon machen, wie viele tausende von Checks pro Minute bis zum Starts vorgenommen werden müssen. Die **Vehicle Assembly Building Tour** schließlich bringt die Besucher ins Vehicle Assembly Building mit Experten-Führung und Einblick in die Konstruktion der Raumfahrzeuge. Ein Haltepunkt gewährt einen Blick auf alle Abschussrampen.

Ein weiteres Extraangebot ist die Tour **Cape Then & Now**. Hier geht es eher um Geschichtliches, wie die erste Abschussrampe, die 1960 in Betrieb war, oder das Air Force Space and Missile Museum. Zeichen der Gegenwart finden sich beim Programm über die heutigen unbemannten Raketen.

Alle Touren starten beim Kenendy Space Center Visitor Complex. Entscheidet man sich für eine dieser Spezial-Touren, bezahlen Erwachsene inklusive Eintritt ins Space Center 🔵 $ 75, Kinder (3–11 Jahre) $ 59.

Während aller Bustour-Angebote erhält man Informationen sowohl von den Busfahrern als auch aus einem Informationsfilm, der über Monitore verfolgt werden kann. Nebenbei gibt es einen naturwissenschaftlichen Exkurs zum Naturschutzgebiet, auf dem man sich befindet. In einem Kanal tummeln sich besonders viele Alligatoren, die auf Cape Canaveral geschützt sind und nicht gejagt werden dürfen – es sind die ersten Exemplare in freier Wildbahn auf dieser Reise. Auch auf ein Nest des Weißkopfseeadlers macht der Busfahrer aufmerksam und fährt langsam daran vorbei. Das Wappentier der USA überwintert in diesen Gefilden.

💡 Die jeweiligen Erläuterungen in den Bussen sind in schnellem, manchmal auch undeutlichem Englisch gesprochen. Es empfiehlt sich auch aufgrund des spezifischen Fachvokabulars, im Eingangsbereich des Space Center einen Audio-Guide in deutscher Sprache zu entleihen.

Ausführliche Informationen zu allen Touren unter 🌐 www.kennedyspacecenter.com/explore-attractions/behind-the-gates.

🏛 Übernachten

Da das Kennedy Space Center bereits mitten auf der Route entlang der Atlantikküste

Mit 70 Metern das höchste einstöckige Gebäude der Welt

und später Richtung Süden liegt, sollte man entweder in der Nähe des Space Center einen Übernachtungsort einplanen oder auf der Weiterfahrt Richtung Sebastian Inlet State Park (Unterkünfte ▶ Seite 78). In beiden Fällen kann man nach dem Besuch des Space Center direkt an der Küste weiterfahren. Im Folgenden werden ein für die Weiterreise günstig gelegener Campground und ein Hotel empfohlen. Auf der Internetseite unter 🌐 www.visitspacecoast.com findet man weitere Hotels, Motels und Bed & Breakfast-Unterkünfte in der Nähe des Space Center.

💡 Wer sowieso in südliche Richtung auf der A1A unterwegs ist, passiert nach ca. 100 km/63 mi auf etwa halber Strecke zwischen Melbourne und Vero Beach den **Sebastian Inlet State Park** beziehungsweise **Vero Beach**, wo eine Übernachtung schöner, sinnvoller und auch preisgünstiger ist. Die entsprechenden Übernachtungstipps befinden sich dort (▶ Seite 78).

🏨 Fairfield Inn & Suites Titusville Kennedy Space Center

Dieses neue Hotel befindet sich südlich des Ortes Titusville an der Zufahrtsstraße zum Kenndy Space Center Vistor Complex, von dem es 19 km/12 mi entfernt ist. Die geräumigen

Zimmer sind gepflegt und ansprechend möbliert mit einer farbenfrohen Note, die Betten sind sehr bequem. Trotz der Nähe zur Interstate gibt es keinerlei Geräuschbelästigung. Die modernen Badezimmer sind ebenfalls sauber und geräumig. Es gibt einen Außenpool und einen Fitnessraum, am Empfang werden frische Cookies und Kaffee angeboten. Das Frühstück ist für amerikanische Verhältnisse abwechslungsreich und wird in einem großen, schönen Frühstücksraum eingenommen. Das Preis-Leistungsverhältnis ist super.

🄵 *Von Orlando über den Beachline Expressway Richtung Küste bis zum Abzweig des FL-407 fahren, von diesem auf die I-95 wechseln, an der das Hotel (etwas von der Straße zurückversetzt) liegt.*

📧 *4735 Helen Hauser Blvd, Titusville, FL 32780*

☎ *1-321-385-1818*

🌐 *www.marriott.de/hotels/travel/tixfi-fairfield-inn-and-suites-titusville-kennedy-space-center*

🅿 *Ja*   🛜 *Ja*   🐾 ****

🛏 **Jetty Park Campground**

Der Campground ist vor allem wegen seiner schönen Strandlage einer der beliebtesten an Floridas Space Coast. Zur Anlage gehören ein Pier für Angler, ein Familienstrand, Zugänge für Wassersport-Aktivitäten, eine Imbissbar am Strand, ein Laden sowie ein Shop für Anglerbedarf. Vom einfachen Platz bis zum Full Hook-up ist alles im Angebot. Die Zeltplätze sind schmal, liegen dafür aber nahe am Pier. Die mit allen Anschlussmöglichkeiten ausgestatteten RV-Plätze sind groß und haben tropisches Flair. Ganz neu kann man nun auch Blockhäuschen mieten.

🄵 *Vom Kennedy Space Center aus über die A1A in östliche Richtung bis zur äußersten Barriereinsel fahren. Wenn die Straße einen Rechtsknick macht, links abbiegen und über den George King Blvd in die Jetty Park Rd.*

📧 *400 East Jetty Rd, Cape Canaveral, FL 32920*

☎ *1-321-783-7111*

🌐 *www.jettyparkbeachandcampground.com*

🚿 *Ja*   🔌 *150*   📶 *17*

🅿 *Ja*   📺 *Ja*   🐾 *Ja*

🐾 *****

Nach dem Besuch des Kennedy Space Center bleibt man – der schöneren Fahrstrecke wegen – auf der Barriereinsel. Dazu fährt man die State Road 405 ein kurzes Stück in östliche Richtung, bis die State Road 3 kreuzt. Dieser nun in südlicher Richtung

*folgen, bis man automatisch auf die State Road 528/A1A trifft, über die man Merritt Island verlässt. Was nun in südliche Richtung bis Palm Beach folgt, ist eine Fahrt auf dem A1A entlang der **Indian River Lagoon**. Die Lagune liegt zwischen dem Festland der Halbinsel Florida und einem langen, schmalen, vorgelagerten Inselstreifen, der sich entlang der Ostküste von **Ponce de León** nördlich von Cape Canaveral bis **Palm Beach** im Süden erstreckt. Durch die Abtrennung vom Atlantischen Ozean ist der Meeresarm Indian River Lagoon entstanden. Die „Wasserstraße" heißt **Intracoastal Waterway** und besteht abwechselnd aus breiten Kanälen und kleinen und größeren Seen oder Buchten. Im weiteren Verlauf der Reise wechselt die Fahrt zwischen Festland und Barriere-Insel und erfordert deshalb einen größeren Zeitbedarf, als die schnellere, aber langweiligere Fahrt über die (gebührenfreie) **Interstate 95**, die im Normalfall von Cape Canaveral bis Fort Lauderdale nur drei bis vier Stunden dauert. Nur wer es extrem eilig hat, sollte auf diese Autobahn ausweichen, denn nicht umsonst ist die **A1A** auf dem schmalen Inselstreifen ein **National Scenic Byway**, der den Mehraufwand absolut lohnenswert macht. Da der komplette Weg über diese Straße allerdings zwei bis drei Tage dauern würde, weil dichter Verkehr herrscht, viele Orte durchfahren werden müssen und es zahlreiche Ampeln gibt, soll im Folgenden ein Kompromiss vorgestellt werden, der zudem einen Abstecher zum **Lake Okeechobee** ermöglicht.*

Vom Kennedy Space Center aus sind es bis zur Übernachtung in oder nahe der Sebastian Inlet Recreation fast 100 km/63 mi Fahrstrecke, wenn man sich für die zeitaufwändigere Version über die A1A entscheidet. Diesen Fahraufwand sollte man in der Übernachtungsplanung bedenken, da man an diesem Tag bereits von Orlando zum Kennedy Space Center gefahren ist und dort viel Zeit verbracht hat. In diesem Fall sollte man tatsächlich auf eines der Hotels im Umfeld des Space Center beziehungsweise auf den oben vorgestellten Campground zurückgreifen und die Fahrt über den National Scenic Byway frisch gerüstet an einem neuen Tag starten.

---

❶ Wenn die Zeit zumindest ein bisschen drängt, kann man diesen ersten Streckenabschnitt entlang des Atlantischen Oze-

Das Strandleben von Cocoa Beach spielt sich an diesem Pier ab.

ans statt auf der A1A auf der schnelleren **US Highway 1** oder der noch schnelleren Interstate 95 fahren. Beide Straßen verlaufen parallel zur Küste und zur A1A, nur westlich des Intracoastal Waterways. In diesem Fall fährt man dann später, beispielsweise bei Melbourne Beach, auf die Barriere-Inseln und die A1A und darf die Gewissheit haben, auf dieser Teilstrecke nichts Spektakuläres verpasst zu haben.

Entscheidet man sich für die lange Version des A1A (unsere Empfehlung), nimmt die Strecke zunächst Kurs auf die 12.500-Einwohner-Gemeinde **Cocoa Beach***, die Surfer-Hauptstadt der Ostküste. Ein Stopp hier ist kein zwingendes Muss – außer für Surfer und Wellenreiter! Für Fans dieser Sportarten gibt es einen Einkaufs-Geheimtipp Tipp in Cocoa Beach:*

💡 **Ron Jon Surf Shop** ist der größte Laden für Surf und Beachbedarf auf der ganzen Welt. Es gibt kein Board, kein Zubehör und kein Equipment, das es hier nicht gibt. Informationen unter 🌐 www.ronjonsurfshop.com.

Auffallend ist, dass der Ort selbst, seine Umgebung und der dutzende von Kilometern lange Sandstrand nicht übervölkert von Touristen sind. Es ist richtig erholsam nach Orlando, zur Abwechslung einmal auf so viele Einheimische zu treffen. In den Geschäften des Ortes kann man seine Vorräte auffrischen und in einer der Gaststätten oder Bistros einkehren. Nach Cocoa Beach und einem Besuch am Strand, wo man bei entsprechendem Wind die Wellenreiter in Aktion sieht, bleibt man zunächst auf den Barriere-Inseln und der A1A.

Man passiert viele herrliche Strände, die zu Zwischenstopps einladen, es liegen außerdem Naturschutzreservate und State Parks auf dem Weg. Viele idyllische Picknickplätze können angefahren werden, von denen aus man den freien Blick auf das gewaltige Weltmeer genießen kann. Aber auch wenn man auf einer schmalen Barriereinsel entlangfährt, sieht man das Meer von der Straße zunächst fast nie – die Zugänge zu den Stränden sind allerdings immer gut sichtbar.

Der nächste nennenswerte Ort auf der A1A ist **Melbourne Beach***, eine Kleinstadt mit nur 3.500 Einwohnern. Ein Stopp in diesem Ort würde sich wegen der beiden Piers* **Eau Gallie Causeway Fishing Pier** *und des* **Melbourne Beach Fishing Pier** *und vor allem wegen der wunderbaren Strände lohnen. Tolle Badeplätze finden sich zum Beispiel am* **Paradise Beach** *und dem* **Melbourne Beach***, dicht gefolgt von den südlicher liegenden Strandabschnitten* **Melbourne Shore** *und Floridana Beach. 32 km/20 mi nördlich von Melbourne Beach und über die Interstate 95 erreichbar kann man außerdem den kleinen* **Brevard Zoo** *besuchen (🌐 www.brevardzoo.org).*

Südlich von Melbourne, bei **Palm Bay***, verlassen wir die Space Coast, die Fahrt geht nun entlang der* **Treasure Coast***. Namensgeber des Küstenabschnittes ist die spanische Schiffsflotte* **Treasure Fleet***, die am Abend des 30. Juli 1715 mit elf Schiffen auf dem Weg von Kuba in einem Hurrikan nahe dem heutigen Vero Beach verlorengegangen ist. Da die Schiffe Silber geladen hatten, wurde die Flotte „Treasure Fleet" genannt – wer großes Glück hat, findet heute noch angespülte Münzen und Silbergegenstände.*

Eine Öffnung in den Barriereinseln führt am Sebastian Inlet von der Indian River Lagoon in den Ozean.

Südlich von Melbourne wird es deutlich weniger touristisch, die Hotelklötze weichen wunderschönen Wohngebieten, die sich mit Naturabschnitten abwechseln.

Wer sich für die Geschichte der gesunkenen Flotte interessiert, sollte der A1A weiter Richtung Vero Beach folgen und das **McLarty Treasure Museum** besuchen. Dort erwarten die Besucher interessante Artefakte aus den Schiffen und eine Erlebnisreise zurück zu den Piraten. Das Museum befindet sich beim nächsten Ziel, dem Sebastian Inlet State Park – dem vorläufig letzten Punkt auf dem Scenic Byway, bevor uns der Weg zunächst von der Küste wegführt.

🌊 SEBASTIAN INLET STATE PARK ℹ️

Von der Besucherzahl her gesehen ist es der fünftbeliebteste State Park Floridas. Schaut man sich die Liste der Aktivitäten an, die hier geboten sind, ist das auch kein Wunder. Neben dem schönen Bade- und Surfstrand finden vor allem Angler ihr persönliches Eldorado. Aber auch Kanuten, Surfer, Taucher, Wanderer und Naturliebhaber kommen auf ihre Kosten. Nicht zuletzt befindet sich innerhalb des State Parks das oben genannte McLarty-Museum und bietet Abwechslung bei einem Ausflug in die Vergangenheit der Region.

„Inlet" heißt „Einfahrt" oder „Eintrittsöffnung" und bedeutet hier konkret, dass die Barriere-Inseln an dieser Stelle unterbrochen

sind. So ist ein direkter Zugang zum offenen Meer möglich, weswegen Hochseeangler die Möglichkeit haben, vom Indian River aus direkt auf den Ozean hinauszufahren. Ein knapp fünf Kilometer langer, wunderschöner Sandstrand steht nördlich und südlich dieser Öffnung am Atlantischen Ozean für einen Badebesuch zur Verfügung. Hier kann man nicht nur relaxen, sondern auch schnorcheln, tauchen, Muscheln sammeln oder einfach nur im herrlichen Wasser schwimmen. Es gibt mehrere Bootsrampen beiderseits des Inlet, unter anderem eine **Inlet Marina** an der Indian River Lagoon. Alle nicht-motorisierten Boote kann man südlich des Inlet am **Coconut Point** zu Wasser lassen. (Kajaks, Kanus, Segelboote). An der Inlet Marina gibt es die entsprechenden Boote zu mieten (🌐 www. sebastianinletmarina.com). Ein Restaurant, ein Campingplatz innerhalb des Parks und einer ganz in der Nähe, Picknickplätze direkt am Wasser, ein Spielplatz und Duschen am Strand für die Tagesbesucher runden die Infrastruktur des Sebastian Inlet State Park ab.

Naturfreunde können hier nicht nur Vögel beobachten, sondern auch Wasserschildkröten erspähen. Im Juni und Juli kann man bei einer von einem Ranger geführten Tour sogar nistende Schildkröten beobachten (Reservierungen sind notwendig). Auch Große Tümmler werden innerhalb des State Parks recht oft gesichtet. Von März bis Oktober sind häufig Seekühe zu sehen, der vom Aussterben bedrohte Glattwal zieht im Januar und Februar nah an der Küste vorbei. Rotluchse, Alligatoren und Ottern sind eher selten, dagegen kann man häufig das Glück haben, Waschbären und Opossums zu erblicken.

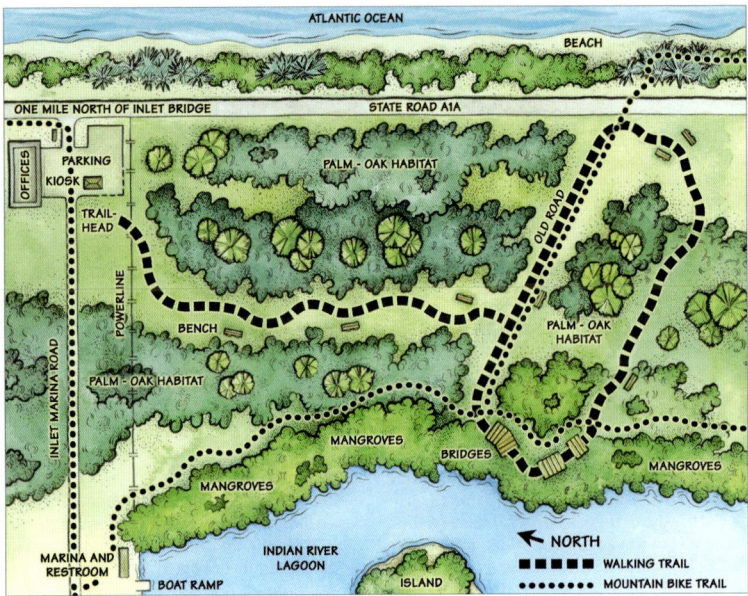

Wer das Ganze professionell angehen möchte, kann an der Marina eine private Eco Tour vereinbaren.

Auf der anderen Seite, jenseits der Florida State Road A1A, können Wanderer kleinere Touren unternehmen. Den offiziellen Übersichtsplan mit verschiedenen Vorschlägen finden Sie nebenstehend.

VISITOR INFORMATION

- 9700 S State Rd A1A, Melbourne Beach, FL 32951
- 1-321-984-4852
- www.floridastateparks.org/sebastianinlet
- Ganzj., rund um die Uhr
- $ 8 pro Fahrzeug (2–8 P.), Fußgänger & Radfahrer $ 2

Highlight

▶ Mc Larty Treasure Museum

Im Jahr 1715 sind elf spanische Schatzsucher-Schiffe an der zentralen Ostküste Floridas gesunken. Bei diesem Unglück kamen 700 Menschen ums Leben, 1.500 überlebten. Reste der Schätze aus den Wracks sind im Museum ebenso zu sehen wie ein Film, der den Untergang der Schiffe in einem Hurrikan und die Hebung der Schätze schildert (letzte Filmvorführung um 15.15 Uhr). Artefakte wie alte Pistolen, Münzen, Porzellan, Vasen, Schiffsglocken, Werkzeuge und Schmuck sind als Originale ausgestellt. Wer eine richtige Zeitreise unternehmen möchte, kann im Souvenirladen des Museums das aus den Tiefen des Meeres aufgetauchte Kochbuch mit Rezepten der Besatzungsmitglieder erstehen. Bis heute versuchen Schatzsucher Gold und Silber aus den Schiffen zu finden – und auch die Juwelen der Queen, die damals verschwunden sind. Insgesamt ein kleines, nettes Museum, wenn man sowieso im State Park ist. Das Mc Larty Museum befindet sich an der südlichen Begrenzung des Sebastian Inlet State Park. Genau an der Stelle war das Camp für die Überlebenden des Unglücks errichtet gewesen. Von einer **Beobachtungsplattform** aus kann man den Ozean überblicken und sieht die Stelle, an der die Schiffe gesunken sind. Auf der anderen Straßenseite gibt es einen **Nature Trail**.

- 13180 N State Rd A1A, FL 32951
- 1-772-589-2147
- www.atocha1622.com/mclarty.htm
- Tägl. 10–16 h
- Erw. $ 2, Kinder bis 6 J. frei

🏛 Übernachten im State Park und der Umgebung

Da es innerhalb des State Parks keine Hotels gibt, werden hier zunächst die beiden für eine Übernachtung infrage kommenden Campgrounds vorgestellt und danach zwei Hotels im gegenüber auf dem Festland liegenden Ort **Sebastian**, von dem aus der State Park gut erreicht werden kann. Weitere Hotels und Motels im nahen Umkreis, die sich für eine Übernachtung beim Besuch des Sebastian Inlet State Parks anbieten, finden sich weiter unten bei Vero Beach (▶ Seite 82).

🛏 Sebastian Inlet State Park Campground

Der staatliche, einfache Campground hat Anschlussmöglichkeiten für Wasser und Strom an allen Stellplätzen und liegt sehr schön direkt an der Marina. Die schattigen Plätze befinden sich zwischen Eichen, die Stimmung ist idyllisch – die einzige Geräuschkulisse nachts stammt vom Rauschen des nahen Flusses.

📧 9502 S State Rd A1A, Melbourne Beach, FL 32951
📞 1-772-589-9659
📠 1-800-326-3521
🌐 https://floridastateparks.reserveamerica.com
🅿 Ja   🛏 51   🚐 40
♿ Ja   🚿 Ja (nur kaltes Wasser)
📶 Ja   🍽 Ja   💵 *

🛏 Long Point Park Campground

Zwar liegt der Campground nicht direkt im State Park, sondern 3 km/1,9 mi nördlich, hat aber eine wundervolle Lage auf einer Insel in der Indian River Lagoon – eine Oase für Naturliebhaber. Mit allen Anschlussmöglichkeiten ausgestattet, gibt es hier Stellplätze direkt am Wasser. Kleine Spaziergänge und ein Badesee machen den Aufenthalt auch für mehr als eine Nacht attraktiv.

🧭 3 km/1,9 mi nördlich des Sebastian Inlet State Parks zweigt die Long Point Rd rechts von der A1A ab. Dieser bis zum Campground folgen.
📧 700 Long Point Rd, Melbourne Beach, FL 32951
📞 1-321-952-4532
@ longpoint@brevardparks.com
🌐 www.brevardcounty.us/ParksRecreation/ Campgrounds/LongPoint/Home
🅿 Ja   🛏 170   🚐 170
♿ Ja   🚿 Ja   📶 Ja
📶 Ja   💵 *

Namensgeber des Schutzgebietes: der Pelikan, ein stattlicher Vogel

🏛 Capt. Hirams Resort

In Sebastian, dem nächstgelegenen Ort zum Sebastian Inlet State Park (Entfernung etwa 27 km/17 mi), ist dieses Hotel-Resort direkt an der Indian River Lagoon eine Empfehlung. Jedes Zimmer hat einen eigenen Balkon, manche davon mit Blick auf die Lagune. Man kann im Hotel ein Boot oder an der nahen Marina einen Jetski mieten oder am nahen Strand oder im hoteleigenen Pool mit tropischem Ambiente schwimmen gehen. Abends gibt es Auftritte mit Live-Bands.

🧭 Die Barriereinsel über den Bridge Blvd zum Festland verlassen und auf den US-1 in nördliche Richtung abbiegen. Das Hotel befindet sich direkt am Highway und direkt gegenüber der State Recreation auf der Festlandseite der Lagune.
📧 1580 US Hwy 1, Sebastian, FL 32958
📞 1-772-388-8588
@ reservations@hirams.com
🌐 www.hirams.com
💵 **

🏛 Best Western Plus Sebastian Hotels & Suites

Ganz in der Nähe des Mc Larty Treasure Museums und somit nicht weit entfernt vom Sebastian Inlet State Park (Entfernung etwa 25 km/16 mi) befindet sich dieses Hotel der Kette Best Western. Neben hellen, geräumigen und modernen Zimmern findet der Gast hier einen Pool und Fitnessmöglichkeiten für die Freizeitgestaltung. Mit 56 Zimmern ist das dreistöckige Haus eher klein und beschaulich.

Die Barriereinsel über den Bridge Blvd zum Festland verlassen und auf der US-1 in nördliche Richtung abbiegen. Das Hotel befindet sich direkt am Hwy und direkt gegenüber der State Recreation auf der Festlandseite der Lagune.

✉ *1655 US Hwy 1, Sebastian, FL 32958*
☎ *1-772-388-9300*
🌐 *www.bestwestern.com*
🐾 **

*Wir verlassen den Bereich um den Sebastian Inlet State Park und wenden uns auf der A1A Richtung Süden. Nach 12 km/8 mi wird Wabasso Beach erreicht. Für die Weiterfahrt Richtung Süden biegen wir von unserer Strecke direkt am Ozean entlang vorübergehend ab und wechseln in **Wabasso Beach** über die **Wabasso Road** (Hwy 510) auf die andere Seite der Indian River Lagoon. Nach Überqueren des Flusses treffen wir auf der Westseite der Lagune in **Wabasso** auf eine Kreuzung, von der der **US Highway 1** abzweigt. Diesem folgen wir Richtung Süden, bis wir unweigerlich und nach einer vergleichsweise eintönigen Fahrt in Vero Beach ankommen. Zuvor jedoch gibt es zwei empfehlenswerte Ziele im Bereich der Natur zu besuchen.*

🌿 ECO TOURISM

🌿 Pelican Island National Wildlife Refuge

Es war das erste staatliche Tierschutzgebiet der ganzen USA und wurde von Präsident Roosevelt im Jahr 1903 dazu ernannt. Teile des Schutzgebietes liegen auf einer Insel. Zwar ist der Zugang zur Pelikan-Insel eingeschränkt, aber Besucher können die Pelikane, Watvögel und andere Wildtiere der Insel beobachten, indem sie eine Bootstour bei einem ortskundigen Führer buchen. Reservierungen sind unbedingt erforderlich. Zwei Anbieter für private Bootsanmietungen finden Sie unten aufgeführt. Über ausgeschilderte Wanderwege und vom Beobachtungsposten auf einem **Aussichtsturm** aus (über einen Boardwalk erreichbar) sind auf der Insel gute Blicke auf einige von etwa 130 Vogelarten zu erhaschen. Wer zum Wandern zu wenig Zeit hat, kann das Wildlife Refuge mit dem Auto über den **Historic Jungle Trail** (unasphaltiert!) erkunden. Der öst-

liche Parkzugang befindet sich knapp fünf Kilometer südlich des Sebastian Inlet State Park.

Ab der Kreuzung Wabasso Rd / US-1 vor Vero Beach etwa 6 km/3,7 mi in nördliche Richtung auf A1A fahren und dann links auf Historic Jungle Trail einbiegen

✉ *1339 20th St, Vero Beach, FL 32960-3559*
☎ *1-772-581-5557*
@ *pelicanisland@fws.gov*
🌐 *www.fws.gov/pelicanisland*
🕐 *Tägl. 7.30 h bis Sonnenuntergang*

Bootstouren: River Queen Cruises
✉ *1606 Indian River Dr, Sebastian, FL 32958*
☎ *1-772-589-6161*

Bootsvermietung: Inlet Explorer & Marina Rentals
✉ *9502 S SR-A1A, Melbourne Beach, FL 32951*
☎ *1-321-724-5424*
🌐 *http://sebastianinlet.com*

▶ **Wandern**

Centennial Trail
Wer die Wanderschuhe schnürt, wird von Tafeln mit Informationen über Tiere und Pflanzen versorgt. Auf Parkbänken kann man die Ruhe des Ortes genießen. Neben vielen kleinen Wegen ist der Centennial Trail ein absolutes Muss, wenn man Vögel beobachten möchte. Die Wanderung ist zwar kurz, aber die Chancen stehen gut, zum Beispiel den Schwarzen Scherenschnabel oder einen Reiher zu sichten. Unter einem Boardwalk verstecken sich Alligatoren. Am Ende des Boardwalks gibt es eine Aussichtsplattform mit Fernrohren.

🚗 *Behindertenparkplatz des National Wildlife Refuge*
🕐 *1 Std*
💪 *Einfach*
↔ *1,3 km/0,8 mi*

🌿 Environmental Learning Center (ELC)

Direkt südlich an das Pelican Island National Wildlife Refuge schließt sich das Learning Center an, das ganz im Zeichen der Tiere in der Natur steht. Das Freigelände direkt am Wasser gibt Einblick in den Lebensraum von Vögeln, Fischen und Säugetieren, zu besichtigen unter anderem in offenen Bassins. In den Gebäuden werden Ausstellungsstücke zu Natur und Region gezeigt. Über das Zentrum werden verschiedene Aktionen angeboten, so zum Beispiel eine Fahrt mit einer Pontonfähre zur Pelikan-Insel, um unterwegs Vögel, Delfine und Seekühe zu sehen (💳 Erw. $ 30, Kinder $ 12, @ reservations@DiscoverELC.org). Geführte Kanutouren bringen Besucher in Gebiete, die man zu Fuß nicht erreichen würde.

🧭 *Über die Wabasso Bridge und an deren westlichem Ende links auf die Wabasso Island Ln fahren. Rechts auf den Live Oak Dr einbiegen, das ELC folgt nach etwa 0,5 km/0,25 mi auf der rechten Seite.*

📮 *255 Live Oak Dr, Vero Beach, FL 32963*
☎ *1-772-589-5050*
🌐 *www.discoverelc.org*
🕐 *Di–Fr 10–16 h, Sa 9–12 h, So 13–16 h*
💳 *Erw. & Kinder (ab 12 J.) $ 5, Kinder (2–11 J.) $ 3*

🏛 VERO BEACH 📷ℹ➕✖🎒🏛

		Vero Beach	Hamburg
	Stadt	16.750	1.861.000
🧍🧍🧍	Metropol	130.000	5.300.000
	pro km²	565	2.367
🚫	km²	34	755
〰	über NN	4 m	6 m
🌧	mm	1.566	773
❄❄	°C	22	7
☀	°C	25	19
	Orlando		186 km/ 116 mi
📍	Fort Pierce (über A1A)		27 km/ 17 mi

Die 1870 gegründete Stadt lebt von der Landwirtschaft und vor allem dem Tourismus, hat sich aber dennoch einen natürlichen Charme bewahrt. Markenzeichen und Hauptanziehungspunkt sind Dutzende von kilometerlangen und leicht zugänglichen Sandstränden auf den vorgelagerten Inseln, allen voran der **South Beach Park** entlang der Südseite der Stadt. Er ist auf der vorgelagerten Insel vom Ostende der State Road 656 aus zugänglich.

Als Surfer-Eldorado werden jährlich verschiedene Wettkämpfe in Vero Beach ausgetragen. Der Ort bietet sich zum Übernachten

und möglicherweise auch zum Verweilen an, weil er neben dem Strand- und Naturerlebnis mit kulturellen Angeboten wie Theater, Konzerten und Museen aufwarten kann.

In Vero Beach und Umgebung fällt ein Stichwort schnell ins Auge: **Eco-Tourism**. Einige Gebiete, wie beispielsweise das **Pelican Island National Wildlife Refuge**, (▶ Seite 79) wurden zu Tier- oder Naturschutzgebieten ernannt. Unterwegs mit Bootstouren, die von Vero Beach und Sebastian starten, können die Passagiere Große Tümmler, Meeresschildkröten, Seekühe und Alligatoren im ruhigen Gewässer der Indian River Lagoon beobachten. An der Küste kann man sogar mit ein wenig Glück einen Weißkopfseeadler oder einen Fischadler erspähen. Vor allem das **Environmental Learning Center** (▶ Seite 79) gibt einen guten Einblick in die Natur der Umgebung mit ihren Wildtieren.

Schließlich bietet die Indian River Lagoon, die mitten durch Vero Beach fließt, eine gute Möglichkeit für Wassersport aller Art wie Bootfahren, Wasserski, Angeln und Schwimmen. Wer seinen Proviant aufstocken oder sich anderweitig in den Einkaufstrubel stürzen möchte, kann dies in Vero Beach ohne Probleme tun. Vor allem entlang der Ausfallstraße West Vero Corridor, von Vero Beach aus Richtung Westen verlaufend, reihen sich Walmart, Walgreens, Target und diverse Malls aneinander.

ℹ INDIAN RIVER CHAMBER OF COMMERCE

📮 *1216 21st St, Vero Beach, FL 32960*
☎ *1-772-567-3491*
@ *info@indianriverchamber.com*
🌐 *www.indianriverchamber.com*
🕐 *Mo–Fr 9–17 h*

👁 Highlights

▶ McKee Botanical Garden

In diesem Garten gibt's die Subtropen pur! Das sieben Hektar große Juwel mitten in Florida stammt aus den 30er-Jahren des vergangenen Jahrhunderts und gehört somit zu den „alten" Attraktionen des Staates. Beim Spazierengehen, begleitet von seltenen Pflanzen und interessanten Geschichten, kann man die Seele baumeln lassen. Besonders Fotografen können sich hier austoben. Wenn man Glück hat, kann man die Botani-

Friedvolle Stimmung im McKee Botanical Garden als Kontrast zur Meeresküste

schen Gärten zu einer Zeit besuchen, wenn gerade eine Sonderveranstaltung angeboten wird, wie beispielsweise ein Jazzkonzert oder das Wasserlilien-Festival. Man braucht etwa eine Stunde, um die Anlage zu besichtigen.

- Von Vero Beach aus in etwa 4 km/2,4 mi über US-1
- 350 US Hwy 1, Vero Beach, FL 32962
- 1-772-794-0601
- www.mckeegarden.org
- Di-Sa 10-17 h, So 12-17 h, an Feiertagen geschlossen
- Erw. $ 12, Kinder (3-12 J.) $ 8, Sen. $ 11 (Mai-Okt. Erw. $ 10, Kinder $ 5, Sen. $ 9)

▶ **Paleo Discoveries** ⑂

Ein besonderes Highlight dieses Anbieters sind die **Fossil Hunting Tours**, auf denen man die Vergangenheit Floridas in den Fluss-betten erforscht. Vielfältige Fossilien sind dabei schon zutage gefördert worden. Der Anbieter garantiert sogar, dass man immer fündig wird. Gefunden werden Fossilien, in-dem man Kies aus flachen Flussbetten gräbt und siebt. Man kann Fossilien entweder su-chen, indem man nahe der Grabstelle parkt oder mit dem Kanu unterwegs ist. In beiden Fällen ist eine bis zu zweistündige Anfahrt zu den entsprechenden Flüssen notwendig. Reservierungen telefonisch unter ☎ 1-772-539-7005. Kreditkarten werden nicht ak-zeptiert; man muss die Tour entweder bar bezahlen oder im Voraus per PayPal.

- Über den Bridge Blvd von der Barriereinsel auf das Festland nach Wabasso fahren, bis die 66th Ave kreuzt. Dieser etwa 7 km/4,5 mi folgen, bis es links über die 37th St und die 65th Ave zur 36th Ln geht.
- 6540 36th Ln, Vero Beach, FL32966
- www.paleodiscoveries.com
- Keine festen Zeiten, nur nach Reservierung
- Fossil Hunting Tour (ohne Kanu): Erw. $ 75, Kinder (bis 10 J.) $ 50, mit Kanu $ 95 bzw. $ 65

▶ **Indian River Citrus Museum**

Nach so viel Naturgewalt tut auch ein wenig Kultur wieder gut. Die Geschichte Floridas und des landwirtschaftlichen Anbaus von Zitrusfrüchten wird hier mit wissenschaftli-chen Informationen über den Zitrusanbau kombiniert. Fotos der Plantagenarbeiter, der Haine selbst und der ersten Pionierfamilien gestalten die Ausstellung ebenso wie Arte-fakte und Modelle, die den Zitrusanbau dar-stellen. Das Museum befindet sich im histo-rischen Downtown von Vero Beach innerhalb des Heritage Center.

- 2140 14th Ave, Vero Beach, FL 32960
- 1-772-770-2263
- @ info@veroheritage.org
- www.veroheritage.org
- Di-Fr 10-16 h
- Frei

🏨 Übernachten

❗ Campgrounds in Vero Beach: In Vero
Beach selbst gibt es keinen Campground, er empfohlen werden kann. Die
meisten Plätze liegen im Stadtbereich und
sind recht unattraktiv (gepflastert, wenig
Privatsphäre). Es bietet sich deshalb an, entweder auf einen Platz beim Sebastian Inlet
State Park (▶Seite 76) oder bei Fort Pierce (▶Seite 86) auszuweichen.

🏨 Vero Beach-Oceanside Holiday Inn

Das Holiday Inn liegt sehr ungewöhnlich auf
einer kleinen Insel inmitten des Indian River
Lagoon am Orchid Island Beach, hat Zimmer
mit Ausblick auf den Ozean und ist umgeben
von Läden, Restaurants und Unterhaltungsangeboten (Theater, Kunstmuseum). Wer es
ruhiger angehen möchte, ist in den Parks und
Gartenanlagen, insbesondere dem McKee Botanical Garden (▶Seite 80), gut aufgehoben. Neben der besonderen (Insel-)Lage bietet
das Hotel einen guten Service, geräumige und
saubere Zimmer und einen Pool. Es stehen
auch Suiten zur Verfügung.

🧭 *Das Hotel befindet sich mitten im Zentrum nahe*
des US-1, der durch den Ort hindurchführt.

📧 *3384 Ocean Dr, Vero Beach, FL 32963*

📞 *1-772-231-2300*

🌐 *www.ihg.com/holidayinn/hotels/de/de/*
vero-beach/vrboc/hoteldetail

💲 *★★–★★★*

🏨 Vero Beach Hotel & Spa

Wer den Aufenthalt in Vero Beach mit ein bisschen Wellness und Luxus verbinden will, ist im
Vero Beach & Spa bestens aufgehoben. Das
Hotel liegt direkt am Meer und einem kilometerlangen Sandstrand und bietet herrlichen
Seeblick. Im karibischen Stil gehalten und mit
großem Außenpool, strahlt es jede Menge Eleganz aus. Die Zimmer sind geräumig, es gibt
auch Suiten. Die Spa-Landschaft ist gepflegt
und hat einige schöne Angebote. Kosten-
pflichtiges Parken ($ 11 pro Nacht).

🧭 *Das Hotel befindet sich mitten im Zentrum nahe des*
US-1 in direkter Nachbarschaft zum Holiday Inn.

📧 *3500 Ocean Dr, Vero Beach, FL 32963*

📞 *1-772-231-5666* 📠 *1-800-546-7866*

🌐 *www.verobeachhotelandspa.com*

💲 *★★★*

Um ins Zentrum von Vero Beach und in die
Nähe der vorgenannten Ziele zu gelangen,
hat die Fahrstrecke auf die Westseite der
Indian River Lagoon gewechselt. Zwar liegt
auch der Ort Fort Pierce, die nächste An-
laufstelle, diesseits der Lagune, aber der
Weg dorthin ist über die äußere A1A um ein
Vielfaches schöner als der über den US High-
way 1. Auch hier gilt wieder: Wer zwischen-
zeitlich in Zeitnot gekommen ist, kann für
das kommende Stück auf dem US Highway
1 bleiben oder auf die noch schnellere Inter-
state (I-95) ausweichen.

Der Routenempfehlung folgend geht es in
*Vero Beach über die **State Road 656** (17th St)*
Richtung Osten zurück zum Atlantik. Auf der
Barriere-Insel kreuzt wieder die A1A, der wir
nun in südliche Richtung folgen. Dabei pas-
sieren wir zuerst nach knapp 9 km/5,4 mi
*den **Round Island Park** mit einem Boardwalk*
über das Wasser, einem Beobachtungsturm,
Bootsrampen, Picknickplätzen und einem
Spielplatz (📧 2201 Hwy A1A, Vero Beach, FL
32963). Es folgt in unmittelbarer Nachbar-
*schaft der **Avalon State Park**. Ein eineinhalb*
Kilometer langer, naturbelassener Strand
erinnert in diesem State Park an die Karibik
und macht einen Zwischenstopp vor allem
zum Schwimmen, Schnorcheln und Relaxen
attraktiv (📧 State Rd A1A North, Fort Pierce,
FL 34949 🕐 Tägl. 8 h–Sonnenuntergang
💲 $ 2 pro Fahrzeug bzw. Fußgänger). Knapp
5 km/3 mi nach Verlassen des Avalon State
*Park passieren wir am Rande der **Pepper***
Beach State Recreation Area** das **Natio-
***nal Navy UDT-SEAL Museum**, das über die*
Einsätze der Navy-SEALs, der Unterwasser-
kampfeinheiten der US-Marine zu Land, Was-
ser und Luft, informiert (🕐 Di–Sa 10–16 h,
So 12–16 h 💲 Erw. $ 10, Kinder (6–12 J.) $ 5
🌐 www.navysealmuseum.com). Die Elitetrup-
pen wurden zwischen dem Zweiten Weltkrieg
und dem Vietnamkrieg im Bereich von Fort
Pierce ausgebildet.

Wenn die A1A schließlich nach rechts ab-
zweigt, folgen wir ihr weiter in westliche Rich-
tung. Damit verlassen wir die Barriereinseln
und nehmen Kurs auf das Festland, wo wir
Fort Pierce ansteuern. Mit der Abzweigung
der A1A erreichen wir als letztes Ziel auf den
vorgelagerten Inseln und nördlich des Fort
*Pierce Inlet den **Fort Pierce Inlet State Park**.*
Highlight sind ein herrlicher Strand, Dünen
und Hammocks, die zwischen dem Atlantik
und Tucker Cove, einem Ausläufer der Indian

River Lagoon, liegen. Man kann in diesem State Park wunderbar wandern, schnorcheln und Vögel beobachten (✉ 905 Shorewinds Dr, Fort Pierce, FL 34949 🕙 Tägl. 8 h–Sonnenuntergang ☀ $ 6 pro Fahrzeug mit zwei Personen, $ 2 pro Fußgänger). Folgen wir weiter der A1A, stoßen wir in Fort Pierce wieder auf den US Highway 1.

🏛 FORT PIERCE 📷ℹ️➕❌💻🏛

		Fort Pierce	Buxtehude
👪	Stadt	45.300	40.200
🚶	pro km²	750	525
⊘	km²	54	76
〰	über NN	5 m	5 m
🌧	mm		778
❄	°C	22	6
☀	°C	29	18
⚓	Vero Beach (über A1A)		27 km/ 17 mi
	Palm Beach		107 km/ 67 mi

Wie der Name vermuten lässt, begann die Stadtgeschichte von Fort Pierce mit einem Militärposten während des Zweiten Seminolenkrieges. Den zweiten Teil des Namens verdankt Fort Pierce seinem ersten Kommandeur, Benjamin Pierce. Das Fort wurde 1838 erbaut und brannte 1843 nieder, ein Jahr nach Ende des Seminolenkrieges. Ein Grundstein für den heutigen Ort wurde gelegt, als die Eisenbahn hierher kam, die Stadt selbst wurde 1901 aus der Taufe gehoben und ist die älteste Stadt des County. Der Tourismus entwickelte sich erst ab den 1950er-Jahren. Die Motels im Retro-Look und die weit ins Meer reichenden Piers lassen einen Eindruck vergangener Zeiten aufleben. Mittelpunkt der Stadt ist die belebte **Second Street** mit Rathaus, Läden, Cafés und Restaurants. Hier kann man sich sowohl mit den notwendigen Dingen (Lebensmittel etc.) versorgen als auch einen kleinen Shoppingbummel einlegen oder abends dinieren. Fort Pierce hat ein hübsch restauriertes Stadtzentrum. Die über

die Lagune erreichbare Hutchinson Island ist eine Trauminsel. Romantische Restaurants direkt am Meer, Hotels im alten Florida-Stil und eine 34 Kilometer lange Küstenlinie mit erstaunlich leeren und preisgekrönten Stränden zeichnen ein paradiesisches Bild.

Fort Pierce gilt als Hauptstadt der Treasure Coast, weil man vermutet, dass genau vor der Stadt auf dem Meeresgrund die Wracks der spanischen Schatzsucher-Schiffe liegen. Die Stadt hat sich den Charme eines Fischerortes bewahrt. Downtown erstreckt sich entlang des Ufers der Lagune, wo man auch in zahlreiche Restaurants einkehren kann. Kernstück ist die gepflegte Promenade an der neuen Marina. Es gibt in Fort Pierce 16 Plätze und Bauwerke, die in das Nationale Register historischer Plätze aufgenommen sind. Dazu gehört beispielsweise das **Boston House** in Downtown, das mit einer Mischung aus Neoklassizismus und gregorianischem Stil eine einzigartige Architekturform widerspiegelt. Ebenfalls in Downtown befindet sich die **Old Fort Pierce City Hall**, die im mediterranen Stil und mit Elementen der italienischen Renaissance auch eine architektonische Besonderheit darstellt.

Naturliebhaber können sich in Fort Pierce und Umgebung an den schönen, natürlichen Parkanlagen erfreuen, wozu beispielsweise die **Port St. Lucie Botanical Gardens** (✉ 2410 SE Westmoreland Blvd, Port St. Lucie, FL 34952, etwa 21 km/13 mi von Fort Pierce entfernt und nördlich der Stadt 🌐 www. pslbotanicalgardens.org) und die **Heathcote Botanical Gardens** (✉ 210 Savannah Rd, Fort Pierce, FL 34982, südlich des Stadtgebiets 🌐 www.heathcotebotanicalgardens.org) gehören, die die größte öffentliche Ausstellung tropischer Bonsais der ganzen USA beinhalten. Wassersportler, Angler, Golfer, Reiter und Kanuten kommen in Fort Pierce ebenfalls auf ihre Kosten. Da es unüberschaubar viele Strände und Parks gibt, ist es unmöglich, hier alle aufzulisten. Im Internet findet sich allerdings eine gute Übersicht mit den jeweils möglichen Aktivitäten am Strand beziehungsweise im Park: 🌐 www.visitstlucie.com/beaches. Die schönsten Strände befinden sich an der Barriereinsel, so zum Beispiel der **Frederick Douglass Memorial Park** auf South Hutchinson Island mit Sanitärräumen, Duschen und Picknickplätzen, ✉ 3600 S A1A, Fort Pierce, FL 39494. Oder der FKK-Strand **Blind Creek Beach** an der ✉ 5460 S A1A, Fort Pierce,

Herrliche und unberührte Strände auf Hutchinson Island

FL 34949, mit Dünen am Strand. Auf Hutchinson Island heißt die A1A auch South Ocean Drive. An diesem Streckenabschnitt gibt es weitere schöne Sandstrände wie den **Middle Cove Beach** und die **John Brooks Park Beachside**.

ST. LUCIE COUNTY TOURIST INFORMATION CENTER

🚏 *Von der Barriereinsel kommend biegt man auf den US-1 Richtung Süden ab und folgt ihm, bis die Virginia Ave kreuzt. In diese rechts abbiegen.*
✉ 2300 Virginia Ave, Fort Pierce, FL 34982
☎ 1-772-462-1100
☎ 1-800-344-8443
🌐 www.visitstluciefla.com
🕐 Mo–Fr 8/9–17 h

👁 Highlights

▶ St. Lucie County Regional History Center

Einen guten Einblick in die Geschichte der Stadt bietet dieses Museum im **Museum Point Park**. Artefakte und Ausstellungsstücke erzählen die Geschichte von den ersten bekannten Bewohnern bis hin zu den Seminolen. Halsketten aus Hai- und Fischwirbelknochen, verziert mit Muscheln, sind beispielsweise Bestandteile der Ausstellung. Es geht außerdem um die Fischerei-Industrie und den vergeblichen Versuch

des Ortes, zur „Ananas-Welthauptstadt" zu werden. Antike Krämerläden und ein Rundgang durch die alte Hauptstraße versetzen die Besucher zurück in die ersten Jahre des 20. Jahrhunderts.

🚏 *Südlich des Fort Pierce Inlet am Ufer der Lagune auf dem Festland gelegen, direkt an der Verbindungsstraße zur Barriereinsel*
✉ 414 Seaway Dr, Fort Pierce, FL 34949
☎ 1-772-462-1795
🌐 www.stlucieco.gov/history
🕐 Mi–Sa 10–16 h, So 12–16 h
💲 Erw. $ 4, Kinder (4–17 J.) $ 3, Sen. $ 3

▶ Manatee Observation and Education Center 👫

Es wird Zeit, sich mit der Frage zu befassen, was eigentlich genau eine "Seekuh" ist. Es sind recht massige Säugetiere, die im Meer leben und mit einer Körperlänge von bis zu vier Metern nach Walen und Robben die drittgrößte Art von Meeressäugern darstellen. Dass der Elefant unter den heute lebenden Tieren ihr nächster Verwandter ist, sieht man nicht nur an der Ähnlichkeit, es zeigt sich auch an der häufigen Bezeichnung „See-Elefant". Im Manatee Observation Center kann man die großen, etwas schwerfälligen Tiere von einer überdachten Aussichtsplattform aus beobachten. Sie planschen im Moore Creek, wo sie sich mehr oder weniger frei bewegen. Besonders gut zeigen sie sich dem Besucher im Winter.

Die Seekühe sind jedoch nicht die einzige Attraktion. Es geht ganz prinzipiell um Floridas Natur, die Tier- und Pflanzenwelt. Verschiedene Programme erfüllen die Anforderungen eines Education Centers, beispielsweise die Aquarien, Streichelbecken, Workshops, Ausstellungen und speziellen Veranstaltungen.

Vom Manatee Observation and Education Center werden auch Bootstouren zum Thema „**Indian River Lagoon Wildlife Boat Tours**" angeboten. Informationen hierzu erhält man im zugehörigen Vanishing Mermaid Gift Shop oder unter ☏ 1-772-460-6445.

- *Den US-1 an beiden Zufahrten zu den Barriereinseln vorbei Richtung Süden fahren, bis links die Orange Ave abzweigt. Über diese bis zur Querung des Indian River Dr.*
- *480 N River Indian Dr, Fort Pierce, FL 34950*
- *1-772-429-6266*
- *manatee@manateecenter.com*
- *www.manateecenter.com*
- *Di–Sa 10–17 h, So 12–16 h; Juli, Aug. & Sep. Do–Sa 10–17 h*
- *pro Person $ 1, Kinder bis 5 J. frei*

► Reiten am Strand

Strände gibt es in Florida wie den berühmten Sand am Meer. Auch Reitställe mit Ausreitmöglichkeiten in allen Variationen gibt es ausreichend. Aber beides zusammen ist selten: Reiten am Strand. Es ist an nahezu allen Stränden Floridas verboten. In Fort Pierce beziehungsweise auf Hutchinson Island sollte man deshalb nicht nur als passionierter Reiter eine dieser wenigen Möglichkeiten wahrnehmen, an der Kante zum unendlich weiten Ozean entlangzureiten – das Gefühl wird für alle Zeiten unvergesslich sein!

Horseback Riding at Frederick Douglass Park auf Hutchinson Island ist die Anlaufstelle für dieses Abenteuer. Die Betreiber bieten neben den Strandritten auch Trails durch Wälder an. Auf diesen geht es durch Feuchtgebiete, Hammocks oder alte Eichenwälder, inklusive einem reichhaltigen Blick auf die Tier- und Pflanzenwelt. Die Länge der Ausritte dauert je nach Durchhaltevermögen ab ein oder zwei Stunden bis zu einem halben oder ganzen Tag. An allen Arten von Ausritten können Reiter ab zehn Jahren vom Anfänger bis zum Profi teilnehmen (es werden nur die beiden Gangarten Schritt und Trab geritten). Die Strandritte finden ganzjährig immer sonntags statt, außerhalb dieser Zeiten können aber auch individuelle Termine vereinbart werden. Sportschuhe und Shorts sind als Bekleidung in Ordnung. Es gilt eine Körpergewichtsobergrenze von 105 Kilogramm pro Reiter.

Blick von der Marina Square in Downtown über die Indian River Lagoon

Frederick Douglass Memorial Park auf South Hutchinson Island, 6,5 km/4 mi nördlich der St. Lucie Power Plant an der A1A und 6,5 km/4 mi südlich des Fort Pierce Inlet

- 3600 S A1A, Hutchinson Island, FL 34949
- 1-772-468-0101
- www.beachtoursonhorseback.com
- Tägl. 10, 11, 12.30, 13.30 und 15 h
- $ 45 für 1 Std zuzügl. $ 20 Reservierungsgebühr

▶ Motorisierte Kajaktouren

Batteriebetriebene Kajaks schippern lautlos dahin, und das einzige Geräusch, das man hört, erzeugen das Boot selbst und die umgebende Tierwelt. Statt sportlich zu paddeln, kann man sich entspannt dem Naturgenuss hingeben. Die Touren starten ab Fort Pierce und Umgebung und führen beispielsweise zu alten Mangroven in der Indian River Lagoon **(Indian River Lagoon Jungle Tour)**. Das Gesamtprogramm des Anbieters heißt „Motorized Kayak Adventures". Es werden auch Sonnenuntergangs- und Vollmondtouren angeboten. Jeder Passagier steuert sein Kajak selbst, was nicht besonders schwierig ist (man braucht keine Vorerfahrung im Kajakfahren). Angeleitet werden die Teilnehmer von einem erfahrenen und fachkundigen Führer, der die Kajaks in selten gesehene Ökosysteme navigiert. Da man mit einer Geschwindigkeit von zwei bis vier Seeknoten viel schneller unterwegs ist als mit mühsamem Paddeln, dringt man auch tiefer in die Natur ein. Die Touren dauern zwischen zwei und drei Stunden.

- Der Anbieter befindet sich nahe der Kreuzung des US-1 und der A1A.
- 613 A1A, Fort Pierce, FL 34949
- 1-772-380-6815
- www.motorizedkayakadventures.com
- Wochenende-Picknick-Tour $ 40, Einführungstour $ 45 und die Jungle Tour $ 60

🏛 Übernachten

🏛 Royal Inn Beach Hutchinson Island

Auf Hutchinson Island, direkt an der Spitze der Insel und deshalb nicht weit vom Zentrum von Fort Pierce entfernt, liegt dieses Hotel. Es ist klein und schnuckelig und nur durch die Straße vom Ozean getrennt. Die Räume sind nicht sehr groß, aber sauber und haben zum Teil Meeresblick oder Aus-

sicht auf das Fort Pierce Inlet. Es gibt Apartments mit zwei separaten Schlafzimmern. Ein Außenpool ist vorhanden. 2015 wurde das Hotel renoviert und die Zimmer mit neuen Möbeln ausgestattet.

- Direkt am Rechtsknick der A1A an der Spitze von Hutchinson Island gelegen
- 222 Hernando St, Fort Pierce, FL 34949
- 1-772-672-8888
- 1-877-899-5354
- reservations@royalinnbeach.com
- www.royalinnbeach.com
- Ganzj.
- ★★

🏛 Comfort Suites Fort Pierce

Auf dem Festland, westlich der Innenstadt und recht zentral (nahe der Interstate 95) liegt dieses frisch renovierte Hotel mit Außenpool, Whirlpool und Fitnessmöglichkeiten. Es gibt geräumige Suiten mit der Möglichkeit, mehrere Personen beziehungsweise Familien unterzubringen. Das Hotel eignet sich auch gut für mehrere Übernachtungen, Kühlschrank und Mikrowelle sind vorhanden. Das Frühstück ist trotzdem inbegriffen. Die Zimmer sind sehr sauber und groß, das Preis-Leistungs-Verhältnis angemessen. Es gibt eine Wäscherei im Hotel. Besonders geeignet ist dieses Hotel als Übernachtungsstätte für diejenigen, die die nachfolgende Alternativroute zum Lake Okeechobee unternehmen, da es an der Zufahrtsstraße zum See liegt.

- Vom US-1 Richtung Westen auf die Virginia Ave abbiegen und dieser 8 km/5 mi folgen, bis es linkerhand über den Crossroads Pkwy zum Hotel geht.
- 6505 Metal Dr, Fort Pierce, FL 34945
- 1-772-409-1420
- www.choicehotels.com/florida/fort-pierce/comfort-suites-hotels/fl733
- Ganzj.
- ★

🏕 Fort Pierce/Port St. Lucie KOA

Der KOA-Campground liegt auf dem Festland am nordöstlichen Rand von Downtown beziehungsweise dem historischen Viertel und nahe der A1A, der man von Hutchinson Island nach Fort Pierce gefolgt ist. Das Ufer der Indian River Lagoon ist nicht weit entfernt. Der Platz ist geschottert, die Fahrzeuge stehen nah beieinander, aber der Campground ist sehr gepflegt und palmenumsäumt mit einigen Grünflächen. Alle Stellplätze bieten Full Hook-up. Es gibt einen Waschsalon.

🚐 *Der Campground liegt ein kleines Stück südwest-lich der Kreuzung des US-1 und der A1A.*

✉️ *1821 N US Hwy 1, Fort Pierce, FL 34946*

☎️ *1-772-812-7200*

@ *fortpiercekoa@att.net*

🌐 *http://koa.com/campgrounds/fort-pierce*

🚾 *Ja*   🛏️ *36*   🔌 *Ja*

🚿 *Ja*   🐾 *Nein*   📶 *Ja*

🚗 *★★★*

Langsam aber sicher wird es Zeit, Abschied von den Barriereinseln zu nehmen. Zwar gibt es weiter südlich noch einmal Gelegenheit, in Palm Beach die Seiten entlang der Lagune zu wechseln – diese Nebenroute ist dann aber endgültig der letzte Schwenk auf die Ostseite der Indian River Lagoon. Diese Entscheidung ist eine reine Zeitfrage, denn man kann Tage damit zubringen, auf den vorgelagerten Inseln entlangzufahren, den Ozean und die State Parks zu genießen und nicht stur eine Schnellstraße abzufahren. Vor allem, weil im Bereich zwischen Fort Pierce und Jupiter noch einmal State Park an State Park und Preserve an Preserve gereiht ist. Wer also zu diesem Zeitpunkt der Reise noch Zeit zu vergeben hat vor dem großen Ziel Miami, sollte weiterhin auf die A1A ausweichen. Dies gilt vor allem für die Reisenden, die die Rundreise in Miami gestartet haben und dort genau beenden wollen und zu dieser Zeit schon genau wissen, wie sie in der Zeit liegen.

*Es folgt im Bereich von Fort Pierce eine mögliche Alternativroute zum Lake Okeechobee, dem größten See Floridas, der im Landesinneren liegt. Ohne diesen Abstecher führt uns die Reise wahlweise auf dem Highway 1 oder der Interstate 95 in immer südlichere Gefilde. An dieser Stelle ist eine Fahrt über die Interstate empfohlen, damit auf der Anfahrt nach Fort Lauderdale und Miami ein paar Kilometer zusammenkommen. Der parallel zur Interstate im Osten verlaufende Highway bietet keine besonderen Reize und hat somit keine Vorteile gegenüber der schnelleren Reise auf der Autobahn. Nimmt man den Ausflug zum Lake Okeechobee mit, stoßen Hauptroute und Nebenroute wieder zusammen, wenn der **Highway 76** aus Westen vom Lake Okeechobee kommend auf die Interstate trifft.*

Alternativroute zum Lake Okeechobee

*Wir verlassen Fort Pierce über den Highway 1 in südliche Richtung, biegen aber noch innerhalb des Ortes auf die **State Route 70** Richtung Südwesten ab. Der State Route folgt man, bis man oberhalb des Sees im Ort Okeechobee auf den **US Highway 441** stößt. Der Ort bietet eine typisch amerikanische, ländliche Kleinstadtmosphäre und beherbergt rund 5.600 Einwohner. Einkehren kann man sowohl in Fast Food-Restaurants als auch beispielsweise in ein Steakhaus, ein Fischrestaurant oder beim Mexikaner. Es gibt zwei größere Einkaufszentren, das Northlake Village Shopping Center an der Kreuzung North Parrot Avenue und Northeast Park Street und den North Shore Shopping Plaza am US Highway 441.*

Auf diesem fährt man ohnehin Richtung Süden und erreicht automatisch den nördlichen Zipfel des Lake Okeechobee. Der See wird weiter über den US Highway 441 an seinem Westufer halb umrundet und von dort über die State Road 76 wieder in östliche Richtung verlassen, wo die Alternativroute auf die Interstate 95 und damit wieder auf die Hauptroute trifft.

🏕️ LAKE OKEECHOBEE 📷ℹ️❌📧🗺️

„**Großes Wasser**" heißt Okeechobee in der Sprache der Seminolen und wird damit der Tatsache gerecht, dass es der größte See Floridas und der zweitgrößte Südwassersee der kontinentalen USA ist. Er ist ungefähr 56 Kilometer lang und 48 Kilometer breit, aber nur maximal vier Meter tief. Wenn man gerade von der Küste kommt, könnte der Szenenwechsel nicht kontrastreicher sein. Während man beeindruckt vom gewaltigen Atlantischen Ozean, der urtümlichen Natur und der außergewöhnlichen Tierwelt vom amerikanischen Lifestyle gar nichts mitbekommen hat, sieht man am Lake Okeechobee die Menschen zu Rodeos gehen, Country Music hören und mit Pick-ups durch die Gegend fahren. In dieser ländlichen Umgebung sind der General Store, das Postamt

Der künstliche Wasserweg Okeechobee Waterway durchfließt den See.

und die Tankstelle in einem einzigen Laden untergebracht – so stellt man sich das wahre Amerika vor. Viehzucht und der Anbau von Zitrusfrüchten, Oliven, Gemüse und Zuckerrohr sind die Haupteinnahmequellen der Bevölkerung. Da das Binnenland endgültig topfeben ist, darf man auch keine spektakulären Blicke in die Natur mehr erwarten – was durch den Deich **Hoover Dike**, der den Lake Okeechobee umgibt, zusätzlich erschwert wird. Auf dem Deich verläuft einmal rund um den See der **Lake Okeechobee Scenic Trail**, über den man den See in beliebiger Länge erwandern oder mit dem Fahrrad erkunden kann. Von dort aus sind dann wieder schöne Blicke möglich und mit etwas Glück bekommt man seltene Wasservögel und Alligatoren vor die Kameralinse.

Nach einem Hurrikan im Jahr 1928 war der Deich erbaut worden, um künftig bei Überschwemmungen und Hurrikans einen Schutz zu bieten. Der See selbst versorgt Menschen, Farmen und das ganze südliche Florida mit Wasser. Ein künstlicher Wasserweg namens Okeechobee Waterway von Stuart an der Atlantikküste bis nach Fort Myers an der Pazifikküste durchkreuzt den Lake Okeechobee. Zusammen mit dem See managt dieser Waterway das „Central and Southern Florida Flood Control Project", das die Fläche zwischen dem südlichen Orlando bis zum Everglades National Park im Süden Floridas abdeckt. Aufgrund des Fischreichtums sind Angler begeisterte Besucher des Lake Okeechobee. Berühmt sind vor allem die Barsche.

Für den Abstecher an den Lake Okeechobee ist ein Viertel des Sees, näm-

lich die Nord-Ost-Seite vorgesehen, um sich einen Überblick zu verschaffen. Natürlich kann man den See aber auch umrunden und danach das Nord-Ost-Viertel ein weiteres Mal anfahren, beziehungsweise den See entlangfahren, soweit man möchte und dann umkehren. Denn egal, wie viel man vom See mitnimmt – der Rückweg zur Hauptroute führt über den US Highway 76, der etwa 37 km/23 mi entfernt vom Ankunftspunkt des US Highway 441 am See gen Osten abzweigt.

⚞ Wandern

▶ Lake Okeechobee Scenic Trail

Der insgesamt fast 180 Kilometer lange Lake Okeechobee Scenic Trail über den Hoover Dike ist ein Teil des **Florida National Scenic Trails** und er umrundet den zweitgrößten amerikanischen See einmal komplett. Dabei werden beispielsweise die Städte **Clewiston** (im Südwesten des Sees) und **Belle Glade** (Südosten) passiert. Besonders gut kann man im Herbst und im Winter Tiere beobachten, vor allem Fischreiher, Silberreiher und Wasservögel in ihrem Winterquartier sind dann sehr häufig zu sehen.

Der Trail kann von jeder beliebigen Stelle aus erwandert werden. Man kann ihn mit dem Fahrrad befahren oder auch abschnittsweise hoch zu Ross erkunden. Teilweise ist er asphaltiert, teilweise als Schotterstraße ausgebaut. Informationen zum Trail und zum Lake Okeechobee allgemein gibt es unter ⊕ www.florida-outdoors.com/lost.htm.

- 4, direkt am See
- Zahlreiche Einstiegsstellen rund um den Lake Okeechobee
- Beliebig je nach Streckenabschnitt
- Einfach
- 176 km/110 mi

🏠 Übernachten

🏕 Okeechobee KOA

Am Nordufer des Lake Okeechobee liegt dieser luxuriöse KOA-Campground direkt an der Zufahrtsstraße US Highway 441 zum See. Mehrere Pools, eine tropische Landschaft, Sauna, Whirlpool und jede Menge Animation und Unterhaltung gibt es auf dem Gelände, sodass auch ein mehrtägiger Aufenthalt möglich ist. Wer eine Auszeit vom Leben im Wohnmobil braucht, kann ein Blockhäuschen mieten.

- ✉ 4276 US Hwy 441 S, Ocheechobee, FL 34974
- ☎ 1-863-763-0231
- @ okeechobee@koa.net
- 🌐 www.okeechobeekoa.com

💻 Ja	🍴 Ja	🛎 Ja
🐾 Nein	📶 Ja	⭐ ★★★

🏕 Roland & Mary Ann Martin's Marina & Resort

Das Resort liegt ruhig am Südwestufer des Lake Okeechobee und hat den Vorteil, dass man direkt am Lake sowohl mit dem Wohnmobil als auch in einer der teilweise recht luxuriösen kleinen „Villen" übernachten kann. Die Villen haben zwei Schlafzimmer und zwei Bäder und sind mit allem Komfort ausgestattet, was auch einen längeren Aufenthalt ermöglicht. (Mindestaufenthalt sind drei Nächte!) Wer es lieber ein wenig kleiner haben möchte und nur eine Nacht bleiben will, ist in einem der Motelzimmer gut aufgehoben. Die RV-Plätze haben Full Hook-up, Duschen und kosten $ 35 pro Nacht. Auf dem Platz kann man auch Container-Häuschen mieten. Im Resort gibt es einen Bootsverleih, ein Restaurant und eine Tiki Bar, einen Souvenirladen und einen Anglershop, Airboat-Touren werden angeboten. Nachteil ist, dass der Campground von der Kreuzung, an der man wieder Richtung Hauptroute vom See abbiegt, 67 km/42 mi entfernt liegt.

- ✉ 920 E Del Monte Ave, Clewiston, FL 33440
- ☎ 1-863-983-3151
- ☎ 1-800-473-6766
- @ oson@rolandmartinmarina.com
- 🌐 www.rolandmartinmarina.com
- ⭐ ★★ Villa, ★-★★ Motelzimmer

🏠 Seminole Inn

Das Seminole Inn in **Indiantown**, etwa 25,5 km/15,5 mi vom Ostufer des Lake Okeechobee Richtung Osten entfernt, ist schon alleine wegen seiner originellen, antiken Einrichtung eine Empfehlung – sogar, wenn man hier nicht übernachten möchte, sollte man auf dem Rückweg zur Hauptroute einmal einen Blick in dieses nahezu mystische Gebäude im Stil einer alten Mission werfen. Dann kann man einen Zwischenstopp im Windsor Dining Room einlegen, in dem man das ganze Flair erleben und beim Sonntagsbrunch (zu vier Zeiten um 9, 10.30, 12 und 13.30 Uhr) oder zum Mittagessen (montags bis samstags 11 bis 14 Uhr) genießen kann. Das Seminole Inn verfügt über einen Außenpool, einen Fitnessraum und 22 Gästezimmer – alle in individuellem Stil liebevoll eingerichtet. Eine echte Zeitreise in die Vergangenheit, als die Eisenbahnlinie mitten durch Indiantown verlief. Das Hotel liegt auf dem Weg zurück zur Hauptroute beziehungsweis zur Interstate 95.

- ✉ 15885 SW Warfield Blvd, Indiantown, FL 34956
- ☎ 1-772-597-3777
- @ seminolein@aol.com
- 🌐 www.seminoleinn.com
- ⭐ ★★

Zurück zur Hauptroute geht es über die State Road 76, die an der Ostseite des Sees Richtung Westen vom US Highway 441 abzweigt. Nach etwa 40 km/25 mi erreicht man die Interstate 95 und damit die Hauptroute.

Ende der Alternativroute

....

*Auf der Hauptroute führt uns ab Fort Pierce die Interstate 95 in ganz unspektakulärem Verlauf stetig Richtung Süden. Dabei werden merklich Kilometer gemacht, dafür ist die vorbeiziehende Landschaft ganz und gar typisch für die Autobahn. Wenn die State Road 76 auf die Interstate trifft, sind Haupt- und Nebenroute wieder identisch. Kurz darauf lockt das nächste Ziel. Diesmal geht es nach **Palm Beach**, kein absolutes Muss, aber bei einem ausreichenden Zeitbudget ein netter und dabei minimaler Umweg zurück an die Küste.*

Straßenzug im schicken West Palm Beach

🏛 ÜBERNACHTEN

🛏 Jonathan Dickinson State Park Campground

Wer die Alternativroute über den Lake Okeechobee nicht gefahren ist, muss sich langsam nach einem Übernachtungsplatz umschauen. In diesem State Park südlich des Ortes Stuart gibt es einen der naturnahen, reizvollen Campgrounds unter staatlicher Verwaltung – einer der letzten an der Atlantik-küste in schöner Natur, der mit einem kleinen Abstecher erreichbar ist. Der Campground verteilt sich auf zwei separat gelegene Plätze, den Pine Grove Campground nahe der Ranger Station und den River Campground, der 4 mi/6 km vom Parkeingang entfernt ist.

📍 *Von der I-95 kurz nach der Kreuzung mit dem Hwy 76 beim Exit 96 auf die SR-708/SE Bridge Rd Richtung Osten abfahren. Dieser etwa 10 km/6,3 mi folgen, dann rechts auf die US-1, der sich nach 2,4 km/1,5 mi mit dem A1A vereint. Nach weite-ren 2,9 km/1,8 mi ist der Campground erreicht.*

📧 *16450 SE Federal Hwy, Hobe Sound, FL 33455*
📞 *1-800-326-3521 (8–20 Uhr) oder 1-772-546-2771*
🌐 *www.floridastateparks.org/jonathandickinson*

📶 *Ja*	🚿 *129*	⛵ *118*
🅿 *Ja*	🚽 *Ja*	🐕 *Ja*
📶 *Nein*	⚡ *Strom, Wasser*
🚾 ***		

Mit der Ausfahrt 70 von der Interstate 95 hat man die Möglichkeit, über den Okeechobee

*Boulevard beides anzusteuern: das etwas nördlich der Ausfahrt gelegene West Palm Beach auf dem Festland oder Palm Beach. Nach **Palm Beach** geht es geradeaus weiter auf die Barriereinsel. Das deutlich größere **West Palm Beach** befindet sich auf dem Festland. Es lohnen sich beide Ziele, bei Zeit-not ist die Empfehlung, das schönere Palm Beach am Atlantischen Ozean zu besuchen.*

🏖 PALM BEACH 🏠ℹ➕❌📷🏛

		Palm Beach	Oldenburg
👫👫	Stadt	8.700	164.000
⊘	pro km²	798	1.591
⊘	km²	27	103
〰	über NN	5 m	4 m
🌧	mm	1.566	801
❄❄	°C	25	7
☀	°C	29	19
⚓	Fort Pierce		107 km/ 67 mi
	Fort Lauderdale		75 km/ 47 mi

Ähnlich der Konstellation von Miami und Mi-ami Beach ist der kleinere Ort der Strandort (Palm Beach) und der größere der Hauptort

(West Palm Beach) mit gegensätzlichen Vierteln und einer multikulturellen Bevölkerung.

„Stadt der Reichen und Schönen" wird Palm Beach genannt – das liegt zweifelsfrei daran, dass sich gut betuchte Amerikaner hier niedergelassen haben. Es heißt, dass nirgendwo sonst auf der Welt so viele Millionäre leben wie in Palm Beach, die meisten davon sind Ruheständler. Das wirkt sich auch auf die Preise bei den zahlreichen Shoppingmöglichkeiten aus, was zur Folge hat, dass kein namhafter Designer fehlt: Tiffany, Cartier, Gucci, Armani und Chanel tummeln sich in der Worth Avenue. Im Ortskern von Palm Beach, rund um die A1A, gibt es Shopping Center, Malls und Kleiderläden für den normalen Geldbeutel. Auch das Einkaufen für den täglichen Bedarf ist kein Problem. Nahe der Flagler Memorial Bridge, die vom Festland auf die Barriereinsel führt, gibt es am ⊙ 135 Bradley Place, Palm Beach, FL 33480 einen großen Publix Super Market.

Ende des 19. Jahrhunderts wurden die ersten Luxusvillen bezogen. Zu Gesicht bekommt man diese allerdings kaum, da sie mit hohen Zäunen und Hecken vor neugierigen Blicken geschützt sind. Seinen Namen hat Palm Beach den vielen Palmen zu verdanken, die den Strand säumen.

In Palm Beach gibt es den **City Beach** an der North Ocean Avenue am Rechtsknick der A1A. Es ist ein sehr sauberer Strand innerhalb des City Parks mit Badeaufsicht. Von hier aus kann man herrliche Strandspaziergänge unternehmen, auf der Strandpromenade flanieren und Muscheln sammeln. Der Strand bildet zugleich das **Zentrum Palm Beachs**. Gegenüber des Strandparks und der Strandpromenade befindet sich die neu gestaltete **Ocean Mall** (⊙ Riviera Beach, FL 33404) mit Restaurants, einem Café mit leckeren Bagels, einem kleinen Lebensmittelladen und Geschäften, von denen allerdings derzeit einige leer stehen beziehungsweise umgebaut werden.

Etwa 21 km/13 mi nördlich von Palm Beach und über die Interstate 95 angebunden ist eine weitere schöne und etwas größere Mall, die **Gardens Mall**. Von einem Atrium aus sind alle Angebote erreichbar, ein großer Food Court, hochwertige Boutiquen, Restaurants und dazwischen immer wieder Ausstellungen, Kunst und Mode (⊙ 3101 PGA Blvd, Palm Beach Gardens, FL 33410).

Als Gründervater von Palm Beach wird oft der Großindustrielle **Henry Morrison Flagler**

gehandelt. Wegen des milden Klimas sah er eine gute Möglichkeit, diesen Teil der Ostküste touristisch zu erweitern und mit Hotels und einem guten Transportsystem Wintertouristen anzulocken. An seiner Bahnlinie **East Coast Railway** errichtete er Eisenbahnhotels, 1894 eröffnete er bereits die erste Hotelanlage. Es folgten der Hafen von Palm Beach mit einem 300 Meter langen Pier, an dem die Dampfschiffe anlegen konnten und ein Golfplatz. Bereits um 1900 war das Ziel erreicht: Palm Beach war zum Winterferienort für die Reichen geworden – oft bezeichnet als „Winter Playground of the Rich". Den Pier gibt es leider nicht mehr, er wurde nach einem Wintersturm 1969 zerstört, nur eine Messingplatte erinnert noch an seine frühere Existenz.

Ein beliebtes Angebot in den Gefilden von Palm Beach ist das sogenannte „**Wreck Diving**", das Tauchen nach Schiffswracks. Einige Schiffswracks liegen rund um die **Lake Worth Inlet** nördlich von West Palm Beach auf Grund, sodass diese sogar thematisch kategorisiert sind und es entsprechend verschiedene Tauchangebote gibt. Einen schönen Überblick darüber findet man unter ⊙ www.wadespage.com/D800DS01RF02.shtml.

ⓘ PALM BEACH CHAMBER OF COMMERCE

⊙ Vom US-1 (auf dem Festland) führt die Royal Palm Bridge auf die Barriereinsel. Diese geht in den Royal Palm Way über, an dem das Chamber of Commerce direkt liegt.

✉ 400 Royal Palm Way, Suite 106, Palm Beach, FL 33480

☎ 1-561-655-3282

@ Sandy@palmbeachchamber.com

www www.palmbeachchamber.com

👁 Highlights

▶ Flagler Museum

Die Geschichte der Stadt ist Thema dieses Hauses, das der gleichnamige Erbauer und Stadtvater von Palm Beach, Henry Morrison Flagler, seiner dritten Ehefrau schenkte. Es ist auch heute noch ein herrlich restaurierter Palast mit dem passenden Namen **Whitehall**, der die Geschichte des Hauses und des Eisenbahnkönigs präsentiert. Zeitweise gab es hier auch Hotelzimmer – man kann diese heute besichtigen und sich einen Eindruck verschaffen, wie betuchte Touristen vor 100 Jahren Urlaub gemacht haben. Auch

Flaglers privates Zugabteil kann im Garten des Anwesens besichtigt werden. Wechselnde Ausstellungen, spezielle Programme und Audioguide-Touren sowie von November bis April drei Mal täglich geführte Touren werden vom Museum angeboten. Whitehall ist ein National Historic Landmark.

🌐 *Über die A1A nach Palm Beach fahren, der Straße Richtung Süden weiter folgen, dann rechts in Cocoanut Walk einbiegen. Schräg versetzt geht es weiter in den Whitehall Way und dann links zum Museum.*

✉ One Whitehall Way, Palm Beach, FL 33480

☎ 1-561-655-2833

🌐 www.flaglermuseum.us

🕐 Di–Sa 10–17 h, So 12–17 h

💰 Erw. $ 18, Kinder (6–12 J.) $ 3, Schüler (13–17 J.) $ 10

▶ Norton Museum of Art

Auf dem Festland in West Palm Beach liegt dieses ausgewählte Kunstmuseum, das als eines der hochkarätigsten Kunstmuseen der südöstlichen USA gilt. Die Kunstsammlung umfasst über 5.000 Kunstwerke, hauptsächlich aus Europa, Amerika (zum Beispiel Andy Warhol) und China. Die französischen Impressionisten sind mit Gauguin, Matisse und Monet würdig vertreten. Auch zeitgenössische Kunst und Fotografie sind Themenschwerpunkte des Museums. Da das bisherige Gebäude besuchermäßig aus allen Nähten geplatzt ist, wird es derzeit erweitert und in ein neues, futuristisches Design gehüllt. Während der Umbauarbeiten, die bis 2018 andauern, bleibt das Museum geöffnet. Es ist in dieser Zeit kostenfrei!

🌐 *Von der Kreuzung US-1 und Okeechobee Blvd, der auf die Barriereinsel führt, fährt man knapp 1 km/0,6 mi Richtung Süden, biegt links auf der US-1 und gleich wieder rechts auf den Federal Hwy ab. Das Museum befindet sich an einem Kreisverkehr (rechterhand).*

✉ 1451 S Olive Ave, West Palm Beach, FL 33401

☎ 1-561-832-5196

@ info@norton.org

🌐 www.norton.org

🕐 Di, Mi & Fr–So 12–17 h, Do 12–21 h

💰 Frei bis Dezember 2018

▶ The Breakers

Das Luxushotel The Breakers ist zweifellos das Wahrzeichen von Palm Beach und liegt direkt am Atlantik. Mit seinen über 500 Zimmern ist der Komplex einem italienischen Palazzo nachempfunden. Golfplätze, Fitnessstudios und Wellness-Einrichtungen gehören zum Luxuspalast. Die große Lobby mit eindrucksvollem Gewölbe im Stil einer Kathedrale ist einen Besuch auch ohne Einquartierung wert, vor allem, weil man sich als Normalsterblicher die Übernachtungskosten nicht ohne Weiteres leisten kann (🕐 Doppelzimmer ab $ 700, Suiten bis $ 6.800). Insofern ist The Breakers an dieser Stelle auch keine Hotelempfehlung, sondern eine Sehenswürdigkeit. In Kooperation mit dem Flagler Museum (▶ Seite 91) werden von November bis April dienstags und samstags, sonst nur samstags Führungen durch den historischen Teil des Hotels angeboten (🕐 $ 15 pro Person inklusive Shuttle vom Museum zum Hotel. Informationen unter 🌐 www.flaglermuseum.us/visiting/tour-the-breakers-hotel).

🌐 *Über die A1A auf die Barriereinsel fahren, dem Rechtsknick folgen und nach 500 Metern links in Cocoanut Walk einbiegen. Das Hotel befindet sich rechterhand am Linksknick des Cocoanut Walk.*

✉ One S County Rd, Palm Beach, FL 33480

☎ 1-877-724-3188

🌐 www.thebreakers.com

▶ Lion Country Safari Park

Afrika-Feeling in Florida! Etwa 34 km/21 mi westlich von West Palm Beach gibt es in dem Ort **Loxahatchee** einen Safari Park, in dem man à la Afrika die Tierwelt aus dem Auto heraus betrachten kann. Neugeborene Giraffen säumen den Weg ebenso wie Nashörner, deren spitze Hörner dem Autolack gefährlich nahe kommen. Der Park besteht aus sechs verschiedenen Zonen mit afrikanischen Namen wie Kalahari Bushveldt oder Serengeti Plains. Sinn des Parks ist, dass die Tiere möglichst natürlich und in relativ freier Wildbahn leben, statt in Käfigen wie im Zoo. Da man aber mit manchen der freilaufenden Tiere nicht unbedingt auf Tuchfühlung gehen sollte, müssen während der ganzen Fahrt durch den Park Türen und Fenster geschlossen bleiben (Raubtiere wie beispielsweise die Löwen sind natürlich hinter Zäunen). Es gibt auch einen Parkbereich zum Begehen. Mit Bootsfahrt, Bimmelbahn und Minigolf ist dieser Teil für Familien mit jüngeren Kindern attraktiv.

 Man sollte den Park nicht in der Mittagszeit besuchen, da die Tiere dann

Schatten spendende Plätze suchen und versteckt sind.

🌐 Von Palm Beach aus über den US-1 aufs Festland,
   links über die Australian Ave bis zum US-98 fahren
   und diesem 24 km/15 mi folgen, bis die Lion
   Country Safari Rd rechts abzweigt.
✉ 2003 Lion Country Safari Rd, Loxahatchee, FL 33470
☎ 1-561-793-1084
🌐 www.lioncountrysafari.com
🕐 Drive-Through-Park: 9.30–16.30 h,
   Walk-Through-Park: 10–17.30 h
💰 Erw. $ 35, Kinder (3–9 J.) $ 26, Sen. (über 65 J.)
   $ 31,50, Parken $ 8 pro Fahrzeug (Online-Tickets
   sind $ 2 günstiger und beinhalten kostenloses
   Parken)

🏨 Übernachten

🏨 Palm Beach Shores & Vacation Villas

In vorderster Front direkt am Ozean liegt dieses Hotel mitten in Palm Beach und nahe
dem City Park und seinem Strand sowie der
Strandpromenade. Die Zimmer sind großzügig geschnitten und mit Balkon versehen,
manche mit herrlichem Blick auf den Atlantik.
Die Küchenzeilen sind mit Mikrowelle, Kühlschrank, Kaffeemaschine, Toaster und Geschirr ausgestattet. Neben direktem Strandzugang gibt es einen Pool, ein Restaurant und
die Möglichkeit, Wäsche zu waschen.
✉ 181 Ocean Ave, Palm Beach Shores, FL 33404
☎ 1-561-863-4000
@ pbsr@dmresorts.com
🌐 www.pbsr.com
🕐 Ganzj.
💰 ★★★

*Wir verlassen Palm Beach wieder über den
Okeechobee Boulevard, über den wir von der
Interstate aus auf die Barriereinsel gefahren
sind. Die Route verläuft von nun an endgültig
nicht mehr an der Küste, die Interstate geleitet
uns einige Kilometer im Landesinneren gen
Süden. Die Bebauung der Küstenregion wird
immer dichter, die Strände und State Parks
sind deutlich stärker besucht, als diejenigen
an der nördlichen Atlantikküste. Sollte man
einen Abstecher zum Strand planen, wird man
dieses Vergnügen nunmehr mit vielen anderen teilen, wohingegen man zwischen Cape
Canaveral und Fort Pierce mit etwas Glück viele Strandabschnitte ganz für sich alleine hatte.*

*Das ist der Grund, warum wir uns bis Fort Lau-
derdale getrost auf die Rennstrecke Interstate
95 begeben können, ohne befürchten zu müssen, viel zu verpassen. Das Schönste haben
wir weiter nördlich mitgenommen.*

*Nach Palm Beach ändert die Atlantikküs-
te wieder einmal ihren Namen. Sie heißt ab
sofort* **Gold Coast**, *was weniger mit den Gold-
funden, als vielmehr mit dem feudalen Lebensstil und Wohlstand zu tun hat, der Richtung Miami die Küste prägt. Viel bekommt
man davon auf der Interstate allerdings nicht
mit, wir treffen erst wieder auf Höhe von Fort
Lauderdale auf die Gold Coast.*

*Es folgen nun über 60 stumpfe Autobahn-
kilometer (38 mi), es geht einfach schnurgera-
deaus. Dabei wird eine Küstenstadt nach der
anderen passiert, die Besiedelung wird spürbar dichter. Mit Fort Lauderdale wird schließlich die absolute Zivilisation erreicht, bevor es
anschließend zum Endspurt der ersten Reise-
etappe in die Metropole Miami weitergeht.*

🏛 FORT LAUDERDALE

		Fort Lauderdale	Lindau (Bodensee)
	Stadt	179.000	25.100
👥	Metropol	5.800.000	
	pro km²	1.993	761
⊘	km²	93	33
〰	über NN	3 m	401 m
🌧	mm	1.422	1.420
❄❄	°C	25	6
☀	°C	30	19
	Palm Beach		75 km/ 47 mi
	Miami		41 km/ 26 mi

Fort Lauderdale wird das **„Venedig Amerikas"** genannt, und ein erster Blick auf die
Großstadt nördlich von Miami erklärt diesen
Namen schnell: Mehr als 260 Kilometer Kanäle ziehen sich durch Fort Lauderdale – mit

Viel Wasser gibt es in und um Fort Lauderdale

dem Wassertaxi kommt man sicherlich besser voran als mit einem normalen Fahrzeug. Zu den künstlichen Wasserwegen kommen noch natürliche Flussläufe der Flüsse **Middle River** und **Stranhan River** hinzu. Im Gesamten verfügt Fort Lauderdale damit über ein Netz von 450 Kilometer schiffbare Wasserwege. Vor allem die Villen der Reichen kann man auf dem Wasserweg entlang des Intracoastal Waterway oder der Kanäle am besten in Augenschein nehmen. Denn die noblen Wohngegenden mit den tropischen Gärten und eigenen Bootsanlegeplätzen befinden sich vorwiegend direkt am Wasser. Das rührt daher, dass die heutige Stadt auf einstmals sumpfigem Gebiet entstand. Häuser zu bauen war auf diesem Untergrund schwierig bis unmöglich, weshalb man parallel verlaufende Entwässerungskanäle anlegte und den entstandenen Erdaushub zu Halbinseln aufschüttete. Das gibt der Stadt auf der Karte betrachtet das Erscheinungsbild eines Kamms mit vielen Zacken. Die entstandenen Grundstücke waren exklusiv am Wasser gelegen und wurden mit wahren Palästen bebaut, weshalb heute überall neben den Luxusjachten auch ein Mercedes und/oder Porsche vor der Tür steht. Das amerikanische Venedig war geboren.

Auch die Bürogebäude Downtowns und die Prachtmeile der Stadt, der **Las Olas Boulevard** mit Museen, Theatern, Galerien und Nachtclubs, werden über Wasserwege miteinander verbunden. Der Las Olas Boulevard beginnt am Atlantik und endet in Downtown,

wo man über den **Bubier Park** in südliche Richtung auf das Stadtzentrum mit der Fußgängerpromenade **Fort Lauderdale Riverwalk** entlang des Flusses New River trifft. Die wunderschöne Fußgängerzone mit ihrem strahlenden, modernen und tropischen Erscheinungsbild bietet einen Ausgleich zur Hektik der Großstadt und wird „Florida's most beautiful mile" genannt (siehe 🌐 www.goriverwalk.com). Für Amerika ungewöhnlich ist die Altstadt, in der sich unter anderem zahlreiche Museen befinden. Nostalgische Gaslaternen und einige für amerikanische Verhältnisse „ältere" Häuser geben dem Ganzen ein antikes Ambiente.

Nördlich des Riverwalks erstreckt sich Downtown, neben der Strandpromenade am Ocean Boulevard (siehe unten) das Herzstück Fort Lauderdales. Restaurants, Bars und Läden sind teilweise direkt am Ufer des Flusses **New River** gelegen. (Von Downtown aus sind die Ziele und Attraktionen der Stadt beschrieben.) Zum „richtigen" Einkaufen wendet man sich am besten Richtung Küste, wo man beispielsweise in Form eines Publix (🛒 1415 E Sunrise Blvd, Fort Lauderdale, FL 33304) fündig wird. Der große Supermarkt befindet sich knapp 3 km/2 mi nordöstlich von Downtown und ist über den US Highway 1 erreichbar.

Nur die Hauptdurchgangsstraßen durch Fort Lauderdale haben richtige Straßennamen, alle anderen Straßen sind nummeriert. Auf der Küstenseite des Intracoastal Waterway verläuft der **Ocean Boulevard** mit dem über zehn Kilometer langen Sandstrand, der von Palmen gesäumt ist. Auf der Strandpromenade gilt das Motto „Sehen und gesehen werden", denn neben der Funktion als Skating- und Fahrradpromenade ist es vor allem eine Flaniermeile. Der hohe Anteil an Bars und Restaurants an der Strandpromenade sorgt dafür, dass hier abends das Leben pulsiert. Nach Hurrikan „Andrew" 1992 wurde die Strandpromenade für viele Millionen Dollar restauriert – kein Wunder also, dass heute alles in diesem Glanz erstrahlt.

Das heutige Image einer blitzsauberen und ansprechenden Stadt hatte Fort Lauderdale nicht immer. In den 60er- und 70er-Jahren des 20. Jahrhunderts war Fort Lauderdale als „Ballermann" Floridas in Verruf geraten. Grund waren die exzessiven Partytage von Studenten, die ihre Frühlingsferien (siehe „Reisezeit", ▶ Seite 288) im Sunshine State verbrachten. Um den Drogen- und Alkohol-Exzessen und den in der Folge hohen Schäden Herr zu werden, griff die Polizei hart durch: Im Freien durfte kein Alkohol mehr getrunken werden, außerdem wurde das Frisbee- und Ballspielen am Strand verboten. Die Maßnahmen zeigten Wirkung – die jungen Touristen blieben aus und mit neuen Angeboten wie Kreuzfahrten und Wassersport wurden fortan die eher betuchten Urlauber angelockt. Heute weichen die Spring Break-Touristen eher nach Daytona Beach aus, aber auch dort wird der Besucherandrang mittlerweile restringiert.

Ein ehemaliges Fort und der Major William Lauderdale sind gemeinsam die Namensgeber der Stadt. Der Plantagenbesitzer und Soldat spielte eine Rolle im Seminolenkrieg. Als Hauptmann der Bürgerwehr stellte er 1837 ein Bataillon berittener Spione zusammen, die die amerikanischen Belange im südlichen Florida unterstützen sollten. Sie errichteten einen Stützpunkt am New River. 1838 wurde an diesem Stützpunkt ein Fort errichtet und Fort Lauderdale genannt. Hatten zuvor noch etwa 70 Menschen in der Gegend gelebt, waren es nach Ende des Krieges gegen die Seminolen nur noch wenige. Die eigentliche Stadt entwickelte sich dann erst später mit dem Bau der Eisenbahn und der ersten Straße Ende des 19. Jahrhunderts. Die erste Fährenroute über den New River ermöglichte einen Zugang in die Stadt, sodass die Bevölkerung stark anwuchs, Ende 1925 waren es bereits 15.000 Einwohner. Nach der Zerstörung durch einen Hurrikan kam Fort Lauderdale erst wieder 1940 zu einer so hohen Bevölkerungszahl.

Südlich der Stadt verfügt Fort Lauderdale über einen eigenen, **internationalen Flughafen** mit vier Terminals und über 20 Millionen Passagieren pro Jahr. Wegen der guten Anbindung an die Stadt mit Shuttle-Bussen des **Broward County Transit**, Nahverkehrszügen der **Tri-Rail** oder einer nur 20-minütigen Taxifahrt ist dieser Flughafen eine Alternative zu den beiden Flughäfen von Orlando oder Miami. Innerhalb von Fort Lauderdale kann man sich sehr gut mit dem Bussystem des Broward County Transit fortbewegen (🌐 www.broward.org/bct). Eine Einzelfahrt kostet für Erwachsene $ 2, Senioren, Kinder, Jugendliche $ 1, ein Tagespass für Erwachsene $ 5, Senioren, Kinder, Jugendliche $ 4. Innerhalb Fort Lauderdales ist der **Sun Trolley** ein ausgezeichnetes Transportmittel (🌐 www.suntrolley.com). Je nach Route sind die Tickets kostenlos, ansonsten kosten sie nur $ 1 pro Fahrt und $ 3 für einen Tagespass. Man kann mit dem Sun Trolley beispielsweise von Downtown zum Strand und zurück fahren. So ist man mit einem strandnahen Hotel dennoch sehr gut an die Stadt angebunden.

Schließlich ist Fort Lauderdale mit dem Seehafen **Port Everglades** international angeschlossen. Von hier aus starten Kreuzfahrtschiffe zu allen möglichen Zielen, täglich wird sogar eine Tagesfahrt zur Inselgruppe der Bahamas angeboten.

Fort Lauderdale hat einige Sehenswürdigkeiten zu bieten. In Anbetracht der Tatsache, dass wir uns aber der Riesenstadt Miami mit ihrem umfangreichen Angebot an Aktivitäten nähern, soll im Folgenden nur eine Auswahl an Attraktionen vorgestellt werden, die auf einen ein- bis zweitägigen Aufenthalt zugeschnitten ist und für jeden Geschmack etwas bietet.

ℹ GREATER FORT LAUDERDALE CONVENTION & VISITORS BUREAU

📍 *Das Visitor Center liegt mitten in Downtown am E Broward Blvd, der Querachse, die zwischen dem US-1 und der I-95 durch Fort Lauderdale führt.*

✉ 101 NE Third Ave, Suite 100 Fort Lauderdale, FL 33301

☎ 1-954-765-4466

☎ 1-800-22-SUNNY

🌐 www.sunny.org

🕐 Mo–Fr 8.30–17 h

Flanieren auf der neugestalteten Strandpromenade

👁 Highlights

▶ **Stadtbesichtigung Fort Lauderdale per Boot**

Water Taxi

Während man in einem lustigen, gelben Taxi-Boot die Kanäle entlangschippert, kann man an den 20 Haltestellen beliebig aus- und wieder zusteigen und damit die wichtigsten Sehenswürdigkeiten erreichen. Man kann zwischen zwei verschiedenen Hauptrouten auswählen, je nachdem, was genau man besichtigen möchte: Die eine führt nach Downtown und den Bereich des Las Olas Boulevard. Die andere befördert die Passagiere Richtung Norden. Nicht nur die Villen und Paläste der Reichen sind an den Routen gelegen, sondern auch die Läden, Restaurants und die Strände am Meer. Für $ 16 pro Person kann man einen Nachtausflug mit dem Wassertaxi buchen. Die Tickets werden nach 17 Uhr an Bord der Schiffe verkauft. Mit einem Tagespass kann man beliebig oft innerhalb Fort Lauderdales fahren. Einen Fahrplan findet man unter 🌐 www.watertaxi.com/schedules, die Haltestellen sind ausführlich unter 🌐 www.watertaxi.com/maps-stops aufgeführt und beschrieben.

📍 Der Anbieter befindet sich in Downtown, am Südufer des New River, etwa 1,6 km/1 mi westlich des US-1.
✉ 413 SW 3rd Ave, Fort Lauderdale, FL 33315
☎ 1-954-467-6677
@ info@watertaxi.com
🌐 www.watertaxi.com
🕐 Tägl. ab 10 h
💲 Tagespass: Erw. $ 26, Kinder (5–11 J.) $ 12, Sen. (über 65 J.) $ 21

Jungle Queen Riverboat

Der exotische Schaufelraddampfer ist ebenfalls in Fort Lauderdales Kanälen unterwegs. Es gibt unterschiedliche Themenfahrten, beispielsweise eine morgendliche Sightseeing-Fahrt und eine am Nachmittag/Abend, eine Tour führt zu einer tropischen Insel mit Alligatorshow, in einer anderen ist ein Abendessen inbegriffen. Los geht es am Bahia Mar Yachting Center, die Fahrten dauern 90 Minuten.

📍 Von Downtown über den E Las Olas Blvd Richtung Osten fahren, bis die Straße auf die A1A trifft (direkt am Atlantik). Dieser dann etwa 600 Meter folgen, das Jachtcenter befindet sich rechterhand.
✉ 801 Seabreeze Blvd, Fort Lauderdale, FL 33316
☎ 1-954-462-5596
@ info@junglequeen.com
🌐 www.junglequeen.com
💲 Ab: Erw. $ 24,91, Kinder (3–12 J.) $ 13,73, Sen. (über 65 J.) $ 22,79 (Preise für die Morgenfahrt)

▶ Bonnet House Museum & Gardens

Umzingelt von Hochhäusern liegt in einem schönen Park das historische Bonnet House im Plantagenstil. Das 1921 erbaute, palastartige Wohnhaus war von dem Künstlerehepaar Frederic Clay und Evelyn Bartlett bewohnt worden. Bartlett, die in München Malerei studiert hatte, entwarf dieses Haus selbst. Heute gewährt es nicht nur einen hervorragenden Einblick in das Leben von vor fast 100 Jahren. Es ist ein Museum, eine offizielle historische Sehenswürdigkeit, und es ist umgeben von einem prachtvollen Garten, der alleine einen Besuch wert ist. Empfehlenswert ist eine Hausführung mit sachkundigen Guides, die das Leben des amerikanischen Großbürgertums in der ersten Hälfte des 20. Jahrhunderts zum Inhalt hat. Skulpturen, Gemälde und reich verzierte Decken zeugen von der Schaffenskraft des Künstlerpaares. Die eineinhalbstündigen Führungen finden siebenmal täglich statt, die letzte startet um 15.30 Uhr. Zugänglich ist das Anwesen vom Sunrise Boulevard aus.

- *Aus Richtung Downtown über den US-1 zunächst in nördliche, dann über den E Sunrise Blvd in östliche Richtung fahren. Geradeaus weiter.*
- 900 N Birch Rd, Fort Lauderdale, FL 33304
- 1-954-563-5393
- www.bonnethouse.org
- Di–So 9–16 h
- *Erw. $ 20, Kinder (6–12 J.) $ 16, Kinder (unter 6 J.): frei, jeweils inkl. Führung*

▶ Hugh Taylor Birch State Park

Von der Kreuzung Sunrise Boulevard und A1A aus ist man in diesem Park in wenigen Augenblicken mitten in einem tropischen Mangrovenwald. Das wirkt umso exotischer, da der Park direkt am Meer liegt. Man kann neben dem Bestaunen der dschungelartigen Pflanzenwelt in einer Lagune baden und Kanu fahren. Kanus für bis zu drei Personen kann man am Parkzugang für ☼ $ 20 pro Stunde (drei Stunden kosten $ 60) mieten. Sowohl über Fußpfade als auch über gut asphaltierte Wege für Radfahrer und Inlineskater kann man den State Park erkunden. M. Cruz Rentals bietet Fahrräder und Inlineskates zur Miete an (🌐 www.mcruzrentals.com). Bei diesem Anbieter, der sich am Visitor Center des Parks befindet, kann man auch Kajaks mieten, mit denen man nicht nur in der Lagune, sondern auch im Ozean paddeln gehen

kann. Bei diesem Anbieter kann man auch geführte Segway-Touren buchen oder ein Jetski mieten. Folgt man dem Tunnel innerhalb des Parks unter der A1A hindurch, landet man am schönen weißen Sandstrand des Atlantiks. Nahe dem Parkeingang befindet sich das **Terramar Visitor Center**, das in einem mediterranen Art-Déco-Gebäude untergebracht ist und derzeit renoviert wird. Dieses Haus hat Park-Namensgeber Hugh Taylor Birch 1940 gebaut und darin gewohnt. Ausstellungen über ihn sowie Geschichtliches über Fort Lauderdale, Floridas Ökosystem und die Tier- und Pflanzenwelt sind Thema des als Museum genutzten Visitor Centers.

- *Aus Richtung Downtown über US-1 zunächst in nördliche, dann über E Sunrise Blvd in östliche Richtung. Man stößt an der Atlantikküste automatisch auf den State Park (an der Kreuzung mit der A1A).*
- 3109 E Sunrise Blvd, Fort Lauderdale, FL 33304
- 1-954-564-4521
- www.floridastateparks.org/hughtaylorbirch
- Tägl. 8 h–Sonnenuntergang
- $ 6 pro Fahrzeug, $ 2 für Fußgänger oder Radfahrer

Wandern

Coastal Hammock Trail

Der kurze aber eindrucksvolle Spaziergang führt die Besucher durch einen ursprünglichen, sowohl original tropischen als auch maritimen Wald mit Hammocks und Harthölzern. Informationen auf Tafeln am Wegesrand geben dem Weg Lehrpfadcharakter und bieten einen Einblick in das hiesige Ökosystem. Die Wanderung startet am ersten Becken nach dem Parkeingang, an dem es Blesshühner zu beobachten gibt, passiert einen tropischen Küsten-Hammock und biegt an einer Wegeskreuzung rechts ab. Dann wird es richtig exotisch: Alte Meeres-Rebstöcke, Feigen und Myrsinengewächse, eine Art Heidekraut, begleiten den Wanderer. Auf dem Rückweg kann man das Wasserbecken von der Anhöhe einer Düne aus überblicken.

- Eingang zum Park
- 30 Min.
- Einfach
- 0,5 km/0,3 mi

▶ International Swimming Hall of Fame

Ähnlich dem Hollywood Boulevard mit seinen Promi-Sternen ist in der International Swimming Hall of Fame jeder präsent, der im

Weltberühmte Kreuzfahrtschiffe verlassen Port Everglades in Fort Lauderdale – wie hier die „Independence of the Seas"

Schwimmsport Rang und Namen hat – sei es in Form von Medaillen, Pokalen oder Heldenbildern. So ist zum Beispiel dem Schauspieler Johnny Weissmüller, der neben der Verkörperung der Tarzan-Figur auch fünffacher Olympiasieger im Schwimmen war, besonders viel Platz eingeräumt. Ausstellungsstücke zeigen die Geschichte des Wassersports, anhand derer die Erinnerung an die Athleten bewahrt bleiben soll. Neben der Ruhmeshalle gibt es eine Arena mit einem 50 Meter großen Becken für Schwimmer, Kunstspringer und Taucher. Hier kann man gelegentlich Profi-Schwimmern beim Training zuschauen.

📍 *Den Las Olas Blvd von Downtown aus 3,5 km/2,2 mi befahren, dann rechts auf die A1A und wieder rechts auf den Hall of Fame Dr abbiegen.*

✉ *1 Hall of Fame Dr, Fort Lauderdale, FL 33316*

☎ *1-954-462-6536*

📠 *1-954-525-4031*

🌐 *www.ishof.org/museum.html*

🕐 *Mo–Fr 9–17 h, Sa 9–14 h*

💲 *Erw. $ 8, Kinder (ab 6 J.) $ 4, Sen. (über 65 J.) $ 6*

▶ Sawgrass Mills Outlet

Mal heißt es, es sei die größte Mall der Welt, mal ist es „nur" die größte Amerikas. Wie auch immer es sich mit den Dimensionen verhält – sie sind gigantisch! Über 350 Markengeschäfte und Outlets sollen es sein – das ist schon ein Wort, unabhängig davon, ob es in einem anderen Center noch ein paar mehr oder weniger Shops gibt. Auf alle Fälle macht das Sawgrass Mills Outlet ein Power-Shopping zweifelsfrei möglich. Von Swarovski über Hilfiger und GAP, Levi's und Hugo Boss bis hin zu Prada und Calvin Klein ist für jeden Geschmack und Geldbeutel etwas dabei. Foodcourts mit asiatischen Speisen, Fast Food, Starbucks sowie Restaurants und ein Kino ergänzen das Angebot des Komplexes. Alle Shops sind ebenerdig angelegt, manche haben einen Zugang von außen, große Innenhöfe lassen den Kunden zwischen den einzelnen Läden auch mal an der frischen Luft verschnaufen. Fährt man auf die riesigen Parkplätze zu, fehlt trotz der Wegweiser zu einzelnen Shops erst einmal jede Orientierung. Deshalb ist es nicht falsch, sich auf den Haupteingang zu konzentrieren, der **„The Colonnades"** heißt. Dort kann man sich einen ersten Überblick verschaffen, es gibt an diesem Eingang Pläne vom gesamten Areal. Alles in allem sollte man Zeit mitbringen für den Einkaufsmarathon mit jeder Menge Schnäppchen und vielen Mitkäufern und vor allem am Wochenende einen Besuch vermeiden! Generell gilt: Je früher am Morgen man da ist, desto entspannter ist es noch (das gilt auch für das Wochenende).

💡 Das Parken ist trotz reichlich vorhandener (kostenloser) Parkfläche ein Problem. Man sollte zum Haupteingang fahren und dort **Valet Parking** in Anspruch nehmen (angeboten von montags bis samstags 10–21.30 Uhr, sonntags 11–20 Uhr). Das heißt, das Fahrzeug wird für Sie kostenpflichtig (☯ montags bis donnerstags $ 7, freitags bis sonntags und an Feiertagen $ 10) geparkt und Ihnen nach dem Einkauf (und mit schweren Einkaufstaschen beladen!) wieder zum Haupteingang gebracht.

🅖 *Downtown über die I-95 Richtung Süden verlassen, nach 5 km/3 mi auf die I-595 wechseln und dieser für 19 km/12 mi folgen, dann die Ausfahrt 1A Richtung SR-84 SW 136th Ave nehmen. Nach 3 km/2 mi rechts in den W Sunrise Blvd abbiegen. Fahrzeit knapp 30 Minuten.*
✉ *12801 W Sunrise Blvd, Sunrise, FL 33323-4020*
☎ *1-954-846-2350*
🌐 *www.simon.com/mall/sawgrass-mills*
🕐 *Mo–Sa 10–21.30 h, So 11–20 h*

🏨 Übernachten

🏨 Pelican Grand Beach Resort

Das Resort liegt direkt am Ozean und wird seinem Namen, ein „Noble House Resort" zu sein, absolut gerecht – was sich auch preislich niederschlägt. Die Zimmer und Suiten sind sehr luxuriös (mit Kühlschrank und Mikrowelle) und modern eingerichtet mit Holzfußboden. Alle zum Meer gerichteten Zimmer haben eine fantastische Aussicht. Zwei Restaurants und ein Wellnessbereich versüßen den Aufenthalt. Es gibt einen großen Außenpool direkt am Privatstrand, außerdem ist eine Wäscherei im Haus.

🅖 *Von Downtown über den E Sunrise Blvd Richtung Küste fahren, dann nach links auf den N Ocean Blvd abbiegen, das Resort folgt rechterhand.*
✉ *2000 N Ocean Blvd, Fort Lauderdale, FL 33305*
☎ *1-954-568-9431*
@ *info@pelicanbeach.com*
🌐 *www.pelicanbeach.com*
☯ ★★★

🚐 Kozy Kampers RV Park

Der Campground befindet sich nördlich von Fort Lauderdale auf der Höhe von Lauderdale-by-the-Sea, ist aber dennoch einer der stadtnahesten Plätze. Er liegt nur 4,5 km/3 mi westlich an der Straße, die man über die Ausfahrt 32 von der Interstate 95 erreicht. Dank vieler Bäume hat man schattige Plätze, jedes Wohnmobil steht auf einer

Rasenfläche. Es gibt einen Waschsalon. Zu den Stränden sind es knapp 10 km/6 mi, nach Downtown Fort Lauderdale und ins Stadtzentrum 3 km/1,8 mi mehr.

🅖 *Der Campground befindet sich etwa 15 km/9 mi nordwestlich von Downtown. Fort Lauderdale über die I-95 Richtung Norden verlassen und bei Ausfahrt 32 auf die FL-870 W fahren. Der Campground folgt nach 4,5 km/3 mi auf dieser Straße.*
✉ *3631 W Commercial Blvd, Fort Lauderdale, FL 33309*
☎ *1-954-731-8570*
@ *info@kozykampers.com*
🌐 *www.kozykampers.com*
▣ Ja   🛏 117
🔌 Ja   📶 Ja   🐾 Nein
☯ ★★★

🚐 Paradise Island RV Resort

Der Campground mit Swimmingpool und allerlei Freizeitangeboten liegt in Stadtnähe, für eine Übernachtung während eines Kurzbesuchs in Fort Lauderdale also ideal. Stellplätze bewaldet, allerdings parkplatzähnlich.

✉ *2121 NW 29th CT, Fort Lauderdale, Florida 33311*
☎ *954-485-1150*
@ *paradiserv@gmail.com*
🌐 *http://paradiserv.com*
▣ Ja   📶 Ja   🐾 Ja
🛏 *232, alle Anschlussmöglichkeiten*
☯ ★★

Die Fahrt von Fort Lauderdale nach Miami könnte unspektakulärer kaum sein: Wir verlassen die Stadt wieder auf der Interstate 95 und folgen dieser Richtung Süden. Durch die dichte Besiedelung ist die Fahrt an der Küste nämlich keine sinnvolle Alternative. Es sind auch nur knapp 40 km/25 mi, die wir auf der Autobahn zu überstehen haben. Man sollte die Zeit nutzen und tief durchatmen vor der Großstadt Miami und dem anschließenden Naturerlebnis, denn ab jetzt steht die Reise ganz unter dem Zeichen eines ständigen Szenenwechsels.

In diesem Routenreiseführer wird eine Übernachtung in der kleinen Nachbarstadt Miami Beach (▶Seite 115) empfohlen, die auf einer langgestreckten, vorgelagerten Insel liegt. Dort ist nicht nur das Angebot an Hotelzimmern unüberschaubar groß, auch die Lage ist einfach schöner – was sich allerdings in höheren Übernachtungspreisen niederschlägt, als man sie in Miami bezahlt. Diesem Rat folgend kann man die

*Interstate auch schon am Autobahnkreuz im Norden Miamis verlassen und der **Interstate 195** kerzengerade Richtung Osten zur Küste und nach Miami Beach folgen. Wer Miami Beach erst einmal links liegen lassen möchte, fährt eine Ausfahrt weiter Richtung Zentrum Miami und zweigt in Overtown von der Interstate 95 ab – und ist bereits mittendrin in der größten Stadt der gesamten Route.*

MIAMI

	Miami	Bochum
Stadt	454.000	365.000
Metropol	5.600.000	5.100.000
pro km²	4.900	2.504
km²	143	145
über NN	2 m	100 m
mm	1.572	798
°C	26	7
°C	31	21
Fort Lauderdale		41 km/ 26 mi
Miami Beach		8 km/ 5 mi

Die allgemein erste Assoziation zum Bundesstaat Florida ist Miami, die umtriebige Stadt am Atlantischen Ozean. Obwohl nicht Hauptstadt des Staates, ist Miami die charakteristischste Stadt Floridas, die zweitgrößte des Bundesstaates und eine der berühmtesten Städte der USA überhaupt. Sie ist vor allem deshalb spannend und faszinierend, weil sie so gegensätzlich ist: Auf der einen Seite tobt das Leben, auf der anderen ist Miami Ausgangspunkt zum Everglades National Park und damit in die Natur, wie sie ursprünglicher nicht sein könnte. Kunst, Kultur und Lifestyle stehen im Kontrast zu düsteren Vierteln und Kriminalität. Die Nachbargemeinde Miami Beach mit seiner Insellage und seinen Gebäuden im **Art-Déco-Stil** konkurriert um die Gunst der Besucher mit Miami auf dem Festland und seiner unver-

gleichlichen Skyline aus Hochhäusern und futuristischen Bauwerken.

Auf den ersten Blick wirkt Miami unüberschaubar groß und verwirrend. Bei näherer Betrachtung sieht es aber gar nicht mehr so schlimm aus. Auch diese Stadt ist weitgehend schachbrettartig angelegt und logisch aufgebaut: Die Flagler Street teilt Miami in Nord und Süd. Nördlich der **Flagler Street** tragen die Straßen den Zusatz **North West (NW)** beziehungsweise **North East (NE)** und werden danach durchnummeriert. Entsprechend heißen die südlichen Straßen **South West (SW)** beziehungsweise **South East (SE)**. Die parallel zur Flagler Street verlaufenden Straßen sind die „**Streets**", die kreuzenden Straßen die „**Avenues**". Im weiteren Bogen laufen Autobahnen als Hauptverkehrsachsen durch Miami. Die **Florida Turnpike** ist eine gebührenpflichtige Ringautobahn, die Miami umgeht. Diese schließt im Süden neben **Downtown Miami** und dem **Financial District** die Stadtviertel **Little Havana**, **Coconut Grove** und **Coral Gables** ein. Mit **South Miami** ist bereits der Übergang zum Gebiet des Everglades National Park geschaffen. 19 km/12 mi westlich von Downtown befindet sich der **Miami International Airport**, einer der größten Flughäfen der USA und damit ein Alternativflughafen zu Orlando. Weiter im Uhrzeigersinn im Nordwesten der Stadt folgen **Overtown** als historisches Zentrum der afroamerikanischen Bevölkerung, **Hialeah** mit einem hohen Anteil kubanischer Bewohner und **North Miami** nördlich von **Little Haiti**, mit viel Industrie und Fabrikgebäuden eher unattraktiv. **Miami Beach** schließlich östlich der Stadt und als Barriere-Insel im Atlantik gelegen, ist über vier Zufahrtsstraßen mit dem Festland verbunden: Die nördlichste ist die Interstate 195, weiter südlich folgt die **Interstate 395**, die in die bereits bekannte A1A übergeht, sobald das Festland verlassen wird, und die beiden südlichen Zugangsmöglichkeiten über den **Venetian Way** und den **MacArthur Causeway**. Miami auf dem Festland wird über die Interstate 95 erreicht, über die man automatisch in Downtown landet (Ausfahrt 2C Richtung Downtown/I-95 S).

Neben Downtown als historisches Zentrum Miamis (▶Seite 104) sind **Coconut Grove** mit schönen Parkanlagen (zum Beispiel der **Barnacle Historic State Park**, siehe 🌐 www. floridastateparks.org/thebarnacle) und Museen sowie das mediterrane **Coral Gables** schö-

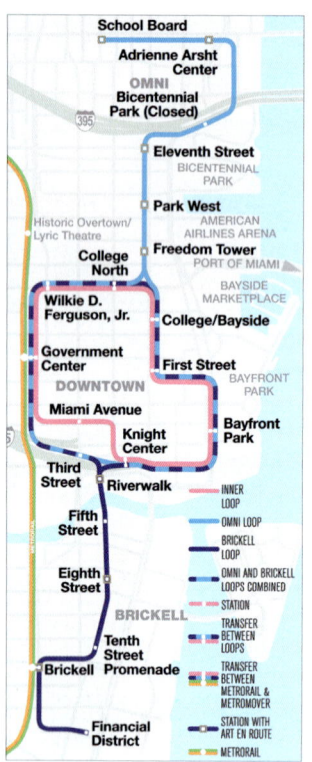

ne Ziele für eine Stadtbesichtigung.

In Miami kann man in netter Atmosphäre essen gehen und zwar am Bayside Marketplace an der Bay Biscayne (▶ Seite 104). Einkaufen ist im gesamten Stadtgebiet überhaupt kein Problem – Miami ist regelrecht überflutet von Markets in allen Größenklassen, Publix, kleinen Lebensmittelläden, 7-Eleven und Märkten anderer Ketten.

Die Amerikaner sprechen stets von „**Greater Miami and the Beaches**" was so viel heißt wie „Großraum Miami und die Strände", also Miami Beach eingeschlossen.

Wer sich nicht mit dem eigenen Fahrzeug in den Verkehr stürzen will – wozu auch nicht geraten wird! – kann auf ein für amerikanische Verhältnisse gutes öffentliches Verkehrsnetz zurückgreifen. Miami Beach und Miami sind recht gut durch Busse von **Metrobus** miteinander verbunden, die tagsüber alle 20 bis 30 Minuten und teilweise

auch 24 Stunden lang fahren und ◉ $ 2,25 pro Fahrt kosten.

❗ Aus Sicherheitsgründen sollte man das Warten an den Haltestellen nach Einbruch der Dunkelheit vermeiden.

Ein kostenloses Fortbewegungsmittel ist der Miami-Dade **Metromover**, eine Hochbahn, die innerhalb Downtowns zahlreiche öffentliche Einrichtungen auf drei Linien miteinander verbindet. Die **Metrorail** ist eine S-Bahn, deren Verlauf von Palmetto im Nordwesten Miamis über Downtown und Coconut Grove nach Dadeland South führt. Eine Linie der Metrorail verläuft von Ost nach West und schließt den Flughafen ans Verkehrsnetz an. Auch hier kostet eine einzelne Fahrt ◉ $ 2,25. Die Fahrpläne von Metrorail und Metromover finden Sie nebenstehend, weitere Informationen zu allen drei Beförderungsmitteln findet man unter 🌐 www.miamidade.gov/transit.

Vom Flughafen aus ist Miami Beach mit dem Expressbus **Airport Flyer** erreichbar, der täglich ab 6 Uhr morgens alle 30 Minuten abfährt, der für einen Transfer zum Metrobus oder zur Metrorail 🔵 $ 2,35 kostet. Alternativ kann man sich zu seinem gebuchten Hotel mit dem Airport Shuttle chauffieren lassen. Diesen sollte man reservieren. Nähere Infos gibt es unter 🌐 www.supershuttle.com.

Für einen längeren, intensiveren Aufenthalt in Miami und/oder Miami Beach wird empfohlen, auf einen gesonderten Städtereiseführer und vor allem einen detaillierten Stadtplan zurückzugreifen. Die vorgestellten Attraktionen und Sehenswürdigkeiten in diesem Routenreiseführer sehen einen Aufenthalt von zwei bis drei Tagen vor.

Durch Miami fließt der gleichnamige Fluss **Miami River**, der in Downtown in den Atlantischen Ozean mündet. „Maya-Mi", großes Wasser, heißt Miami in der Sprache der Seminolen, was sehr passend ist angesichts der Fülle dieses Elements. Am Miami River gab es bereits im 16. Jahrhundert eine Missionsstation. Erste Siedler und erste Erholung Suchende folgten im 19. Jahrhundert. Aber es war wieder einmal die Eisenbahn, die letztendlich für den Aufschwung Miamis sorgte. 1896 nahm die **Florida East Coast Railroad** den Betrieb auf und schloss Miami an die restliche USA an. Im selben Jahr, nur drei Monate später, wurde Miami als Stadt gegründet. Zu dieser Zeit lebten 300 Einwohner dort. Danach stieg die Bevölkerungszahl schnell und kontinuierlich an – 1950 waren 500.000 Einwohner in und um Miami registriert. Miamis erster Boom fand während des Ersten Weltkriegs statt. Die Luftwaffe betrieb Ausbildungslager in Südflorida, entsprechend zogen die Familien der Soldaten hierher. Danach sorgten unterschiedliche Faktoren für die Anziehungskraft Miamis: Das heutige Miami Beach auf der vorgelagerten Sanddüne entwickelte sich zum Urlaubsort. Hauptsächlich zwischen den beiden Weltkriegen entstanden die berühmten Bauwerke im Art-Déco-Design. Die Prohibition, also das Verbot, Alkohol zu produzieren, zu verkaufen oder auszuschenken, wurde in den Gefilden Miamis ignoriert.

In den 50er- und 60er-Jahren führte Fidel Castros Machtübernahme zu einer Auswanderungswelle von Kubanern nach Miami. Bis heute prägen die Nachkommen der Tausenden von Flüchtlingen entscheidend das Bild Miamis, wovon vor allem das Viertel **Little Havana** zeugt. Die kubanischen Flüchtlinge stachen damals in ein Wespennest. Zu diesem Zeitpunkt gab es Spannungen zwischen Angloamerikanern und Afroamerikanern. Während sich die Angloamerikaner in die gepflegten Vororte Miamis zurückzogen, bildeten sich

Die Skyline von Downtown Miami

im Zentrum schwarze Ghettos. Hinzu kamen in der Folge auch noch Konflikte zwischen Afroamerikanern und Kubanern. In den 80er-Jahren kamen weitere kubanische Flüchtlinge, diesmal aus Castros Gefängnissen. Damit entwickelte sich auch ein gewisses Potenzial an Kriminalität in der Stadt. Alteingesessene Bürger zogen endgültig weg. Die Situation in Miami eskalierte, als in den 80er-Jahren die Drogenkriminalität überhandnahm. Miami wurde zum größten Umschlagplatz für Drogen aus Südamerika, was durch den Massentourismus begünstigt wurde. Es gab zahlreiche Morde, die zu Angst und Hysterie führten. Passenderweise wurde zu dieser Zeit die Fernsehserie **Miami Vice** gedreht.

Noch einmal machte Miami negative Schlagzeilen, als sich in den 90er-Jahren die sogenannten „**Touristenmorde**" häuften. Im Bereich des Flughafens und in verschiedenen Vierteln wurden vor allem deutsche Touristen überfallen, ausgeraubt und getötet, da gerade die Deutschen als wohlhabend galten. Sicherheitsmaßnahmen und eine verstärkte Polizeipräsenz haben es geschafft, die Situation wieder in den Griff zu bekommen. Nach wie vor ist allerdings bei Dunkelheit Vorsicht geboten. Es wird darüber hinaus empfohlen, Türen und Fenster des Mietwagens stets geschlossen zu halten und einen achtsamen Blick darauf zu haben, ob sich das Erscheinungsbild von Straßenzügen und Häusern verschlechtert. Meiden sollte man bei Nacht den Nordwesten Miamis, vor allem Liberty City und Overtown.

Heute ist die Stimmung in Miami jenseits dieser Warnungen allerdings so ganz anders, als sie es zu manch düsterer Zeit war: Es ist eine quirlige, boomende Stadt mit einer bunten Bevölkerungsmischung und Touristen aus aller Herren Länder, jährlich sind es etwa zehn Millionen. Manche bleiben gleich für länger – die Metropole wächst immer noch weiter.

Die Nachbargemeinde Miami Beach ist saniert, viele Art-Déco-Gebäude erstrahlen in neuem und vor allem farbigem Glanz – was in diesem Fall wörtlich zu verstehen ist, ist doch ein Merkmal dieser Stilrichtung die Pastellfarbe. Das deutlich karibische Flair, die Gegensätzlichkeit innerhalb der Stadt und das ganzjährige Angebot an Sonne, Strand und Meer haben Miami und Miami Beach im Laufe der Jahre zu einem Image der puren Lebenslust verholfen.

GREATER MIAMI & BEACHES CONVENTION & VISITORS BUREAU

Von der I-95 die Ausfahrt 2C links nach Miami Ave Richtung Downtown nehmen. Der Straße folgen, bis sie auf den US-1 trifft, auf diese rechts auffahren, sie geht in die Brickell Ave über.

701 Brickell Ave, Suite 2700, Miami, FL 33131
1-305-539-3000
www.miamiandbeaches.com
Mo–Fr 8.30–18 h

Highlights Innenstadtbereich

▶ Downtown Miami

Downtown Miami ist mit seinen Finanzgebäuden in Form von Wolkenkratzern sicherlich der bekannteste Teil der Stadt. Der Stadtteil wird begrenzt von der umtriebigen **Flagler Street** als Ost-West-Achse und der **Brickell Avenue** (mit vielen internationalen Banken) sowie des palmengesäumten **Biscayne Boulevard** als Nord-Süd-Verbindung. Vom **Miami River** wird Downtown wiederum in Nord und Süd unterteilt. Die östliche Begrenzung bildet die **Biscayne Bay**.

Bis Ende 2017 wird die Flagler Street restauriert und soll am Ende eine ansprechende Einkaufsstraße mit breiten Gehwegen, schattigen Plätzen und Straßencafés werden.

Kommerz, Kultur und Freizeit vereinigen sich in diesem Stadtteil, der in den letzten Jahren am meisten von allen Stadtteilen Miamis gewachsen ist. Beim Shoppen in Downtown kann man ein wenig vom Duft der großen, weiten Welt atmen, internationale kulinarische Freuden genießen und atemberaubende Blicke zum Beispiel auf die **Biscayne Bay** erhaschen. Herzstück Downtowns ist der **Bayside Marketplace**, eine Art Festplatz mit einem Entertainment-Komplex, der direkt am Ufer der Biscayne Bay liegt. Die entsprechende Haltestelle des Metromover ist College/Bayside, oder man steigt am Government Center der Metrorail aus. An die Promenade der kleinen Bucht reihen sich Steakhäuser, kubanische Restaurants, Bühnen für Live-Bands und Cocktail-Bars aneinander, ein optisch ausgefallenes Hard Rock Café krönt am Ende des Marketplace die Partymeile. Vor allem abends pulsiert hier das Leben. Wenn auf dem benachbarten Festplatz dann noch

Partystimmung am
Bayside Marketplace

ein Konzert stattfindet, herrscht bisweilen sogar Chaos. Kultivierter geht es tagsüber zu – im Umkreis von Bayside Marketplace befinden sich auch die Museen Downtowns.

Wer mit dem Mietwagen in Downtown unterwegs ist, kann in der **Bayside Parking Garage** parken. 401 Biscayne Boulevard, Miami, FL 33132 $ 12 für drei Stunden Parken, $ 30 für einen ganzen Tag. Das Wohnmobil in Downtown zu parken ist schwierig, die einzige Möglichkeit am Port of Miami ist sehr teuer. Mit Glück kann man einen Parkplatz mit Parkuhr am Straßenrand erwischen – besser ist es aber, nicht mit dem Wohnmobil in den Innenstadtbereich zu fahren.

Downtown selbst setzt sich aus mehreren Teilen zusammen. Die **Brickell Area** im Süden Downtowns ist ein Wohngebiet mit hohen Häusern, Bars und Restaurants. **Omni** im Norden besteht aus einer Mischung aus Wohnvierteln, Läden und Hotels. Der **Bicentennial Park**, eine innerstädtische Parkanlage, grenzt ebenfalls nördlich an den Bayside Marketplace und geht im Westen direkt in die Biscayne Bay über. Die Haltestelle der Metrorail für den Park ist Government Center Station, aus dem Metromover steigt man an der Eleventh Street oder Park West aus. Dieser Park wurde 2012 mit den beiden nagelneuen Museen Miami Art Museum und Miami Science Museum zum Museumspark umfunktioniert. Am östlichen Ende der Flagler Street befindet sich schließlich der **Bayfront Park**, ein ehemaliger Frachthafen, der zur Grünanlage am Ufer der Biscayne Bay umgestaltet wurde (www.bayfrontparkmiami.com). Im Park gibt es in zwei Amphitheatern regelmäßig Kon-

zerte zu hören sowie zahlreiche Statuen und Denkmäler zu bestaunen. Am berühmtesten ist das Denkmal **J.F.K. Torch of Friendship** in Form einer Fackel als Symbol der Freundschaft zwischen Miami und Lateinamerika.

Besonders empfehlenswert ist eine Schiffsrundfahrt durch die Biscayne Bay, Startpunkt ist der Marketplace. Es geht vorbei am Panorama der Downtown, den Luxusvillen und den Inseln in der Bay.

Freedom Tower
Am Biscayne Boulevard ist der freistehende, hübsch restaurierte und mediterran gestaltete Freedom Tower einen Besuch wert. 1925 erbaut war er in der Vergangenheit sowohl Sitz der Tageszeitung *Miami News* als auch danach in den 60er-Jahren Anlaufstelle für Kuba-Flüchtlinge.
600 Biscayne Blvd, Miami, FL 33132
1-305-237-7700

Island Queen Cruises
Das Unternehmen bietet vom Anlegeplatz am Marketplace aus mehrere Fahrten durch das Hafengebiet von Miami an. Die gängigste und beliebteste ist die **Millionaire's Row Cruise**, die an den vorgelagerten Inseln mit den schicken Prachtvillen der High Society dieser Welt vorbeiführt. Allerdings füllt das Bestaunen der Häuser von Madonna, David Beckham und Jennifer Lopez nicht ausschließlich die 90 Minuten Fahrzeit, vielmehr kann man auch gute Blicke auf Downtown Miami werfen, es geht vorbei an den großen Kreuzfahrtschiffen und auch am Strand von Miami Beach schippert man vorbei. Fahrten mit demselben Schwer-

punkt gibt es auf unterschiedlichen Booten, außerdem kann man bei diesem Anbieter die Fahrt auf einem Speedboot, einem Jet Boat wagen oder – etwas gediegener – auf einer Dance Cruise das Tanzbein schwingen.

- 📍 *401 Biscayne Blvd, Miami, FL 33132*
- ☎ *1-305-379-5119*
- 🌐 *www.islandqueencruises.com*
- 💰 *Erw. $ 27, Kinder (4–12 J.) $ 19; 5 % Ermäßigung bei Buchung über das Internet*

Begrüßung in Little Havana

▶ Jungle Island Park 👫

Auf dem Weg von Miami nach South Beach/Miami Beach, auf der Insel **Watson Island** und über den MacArthur Causeway (A1A) erreichbar, befindet sich die exotische Anlage Jungle Island Park. Insgesamt 110 verschiedene Tierarten, vom Orang-Utan über Flamingos, Eulen, Pinguine und Tiger bis hin zu verschiedenen Papageienarten bietet der Park eine Mischung aus allen erdenklichen Tierarten. Ebenso exotische Pflanzen zieren die Gärten von Jungle Island, sodass die Insel ein schönes Ziel für Kinder und Erwachsene ist, schon allein wegen der originellen Lage. Mehrmals täglich finden Tier- und Papageienvorführungen statt.

- 🚗 *Von der Kreuzung der I-95 und der I-395 aus sind es etwa 4 km/2,5 mi über die I-395 bis zur Insel Watson Island, auf der sich die Island Jungle Park befindet. Es werden Pauschaltouren von Hotels in Miami Beach und Downtown Miami angeboten, die etwa vier Stunden dauern und 💰 für Erw. $ 55 und Kinder $ 40 kosten (inkl. Eintritt in den Park). Informationen unter 🌐 www.topshuttlemiami.com/jungle-island*
- 📍 *1111 Parrot Jungle Trail, Miami, FL 33132*
- ☎ *1-305-400-7000*
- 🌐 *www.jungleisland.com*
- 🕐 *Mo-Fr 10–17 h, Sa & So 10–18 h*
- 💰 *Erw. $ 39,95, Kinder (3–10 J.) $ 32,95, Sen. (über 65 J.) 37,95, Parken $ 10 pro Fahrzeug*

▶ Pérez Art Museum Miami (PAMM)

Es ist ein modernes Museum mit originalen Ausstellungsstücken internationaler, zeitgenössischer Kunst des 20. und 21. Jahrhunderts. Das Augenmerk liegt auf dem kosmopolitischen Auftritt Miamis. Ziel ist es, die Grenzen zwischen den Völkern mit Kunst zu überwinden, vor allem zwischen Nord- und Lateinamerika. In Ausstellungen, Veranstaltungen und einer dauerhaften Sammlung wird Miamis Kultur deutlich. Im Museumsshop kann man Bücher mit zeitgenössischer Kunst, Designerschmuck, Designermöbel und vieles mehr erwerben. Das Museum wurde Ende 2013 umbenannt und hieß bis dahin Miami Art Museum.

- 🚇 *Metrorail oder Metromover bis Haltestelle Government Center. Dann einen halben Block Richtung Süden gehen.*
- 📍 *101 W Flagler St, Miami, FL 33130*
- ☎ *1-305-375-3000*
- 🌐 *www.pamm.org*
- 🕐 *Mo, Di & Fr–So 10–18 h, Do 10–21 h*
- 💰 *Erw. $ 16, Kinder (7–18 J.) $ 12, Sen. $ 12*

▶ Little Havana

Zu einem Besuch in Miami gehört einfach, einen Blick in das kubanische Viertel zu werfen und dessen Flair aufzusaugen. Das bunte und exotische Stadtviertel liegt zwischen Downtown und Coral Gables, eingerahmt vom Miami River im Norden, der 11th Street im Süden, der 22nd Avenue im Westen und der Interstate 95 im Osten. Zwar stellt man es sich spektakulärer vor als es ist, das Herz des kubanisch geprägten Miami spürt man aber dennoch schlagen. Nicht umsonst ist die kubanische Hauptstadt Namenspate. Die berühmteste Straße ist die SW 8th, die der Einfachheit halber „**Calle Ocho**" (8. Straße) genannt wird. Auf dieser Straße sind – ähnlich wie auf dem Hollywood Boulevard, nur nicht ganz so spektakulär – à la Walk of Fame Sterne in den Gehweg eingelassen. Hier heißt das Arrangement **„Walkway of the Stars"** und gedenkt kubanischen Künstlern und Persönlichkeiten wie beispielsweise Gloria Estefan. Es befindet sich im Bereich Calle Ocho/8th Street Ecke 14th Avenue. Salsa-Musik und lateinamerikanische Rhythmen bis auf die Straßen hinaus, Zigarrenmanufakturen und Botánicas, Läden mit typisch kubanischen Utensilien, Wortfetzen auf Spanisch, wohin man auch kommt – das alles prägt das Erscheinungsbild von Little Havana und gibt dem Viertel etwas Authentisches.

Man betritt Little Havana an der Kreuzung Calle Ocho und SW 17th Avenue. Östlich davon befindet sich auf der Calle Ocho der kleine Máximo Gómez Park (genannt **„Domino Park"**), der seinen Namen nicht von ungefähr hat: Ältere kubanische Männer vergnügen sich hier beim Domino, einem traditionellen, kubanischen Spiel. Aber auch über dem Schachbrett sieht man die Herren brüten. Der Park ist einer der Haupttreffpunkte der Exilkubaner und Mittelpunkt des Lebens im Stadtviertel. Interessante Gebäude sind ebenfalls auf der Hauptstraße Little Havanas zu finden, so zum Beispiel das **Teatro Marti**, das älteste Theater der kubanischen Bewohner.

Neben der 8. Straße ist der **Cuban Memorial Boulevard** (SW 13th Avenue) eine sehenswerte Straße, die von der Calle Ocho abzweigt. Vor allem das Marmordenkmal mit dem **Eternal Torch in Honor of the 2506th Brigade** ist eine Attraktion. Ein ewiges Feuer erinnert an das Desaster, das heute unter dem Begriff „Schweinebucht" bekannt ist. 1.300 Kubaner waren damals an dieser Bucht in Kuba gelandet, um gegen Fidel Castro zu kämpfen. Viele wurden getötet oder für Jahrzehnte in kubanische Gefängnisse gesteckt.

Wer das Glück hat und zur richtigen Zeit vor Ort ist, kann das **Carnaval Miami Festival** erleben. Es ist Teil der Karnevalsfeierlichkeiten von Miami und unterhält als größte Latino-Party der ganzen USA mit stundenlangen Umzügen und Salsa-Musik die Scharen von Besuchern. Bühnen, Straßenverkäufer und lateinamerikanische Bewohner in ihren Trachten sind die Highlights des Festivals, das jährlich immer im Februar/März stattfindet. Den genauen Termin erfährt man unter 🌐 www.carnavalmiami.com. Wer nicht jahreszeitlich passend in Miami ist, kann sich vielleicht mit den **Viernes Culturales** (🌐 http://viernesculturales.org) trösten, einer Kunst- und Kulturmesse an jedem letzten Freitag im Monat. Schausteller, Entertainer und lateinamerikanische Kultur werden geboten, der Trubel ist natürlich nicht annähernd so groß wie zu der Carnaval-Veranstaltung.

Ohne jedes Festival kann man Little Havana aber auch einfach nur der Atmosphäre wegen besichtigen und eines der vielen landestypischen Restaurants (zum Beispiel das „Versailles", 🌐 www.versaillescuban.com) oder Cafés besuchen.

Ein typisch kubanisches Café

Szenenwechsel: Im Hintergrund noch die Skyline von Miami, auf der Insel Natur und Idylle

► Simpson Park

Versteckt im Wohngebiet von **Brickell** findet man diesen über hundert Jahre alten Park. Er ist ein Versuch, das **Ökosystem der Hammocks** zu bewahren, die hundert Jahre vor Bau der Wolkenkratzer ganz natürlich an dieser Stelle entstanden sind. Um einen Eindruck davon zu erhalten, wie Miami zu dieser Zeit aussah, kann man den Park über Lehrpfade erwandern. Auch einige vom Aussterben bedrohte Pflanzen gibt es dabei zu sehen, ebenso seltene Vogelarten – und das mitten in der Großstadt. An Angst vor Spinnen oder Schlangen sollte man allerdings nicht leiden, denn auch diesem Getier kann man über den Weg laufen. Der von einem Architekten aus Miami und einem Landschaftsdesigner aus der Schweiz entworfene **Simpson Park Hammock** soll eine Symbiose aus Natur und Architektur darstellen und ist ein Highlight des Parks.

- Von Downtown Miami aus über die SW 1st Avenue bis zur Kreuzung South Miami Ave und SW 15th Rd fahren
- 5 SW 17th Rd, Miami, FL 33129
- 1-305-859-2867
- www.miamigov.com/parks/simpson.html

👁 Highlights südliche Stadtbereiche

► Virginia Key und Key Biscayne ★

Südlich von Miami Beach, südöstlich von Downtown und östlich von Coconut Grove sind zwei miteinander verbundene Vorboten der Florida Keys zu finden, die für sich alleine schon einen Aufenthalt in Miami empfehlenswert machen: die Inseln Virginia Key mit dem **Miami Seaquarium** und **Key Biscayne** mit den schönsten Stränden Floridas, einigen attraktiven Sehenswürdigkeiten und vor allem viel Natur. Die Straßen sind von Palmen gesäumt, die leichte Brise einer Insel ist vor allem im Sommer angenehm. Diese beiden oberen Keys bilden ein wohltuendes Kontrastprogramm zum Trubel der Innenstadt von Miami. Deshalb wird die Empfehlung ausgesprochen, die Inseln und vor allem Key Biscayne bei Zeitknappheit der Innenstadt Miamis vorzuziehen.

Erreicht werden Virginia Key und Key Biscayne über den **Rickenbacker Causeway** (auf Key Biscayne übergehend in Crandon Blvd), der sich über die ganze Biscayne Bay erstreckt und $ 1,75 Maut kostet (nur in Richtung der Barriereinsel, keine Barzahlung möglich!). Dazu fährt man über die Interstate 95 South westlich an Downtown vorbei bis zur Ausfahrt Rickenbacker Causeway. Key Biscayne ist schon ab der Autobahn gut ausgeschildert.

Historic Virginia Key Beach Park

Der früher nur per Boot (und heute über den Rickenbacker Causeway) erreichbare Park auf Virginia Key hat eine problembehaftete Vergangenheit, denn es war der „Exklusiv"-Strand für die Afroamerikaner. „Virginia Beach – Colored only" lautete die Begrüßung auf einem Schild am Parkeingang. 1945 wurde der Park eröffnet und war bis 1982 in Betrieb. Heute ist es eine restaurierte National Historic Site, an der es um Kultur, Erholung und die ökologische Vergangenheit dieses tropischen Paradieses geht. Man kann ein Kajak ausleihen und auf dem Atlantik paddeln oder einen Blick in die Vergangenheit werfen, als der Park nur für eine ausgegrenzte Minderheit zugänglich war. Videoaufzeichnungen von Menschen, die über ihre Kindheitserinnerungen sprechen, Bilder der früheren Transportmöglichkeiten zur Insel und vergangener Bademoden werden präsentiert. Es gibt eine Miniatur-Eisenbahn, die ihre Runden für die Besucher dreht und ein antikes Karussell, beide kosten pro Fahrt ⊙ $ 1.

⊙ 4020 Virginia Beach Dr, Miami, FL 33149
☏ 1-305-960-4600
@ vkbpt@miamigov.com
🌐 www.virginiakeybeachpark.net
🕐 7 h–Sonnenuntergang
⊙ Sa & So, Ferien und bei Veranstaltungen $ 8 pro Fahrzeug, werktags $ 5

Miami Seaquarium 👪

Wer erinnert sich nicht an **Flipper**, den cleveren Delfin aus der Fernsehserie der 60er-Jahre? Der Delfin war im richtigen Leben ein Weibchen und es gab nicht nur eine Darstellerin für Kino und TV. Zu besichtigen gibt es die Nachfahren auf Virginia Key in diesem Aquarium. Flipper und seine beziehungsweise ihre Freunde präsentieren sich in einer Lagune des Aquariums, die auch als Schauplatz beim Filmen diente. Zu Musik gibt es eine Show, bei der die Trainerin unter anderem mit den Delfinen surft.

Delfine stehen auch darüber hinaus im Fokus des Seaquarium. In verschiedenen Darbietungen zeigen die gelehrigen Säugetiere ihr Können, wenn sie beeindruckende Sprünge und Kunststücke vollführen – da kann es für die Zuschauer auch schon mal nass werden! Spektakulär wird es auch, wenn der mächtige schwarz-weiße **Orca Lolita** auf der Bildfläche erscheint. Im Zusammenspiel mit ihren Freunden, den Pazifischen Weißseitendelfinen, beweist sie ihre natürliche Anmut, ihre Schönheit und Intelligenz ebenfalls im Rahmen einer Show.

Einer der Höhepunkte des Seaquariums ist die hautnahe Begegnung mit einem Delfin. Nachdem es eine informative Einführung gegeben hat, darf die ganze Familie zum Delfin ins flache Wasser. Man hat 30 Minuten lang Gelegenheit, dem Delfin die Flosse zu schütteln, mit ihm zu schmusen und vielleicht ein paar Trainingseinheiten abzurufen. Mit den Delfinen zu schwimmen ist allerdings nicht Bestandteil des Zusammen-

treffens zwischen Mensch und Tier, dieses Bonbon gibt es beim Erlebnis **Dolphin Odyssey**. Für Erwachsene kostet das Erlebnis ⊙ $ 150–165, für Kinder von 5 bis 9 Jahre $ 110–125, die Dolphin Odyssey kostet ⊙ $ 210–225 und ist nur für Erwachsene, Kinder dürfen zuschauen (⊙ $ 44 für Kinder von 3 bis 9 Jahren und $ 53 ab 10 Jahren). Will man eine solche Begegnung nur beobachten, kostet dies ⊙ $ 53 beziehungsweise für Kinder von 3 bis 9 Jahre $ 44.

Das Seaquarium bietet weitere spannende, interaktive Programme an wie beispielsweise eine Unterwasserbegegnung in Taucherausrüstung mit tropischen Fischen, Stachelrochen und anderem exotischen Meeresgetier in einem Riff. Kosten ⊙ $ 99, das Angebot gibt es nur für Erwachsene. Aber auch Seelöwen, Wasserschildkröten und Seekühe treiben hier ihr Unwesen.

⊙ 4400 Rickenbacker Cswy, Miami, FL 33149
☏ 1-305-361-5705; Reservierungen für die Interaktivprogramme: 1-305-365-2501
🌐 http://miamiseaquarium.com
🕐 Tägl. 10–18 h
⊙ Erw. $ 44,99, Kinder (3–9 J.) $ 34,99 (online deutlich günstiger), Parken $ 10 (nur Barzahlung!)

Crandon Park 👪 ★

Man hat sich zwischenzeitlich ja schon daran gewöhnt, dass alles „das Schönste, Beste und Zauberhafteste" ist. Aber der Crandon Park auf Key Biscayne ist tatsächlich wieder einmal ein Juwel! Kilometerlanger, weißer Sandstrand, Palmen, Sonne und ein türkisfarbenes Meer bieten einen Eindruck vom Paradies. Da der Strand langsam in den Atlantik abfällt, kann man sogar bis zu den Sandbänken durchs Meer spazieren. Es gibt eine kleine Infrastruktur rund um den Traumstrand: Beach-Volleyball, Picknicktische, an denen öfter mal Geburtstag gefeiert wird, und Häuschen, die man auf einem first-come-first-served-Prinzip mieten kann (Infos hierzu unter 🌐 www.miamidade.gov/parks/crandon.asp). Es gibt öffentliche Duschen und Toiletten, Schattenplätze unter Palmen und, wenn man Glück hat, wenige andere Menschen. Der Blick auf die Skyline Miamis von diesem zauberhaften Umfeld aus ist ein Erlebnis für sich. Etwas belebter ist der südliche Strandbereich, in dem es auch einen Spielplatz und ein Kinderkarussell gibt. An den Wochenenden können sich die Kleinen in der Hauptsaison über einen Streichelzoo freuen. Fahrräder und

Tandems kann man ebenfalls an den Wochenenden mieten und das Paradies umrunden.

Zum Beach Park gehören außerdem ein Park-, ein Wald- und ein Naturareal sowie ein Park- und ein Nature-Center (🕐 Mo–So 8–16 h). Enten, Pfauen, Reiher und Leguane bevölkern den Park, gelegentlich werden Krokodile gesichtet. Früher gab es hier einen richtigen Zoo, von dem nur noch ein Naturpfad und alte Käfige übrig sind, die ein bizarres Bild abgeben. Dünen, die typischen Mangroven und Hammocks erinnern daran, dass man noch in den USA und nicht etwa auf den Malediven ist.

✉ *6747 Crandon Blvd, Key Biscayne, FL 33149*
☎ *1-305-361-5421*
🌐 *www.miamidade.gov/parks/parks/crandon_beach.asp*
🕐 *Sonnenauf- bis untergang*
💰 *$ 7 pro Fahrzeug in der Hauptsaison, sonst frei*

Bill Baggs Cape Florida State Park ★

Nicht umsonst steht dieser Strand auf Key Biscayne auf der **Liste der zehn schönsten Strände** der ganzen USA (siehe 🌐 www.drbeach.org/top10beaches.htm). Inmitten einer Dünenlandschaft findet man einen herrlichen, fast zwei Kilometer langen und naturbelassenen Sandstrand. Man kann Kajak- oder Radfahren und in zwei Restau-

Ein Geheimtipp ist die Turmbesteigung mit herrlichem Rundumblick.

rants kubanische Speisen genießen. Wer es schattig mag, kann sich einen Sonnenschirm mieten, wer es bequem braucht, einen Liegestuhl mit dazu.

Attraktion des State Parks ist der **Leuchtturm** am Ende des Parks und am Südzipfel der Key Biscayne. Er ist in dem karibischen Umfeld eine wahre Augenweide und verzückt das Herz eines jeden Fotografen. Immer von donnerstags bis montags kann man den Turm im Rahmen einer kostenlosen Führung um 10 und 13 Uhr besichtigen. Ebenfalls zur Führung gehört der Innenbereich des Leuchtturmwärter-Häuschens, das sich nur wenige Schritte entfernt vom Leuchtturm befindet. Eindrucksvoll sind vor allem die Erzählungen zu den Mühen eines Leuchtturmwärters zu damaliger Zeit, als er komplett von der Außenwelt abgeschlossen und bei entsprechendem Wind von den Everglades her mit Moskitos überschwemmt ein einsames Dasein auf der Insel fristete. Heute noch bietet der 1825 erbaute und 31 Meter hohe Turm den Schiffen einen Orientierungspunkt.

💡 Ein Naturlehrpfad führt vom Leuchtturm zur nordwestlich gelegenen Marina auf einem ungefähr 2,4 km/1,5 mi langen Rundweg. Er startet am Wärterhäuschen des Leuchtturms und ist ausgeschildert mit „**Nature Trail**". Nicht nur als Alternative zum Sonnenbad am Traumstrand ist diese Wanderung unbedingt empfehlenswert. Informationen unter 🌐 www.floridahikes.com/capeflorida.

✉ *1200 South Crandon Blvd, Key Biscayne, FL 33149*
☎ *1-305-361-5811*
🌐 *www.floridastateparks.org/capeflorida*
🕐 *8 h–Sonnenuntergang*
💰 *$ 8 pro Fahrzeug, $ 2 für Fußgänger*

▶ Vizcaya Museum & Garden ★

Ein absolutes Highlight im Stadtbereich Süd-Miamis ist diese Besucherattraktion. Sowohl für detailliertes architektonisches Interesse als auch für Liebhaber einer exotischen Parkanlage ist die Villa Vizcaya ein absolutes Muss. Schon alleine die in die Bucht ragende Lage des Anwesens ist ein Traum, der Blick von hier aus unvergleichlich. So verwundert es nicht, dass das von italienischem Renaissance-Einfluss geprägte und mit tropischen Einflüssen gemischte Gebäude mit seinen europäischen Kunstschätzen und kostbaren

Möbeln ein historisches Denkmal ist. Dafür ist es auch kein Geheimtipp, sodass die Freude am Fotografieren dieser Schönheit nicht selten von Touristenmassen getrübt wird.

Innerhalb einer Gruppen-Führung erfährt man viel Interessantes über die Geschichte der Villa Vizcaya und ihren Erbauer **James Deering**, der von 1916 bis 1925 hier überwinterte. Es ist auch möglich, mit einer 90-minütigen Audiotour alles Wissenswerte in verschiedenen Sprachen zu erfahren. Ein kostenloser Parkplatz ist vorhanden, die Haltestelle der Metrorail ist Vizcaya Station. Direkt gegenüber dem Anwesen befindet sich das Miami Science Museum.

🔘 *Von Downtown Miami aus Richtung Süden auf der I-95 bis zur Ausfahrt 1A fahren. Nach der Ampel links auf die SW 26th Rd abbiegen, dann rechts auf die South Miami Ave. An der dritten Ampel geht es links zur Villa Viscaya.*

✉ *3251 S Miami Ave, Miami, FL 33129*

☎ *1-305-250-9133*

@ *vizcayainformation@vizcaya.org*

🌐 *www.vizcaya.org*

🕐 *Mi–Mo tägl. 9.30–16.30 h*

💲 *Erw. $ 18, Kinder (6–12 J.) $ 6, Stud. $ 10 & Sen. (über 62 J.) $ 12, Audio-Tour $ 5*

▶ **Coconut Grove**

Das Stadtviertel liegt südöstlich des US Highways 1, in den der Interstate 95 übergeht und der Richtung Süden zu den Florida Keys führt. Im Osten grenzt Coconut Grove direkt an die Biscayne Bay. Als selbständige Gemeinde 1825 gegründet, wurde Coconut Grove 100 Jahre später von der Stadt Miami einverleibt, deren Nobelvorort das Viertel nun ist. Die Namensgebung stammt ebenfalls aus der Vergangenheit und leitet sich ab von „Grove": einem Hain von Kokospalmen, den es früher hier gab. Bis heute hat sich die Abkürzung „The Grove" als Ortsname gehalten.

Künstler und Hippies bevölkerten Coconut Grove in den 60er-Jahren, schon damals entwickelte sich ein mediterraner Touch durch die Kalksteingebäude und Villen inmitten blühender Parkanlagen. Zentrum des Viertels heute ist die Kreuzung Grand Avenue, Main Highway und McFarlane Road. Vor allem Boutiquen, Cafés, Restaurants und Einkaufszentren sind hier zu finden, ein gut gefüllter Geldbeutel kann bei einem Besuch in Coconut Grove deshalb nicht schaden. Zum Bummeln und Flanieren bietet der Vorort schöne Möglichkeiten und die Atmosphä-

re ist allemal empfehlenswert. Einen guten Überblick über Coconut Grove (Restaurants, Kunst und Kultur, Einkaufsmöglichkeiten sowie Veranstaltungen) erhält man unter 🌐 www.coconutgrove.com.

▶ **Coral Gables**

Auch das südwestlich vom Innenstadtbereich Miami gelegene Coral Gables sollte man gesehen haben. Miami geht zwar nahtlos in Coral Gables über, aber konzipiert wurde Coral Gables als eigenständige Stadt. Ebenso mediterran gestaltet wie der Nachbar-Vorort Coconut Grove ist das Flair von Coral Gable vor allem auf die Planungen **George Edgar Merricks** zurückzuführen, einem Städtevisionär, der die wichtigsten Gebäude entwarf. Der spanische Einschlag zeigt sich nicht nur in den Straßennamen, sondern vor allem in der Architektur. Die Mischung mit Elementen aus der Normandie oder dem kolonialen Südafrika macht das Viertel zu einem lohnenswerten Ziel.

Coral Gables Merrick House

Der Städteplaner von Coral Gables, George Merrick, hat sich in diesem Haus verewigt und es ist heute im National Register of Historic Places aufgeführt. Anhand des Lebens und der Hinterlassenschaften der Familie Merrick ist das Haus ein lebendiges Zeugnis der Historie Floridas. Das herrliche Haus allein ist schon ein beeindruckender Anblick inmitten des prachtvollen Gartens, aber eine Besonderheit ist der Giebel, aus Korallen erbaut und Namensgeber des Ortes: Coral Gable. Das Haus wird derzeit renoviert.

✉ *907 Coral Way, Coral Gables, FL 33134*

☎ *1-305-460-5361*

🌐 *www.coralgables.com*

🕐 *Führungen jeweils So & Mi um 13, 14 & 15 h*

💲 *Erw. $ 5, Kinder (6–12 J.) $ 1, Stud. $ Sen. $ 3*

Coral Gables City Hall

Dem Coral Way Richtung Osten folgend erreicht man an der Kreuzung Biltmore Way die Coral Gables City Hall im Stil eines italienischen Palastes.

✉ *405 Biltmore Way, Coral Gables, FL 33134*

☎ *1-305-446-6800*

🕐 *Mo–Fr 8–17 h*

Biltmore Hotel

Ebenso palastartig wie die City Hall ist das Biltmore Hotel, das ungeschlagene Luxushotel weit und breit, das besonders durch den Hotelpool heraussticht – es ist der größte Pool oder vielmehr die größte Badelandschaft eines Hotels in den ganzen USA.

✉ *1200 Anastasia Ave, Coral Gables, FL 33134*
☎ *1-855-311-6903*
🌐 *www.biltmorehotel.com*

Venetian Pool

Dem Pool des Biltmore Hotel kann der Venetian Pool im wahrsten Sinne des Wortes durchaus das Wasser reichen. Im toskanischen Stil gehalten hat diese traumhafte Badeanlage den zusätzlichen Vorteil, dass sie öffentlich zugänglich ist. Und wer kann behaupten, schon einmal in einem historischen Schwimmbad geplanscht zu haben, das ein nationales Denkmal ist? Der Pool entstand 1923 aus einem ehemaligen Korallen-Steinbruch. Mittlerweile wurden Wasserfälle, Lagunen und Korallengrotten hinzugefügt und Sandstrände angelegt. Für viele Touristen, die Miami besuchen, ist der Pool ein beliebtes Ausflugsziel.

✉ *2701 De Soto Blvd, Coral Gables, FL 33134*
☎ *1-305-460-5306*
🕐 *April-Oktober; April–Mai & Mitte Sept.–Okt. Di–Fr 11–17.30 h, Sa & So 10–16.30 h, sonst: Mo–Fr 11–18.30 h, Sa & So 10–16.30 h*
💲 *Erw. $ 15, Kinder (3–12 J.) erst ab 3 J. erlaubt $ 10*

Lowe Art Museum

Es ist das Alternativprogramm in Coral Gables, in dem es Gemälde vor allem aus der Zeit des Barocks und der Renaissance zu besichtigen gibt. Aber auch zeitgenössische Kunst amerikanischer Künstler sowie indianische Keramik gehören zu den Ausstellungsschwerpunkten. Sogar der Verpackungskünstler Christo ist im Museum vertreten.

✉ *1301 Stanford Dr, Coral Gables, FL 33124-6310*
☎ *1-305-284-3535*
🌐 *www.miami.edu/lowe*
🕐 *Di–Sa 10–16 h, So 12–16 h*
💲 *Erw. & Kinder (ab 12 J.) $ 12,50, Schüler & Sen. $ 8*

▶ Matheson Hammock County Park

Im Südwesten von Coral Gables liegt an der Biscayne Bay der Matheson Hammock Park mit herrlichen Strandbereichen, Mangroven und Palmen am Ufer. Hervorzuheben ist der künstlich geschaffene „Pool" – ein Atoll, das auf natürliche Weise mit dem Wasser der Gezeitenbewegung der Biscayne Bay geflutet wird. Um das ringförmige Atoll herum führt ein

asphaltierter Weg, den man entlang spazieren oder mit dem Fahrrad befahren kann. Das Natur-Schwimmbecken ist von einem Rettungsschwimmer bewacht. Es ist eine Marina vorhanden, Infos unter 🌐 www.miamidade.gov/parks/matheson-marina.asp. Das warme, ruhige Meer und die schönen Blicke aufs Wasser sowie die kontrastreiche Skyline Miamis machen den Park empfehlenswert. Sogar das Anwesen Villa Vizcaya kann man von hier aus sehen. Eine Marina, das Restaurant „Red Fish Grill", Picknickplätze und Wanderwege ergänzen das Angebot. Für viele ist dieser ruhige und beschauliche Park eine Alternative zu den oft überfüllten Stränden von Miami Beach.

🧭 *Über die I-95 und die US-1 aus Richtung Downtown vorbei an Coral Gables Richtung Süden fahren. An der SW 42nd Ave abfahren und in südliche Richtung bis zum Kreisverkehr fahren. 2. Ausfahrt auf die Old Cutler Rd nehmen, auf dieser ca. 3 km/2 mi bleiben, dann links über die Matheson Park St zum Eingang fahren.*
✉ *9610 Old Cutler Rd, Miami, FL 33156*
☎ *1-305-665-5475*
🌐 *www.miamidade.gov/parks/matheson-hammock.asp*
🕐 *Sonnenauf- bis -untergang*
💲 *Pro Fahrzeug am Wochenende $ 7, sonst $ 5, RV $ 15*

▶ Fairchild Tropical Botanic Garden

Die tropische Gartenanlage, die direkt an den Matheson Hammock Park (siehe oben) grenzt, ist mit 34 Hektar die größte botanische Garten der USA. Das subtropische Ambiente mit exotischen Pflanzen, Schmetterlingen und seltenen Vögeln ist ein eindrucksvolles Erlebnis – ebenso eindrucksvoll, wie an einem kleinen Bachlauf, vorbei an Wasserfällen, tropischen Pflanzen Orchideen und üppigem Blätterwerk einen Hauch von tropischem Regenwald zu atmen. Im Eintrittspreis inbegriffen ist eine kommentierte Tramtour.

🧭 *Über die I-95 und die US-1 aus Richtung Downtown vorbei an Coral Gables Richtung Süden fahren. An der SW 42nd Ave abfahren und in südliche Richtung bis zum Kreisverkehr fahren. 2. Ausfahrt auf die Old Cutler Rd nehmen, auf dieser ca. 3 km/2 mi bleiben, dann liegt linkerhand der Botanische Garten.*
✉ *10901 Old Cutler Rd, Coral Gables, FL 33156*
☎ *1-305-667-1651*
🌐 *www.ftg.org*
🕐 *Tägl. 9.30–16.30 h*
💲 *Erw. $ 25, Kinder (6–17 J.) $ 12, Sen. (über 65 J.) $ 18*

► Zoo Miami ʮ

Der Zoo liegt im Süden Miamis an der Biscayne Bay südwestlich von Key Biscayne. Über 2.000 Tiere leben in diesem Zoo und ihre Gehege sind umrahmt von über 1.000 Pflanzen. Flusspferde, Koalas, Pelikane und Krokodile gibt es anzuschauen. Die Tiere leben in naturnaher Umgebung und man kann sie aus nächster Nähe gut beobachten. Allerdings sollte man den Zoo nicht besuchen, wenn es zu heiß ist, da die Bewohner sich dann gerne an schattigen Plätzen verstecken.

- *Von Downtown Miami aus 22 km/14 mi über I-95 nach Süden, wird später SR-1, von dieser dann rechts auf SW 152nd und weitere 5 km/3 mi zum Zoo*
- *12400 SW 152 St, Miami, FL 33177*
- *1-305-255-5551*
- *www.zoomiami.org*
- *Werkt. 10–17 h, Sa & So und in den Ferien 9.30–17.30 h*
- *Erw. $ 21,95, Kinder (3–12 J.) $ 17,95*

◉ Highlights nördlicher Stadtbereich

► Ancient Spanish Monastery

Dass das Kloster so europäisch wirkt, hat seinen Grund – es wurde aus original europäischen Steinen errichtet. Der amerikanische Verleger **William Randolph Hearst** hatte in den 20er-Jahren ein spanisches Kloster namens **St. Bernard de Clairvaux** aus dem 12. Jahrhundert gekauft, in seine Einzelteile zerlegen und in die USA bringen lassen. Nachdem das Baumaterial wegen finanzieller Probleme Hearsts lange Jahre in New York zwischengelagert war, wurde das Kloster in den 50er-Jahren, nachdem William Randolph Hearst gestorben war, als Touristenattraktion an dieser Stelle mithilfe der originalen Steine errichtet.

Es ist ein Ort der Besinnung und des Friedens. Neben anschaulichen Details wie der mittelalterlichen Glocke, die die Mönche zum Essen und Gebet rief, gibt es gut erhaltene Wandreliefs, die ebenfalls aus dem Mittelalter stammen, oder den schlichten französischen Altar, den Marienschrein oder das Originaltor des spanischen Klosters. Wer genau hinschaut, erkennt das Kloster vielleicht aus Filmen, für die es in der Vergangenheit als Kulisse benutzt wurde (zum Beispiel für den Film „Ace Ventura").

Eine schöne Klostergartenanlage, der Kreuzgang und das friedvolle Ambiente des Klosters sind eine willkommene Auszeit vom Trubel der großen Partystadt und ein Kontrastprogramm, das intensiver kaum sein könnte.

- *Von Downtown Miami aus 18 km/11 mi weit nach Norden über die I-95 fahren bis zur Ausfahrt 12B Richtung SR-826 (NE 163rd St). Der Straße nach Westen für weitere 5 km/3 mi folgen bis zum W Dixie Hwy. Auf diesem knapp km/1,2 nach Norden folgen bis zum Kloster.*
- *16711 W Dixie Hwy, North Miami Beach, FL 33160*
- *1-305-945-1461*
- *Info@SpanishMonastery.com*
- *www.spanishmonastery.com*
- *Mo–Sa 10–16.30 h, So 11–16.30 h*
- *Erw. $ 10, Kinder $ 5*

Spanish Monastery, ein Ort der Besinnung – der prachtvolle Kreuzgang

🏨 Übernachten

🏨 Regency Hotel Miami

Das Hotel liegt nur wenige Fahrminuten und mit einem Flughafentransfer verbunden vom Internationalen Flughafen Miami entfernt. Es gibt ein gutes Hotel-Restaurant und einen Pool. Für die Übernachtung nach einem langen Flug oder die letzte Übernachtung vor dem Rückflug ist dieses Hotel eine gute und kostengünstige Wahl. Aber auch zur Erkundung der Ziele in Miami ist es nicht ungeeignet, da das Hotel einen Shuttle-Service zu einigen Sehenswürdigkeiten in Miami anbietet.

📍 *Von I-95 Ausfahrt 3A Richtung Miami Int'l Airport auf Dolphin Expy abbiegen und diesem etwa 6 km/4 mi folgen, bis links die NW Lejeune Rd abzweigt.*

✉️ 1000 NW Le Jeune Rd, Miami, FL 33126

☎️ 1-305-441-1600

@ reservations@regencyhotelmiami.com

🌐 www.regencyhotelmiami.com

🚗 ★★

🏨 YVE Hotel Miami

Mitten in Downtown und nur 15 Minuten zu Fuß vom Marketplace entfernt befindet sich dieses Hotel im Boutique-Stil. Es ist ausgestattet mit einem Restaurant, einer Lounge und Fitnessmöglichkeiten. Da die Anbindung an die Öffentlichen Verkehrsmittel (Metromover) sehr gut ist, kann man auf das Auto verzichten. Die Zimmer sind ansprechend eingerichtet und sehr geräumig. Die Zimmer in den oberen der 17 Stockwerke haben eine tolle Aussicht.

📍 *Aus Richtung Flughafen die FL-836 Richtung Küste fahren, bis rechterhand der Biscayne Blvd abzweigt.*

✉️ 146 Biscayne Blvd, Miami, FL 33132

☎️ 1-305-358-4555   ☎️ 1-855-983-4636

🌐 www.destinationhotels.com/yve-miami

🚗 ★★ – ★★★

🏨 Mayfair Hotel & Spa

Wenn es in Miami ein Standort im Süden der Stadt und im schönen Stadtteil Coconut Grove sein soll, ist dieses Hotel absolut empfehlenswert. Es hat ein Wellnessangebot, einen Außenpool auf dem Dach und ein Restaurant. Zu den geräumigen Zimmern gehören Patios, von denen aus man den Blick über die Stadt schweifen lassen. Im privaten Whirlpool lässt es sich wunderbar entspannen (die Benut-

zung des Whirlpools kostet allerdings extra). Mit dem Auto braucht man ungefähr 20 Minuten sowohl ins Zentrum als auch nach Miami Beach. Für $ 28 am Tag kann man Valet Parking in Anspruch nehmen.

📍 *Aus Richtung Downtown Miami über die I-195/US-1 südlich bis zur Ausfahrt SW 27th Ave fahren. Dieser bis zur Bird Rd folgen und dort rechts einbiegen, danach links auf die Virginia St abbiegen. Wenn die Florida Ave kreuzt, links auf diese einfahren, das Hotel befindet sich auf der rechten Straßenseite.*

✉️ 3000 Florida Ave, Coconut Grove, FL 33133

☎️ 1-305-441-0000

🌐 www.mayfairhotelandspa.com

🚗 ★★

🏕️ Larry and Penny Thompson Memorial Park and Campground

Der Campground im Süden von Miami liegt im Grünen und grenzt an den Miami Zoo. Neben einem Laden für Campingbedarf gibt es einen Badesee mit Strand und Wasserrutschen, wofür allerdings eine separate Eintrittsgebühr verlangt wird (🎫 Erwachsene $ 6, Kinder 3–17 Jahre $ 4. Wer nur an den Strand will, zahlt $ 3, Kinder $ 2). Innerhalb des Campground-Geländes kann man auf präparierten Wegen joggen und Rad fahren. Full Hook-up sowie ein Waschsalon werden angeboten.

📍 *Über die FL-821 (gebührenpflichtig) aus Richtung Downtown nach Süden fahren. An der Ausfahrt 13 zur FL-994 auf den Eureka Dr/Quail Roost Dr abbiegen. Zum Campground nach 0,5 km/03 mi rechts ab.*

✉️ 12451 SW 184th St, Miami, FL 33177

☎️ 1-305-232-1049

@ l&pcampground@miamidade.gov

🌐 www.miamidade.gov/parks/larry-penny.asp

🏊 Ja (in der Saison)   🏕️ 240

🚻 Ja   Ja   🔌 Ja

💧 Nein   🚗 ★★

🏕️ Miami Everglades Resort

Schon auf dem Weg zum Everglades National Park, also genau in die richtige Reiserichtung, liegt im Süden Miamis dieser Campground, der 2010 zum „Best Campground in Miami" gekürt wurde. Wegen der mittleren Lage zwischen Miami und Everglades kann er auch als Übernachtungsalternative gewählt werden für den Abstecher zum Südzipfel des National Parks bei Flamingo (▶Seite 134). Aber auch Miami Beach und Coral Gables sind von hier aus gut erreichbar. Spielplatz, Pool, Whirlpool,

Die Sonne ist untergegangen in Miami Beach.

Basketball- und Volleyballfeld und Waschsalon gehören zum Angebot. Man kann auch Blockhütten in allen Ausstattungsvarianten mieten. Die Plätze, allesamt im Grünen, sind sehr schön, die Umgebung ausgesprochen angenehm. Die gute Bewertung des Campgrounds durch „Trailer Life" ist nachvollziehbar.

📍 *Über die FL-821 (gebührenpflichtig) aus Richtung Downtown Miami nach Süden fahren. An der Ausfahrt 13 zur FL-994 auf den Eureka Dr/Quail Roost Dr abbiegen. Nach 0,5 km/0,3 mi links auf die Turnpike S fahren, dann rechts auf die FL-994 einbiegen. Nach 8,5 km/5,5 mi zweigt links die SW 162nd St ab.*

✉ *20675 SW 162nd Ave, Miami, FL 33187*

☎ *1-305-233-5300*

🌐 *www.rvonthego.com/florida/miami-everglades-rv-resort*

🛁	Ja	🏪	222	🚻	Ja
🚻	Ja	⚡	26	🚿	Ja
📶	Ja	🐾	★★★		

Die meisten Menschen meinen eigentlich Miami Beach und damit die vorgelagerte Barriereinsel, wenn sie Miami hören. Das eigentliche Miami auf dem Festland geht in den Vorstellungen der meisten regelrecht unter. Miami Beach ist damit die eigentliche Attraktion Miamis. Die vorgelagerte Insel im Süden Floridas ist kleiner als die Mutterstadt, gleichzeitig exotischer und vor allem berühmter. Es ist eines der beliebtesten Reiseziele nicht nur der USA, sondern der ganzen Welt. Vor allem die Bauweise im Stil des schnörkeligen, bunten **Art Déco** strahlt eine sehr starke Faszination auf die Besucher aus. Aber auch der unendliche lange, weiße Sandstrand, das Luxusleben, die schicken Hotels, Restaurants und der Hauch von Jetset nehmen Touristen aus der ganzen Welt in ihren Bann – über sieben Millionen sind es jährlich. Bereits in den 20er-Jahren hat sich Miami Beach als Urlauberdomizil entwickelt.

🏖 MIAMI BEACH 📷ℹ➕❌🍴🏛

		Miami Beach	Cuxhaven
👥	Stadt	92.000	48.300
	pro km²	4.618	298
⬭	km²	48	162
≋	über NN	1 m	2 m
🌧	mm	1.572	800
❄	°C	25	6
☀	°C	30	17
	Miami		8 km/5 mi
⛨	Flamingo		146 km/ 91 mi

Die etwa 30 Kilometer lange Insel Miami Beach liegt 6 km/4 mi östlich von Miami und ist über Brücken mit dem Festland verbunden. Die gängigste Anfahrten sind über die Interstate 195/Julia Tuttle Causeway oder Interstate 395/A1A im Süden. Damit landet man im Bereich South Beach, dem touristischeren Teil von Miami Beach. Aber auch die Ziele in North Miami Beach sind auf diesem Weg gut erreichbar, die Autobahn führt die Gäste sehr zentral ins Stadtgebiet von Miami Beach. Da die schmale Insel attraktiver ist als Miami selbst, wird eine Übernachtung hier empfohlen. Miami Beach ist bestens auf Urlauber eingerichtet, von hier aus sind Ausflüge zu allen Zielen Miamis unkompliziert und die Wege relativ kurz. Es gibt nur wenige Straßen innerhalb des 50 Quadratkilometer großen Stadtgebiets. Flaniermeile und Hauptachse ist der **Ocean Drive**, der durch South Miami Beach und das Art-Déco-District führt. Hotels in allen Kategorien und Preisklassen, Cafés, Bars, Lifestyle, Designerläden und mit etwas Glück Künstler und Stars – es gibt einfach alles auf dem Ocean Drive. Gleich hinter der glamourösen Straße zieht sich, sehr zum Entzücken der Urlauber, der kilometerlange, traumhaft weiße und sage und schriebe 14 Kilometer lange Sandstrand entlang, dahinter liegt nur noch das strahlende Blau des Atlantischen Ozeans. Jetzt noch ein Cocktail in einem Straßencafé, serviert mit Latino-Musik, und die Impression vom Paradies ist perfekt.

Nur zwei Straßen weiter vom Strand entfernt, aber eine ebenso eindrucksvolle Trubel-Straße ist die **Collins Avenue**, die parallel zum Ocean Drive verläuft. Der Beiname „The Strip" sagt eigentlich schon alles: Hotels im prunkvollsten Art-Déco-Gewand zieren die Straße und gehören zu den Luxusherbergen Floridas. Unterwegs auf den beiden Straßen trifft man automatisch auf schöne und sehenswerte Gebäude.

Das legendäre **Art-Déco-District** befindet sich im Stadtteil **South Beach**, dem südlichen Zipfel der Insel Miami Beach. Dort schlägt das Herz der Insel, wohingegen der nördliche Teil fast schon ruhig zu nennen ist. Kernstück ist der **Collins Park**, eine Parkanlage mit einer Mischung aus futuristischen Elementen, verschiedenen Ballspielplätzen, einem Skaterplatz und Spazierwegen.

 Wer ein günstigeres Hotel sucht, ist in North Beach preislich besser bedient und kann die Attraktionen in South Beach dennoch gut erreichen.

Der Bezirk South Beach erstreckt sich von der 23rd Street South bis zum South Pointe Park, einem besonders attraktiven Aussichtspunkt, um die Kreuzfahrtschiffe zu beobachten, die den Hafen von Miami anfahren oder verlassen. South Beach bietet vor allem ein munteres Nachtleben, aber auch zahlreiche Boutiquen und Restaurants. Etwas nördlich von South Beach liegt der sehenswerte **Española Way** zwischen 14th und 15th Street, ein schnuckeliger Straßenzug im spanischen Stil mit Galerien und einem Wochenmarkt am Wochenende. Galerien mit speziellen Einblicken in die Kunstszene von Miami Beach sind auch in der nördlich des Española Ways gelegenen Lincoln Road zu finden. In dieser Straße sollte man auch bei einem der Prunkstücke des Art Déco vorbeischauen, dem **Colony Theater** im kulturellen Zentrum von Miami Beach. Die Lincoln Road wird von der Meridian Avenue gekreuzt. Folgt man dieser Straße nordwärts, erreicht man das **Holocaust Memorial**, ein Mahnmal bestehend unter anderem aus Skulpturen und Gedenktafeln, das den unter der Herrschaft des Nationalsozialismus ermordeten Juden Europas gewidmet ist (☎ 1945 Meridian Ave, Miami Beach, FL 33139 🌐 www.holocaustmmb.org).

Wer ein Hotel in Miami Beach wählt, sollte darauf achten, dass es auch Parkplätze anbietet – Parken ist ein Problem. Die meisten sind kostenpflichtig, aber mit $ 12–30 noch akzeptabel – sie zu finden, ist das größere Problem. Im südlichen Miami Beach kommt man gut ohne eigenes Fahrzeug zurecht, indem man den kostengünstigen **South Beach Local Shuttlebus** nimmt. Für nur $ 0,25 pro Fahrt steuert dieser alle sehenswerten Ziele in South Beach an. Abfahrt alle 13 bis 30 Minuten. In vielen Hotels liegen die Fahrpläne der Buslinie aus, ansonsten bekommt man einen bei der Tourist Information. Das Einkaufen für den täglichen Bedarf ist überhaupt kein Problem, allein entlang der Collins Avenue, die am Atlantikstrand entlangführt, gibt es mehrere, zum Teil sehr große Läden der Supermarktkette Publix. Zu Fuß kann man South Miami Beach auch im Rahmen eines geführten Rundgangs erleben. Informationen erhält man beim **Art Déco Welcome Center** (siehe unten, Art Déco District). Ein besonderes Erlebnis ist

Der mediterrane Española Way mit Frühstückscafés.

das Visitor Center von Miami Beach. Das sehr moderne Gebäude präsentiert Elemente aus dem Art Déco wie gewölbte Fenster und eine unkonventionelle Bauweise, die alle Formen von rund bis quadratisch vereinigt.

MIAMI BEACH VISITOR CENTER

✉ 1920 Meridian Ave, 3rd Floor, Miami Beach, FL 33139
☎ 1-305-672-1270
@ visitmiamibeach305@gmail.com
🌐 www.miamibeachguest.com
🕐 Tägl. 10–16 h

MIAMI BEACH CONVENTION CENTER

✉ 1900 Washington Ave, Miami Beach, FL 33139
☎ 1-786-276-2600
🌐 www.miamibeachconvention.com
🕐 Tägl. 10–16 h

👁 Highlights

▶ Art Déco District

Mehrfach war nun schon die Rede von Art Déco. Was zeichnet diese Stilrichtung aus? Eine pauschale Definition gibt es nicht. Art Déco steht grob für auf unterschiedliche Arten verzierte Häuser, sei es durch den Fas-

sadenanstrich oder die Bauweise, die Form der Gebäude oder verzierende Elemente. Die Häuser sind grundsätzlich aus Beton gebaut, erhalten aber ihre typische Ausstrahlung durch die oben genannten Details. Bunte Türmchen, die eher in einen der Disneyparks in Orlando zu gehören scheinen, edelstahlverzierte Fassadenelemente, pfirsichfarbene Hotelkomplexe, grellpinke Strandsitze für die Rettungsschwimmer – der Fantasie scheinen keine Grenzen gesetzt. Der farbenfrohe Stil stammt aus dem Paris der 20er-Jahre und manifestierte sich zunächst in den Inneneinrichtungen. Bald darauf wurde auch ein Baustil daraus. Die geschwungene Architektur erreichte auch die USA, das Empire State Building in New York ist das wohl berühmteste Gebäude aus dieser Zeit. Es folgten Hotels in der neuen Modeart, nunmehr angereichert mit den kräftigsten Farben. Das verlieh den Gebäuden einen karibischen Eindruck und wird deshalb auch „Tropical Déco" genannt. Nirgendwo sieht man diesen Einfluss besser als in Miami Beach. Heute sind die Häuser meist in den Grundfarben Weiß oder Beige gehalten, kombiniert mit pointierten Farbklecksen in sonnigem Gelb, in Grün-, Türkis- und Blautönen oder auch in ungewöhnlicheren Farben wie pastellenes Rosa oder Hellblau.

Am Ocean Drive

Bis in die 90er-Jahre war das Viertel dem Verfall nahe. Viele Fenster waren mit Brettern vernagelt, die Gebäude unbewohnt und heruntergekommen. Nur dem Eingreifen einer Bürgerinitiative ist es zu verdanken, dass der Stadtteil nicht abgerissen wurde. Stattdessen wurde er liebevoll restauriert, Altes wurde nach allen Regeln der Kunst neu aufgepeppt: Die Häuser wurden mit neuer Farbe versehen, die Schnörkel wieder sauber herausgearbeitet. Viele Hochhäuser aus den Gründerjahren, die nicht luxuriös genug waren und technisch nicht auf dem neuesten Stand, verschwanden. Die Hälfte der etwa 800 schön hergerichteten Gebäude steht nun unter Denkmalschutz. Um einen Überblick über besonders herausragende Gebäude zu bekommen, lohnt sich ein Besuch im **Art Déco Welcome Center** inmitten des Art Déco District (🌐 1001 Ocean Dr, Miami Beach, FL 33139, 🌐 www.mdpl.org/welcome-center/visitors-center). Dort erfährt man alles Wissenswerte über diese Stilrichtung und bekommt Tipps, wo die sehenswertesten Gebäude zu finden sind. Hier starten auch die geführten Touren durchs Viertel. Das Art Déco District als Hauptattraktion von Miami Beach erstreckt sich zwischen den Straßen 5th und 15th Street innerhalb des Stadtbereichs South Beach.

▶ **South Beach**

Es gibt einen klaren Wettstreit zwischen Art-Déco-Viertel und dem Strand von South Beach darum, was von beidem schöner und sehenswerter ist. Und es scheint, als gäbe es keinen Gewinner. Der weltberühmte Strand von South Beach ziert Postkartenmotive und bezieht seinen Ruhm unter anderem aus zahlreichen Fernsehauftritten. Er liegt am südlichsten Zipfel von Miami Beach und bietet mit seinem karibischen Erscheinungsbild und den vielen Palmen auch schattige Plätze. Hier sind sogar die Häuschen der Badeaufsicht im Art-Déco-Stil gehalten. Über die Strandpromenade flanierend kann man die besondere Atmosphäre dieses weltberühmten Ortes am besten genießen. Oder in einem der zahlreichen Straßencafés der Promenade. Dadurch, dass der Strand so riesengroß ist, verläuft sich die Menschenmenge glücklicherweise ein wenig. Es gibt öffentliche Parkplätze, die aber bereits früh am Tag belegt sind.

💡 An den Wochenenden kann es im Strandbereich zwischen 5th und 20th Street dann doch trotz der enormen Strandlänge recht voll werden. Wer es ruhiger mag, sollte in nördlichere Gefilde des Strandes ausweichen.

📍 Ocean Dr/Dade Blvd/West Ave & Alton Rd, Miami Beach, FL 33139
📞 1-305-673-7714
🌐 www.visitflorida.com/en-us/cities/south-beach.html

🏛 **Übernachten**

🛏 **Campgrounds Miami Beach**

In Miami Beach selbst gibt es keine Campgrounds. Man muss auf einen Platz auf dem Festland ausweichen. Übernachtungsmöglichkeiten in Miami ▶Seite 114.

🏨 **The Clay Hotel**

Für eine Übernachtung in Miami Beach muss man schon etwas tiefer in die Tasche greifen. Dennoch gibt es Hotels mit einem annehmbaren Preis-Leistungs-Verhältnis und einem schönen Ambiente. Das Clay Hotel gehört zu diesen. Jedes Zimmer ist individuell eingerichtet, es gibt sowohl Doppelzimmer als auch Familienzimmer. Die Lage des Hotels ist sehr gut mitten im Art Déco District und nur zwei Blocks vom Sandstrand entfernt.

🚆 *Über die I-195 nach Miami Beach fahren, an der Küste Richtung Süden über die A1A weiter, bis der Española Way rechts abzweigt. Das Hotel folgt linkerhand.*

✉ *1438 Washington Ave, Miami Beach, FL 33139*

☎ *1-305-250-0759*

@ *info@clayhotel.com*

🌐 *www.clayhotel.com*

💰 **

🏨 Holiday Inn Miami Beach Oceanfront

In Strandlage, aber bezahlbar, ist dieses Holiday Inn, das etwa 3,5 km/2 mi nördlich des Art Déco District recht zentral in Miami Beach liegt. Saubere Zimmer, eine ordentliche Poollandschaft und einen gepflegten Strandabschnitt bietet das Hotel. Ein Weg, der vor dem Hotel verläuft, führt geradewegs ins Art-Déco-Viertel und ist nachts beleuchtet. Das Preis-Leistungs-Verhältnis ist gut, Parkplätze sind vorhanden (💰 $ 34 pro Tag ohne, $ 36 mit Service). Eine Bushaltestelle befindet sich direkt vor der Tür.

🚆 *Die I-195 bis zur Küste fahren, dann auf der Collins Ave links abbiegen, das Hotel folgt rechterhand nach wenigen Metern.*

✉ *4333 Collins Ave, Miami Beach, FL 33140*

☎ *1-305-532-3311*

🌐 *www.holidayinn.com*

💰 **–***

🏨 M Boutique Hotel

Wer anstelle der klotzigen Hotels etwas Kleines, Feines sucht, wird in diesem Boutique-Hotel im Designerstil im nördlichen Miami Beach fündig. Es gibt nur wenige Zimmer, keinen Pool und kein Frühstück, ein kubanisches Frühstücksrestaurant und ein großer Publix-Supermarkt befinden sich aber jeweils um die Ecke. Auf der anderen Straßenseite ist eine Bushaltestelle, das Hotel hat ein paar eigene Parkplätze und ist nur etwa 300 Meter vom nicht gar so überlaufenen Strand entfernt. Das Ambiente ist persönlich, die Zimmer sind geräumig und geschmackvoll eingerichtet und verfügen über eine voll ausgestattete Küchenzeile.

🚆 *Nachdem man über die I-195 Miami Beach erreicht hat, biegt man sofort links auf die FL-907 ab. Dieser etwa 6 km/4 mi bis zur 71st St folgen, danach die zweite Möglichkeit rechts abbiegen.*

✉ *6945 Abbott Ave, Miami Beach, FL 33141*

☎ *1-305-397-8331*

@ *info@mboutiquehotel.com*

🌐 *www.mboutiquehotel.com*

💰 **–***

🏨 Fontainebleau Hilton

Top-Adresse in Miami Beach: Das neun Hektar große Kult-Resort direkt an der Atlantikküste und zentral in Miami Beach gelegen ist

Willkommen im (Strand-) Paradies South Beach

ein Hotel der Superlative mit 1.200 Zimmern und Suiten, Wasserfällen, gigantischen Poollandschaften, einem Dutzend Restaurants der gehobenen Preisklasse und einem Spa-Angebot auf fast 4.000 Quadratmetern Fläche. Wer es sich leisten kann, in einem Hotel zu nächtigen, in dem schon der ehemalige US-Präsident Eisenhower geschlafen und John F. Kennedy seinen Wahlsieg gefeiert hat, wird sich hier wohlfühlen – und die Poollandschaft von Gert Fröbes Auftritt im James-Bond-Film „Goldfinger" wieder erkennen.

Das bekannteste Hotel Miamis ist frisch renoviert, hat der Preisklasse entsprechend große und gut ausgestattete Zimmer und einen privaten Strandbereich. Wer in einem der Türme in den oberen Etagen residiert, kann atemberaubende Blicke über Miami genießen – vor allem bei Nacht ein Erlebnis.

Von der I-195 geradeaus bis zur Küste/Collins Ave fahren, links abbiegen und die zweite Straße wieder rechts

4441 Collins Ave, Miami Beach, FL 33140

1-305-538-2000

www.fontainebleau.com

★★★

Sonnenaufgang in Miami Beach

VOM EVERGLADES NATIONAL PARK ZU DEN KEYS, DEM DRY TORTUGAS UND ZUM TAMIAMI TRAIL

Vom Everglades National Park zu den Keys, dem Dry Tortugas National Park und zum Tamiami Trail

Es gibt zwei Möglichkeiten, von Miami aus weiter Richtung Süden zu fahren und den Everglades National Park anzusteuern, das nächste und mit Sicherheit eines der populärsten Ziele nicht nur Floridas, sondern der ganzen USA. Um es unkompliziert anzugehen, kann man wieder auf die Interstate 95 fahren, die südlich von Miami Downtown in den **US Highway 1** *übergeht, der bis ans unweigerliche Ende Floridas, nach Key West, führt. Alternativ könnte man die Strecke auch auf der* **Homestead Extension of Florida's Turnpike (SR-821)** *zurücklegen, zu dieser muss man aber erst mittels Querverbindungen gelangen – außerdem ist die Turnpike gebührenpflichtig (zahlbar ausschließlich mit dem Sunpass).*

Die Routenempfehlung führt die Interstate 95/US Highway 1 (US-1) entlang und in südliche Richtung aus Miami heraus. Bis **Homestead** *(das Richtung Südwesten nahtlos und für den Reisenden unbemerkt in das Stadtgebiet von Florida City übergeht) geht es die ganze Zeit durch Stadtgebiete und die Peripherie Miamis. Es ist eine unspektakuläre Fahrt, die zahllosen Ampeln auf dem US Highway 1 tun ihr Übriges, um einem die Fahrt zu vergällen. Etwa 80 km/50 mi nach Verlassen von Downtown Miami erreicht man schließlich Homestead, dort trifft auch die State Road 821 auf den US Highway 1.*

Homestead ist die zweitälteste Stadt nach Miami im Miami-Dade County und spielt auf der Weiterreise nur als Übernachtungsstandort eine Rolle. Von Homestead aus geht es im Zentrum des Ortes an ein- und derselben Kreuzung des US Highway 1 in zwei Himmelsrichtungen zu je einem National Park: Nach rechts über die State Road 9336 zum **Everglades National Park***, nach* *links über den East Palm Drive/SW 344th Street zum* **Biscayne National Park***. Den Ausläufern des 16 km/10 mi südwestlich gelegenen Everglades National Park werden wir uns bald intensiv nähern; im Osten liegt der Biscayne National Park, der nun unmittelbar in Form eines Ausflugs von der Hauptroute folgt.*

🏠 HOMESTEAD 🅿️ 🛏️ ➕ ❌ 📷 🏧

Man sieht es auf den ersten Blick: Homestead ist ganz und gar unattraktiv. Obwohl mit 62.000 Einwohnern recht groß, ist es doch eine reine Durchfahrtsstadt. Ein Zentrum ist nicht erkennbar, lediglich als Übernachtungsstandort ist ein Aufenthalt in der Stadt sinnvoll. Außerdem sollte man hier noch einmal günstig tanken und die Vorräte auffrischen, bevor es in die Natur des Everglades National Parks geht. Dort gibt es zwar einen kleinen Laden, dieser bietet aber wenig Auswahl zu hohen Preisen. Direkt am US Highway 1 (in diesem Bereich heißt er Homestead Boulevard) gibt es eine Mall namens Homestead Towne Square. Hier findet man nicht nur einen Publix Supermarket, sondern kann auch shoppen gehen (🔘 817 N Homestead Boulevard, FL 33030). Außerdem sollte man sich in Homestead dringend mit Mückenspray eindecken, bevor man in die Tiefen des Everglades National Parks vordringt (▶Seite 126). Walgreens hat hier eine gute Auswahl, es findet sich einer direkt am US Highway 1 am 🔘 28875 S Dixie Highway, Homestead, FL 33030.

🏨 Übernachten

🏨 Days Inn Florida City

Direkt an der Kreuzung, an der es in beide Richtungen zu je einem National Park geht, liegt – verkehrsstrategisch perfekt – dieses Motel. Die Zimmer sind geräumig, jedoch ein wenig in die Jahre gekommen. Es gibt einen Pool und kostenlose Parkmöglichkeiten – man kann immer nahe am Zimmer des zweistöckigen Gebäudes parken. Das Frühstück entspricht amerikanischen Verhältnissen und sticht nicht heraus. Das W-LAN in den Zimmern funktioniert dauerhaft nicht zuverlässig. Das Preis-Leistungs-Verhältnis ist für einen reinen Übernachtungsstopp aber gut.

🔘 *Das Motel liegt direkt an der Kreuzung des US-1 mit der SR-9336 und dem E Palm Dr mitten in Homestead.*

✉ *124 E Palm Dr, Florida City, FL 33034*

☎ *1-305-230-2322*

🌐 *www.wyndhamhotels.com/days-inn/florida-city-florida/days-inn-florida-city/overview*

🔄 *

🏨 Hampton Inn & Suites Miami South/ Homestead

Wer ein bisschen mehr Komfort als nur den eines Durchgangshotels sucht, ist hier gut aufgehoben. In diesem recht neuen Haus der Hampton-Kette gibt es große, gemütliche Zimmer und Suiten, die sich auch für Familien eignen. Das sehr saubere Haus hat einen kleinen Pool, Einkaufsmöglichkeiten, Restaurants und einen Prime Outlet in der Nähe. Die Parkplätze sind kostenfrei. Nachteil des Hotels ist die Lage in der Nähe des Homestead-Miami Speedways.

🔘 *Von der Kreuzung US-1/SR-9336 und E Palm Dr sind es 6 km/4 mi in nordwestliche Richtung über die SR-821, bis die SW 312ᵗʰ St abzweigt. Von dieser gehen links die NE 30ᵗʰ Ave und gleich darauf die NE 9ᵗʰ St jeweils links ab.*

✉ *2855 NE 9ᵗʰ St, Homestead, FL 33033*

☎ *1-305-257-7000*

🌐 *http://homesteadhamptoninn.com*

🔄 *

🛏 The Boardwalk RV Resort

Einen Block vom US Highway 1 entfernt, bildet dieser Campground eine kleine Welt für sich. Es ist mehr eine Ferienanlage mit einem Community Center, in dem man Feste feiern kann, einem Pool, einem Billardzimmer und einer Bibliothek. Im Freien kann man Volleyball spielen oder die Kleinen auf dem Spielplatz toben lassen. Die meisten Stellplätze verfügen über Schatten spendende Bäume und sind sehr groß, von Hecken umgeben und vom direkten Nachbarn abgeschottet.

🔘 *Vom US-1 biegt man etwa 3 km/2 mi nach der Kreuzung US-1/SR-9336 und E Palm Dr rechts in die NE 6ᵗʰ Ave ab, fährt die übernächste Straße links und geradeaus in die NE 6ᵗʰ Ave.*

✉ *100 NE 6ᵗʰ Ave, Homestead, FL 33030*

☎ *1-305-248-2487*

@ *boardwalkrv@gmail.com*

🌐 *http://boardwalkrv.com*

🛏 Ja	💵 137	🅿 Ja
🍴 Ja	📶 Ja	📶 Ja
🔄 ***		

....

Ausflug zum Biscayne National Park

*Nur eine knappe Autostunde südlich der lebhaften Stadt Miami befindet sich das größte, maritime Schutzgebiet auf dem Festland der ganzen USA. In Homestead weisen Straßenschilder den Weg zur Zufahrt des National Parks und so erreicht man am Ende des North Canal Drive/SW 328ᵗʰ Street das **Dante Fascell Visitor Center** am **Convey Point**. Um auf die Canal Street zu gelangen, muss man innerhalb von Homestead ein wenig Zickzack fahren, da der Canal Drive selbst keine Abfahrt vom US Highway 1 hat und keine gerade Straßenverbindung Richtung Osten an die Küste führt. Im Visitor Center geht es thematisch um den Biscayne National Park und vor allem dessen Naturgeschichte, weshalb ein Stopp sehr sinnvoll ist.*

❗ Allerdings ist das Dante Fascell Visitor Center als Anlaufstelle die einzige und letzte des ganzen National Parks, das über den Landweg erreichbar ist. Den Biscayne National Park selbst als ein Konglomerat aus Barriere-Inseln kann man ansonsten nur mit einem Boot besuchen. Im Visitor Center gibt es alle nötigen Informationen bezüglich der Zugänglichkeit des Parks und der möglichen Aktivitäten. Der Besuch des Parks lohnt sich besonders für Taucher und Schnorchler, geführte Bootstouren werden ebenfalls ange-

boten, sollten aber vorab reserviert werden. Wer auf eigene Faust mit dem Boot losziehen möchte, muss ein solches in Homestead oder Miami anmieten und zur Marina beim Visitor Center transportieren.

♦♦♦ BISCAYNE NATIONAL PARK ①

Der Biscayne ist ein fast ausschließlich aus Wasserfläche bestehender National Park. Er schließt eine Kette von 25 Inseln ein, die alle mit Mangroven bewaldet sind. Zum Schutzgebiet des Parks zählt außerdem ein Korallenriff, das als Teil des Riffs vor der Südküste Floridas nach dem Great Barrier Rief in Australien und dem vor der Küste von Belize (Zentralamerika) gelegenen das drittgrößte der Erde ist. Die 25 Inseln, deren bekanntesten Vertreter **Boca Chita**, **Sands**, **Elliot Key**, **Adams Key** und **Old Rhodes Key** sind, haben zusammen eine Gesamtfläche von nur 18 km², 400 km² des Schutzgebietes bestehen aus Wasser. Das Plateau, zu dem der National Park gehört, reicht über Florida hinaus und bis in den Golf von Mexiko hinein. Es besteht aus einer dicken Kalkschicht, deren südöstlicher Rand von der Inselkette Florida Keys gebildet wird. Reste fossiler Korallenriffe haben die Inselkette geschaffen. Was heute davon noch aus dem Wasser ragt, bildet die einzelnen Inseln. 1968 wurde das Schutzgebiet Biscayne National Monument geschaffen, 1980 wurde es zum National Park erklärt.

Neben einer bunten Unterwasserwelt innerhalb des Korallenriffs findet man als Taucher Schiffswracks in allen erdenklichen Verrottungsstadien. Die Umschiffung Südfloridas war für Seefahrer schon immer gefährlich, was einerseits an den plötzlichen und heftigen Stürmen und den Gefahren des Korallenriffs liegt, andererseits an den Piraten, die den Schiffbrüchigen auflauerten und deren Schiffe plünderten. Damit ist man auch schon bei den Hauptaktivitäten im Biscayne National Park: Tauchen und Schnorcheln. Man kann bis zum östlichen Rand der Korallenriffe tauchen und die Schiffswracks genauer unter die Lupe nehmen. Besonders zum Tauchen geeignete Stellen findet man mit Bojen gekennzeichnet, an denen man auch sein Boot festmachen kann. Über weitere, lohnenswerte Tauchstellen erhält man Auskunft im Visitor Center. Zu sehen bekommt man eine überwältigende Unterwasserwelt bestehend aus bunten Korallenfischen, Schwämmen, Quallen, Schnecken, Muscheln, Krebsen und Tintenfischen.

 Das Tauchen im Biscayne National Park wird nur erfahrenen Tauchern empfohlen.

Wer nicht gerade Profitaucher ist, hat aber dennoch Möglichkeiten, das Schutzgebiet des Biscayne National Park zu besuchen. Es gibt Ausfahrten mit Glasboden-Booten, Schnorcheltouren und geführte Kanutrips, die vom Betreiber Biscayne National Underwater Park angeboten werden (nebenstehend). Das private Unternehmen bringt Gäste, die zelten möchten, auch auf die Inseln Elliot und Boca Chita, auf der es einfache Zeltplätze gibt. Auf der Insel Elliot befindet sich außerdem ein etwa 13 km/8 mi langer Wanderweg, der beim Zeltplatz beginnt und durch subtropische Wälder zu den Stränden der Insel führt.

Ein Film, Einführungen durch einen Ranger und Ausstellungen im Visitor Center geben auch allen Landratten die Möglichkeit, sich ein Bild von diesem ungewöhnlichen National Park zu machen.

ℹ DANTE FASCELL VISITOR CENTER

Das Visitor Center am Convoy Point 14 km/9 mi östlich von Homestead ist Ausgangspunkt für die geführten Touren. Außerdem erhält man hier alle Informationen bezüglich Bootfahren, Tauchen, Schnorcheln und Wandern. Mit medialem Einsatz wird in dem sehr schönen, angeschlossenen Museum eine virtuelle Reise durch das Schutzgebiet unternommen. In einer separaten Galerie zeigen zeitgenössische Künstler ihre von der Schönheit der Umgebung inspirierte Arbeit. Im Visitor Center kann man auch die Übernachtung auf den Zeltplätzen organisieren (✇ $ 25 pro Nacht) und die dazugehörige Permit bezahlen.

- ✉ 9700 SW 328th St, Homestead, FL 33033
- ☎ 1-305-230-1144
- 🌐 www.nps.gov/bisc
- 🕐 Tägl. 9–17 h
- ✇ Keine Parkgebühren

👁 Highlights

▶ Geführte Touren

Vom Visitor Center aus starten geführte Touren, bei denen die Gäste viel über die Geschichte, die Tierwelt und das Ökosystem des Parks erfahren. Bei der dreistündigen Tour wird die Insel Boca Chita Key angesteuert sowie der malerische und historische Leuchtturm.

- ✉ 9700 SW 328th St, Homestead, FL 33033
- ☎ 1-786-335-3644 (Reservierungen)
- 🌐 www.nps.gov/bisc/planyourvisit/guidedtours.htm
- ✇ Erw. $ 39, Kinder (5–12 J.) $ 29
- 🕐 Fr, Sa & So 10 und 13.30 h

Vom Convey Point aus geht es über den North Canal Drive/SW 328th Street wieder in westliche Richtung, wenn die SW 137th Avenue kreuzt, biegen wir links auf diese ab. So stoßen wir wieder auf den quer verlaufenden Palm Drive, dem wir nach rechts folgen und automatisch wieder auf den US Highway 1 treffen.

Ende des Ausflugs

....

Ausgehend von der Kreuzung des US Highway 1 mit der State Road 9336 und dem East Palm Drive in Homestead steht das nächste Abenteuer bevor: Die Reise geht nun weiter in die Tiefen des Everglades National Park. Gleichgültig, ob man den Abstecher zum Biscayne National Park gemacht hat oder ob man direkt aus Miami kommt: Es bietet sich an, in Homestead eine Bleibe zu suchen (▶Seite 122). Der insgesamt über 100 km/63 mi lange Weg (einfache Strecke, ab Homestead) an die Südspitze des Everglades National Park nach Flamingo und zurück ist zwar an einem Tag zu schaffen, aber ratsam ist es nicht, da ansonsten keine Zeit für Aktivitäten im Herzen des National Parks bleibt. In Flamingo selbst gibt es nur einen Campground, sodass für Reisende per Mietwagen Homestead als Basislager optimal ist.

Ein Highlight jagt das nächste. Nachdem man bislang einen stetigen Wechsel zwischen abwechslungsreichen Metropolen und berühmten Orten an der Atlantikküste verdauen musste, folgt nach der geschäftigen Stadt Miami nun ein Trip in die absolute Ursprünglichkeit der Natur. Es geht Richtung Everglades National Park, der größten subtropischen Wildnis der gesamten USA. Da er einer der Höhepunkte der Rundreise ist, steht der Everglades National Park gleich zweimal auf dem Programm. Einmal von Homestead beziehungsweise Florida City aus über die Stichstraße **State Road 9336**, die auf 61 km/38 mi mitten durch den Park hindurch an dessen südliches Ende und den kleinen Ort Flamingo führt. Dieser Teil der Reise steht nun unmittelbar bevor. An späterer Stelle, bei der Rückkehr von den Florida Keys und Key West, führt die Reiseroute noch einmal auf dem Weg zur Golfküste und Richtung Westen an den Grenzen und den Ausläufern des Parks entlang.

💡 Zwischen der Abzweigung in Homestead und Flamingo gibt es keine Tankstelle auf dem Weg durch den Everglades National Park. Da in Flamingo das Benzin deutlich teurer und die kleine Tankstelle nicht zuverlässig in Betrieb ist, sollte man unbedingt in Homestead noch einmal tanken.

Richtung Südwesten geht Homestead nahtlos und für den Reisenden unbemerkt über in das Stadtgebiet von **Florida City**. *In Homestead/Florida City biegt man bei der State Road 9336 vom US Highway 1 rechts ab (der Everglades National Park ist auf einem braunen Schild angekündigt). Es geht durch Stadtgebiet. Linkerhand zweigt nach etwa 2,5 km/1,6 mi die State Road, die später zur* **Main Park Road** *wird, in südliche Richtung ab. Die Straßenbezeichnung bleibt State Road 9336, der National Park ist weiterhin gut ausgeschildert. Dem Straßenverlauf folgt man, vorbei an der Navy Wells Pineland Preserve, bis die State Road nach rechts abzweigt. Man kann hier gar nicht falsch fahren, an dieser Stelle ist nur diese Rechtsabbiegung möglich. Die westliche Richtung wird nun eine ganze Weile beibehalten, auch wenn man am Ende ganz im Süden des Parks landen wird.*

*Langsam lässt man die Zivilisation deutlich hinter sich. So weit das Auge reicht, prägen nun Felder mit landwirtschaftlicher Nut-*zung, gesäumt von Palmenalleen, Flachland und das völlige Fehlen von Häusern das Landschaftsbild. Etwa 15 km/9 mi nach Florida City werden das **Ernest F. Coe Visitor Center** und unmittelbar danach der Eingangsbereich des Everglades National Park erreicht. Und damit ist man auch schon mittendrin im National Park, der auf der Bekanntheitsskala in derselben Liga spielt wie der berühmte Grand Canyon im Südwesten der USA. Flächenmäßig ist er nach dem Yellowstone National Park der zweitgrößte des Landes.

Die State Road 9336/Main Park Road ist die einzige Straße innerhalb des ganzen Everglades National Park. Hier ist der Weg das Ziel, denn mit jedem Kilometer dringt man tiefer in die Parklandschaft ein, ohne dass sich spektakuläre Sehenswürdigkeiten am Straßenrand auftun. Allerdings gibt es eine Vielzahl an Wandermöglichkeiten, die im weiteren Verlauf beschrieben werden. Der Park verfügt über mehrere Zugänge. Neben dem Zugang über die Main Park Road und das Ernest F. Coe Visitor Center gibt es einen Eingang über das Shark Valley (nördlicher gelegen, westlich von Miami, ▶Seite 181), einen bei Everglades City (▶Seite 185) an der Golfküste und einen in Chekika (zwischen Miami und Homestead, beschränkter Zugang, 🕐 Mitte Dez.–März nur tagsüber geöffnet).

🐾 EVERGLADES NATIONAL PARK 🅿️🚻❌🚫🎦

Meist wird der Everglades National Park als riesengroßes Sumpfgebiet bezeichnet. Streng genommen ist er aber ein Fluss mit derart langsamer Fließbewegung, dass diese mit bloßem Auge nicht wahrnehmbar ist. Das Wasser kommt vom etwa 100 Kilometer nördlich gelegenen **Lake Okeechobee** (▶Seite 87), von dem aus die Wassermassen langsam nach Süden fließen und in der Florida Bay ins Meer münden. Zu Recht nannten die Indianer den Everglades in ihrer Sprache „Pa-hay-okee" – was übersetzt „Fluss aus Gras" bedeutet. Besser kann man das Phänomen nicht beschreiben. Diesem seltenen naturwissenschaftlichen Umstand ist es zu verdanken, dass der Park von den Vereinten Nationen als Biosphärenreservat, Weltkulturerbe und geschütztes Feuchtge-

Sumpflandschaft des Everglades National Park

biet von internationaler Bedeutung anerkannt wird. Der Everglades National Park wurde 1947 gegründet, um eine Vielzahl von Pflanzen und Tieren darin zu schützen. Zu diesen gehören tropische Pflanzen und Bäume, Alligatoren, Krokodile, Seekühe, der Florida-Panther und Watvögel.

Trotz diverser Schutzmaßnahmen stellt die Natur an sich eine Gefahr für den Park dar. Viele der Pflanzen und Tierarten sind zwischenzeitlich vom Aussterben bedroht, weil neue, nicht-einheimische Arten in das Ökosystem eingedrungen sind und mit den bislang beheimateten Arten konkurrieren. Aber auch der Mensch ist gefährlich: Baumaßnahmen außerhalb des Parks wie Kanäle, Deiche und Stauanlagen haben ebenfalls Einfluss auf die natürlichen Prozesse im Park. Von außen werden Dünger und Pflanzenschutzmittel in den Park hineingeschwemmt. Um die Städte Südfloridas mit Trinkwasser zu versorgen, werden außerdem große Wassermengen aus den Sümpfen abgeleitet. Zwar werden Maßnahmen ergriffen, um das ökologische Gleichgewicht wiederherzustellen – beispielsweise werden nicht-einheimische Pflanzen entfernt und die natürlichen Wasserflüsse in den Park hinein korrigiert –, es wird künftig aber noch einiges mehr getan werden müssen.

Die etwa 5.600 Quadratkilometer große Fläche des Everglades NP bedeckt nahezu die komplette Südspitze Floridas. Auf dem Festland gibt es nur eine Begrenzung, die entlang des **Tamiami Trails (US Highway 41)** verläuft, der Miami im Osten mit Tampa im Westen verbindet (▶ Seite 178). Ansonsten ist die Halbinsel komplett von Wasser umgeben – an der Ostküste vom Atlantischen Ozean, an der Westküste und der Südspitze vom Golf von Mexiko.

Was man schlechthin als ebene Sumpf- und Marschlandschaft abtun könnte, birgt in Wirklichkeit eine faszinierende, landschaftliche Vielfalt: Im Küstenbereich finden sich **Mangrovendickichte**, landeinwärts folgen **Salzgrassteppen** und in den Süßwasserbereichen gedeihen die typischen **Feuchtgebiete** mit **Hammocks**, die unter anderem mit Mahagonibäumen bewachsen sind. Meterhohe Dickichte aus **„Sawgrass"** (am ehesten mit „Ried- oder Sägegras" zu übersetzen) und geisterhaft wirkende Zypressensümpfe vervollständigen das Naturerlebnis der außergewöhnlichen Art. Lediglich ein Kiefernwaldstreifen im Osten des National Parks ist nicht überflutet. Der Boden ist dort steinig und bewaldet und wird von subtropischen Pflanzen überwuchert.

Gebietsweise wurde der Everglades National Park in der Vergangenheit trockengelegt, was seinem Ökosystem ebenfalls geschadet hat. Nachdem schon seit zwei Jahrtausenden Ureinwohner hier gelebt hatten, kamen Ende des 19. Jahrhunderts weiße Siedler, die Landwirtschaft betreiben wollten. Sie legten Sumpfgebiete trocken

Eine bunte Tier- und Vogel-welt ist das Markenzeichen des Parks.

monaten zwischen November und April empfohlen. Die Sommermonate sind sehr heiß und feucht, man muss sich auf Gewitter und Heerscharen von stechenden Plagegeistern einstellen. Da es in dieser Jahreszeit deutlich mehr regnet, ist außerdem der Wasserspiegel höher und die dadurch weiter verstreuten Tiere sind schlechter zu beobachten. Zudem sind die südlichen Gefilde des Everglades National Park besonders anfällig für tropische Stürme (Hurrikane), die vorwiegend zwischen Juni und November in den Everglades toben können.

💡 Unabhängig von der Besuchszeit im Jahr wird dazu geraten, genügend Mückenspray dabei zu haben. Dies gilt vor allem dann, wenn man vorhat, im Park zu campen. Bitte beachten Sie dabei: In Homestead oder Florida City sind die entsprechenden Produkte deutlich günstiger als in Flamingo.

und bauten Zuckerrohr an, es entstanden Gemüseplantagen. Die Fläche der Everglades dezimierte sich daraufhin. Um den regelmäßigen Überschwemmungen Herr zu werden, wurde ein Kanal für den Lake Okeechobee gebaut. Damit wurde Trinkwasser nach Miami transportiert und der Wasserstand des Sees vermindert. Um weitere Überflutungen durch den See zu vermeiden, verpasste man ihm den umgebenden Deich, den es heute noch gibt. Für die Siedler im Everglades National Park verbesserten sich zwar durch diese Maßnahmen die Anbaubedingungen, dem sensiblen Ökosystem der Everglades fügte man damit jedoch Schaden zu. Obwohl der Lake Okeechobee längst aus dem geografischen Zentrum des damals viel größeren Sumpfgebietes gerückt ist, wird der National Park immer noch vom nachdrückenden Wasser aus dem See gespeist. Dessen Süßwasser trifft auf das Salzwasser des Golfs von Mexiko. Diese spezielle Mischung ist es, in der sich die ungewöhnliche Flora und Fauna der Everglades so besonders wohlfühlt. Das führt beispielsweise zu der seltenen Erscheinung, dass Alligatoren, die im Süßwasser heimisch sind, denselben Lebensraum haben wie Krokodile, die im Salzwasser leben. Genauso bizarr wirkt es, wenn Palmen neben wildem Wein und Kiefern neben Mangroven oder Farn wachsen.

Eine hohe Luftfeuchtigkeit zieht auch viele Stechmücken an. Der Besuch des Everglades National Parks wird deshalb vor allem in den kühleren, trockeneren Winter-

Im südlichen Bereich des Everglades National Parks ist der zentrale Anlaufpunkt der ehemalige Fischerort **Flamingo** an der **Florida Bay**. Während der etwas über 60 km/38 mi langen Fahrt über die Main Park Road vom Visitor Center am Parkeingang bis nach Flamingo kann man einen ersten Eindruck vom Everglades erhalten. Während einer reinen Fahrzeit von etwa einer Stunde kommt man an zahlreichen Wanderwegen aller Längen, Lehrpfaden und Holzstegen aus Pfählen vorbei, von denen aus man tiefer in die Natur des Everglades National Parks einsteigen kann. Später auf der Route folgt dann die Erkundung des National Parks über den Tamiami Trail (▶ Seite 178). Dort bieten sich wieder ganz andere Möglichkeiten, den Park beziehungsweise dessen Ausläufer zu erleben, beispielsweise durch eine Fahrt mit dem Airboat.

Man muss jedoch klar sagen, dass die Fahrt an sich landschaftlich nicht besonders abwechslungsreich ist. Die Umgebung zeigt nicht die geringste Erhebung, der Wegesrand ist gesäumt von wechselweise Kiefern und Sawgrass und es herrscht erstaunlich wenig Verkehr auf der zweispurigen Main Park Road. Das ist nach der quirligen Atlantikküste allerdings auch recht wohltuend. Je mehr man sich Flamingo nähert, desto dichter wird die Vegetation am Straßenrand, gegen Ende mutet sie fast waldartig an. Schilder an der

Erstaunliche Naturphänomene bietet der Park – hier am Beispiel einer großen Echsenversammlung.

Straße weisen den Weg zu Haltepunkten, an denen man angeln, wandern oder Kanu fahren kann. Dort gibt es zum Beispiel den Nine Mile Pond Canoe Trail, der auf einer Länge von 8 km/5 mi durch Sumpfland und Mangroven führt (und auf 5,5 km/3,5 mi abgekürzt werden kann). Der Parkplatz für den Trail befindet sich 61 km/38 mi nach Homestead auf der linken Seite.

Viele Seen sind ausgeschildert, an denen man für einen netten Picknickstopp verweilen kann, um die Fahrt zu unterbrechen und die beschauliche Idylle zu genießen. Alles scheint hier im ruhigen, entspannten Fluss zu sein.

Everglades National Park

- ✉ 40001 SR-9336, Homestead, FL 33034-6733
- ☎ 1-305-242-7700
- 🌐 www.nps.gov/ever
- 💲 $ 25 für 7 Tage pro Familie/Fahrzeug, Fußgänger $ 8, $ 40 für den Annual Pass; eine Backcountry Permit kostet von Nov.–April $ 15 pro Nacht zuzügl. $ 2 pro Person/Nacht, von April–Nov. kostenlos

🅱 ERNEST F. COE VISITOR CENTER

Liebevoll gestaltete Displays, Filme zur Einführung in den National Park und Informationsbroschüren gibt es im Visitor Center zu sehen. Man kann sich nach den von Rangern geführten Touren erkundigen und sich beim Gestalten seines Programms helfen lassen. Künstler aus der Umgebung stellen Werke aus, es gibt einen Souvenirladen und – für den Notfall, falls nicht schon im Gepäck – Mückenspray.

- 📍 Das Visitor Center folgt sofort nach dem Zugangshäuschen zum National Park, etwa 15,5 km/10 mi nach der Kreuzung US-1/SR-9336 in Homestead.
- ✉ 40001 SR-9336, Homestead, FL 33034-6733
- ☎ 1-305-242-7700
- 🌐 www.nps.gov/ever/planyourvisit/coedirections.htm
- 🕐 Dez.–April tägl. 8–17 h, Mai–Nov. tägl. 9–17 h

Der Everglades National Park verfügt insgesamt über drei Zugänge. Die anderen neben dem Ernest F. Coe Visitor Center sind das **Shark Valley Visitor Center** im Norden des Parks (▶Seite 181) am Tamiami Trail und das **Gulf Coast Visitor Center** an der Westflanke des Parks in Höhe des Tamiami Trails (▶Seite 178).

Main Park Road SR-9336

Entlang der Hauptstraße durch den Park zweigen rechts und links malerische, historische und lehrreiche Wanderwege aller Art ab. Es sind alles andere als Gewalttouren, auch für unkonditionierte Wanderer zu schaffen, fordern alle einen nicht allzu großen Zeitbedarf und haben den Fokus auf der Vielfalt von Flora und Fauna. Im Folgenden soll ein kleiner Überblick über die eindrucksvollen Wege auf dem Weg nach Flamingo geboten werden. Wer nicht den ganzen Weg bis zur Florida Bay fahren möchte, kann auf den eingangsnahen Wanderwegen trotzdem einen Eindruck von den Everglades bekommen – diese gehören zum Teil zu den attraktivsten des ganzen National Parks. Die vorgeschlagenen Wanderungen folgen in chronologischer Reihenfolge entlang der Main Park Road. Auch Hinweise zu Kanutouren werden an den entsprechenden Stellen gegeben.

Wegen seines langen und in alle Richtungen drehbaren Halses passt sein Name perfekt: der Schlangenhalsvogel (Anhinga).

🌲 ROYAL PALM AREA

Der erste Stopp beinhaltet gleich zwei Highlights: Vom Ernest F. Coe Visitor Center aus folgt man ca. 6 km/4 mi der Main Park Road, der man bereits aus Homestead/Florida City kommend gefolgt ist, bis es links ausgeschildert in die Royal Palm Area geht. Bei einem kleinen Besucherzentrum starten zwei lohnenswerte Wanderungen:

🚶 Wandern

▶ **Anhinga Trail** ★

Dieser Trail ist ein absolutes Muss und lohnt den Weg von Florida City hierher allemal. Bei Zeitknappheit ist dieser Trail das, was man zwingend gemacht haben sollte. Auf einem kurzen Rundweg ist die Wahrscheinlichkeit, wilde Tiere und seltene Vögel zu sehen, besonders groß. Begegnungen mit Alligatoren sind sogar regelrecht garantiert!

Auf breiten Holzstegen (Boardwalks) geht es über einen tierreichen Marsch, der von Riedgras bedeckt ist. Unter den Stegen im seichten Wasser räkeln sich gerne Alligatoren – vor allem im Frühjahr und gegen Abend sind die Bedingungen dafür gut. An beiden Enden der Boardwalks sind große Ansammlungen von Alligatoren in allen Größen zu bewundern.

Ebenso gleiten die Riesenechsen lautlos durch die flachen Seen – ein beeindruckendes Erlebnis. Schildkröten und seltene Vögel

wie der namensgebende Anhinga (Schlangenhalsvogel) können ebenso häufig gesichtet werden.

❗ Wenn es regnet oder gerade geregnet hat, kommen besonders viele Alligatoren an die Wasseroberfläche.

💡 Den Anhinga Trail kann man auch im Rahmen einer von einem Ranger geführten Tour bestreiten, die sehr empfehlenswert ist. Informationen erhält man an dem kleinen **Nature Center** der Royal Palm Area.

🚩 Am Nature Center (Buchladen) in der Royal Palm Area
🕐 30 Min
↪ Einfach
↔ 1,3 km/0,8 mi

▶ **Gumbo Limbo Trail**

Diese Wanderung führt durch eine komplett andere Kulisse als der Anhinga Trail: Es geht durch tropischen Dschungel, den man hier so nahe an der Zivilisation niemals erwarten würde. Königspalmen und Gumbo-Limbo-Bäume begleiten den Weg. Neben der Vegetation, die vor allem aus Hammocks und tropischen Pflanzenarten besteht, beschränkt sich die Tierwelt auf Eidechsen, Frösche und Schlangen und ist eher für Wanderer mit Alligatoren-

Phobie zu empfehlen. Der Weg verläuft circa 30 Zentimeter über der Wasseroberfläche. Insgesamt ist der Gumbo Lingo Trail weniger aufsehenerregend als der Nachbartrail Anhinga, aber ein sehr guter Kontrast dazu.

📍 Am Nature Center (Buchladen) in der Royal Palm Area
🕐 30 Min
⊘ Einfach
📏 0,6 km/0,4 mi

⚜ LONG PINE KEY AREA

🏛 Übernachten

🚐 Long Pine Key Campground

Mit seiner Lage nur 11 km/7 mi vom Ernest F. Coe Visitor Center entfernt ist er zwar weit vom Zielort Flamingo entfernt, eignet sich aber gut für einen Kurzaufenthalt im National Park und als Alternative zu dem Stadt-Campground The Boardwalk RV Resort (▶Seite 123) in Homestead. Der Long Pine Key Campground ist ein staatlicher Platz und hierfür typisch einfach, aber naturnah. Es gibt seit 2016 Duschen, aber keine Anschlussmöglichkeiten, dafür aber weniger Stechtiere als tiefer im Park. In der Nähe findet man einige Wanderwege und im Winter werden Veranstaltungen in einem Amphitheater angeboten. Die 1,8 km/1,1 mi lange Zufahrt zum Campground geht links von der Main Park Road ab.

🏠 SR-9336, Homestead, FL 33034
☎ 1-305-242-7700

🌐 www.nps.gov/ever/planyourvisit/longpinecamp.htm
Nein 108 108
Ja Ja Nein
🕐 Mitte Nov.–Ende April
★

🥾 Wandern

▶ Pineland Trail

Nur knapp hinter dem Long Pine Campground folgt der Pineland Trail, der durch einen Kiefernwald (die einzige Kiefernart Floridas), Palmettopalmen und Wildblumen führt. Am Beginn des Wanderwegs gibt es Informationstafeln.

Von Boardwalks aus lassen sich die Alligatoren aus sicherer Distanz beobachten.

🔄 *11 km/7 mi westlich des Parkeingangs, Informationskiosk (mit „Pine Land" ausgeschildert)*
🕐 *30 Min*
➰ *Einfach*
🔄 *0,6 km/0,4 mi (Rundweg)*

► **Long Pine Key Nature Trail**

Kurz vor Erreichen des Campgrounds führt dieser Naturpfad rechts von der Straße ab (ausgeschildert). Der Weg führt durch die das Gebiet dominierenden Kiefernwälder und passiert kurz vor Ende den Pine Glades Lake. Der Weg mündet wieder auf die Main Park Road, etwa 8,1 km/5 mi nachdem die Zufahrt zum Campground nach links abgegangen ist.

🔄 *11 km/7 mi westlich des Parkeingangs, kurz vor Erreichen des Campgrounds weist ein Schild nach rechts den Weg.*
🕐 *2,5 Stunden*
➰ *Einfach*
🔄 *10,5 km/6,6 mi (Einfache Strecke des Hauptweges, Verlängerung durch weitere Trails möglich)*

🌲 PAHAYOKEE OVERLOOK

Über einen kurzen Boardwalk erreicht man die erhöhte Pahayokee Overlook Plattform, von der aus man einen Rundumblick über die Landschaft und den „Fluss aus Gras" genießen kann.

🔄 *21 km/13 mi westlich des Parkeingangs*
🕐 *30 Min*
➰ *Einfach*
🔄 *0,26 km/0,2 mi*

🌲 MAHOGANY HAMMOCK TRAIL

Den Letzten im Bunde der sogenannten Pine Island Trails bildet der Mahogany Hammock Trail, der ebenfalls als Holzweg auf Pfählen verläuft. Er führt durch einen dichten, dschungelartigen Hammock. In dieser unglaublich üppigen Vegetation finden sich außerdem Gumbo-Limbo-Bäume und als zusätzliche Attraktion der größte, lebende Mahagonibaum der USA.

🔄 *32 km/20 mi südwestlich des Parkeingangs*
🕐 *30 Min*
➰ *Einfach*
🔄 *0,5 km/0,8 mi*

🏠 FLAMINGO 🄿🄸🄭🄭🄭

	Miami Beach	146 km/91 mi
	Key Largo	120 km/75 mi

Flamingo am Ende der Sackgasse Main Park Road war vor mehr als hundert Jahren ein winziger Fischerort und hat sich seitdem nicht großartig verändert. Eine Stadt darf man am gefühlten Ende der Welt also nicht erwarten. Im Gegenteil: Heute wird Flamingo vielfach sogar als Geisterstadt bezeichnet. Die einzigen bewohnten Häuser sind die der Parkranger und Angestellten der Flamingo Marina, der Tankstelle und des Campgrounds. Eine Lodge und ein Restaurant gab es früher ebenfalls, beides wurde jedoch 2005 von den Hurrikans „Katrina" und „Wilma" komplett zerstört. Der Campground ist derzeit die einzige Übernachtungsmöglichkeit in Flamingo. Es gibt zwar diverse Pläne für eine neue Unterkunft, aber eine konkrete Verwirklichung ist noch nicht absehbar.

Zentrum Flamingos ist das **Visitor Center**. Neben der obligatorischen Informations- und Organisationsleistung werden hier auch wechselnde Ausstellungen gezeigt. Interessierte erhalten Genehmigungen für Hinterland-Camping (Backcountry camping), was auf ausgebauten Plattformen auf dem Wasser, sogenannten **„Chikees"**, möglich ist. Dafür benötigt man eine **Wilderness Permit**, die von November bis April kostenpflichtig ist (💲 $ 15 zuzügl. $ 2 pro Person und Nacht). Viele Plätze in der Wilderness sind nur per Kanu, Kajak oder Motorboot beziehungsweise im Rahmen von Tagesmärschen erreichbar. Ist man die Ausstattung der vom National Park Service verwalteten Einrichtungen gewohnt, wirkt dieses Visitor Center mit seiner verblassten, ehemals flamingorosafarbenen Fassade ein wenig lieblos und vor allem in die Jahre gekommen. Allerdings soll die Bewerbung für die Teilnahme an einem Wettbewerb Gelder für eine umfassende Renovierung einbringen. Im selben Gebäude wie das Visitor Center befindet sich das **Buttonwood Café**. Hier kann man täglich von 11 bis 18.30 Uhr essen beziehungsweise Essen zum Mitnehmen holen. Die Lokalität ist einfach und strahlt den Charme einer Kantine aus.

Vom Visitor Center aus kann man sehr schön Vögel beobachten, die sich vor allem bei Niedrigwasser auf dem Watt der Florida Bay zeigen. In der Bay

In freier Wildbahn kaum anzutreffen – ein sehr betagtes American Crocodile im Becken der Marina

kann man mit etwas Glück Krokodile und Seekühe sehen. (Flamingo ist einer der wenigen Orte, an dem das weiter oben beschriebene, seltene Naturphänomen möglich ist: Alligatoren und Krokodile haben denselben Lebensraum). Zur Abendzeit war uns ein seltener Glücksfall vergönnt: Ein Krokodil hat seine lange Schnauze über die Kaimauer gestreckt und anschließend im Hafenbecken seine Bahnen gezogen. Ein Mitarbeiter der Marina kennt das etwa fünf Meter lange Krokodil. Es sei sehr alt, sicher zwischen 60 und 70 Jahre, und seine ganze Familie lebe hier in der Bucht, weiß er zu berichten.

An der ganzjährig geöffneten **Marina** kann man neben Motorbooten, Kanus und Kajaks auch Fahrräder mieten und den südlichen Everglades NP mit dem Drahtesel erkunden (⚙ $ 15 für zwei Stunden beziehungsweise $ 20 für vier Stunden). Außerdem starten hier die geführten Bootstouren (siehe unten). Wegen dieser Aktivitäten lohnt sich der weite Weg in die Tiefen des Parks auf jeden Fall – wenn man keine solchen Pläne hat, kann man leicht enttäuscht sein von dem, was Flamingo zu bieten hat. Zwar kann man die abgeschiedene, ursprüngliche Natur genießen sowie die Tatsache, fernab des Trubels zu sein. Aber das ist ebenso gut – und mit weniger zeitlichem Aufwand – zu einem späteren Punkt der Rei-

se in Everglades City (►Seite 185) möglich. Ein klarer Pluspunkt für Flamingo sind jedoch die nachfolgend aufgeführten Wanderungen im Bereich der Bucht. Hier hat man die Natur in all ihrer Beschaulichkeit meist für sich alleine.

An der Marina gibt es einen **Shop** mit Sandwiches und Getränken, Souvenirs und dem Nötigsten zum Campen und Angeln (das Angebot ist ganzjährig erhältlich). Es wird jedoch empfohlen, sich proviantmäßig außerhalb des Parks einzudecken. Es ist auch eine Tankstelle vorhanden, die täglich von 7 bis 17.30 Uhr geöffnet hat. Das Benzin kostet hier allerdings über einen Dollar mehr pro Gallone als in Homestead.

Bevor der Ort Flamingo 1892 entstand, haben die Tequesta-Indianer hier gelebt. 1893 erhielt Flamingo mit Inbetriebnahme eines Postamtes seinen Namen. Damals bevölkerten ungewöhnlich viele der namensgebenden Flamingos die Küste. Die Wohnhütten waren zu der Zeit auf Stelzen gebaut und die Gegend wurde von Moskitos geradezu heimgesucht. Um 1900 besiedelten etwa 50 Familien Flamingo und es gab sogar eine Schule. Die Menschen lebten vom Fischen, der Landwirtschaft, von Kohleabbau und vom Jagen der Vögel wegen ihrer exotischen Federn. Als es dabei einen Unfall gab, bei dem ein Mann versehentlich von Vogel-Jägern erschossen wurde, wurde diese Art der Jagd verboten – es war der Anfang vom Ende des Fischerorts Flamingo. Das Postamt wurde 1909 geschlossen, ein Jahr später waren nur noch drei Hütten bewohnt. Zur Zeit der Prohibition erlebte Flamingo einen kurzen Wiederaufschwung, als der Ort als Hafen für Alkoholschmuggler diente. Als der Everglades National Park 1947 gegründet wurde, wurde der Ort Flamingo als Anlaufstelle für die Besucher am Ende der Sackgasse etabliert.

🛈 FLAMINGO VISITOR CENTER

- ✉ *Flamingo, FL 33030*
- ☎ *1-239-695-2945*
- ⊕ *www.nps.gov/ever/planyourvisit/flamdirections.htm*
- 🕐 *Mitte Nov.-Mitte Apr. tägl. 8–16.30 h, im Sommer 24 Std. Self-Registration für Backcountry-Camp-grounds möglich, ansonsten sporadisch besetzt*

👁 Highlights

▶ Flamingo Marina

Neben dem Visitor Center ist dies in Flamingo eine zweite, wesentliche Einrichtung. Hier starten die organisierten Bootstouren und man kann Boote und Fahrräder mieten, um eigenständig auf Tour zu gehen. Eine Tankstelle und ein kleiner Laden mit einer sehr übersichtlichen Auswahl an Snacks, Getränken und Eis gehört ebenfalls zum Bereich der Marina.

- ✉ *Flamingo, FL 33030*
- ☎ *1-239-695-3101*
- 🕐 *Ganzj. Mo–Fr 7–17.30 h, Sa & So 6–17.30 h*

▶ Everglades National Park Boat Tours

Die Florida Bay steht auf dem Programm der organisierten Bootstouren, bei denen es unterwegs fachkundige Informationen eines vom National Park ausgebildeten Guides gibt – und mit viel Glück gibt's ein amerikanisches Krokodil in freier Wildbahn obendrein. Eine der beiden angebotenen Touren beschränkt sich auf die **Florida Bay**, die knapp zwei Stunden lang dauert. Die **Backcountry Tour** führt zunächst entlang der Mangrovenküste bis zur nördlich der Florida Bay gelegenen **Whitewater Bay** und in deren Hinterland. Dieser Trip dauert ebenfalls knapp zwei Stunden. Beide Touren kann man vorab online oder per Fax reservieren. Es gibt nur diesen einen und vom National Park unterstützten Anbieter der Touren.

An der Flamingo Marina bietet Everglades National Park Boat Tours außerdem diverse Boote zur Miete an, vom Kanu und Kajak übers Motorboot bis hin zum extraganten Hausboot. So kann man den Südzipfel Floridas auf eigene Faust erkunden. Die Ranger im Besucherzentrum helfen mit der Planung des Trips und haben Informationsmaterial über die verschiedenen Kanu-Trails. Die Trails sind gut gekennzeichnet und das Wasser am Golf ist sehr ruhig, sodass man

auch als unerfahrener Steuermann losziehen kann. Für alle Boote sind zum Teile Kautionen zu hinterlegen, die der Kreditkarte belastet werden.

- ✉ *815 Copeland Ave, Everglades City, FL 34139 (Postadresse des Anbieters)*
- ☎ *1-239-695-3101*
- 📠 *1-239-695-2351*
- ⊕ *http://evergladesnationalparkboattoursflamingo.com*
- ⊕ *Reservierung: http://evergladesnationalparkboat toursflamingo.com/reservations.php*

Florida Bay Tour

- 🕐 *Mitte Dez.–Mitte April tägl. mehrfach, April–Dez. Fr, Sa & So um jeweils 11.30, 13.30, 15.30 und 17.30 h*
- 💲 *Erw. $ 37,63, Kinder (5–12 J.) $ 19,35*

Backcountry Tour

- 🕐 *Mitte Dez.–Mitte April tägl. 8-mal, April–Dez. tägl. 10.20, 12.30, 14.30 und 16.30 h*
- 💲 *Erw. $ 37,63, Kinder (5–12 J.) $ 19,35*

Touren

Am besten zum Ausprobieren geeignet ist die Tour **Florida Bay**, die man in beliebiger Länge erpaddeln kann. Hierbei kann man die Bucht genießen und – je nach Kräften – eine der kleinen, der Bucht direkt vorgelagerten Inselchen erkunden. Vorteil der Tour ist, dass sie sogar im Sommer relativ frei von Stechmücken ist. Sie startet am Visitor Center. Touren in allen Streckenlängen und Schwierigkeitsgraden kann man auch im Visitor Center erfragen. Sowohl dort als auch im Internet gibt es einen Plan, auf dem die Kanutouren übersichtlich eingetragen sind:

- ⊕ www.nps.gov/ever/planyourvisit/upload/ Ever_Flamingo_Hiking_Canoeing-Trails-FY10.pdf. Auf dem Plan sind auch die Backcountry-Campgrounds markiert. Tatsächlich ist das die eindrucksvollste Art, diesen Teil des National Park in seiner ganzen Artenvielfalt kennenzulernen.

Wilderness Waterway

Von Flamingo aus kann man ebenfalls selbständig den **Wilderness Waterway** in Angriff nehmen. Dies ist ein 160 km/100 mi langer Weg durch den Sumpf, der um die Südspitze herum bis nach Everglades City im Nordwesten des Parks führt. Für eine solche Expedition sind die Übernachtungsmöglichkeiten auf den Plattformen oder die einfachen Natur-Campgrounds im Hinterland wie geschaffen. Der Zeitbedarf für die gesamte Tour mit Kanu beträgt etwa vier bis fünf Tage, mit einem Motorboot schafft man es an einem Tag.

 Sowohl für die Fahrt selbst als auch für die Übernachtungen in „freier Wildnis" sind Permits nötig, die man im Flamingo Visitor Center erhält.

✉ 815 Copeland Ave, Everglades City, FL 34139 (Postadresse des Anbieters)

☎ 1-239-695-3101

🌐 http://evergladesnationalparkboattoursflamingo.com

Kanus/Kajaks mieten

Es ist die naturnaheste Art, die Bucht zu erleben – und das echte Indianer-Feeling gibt es gratis dazu. Die Kanu-Trails kann man im Visitor Center erfragen (siehe oben), einige davon starten oder enden in der Florida Bay, andere führen durch Mangrovengebiet – abenteuerlich und spannend sind sie alle.

🕐 8.30–16.30 h

💲 Zweier-Kanu ab $ 20 (2 Std.) bis $ 46 (1 Tag), Kajak ab $ 22,50–55, Tandem-Kajak $ 28,50–65

Motorboote/Hausboote mieten

Eine Fahrt mit dem Hausboot durch die Bay ist eine tolle Sache. Das Abenteuer muss mindestens sieben Tage im Voraus reserviert werden, da nur zwei Hausboote für die Vermietung verfügbar sind.

🕐 8.30–16.30 h

💲 Motorboot ab $ 80 (2 Std.) bis $ 195 (1 Tag), Hausboot $ 350 (voll ausgestattet, pro Nacht)

🚶 Wandern

Es gibt eine Vielzahl gut angelegter Wanderwege, die von Flamingo beziehungsweise dessen direkter Umgebung aus angetreten werden können. Im Folgenden soll eine Auswahl an besonders empfehlenswerten Strecken vorgestellt werden.

▶ Snake Bight Trail

"Schlangenbucht-Trail" würde dieser Wanderweg übersetzt heißen – nicht sehr ermutigend … Es geht schon in eine andere Welt auf diesem Weg, aber sicherlich wird diese nicht von Schlangen heimgesucht. Vielmehr entstammt der Name einem Wortspiel, denn in diesem Fall heißt Bight so viel wie Bucht und gemeint ist, dass man durch eine Bucht innerhalb einer Bucht (nämlich der Florida Bay) wandert. Der Weg führt durch tropische Hammocks mit vielen unterschiedlichen tropischen Baumarten. Am Ende des Boardwalks erreicht man einen Aussichtspunkt am Wasser, von dem aus man vor allem bei Flut sehr gut Vögel beobachten kann.

📍 6 km/4 mi vor dem Flamingo Visitor Center an der Main Park Rd

🕐 1,5 Std.

⚡ Einfach

↔ 2,9 km/1,8 mi (einfacher Weg)

Abenteuer pur – eine Tour mit dem Kanu

► **Christian Point Trail**

Die unterschiedlichen Lebensräume, durch die diese Wanderung führt, sind vor allem wegen ihrer Vielseitigkeit eine Empfehlung. Ausgangspunkt sind dichte Mangrovenhaine und Amerikanische Platanen, zwischen denen immer wieder die sogenannten Ananasgewächse sprießen, knallig-rote und feste Blüten, die tatsächlich an den Strunk einer Ananas erinnern. Als nächstes gelangt man in eine offene Küstenebene. Tote Baumstümpfe zeugen von vergangenen tropischen Stürmen. Der Weg endet an der Bucht von Snake Bight (dem Endpunkt des Snake Bight Trails), die beste Besuchszeit ist bei Hochwasser, also wenn es zuvor stark geregnet hat.

🔄 *2 km/1 mi vor dem Flamingo Visitor Center an der Main Park Road*
🕐 *1,5 Std.*
🔄 *Einfach*
🔄 *2,9 km/1,8 mi (einfacher Weg)*

► **Bear Lake Trail**

Durch eine Mischung aus üppigen Hammocks und Mangroven führt die Wanderung, die dem alten Homestead Kanal folgt. Unterwegs begegnet man mehr als 50 unterschiedlichen Baumarten. Der Weg endet am gleichnamigen Bear Lake.

🔄 *3 km/2 mi vor dem Flamingo Visitor Center zweigt die Bear Lake Rd ab. Dieser bis zum Ende folgen, dort beginnt die Wanderung (für RVs ist der Zufahrtsweg verboten! Wohnmobilreisende müssen ihr Fahrzeug am Zufahrtsweg abstellen und die zusätzlichen 3 km/2 mi zu Fuß gehen)*
🕐 *1,5 Std.*
🔄 *Einfach*
🔄 *2,9 km/1,8 mi (einfacher Weg)*

► **Coastal Prairie Trail** ★

Diese etwas längere Wanderung ist ein Highlight in Flamingo. Der geschichtsträchtige Weg führt den Wanderer einen alten Pfad entlang, den früher die Baumwollpflücker und Fischer benutzt haben. Der alte Teil von Flamingo ist nach 7,2 km/4,5 mi erreicht. Weite Ebenen voll saftiger Küstenpflanzen, unterbrochen von schattigen Platanen, durchläuft man auf dem Weg zur Florida Bay. Der Trail endet am Clubhouse Beach – eine herrliche Stelle für eine Übernachtung in der Wildnis (mit Permit!).

❗ An manchen Stellen kann der Weg schwer zu finden sein, vor allem im Sommer auch überflutet sein. Bei den Park Rangern im Visitor Center kann man sich über den aktuellen Zustand des Weges erkundigen. Wilde Tiere können den Weg kreuzen, man sollte darauf vorbereitet sein.

🔄 *Der Startpunkt ist am Scheitelpunkt der C-Schleife (C Loop) des Flamingo-Campground.*
🕐 *5–6 Std.*
🔄 *Einfach*
🔄 *12 km/7,5 mi (einfacher Weg)*

► **Bayshore Loop Trail**

Das Besondere an dieser Wanderung ist, dass der Weg sich an der Florida Bay entlangschlängelt und immer wieder schöne Ausblicke auf die Bucht präsentiert. Unterwegs gibt es Relikte des ehemaligen Fischerdorfes zu sehen. Auch die Schäden durch die beiden Hurrikane „Katrina" und „Wilma" sind offensichtlich.

🔄 *Am Scheitelpunkt der C-Schleife (C Loop) des Flamingo Campground ist auch der Trailhead für den Coastal Prairie Trail. Von diesem an der Wegeskreuzung Richtung Bucht abbiegen.*
🕐 *1 Std.*
🔄 *Einfach*
🔄 *3,2 km/2 mi*

🏠 **Übernachten**

🛏 **Flamingo Campground**

Bis auf Weiteres ist dieser Campground die einzige Übernachtungsmöglichkeit in Flamingo und neben dem Long Pine Key Campground (►Seite 133) eine von nur zwei Übernachtungsmöglichkeiten überhaupt innerhalb des ganzen südlichen Everglades National Park. Der naturbelassene Campground mit viel Privatsphäre für Zelte und Wohnmobile ist zwar definitiv keine Empfehlung für die moskitoverseuchten Sommermonate, aber in den „Wintermonaten" ein Traumort zum Campen. Er liegt direkt an der Florida Bay und man kann Plätze nahe am Wasser reservieren. Es gibt eine Dump-Station für RVs und Duschen. 41 Plätze haben Stromanschluss.

❗ Wenn das Kontingent an reservierbaren Plätzen voll ist, verbleiben immer noch ein paar First-come-first-served-Plätze.

📍 1 Flamingo Lodge Hwy, Flamingo, FL 33034
☎ 1-239-695-0124
🌐 www.nps.gov/ever/planyourvisit/flamcamp.htm
🅿 Ja (von Dez.–März)   💶 275
🔌 237   🚻 Ja   🚿 Ja
🚮 Nein
📶 ∗–∗∗ (je nach Anschluss)

Von Flamingo zurück zum US Highway 1 gibt es noch einmal Gelegenheit, Impressionen vom Everglades National Park mitzunehmen – diesmal in die andere Fahrtrichtung. Vielleicht möchte man ja auf dem Rückweg noch einmal die Wanderschuhe schnüren und in die Tiefen des einzigartigen Ökosystems eindringen. Vor allem, wenn man in Flamingo übernachtet hat, ist man ja nun wieder zu neuen Taten bereit und hat ausreichend Zeit für die Rückfahrt. Am Ende der Main Park Road passiert man schließlich noch einmal das Ernest F. Coe Visitor Center und landet über die Wegführung der State Road 9336 wieder inmitten von Homestead an der Kreuzung der State Road mit dem US Highway 1. Dem US Highway 1 folgt man nun kontinuierlich nicht nur zum südlichsten Zipfel Floridas, sondern der gesamten kontinentalen USA.

💡 Sie sollten In Florida City auf alle Fälle noch einmal volltanken. Auf den Keys ist das Benzin wieder teurer. Zwar sind die Preise nicht gar so überzogen wie in Flamingo, aber spürbar mehr kostet der Sprit schon. Auch das Einkaufen von Lebensmittel ist auf den Keys teurer, wenngleich ein gutes Angebot an Einkaufsmöglichkeiten vorherrscht.

Es folgt nun nur noch eine kurze Strecke (ca. 22 km/14 mi) auf dem Festland. Die Landschaft ähnelt dem, was man gerade im Everglades National Park erlebt hat: Unbesiedelte, flache Natur, die wie eine Heidelandschaft wirkt, je näher man der Küste kommt. Die Straße wird zweispurig, was eher ungewöhnlich ist, zumal es die Hauptzufahrtsstraße zu den berühmten Florida Keys ist. Empfehlenswert ist es deshalb, früh morgens aufzubrechen beziehungsweise die Fahrt zu den Keys während des Berufsverkehrs und rund ums Wochenende zu vermeiden. Da man langsamere Fahrzeuge nur schwierig überholen kann, verzögert sich die Fahrzeit zusätzlich, unabhängig von Stoßzeiten. Alle diese Faktoren in die Fahrzeit unbedingt einplanen!

Rechterhand wird es zunehmend „wässriger": Immer mehr und größere Seen und Teiche tauchen auf, die nahtlos übergehen in den offenen Ozean. Damit wird es immer exotischer auf der Reise. Man hat den Eindruck, als ob die Sonne noch intensiver von einem noch blaueren Himmel strahlt. Das Meer färbt sich derweil karibisch türkis – kein Wunder, ist man am Ende der bevorstehenden Inselkette der Florida Keys der Karibik doch näher als der USA.

🌴 FLORIDA KEYS SCENIC HIGHWAY 🚗🅿➕❌🚻🚻

Der Highway 1 trägt ab Homestead in seinem südlichsten Abschnitt die zusätzliche Bezeichnung **Overseas Highway** und ist ein **Scenic Highway**. Auf einer Länge von 200 Kilometern verbindet er 40 Inseln miteinander. Seine Wurzeln liegen schon in den 1880er-Jahren. Damals wurden einfachste Straßen errichtet, um Ananas-Farmen rund um Key Largo mit den Docks zu verbinden, von denen aus die Ernte aufs Festland gebracht wurde. Die heutige südliche Sektion des Highways war ein Teil der **Old National Road**, die von Maine entlang der Ostküste nach Florida führte. Einige der Brücken, auf denen der Highway heute entlangführt, waren ursprünglich für die Eisenbahn errichtet worden, die bis Key West verkehren sollte. 1935 wurde die Bahntrasse durch einen Hurrikan zerstört und nicht wieder aufgebaut. An die Stelle der Bahnschienen trat eine Fahrstraße, die zum Teil auf alten, zum größten Teil aber auf neuen Brücken verläuft.

Die Fahrt über die Keys ist ein Genuss. Viele Reisende beklagen, dass es eine zeitraubende Fahrt ist, die sich sehr in die Länge zieht. Wenn man sich jedoch ohne Zeitdruck auf den Weg macht und optimalerweise einige attraktive Zwischenziele einbauen kann, zieht sich die Strecke mitnichten. Kanadische Urlauber planen während eines kompletten Florida-Urlaubes nichts anderes, als eine Fahrt über die Keys und fahren über mehrere Tage verteilt nach Key West – und sie genießen diese Reise außerordentlich, denn allein damit hat man viel erlebt. Die Fahrt ist höchst abwechslungsreich: Zunächst geht es noch über die

Brückentrassen, türkisfarbenes Wasser, Palmen – eine Fahrt über die Keys ist eine Fahrt durchs Paradies.

dichter besiedelten Keys, später werden die Inseln schmaler und Ortschaften seltener. Dann folgen die kaum mehr besiedelten Abschnitte, auf denen Brückentrassen, Ozean und Himmel als Landschaftskulisse dominieren. Kurz: Eine Fahrt über die Florida Keys bis ganz zum Ende ist ein sensationelles Erlebnis. Auch wenn es verlockend scheint, an irgendeiner x-beliebigen Insel umzukehren, sollte man unbedingt bis Key West „durchhalten". Das Fahrerlebnis unterwegs und das Gefühl, am Ende der Welt angekommen zu sein, sind unbeschreiblich und sollten fast allen Aktivitäten in Florida vorgezogen werden. Die malerische Strecke von Key Largo bis Key West wird gerne als „Road to Paradise" bezeichnet, was würdig ist in Anbetracht der herrlichen Inseln, der verschiedenen Orte mit ihren jeweiligen Geschichten und spektakulären Sonnenauf- und untergänge. **State Parks** und der ganz besondere **Dry Tortugas National Park**, Wassersport, Schwimmen mit Delfinen und Kultur – und all das arrangiert vor einem tropischen Hintergrund – sind die Hauptattraktionen der Inselkette.

Hin- und Rückweg an einem Tag sind nicht entspannt machbar und auch nicht ratsam. Eine Übernachtung, am besten in Key West, wird empfohlen. Es sind sogar mindestens zwei Nächte nötig, wenn der

westlich von Key West im Golf von Mexiko liegende Dry Tortugas National Park (▶Seite 172) mit auf dem Programm steht. Nach Möglichkeit sollte man sich die Florida Keys nicht an einem Wochenende vornehmen. Freitagnachmittags und Sonntagabends drängt sich der gesamte Wochenendverkehr über diesen einzigen Highway, der bis auf wenige Ausnahmen zweispurig ist.

Zur Orientierung ist es wichtig zu wissen, dass der Verlauf des US Highway 1 durch sogenannte **Mile Marker (MM)** strukturiert ist. Die Markierungen starten in Key West mit 0 (und zwar genau am Jackson Square am Key West Post Office) und sind bis MM 127 südlich von Florida City/Homestead durchnummeriert. Zusammen mit einem Anhang dienen die Markierungen gleichzeitig als Hausnummern. Ungerade Nummern befinden sich auf der südlichen Seite der Keys, gerade Nummern auf der nördlichen. Die Key Largo Chamber of Commerce hat beispielsweise die Kennung Mile Marker 106 beziehungsweise MM 106. Man findet die aktuellen Markierungen auf den grünen Schildern am Straßenrand.

Der US Highway 1 ist bis Key West durchgehend gebührenfrei. Er ist ganzjährig befahrbar, manche Brücken können aber während der Hurrikan-Saison (Juni bis November) bei extrem starkem Wind gesperrt sein. Die Geschwindigkeitsbegrenzungen sind auf den Keys niedriger als auf dem Festland und müssen dringend beachtet werden (Geschwindigkeitskontrollen!). Innerorts sind es 45 mph, außerhalb 55 mph, nachts sind es sogar nur 35 mph.

♨ FLORIDA KEYS 🅿🛈➕✖🚹🏛

Das, was man unter Florida Keys versteht, umfasst insgesamt über 200 Koralleninseln, die auf einer Gesamtlänge von 290 km/180 mi vor Floridas Südspitze verteilt liegen und vom Atlantischen Ozean im Osten bis zum Golf von Mexiko im Westen reichen. Die Linie der Inselkette verläuft geschwungen – zunächst eng am Festland entlang, dann aber in einem eindeutigen Bogen Richtung Kuba. Am Ende des Bogens, in Key West, wird die **südlichste Spitze der kontinentalen USA** erreicht und entsprechend zelebriert.

Etwa 80.000 Menschen leben auf den Florida Keys. Von den 200 Inseln sind 40 über den Overseas Highway erreichbar. Diese 40 Inseln wiederum sind durch Brücken miteinander verbunden. Zu den anderen Inseln der Keys kann man nur per Boot gelangen. Dazu gehören auch die Inseln des Dry Tortugas National Park, die das westliche Ende der Florida Keys beschreiben.

Geologisch betrachtet sind die Keys eine Folgeerscheinung der Eiszeit. Bevor vor 125.000 Jahren der Meeresspiegel um 7,5 bis 8 Meter über den heutigen Stand stieg, war Südflorida nur ein flacher See. Südlich des nunmehr überfluteten Florida bildeten sich parallel verlaufende Riffe, die sich vom heutigen Miami bis ganz in den Südwesten zu den Inseln der Dry Tortugas hinzogen. Was heute die **Upper Keys** darstellt, ist quasi die oberste Gesteinsschicht aus Kalkstein der damaligen Korallenriffe. Die Rifffundamente der **Lower Keys** hingegen bestehen aus dem Kalkstein der Kalkalgen. Vor 100.000 Jahren begann der Meeresspiegel wieder zu sinken, sodass das Korallenriff aus dem Meer herausragte. Der Meeresspiegel sank weiter unter das heutige Niveau und die aus dem Meer herausragenden Riffteile erodierten. Der Kalkstein begann sich aufzulösen, die Auflösungen lagerten sich wiederum ab und

bildeten die Lower Keys. Westlich von Key West überlagert Kalksand das alte Riff.

Es waren wieder einmal die Spanier, die zuerst hier landeten. Sie prägten auch den Namen der Inselkette, denn „Key" wird abgeleitet von „Cayo", was übersetzt **„Sandinsel"** bedeutet. Erst mit der englischsprachigen Besiedelung wurde aus dem „Cayo" das „Key".

Grob werden die Florida Keys in Upper, Middle und Lower Keys, also in die Oberen Keys, Mittleren Keys und die Südlichen Keys eingeteilt. Diese Struktur soll im Folgenden aufgegriffen und die einzelnen Inseln dem entsprechenden Bereich zugeordnet werden. Es können bei Weitem nicht alle Inseln und Sehenswürdigkeiten der Florida Keys vorgestellt werden, sondern nur die Hauptattraktionen beziehungsweise größeren Keys und deren Orte.

♨ UPPER KEYS 🅿🛈➕✖🚹🏛

Die nördlichsten Keys der Inselkette liegen mit Virginia Key und Key Biscayne schon auf Höhe von Miami (▶Seite 100). Weiter geht es Richtung Süden über das Gebiet des Biscayne National Park (▶Seite 124) mit den Inseln Boca Chita, Sands, Elliott/Adams und Old Rhodes Key. Danach folgt die große Insel **Key Largo** mit dem gleichnamigen Ort und **Tavernier**, dann **Plantation Key** mit dem Ort **Islamorada**, **Windley Key** mit einem Park für Meeressäuger, **Upper und Lower Matecumbe Key** und die beiden nur mit dem Boot erreichbaren Inseln dazwischen, **Lignumvitae Key** und **Indian Key**. Die urtümliche Lignumvitae Key steht unter Naturschutz, es werden Führungen angeboten, zu denen man per Boot gelangt. Die Boote legen an **Robbie's Marina** in Islamorada ab. Auch auf Indian Key werden Führungen angeboten, die die Geschichte der ehemals bewohnten Insel zum Inhalt haben. Die genannten Keys sind die ersten Berührungspunkte mit den Florida Keys, wenn man den Abstecher zum Biscayne National Park nicht mitgemacht hat. Wegen der Nähe zum Ballungsraum Miami ist dieser Bereich der Upper Keys auch als Ziel für Wochenendausflüge sehr gefragt und infolgedessen touristisch gut besucht. Erst danach wird es etwas ruhiger auf den Inseln.

Key to Map: Map is not to scale

Existing Florida Keys Overseas Heritage Trail or Alternate Path

U.S. Highway 1

Additional Paths and Lanes

Trailhead or Rest Area

Historic Bridge-Fishing

Historic Bridge

Aquatic Preserves

Overseas Paddling Trail Point of Interest

Kayak/Canoe Launch Site

Chamber of Commerce Information Center

Mangroves

Islands

MM ▶ Mile Marker

Florida Department of Environmental Protection, Division of Recreation and Parks
Florida Keys Overseas Heritage Trail Office: (305) 853-3571
FloridaStateParks.org/FloridaKeys

U.S. 1
TO MIAMI

(Future)
Key Largo
Trailhead

MM 105▲

Key Largo

Adams

El Radabo
John Penne
St.

MM 100▲

Friendship Park

Key Largo Community

Community of Key Largo

Swash
Keys

FLORIDA BAY

MM 95

Sunset Park

Rodriguez Key

Dove Key

Town of Tavernier

Harry Harris Park
Burton Drive/Bicycle Lane

MM 90

Plantation Key

Tavernier
Creek

Tavernier Key

Lignumvitae Key Aquatic Preserve

Windley Key Fossil Reef Geological State Park

Founders Park

MM 85

Snake Creek

ATLANTIC OCEAN

Islamorada, Village of Islands

Whale Harbor Channel

Wayside Rest Area

Upper Matecumbe Key

MM 80

Lignumvitae Key Botanical State Park

Tea Table Key Relief Channel
Tea Table Channel
Indian Key Channel
Lignumvitae Key Channel

Lower Matecumbe Key

MM 75

Indian Key Historic State Park

Channel Two Historic Bridge
Channel Five Historic Bridge

MM 70

San Pedro Underwater
Archaeological Preserve
State Park

Big Pine Key
Key Deer Blvd/Bicyc

GULF OF MEXICO

City of Layton

Little Torch Key

Koehn Ave
Big Pine

Summerland Key

MM 65

Blimp Road
Boat Ramp

Cudjoe Key

No

TO LOWER
KEYS

Long Key State Park

Long Key Historic Bridge

Sugarloaf Key

MM 20

MM 25

MM 30▼

Mile Marker 65-106 (Upper Keys)

Mile Marker 0-65 (Lower Keys)

Saddlebunch Keys
Historic Bridges 2-5

MM 15

Kemp Channel
Historic Bridge

Ramrod
Key

Boca Chica Bridge Underpass

Shark Key

Niles Channel
Historic Bridge

South Pine Channel
Historic Bridge

Key West Botanical Garden

Big Coppitt Key

MM 10

Bow Channel Historic Bridge

Park Channel Historic Bridge

Bayview Park

MM 5

Sammy Creek
Rest Area
Lower Sugarloaf Key Historic Bridge

Bay Point Park

Saddlebunch Rest Area

Geiger Key

City of
Key West

MM 0

Stock Island

Shark Channel Historic Bridge and Boat Ramp

Rockland Channel Historic Bridge

Boca Chica Key

Fort Zachary Taylor
State Park

Higgs Beach

Boca Chica Road/Bicycle Lane

Key West International Airport

Note: The Overseas Heritage Trail is still in development, th

Florida Keys Overseas Heritage Trail

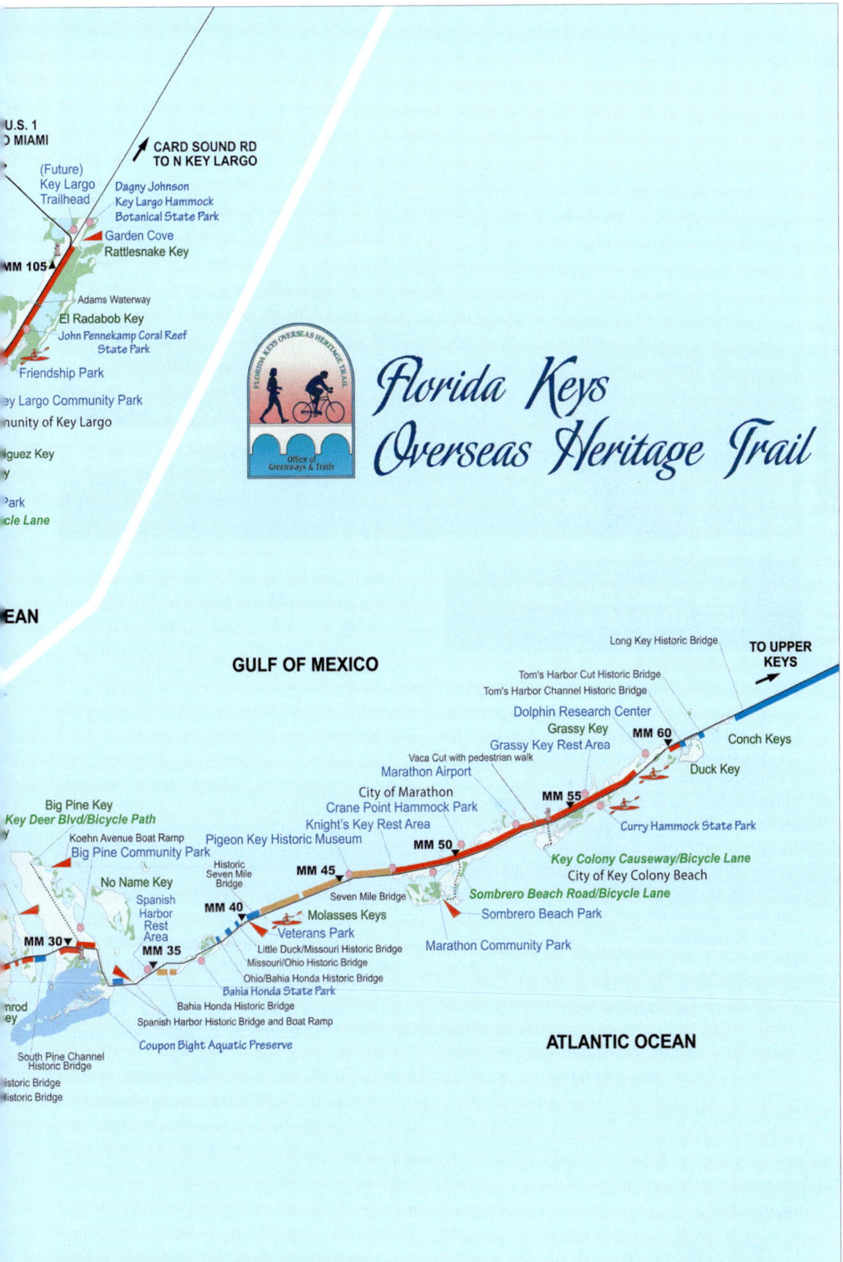

U.S. 1
MIAMI
CARD SOUND RD
TO N KEY LARGO
(Future)
Key Largo
Trailhead
Dagny Johnson
Key Largo Hammock
Botanical State Park
Garden Cove
Rattlesnake Key
MM 105
Adams Waterway
El Radabob Key
John Pennekamp Coral Reef
State Park
Friendship Park
ey Largo Community Park
nunity of Key Largo
iguez Key
Park
cle Lane
EAN
FLORIDA KEYS OVERSEAS HERITAGE TRAIL
Office of
Greenways & Trails
GULF OF MEXICO
Long Key Historic Bridge
TO UPPER
KEYS
Tom's Harbor Cut Historic Bridge
Tom's Harbor Channel Historic Bridge
Dolphin Research Center
Grassy Key
MM 60
Conch Keys
Grassy Key Rest Area
Vaca Cut with pedestrian walk
Duck Key
Marathon Airport
City of Marathon
MM 55
Crane Point Hammock Park
Curry Hammock State Park
Knight's Key Rest Area
Big Pine Key
Key Deer Blvd/Bicycle Path
Pigeon Key Historic Museum
MM 50
Koehn Avenue Boat Ramp
Big Pine Community Park
Key Colony Causeway/Bicycle Lane
Historic
Seven Mile
Bridge
MM 45
City of Key Colony Beach
No Name Key
Seven Mile Bridge
Sombrero Beach Road/Bicycle Lane
Spanish
Harbor
Rest
Area
MM 40
Molasses Keys
Sombrero Beach Park
Veterans Park
MM 30
MM 35
Little Duck/Missouri Historic Bridge
Marathon Community Park
Missouri/Ohio Historic Bridge
Ohio/Bahia Honda Historic Bridge
Bahia Honda State Park
nrod
ey
Bahia Honda Historic Bridge
Spanish Harbor Historic Bridge and Boat Ramp
Coupon Bight Aquatic Preserve
ATLANTIC OCEAN
South Pine Channel
Historic Bridge
istoric Bridge
istoric Bridge

in development, therefore the information shown here may have changed since this map was printed.

Revised 04/11/13

Koralleninseln in allen Größen ziehen sich wie Perlen entlang einer Kette – das sind die Florida Keys.

JOHN PENNEKAMP CORAL REEF STATE PARK

Bereits 1960 errichtet, ist der John Penne-kamp Coral Reef SP der älteste Unterwas-serpark der USA. Er schützt das Korallenriff vor den Keys bis zu den Dry Tortugas. In den jahrhundertealten Korallenablagerungen tummelt sich eine fröhlich-bunte Unterwas-serflora und -fauna. Für Landratten sind die Mangrovensümpfe und tropischen Ham-mocks die Attraktion des Parks. Im Visitor Center wird man anhand von Filmdokumen-tationen und einem Salzwasseraquarium in die Besonderheiten der vom State Park geschützten, marinen Welt eingeführt. Es ist täglich von 8 bis 17 Uhr geöffnet. In Natu-ra kann man sich dann sowohl beim Schnor-cheln oder Tauchen als auch an Bord eines Glasbootes an der tropischen Farbenpracht erfreuen, denn die Parkgrenzen reichen 5 km weit in den Atlantischen Ozean hinein. Die Fahrten kosten $ 24 für Erwachsene und $ 17 für Kinder bis 12 Jahre. Besonders empfehlenswert sind die vom State Park an-gebotenen Schnorcheltouren unter fachkun-diger Leitung, für die keinerlei Vorkenntnis-se nötig sind. Sie starten täglich um 9, 12, 13.45 und 15 Uhr. Man ist ein- bis einein-halb Stunden im Wasser. Vor Ort kann man Schnorchel kaufen und die restliche Ausrüs-tung entleihen ($ 3 Mietpreis für die Tau-cherbrille und $ 4 für die Flossen, $ 5 Kauf-preis für den Schnorchel). Innerhalb der Tour sind die Mietpreise für Brille und Flossen auf jeweils $ 2 ermäßigt. Die Touren starten täg-lich und kosten für Erwachsene $ 29,95 und Kinder unter 18 Jahren $ 24,95.

Schnorchelausrüstung kann man sich auch in einem der noch zahlreich am Highway gelegenen, günstigeren Einkaufs-zentren vorab besorgen.

Mit dem Catamaran „Spirit of Pennekamp" geht es auf eine zweieinhalbstündige Schiff-fahrt zu den Riffs, unterwegs können Tiere beobachtet werden. Die „Spirit" legt dreimal täglich um 9.15, 12.15 und 15.15 Uhr ab. Der Fahrpreis beträgt pro Person $ 24 für Erwachsene und $ 17 für Kinder unter 12 Jahren. Wer auf eigene Faust losziehen möchte, kann ein Kanu oder Kajak mieten und durch die idyllischen, von Mangroven gesäumten Flüsschen paddeln. Je nach Vor-kenntnissen gibt es Trails in verschiedenen Schwierigkeitsgraden. Für eine Stunde zahlt man ab $ 12 für ein Kajak und ab $ 20 für ein Kanu. Die letzte Anmietung ist um 15.45 Uhr möglich. Informationen rund um die angebotenen Aktivitäten im Park erhält man unter 1-305-451-6300.

Herrliche Korallenriffe sind das Highlight des John Pennekamp Coral Reef State Parks.

KEY LARGO ⛪ ℹ ➕ ❌ 🚻 🏛

		Key Largo	Speyer
👥	Stadt	10.400	50.300
⊘	pro km²	260	1.180
⊘	km²	40	43
〰	über NN	1 m	103 m
🌧	mm	1.016	600
❄	°C	25	7
☀	°C	30	21
⤙	Flamingo		120 km/ 75 mi
	Marathon		69 km/ 43 mi

- 🚩 6 km/4 mi, nachdem die US-1 einen Rechtsknick gemacht und die erste Insel der Keys erreicht hat, befindet sich der State Park direkt am Highway.
- ✉ 102601 Overseas Hwy, (MM 102.5), Key Largo, FL 33037
- ☎ 1-305-451-1202
- 🌐 www.floridastateparks.org/pennekamp
- 🕐 Tägl. 8 h–Sonnenuntergang
- 💲 $ 8 pro Fahrzeug, $ 2 für Fußgänger

🏛 Übernachten

🛏 John Pennekamp Coral Reef State Park Campground

Im State Park gibt es einen naturnahen Campground mit Plätzen sowohl für Zelte als auch für Wohnmobile. Wasser- und Elektrizitätsanschlüsse sind vorhanden, ebenso ein Gruppen- und ein Jugendzeltplatz.

- ✉ 102601 Overseas Hwy, (MM 102.5), Key Largo, FL 33037
- ☎ 1-305-451-1202 oder 1-800-326-3521 (für Reservierungen)
- 🌐 www.floridastateparks.org/pennekamp
- 🏧 Ja 📶 47 🅿 47
- 🚿 Ja 🚽 Ja 🐾 Nein
- 💲 **

Der Einstieg in die Florida Keys findet gleich bei einem ausgedehnten Exemplar der Inseln statt – **„Cayo Largo"** heißt entsprechend „große Insel". Key Largo ist 48 Kilometer lang und nach seinem Hauptort benannt. Genau genommen besteht Key Largo aus mehreren Inseln, die miteinander verbunden sind. Beim Fahren merkt man es kaum, dass man von Insel zu Insel fährt, da sie nahtlos ineinander übergehen. Hotelketten, Restaurants, Infozentren und karibische Partystimmung zeugen von der touristischen Bedeutung des Ortes. Key Largo wird gerne als Taucher-Hauptstadt bezeichnet, was vor allem am ortsansässigen Unterwasserpark **John Pennekamp** (siehe oben) liegt. Die Gegend ist wegen der nahen Riffe besonders mit farbenfrohem Fischreichtum gesegnet. Im Rahmen von Ausflugsfahrten mit dem Glasbodenboot kann man trockenen Fußes und ohne eine Taucherausrüstung anlegen zu müssen die Artenvielfalt in diesem Gewässer bewundern. Ein Anbieter ist beispielsweise **Key Largo Princess Glass Bottom Boat Cruises**, der mit seiner MV „Key Largo Princess" den Besuchern die herrliche Unterwasserwelt des John Pennekamp State Park präsentiert (Abfahrtsort ist 🌐 US-1, MM 100, Marina Del Mar Resort & Marina, Key Largo, FL 33037 🌐 www.keylargo princess.com 💲 Erw. $ 35, Kinder $ 20 für eine zweistündige Fahrt).Wenn man als Kapitän seines gemieteten Schiffes losschippern möchte, gibt es dafür in Key Largo

Schnorchelausflüge, Glasboden-Bootsfahrten, Paddeln, Tauchen – in Key Largo kann man die Riffe auf alle erdenklichen Arten erkunden.

allerhand Möglichkeiten mit Booten aller Arten und Größen, vom Paddelboot über das Motorboot bis hin zum Segelboot. Auch Kajakfahren und Surfen ist beliebt. Einen Spezialisten mit umfangreichem Angebot für Abenteuer dieser Art findet man unter www.caribbeanwatersports.com.

Wer sich auf ganz andere Art fortbewegen möchte, kann dies mit einem gemieteten Fahrrad tun, das man sich zum Beispiel bei **Key Largo Bike and Adventure Tours** im 61 North Bay Harbor Drive, Key Largo, FL 33037, beschaffen kann (www.keylargobike.com). Die Mietpreise starten bei $ 18 pro Tag für ein ganz gewöhnliches Fahrrad und gehen bis $ 59 für ein Rennrad. Helm und Fahrradschloss sind im Mietpreis inklusive. Bei diesem Anbieter hat man auch die Möglichkeit zum Schnorcheln, Kitesurfen und kann sich mit einem Paddle Board in die Fluten stürzen.

Key Largo hat seinen Namen übrigens von einem Film geerbt. „**Gangster in Key Largo**" ist der Titel des 1948 gedrehten Streifens mit **Humphrey Bogart** in der Hauptrolle. Nun könnte man annehmen, dass der Film hier, im gleichnamigen Ort gedreht wurde. Es verhält sich aber genau andersherum: Der Film war zuerst da, dann wurde dem Ort, zuvor **Rock Harbor** genannt, Key Largo als Name verpasst. Allerdings waren weder Bogart, noch die anderen namhaften Schauspieler je vor Ort, weil diese ausschließlich vor den naturgetreuen Kulissen

der Hollywood Studios gespielt haben. Eine Art Stadtzentrum sucht man übrigens vergeblich – gemäß der langgestreckten Form der Inseln ballt sich nirgendwo eine Innenstadt; vielmehr säumen alle Restaurants, Fast-Food-Ketten und Supermärkte einfach den Highway rechts und links am Wegesrand. 24 km/15 mi lang erstreckt sich diese erste Inselgruppe der Keys. Das Angebot für die Versorgung ist noch recht groß, wird im Laufe der Fahrt über die Keys aber kontinuierlich kleiner.

KEY LARGO CHAMBER OF COMMERCE

- 106000 Overseas Hwy (MM 106), Key Largo, FL 33037
- 1-305-451-1414
- info@keylargochamber.org
- www.keylargo.org
- Tägl. 9–18 h, an Feiertagen geschlossen

Highlights

► African Queen

Und noch einmal geht es um die Kinoleinwand: 1951 wurde ein Film mit Humphrey Bogart und Katherine Hepburn namens „**African Queen**" gedreht. Da sich das gleichnamige Dampfschiff in Key Largo befindet, läge es nahe, dass der Film hier gedreht wurde. Dem ist aber nicht so. Die African Queen hat vielmehr eine lange

Reise hinter sich. Das Schiff selbst ist bereits 100 Jahre alt und war schon vor dem Film im Einsatz. Es wurde für die **East Africa British Railways Company** gebaut und war in Afrika unterwegs. Mit dem Schiff wurden Güter, Missionare und Jäger über den Victoria Nile und den Lake Albert an die Grenze zwischen Belgisch Kongo und Uganda geschippert. Nachdem das Schiff 1951 zu Filmruhm gelangt war, kehrte es bis

Die gelehrigen Säugetiere sind beim „Dolphin Swim" die Schwimmpartner des Menschen.

1968 nach Afrika zurück, bevor es in die Staaten kam, um in San Francisco, Oregon und schließlich in Florida eingesetzt zu werden. Die „African Queen" ist heute ein historisches Denkmal und liegt, wie die **Key Largo Princess**, am Hotel Marina Del Mar Resort & Marina in Key Largo vor Anker. Es ist das Originalschiff, wurde aber jüngst restauriert. Besucher können damit in einer 90-minütigen Fahrt durch den Key Largo Canal kreuzen und dabei einen Hauch Geschichte erleben. Wer sich darüber hinaus für das ungewöhnliche Schiff interessiert, findet weitere Informationen unter 🌐 www.africanqueenflkeys.com.

African Queen Canal Cruises
📧 *99701 Overseas Hwy (MM 99.7), Key Largo, FL 33037*
☎ *1-305-451-8080*
🌐 *http://africanqueenflkeys.com*
💰 *Canal Cruise $ 49, Dinner Cruise $ 89*

▶ Schwimmen mit Delfinen 👫 ★

Man hat Bilder vor Augen, wie ein Mensch an der Flosse des Delfins durchs Wasser gezogen wird oder Menschen- und Delfinnasen sich liebevoll berühren. Auch der Filmstar Flipper taucht vor dem geistigen Auge auf, wenn es um das Thema „Schwimmen mit Delfinen" geht. In Key Largo wird von allem ein bisschen was geboten. Längst ist das Schwimmen mit den gutmütigen Säugetieren keine rein therapeutische Maßnahme mehr. Es ist vielmehr ein Besuch im Element

des Delfins und ein ganz besonders intensives Kennenlernen eines nicht-alltäglichen Lebewesens, das im Allgemeinen ein großer Sympathieträger ist. Es gibt verschiedene Programme, die das Nebenherschwimmen, gemeinsame Spielen oder Abrufen von Kunststückchen unter Anleitung des Tiertrainers beinhalten.

In Key Largo wird bei den Anbietern unterschieden zwischen **„Structured Dolphin Swim"** und **„Guided Dolphin Swim"**. Bei Ersterem gibt es zumeist eine etwa einstündige Einführung, bei der die Teilnehmer Informationen über die großen Tümmler erhalten und erfahren, was während des gemeinsamen Schwimmens gemacht wird. Auch die einzelnen Delfine werden mit Name und Charaktereigenschaften vorgestellt. Sie gehören alle zur Gattung der Atlantic Bottlenose Dolphins. Danach geht es in Gruppen zu den Becken mit den Delfinen, wo eine hautnahe Interaktion im Wasser stattfindet. Dafür werden die Gruppen weiter unterteilt, es gehen immer zwei Schwimmer gemeinsam ins Wasser, das Programm wird maximal viermal hintereinander durchgeführt, wobei die Trainer die Übungen je nach Schwimmer leicht variieren. Sie leiten die verschiedenen Lektionen bei Mensch und Tier an und motivieren die Teilnehmer mit guter Laune und Action. Man wird von den Delfinen geküsst, an den Fußsohlen durchs Wasser geschoben oder man lässt sie durch einen Reifen springen. Das Erlebnis ist unvergesslich – nicht nur im Rahmen eines Urlaubes. Es ist, wie der Amerikaner gerne sagt, ein „Once-in-a-Lifetime"-Erlebnis.

Beim „Guided Dolphin Swim" geht es mit Schnorchelausrüstung ins Wasser. Dort wird gemeinsam mit den Delfinen geschwommen und getaucht. Bei diesem Programm findet allerdings kein hautnaher Kontakt statt, man soll die Tiere nicht berühren und sie lediglich in ihrem natürlichen Verhalten beobachten beziehungsweise es ihnen gleichtun. Auch hier gibt es eine einstündige Einführung vorweg. Für die Teilnahme an beiden Schwimmprogrammen muss man ein guter Schwimmer sein, über sehr gute Englischkenntnisse verfügen und Kinder unter 12 Jahre als voll zahlender Erwachsener ins Wasser begleiten (beim „Structured Dolphin Swim" ist das Mindestalter bei Kindern sieben, beim „Guided Dolphin Swim" zehn Jahre).

Die drei nachfolgenden Anbieter in Key Largo sind Schwesterunternehmen unter derselben Leitung und nutzen für ihr Angebot dasselbe Gelände:

Dolphins Plus Bayside
- 101900 Overseas Hwy (MM 101,6), Bayside Key Largo, FL 33037
- 1-877-365-2683
- www.dolphinsplus.com
- Structured Swim $ 210, Guided Swim $ 150

Dolphins Plus Oceanside
- 31 Corrine Place (MM 99.5), Key Largo, FL 33037
- 1-866-860-7946
- www.dolphinsplus.com
- Structured Swim $ 210, Guided Swim $ 150

Island Dolphin Care (Therapeutisches Schwimmen mit Delfinen)
- 150 Lorelane Place (MM 100), Key Largo, FL 33037
- 1-305-451-5884
- www.islanddolphincare.org
- Auf Anfrage

Nach dem Zwischenstopp in Key Largo geht es den US Highway 1 weiter Richtung Westen. Nach Durchqueren des wenig interessanten Städtchens Tavernier, das maximal für einen Versorgungsstopp herhalten kann, erreicht man den Übergang zur nächsten Inselgruppe: Islamorada. Nahezu unbemerkt geht es in das neue Gebiet über, denn die Szenerie ändert sich nicht. Der Highway bleibt zweispurig, rechts und links prägen Museen, Souvenirläden mit unterschiedlichem, teils sehr originellem Angebot, erstaunlich viele Kirchen der unterschiedlichsten Glaubensrichtungen,

Motels, Bootsvermietungen, Cafés und Restaurants die Kulisse. Der US Highway 1 ist gut und angenehm staufrei befahrbar; obwohl in jede Fahrtrichtung nur eine Fahrspur zur Verfügung steht, geht es recht flüssig voran, weil es nur innerorts Ampeln gibt – und das nicht in so großer Dichte, wie man es bis hierher auf dem Festland erfahren hat.

🏠 ISLAMORADA 🏠ℹ️➕✖️🚗📷

Islamorada fasst auf 27 km/17 mi Länge die Inseln nach Tavernier in südliche Richtung zusammen: **Plantation Key**, **Windley Key** sowie **Upper und Lower Matecumbe**. Gleichzeitig ist Islamorada, wie im Fall von Key Largo, auch eine Stadt auf der gleichnamigen Inselgruppe. Ihren Namen hat Islamorada von den spanischen Entdeckern, die sie nach dem großen Aufkommen der purpurnen Meeresschnecken benannten. „Isla" ist Spanisch für „Insel", „Morada" heißt „Violett", Islamorada ist also die **„Purpurinsel"**. Hier ist Sportfischen angesagt – Sportfischen und noch einmal Sportfischen. Da die Meeresströmungen vor der Insel nahrungsreich sind, ist das Fischvorkommen entsprechend hoch. Piers mit Mietboot-Angeboten und unzählige Läden für Anglerbedarf rechtfertigen den Beinamen **„Sportsfishing Capital of the World"**. Ansonsten ist Islamorada Partyhochburg mit einem breiten Angebot an Restaurants, Unterhaltung und Hotels und ein Shopping-Eldorado.

👁 Highlights

▶ Theater of the Sea

In diesem Park für Meerestiere gibt es sowohl Vorführungen als auch die unter Key Largo schon beschriebene Möglichkeit, mit Delfinen zu schwimmen (siehe oben). Zusätzliche Attraktion des Parks ist, dass man auch mit Seelöwen und Stachelrochen im Wasser plantschen kann. Die Lagunen im Theater of the Sea und die üppigen, tropischen Gartenanlagen beherbergen neben den Großen Tümmlern, den Kalifornischen Seelöwen und den Meeresschildkröten auch tropische Fischarten, Haie, Alligatoren und farbenfrohe Papageie. Der Eintrittspreis in den Park beinhaltet Shows mit Delfinen, Seelöwen und Pa-

pageien, eine geführte Tour durch Ausstellungen zum Meeresleben, einen Strand an der Lagune und eine Fahrt in einem Boot ohne Boden. Die Interaktion mit Delfinen, Seelöwen, Haien und Stachelrochen wird zusätzlich zum Eintrittspreis in den Park berechnet.

Neben einer reinen Tierparkanlage bietet das Theater of the Sea auch Schnorcheltouren an, bei denen es unter anderem nach Lignumvitae Key und Indian Key geht.

- 84721 Overseas Hwy (MM 84,5), Islamorada, FL 33036
- 1-305-664-2431
- info@theaterofthesea.com
- www.theaterofthesea.com
- Tägl. ab 9.30 h; Abfahrt Schnorcheltouren: 8.30 h & 13 h
- Erw. $ 33,95, Kinder (3–10 J.) $ 22,95, Interaktionen: $ 199 (Schwimmen mit Delfinen), $ 155 (mit Seelöwen), $ 75 (Stachelrochen) & $ 95 (Schwimmen mit Haien)

▶ **Robbie's Pier**

Zentrale Anlaufstelle von Islamorada auf **Lower Matecumbe Key** ist Robbie's Pier. Hier kann man Boote mieten und Hochseeangeltouren aller Arten unternehmen. Auch Fahrten zu den State Parks auf den unbewohnten Inseln **Indian Key** und **Lignumvitae Key** starten von hier. Unbestrittenes Highlight ist allerdings das „Tarpon Feeding". Bis zu 100 Kilogramm schwere und zwei Meter lange **Tarpune**, das ist eine mit den Heringen verwandte Fischart, kommen täglich an das Pier, um sich von den Touristen mit Fischen füttern zu lassen. Das Spektakel, wenn an die Hundert dieser mächtigen Fische unter der Wasseroberfläche auf die Leckerbissen warten, ist ein echtes Erlebnis, vor allem, wenn ein solcher Gigant gelegentlich wie ein silbergrüner Blitz aus dem Wasser schießt und sich den Fisch schnappt, sobald man ihn losgelassen hat.

Dass es zu dieser Massenfütterung kommt, verdanken die heutigen Tarpune einem verletzten Artgenossen, den man Scarface getauft hatte. Ein Mann namens **Robbie Reckwerth**, Namensgeber des Piers, hat vor einigen Jahren den verletzten Tarpun gesundgepflegt und wieder in die Freiheit entlassen. Vom Service der täglichen Mahlzeiten verwöhnt, kehrte Scarface allerdings immer wieder zum Dock zurück, irgendwann fing er an, auch Freunde mitzubringen. Es wurden

Die Pelikane haben im Gegensatz zu den Tarpunen immer Hunger!

immer mehr und heute tragen die Heringartigen zur Unterhaltung von Besuchern aus der ganzen Welt bei. Deshalb ist diese Attraktion auch alles andere als ein Geheimtipp, sondern vielmehr ein regelrechter Volksauflauf. Das sieht man schon an den Massen von Autos, die den kleinen Parkplatz direkt am Pier zu jeder Tageszeit sprengen. Stände mit Souvenirs, Vermietungen von Kajaks, Essen und Trinken verstärken den Eindruck eines Rummelplatzes.

💡 Da die Tarpune bei so viel kulinarischer Zuwendung irgendwann so satt sind (die Möglichkeit zum Füttern ist den ganzen Tag gegeben), dass sie sich für einen ins Wasser gehaltenen Fisch keinen Zentimeter mehr bewegen, sollte man früh morgens da sein.

Die Tarpunfütterung findet am Ende des Docks von Robbie's Pier statt. Im Kassenhäuschen vor dem Pier kann man Eimer mit Fischfutter kaufen.

- 77522 Overseas Hwy (MM 77.5), Islamorada, FL 33036
- 1-305-664-8070
- www.robbies.com
- $ 2 pro Person, $ 3 pro Eimer Fischfutter

*Mit Lower Matecumbe Key endet das Gebiet von Islamorada auch schon und nach einer längeren Brückentrasse werden die **Middle Keys** erreicht. Nun macht sich auch so langsam ein leichter Szenenwechsel bemerkbar. Die Angebote für Fast Food nehmen deutlich ab, stattdessen mehren sich beschauliche Wohngebiete mit kleinen Einfamilienhäusern am Straßenrand. Rechts und links sind immer wieder offizielle Strandzugänge ausgeschildert – auch eine Strandpause wäre eine schöne Unterbrechung der Autofahrt.*

∿∿ MIDDLE KEYS ⌂🅘➕✉🖥🖨

Auf den Mittleren Keys tasten wir uns bereits ziemlich weit vor ins Herz der Florida Keys. Die mittlere Inselkette startet mit kleineren Exemplaren wie **Craig Key**, **Fiesta Key** mit einem Campingplatz und **Long Key** mit einem State Park. An den Brücken finden sich nun immer wieder ausgewiesene Angelplätze – in Form kleiner, boxenartiger Parzellen. Auf der folgenden **Duck Key**, einer kleinen Insel links neben dem Highway, ist besonders, dass zwischen den Wohnhäusern künstliche Wasserwege verlaufen. Weiter geht es wieder mit größeren Inseln: **Grassy Key** und der Ort **Marathon** folgen, dann **Fat Deer Key** und **Vaca Key** und schließlich **Knight's Key**, das frühere Ende des Overseas Highway. Die sich an diese Insel anschließende **Seven Mile Bridge** (▶ Seite 153) ist ein absolutes Highlight der Florida Keys. Über die endlos lange Brückenverbindung wird **Pigeon Key** erreicht und damit der Übergang von den Middle zu den Lower Keys.

∿∿ LONG KEY STATE PARK

Kanufahren und Wandern stehen auf dem Programm des State Parks. Mit dem Kanu kann man durch eine Aneinanderreihung von Lagunen paddeln, wandern kann man den 2 km/1,2 mi langen, einfachen Golden Orb Trail, der Besucher zu einem Aussichtsturm führt. Von dort aus gibt es tolle Blicke auf die Insel und auf deren Tier- und Pflanzenwelt. Der Trail startet am Parkplatz.

✉ 67400 Overseas Hwy, (MM 67.5), Long Key, FL 33001
☎ 1-305-664-4815
🌐 www.floridastateparks.org/park/Long-Key
🕐 8 h–Sonnenuntergang
💲 $ 2,50 für Fußgänger

🏛 Übernachten

⛺ Long Key State Park Campground

Idyllisch und naturnah – und dazu den Blick auf den Atlantischen Ozean. Kann man schöner übernachten? Man kann Kanus mieten und durch die Lagunen paddeln. Jeder Platz ist gut ausgestattet mit viel Privatsphäre.

✉ 67400 Overseas Hwy, (MM 67.5), Long Key, FL 33001
☎ 1-800-326-3521
🌐 www.floridastateparks.org/park/Long-Key

Ja	🚿 42	🔌 10
Ja	🚽 Ja	📶 Nein
★★		

∿∿ DOLPHIN RESEARCH CENTER (DRC)

Auf der kleinen Insel **Grassy Key** gibt es diese Attraktion, die zu einer der größten der Florida Keys zählt. Hervorgegangen aus einer ehemaligen Delfinschule (deren bekanntester Schüler der Fernsehstar **Flipper** war) ist das Dolphin Research Center heute eine gemeinnützige Einrichtung zum Schutz und der Verhaltenserforschung von Delfinen. In diesem Zusammenhang ist die Wissensvermittlung über die Säugetiere ein zentrales Thema, aber auch in Not geratene Delfine werden hier aufgenommen, aufgepäppelt und später wieder in die Freiheit entlassen. Auch gibt es wieder die Möglichkeit, hautnah mit Delfinen in Kontakt zu treten. Das angebotene Programm ähnelt sehr dem der anderen Institutionen, die das Schwimmen mit Delfinen anbieten. Man kann sich die Kunststücke von Flippers Enkeln anschauen und auch selbst mit ihnen ins Wasser gehen (wofür man sich allerdings bereits einige Wochen vor dem Urlaub anmelden muss). Es gibt auch andere Angebote, mit den Delfinen zu interagieren, beispielsweise mit ihnen zu malen, zu spielen, ihnen Kunststücke beizubringen oder für einen Tag in die Rolle eines Trainers zu schlüpfen (die Kosten hierfür kommen zum Eintrittspreis hinzu und

Das Dolphin Research Center auf Grassy Key bietet ein vielfältiges Programm.

variieren je nach Programm, siehe 🌐 www.dolphins.org/programs). Das Angebot ist also durchaus mit den bisherigen Anbietern, zum Beispiel in Key Largo, vergleichbar, allerdings ist der Umgang mit den Tieren hier ein anderer – es geht mehr um ein Miteinander und ein Verstehen der Delfine, als um eine reine Dressurdarbietung.

🛈 *Das DRC befindet sich, schon von weitem am riesigen Delfin-Logo erkennbar, gut sichtbar auf der rechten Seite des US-1.*

✉ *58901 Overseas Hwy (MM 59), Grassy Key, FL 33050-6019*

☎ *1-305-289-1121 (1-305-289-0002 für Reservierungen)*

@ *drc@dolphins.org*

🌐 *www.dolphins.org*

🕐 *Tägl. 9–16.30 h*

💲 *Erw. $ 28, Kinder (4–12 J.) $ 23*

🌲 CURRY HAMMOCK STATE PARK

Der State Park erstreckt sich über mehrere Inselchen, sein Highlight ist der Sandstrand am Atlantik. Schnorcheln, Paddeln und Wandern sind die Hauptaktivitäten hier. Man kann zwischen 8 und 17 Uhr Kajaks mieten,

die 💲 $ 17,20 für zwei Stunden und $ 21,50 für ein Zweierkajak kosten.

✉ *56200 Overseas Hwy, Marathon, FL 33050*

☎ *1-305-289-2690*

🌐 *www.floridastateparks.org/park/Curry-Hammock*

🕐 *8 h–Sonnenuntergang*

💲 *$ 5 pro Fahrzeug, $ 2 für Fußgänger*

🏛 Übernachten

🛏 Curry Hammock State Park Campground

Auf diesem beschaulichen Campground kann man mit Blick auf den Atlantischen Ozean übernachten.

✉ *56200 Overseas Hwy, Marathon, FL 33050*

☎ *1-305-289-2690*

🌐 *www.floridastateparks.org/park/Curry-Hammock*

💲 Ja	🛏 25	⚡ 25
🚿 Ja	🌳 Ja	📶 Ja
💲 **		

Einen sehr kurzen Moment lang ist die Besiedelung rechts und links des Highway eher spärlich – um im nächsten Moment aber komplett umzuschlagen. Es wird ungeahnt städtisch, wir nähern uns etwas Größere· die Stadt Marathon ist erreicht, der a⊦ trum der Keys eine besondere P zukommt.

MARATHON AUF VACA KEY 🏠ℹ️➕✖️📷🗺️

		Marathon	Eisenberg (Thüringen)
👫	Stadt	8.900	13.700
	pro km²	408	554
🚫	km²	25	25
〰️	über NN	1 m	290 m
🌧️	mm	1.016	1.100
❄️	°C	25	6
☀️	°C	30	20
🛣️	Key Largo		69 km/ 43 mi
	Key West		93 km/ 58 mi

Als Ausgangspunkt für Unternehmungen in beide Richtungen der Florida Keys eignet sich Marathon als inoffizielles **Zentrum** der ganzen Inselkette sehr gut. Sowohl **Key West** als auch **Key Largo** sind jeweils eine Autostunde entfernt. Auf diese zentrale Position ist Marathon bestens eingestellt mit Einkaufszentren, Restaurants und Übernachtungsmöglichkeiten in allen Preisklassen. Wassersportmöglichkeiten und Bootsausflüge zu entlegeneren Keys ergänzen das Freizeitangebot und sorgen noch einmal kurzfristig für ein städtisches Ambiente. Empfehlenswert ist der Strand **Sombrero Beach** in der 🚗 Sombrero Beach Road, ein paradiesisch weißer Sandstrand mit schattenspendenden Palmen, sauberen Sanitäranlagen und Picknick-Pavillons. Der Strand ist nicht überfüllt und man kann dort traumhafte Sonnenuntergänge erleben.

Die Inselstadt Marathon erstreckt sich auf einer Länge von 16 km/10 mi über insgesamt 13 Inseln und verfügt sogar über einen eigenen Flughafen, der rechterhand direkt am Highw… Die im Folgenden beschrie- …iehe unten) und die Seven … unten) gehören ebenfalls …n Marathon. 1906 er- …n den heutigen Ort.
…die kamen, entwickelte …uktur und der Bau der …rde in Angriff genom-

men. Möglicherweise rührt daher auch der Name der Stadt – in Anbetracht der Länge der Eisenbahnschienen, die hier praktisch ins Nichts verlegt werden sollten, ist der Vergleich mit einem Marathonlauf keinesfalls abwegig.

ℹ️ **GREATER MARATHON CHAMBER OF COMMERCE**

✉️ *12222 Overseas Hwy, Marathon, FL 33050*
☎️ *1-305-743-5417*
📞 *1-800-262-7284*
🌐 *www.floridakeysmarathon.com*

👁️ **Highlights**

▶ **Crane Point**

Einen geschichtlichen Rückblick erhält man in diesem Museum, das zugleich ein Nature Center und eine historische Stätte ist. Alles dreht sich um die Zeit, als noch Indianer auf den Florida Keys lebten und bevor die Spanier sie in Beschlag nahmen. Im Museum geht es hauptsächlich um die Tierwelt der Gegend und um kulturelle Artefakte. Im **Nature Center** des Außenbereichs stehen Spazierwege durch Hammocks im Vordergrund, die alle ein bestimmtes Thema haben beziehungsweise zu verschiedenen Zielen führen und sich miteinander kombinieren lassen. Dabei kann man sich unter anderem ausführlich darüber informieren, woran man Hammock-Bäume erkennt. Lokale Bewohner der Lagune im Atlantik sind Thema im Museum, eine **Butterfly Meadow** erfreut das Auge mit bunten Schmetterlingen und Blumen und das älteste Haus außerhalb von Key West befindet sich ebenfalls hier. Die Vielseitigkeit des Nature Centers erfährt ihren Höhepunkt am Aussichtspunkt **The Point**, von wo aus man einen wunderschönen Blick auf die Florida Bay genießen kann.

✉️ *5550 Overseas Hwy (MM 50.5), Marathon, FL 33050*
☎️ *1-305-743-9100*
🌐 *www.cranepoint.net*
🕐 *Mo–Sa 9–17 h, So 12–17 h*
🎫 *Erw. $ 14,95, Kinder (5–13 J.) $ 9,95, Sen. (über 65 J.) $ 12,95*

▶ **Pigeon Key**

Die Insel ist sozusagen das Sprungbrett für die Seven Mile Bridge, die nun auf der Weiterreise Richtung Key West folgt. Wer sich intensiver für den Bau der legendären Brücke interessiert, sollte sich auf Pigeon Key umschauen. Hier war zur Zeit des Brückenbaus das Basislager für die Arbeiter und deren Werkstätten errichtet. Heute wird dieser Bereich des ehemaligen **Eisenbahnercamps** in einem historischen Viertel präsentiert. Die Häuser, die in den frühen Jahren des 20. Jahrhunderts erbaut wurden, beherbergten damals etwa 400 Arbeiter.

Historic Pigeon Key liegt einige Meter neben dem Highway und ist nur zu Fuß (einfacher Weg 3,5 Kilometer über die alte Seven Mile Bridge) oder per Boot von **Knight's Key** (MM 47) aus erreichbar. Von hier aus kann man auch zu einer geführten, geschichtlichen Tour aufbrechen. Die entsprechenden Boote verlassen Knight's Key um 🕐 10, 12 und 14 Uhr. Reservierungen sind unter ☎ 1-305-743-5999 möglich, die Tour kostet ⚫ für Erwachsene $ 12 und für Kinder von 5 bis 13 Jahren $ 9.

Pigeon Key Museum

Man kann eine kleine Zeitreise zurück in die Jahre des ehemaligen Eisenbahnercamps im Pigeon Key Museum unternehmen, in dem es hauptsächlich um den Eisenbahnbauer Henry M. Flagler geht.
✉ *1 Knights Key Blvd, Marathon, FL 33050-2002*
☎ *1-305-743-5999.*

Sombrero Key Lighthouse

Am südöstlichen Ende von Pigeon Key findet man einen Leuchtturm in skelettartiger Eisenkonstruktion, was ihn wenig anfällig für Stürme macht. Es ist das achteckige **Sombrero Lighthouse**, eine Metallkonstruktion aus dem Jahr 1858, dessen Funktion immer noch ist, Schiffe vor den Korallenriffen zu warnen. Der Leuchtturm selbst thront auf einem nahezu komplett untergetauchten Riff im Meer und ist immer noch in Betrieb. Für Besucher ist er nicht zugänglich, aber man kann von der Küste aus außergewöhnliche Blicke auf ihn erhaschen (zum Beispiel von der nördlichen Seven Mile Bridge aus).
✉ *1090 Overseas Hwy, Marathon, FL 33050*

▶ Seven Mile Bridge ★

Dieses Wunderwerk der Technik beginnt bei MM 47 und verbindet die beiden Inseln **Knight's Key** und **Bahia Honda**. Sie ist nicht exakt sieben Meilen lang, sondern ganz genau 6,79 Meilen, also 10,93 Kilometer. Das ist schon ein Wort für eine Brücke, wenn man bedenkt, dass man fast elf Kilometer lang nur über Wasser fährt! Die Seven Mile Bridge ersetzt mit einem Schlag vier fortlaufende Brücken, die zwischen 1909 und 1912 gebaut worden waren. Die alte Trasse verläuft heute noch neben der neuen Brücke. Diese war zu ihrer Zeit die längste, fortlaufende Brücke der Welt in Segmentbauweise. Aus Richtung Key Largo kommend ist die ältere Brücke die rechte, die neue Brücke verläuft links. Nach einem Hurrikan am Labour Day 1935 wurde die alte Eisenbahnbrücke in eine reine Autostraße umfunktioniert. Der zunehmenden Verkehrsbelastung des Overseas Highways konnte sie aber nicht mehr standhalten, sodass ein Neubau notwendig wurde. Die neue Brückenverbindung wurde 1982 nach dreijähriger Bauzeit unter dem heutigen Namen Seven Mile Bridge fertiggestellt und in Betrieb genommen. Sie wurde von den Ingenieuren Figg & Muller erbaut und hat acht Preise gewonnen. Die alte Brücke fungiert heute nur noch als überdimensionaler Pier, auf dem geangelt wird. Man kann sie entlanglaufen und auf ihr die besten Blicke auf die parallel verlaufende neue Brücke erhaschen. Über sie kann man auch von Knight's Key aus nach 3,5 km/2,2 mi die Insel Pigeon Key (siehe oben) zu Fuß erreichen. Dort befinden sich Restaurants und sanitäre Anlagen. Danach ist die Brücke für Fußgänger gesperrt.

Lange Zeit sollte die alte Brücke gesperrt werden, weil sie an manchen Stellen baufällig geworden ist. Die Aktivistengruppe „Friends of Old Seven" hat sich dafür eingesetzt, dass die Brücke zugänglich bleibt. Bis April 2017 werden nun Reparaturarbeiten durchgeführt, die unter anderem einen besseren Zugang auf die Brücke gewährleisten sollen.

Vermutlich hat die Brücke jeder schon einmal mehr oder weniger bewusst gesehen, zumindest in Kinofilmen. Sie spielt beispielsweise im Schwarzenegger-Actionfilm **„True Lies – Wahre Lügen"** eine Rolle oder in James Bond, **„Lizenz zum Töten"**.

💡 Vor der Brücke befindet sich rechts ein Parkplatz, den man nicht ganz leicht erkennt. Taucht die Brücke unvermittelt auf, ist es für den Parkplatz fast schon zu spät. Wenn man ihn verfehlt, heißt es, die ganze Strecke über die Brücke fahren zu müssen

Seven Mile Bridge – alte und neue Brücke nebeneinander

und erst dann wenden zu können beziehungsweise den Aussichtspunkt erst auf dem Rückweg von Key West anzusteuern. Von diesem Parkplatz aus erreicht man auch direkt die parallel verlaufende, alte Brücke, von wo aus man auch die neue Seven Mile Bridge am besten am Stück bewundern und fotografieren kann.

🏛 Übernachten

🏨 Hawks Cay Resort

Dieses Resort verfügt über alles, was einen Urlaub so nahe an der Karibik paradiesisch macht. Gelegen auf Duck Key, in der Nähe des Dolphin Research Center, hat es neben einem Privatstrand fünf Pools (unterteilt in Kinder- und Erwachsenenpools), ebenso viele Restaurants, einen Wellnessbereich mit Sauna, Dampfbad und Fitnessmöglichkeiten und einen Jachthafen vor Ort. Man kann in sehr geräumigen Zimmern oder kleinen Villen (direkt am Wasser) wohnen. Ein kleiner Laden und ein Restaurant an der Marina gehören ebenfalls zur Anlage.

🧭 *Vom Long Key State Park aus fährt man ca. 10 km/6 mi über den US-1, dann geht links eine Straße nach Duck Key ab. Dieser folgen, die erste Straße links ist der Hawks Key Blvd.*

✉ *61 Hawks Cay Blvd, Duck Key, FL 33050*

☎ *1-305-743-7000*

☎ *1-888-395-5539*

🌐 *www.hawkscay.com*

⭐ ★★★

🏨 Kingsail Resort

Das Motel befindet sich in der Nähe von Crane Point und dem Nature Center, der wunderschöne Sombrero Beach ist auch gut erreichbar. Es gibt einen Außenpool, eine Wäscherei im Haus und man kann kostenlos parken. Es ist ein Grill vorhanden, den man gerne benutzen darf. Manche Zimmer liegen direkt an der Bootsanlegebucht, die Doppelzimmer haben jeweils eine Veranda, die Suiten eine gut ausgestattete Küche. Das Preis-Leistungs-Verhältnis ist sehr gut.

🧭 *Vom Flughafen Marathon fährt man noch etwa 1,6 km/1 mi, bis das Resort direkt am US-1 folgt.*

✉ *7050 Overseas Hwy (MM 50,5), Marathon, FL 33050*

☎ *1-305-743-5246*

🌐 *www.marathonfla.com*

⭐ ★★–★★★

🏕 Grassy Key RV Park & Resort

Große, gepflegte Stellplätze, manche direkt am Wasser, ein schöner Pool, ein Sandstrand, eine Bootsrampe und ein Clubhaus mit Angeboten sind die Ausstattungsmerkmale dieses zur Nummer 1 auf den Keys gekürten Campgrounds. Man hat die Möglichkeit, seine Wäsche zu waschen und für den täglichen Bedarf einzukaufen. Der RV Park ist nicht ganz günstig, aber aufgrund des gepflegten Zustandes und der schönen Lage ein echter Tipp.

🧭 *Der Campground liegt etwa 10 km/6 mi vom Long Key State Park entfernt direkt am US-1 (an der Straße zu Duck Key).*

58671 Overseas Hwy (MM 58.7), Marathon,
FL 33050

1-305-289-1606

paradise@grassykeyrvpark.com

www.grassykeyrvpark.com

Ja   34   Nein

Ja   Ja   Nein

★★★

≈≈≈ LOWER KEYS

Mit Überqueren der Seven Mile Bridge wurde gleichzeitig der Übergang von den Middle zu den Lower Keys vollzogen. Die Form der Inseln, die Abstände zueinander und die Stimmung ändern sich nun rasant. War im Bereich der Upper Keys der Unterschied zum „normalen" Festland der USA noch nicht so groß, wird es nun auf dem Endspurt nach Key West ruhiger und deutlich weniger besiedelt; alles wirkt freier, losgelöster, in ruhigerem Fluss. Spätestens mit Erreichen der Lower Keys wird die Fahrt malerisch und dem Charakter eines Scenic Byway absolut gerecht. Ohne die Hektik der Menschenmassen und ohne das umtriebige Tempo vom Festland kommt man der Karibik kontinuierlich näher – und das nicht nur in geografischem, sondern auch im philosophischen und kulturellen Sinne. Auch geologisch findet ein Wechsel statt: Während die oberste Gesteinsschicht der Upper Keys aus dem Kalkstein der ehemaligen Korallenriffe gebildet ist, haben sich die Lower Keys aus dem Kalkstein von Kalkalgen entwickelt.

Die erste besiedelte Insel nach Überqueren der Brücke ist **Ohio Key**. Dort befindet sich das Naturschutzgebiet **Ohio Key National Wildlife Refuge**. Die unmittelbar folgende **Bahia Honda Key** hält mit dem **Bahia Honda State Park** (siehe unten) eine der Sensationen der Florida Keys bereit. Es folgt eine weitere Besonderheit: **Key Deer** ist eine vom Aussterben bedrohte Hirschart, die nur auf den Florida Keys vorkommt und die auf **Big Pine Key** anzutreffen ist (wo man in der **National Key Deer Refuge** mehr über diese Tierart erfahren kann). Mit **Summerland Key** hat man die halbe Strecke zwischen Marathon und Key West zurückgelegt, es folgt weiter **Sugarloaf Key** mit dem **Great White Heron National Wildlife Refuge**, in dem

es um Vogelarten und Meeresschildkröten geht. Nach der wieder etwas größeren Insel **Big Coppitt Key** kommt **Boca Chica Key** und schließlich das Ende des Overseas Highways und gefühlt der ganzen Welt überhaupt: Key West.

ℹ THE LOWER KEYS CHAMBER OF COMMERCE

Das Visitor Center befindet sich direkt am US-1 im Zentrum von Big Pine Key (nach einem deutlichen Linksknick des Highways).

31020 Overseas Hwy (MM 31), Big Pine Key, FL 33043

1-305-872-2411

1-800-872-3722

info@lowerkeyschamber.com

www.lowerkeyschamber.com

Mo–Fr 9–17 h, Sa 9–15 h

Kaum ist das Wunderwerk Seven Mile Bridge überquert, folgt das nächste Highlight – diesmal jedoch kein Wunder der Technik, sondern der Natur. Ein Abstecher zum Bahia Honda State Park wird unbedingt empfohlen, denn nirgendwo sonst bekommt man eine solche Ahnung vom Paradies.

≈≈≈ BAHIA HONDA STATE PARK ☆

Würde man nicht wissen, welches Juwel sich hier verborgen hält, könnte man glatt daran vorbeifahren. Der State Park ist landschaftlich ein absolutes Highlight der Florida Keys. Mit drei Traumstränden an unterschiedlichen Gewässern, nämlich dem **Calusa Beach**, der in den **Loggerhead Beach** übergeht, am Golf von Mexiko und **Sandspur Beach** am Atlantischen Ozean, bietet der State Park vier Kilometer reinsten karibischen Sandstrand. Mit der herrlichen Weite des Meeres, den Palmen und der unberührten Natur bekommt man ein Gefühl für die Unendlichkeit. Das Wasser ist sehr ruhig und die Badebuchten geschützt, sodass einem ungetrübten Badevergnügen nichts im Weg steht. Und sei es nur, um durch das unvorstellbar türkisfarbene, knietiefe Wasser zu waten. Da es solche reinen Badestrände auf den Keys nicht oft gibt und überall mehr das Angeln, Surfen oder Schnorcheln im Vordergrund steht, ist in der Nähe dieses State Park durchaus ein

EVERGLADES NATIONAL PARK, KEYS & DRY TORTUGAS

*Dem Paradies immer näher –
die Lower Keys sind ein Traum.*

längerer Badeaufenthalt vorstellbar, Übernachtungsmöglichkeiten sind vorhanden. Zu den beiden Stränden Calusa Beach und Loggerhead Beach gelangt man, indem man nach Einfahrt in den State Park rechts abbiegt und ein Stück parallel zum Highway fährt, bis man auf einen großen Parkplatz stößt. Biegt man an der Kreuzung nach dem Eingangshäuschen links ab, erreicht man über einen Parkplatz den Sandspur Beach.

Vom Calusa Beach hat man neben dem Panorama mit dem weißen Sandstrand einen Blick auf die Old Bahia Honda Bridge, eine alte Eisenbahnbrücke, die hier parallel zum heutigen Highway verläuft. Es ist eines der spektakulärsten und deshalb berühmtesten Fotomotive ganz Floridas: Im Vordergrund wiegt eine Palme im Wind hin und her, im Hintergrund führt die Eisenbahnbrücke scheinbar in die Unendlichkeit des Ozeans (► Foto Seite 21). Über den **Bahia Honda Bridge Trail** (am Parkplatz beim Calusa Beach ausgeschildert) kann man die alte Brücke zu Fuß direkt erreichen und von oben den gesamten Calusa Beach überblicken. Am Parkplatz befindet sich auch die kleine Visitor Information **The Sand and Sea Nature Center** (siehe unten) mit einer Ausstellung und Ranger-Programm.

- 36850 Overseas Hwy (MM 37), Big Pine Key, FL 33043
- 1-305-872-2353
- www.floridastateparks.org/park/Bahia-Honda
- Tägl. 8 h–Sonnenuntergang
- $ 8 pro Fahrzeug, $ 2 für Fußgänger

THE SAND AND SEA NATURE CENTER

- 36850 Overseas Hwy (MM 37), Big Pine Key, FL 33043
- 1-305-872-9807
- Tägl. 10–12 & 13–16 h

Wandern

► Silver Palm Nature Trail

Wer noch mehr von der paradiesischen Natur erleben will, kann diesen Trail erwandern, ein Rundweg mit 13 informativen Stationen, der durch Hammock, Mangroven, über Dünen und am Strand entlangführt. In einer Holzbox am Startpunkt gibt es einen Faltplan mit Informationen zu den einzelnen Stationen. In den Wintermonaten wird die Tour auch unter Leitung eines Rangers angeboten. Informationen erhält man im The Sand and Sea Nature Center. Der Weg ist nur 1 km lang.

- Nach dem Sandspur Zeltplatz und dem Strandparkplatz (Trail ist ausgeschildert)
- 45 Min.
- Einfach
- 1 km/0,6 mi

Übernachten

Sandspur Campground

Der Campground ist aufgeteilt in einen Abschnitt für Camper am Golf von Mexiko mit Blick auf die Old Bahia Honda Bridge und einen reinen Zeltplatz am Atlantik. Es ist unmöglich zu sagen, welche der beiden Übernachtungsarten die herrlichere ist. Inmitten einer tropischen Kulisse hat man von vielen Plätzen aus sensationelle Blicke auf den Ozean. Beide Bereiche bieten schattige, schön voneinander abgetrennte Plätze mit Privatsphäre und traumhafter Umgebung. Dieser paradiesische Ort ist viel zu schade für nur eine Nacht auf der Durchreise. Wer ohne Zelt oder Wohnmobil unterwegs ist, kann hier trotzdem in den Genuss des Übernachtens kommen und in einem Blockhäuschen wohnen (im Bereich des RV-Platzes).

🚩 *Der State Park mit dem Campground liegt etwa 5,5 mi/3,5 km hinter der Seven Mile Bridge. Nach Parkeinfahrt an der Kreuzung rechts fahren und der Straße bis zum Campground folgen.*

✉ *36850 Overseas Hwy (MM 37), Big Pine Key, FL 33043*

☎ *1-800-326-3521 (Reservierung)*

🌐 *www.floridastateparks.org/park/Bahia-Honda*

💳 Ja	🛏 42	🅿 30
🍴 Ja	🚿 Ja	📶 Nein
💲 ★★, Cabins: ★★★		

⚠ Nachdem man kurzzeitig in den Genuss einer vierspurigen Straße gekommen war, ist direkt nach dem State Park wieder Schluss damit – die Fahrbahn reduziert sich wieder auf eine Spur für jede Richtung. Prompt staut sich der Verkehr wieder, was vor allem in den Nachmittagsstunden einiges an Zeit kosten kann. Wenn irgendwie möglich, diese Tageszeit meiden und dafür vielleicht lieber etwas länger im State Park verweilen.

Nach dem State Park folgen 5 km/3 mi über Brückentrassen. Auf dieser Strecke gibt es am Wegesrand des Highways so gut wie keine Besiedelung. Mit Erreichen der Big Pine Key macht der Overseas Highway erst einen deutlichen Rechts- kurz später einen Links-knick. Damit ist man wieder mittendrin in der Zivilisation. Das sollte man für einen Einkauf nutzen, denn vor Key West bieten sich nicht mehr so viele Möglichkeiten dazu. Es gibt diverse Modegeschäfte wie zum Beispiel **Key Collections Island Fashions** *im* **Winn Dixie Shopping Center,** ✉ *251 Key Deer Boulevard, Big Pine, FL 33043. Dort kann man auch den Reiseproviant aufstocken und auch sonst alles kaufen, was man zu diesem Zeitpunkt der Reise gerade braucht.*

Blick von der Eisenb...

NATIONAL KEY DEER REFUGE

Alligatoren und Rehe sind die Hauptattraktionen auf dieser Insel. Ein Bild von den Rehen kann man sich innerhalb des Naturschutzgebietes National Key Deer Refuge machen. Die kleinwüchsigen Tiere, die typisch für die Keys sind, sind sehr scheu. Es kann daher passieren, dass man durch das Refuge geht oder fährt und kein einziges zu Gesicht bekommt. Im Besucherzentrum (das sich im Shopping Center Big Pine Key Plaza auf dem Weg zur Refuge befindet) gibt es Informationen zu Abstammung und Herkunft dieser sehr speziellen und vom Aussterben bedrohten Art von Rehen, die man heute nur noch auf den Keys finden kann und davon auch nur noch etwa 250 bis 300 Exemplare. Sie ernähren sich von den Pflanzen, die hier wachsen und vertragen erstaunlicherweise sogar eine geringe Menge Salz im Trinkwasser. Die Tiere dürfen auf keinen Fall gefüttert werden, um nicht ihre natürliche Scheu vor den Menschen zu verlieren und so zu leichter Beute für Wilderer zu werden.

💡 In den frühen Stunden und abends sind die Chancen am besten, Tiere zu sehen.

🚗 *Beim Key Deer Blvd vom US-1 abbiegen und der Straße für 2,5 km/1,5 mi folgen. Dann links in den Watson Blvd einbiegen.*
✉️ *28950 Watson Blvd, Big Pine Key, FL 33043*
☎️ *1-305-872-2239*
@ *keydeer@fws.gov*
🌐 *www.fws.gov/refuge/National_Key_Deer_Refuge*
🕐 *Nach Voranmeldung*

ℹ️ FLORIDA KEYS NATIONAL WILDLIFE REFUGES

✉️ 179 Key Deer Blvd, Big Pine Key, FL 33043 (Big Pine Key Plaza)
☎️ 1-305-87...
🕐 M... ...henende 10–15 h (gelegentlich)

157

...ig Key Pine sind ...n hatte man ja

auch schon lange keinen Kontakt mehr mit den Echsen. Ein See namens **Blue Hole** ist Anlaufstelle für die Alligatoren-Beobachtung, was von einer Aussichtsplattform aus gut möglich ist, zu der ein Holzsteg führt. Auch Schildkröten und Fischreiher tummeln sich in dieser Ecke der Insel in einem alten Kalksteinbruch. Die Alligatoren sonnen sich gerne an der Uferlinie des Sees, weswegen man hier besonders gute Chancen hat, sich die eindrucksvollen Echsen anzusehen. Blue Hole ist ein Teil des Key Deer Refuge.

▶ Jack C. Watson Nature Trail

Nur ein Stückchen entfernt kann man auf dem Naturlehrpfad **Jack C. Watson Nature Trail** noch einmal einen guten Eindruck über Flora und Fauna der Gegend bekommen. Der Weg startet an einem Parkplatz am Key Deer Boulevard (5 km/3 mi vom Highway entfernt), an dem die Wanderung gut sichtbar ausgeschildert ist. Sie führt durch einen Karibik-Kiefernwald und schönste Natur und ist mit vielen Informationen am Wegesrand ausgestattet. Der heimische Baum in den Keys ist eines der Themen, die auf den Infoschildern bearbeitet wird.

🚗 *Parkplatz am Key Deer Blvd (5 km/3 mi vom Highway entfernt) innerhalb des National Key Deer Refuge*
🕐 *1 Std.*
➡️ *Leicht*
🔁 *1,6 km*

Wir haben nun an dieser Stelle einige Inseln mit illustren Namen und attraktiven Sehenswürdigkeiten erlebt. Es wird Zeit für den Zielanflug auf Key West. Zwar konnte man auf den Florida Keys den Weg als Ziel ansehen, was einen aber am südwestlichsten Zipfel der Inselkette und dem südlichsten Punkt der gesamten USA noch erwartet, ist ein absolutes Highlight.

*Nach dem Besuch des National Key Deer Refuge geht es wieder zurück auf den Highway 1 und weiter gen Westen. Nach Verlassen der Insel Big Pine Key gibt es keine nennenswerten Zwischenziele mehr. Man kann ab hier die verbleibenden ca. 40 km/25 mi bis nach Key West getrost durchfahren. Es folgen noch die **Torch Keys**, deren einzige Attraktion das Wachstum wilder Limonen ist, gefolgt von **Ramrod Key** mit einem Eldorado für Taucher in einem von der Florida Keys National Marine Sanctuary geschützten Ge-*

biet. Schließlich folgt **Sugarloaf Key** mit einem denkmalgeschützten Bat Tower, in dem ursprünglich Fledermäuse zur Bekämpfung der Moskitos angesiedelt werden sollten, wobei die Fledermäuse aber nicht so recht mitspielten und alle davonflogen. Auf **Boca Chica Key** macht sich mit der Marinefliegerbasis bereits die Nähe zu Lateinamerika und Kuba bemerkbar. Wir passieren die Insel **Stock Island**, wo man bereits die Ausläufer der nahen Stadt spürt. 14 km/9 mi vor Key West mausert sich der Highway zu einer breiten Schnellstraße. Die restliche Fahrtstrecke ist entsprechend zügig zurückgelegt und so gelangen wir also schließlich zum ersehnten Ziel, Key West.

🏕 SUGARLOAF KEY RESORT KOA CAMPGROUND

Die Stadt Key West ist von diesem Platz noch ein wenig entfernt, dafür ist dieser KOA Campground ein bisschen besser ausgestattet als die beiden Key West zugeordneten Plätze. Genau genommen liegt dieser Platz auf einer der Inseln vor Key West, nämlich auf Sugarloaf Key. Zur Duval Street sind es 32 km/20 mi, was eine gute halbe Stunde Fahrtzeit bedeutet. Ein großer Pool gehört zu den Ausstattungsmerkmalen, ebenso ein Strandbereich und ein Bootsanleger. Auch hier gibt es die Möglichkeit, Stellplätze direkt am Atlantik zu ergattern. Die Plätze sind weiträumig und schattig, es gibt einen Waschsalon und jeden Komfort, den man von KOA kennt. Wer weder Zelt noch Wohnmobil hat, aber trotzdem hier übernachten möchte, kann ein Blockhäuschen mieten.

📍 *Bei Erreichen der Sugarloaf Key über den Overseas Hwy die erste mögliche Straße links auf die SR-939/Old SR-4a abfahren.*

📮 *251 SR-939, Key West, FL 33042-0469*

☎ *1-305-745-3549 (Reservierungen)*

@ *sugarlnaf@koa.net*

🌐 *http://koa.com/campgrounds/sugarloaf-key*

🚌 Ja	🛏 167	🅿 100
💧 Ja	📶 Ja	📶 Ja
🔌 Ja	⭐ ★★★	

🏛 KEY WEST 🏕🛏➕❌☑🏛

		Key West	Dachau
👥	Stadt	27.000	46.700
	pro km²	1.860	1.336
⊘	km²	19	35
〰	über NN	1 m	482 m
🌧	mm	1.005	782
❄	°C	26	8
☀	°C	30	19
📍	Marathon		93 km/ 58 mi
	Naples		383 km/ 239 mi

Key West wird erreicht, indem man die vorgelagerte Insel Stock Island über den US Highway 1 durchfährt. Danach stößt der Highway auf den **Roosevelt Boulevard**, der Key West ringförmig umschließt. Wenn man nicht gerade mitten ins Zentrum, sondern eher ans westliche Ende der Stadt möchte, wo man möglicherweise ein Quartier gebucht hat, sollte man über diese Umgehungsstraße nach Key West einfahren. Umrundet man Key West im Norden über den **North Roosevelt Boulevard**, bleibt man sogar auf der US Highway 1, kommt dann automatisch auf die **Truman Avenue** und kreuzt die **Duval Street** und damit den Kernbereich von Key West.

Wer eine Unterkunft hat, sollte diese alleine schon deshalb sofort anfahren, weil Parken in den touristischen Bereichen von Key West ein Problem ist. Entweder ist das Parken gänzlich verboten oder es ist erlaubt, die wenigen Parkplätze aber schnell überfüllt. Ergattert man ein Plätzchen, ist das ein teurer Luxus. Eine Alternative ist eines der wenigen Parkhäuser im Zentrum des Geschehens, beispielsweise die **Old Town Garage Park N'Ride** in der 📍 300 Grinnell Street, Key West, FL 33040.

Wohnmobilfahrer sollten die Stadt eher nicht anfahren, sondern das Gefährt an einem der empfohlenen Campgrounds stehenlassen. Von beiden Campgrounds aus fährt ein Bus in die Stadt.

„Paradise USA" – das Schild sagt alles!

 Bei der Wahl der Unterkunft auf die Parkmöglichkeiten des Gastgebers achten.

Vor allem von den Unterkünften im Umfeld der Duval Street sind die Wege, auch ins Zentrum, kurz und zu Fuß möglich. Ansonsten ist Key West eine ausgesprochen fahrradfreundliche Stadt. Bei einem längeren Aufenthalt lohnt sich die Miete eines Drahtesels auf alle Fälle. Vermieter gibt es praktisch an jeder Ecke. Öffentliche Verkehrsmittel sind in Key West so gut wie nicht vorhanden. Man kann sich im Rahmen einer Stadtbesichtigung mit dem **Conch Tour Train** (▶Seite 163) oder dem **Old Town Trolley** (▶Seite 164) ohne eigenes Fahrzeug fortbewegen.

Neben der gleichnamigen Hauptinsel umfasst das Stadtgebiet von Key West noch vier weitere Inseln: Sunset Key im Westen (Wohngebiet und Resorts), Fleming Key im Nord-Westen (keine ständigen Bewohner), Sigsbee Park im Norden (Wohngebiet) und Stock Island im Osten (nur der Nordteil gehört zur Stadt). Im Folgenden soll der Schwerpunkt jedoch auf der Hauptinsel liegen. Diese ist in verschiedene Stadtteile unterteilt, von denen die zentrale, touristische Anlaufstelle der Stadtteil rund um die **Duval Street** ist. Das Viertel besteht vor allem aus einer Einkaufsstraße, die sich einmal vom nördlichen bis zum südlichen Ende der Insel zieht und im Zentrum der Hauptinsel von Key West liegt. Restaurants, Bars und

Souvenirläden scheinen ausschließlich von Touristen bevölkert zu sein. Darunter befinden sich jedoch auch legendäre Bars, so beispielsweise das **Margaritaville**, eine Bar des amerikanischen Country- und Popsängers und Buchautors **Jimmy Buffett**. Die Bar ist in Key West eine Institution und man muss dort einen Cocktail trinken und einen Burger verzehren – sollte dafür aber rechtzeitig einen Tisch reservieren. Abends spielen fast immer Bands im Margaritaville (☎ 1-305-292-1435, ✉ 500 Duval St, Key West, FL 33040). Oder **Sloppy Joe's** in der ✉ 201 Duval St, Key West, FL 33040, angeblich die Stammkneipe von Ernest Hemingway, der lange auf Key West lebte (▶Seite 165).

Für eine Besichtigung von Key West ist außerdem **Old Town Key West** relevant, ein direkt an die Duval Street angrenzendes Stadtviertel rund um die **Whitehead Street**, die parallel zur Duval Street verläuft. Ein Großteil der Sehenswürdigkeiten ist hier zu finden.

💡 Geht man einmal die Whitehead Street hoch und die Duval Street wieder hinunter, hat man auf kompakte Art einen bedeutenden Teil von Key West gesehen.

Zusammen mit den angrenzenden Bezirken gehört Old Town zum **Key West Historic District**, in dem fast 200 historische Gebäude und Plätze zusammengefasst sind. So zum

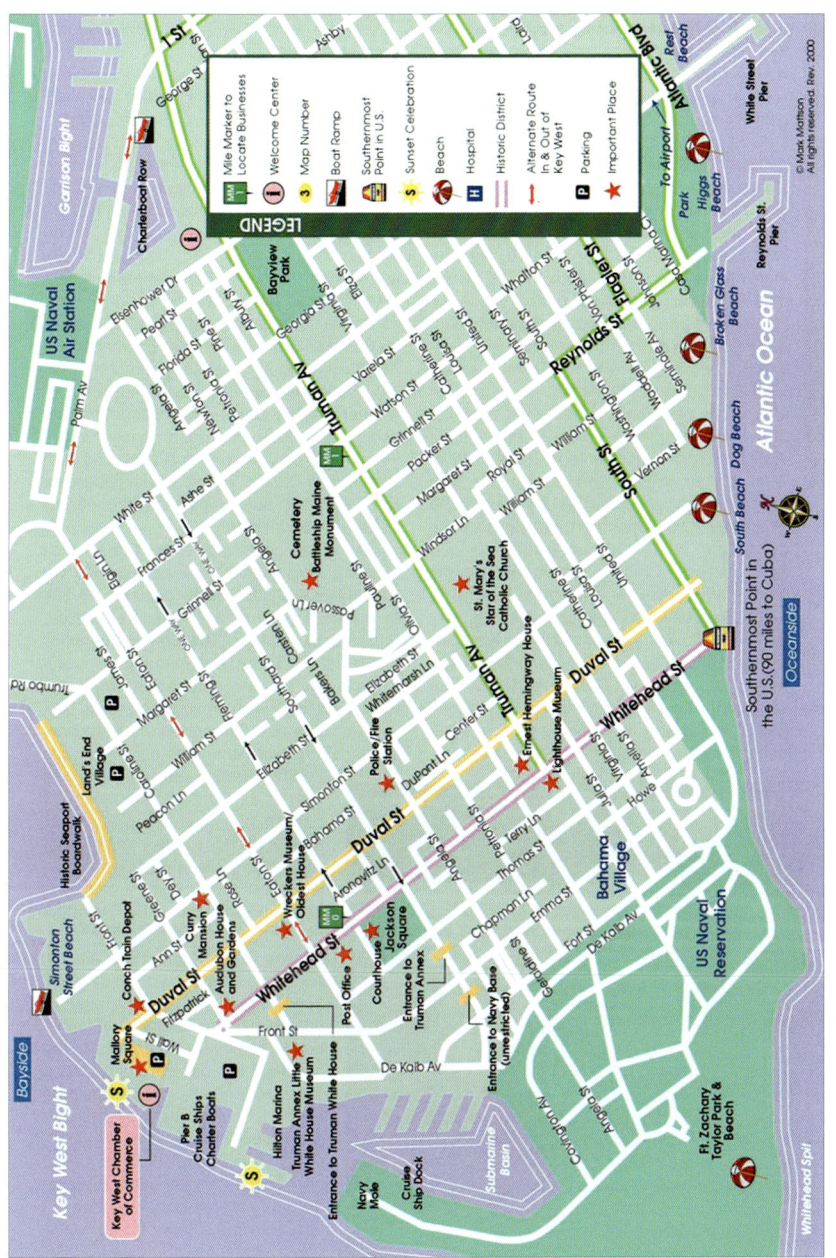

Beispiel das **Ernest Hemingway House**, das **Key West Lighthouse**, das **Southernmost House** oder der **Mallory Square**. Erwähnenswert ist der im Westen der Stadt (westlich der Whitehead St im Süden, Nordgrenze etwa Southard St, Südgrenze Fort St) liegende Stadtteil **Bahama Village**, der mit einem Flohmarkt, Geschäften und Restaurants einen Besuch wert ist. Das Viertel erstreckt sich über 16 Wohnblöcke südwestlich der Whitehead Street und nordöstlich der Truman Amnex. Der Zugang zur Village erfolgt über die Petonia Street, auf der sich auch der Flohmarkt, Läden und Restaurants befinden. Das ist der touristisch relevante Teil des Stadtteils. Im benachbarten Viertel **Truman Annex** (südwestlich von Bahama Village) lohnt sich ein Besuch des Harry S. Truman Little White House, das an die Besuche des ehemaligen Präsidenten in dieser Winterresidenz auf Key West erinnert (▶Seite 166).

Sprachlich gesehen beruht der Name „Key West" auf einem Irrtum. Als noch Indianer auf dem heutigen Stadtgebiet von Key West gelebt haben, hinterließen sie die sterblichen Reste der besiegten Feinde im Sand. Aufgrund des daraus folgenden, hohen Aufkommens an menschlichen Knochen wurde Key West von den Ureinwohnern „**Cayo Hueso**" genannt, was übersetzt „**Knocheninsel**" heißt. Die die ersten englischsprachigen Bewohner missverstanden die spanische Bedeutung und interpretierten „Hueso" als

„West". So wurde also aus Cayo Hueso das heutige Key West.

Ein weiteres sprachliches Kuriosum bildet die Bezeichnung der Bewohner von Key West. Es taucht immer wieder der Begriff „**Conch**" auf – doch was hat es damit auf sich? Der Begriff ist am ehesten mit „Muschel" zu übersetzen. Zurückzuführen ist diese Bezeichnung auf europäische Immigranten, die nach 1830 in großer Zahl von den Bahamas kamen und „Conchs" genannt wurden. Vermutlich aufgrund des Brauchs, **Schneckenmuscheln** (conch shells) auf einen Mast vor dem Haus zu stecken, in dem ein Baby geboren wurde. Im 20. Jahrhundert fingen die Einwohner von Key West an, sich selbst so zu nennen – mittlerweile ist der Begriff pauschal für alle Einwohner geläufig. Dabei wird sogar unterschieden zwischen dem „Saltwater Conch", das ist ein auf Key West geborener Bürger, und dem „Freshwater Conch", der zwar kein gebürtiger Key Westler ist, aber zumindest seit mehr als sieben Jahren hier lebt.

Die Schneckenmuschel wird uns noch einmal an exponierter Stelle begegnen, nämlich am südlichsten Punkt der USA (▶Seite 164). Sie ist in einem Dreieck abgebildet und mit dem Zusatz „**The Conch Republic**" umschrieben. Diese Bezeichnung geht auf einen Kontrollposten am US Highway 1 zurück, der 1982 errichtet wurde, um nach Drogen und illegalen Einwanderern zu suchen. Da der US Highway schon immer die einzige Zufahrtsstraße nach Key West war, kam es aufgrund der Kontrollen oft zu kilometerlangen Staus. Besucher und Bewohner von Key West waren wütend, und die Stadtregierung von Key West forderte die Entfernung des Kontrollpunktes. Die Situation eskalierte damit, dass die Stadtregierung am 23. April 1982 die Unabhängigkeit der Keys von den USA ausrief, sich The Conch Republic nannte und den Vereinigten Staaten den Krieg erklärte. Allerdings mussten die Insulaner noch am selben Tag kapitulieren, die Abspaltung vom Mutterland war gescheitert. Der Gedanke an eine imaginäre Conch Republic blieb aber bestehen und zu ihrem Symbol wurde die Schneckenmuschel erkoren. Ein Erfolg blieb: Die Kontrollstelle wurde tatsächlich abgeschafft, was die Be-

Alles ein bisschen schriller und schräger als im restlichen Staat, sogar die Fortbewegungsmittel

Eine wunderbare Stimmung herrscht auf Key West, der letzten Insel der Florida Keys.

wohner von Key West noch heute an jenem Tag im April ausgelassen als ihre „Unabhängigkeit" feiern. Als Relikt gibt es heute noch die legendäre **„Conch Chowder"**, eine Gemüsesuppe mit Meeresschnecken, die man nicht nur in Key West, sondern in ganz Florida genießen kann.

So schräg wie diese Namensgebung ist die ganze Stadt. Straßendarsteller, Künstler, originelle Bars, Sonnenuntergangspartys mit gezähmten Leguanen und Feuerspuckern – all das zeichnet ein Bild von einem exzentrischen Ort. Schwulen-, Jazz- und Karaoke-Bars sind nicht nur in der Hochsaison gut besucht und bieten ganztags Partystimmung und abends Live-Musik. Trotzdem herrscht in Key West keinesfalls Ballermann-Atmosphäre. Im Gegenteil: Auch zu touristischen Stoßzeiten, wenn alle Hotels und Pensionen das Schild „No Vacancy" ausgehängt haben, ist dieser ganz spezielle Charme präsent, den die tropische Insel mitten im Weltmeer mit seinen kräftigen Farben blühenden Bougainvilleas, seinem lockeren Lebensstil, seinen niedrigen und im Kolonialstil gehaltenen Häusern und den gut gelaunten Menschen versprüht.

Hemingway, der von 1928 an einige Jahre in Key West lebte, soll hier seine berühmtesten Werke geschrieben haben. Kurioses hat die Geschichte der Stadt genug zu bieten. Es gab beispielsweise Zeiten, in denen das Plündern von Schiffswracks ein lukratives, legales Geschäft war. Weil Key West für seine Toleranz bekannt ist, verwundert auch die ausgeprägte Homosexuellen-Szene auf

Key West nicht. Man muss einfach nur durch die Stadt gehen und die Sonne, den Sommer und die gute Laune aufsaugen – dann spürt man die Energie von Key West. Die Stadt ist trotz mannigfaltiger attraktiver Ziele in Florida einer der Höhepunkte der Reise.

🛈 KEY WEST CHAMBER OF COMMERCE

- ✉ *510 Greene St, 1st Floor, Key West, FL 33040*
- ☎ *1-305-294-2587*
- @ *info@keywestchamber.org*
- 🌐 *www.keywestchamber.org*
- 🕐 *Mo–Fr 8.30–18.30 h, Wochenende 9–18 h*

👁 Highlights

▶ Stadttouren

Conch Train

Das ist eine Art Bimmelbahn mit einem motorbetriebenen Zugfahrzeug. Damit kommt man innerhalb einer 90-minütigen, kommentierten Fahrt mit drei Haltepunkten an den Sehenswürdigkeiten von Key West vorbei. Die Tour startet am Front Street Depot und endet am Mallory Square.

- 📍 *Am Nordwestende der Duval St zweigt rechts die Front St ab. Dort befindet sich der Startpunkt.*
- ✉ *Front St, Key West, FL 33040*
- ☎ *1-888-916-8687*
- 🌐 *www.conchtourtrain.com*
- 🕐 *9–16.30 h mindestens alle 30 Min.*
- 💲 *Erw. und Kinder (ab 12 J.) $ 31,45 (online: $ 28,30)*

Old Town Trolley

Alternativ kann man sich zur Stadtrundfahrt mit dem **Old Town Trolley** auf den Weg machen. Das ist ein Bus in der Aufmachung eines Cable Cars à la San Francisco. Der Vorteil hierbei ist, dass man innerhalb einer 90-minütigen Fahrt an zwölf Haltepunkten aus- und wieder zusteigen kann. Währenddessen wird man mit geschichtlichen Informationen über Key West versorgt. Daneben werden auch spezielle Thementouren wie eine Geister- und Grabsteinetour angeboten.

🚏 Fahrten starten am Key West Aquarium (▶Seite 166).
✉ 201 Front St, Key West, FL 33040
☎ 1-855-623-8289
🌐 www.trolleytours.com
🕐 9–16.30 h alle 30 Min.
💰 Pro Person ab 12 J. $ 31,45, Kinder (6–12 J.) $ 10,50, Sen. (über 62 J.) $ 28,30 (online $ 28,30, $ 9,45, $ 25,47); Geistertour: Erw. $ 35,70, Kinder (bis 12 J.) $ 26,25 (online $ 32,13 bzw. $ 23,63)

❗ Gemäß dem Vorschlag dieses Routenreiseführers, die Whitehead Street hinauf- und die Duval Street hinunterzugehen, um einige Ziele auf dem Weg mitzunehmen, sind nachfolgend die Sehenswürdigkeiten in chronologischer Reihenfolge aufgelistet. Sie starten am Southernmost Point und gehen bis zum Mallory Square – der Rückweg über die Duval Street beinhaltet hauptsächlich die zahlreichen Geschäfte, Restaurants, Cafés und Bars.

Eine überdimensional große Boje markiert den südlichsten Punkt der kontinentalen USA.

▶ Southernmost Point

Das spektakulärste Highlight ist eigentlich das unscheinbarste – aber für viele Reisende ist es der Grund überhaupt, die ganze Strecke nach Key West zu fahren: Der Southernmost Point ist der **südlichste Punkt der kontinentalen USA**. Er wird gekennzeichnet durch ein Gebilde in Form einer übergroßen Boje aus Beton in den Farben schwarz-rot-gelb. Darauf steht neben dem Symbol der Schneckenmuschel den Text „Southernmost Point Continental USA" und dass Key West „Home of the Sunset" ist. Außerdem wird man darüber informiert, dass es von hier aus noch 90 Meilen bis nach Kuba sind. Der Hinweis, dass es der südlichste Punkt der *kontinentalen* USA ist, ist deshalb wichtig, da Hawaii südlicher liegt als die Florida Keys. Die Boje ist ein beliebtes Fotomotiv, denn jeder Tourist muss für seine Mitmenschen und die Ewigkeit festhalten, dass er hier war. Als Ergebnis gibt es oft lange Warteschlangen für das Erinnerungsfoto, da natürlich jedes Familienmitglied einmal vor der Boje abgelichtet werden muss. Im Block um das Monument herum heißt alles „Southernmost" – ein Guesthouse, ein normales Wohnhaus, ein Restaurant – das kann mitunter recht verwirrend sein, zumal das gleichnamige Guesthouse direkt an den Platz mit dem Monument angrenzt. Man kann übrigens von hier aus gut ins Stadtzentrum laufen und dabei eine der beiden vielseitigen Straßen, die Duval oder die Whitehead Street, entlanggehen.

🚏 Im Stadtteil Upper Duval an der Kreuzung Whitehead und South St gelegen.
✉ South St, Key West, FL 33040

▶ Key West Lighthouse & Keeper's Quarters' Museum

Um die Insel Key West herum gab es schon immer für Schiffe gefährliche Riffe in seichtem Gewässer. Um die sichere Ankunft von sowohl militärischen als auch zivilen Schiffen in Key West zu gewährleisten, wurde ein Leuchtturm nötig. Dieser wurde 1848 in Betrieb genommen, und als Wächterin wurde eine Frau eingestellt, was zu dieser Zeit absolut unüblich war. Der Leuchtturm wurde über die Jahre immer wieder weiter aufgerüstet, bis schließlich 1969 aufgrund der technischen Neuerungen schließlich überhaupt kein Wächter mehr

Hinter Palmen verbirgt sich das Anwesen des großen amerikanischen Schriftstellers Hemingway.

nötig war. Heute dient die einstige Markierung für die Seefahrer als Museum, das den Männern und Frauen gewidmet ist, die das Licht des Leuchtturms immer am Brennen hielten. Im zugehörigen Wohnhaus der Wärterfamilie kann man eine kleine Zeitreise unternehmen und persönliche Gegenstände der vielen Menschen betrachten, die im Leuchtturm gearbeitet haben. Wer die 88 Stufen des Leuchtturms erklimmt, wird mit wunderschönen Blicken auf Key West und den Ozean belohnt. Auf Infoschildern wird beschrieben, auf was man blickt.

🧭 *Über den N Roosevelt Blvd und die Truman Ave, bis die Whitehead St kreuzt. Auf diese rechts einbiegen.*

✉ *938 Whitehead St, Key West, FL 33040*

☎ *1-305-294-0012*

🌐 *www.kwahs.org/visit/lighthouse-keepers-quarters*

🕐 *Tägl. 9.30–16.30 h*

💲 *Erw. $ 10, Kinder (ab 6 J.) & Stud. $ 5, Sen. $ 9*

► Ernest Hemingway House & Museum

Ebenfalls auf der Whitehead Street befindet sich das Hemingway House. Es war ja bereits die Rede von diesem erfolgreichen amerikanischen Schriftsteller, der fast zehn Jahre lang auf Key West lebte und arbeitete. Hemingway war zu Lebzeiten erfolgreich und stammt zudem aus einer gut betuchten Familie. Deshalb muss man sich nicht wundern, wenn man sein verhältnismäßig feudales Wohnhaus auf Key West sieht. He-

mingways reicher Onkel Gus hat das Haus 1931 für Hemingway und seine zweite Frau Pauline gekauft. Es ist 1851 im spanischen Kolonialstil erbaut worden, war aber in keinem guten Zustand, als die Hemingways es übernahmen. Erst die Umbau- und Renovierungsmaßnahmen in den 30er-Jahren machten das schicke Exemplar aus dem Haus, das heute so viele Touristen anzieht.

Nach seiner Scheidung und der Heirat seiner dritten Frau zog Hemingway 1940 nach Kuba. Er besuchte das Haus auf Key West aber weiterhin regelmäßig bis zu seinem Tod 1961. Kein Künstler oder Schriftsteller hat so viel Einfluss auf Key West genommen wie Ernest Hemingway. Die Handlung seines Werkes „To have and have not" („Haben und Nichthaben") spielt sogar auf Key West.

Das Grundstück ist heute das zweitgrößte auf Key West. Es ist umgeben von einer herrlichen Gartenanlage, in der 40 bis 50 Katzen leben. Angeblich stammen einige von ihnen dem ursprünglichen Haustier Hemingways, Snowball, ab. Bemerkenswert ist der Pool, der für damalige Verhältnisse sehr dekadent ist. Im Haus befinden sich noch viele persönliche Gegenstände des Ehepaars Hemingway. Man kann das Museum im Rahmen einer geführten Tour oder selbstständig erkunden. Empfohlen wird jedoch die geführte Tour, da dabei allerhand Geschichten und Interessantes über den Schriftsteller vermittelt werden.

📍 *Über den N Roosevelt Blvd und die Truman Ave, bis die Whitehead St kreuzt. Auf diese rechts einbiegen.*

✉️ *907 Whitehead St, Key West, FL 33040*

📞 *1-305-294-1136*

@ *info@hemingwayhome.com*

🌐 *www.hemingwayhome.com*

🕐 *Tägl. 9–17 h, Touren alle 15 Min (Dauer 30 Min.)*

🎫 *Touren: Erw. $ 14, Kinder (6–12 J.) $ 6, nur Barzahlung*

▶ Harry S. Truman Little White House

Das Weiße Haus in Washington sieht man nicht unbedingt in diesem Haus, aber imposant ist es allemal. 1890 wurde das Haus an der Uferpromenade erbaut. Der frühere Präsident Harry S. Truman machte das Haus zwischen 1946 und 1952 zu seinem Winterquartier, in dem er 175 Tage des Jahres verbrachte. Nachfolgende Präsidenten nutzten das Weiße Haus ebenfalls für Urlaubsaufenthalte auf Key West, unter ihnen Kennedy, Eisenhower und Carter. Wichtige politische Treffen fanden hier statt und machten das Gebäude zusätzlich berühmt.

Im Haus kann man auf den Spuren der früheren Bewohner wandeln und innerhalb einer Tour anhand der persönlichen Gegenstände einen Einblick in das Leben Trumans und seiner Gattin erhalten.

✉️ *111 Front St, Key West, FL 33040*

📞 *1-305-294-9911*

🌐 *www.trumanlittlewhitehouse.com*

🕐 *Tägl. 9–16.30 h, Touren alle 20 Min.*

🎫 *Erw. $ 16,13 (online 15), Kinder (5–12 J.) $ 5,38 (online 4,50), Sen. $ 13,98 (online 11,61)*

▶ Key West Shipwreck Treasures Museum 👫

Heute lebt Key West vorwiegend vom Tourismus. Das war jedoch nicht immer so. Die etwas sonderbare, aber legale wirtschaftliche Grundlage des Ortes Ende des 19. Jahrhunderts bildete das sogenannte **„Wrecking"**. Das bezeichnet die offizielle Erlaubnis, in Seenot geratene und gesunkene Schiffe zu plündern und die gehobenen Schätze zu behalten beziehungsweise zu veräußern. Da wegen der gefährlichen Riffe ständig Schiffe in Seenot gerieten, musste man nur schnell genug sein. Denn wer zuerst beim Schiff war und die Besatzung rettete, hatte einen rechtlichen Anspruch auf die komplette Fracht des Schiffes! Die Bergungsbranche brachte Reichtum –

Mitte der 1850er Jahre war Key West pro Kopf gerechnet die reichste Stadt der USA.

Im Shipwreck Museum wird diese Art der Erwerbstätigkeit heute nach allen Regeln der Kunst zelebriert. Das Personal trägt authentische Kostüme, und die Zustände zu den Zeiten des Wreckings werden mit Einsatz verschiedener Darstellungsmöglichkeiten nachgestellt. Ein „leibhaftiger" ehemaliger Wrecker berichtet darüber, wie dieses ungewöhnliche Geschäft das Leben der Pioniere auf Key West beeinflusste. Es finden ständig geführte Touren statt, die der Wrecker am Ticketschalter mit lauter Stimme einleitet. Es folgt der Gang ins Museum, einem Nachbau des Lagerhauses von **Asa Tift**, der im 19. Jahrhundert ein bedeutender Bergungsunternehmer war. Die historische Kulisse aus der Zeit des Shipwreckings ist liebevoll aufgemacht und beinhaltet Original-Exponate und Relikte aus diesen Zeiten. Im Anschluss geht es auf den 19 Meter hohen Aussichtsturm, der aussieht wie einem Wildwest-Film entliehen und der in Key West von allen Seiten aus sichtbar ist. Aus der Vogelperspektive kann man das Meer beobachten und meint fast die Rufe aus lange vergangenen Zeiten „Wreck Ashore!" zu hören. Ein Besuch in diesem Museum ist auf alle Fälle ein besonderes Erlebnis und eine kleine Zeitreise.

📍 *Vom nördlichen Ende der Duval St in die Wall St einbiegen und diese folgen, bis sie auf die Whitehead St trifft (gegenüber Key West Aquarium).*

✉️ *1 Whitehead St, Key West, FL 33040*

📞 *1-305-292-8990*

🌐 *www.keywestshipwreck.com*

🕐 *Tägl. 9.40–17 h, letzte Show 16.40 h*

🎫 *Erw. $ 15,04 (online $ 13,54), Kinder (ab 3 J.) $ 8,59 (online $ 7,93, Sen. (über 62 J.) $ 12,90 (online $ 11,61)*

💡 Wer in Key West neben dem Shipwreck Treasure Museum auch das Aquarium, das Hemingway House oder das Little White House besuchen möchte, sollte hierfür ein vergleichsweise günstigeres Kombiticket kaufen. Die Preise für die jeweiligen Kombinationen erfährt man beim Shipwreck Museum.

▶ Key West Aquarium 👫

Ausstellungen über Alligatoren, Quallen, die Atlantikküsten, ein Streichelbecken, Haifütterungen – all das kann man im Key

West Aquarium erleben. Dazu gibt es Augen-schmäuse wie farbenprächtige Korallen und Beeindruckendes wie riesige Schildkröten zu bewundern. Wer einmal eine echte Conch, nicht nur als symbolische Bezeichnung für die Bewohner von Key West, sehen will, ist hier ebenfalls richtig. Es gibt kostenlose und informative Führungen, deren Hauptattrakti-on die Haifütterung ist, während der Vorur-teile und Mythen zu den furchteinflößenden Haien abgebaut werden sollen. Wer ein spektakuläres Aquarium wie das Seaworld erwartet, wird zwar enttäuscht sein, zumal das Aquarium insgesamt und die Becken im Speziellen sehr viel kleiner sind als im berühmten Pendant von Orlando. Dafür geht es deutlich ruhiger und entspannter zu. Und wer zwei Stunden erübrigen möchte, ist si-cherlich um ein Erlebnis reicher – das gilt vor allem für Kinder, die im Rahmen der Führung die Möglichkeit haben, einen Ammenhai zu berühren.

🜚 *Vom nördlichen Ende der Duval St in die Wall St einbiegen und dieser folgen, bis sie auf die White-head St trifft (gegenüber Shipwreck Museum).*

✉ *1 Whitehead St, Key West, FL 33040*

☎ *1-888-544-5927*

🌐 *www.keywestaquarium.com*

🕐 *Tägl. 9–18 h, Führungen um 10, 12.30 und 15.30 h, Dauer 20 Min.*

💰 *Erw. $ 16,11 (online $ 14,50), Kinder (4–12 J.) $ 9,66 (online $ 8,70), Sen. $ 13,96 (online $ 12,57)*

► **Mallory Square**

"Where the sun sets and the fun begins in Key West" ist das Motto des Platzes – und damit scheint schon alles gesagt. Nirgendwo sonst werden Sonnenuntergänge so gefei-ert und nirgends tobt das Partyleben so wie hier. Der Mallory Square liegt im historischen Stadtteil Old Town. Jeden Abend versam-meln sich hier Heerscharen von Touristen, um den zugegebenermaßen bombastischen Sonnenuntergang über **Sunset Key** und **Wis-teria Island** im Golf von Mexiko zu erleben. Der Mallory Square hat sich mit seinem Jahrmarkt-Charakter zu einer der Haupt-attraktionen von Key West entwickelt. Für die Party am Abend rücken Unterhalter wie Stra-ßenkünstler, Akrobaten, Feuerschlucker und Wahrsager an und Händler verkaufen Anden-ken und Getränke. Wenn der letzte Sonnen-strahl im Meer versinkt, tost der Applaus auf. Es ist eine Tradition, die ihresgleichen sucht und die man auf keinen Fall – trotz allem Kommerz – verpassen sollte, wenn man schon mal vor Ort ist. Man sollte allerdings rechtzeitig da sein, um noch einen Platz in der „ersten Reihe" zu ergattern. Kaum ist der letzte Sonnenstrahl im Meer versunken, ist die Party schlagartig vorbei.

Außerhalb des abendlichen Trubels ist der Mallory Square Ausgangspunkt für die beschriebenen Stadtrundfahrten

Endhaltestelle der Conch Train Tour (► S. 163) am Mallory Square

(►Seite 163) und wegen der geschickten Lage auch ein guter Startpunkt für Stadterkundungen. Ohne den abendlichen Tumult kann man hier schön spazieren gehen und durch die Geschäfte bummeln, die in einer Art Markthalle untergebracht sind. Mit dem Kreuzfahrthafen in unmittelbarer Nähe bekommt der Platz eine zusätzliche Attraktion: Die mächtigen Kreuzfahrtschiffe überragen die niedrigen Gebäude von Key West gelegentlich, so-

Imposante Kreuzfahrtschiffe ankern vor Key West.

dass sich die Schiffsungetüme auf gespenstische Weise scheinbar aus dem Nichts über den Platz erheben.

Auf 🌐 www.sunsetcelebration.org kann man die konkrete Zeit des Sonnenuntergangs für einen bestimmten Tag ermitteln.

🔘 Am nordwestlichen Ende der Old Town direkt am Kreuzfahrthafen
✉ 400 Wall St, Key West, FL 33040
☎ 1-786-565-7448
@ sunmail@sunsetcelebration.org
🌐 www.sunsetcelebration.org

► Schooner Western Union Maritime Museum 🚻

Es ist nicht gerade ein Event für den kleinen Geldbeutel, aber es ist mit Sicherheit ein unvergessliches Ereignis: einmal mit einem historischen Segelboot wie ein spanischer Schatzsucher lossegeln. An Bord des 120 Meter langen **Schoners Schooner Western Union Maritime Museum** kann man Abenteuer der verschiedensten Arten erleben. Sei es zu einem Vollmondturn, bei der jährlichen beleuchteten Bootsparade oder auf einer Sternenbeobachterfahrt – diesen Trip wird man wohl nie vergessen. Besonders beliebt sind die Sonnenuntergangsturns, die das allabendliche Szenario von Bord des antiken Seglers aus noch einmal so eindrucksvoll werden lassen. Die Crew ist bekannt

dafür, dem Ausflug die spezielle Note zu verleihen. Es gibt unterwegs Informationen und gute Stimmung, ohne dass die Ausfahrt in eine Partytour ausartet.

Der Schoner „Western Union" ist das letzte in Key West gefertigte Segelschiff. Es wurde 1939 gebaut und ist damit einer der ältesten noch eingesetzten hölzernen Schoner der USA. Bis 1974 war es in der Karibik und im Südatlantik unterwegs, wo es im Dienste der Western Union Company über 30.000 Meilen auf den Buckel bekam. Die „Western Union" ist nicht nur das Flaggschiff für die Stadt Key West, sondern auch seit 2012 das offizielle Flaggschiff des Staates Florida. Noch heute kann man damit Sonnenuntergangsturns unternehmen.

🔘 Über den N Roosevelt Blvd nach Key West bis zur Palm Ave. Auf diese rechts auffahren und ihr folgen, bis sie zur Eaton St wird. Rechts auf die William St abbiegen, bis diese an der Lands End Marina endet.
✉ 201 William St, Key West, FL 33040
☎ 1-305-292-1766
🔄 Erw. $ 59 (online 53,10), Kinder (4–12 J.) $ 29 (online 26,10)

► Florida Keys Eco Discovery Center 🚻

Von außen sieht das Discovery Center eher wie ein Hangar auf dem Flughafen aus – innen jedoch kann man hochmoderne, größtenteils interaktive Ausstellungen über das

Der Sonnuntergang kann sich auch vom Fort Zachary Taylor State Park aus durchaus sehen lassen.

einzigartige Ökosystem der Florida Keys bewundern. Es geht dabei sowohl um die heimische Pflanzenwelt als auch um die Tiere der Keys – und das jeweils zu Land und zu Wasser. Hauptattraktionen sind ein lebendes Riff in einem Tank mit Korallen und tropischen Fischen mit Live-Cam, eine Aquarium-Attrappe, in dem es unter anderem um das Leben der Forscher rund um eine Expedition geht, und ein Discovery-Theater, in dem es einen 17-minütigen Info-Film zu sehen gibt.

🚗 Über den N Roosevelt Blvd bis zur Whitehead St (1. Ampel nach der Duval St). Nach dem Key West Lighthouse und dem Hemingway House an der Ampel links in die Southard St abbiegen, den Eingangsbereich zur Truman Annex Residential Neighborhood passieren und der Southard St folgen, bis diese nach links geht. Hier ist das Center auf der rechten Seite.

📍 35 East Quay Rd, Key West, FL 33040
☎ 1-305-809-4750
🌐 http://floridakeys.noaa.gov/eco_discovery.html
🕐 Di–Sa 9–16 h
💰 Kostenlos (auch Parken)

▶ Smathers Beach 🚻

Allein aufgrund seiner Länge von fast einem Kilometer entlang der Südküste der Insel gilt Smathers Beach als *der* Strand von Key West. Inselgerüchten zufolge stammt der Sand von den Bahamas und wurde zum Vergnügen der Strandbesucher hierher gebracht. In tropischen Stürmen wird er dann wieder weggeweht, sodass die Stadt ihn jedes Jahr wieder auffüllen muss. Das Wasser ist ausgesprochen ruhig und eignet sich zum Schwimmen oder Schnorcheln. Man kann am Strand Wasser- und Strandsportgerätschaften mieten. Es werden Snacks und Getränke verkauft und Liegestühle vermietet. Der Zugang zum Strand ist kostenlos, es gibt sogar ganz gute, ebenfalls kostenlose Parkmöglichkeiten ganz nah auf der anderen Straßenseite.

📍 S Roosevelt Blvd, Key West, FL 33040
☎ 1-305-809-3700
🕐 7–23 h

▶ Fort Zachary Taylor State Park 🚻 ★

Der State Park ist – wie kann es anders sein – der südlichste der kontinentalen USA. Heute wird er zu Freizeitzwecken besucht, er verfügt jedoch, wie sein Name schon sagt, über eine militärische Vergangenheit. Das Fort Zachary war eines von vielen, die in der Mitte des 19. Jahrhunderts zu Zeiten des Bürgerkriegs zur Verteidigung der südöstlichen Küstenlinie erbaut wurden. Mit dem Eintritt in den Park bezahlt man auch geführte Touren durch das gut erhaltene Fort mit seinen Kanonen. Sie finden täglich um 11 Uhr statt. 1947 wurde der Betrieb des Forts eingestellt und seit 1985 ist es für die Öffentlichkeit zugänglich.

Der Strand im State Park gilt als der schönste in Key West. Schnorcheln ist in dieser prächtigen Unterwasserwelt wieder einmal ein Erlebnis. Picknicktische, Grillmöglichkeiten, Naturpfade zur Vogelbeobachtung und zur Erkundung der hiesigen Pflanzenwelt sind Ausstattungsmerkmale des Parks, die auch einen ganzen Tag Aufenthalt rechtfertigen – vor allem als Kontrastprogramm zu den populären Attraktionen auf Key West. Wer seinen Proviant nicht selbst mitbringen möchte, kann sich im „Cayo Hueso Café" täglich von 10 bis 18 Uhr mit Snacks und Getränken versorgen.

💡 Wem der Trubel beim Sonnenuntergang am Mallory Square zu viel ist, kann hier dieses beeindruckende Erlebnis in sehr viel entspannterer Atmosphäre genießen.

🏁 Über den N Roosevelt Blvd und die Truman Ave bis zur Whitehead St. Auf diese rechts abbiegen und bis zur Southard St folgen. Auf diese links abbiegen. Durch die Einfahrt zur Truman Annex Residential Neighborhood fahren und am Ende der Southard St den Hinweisschildern zum Parkeingang folgen.

✉ 601 Howard England Way, Key West, FL 33040
☎ 1-305-292-6713
🌐 www.fortzacharytaylor.com
🕐 Tägl. 8 h – Sonnenuntergang (das Fort schließt um 17 h)
💲 $ 7 pro Fahrzeug mit zwei Personen, jede weitere Person $ 0,50, $ 2,50 für Fußgänger

🏨 Übernachten

Übernachten auf Key West ist ein teurer Spaß. Die Preise schwanken saisonal, sind aber nach oben gänzlich offen. Am North Roosevelt Boulevard finden sich die üblichen Motel- und Hotelketten. Wer zentraler und netter wohnen möchte, sollte sich im historischen Kern von Key West nach einem der sehr schönen **B&B's** umschauen, die es hier buchstäblich wie Sand am Meer gibt. Die Häuser sind meist im Kolonialstil gehalten und in direkter Umgebung zu den Sehenswürdigkeiten gelegen. Es gibt auch etliche Adressen im Luxusbereich. Im Folgenden soll eine Auswahl für jeden Übernachtungstypus vorgestellt werden.

🏨 **Avalon Bed & Breakfast** ⭐

Das viktorianische Haus liegt am ruhigeren Ende der Duval Street, dennoch sind alle Sehenswürdigkeiten im Umfeld gut und zu Fuß erreichbar. Seinen historischen Reiz erhaltend bietet das restaurierte und mit liebevollen Details ausgestattete Haus eine Mischung aus Kolonialstil und tropischer Eleganz. Die Zimmer sind recht klein, aber alle behaglich und aufwändig eingerichtet. Jedes Zimmer hat einen eigenen Charme, die Betten sind meist als Himmelbetten drapiert. Einen Block entfernt beim Southernmost Point kann man auf dem hoteleigenen Parkplatz kostenlos parken. Gegenüber des Avalon befindet sich ein Fahrradverleih. Es gibt einen kleinen Pool zum Abkühlen. Das Frühstück wird auf der Veranda eingenommen und sticht qualitativ aus US-amerikanischen Frühstücksangeboten deutlich heraus. Tagsüber stehen ständig Kaffee und gekühlte Getränke bereit, am Nachmittag gibt es kostenlos Cookies oder Muffins.

🏁 Über den N Roosevelt Blvd und die Truman Ave bis zur bis zur Kreuzung Duval St fahren. Auf diese links einbiegen. Nach drei Blocks folgt das B&B linkerhand.

✉ 1317 Duval St, Key West, FL 33040
☎ 1-305-294-8233
☎ 1-800-848-1317
@ avalonkeywest@gmail.com
🌐 www.avalonbnb.com
💲 ✶✶ – ✶✶

🏨 **Fairfield Inn & Suites Key West at the Keys Collection**

Das Fairfield Inn & Suites ist ein neues, 2015 eröffnetes Hotel. Ausgestattet mit Fitnessraum, einem Pool und modern eingerichteten Zimmern ist das Haus eine angenehme Alternative zu einer Unterkunft im Zentrum von Key West, das mit dem Shuttleservice des Hotels gut erreichbar ist. Die Zimmer sind in einem ebenso sauberen und gepflegten Zustand wie das Gebäude und die Poolanlage. Das Parken am Hotel ist kostenlos.

🏁 Vom Overseas Hwy aus kommend links auf den Hwy A1A abbiegen. Das Hotel liegt rechterhand.
✉ 3852 N Roosevelt Blvd, Key West, FL 33040
☎ 1-305-320-0910
🌐 www.marriott.com
💲 ✶✶✶

Southernmost Beach Resort

Eine Top-Adresse in Old Town Key West! Mit Blick auf den Atlantik und gleichzeitig in Reichweite der Attraktionen, Boutiquen, Shops, Galerien und Restaurants bietet dieses neue Resort gleichzeitig den Charme eines Strand- und eines Stadthotels. Mehrere Pools, davon einer direkt am Ozean, Strandzugang, ein hübscher Garten, ein Fitnesscenter und eine hauseigene Wäscherei sind Ausstattungsmerkmale, die auch einen längeren Aufenthalt angenehm machen. Die gepflegten Zimmer verfügen teilweise über einen Balkon und/oder Strandblick.

📍 *Über den N Roosevelt Blvd und die Truman Ave bis zur Duval St fahren. In diese links einbiegen.*
✉ *1319 Duval St, Key West, FL 33040*
☎ *1-800-354-4455*
🌐 *www.southernmostbeachresort.com*
⭐ ★★★

Leo's Campground

Dieser Platz ist der Key West nächstgelegene Campground. Die historischen Bereiche, Duval Street und Restaurants sind mit Mietfahrrädern oder dem Bus erreichbar. Leo's Campground ist kein typischer Stadtplatz, die Stellplätze sind nicht asphaltiert und die Zeltplätze gruppieren sich rund um einen See mit Wasserzugang. Es gibt die Möglichkeit, Wäsche zu waschen. Der Platz am Ortseingang von Key West ist relativ neu, wird aber von Reisenden dennoch sehr gegensätzlich bewertet. Der Campground ist am ehesten geeignet, wenn man viel in Key West unternehmen möchte und nur zum Schlafen kommt.

📍 *Den Overseas Hwy an der Ausfahrt Cross St verlassen und in die nächste Querstraße, die Suncrest Rd, links einbiegen.*
✉ *5236 Suncrest Rd (MM 4.5), Key West, FL 33040*
☎ *1-305-296-5260*
@ *info@leoscampground.com*
🌐 *http://leoscampground.com*
🚐 *Ja (nur telefonisch oder persönlich!)*
🏕 *27*   🔌 *9*
💧 *Ja*   🚻 *Ja*
⭐ *Nein*
🌐 ★★★

Boyd's Key West Campground

Dieser Campground ist noch recht nah an der City von Key West, befindet sich aber auf der vorgelagerten Stock Island. Es fährt ein Bus in die Stadt. Mit seiner Lage direkt am Atlantischen Ozean bietet er auch Stellplätze zwischen Palmen direkt am Wasser, was natürlich ein herausragendes Erlebnis ist. Die Sanitäranlagen sind sehr sauber und ordentlich, ein Waschsalon ist vorhanden. Es steht ein beheizter Pool zur Verfügung. Wer das kleine Stückchen weiter Zufahrt in den Innenstadtbereich in Kauf nehmen will, ist auf diesem Platz sicher besser aufgehoben als auf Leo's Campground (nebenstehend). Die schönere Ausstattung schlägt sich allerdings auch deutlich im Preis nieder.

📍 *Bei MM 5 auf dem Overseas Hwy befindet sich ein gelbes Signallicht. Dort links abbiegen und auf die MacDonald Ave fahren. Dann rechts auf die Maloney Ave einbiegen, der Eingang folgt auf der linken Seite.*
✉ *6401 Maloney Ave, Key West, FL 33040*
☎ *1-305-294-1465*
📠 *1-305-293-9301*
@ *info@boydscampground.com*
🌐 *www.boydscampground.com*
🚐 *Ja*   🏕 *200*   🔌 *200*
💧 *Ja*   🚻 *Ja*   ⭐ *Nein*
🌐 ★★★

Sugarloaf Key Resort KOA Campground

Auf dem Weg zwischen Big Pine Key und Key West befindet sich der Sugarloaf Key KOA Campground, eine gute Übernachtungsalternative für Wohnmobilreisende für Key West (▶Seite 159).

Südlichster Zipfel der kontinentalen USA hin oder her – trotz allem ist die Welt hier nicht zu Ende. Es geht weiter und zwar im Wasser. Wenn man in Key West gen Westen blickt, würde man niemals glauben, dass sich in den Tiefen des Ozeans noch ein National Park befindet. Ein zwar schwierig erreichbares, dafür aber sehr besonderes Exemplar.

Schon die Anreise zum National Park ist ein Abenteuer für sich.

🌲 DRY TORTUGAS NATIONAL PARK

In den USA müssen für alles Superlative herhalten. Im Falle des National Parks auf der Insel ist dieser Superlativ, dass er der am wenigsten besuchte National Park des Landes ist. Das ist auch kein Wunder, denn der Park, der näher am kubanischen als am amerikanischen Festland liegt, ist nicht gerade einfach erreichbar.

Wenn von den Dry Tortugas die Rede ist, sind eigentlich sieben kleine Inseln aus Korallenriffen gemeint. Sie wurden 1513 von Ponce de León entdeckt und aufgrund der vielen Schildkröten, die er hier vorfand „**Las Tortugas**" (Spanisch für „Die Schildkröten") genannt. „Dry" wurde später hinzugefügt, weil es keine Frischwasser-Vorkommen auf der Insel gibt. Diese Tatsache war auch schuld daran, dass die Inseln nicht dauerhaft besiedelt wurden. Die Dry Tortugas bestehen aus den Inseln **Loggerhead Key**, **Garden Key**, **Bush Key**, **Long Key**, **Hospital Key**, **Middle Key** und **East Key**. Zusammen ergeben sie eine Landfläche von etwas mehr als einem Quadratkilometer. Im Allgemeinen – und so auch im Rahmen dieses Routenreiseführers – ist die zweitgrößte Insel der Gruppe, **Garden Key**, die zentrale Anlaufstelle des Dry Tortugas National Park. Hierauf soll im Folgenden der Fokus liegen, denn nur hier landet auch das Flugzeug und

ankert die Fähre (der Zutritt zu den anderen Inseln ist meist sogar gesperrt). Auf Garden Key befindet sich auch das alles dominierende **Fort Jefferson**. Nachdem es als militärische Einrichtung ausgemustert worden war, wurde die Insel 1908 zum Vogelreservat. 1935 wurde das Fort zum nationalen Denkmal ernannt und am 26. Oktober 1992 das Vogelreservat zum National Park Dry Tortugas. Es gibt neben der im Fährpreis inbegriffenen Führung eine Self-Guided Tour (▶ Seite 175) und Ranger bieten Touren zur Tier- und vor allem Vogelbeobachtung an. Von den 260 Quadratkilometern Gesamtfläche des kompletten National Park befindet sich allerdings der Großteil, nämlich 98 Prozent, unter Wasser. Die bunte Unterwasserwelt der Korallenbänke zählt also genauso zum Schutzgebiet wie die Inseln. Insgesamt beherbergt der Park über 250 verschiedene Tier- und Pflanzenarten. Neben der farbenfrohen Fischwelt (▶ Seite 176) leben hier unter anderem Wanderfalken, Meerschwalben, der lustige Seevogel namens Tölpel, Strandläufer (aus der Familie der Schnepfenvögel) und der tropische Fregattvogel.

Wie im restlichen Florida auch gibt es zwei Besuchszeiten für den Dry Tortugas National Park. Das Winterhalbjahr (November bis April) ist geprägt von Kaltfronten aus dem Norden und Westen, was einhergeht mit starkem Wind und hohen Wellen (vor allem bei der Schifffahrt zu berücksichtigen!). In dieser Zeit sind die Bedingungen zum

Schnorcheln nicht optimal. Dafür ist es im Winter nicht so heiß wie im Sommer, es gibt weniger Wolken und bessere Möglichkeiten, seltene Vogelarten zu beobachten. Im Sommerhalbjahr (Mai bis Oktober) ist Hurrikan-Saison. Dafür weht (außer beim Hurrikan selbst natürlich) so gut wie kein Wind, die Bedingungen zum Schnorcheln sind perfekt. Man sollte sich aber vorab intensiv über das tropische Wetter informieren, wenn man eine Reise zu den Dry Tortugas plant (das gilt sowohl für den Sommer als auch für den Winter!). Aktuelle Informationen zum Wetter und Parkschließungen findet man auf der Internetseite des National Park Service oder beim Key West Chamber of Commerce (▶ Seite 163).

Es gibt nur zwei Möglichkeiten, die 112 Kilometer Wasser zwischen Key West und dem Park zu bewältigen: per Schiff oder per Wasserflugzeug. Neben der grundsätzlichen Möglichkeit, mit einem eigenen Boot zu den westlichsten aller Keys zu schippern (eine Erlaubnis ist nötig!), ist eines der beiden einzig lizensierten Unternehmen für den Transport von Key West zur Insel Garden Key **Yankee Freedom**, die mit dem Katamaran Yankee Freedom II einmal täglich Besucher im Rahmen eines Ganztagesausflugs zum Dry Tortugas National Park bringt. Inbegriffen ist ein Frühstück an Bord, ein Mittagsbuffet am Strand der Insel und unbegrenzt Getränke (nicht-alkoholisch), der Eintritt in den National Park Dry Tortugas, eine 45-minütige Führung durch das alte Fort der Insel und eine Schnorchelausrüstung. Man sollte aber bedenken, dass ein mitunter starker Seegang nichts für schwache Nerven ist und die Neigung zur Seekrankheit auf dem offenen Ozean möglicherweise höher ist, als man das sonst von sich kennt – dann kann die Fahrzeit von 2:40 Stunden (einfacher Weg) schon ganz schön lang werden.

Der andere Anbieter ist **Key West Seaplane Adventures**, der den National Park per Wasserflugzeug ansteuert. Diese Anreise-Option findet sich nachfolgend bei den Highlights des Dry Tortugas National Park (siehe unten) ausführlicher beschrieben.

❗ Es gibt neben dem Visitor Center und einem Buchladen auf Garden Key keine Verpflegung. Wer nicht mit der Yankee Freedom II angekommen ist, bei der das Essen inbegriffen ist, muss sich etwas mitnehmen.

Getränke sind bei beiden Anreiseoptionen inbegriffen. Die Reste und den Müll natürlich wieder mit zurück aufs Festland nehmen!

Dry Tortugas National Park

✉ P.O. Box 6208, Key West, FL 33041
☎ 1-305-242-7700
🌐 www.nps.gov/drto
🕐 Ganzj. rund um die Uhr
💲 $ 10 pro Besucher ab 16 J.

Yankee Freedom

✉ 240 Margaret St, Key West, FL 33040
☎ 1-800-634-0939
🌐 www.drytortugas.com
💲 Erw. $ 175, Kinder (4–16 J.) $ 125, Stud. & Sen. $ 165

ℹ DRY TORTUGAS VISITOR CENTER

✉ Fort Jefferson, Garden Key, Key West, FL 33041
☎ 1-305-242-7700
🌐 www.nps.gov/drto
🕐 Tägl. 8.30–16.30 h

ℹ KEY WEST CHAMBER OF COMMERCE

✉ 510 Greene St, 1st Floor, Key West, FL 33040
☎ 1-305-294-2587
@ info@keywestchamber.org
🌐 www.keywestchamber.org

⊙ Highlights

▶ Key West Seaplane Adventures

Die Anreise per Wasserflugzeug bekommt ein eigenes Kapitel, weil sie ein einzigartiges, unvergessliches Erlebnis ist. Sie ist nicht ganz kostengünstig, aber jeden Dollar wert. Nicht nur die Sicht auf den karibischen Traum aus der Vogelperspektive ist schon ein Abenteuer für sich. Zwar entfällt die Verpflegung, die man auf der Yankee Freedom II erhält, aber gekühlte Getränke sowie eine Schnorchelausrüstung sind dennoch im Preis inbegriffen.

Das Wasserflugzeug startet zweimal täglich ab Key West, um 8 Uhr und um 14 Uhr. Man kann beim 8-Uhr-Flug entweder einen halben oder einen ganzen Tag auf der Insel verbringen. Bei der Halbtages-Variante hat man zweieinhalb Stunden Zeit für die Insel, was ausreichend ist – groß ist sie nämlich nicht gerade. Bei der Ganztages-Variante bleiben für die Erkundung der Insel und einen längeren Badegang mit Schnorcheln

Deutlich von oben erkennbar liegen auf dem Meeresgrund alte Schiffswracks.

sechseinhalb Stunden Zeit. Die einfache Flugzeit beträgt 40 Minuten. Auf dem Hinweg sollte man sich einen Platz rechts im Flugzeug sichern, denn die Inseln, die zum National Park gehören, liegen rechterhand (entsprechend linkerhand auf dem Rückflug). In das kleine Flugzeug passen nur zehn Passagiere, jeder hat einen Fensterplatz. Unterwegs gibt es Informationen sowohl vom Band als auch vom Piloten, der über die Fischarten berichtet, die die Schnorchler unter der Wasseroberfläche erwarten. Er verweist mehrfach darauf, dass man nichts mitnehmen sollte – kein abgebrochenes Stück Koralle, keine Muschel, keine sonstigen maritimen Kostbarkeiten. Auch über die Geschichte und die Funktion des Forts, Mittelpunkt der Insel Garden Key, erfährt man einiges.

Überflogen werden außerdem einige nie geborgene Schiffswracks, die man auf dem Grund des glasklaren Wassers des Golfs von Mexiko vor allem bei Windstille deutlich erkennen kann. Bei den Inseln, die überflogen werden, erfährt man, welche davon zum Dry Tortugas National Park gehören und wie diese heißen. Am Strand von Garden Key landet das Flugzeug schließlich sanft auf dem Wasser. An dieser Stelle (im Wasser, aber nahe dem Ufer) wird man nach dem Aufenthalt wieder abgeholt. Bei starkem Wind fällt der Flug aus. Bei der Buchung, die man optimalerweise ein paar Monate vor dem Urlaub tätigen soll, gibt man an, in welchem Hotel beziehungsweise unter welcher Handynummer man auf Key West erreichbar ist. Dort rufen die Mitarbeiter an und stornieren beziehungsweise verschieben den Flug, damit man nicht unnötig zum Flugplatz fährt.

❗ Key West Seaplane Adventures ist das einzige vom National Park konzessionierte Unternehmen, das auf dem Gebiet des Dry Tortugas National Parks landet. Es gibt Anbieter mit ähnlichen Namen, die jedoch den National Park nur überfliegen dürfen. Unbedingt darauf achten, dass es dieser „Original"-Anbieter ist!

✉ 3471 S Roosevelt Blvd, Key West, FL 33040
☎ 1-305-293-9300
@ info@keywestseaplanecharters.com
🌐 http://keywestseaplanecharters.com
💲 Halbtagestrip: Erw. $ 329, Kinder (bis 12 J.) $ 263 zuzügl. $ 10 Eintritt für den National Park für Erw. ab 16 J.; Ganztagestrip: Erw. $ 578, Kinder (bis 12 J.) $ 464 zzgl. NP-Eintritt

► Fort Jefferson

Fast flächendeckend füllt das berühmte Fort Jefferson Garden Key aus, eine nach dem amerikanischen Präsidenten Thomas Jefferson benannte und aus Ziegelsteinen erbaute Befestigungsanlage. Das sechseckige Bauwerk wurde zwischen 1846 und 1875 errichtet, aber trotz der fast 30 Jahre langen Bauzeit nie richtig fertiggestellt. Technische Probleme wie der weiche Sanduntergrund, auf dem die stabilen, zwei Meter dicken Mauern schon bald absackten und Risse bekamen, verhinderten die Fertigstellung. Man befürchtete, durch weitere Steine und schwere Kanonen den Prozess des Absackens zu beschleunigen und noch mehr Druck auf das Fundament und das unterirdische Zisternensystem auszuüben. Als das Fort während des Amerikanischen Bürgerkriegs als Gefängnis für Fahnenflüchtige fungierte, waren die Unterkünfte im Hof des Forts recht notdürftig und aus Holz errichtet, weshalb davon auch nur noch die Fundamente übrig sind. Prominente Insassen waren zu der Zeit mehrere Personen, die an der Ermordung von Präsident Lincoln beteiligt gewesen sein sollen. Deren Zellen kann man während des Rundgangs besichtigen. Nach einer Gelbfieberepidemie und schweren Schäden durch einen Hurrikan verließ die Armee 1874 das Fort. Ein allerletztes Mal war es Ende des 19. Jahrhunderts im Spanisch-Amerikanischen Krieg von 1888 bis 1890 noch einmal als Quarantänestation in Benutzung. Danach wurde es den Gewalten der Natur überlassen.

Die ursprüngliche Intention für den Bau des Forts war es, die strategische Lage der Insel zu nutzen, um den einträglichen Schiffskanal im Golf von Mexiko besser kontrollieren zu können. Vor allem spanische Erobererschiffe und Händler waren entlang der Golfküste unterwegs. Die Inseln und Riffe bargen für Schiffe große Gefahren, wenn sie die Meerenge zwischen dem Golf von Mexiko, der westlichen Karibik und dem Atlantischen Ozean passieren mussten. Hunderte von Schiffswracks befinden sich noch heute auf dem Meeresgrund. Um die Schiffe zu warnen, wurde 1825 ein Leuchtturm auf Garden Key errichtet, das war lange, bevor das Fort in Betrieb genommen wurde.

Im Rahmen der Fährüberfahrt mit der Yankee Freedom II werden täglich um 11 Uhr geführte Touren durch das Fort angeboten. Wer mit dem Wasserflugzeug angereist ist oder das Fort auf eigene Faust erkunden möchte, kann sich mit Hilfe von Informationstafeln selbst ein Bild vom Fort und seiner

Ein Fort, umgeben vom türkisfarbenen Golf von Mexiko – das ist das Zentrum des Dry Tortugas National Parks.

Vergangenheit und historischen Bedeutung machen und sich außerdem im Visitor Center des Forts informieren.

► Schnorcheln

Auch wenn man kein ambitionierter Schnorchler ist und sonst nirgendwo im Laufe des Florida-Aufenthaltes zum Schnorcheln geht – hier auf Garden Key ist es ein Muss! Die Riffe sind sehr flach, insofern bestens zum Schnorcheln für Anfänger geeignet. Da beide Transportunternehmen zum Dry Tortugas National Park eine kostenlose Schnorchelausrüstung zur Verfügung stellen, muss man diese teils sperrigen Utensilien nicht einmal extra mitbringen. Die Korallenbänke bieten ein Feuerwerk an Farben unter Wasser: Gestreifte Kaiserfische, Buntbarsche und blaue Geistermuränen, Stachelrochen, Sternkorallen, Königsmuscheln und mit viel Glück auch mal ein Barrakuda tummeln sich im klaren, türkisfarbenen Ozean.

🏛 Übernachten

🛏 Zeltplatz Garden Key

Es ist eine einzigartige Erfahrung, hier, auf einer Insel inmitten des Ozeans, im Zelt zu übernachten – es erinnert an Robinson Crusoe. Herrliche Sonnenuntergänge, Schnorcheln und Millionen von Sternen am Nachthimmel, das alles erlebt man wegen der Lage in recht einsamer, aber umso eindrucksvollerer Idylle. Der sehr einfache Platz ist nur ein kurzes Stück von der Anlegestelle der Fähre entfernt. Das Geld für die Übernachtung wirft man in eine Box, man sollte also passend $ 15 dabei haben. Alles, was man zum Zelten braucht, muss mitgebracht werden, auch Trinkwasser und Verpflegung. Seinen Müll muss man aber natürlich wieder mit zurücknehmen.

❗ Wer hier eine Übernachtung plant, sollte das mit dem Fährunternehmen beziehungsweise dem Betreiber des Wasserflugzeugs im Vorfeld klären.

✉ *Garden Key, Key West, FL 33041*
☎ *1-305-242-7700*
🌐 *www.nps.gov/drto/planyourvisit/camping.htm*
📺 *Nein*   🔌 *Nein*   📷 *Nein*
🅿 *8 (zusätzl. Plätze bei Überfüllung)*
♿ *Nein*
♻ *★*

Mit dem Besuch des Dry Tortugas National Parks hat man – im wahrsten Sinne des Wortes – das Ende der (Florida-)Welt erreicht. Weiter nach Westen geht es nicht, es bleibt also nur der Weg zurück als Option. Das ist jedoch keine langweilige Fahrt in die andere Richtung. Noch einmal hat man Gelegenheit, dieses besondere Flair mit den vielen Brückentrassen, Sandstränden und größeren und kleinen Inseln aufzunehmen. Die

Robinson Crusoe lässt grüßen – eine Übernachtung auf der Insel mitten im Ozean.

Zweispurig führt der Tamiami Trail an der nördlichen Grenze des Everglades National Park entlang.

Impressionen auf dem US Highway 1 können durchaus mit dem namensgleichen, kalifornischen Highway 1 konkurrieren – mit dem angenehmen Unterschied, dass normalerweise bei der floridianischen Version wärmere Temperaturen herrschen. Rechterhand ist nun der etwas rauere, tiefblaue Atlantik mit zum Teil hohem Wellengang, links begleitet uns der eher stille, türkisfarbene Golf von Mexiko. Manche Brückentrassen stellen tatsächlich die abrupte Grenze zwischen den beiden intensiv gefärbten Ozeanen dar – ein Wunder der Natur. Der Highway bleibt wiederum bis Florida City/Homestead der US Highway 1. Wer auf dem Weg nach Key West zu wenig Zeit hatte, hat jetzt noch einmal die Gelegenheit für den einen oder anderen Stopp. Wer vielleicht noch einen State Park besuchen möchte, kann kurz hinter dem Ort Marathon den **Curry Hammock State Park** (▶Seite 151) (🌐 www.floridastateparks. org/park/curry-hammock) oder kurz vor dem Ort Layton den **Long Key State Park** (▶Seite 150) (🌐 www.floridastateparks. org/park/Long-Key) besuchen. Beide haben einen Campground.

Die Reise nimmt danach inhaltlich, landschaftlich und geologisch eine deutliche Wendung und Kurs auf die Westküste Floridas. Unterwegs wird noch einmal der Everglades National Park beziehungsweise dessen Peripherie angesteuert, diesmal eine ganze andere Gegend mit neuen Highlights.

Nachdem man die rund 210 km/131 mi von Key West bis Florida City/Homestead zurückgelegt hat, folgt man inmitten Home-

steads der State Road 997 Richtung Norden. Hierzu verlässt man den US Highway 1 an der Northeast 7th Street und biegt gleich wieder rechts in die **North Krome Avenue** ab, die später **Southwest 177th Avenue** heißt – es bleibt aber immer die State Road 997, bis 30 km/48 mi später der **US Highway 41** quert.

💡 Auf dieser Strecke (am besten im Stadtgebiet von Homestead) unbedingt noch einmal tanken und Vorräte auffüllen, auf dem folgenden Streckenabschnitt gibt es so bald keine Tankstellen mehr.

Dem US Highway 41, der vorwiegend **Tamiami Trail** genannt wird, folgen wir nun gen Westen. Der Highway bildet nicht nur die nördliche Grenze des Everglades National Parks, sondern durchquert die komplette Florida-Halbinsel einmal von Ost nach West auf einer Gesamtlänge von 143 km/89 mi.

Der Name „Tamiami" leitet sich von der Zusammensetzung aus **Ta**mpa und **Miami** ab – also die Straße, die von Tampa nach Miami (oder in unserem Fall umgekehrt) führt. Der Tamiami Trail startet bereits in der Calle Ocho (▶Seite 106) ganz im Osten Miamis. Der 1928 fertiggestellte Highway war die erste Querverbindung durch das Gebiet der Everglades. Eine deutlich schnellere, aber recht eintönige Alternativroute wäre eine Fahrt über die nördlich des Tamiami Trails parallel verlaufende **Interstate 75**, auch **Alligator Alley** genannt (die gebührenpflichtig ist, allerdings nur in Richtung Osten nach Fort Lauderdale).

Damit würde man aber zugleich wesentliche Highlights in den nördlichen Ausläufern des Everglades National Parks verpassen.

Auf dem Tamiami Trail werden wir von Störchen und Fischreihern in Empfang genommen, die elegant durch die Lüfte gleiten. Im parallel zur Straße verlaufenden Kanal tummeln sich wieder einmal Alligatoren. Für die Mitreisenden lohnt es sich, die Augen offen zu halten. Alle paar Meter liegt ein Reptil dösend am Ufer oder kühlt sich im Wasser ab. Wer bislang noch keine Alligatoren zu Gesicht bekommen hat, kann sich jetzt auf gute Gelegenheiten freuen.

Nach dem Wechsel von der State Road 997/177th Avenue säumen erst noch Bars, Motels und private Campgrounds den Weg. Hier heißt der US Highway 41 zusätzlich noch 8th Street, was verwirrend ist. Mit dem späteren Erreichen der **Big Cyprus National Preserve** *heißt der Highway dann aber nur noch US Highway 41/Tamiami Trail, der uns bis Tampa begleiten wird, also bis fast ans Ende der Reise.*

TAMIAMI TRAIL SCENIC HIGHWAY/BIG CYPRESS NATIONAL PRESERVE

Der Everglades National Park wurde im vorangegangenen Routenabschnitt mit seiner Infrastruktur, allen wichtigen Fakten, seiner Entstehung und Geschichte sowie seiner vielfältigen Tier- und Pflanzenwelt bereits ausführlich vorgestellt (▶Seite 126). Im Folgenden soll deshalb der Fokus auf den Highlights entlang des Tamiami Trails liegen, dessen volle Bezeichnung „**Tamiami Trail – Windows to the Gulf Coast Waters Scenic Highway**" ist. Die Fahrt auf dieser Strecke ist abwechslungsreich. Genau genommen durchfährt man den Park nicht innerhalb seiner Grenzen, sondern bleibt immer nördlich davon, weswegen man auch keine Gebühren für den National Park entrichten muss. Doch auch wenn man sich außerhalb der Grenzen des National Parks aufhält, findet sich landschaftlich dieselbe Kulisse, die man bereits bei der Fahrt bis Flamingo erlebt hat. In Richtung Westen gehört das Gebiet links des Highways zum Everglades National Park, die Seite rechts steht unter der Verwaltung der State Parks. Zu den sehr empfehlenswerten Aktivitäten am Tamiami Trail gehört eine Fahrt in einem der für diese Gegend typischen, propellergetriebenen Boote (**Airboat** oder Sumpfboot). Diese Wasserfahrzeuge sind sehr schnell, kommen durch noch so flaches Gewässer, sind dafür aber tosend laut und haben außerdem einen Verbrennungsmotor. Deshalb sind diese Fahrten innerhalb des Everglades National Parks aus Gründen des Naturschutzes restriktiert und nur konzessionierte Anbieter dürfen vom Tamiami Trail aus in die Everglades hineinfahren. Ab 2014 sollen auch diese Anbieter vom National Park Service noch einmal eingeschränkt

Tiefe Einblicke in die Natur des Everglades National Parks erhält man rund um den Tamiami Trail.

werden. Eine aktuelle Empfehlung für eine solche Fahrt ist der Anbieter **Coopertown Airboats**, der erste Unternehmer, der diese Fahrten in die Sumpflandschaft angeboten hat (▶Seite 179).

Auf dem Tamiami Trail steht ein Naturabschnitt im Vordergrund: das **Big Cypress National Preserve**. Es ist ein Teil des Everglades National Park, der früher viel größer war als heute, und erstreckt sich entlang des Tamiami Trails vom **Shark Valley** (▶Seite 181) bis **Carnestown**. Es grenzt im Norden an den National Park an und bildet eine Art Übergangszone zwischen dem streng geschützten National Park und dem etwas lockerer gehandhabten Schutz innerhalb des Preserve. 1974 wurde es als erstes Schutzgebiet innerhalb des National Park Systems gegründet. Unter diesem speziellen Schutz stehen die Zypressen inmitten der subtropischen Landschaft bestehend aus gemischten Hammocks mit Karibik-Kiefern, trockener und feuchter Prärie, Sumpfgebieten, Mangrovenwäldern und Orchideen. Auch hier ist das Wasser im nicht wahrnehmbaren Fluss, wie es bereits beim Everglades National Park beschrieben wurde (▶Seite 126). Eine Vielfalt an seltenen Vögeln ist das Highlight des Schutzgebietes. Unter anderem Kraniche, Störche, Reiher und Fischreiher leben hier – man kann sie viel öfter in freier Wildbahn an Teichen und Kanälen des Big Cypress Preserve beobachten als in anderen Regionen Floridas. Aber auch Alligatoren, Seekühe, Hirsche und sogar Schwarzbären oder der Florida-Panther sind gelegentlich anzutreffen.

So stehen also die Chancen für diejenigen, die es bislang auf der Reise noch nicht geschafft haben, auf einen leibhaftigen Alligator in freier Wildbahn zu stoßen, bestens. Vor allem bei Sonnenschein tummeln sich die Echsen in den Kanälen am Wegesrand und machen so manchen Foto-Stopp notwendig. Auf der Fahrt über den Tamiami Trail begegnet man auch mehrfach den indianischen Ureinwohnern, den **Miccosukee**. Sie sind ein Stamm der Seminolen und haben ein Städtchen am Highway (**Miccosukee Indian Village**), in der Schaukämpfe mit Alligatoren gezeigt und Unmengen an kitschigen Souvenirs angeboten werden. Da diese Ansiedlung eher eine Touristenfalle als eine Sehenswürdigkeit ist, soll sie in diesem Routenreiseführer nicht behandelt werden.

Herausragende State Parks auf dem Tamiami Trail wie der **Collier-Seminole State Park**, idyllische Campgrounds, Wanderwege zu Aussichtspunkten und das kleinste Postamt der USA bereichern den Highway und machen ihn zu einer lohnenswerten Strecke. Im Folgenden werden diese Highlights in chronologischer Reihenfolge auf der Strecke vorgestellt. Wenn nicht anders angegeben, befinden sich alle Ziele unmittelbar rechts oder links des Tamiami Trails.

ⓘ SHARK VALLEY VISITOR CENTER (EVERGLADES NATIONAL PARK)

Erste und empfehlenswerte Anlaufstelle auf dem Tamiami Trail: Am Shark Valley Visitor Center sollte man unbedingt einen Stopp einlegen. Man erreicht es 31 km/19 mi, nachdem man auf den Tamiami Trail aufgefahren ist. Hier kann man sich mit Informationsmaterial über alle Attraktionen, Highlights und Wanderungen entlang des nun folgenden Tamiami Trails eindecken und vor allem in die Natur des sogenannten Shark Valleys eintauchen, das vom Visitor Center aus in südliche Richtung noch einmal tief in die Gefilde der Everglades eindringt.

✉ 36000 SW 8th St, Miami, FL 33194
☏ 1-305-221-8776
🌐 www.nps.gov/ever/planyourvisit/svdirections.htm
🕐 Mitte Dez.–Mitte Apr. tägl. 8.30–17 h, Mitte Apr.–Mitte Dez. 9–17 h

🚢 COOPERTOWN AIRBOAT ⊠

Ein bisschen sehen die ulkigen Gefährte mit dem flachen Bootskorpus, den vorderen Sitzbänken und dem Aufbau mit Propellerantrieb im Heck nach Marke Eigenbau aus. Wie eine Mischung aus Propellerflugzeug und Personenfähre. 1945 wurde Coopertown als erstes Unternehmen dieser Art von der Familie Cooper gegründet, deren direkte Nachfahren die heutigen Besitzer sind. Auf Booten für zwei bis 24 Passagiere geht es in die Tiefen des Everglades National Park. Auf keine andere Art ist die einzigartige Natur so hautnah zu erleben wie bei einer Airboat-Tour. Wenn dann auch noch, wie bei Coopertown der Fall, ein kundiger Guide das Gefährt immer wieder anhält und Interessantes über Flora, Fauna, Geschichtliches und Spezielles über die Evergla-

Unberührter kann Natur kaum sein, als man sie bei der Airboat-Tour erlebt.

des berichtet, ist dies eine höchst informative Begegnung mit dem tropischen Marschland.

 Man sollte eine Privattour buchen, die länger und intensiver ist und auf der sich mehr Möglichkeiten ergeben, Fragen zu stellen.

Unterwegs erfährt und sieht man, dass die Marschlandschaft der Everglades von Leben nur so wimmelt. Vögel, Insekten, Fische und natürlich Alligatoren prägen die Kulisse der unendlichen Weite mit Sumpfgebieten, Inseln mit Zypressenbäumen, die den Airboat-Piloten als Navigationspunkte dienen, und Sawgrass – das seinen Namen übrigens daher hat, dass es sich in die eine Richtung gestrichen ganz weich anfühlt, in die andere jedoch messerscharf schneiden kann. Es kann bis zu zweieinhalb Meter hoch werden. Das Boot fährt manchmal über solche Grasflächen hinweg und erst beim Drüberfahren merkt man, dass darunter auch Wasser ist. Ein seltsames Gefühl. Der Guide macht seine Fahrgäste auf die bunte Vogelwelt aufmerksam, hält an einer nur für die Boote zugänglichen Insel beim alten „Duck Club" und beruhigt die Passagiere damit, dass Alligatoren nur zu Zeiten von Hungersnot (sie können beispielsweise nach langer Trockenzeit bei niedrigem Wasserstand weniger schnell jagen) auf Menschen losgehen würden. Ansonsten sei alles, was höher ist als sie selbst, keine Beute. Das ist doch eine gute Nachricht!

Am Ende des Ausflugs geht es über den Coopertown Trail wieder zurück zum Startpunkt. Hier gibt es noch einmal Stopps, wenn Alligatoren zum Boot geschwommen kommen. Es wirkt, als käme das Reptil zum Fototermin. Die Echsen, die namentlich bekannt sind, lassen sich geduldig von allen Seiten ablichten und schwimmen dann wieder gemächlich von dannen. Für mutige Kinder gibt es am Ende der privaten Tour noch die Möglichkeit, einen Baby-Alligator in die Hand zu nehmen. 30 bis 50 Eier lege ein Alligator-Weibchen, jedoch nur zehn Prozent der Babys überlebten, erzählt der Guide, die anderen werden von anderen Tieren gefressen. Wenn sie zwei Jahre alt sind, wendet sich allerdings das Blatt. Nach der spannenden und informativen Fahrt kann man im zugehörigen Restaurant Froschschenkel und Alligator probieren – wenn einem nach solcherlei Delikatessen der Sinn steht. Ein Gehege mit Alligatoren und eine kleine Tiershow mit Schlangen vervollständigen das Angebot.

🪧 *8 km/5 mi nach Abbiegen auf den Tamiami Trail erreicht man Coopertown Airboats auf der linken Straßenseite.*

✉ *22700 SW 8th St, Miami, FL 33194*

📞 *1-305-226-6048*

@ *coairboat@aol.com*

🌐 *www.coopertownairboats.com*

💲 *Erw. $ 23, Kinder (7–11 J.) $ 11, plus $ 3 National Park Eintritt (ab 17 J.), private Touren nach Zeit und Vereinbarung*

❖ SHARK VALLEY 🅱🅇

Direkt am gleichnamigen Visitor Center startet eine von einem Ranger begleitete, zweistündige **Tramtour** in einer motorbetriebenen Bimmelbahn ins Shark Valley, während der es Informationen über die Naturgeschichte der Gegend gibt. Dabei geht es 24 km/15 mi in die Tiefen der Everglades. Die Wahrscheinlichkeit, dabei am Wegesrand sonnenbadende Alligatoren anzutreffen, ist sehr groß. Die Fahrt geht zu einem Aussichtsturm mit sehr gutem Rundumblick auf die Sumpflandschaft. Man kann die asphaltierte Zufahrtsstraße auch mit einem gemieteten Fahrrad befahren (Verleih am Visitor Center, siehe hierzu 🌐 www.sharkvalleytramtours.com/everglades-bicycle-tours), für den Autoverkehr ist sie jedoch gesperrt. Die Streckenlänge von 24 Kilometern mag zwar abschreckend wirken, aber wegen fehlender Steigungen ist sie dennoch gut zu meistern.

👁 Shark Valley Tram Tours

- ☎ 1-305-221-8455
- @ info@sharkvalleytramtours.com
- 🌐 www.sharkvalleytramtours.com
- 🕐 Dez.-April tägl. 9–16 h stündl. & Mai–Dez. 9.30, 11, 14 & 16 h
- 💲 Tram: Erw. $ 25, Kinder (3–12 J.) $ 12,75, Sen.(ab 62 J.) $ 19, Mietfahrrad: $ 9 pro Stunde

Ein braunes Schild am Straßenrand weist darauf hin, dass man sich nunmehr innerhalb des Schutzgebietes Big Cypress befindet. Zwei Visitor Center über das National Preserve werden auf der nachfolgenden Strecke passiert, das Big Cypress Welcome Center (▶Seite 184) und das Oasis Visitor Center (▶Seite 182). Indessen ändert sich landschaftlich augenscheinlich nicht viel, weshalb man getrost die zeitaufwändigere Alternativroute fahren kann, die nun im Folgenden beschrieben wird. Auf der Hauptroute verpasst man auf der ausgesparten Strecke nichts.

Big Cypress National Preserve

- ✉ 33100 Tamiami Trail East, Ochopee, FL 34141
- ☎ 1-239-695-2000
- 🌐 www.nps.gov/bicy

Alternativroute über die Loop Road (Scenic Drive)

 Auf diese kleine Extra-Tour unbedingt ein Fernglas mitnehmen!

*Nur wenige Kilometer westlich des Shark Valley Visitor Center knickt der Tamiami Trail nach rechts ab. An dieser Stelle zweigt links (am **Fortymile Bend**) die Extra-Runde ab, die sich sehr lohnt. Sie führt durch das **Big Cypress National Preserve**. Der Loop ist knapp 26 km/16 mi lang und je nachdem, wie oft man hält, dauert es etwa eineinhalb bis zwei Stunden, ihn zu befahren. Zunächst ist die Straße noch zweispurig, wird jedoch bald einspurig und zur Schotterpiste, von dort an ist sie **für Wohnmobile nicht geeignet**.*

🚐 PINECREST & MITCHELL LANDING CAMPGROUND

Gleich zu Beginn der Schleife passiert man zwei Campgrounds, den **Pinecrest** und den **Mitchell Landing**. Beides sind vom National Park Service verwaltete, einfache Plätze ohne Anschlüsse oder Wasser mit 10 (Pinecrest) beziehungsweise 15 (Mitchell Landing) Plätzen.

Auf der weiteren Fahrt dieser kleinen Zusatzstrecke wird man nicht enttäuscht. An Tümpeln am Wegesrand dösen Alligatoren und mit scharfem Auge – oder noch besser Fernglas – kann man in den Bäumen Geier und andere seltene Vögel beobachten und zwischen den tropischen Bäumen auch mal einen Hirsch sichten. Vor allem aber kann man mit viel Glück vom Aussterben bedrohte Tierarten sehen, die hier ihr Rückzugsgebiet haben. Waldstörche, der Florida-Panther oder der sogenannte Schmuckreiher, der kleinste Vertreter der Reiher mit schneeweißem Federkleid, können hier angetroffen werden. Tiefste Sumpflandschaft umgibt den Besucher, es herrscht eine fast erdrückende Stille und man begegnet kaum Mitreisenden. Farn, Sawgrass, Sumpf, Sumpfzypressen, Hammocks und Teiche, soweit das Auge reicht – man fühlt sich versetzt in eine Welt, die in Watte getaucht ist. Dass so wenig auf dieser Neben-

Mit einem Fernglas im Gepäck sieht man allerhand seltene Vögel.

*An der **Monroe Station** verlässt man den Scenic Drive wieder und folgt dem Tamiami weiter Richtung Westen und Golfküste. Man hat mit dieser Nebenstrecke lediglich das Oasis Visitor Center (▶Seite 182) auf der Hauptroute verpasst.*

🚐 MIDWAY CAMPGROUND

Auf dem Tamiami Trail beziehungsweise innerhalb des Big Cypress Preserve gibt es mehrere Möglichkeiten, sehr naturnah auf einem staatlichen Platz zu übernachten. Der Midway Campground ist der erste davon. Er befindet sich auf der linken Straßenseite kurz vor dem Oasis Vistor Center und hat einige Merkmale wie Duschen und elektrische Hookups, ist also nicht ganz einfach ausgestattet.

✉ 52870 Tamiami Trail East, Big Cypress, FL 34141
☎ 1-239-695-1201
🌐 www.nps.gov/bicy/planyourvisit/
   midway-campground.htm

🚻 Nein	🛏 26	🚐 10			
💧 Ja	📶 Nein	🔌 Nein			
⭐ ✱✱					

ℹ OASIS VISITOR CENTER (BIG CYPRESS NATIONAL PRESERVE)

Zwar folgt das Visitor Center selbst im weiteren Verlauf des Tamiami erst 63 km/39 mi nach Auffahrt auf selbigen, aber es ist das zentrale Center für das Big Cypress National Preserve und dessen Natur- und Kulturgeschichte. Über das Schutzgebiet gibt es Exponate und es wird ein Film gezeigt. Die Ranger sind behilflich, ein individuelles Programm zusammenzustellen und geben Ratschläge, was sehenswert ist. Das Center liegt auf der rechten Straßenseite.

✉ 52105 Tamiami Trail East, Ochopee, FL 34141
☎ 1-305-695-1201
🌐 www.nps.gov/bicy/planyourvisit/oasis-visitor-center.htm
🕐 9–16.30 h

strecke los ist, kann man vielleicht geschichtlich begründen: Es heißt, es seien schon immer Menschen von diesem speziellen Gebiet angezogen worden, die die Gesellschaft und ihre Regeln ablehnten. So wurde das Big Cypress National Preserve oft als Floridas Ausgabe des Wilden Westens betrachtet.

🚶 GATOR HOOK TRAILHEAD

Bevor man wieder auf den Tamiami Trail trifft, sollte man sich ein wenig die Beine vertreten. Die noch recht neu angelegte Wanderung wird von den Bohlen einer alten Eisenbahnschiene gebildet. Der Name des Wanderwegs soll Assoziationen zu Alligatorenjägern, Trappern und Schwarzbrennern wecken – allesamt dafür verantwortlich, dass das südwestliche Florida als wild und gesetzlos galt – und das noch lange, nachdem der richtige Wilde Westen schon gezähmt war.

➡ Etwa 23 km/14 mi nach Befahren der Loop Rd und 3 km/2 mi, bevor sie wieder auf den Tamiami Trail stößt. Auf der rechten Straßenseite (ausgeschildert).
🕐 1,5 Std.
➋ Einfach
➡ 2,4 km/1,5 mi (Rundweg

Ende der Alternativroute

🚐 MONUMENT LAKE CAMPGROUND

Nach dem Visitor Center und nachdem man gegegebenfalls von der Alternativstrecke über die Loop Road zurückkehrt ist, folgt schon der nächste Campground am Tamiami Trail. Weniger Ausstattungsmerkmale als der vorangegangene Midway Campground aber eine ebenso ruhige Lage zeichnen diesen Platz aus, der rechts der Straße am gleichnamigen Monument Lake liegt.

📧 US-41, Ochopee, FL 34141
☎ 1-239-695-1201
🌐 www.nps.gov/bicy/planyourvisit/
monument-lake-campground.htm
🏧 Ja   💺 26   🚿 10
😐 Nein   📶 Nein   📶 Nein
🔆 Mitte Aug.–Mitte Apr.
⭐ ★★

Die Landschaft auf dem Tamiami Trail ändert sich derweil nur wenig. Man durchfährt Gebiete mit dichtem Sumpfzypressenbestand. Ein exotisches Bild geben die immer wieder dazwischen herausragenden Palmen ab. Unterbrochen wird die Kulisse regelmäßig von freien, prärieartigen Flächen mit Sawgrass. Auf der linken Straßenseite folgt schon bald ein nächster potenzieller Haltepunkt.

☗ KIRBY STORTER ROADSIDE PARK/BOARDWALK

Die Bezeichnung „Park" ist etwas irreführend. Tatsächlich besteht das Parkgelände aus Picknicktischen und einer kurzen Wanderung über einen Boardwalk – lohnt sich indessen aber sehr. Nach etwa 800 Metern über den Holzsteg, der ein von etwa 30 Meter hohen Zypressen bewachsenes Sumpfgebiet durchquert, erreicht man einen Teich. Rund um diesen wollen exotische Tiere entdeckt werden. Schlangen, Schildkröten und Waldstörche sind nicht selten neben den obligatorischen Alligatoren. Der Weg unterscheidet sich deshalb von anderen der Gegend, weil das durchwanderte Gebiet mehr den Charakter einer Prärie hat als den eines Sumpfgebietes. Man erreicht den Haltepunkt nach dem Campground an der südlichen Straßenseite. Am Parkplatz gibt es Informationstafeln.

➡ *Parkplatz des Kirby Storter Roadside Park westlich des Oasis Visitor Centers*
🕐 *1 Std.*
➋ *Einfach*
↔ *1,3 km/0,8 mi*

☗ H.P. WILLIAMS ROADSIDE PARK 🏕

Wieder wird die Straßenseite gewechselt, der nächste Park folgt auf der nördlichen Seite. Diesmal beinhaltet der Stopp lediglich einen Picknickbereich an einem Kanalufer, aber versehen mit einem Beobachtungsposten, von dem aus man Alligatoren und Vögel beobachten kann.

💡 Am H.P. Williams Roadside Park zweigt die **Turner River Road (State Road 839)** Richtung Norden ab. Auf ihr kann man durch offene Prärie fahren, die an Kanälen entlangführt, an denen es von Alligatoren und Vögeln nur so wimmelt. Allerdings ist die Straße unasphaltiert und nicht bequem befahrbar. Empfehlung: einfach des Eindrucks wegen ein Stück hinein- und wieder hinausfahren (sie führt bis zur querenden Interstate 75).

Es folgen nun erst rechts des Tamiami Trails und gleich darauf links zwei Ziele, die man übersehen könnte, wenn man nicht auf sie vorbereitet ist. Ein besonderes Restaurant und ein originelles Postamt.

👁 JOANIE'S BLUE CRAB CAFÉ

Noch zur Gemarkung von Ochopee gehört dieses Restaurant mit Spezialitäten aus der lokalen Küche (nur Mittagessen). Neben Alligatorengerichten werden Froschschenkel und Krabben serviert, es gibt aber auch Bodenständiges wie Hamburger und Chicken Wings oder indianische Spezialitäten. Sehr lecker ist vor allem das Indian Fry Bread mit Salsa. Empfehlenswert ist Joanie's Café vor allem wegen der ungewöhnlichen Einrichtung – eine Mischung aus antik und unkonventionell. Das Gebäude stammt aus dem Jahr 1928, dem Jahr, als der Tamiami Trail fertiggestellt wurde. Man findet alle Arten von Publikum in dieser Speisestätte – vom Motorradfahrer über die amerikanische Familie bis zum europäischen Touristen.

📧 39395 Tamiami Trail East, Ochopee, FL 34141
☎ 1-239-695-2682
🕐 Winter: tägl. 10–17 h, Sommer: Do–So
🌐 http://joaniesbluecrabcafe.com

Das Schild ist fast genauso groß wie das kleinste Postamt selbst.

👁 OCHOPEE POSTAMT

Nur ein kurzes Stück vom H.P. Williams Roadside Park und wenige Meter von Joanie's Blue Crab Café entfernt befindet sich die kleine Ansiedlung Ochopee, die nicht einmal die Größe erreicht, um als Gemeinde eingetragen zu werden. Man ahnt anhand der geringen Zahl von Briefkästen, dass hier wohl nicht viele Menschen leben. Umso erstaunlicher ist die Tatsache, dass es für die wenigen Bewohner ein eigenes Postamt gibt – es ist indes auch das kleinste der ganzen USA. Eigentlich ist es nicht viel mehr ein etwa 2,10 x 2,40 Meter großer Schuppen, der als Postamt eingesetzt wurde, nachdem das Original-Postamt 1953 niedergebrannt war. Das Häuschen war ehemals ein Lagerraum für Bewässerungsrohre einer Tomatenfarm. Das Postamt ist auch heute noch in Betrieb und dient wohl mehr als Touristenattraktion denn als eine zwingend notwendige Poststation. Zumal man um die Post herum nicht das geringste Anzeichen menschlicher Zivilisation erspähen kann. Ein einziger Angestellter arbeitet hier täglich und seine Hauptaufgabe scheint darin zu bestehen, Postkarten zu verkaufen und Fragen zu beantworten. Zu Zeiten von Sparmaßnahmen überlebt diese Einrichtung, nicht viel größer als ein Plumpsklo, wohl nur aufgrund seines niedlichen Erscheinungsbildes und seiner kuriosen Funktion.

✉ *38000 Tamiami Trail East, Ochopee, FL 34141*
☎ *1-239-695-2099*
🌐 *www.uspspostoffices.com/fl/ochopee/ochopee*
🕐 *Mo–Fr 8–10 & 12–16 h, Sa 10–11.30 h*

🅱 BIG CYPRESS SWAMP WELCOME CENTER

Zwar neigt sich die Fahrt auf dem Tamiami Trail bereits dem Ende entgegen, aber es schadet trotzdem nicht, an diesem Visitor Center noch einmal anzuhalten. Es ist zwar eher der Verwaltungsbereich des Big Cypress National Preserve, aber trotzdem gibt es das übliche und geschätzte Informationsmaterial, hilfreiche Ranger und einen Einführungsfilm über die Sumpflandschaft, ihre Ressourcen und ihren Erholungswert. Im Außenbereich des Visitor Centers kann man von einem Boardwalk aus einen Teich überblicken, an dem sich vor allem im Winter Alligatoren versammeln.

✉ *33000 Tamiami Trail East, Ochopee, FL 34141*
☎ *1-239-695-4758*
🌐 *www.nps.gov/bicy/planyourvisit/*
  big-cypress-swamp-welcome-center.htm
🕐 *Tägl. 9–16.30 h*

Ausflug nach Everglades City

Bald ist die Golfküste und mit ihr die Stadt Naples erreicht. Doch ein paar lohnenswerte Ziele hält der Tamiami Trail noch bereit. Gleich nach dem Big Cypress Swamp Welcome Center kreuzt die **State Road 29** *den US Highway 41. Auf diese biegt man links ab und folgt der Straße für etwa 7 km/4 mi. Dann ist das kleine, überschaubare, aber durchaus reizvolle Everglades City erreicht und man verschafft sich am besten im Visitor Center einen Überblick über die möglichen Aktivitäten.*

Everglades City liegt an der Chokoloskee Bay am Golf von Mexiko.

🏠 EVERGLADES CITY 🖼️🛏️✕🚗🏧

Everglades City liegt an der nordwestlichen Grenze des gleichnamigen National Parks an der **Chokoloskee Bay** und eignet sich sehr gut als Ausgangspunkt für Aktivitäten rund ums Wasser. Nach der Fahrt über den Tamiami Trail ist die touristische Infrastruktur willkommen, um Proviant aufzufüllen, zu tanken oder in einem stabilen Hotelbett zu übernachten. Große Highlights hat der Ort zwar nicht zu bieten – er zählt gerade mal 410 Einwohner – aber einen gewissen Charme kann man ihm nicht absprechen. Die Funktion des Ortes liegt dennoch vielmehr auf den Unternehmungen, die man von hier aus starten kann. In diesem Zusammenhang wird Everglades City oft als „**Gateway to the Ten Thousand Islands**" bezeichnet, den an der Südwestküste vorgelagerten Inseln. Genau genommen sind es sogar 16.000 Inseln, die auf einer Länge von 200 Kilometern in der Bucht und am Golf von Mexiko liegen. Der südliche Teil der weitgehend unberührten Inseln gehört noch zum Everglades National Park, nördlich schließt das Schutzgebiet **Ten Thousand National Wildlife Refuge** an. Bootsausflüge, organisiert oder auf eigene Faust, zu den Inseln oder über den **Wilderness Waterway** nach Flamingo (▶ Seite 126) machen den kurzen Abstecher an die Südspitze der Halbinsel lohnenswert.

Freunde von Meeresfrüchten sollten in Everglades City die speziell dort berühmte **Stone Crab** (Steinkrabbe) nicht versäumen. Gelegenheiten dazu gibt es viele in Everglades City, wo die Krabben direkt vom Dock weg so frisch wie nirgendwo zubereitet werden. Zahlreiche einfache Restaurants bieten die Delikatesse an, sie befinden sich meist direkt am Meer und machen gut sichtbar auf ihre Spezialität aufmerksam. Ein von Insidern gut bewertetes Restaurant ist das **Triad Seafood**, ✉ 401 School Drive West ☎ 1-239-695-0722 🕐 Sonntag bis Donnerstag 10.30 bis 18 Uhr, Freitag und Samstag 10.30 bis 19 Uhr 🌐 http://triadseafoodmarketcafe.com.

> ❗ Eine Eintrittsgebühr für den National Park wird auch in Everglades City nicht erhoben, es gibt keinen offiziellen Zugang.

🅱 GULF COAST VISITOR CENTER

Am südlichsten Zipfel von Everglades City und etwa 8 km/5 mi nach der Abzweigung der State Road 29 vom Tamiami Trail befindet sich das Visitor Center direkt an der Bucht. Es ist Ausgangspunkt für die Erforschung der **Ten Thousand Islands**, ein Labyrinth von Mangroveninseln und Wasserwegen, die sich bis nach Flamingo und die Florida Bay erstrecken. Neben Backcountry Permits gibt es Info-Filme, Exponate über die Besonderheiten der Region und Info-Broschüren. Im Gebäude des Visitor Centers kann man sich für Bootstouren anmelden beziehungsweise Kanus mieten.

✉ *815 Oyster Bar Ln, Everglades City, FL 34139*
☎ *1-239-695-3311*
🌐 *www.nps.gov/ever/planyourvisit/gcdirections.htm*
🕐 *Mitte Nov.–Mitte April 8–16.30 h, Mitte April–Mitte Nov. 9–16.30 h*

Das Rathaus des charmanten Ortes

👁 **Highlights**

▶ **Ten Thousand Island Cruise**

Wer sich lieber bequem schippern lassen möchte als auf Indianerart um die Ten Thousand Islands zu paddeln, kann sich an Bord eines Ausflugsschiffes begeben. Die Bootsfahrt wird nur von diesem einen privaten Unternehmen im Auftrag des National Park Services angeboten. Unterwegs gibt es Informationen und Geschichten vom Kapitän über die Mangrovenwildnis, durch die man fährt. Es ist der zweitgrößte Mangrovenwald der Welt. Er weist auch auf Besonderheiten der Tierwelt hin, zum Beispiel auf ein Nest mit zwei Wochen alten Fischadlern, das sich für den Betrachter in praktischer Höhe auf einem Schild im Wasser befindet.

Der Kapitän kann zudem jeden Vogel benennen, der den Weg des Schiffes in irgendeiner Weise kreuzt. Öfter wird das Schiff angehalten, damit man schöne Fotos machen kann. Besonders beeindruckend und oft zu sehen ist die Königsseeschwalbe (im Englischen heißt sie „**Royal Tern**") mit ihrem schneeweißen Federnkleid und dem schwarzen Häubchen – beides im starken Kontrast zum knallig-orangefarbenen Schnabel. Oder der staksige **White Ibis**, der laut Kapitän bei einem Hurrikan als Letzter das Weite sucht und als Erster wieder zurückkehrt. Nach

20 Minuten Fahrzeit ist mit der **Indian Key Island**, einer Robinson-Crusoe-Insel, der offene Ozean erreicht.

Was bei dieser Fahrt im Gegensatz zu den Versprechungen der Mitarbeiterin im Visitor Center nicht garantiert ist, sind Seekühe, Weißkopfseeadler, Fischadler und Strandläufer. Häufig sollen auch Delfine im Kielwasser des Schiffes springen. Wir hatten diesbezüglich kein Glück und nur kurz einen Delfin in der Ferne gesehen. Die Mitarbeiterin empfiehlt die 17-Uhr-Fahrt, weil die Tiere dann auf dem Weg „nach Hause" seien. Aber auch dafür gibt es keine Garantie. Die Fahrt dauert etwa 90 Minuten und ist vor allem deshalb empfehlenswert, weil das Schiff leise durchs Wasser gleitet und die Wildtiere nicht vertrieben werden, wie es beim Lärm der Propellerboote der Fall sein kann. Das Unternehmen vermietet auch Kanus und Kajaks, sodass man auf eigene Faust losziehen und das Biosphärengebiet erforschen kann. Man sollte jedoch bedenken, dass das Wasser sehr flach ist, dass auch die Kapitäne der Ausflugsschiffe sehr vorsichtig sein müssen und dass bei Ebbe die Wassertiefe nur einen Meter betragen kann. Die Miete für ein Kanu kostet 💰 pro Tag $ 38, für ein Kajak (Einer) $ 45, ab zwei Tagen $ 35 und für ein Zweierkajak $ 55 beziehungsweise $ 45.

📍 *Über die SR-29 in den Ort Everglades City fahren, dem Straßenverlauf weiter für etwa 5,6 km/3,5 mi folgen, dann rechts in die Oyster Bar Ln einbiegen.*

✉ *815 Oyster Bar Ln, Everglades City, FL 34139*

☎ *1-239-695-2591*

🌐 *http://evergladesnationalparkboattoursgulfcoast.com*

💰 *Erw. $ 37,10, Kinder (5–12 J.) $ 19,08*

▶ **Museum of the Everglades**

Ob zusätzlich zum Naturerlebnis der Ten Thousand Islands oder um einen theoretischen Einblick zu erhalten – in beiden Fällen bietet sich ein Besuch in diesem Museum an, in dem es um die Geschichte ganz speziell dieser Region geht. Artefakte und Fotos zeichnen ein recht farbenfrohes Bild der Vergangenheit, in der ein gewisser **Baron Gift Collier** eine große Rolle gespielt hat. Vor seinem Erscheinen lebten Farmer, Fischer und Jäger in der Gegend, in Everglades City gab es die prominente Familie Storter. Von ihr kaufte Collier 1922 die Siedlung und machte eine Industriestadt daraus, die nicht nur Sitz seines neuen County wurde, sondern auch die Basisstation für den Bau des Tamiami Trails. Das heutige Museum ist in der ehemaligen Wäscherei von Everglades City untergebracht. Es steht unter Denkmalschutz.

- ✉ 105 W Broadway, Everglades City, FL 34139
- ☎ 1-239-695-0008
- 🌐 www.evergladesmuseum.org
- 🕐 Ganzj. Mo–Sa 9–16 h
- 💲 Frei (Spende erwünscht)

🏨 Übernachten

🏨 Rod and Gun Lodge

Nostalgie trifft auf Eleganz. Mitten in Everglades City befindet sich dieses unter Denkmalschutz stehende Haus aus der Mitte des 19. Jahrhunderts, in dem man als Gast eine Zeitreise in die Gründerjahre des Ortes unternimmt. Ausgestattet ist es mit Restaurant und kleinem Pool und großen, einfach eingerichteten Cottages, in denen man übernachtet. Ein sehr guter Ausgangspunkt für Unternehmungen in der Region.

- ✉ 200 Broadway, Everglades City, FL 34139
- ☎ 1-239-695-2101
- 🌐 www.paradisecoast.com/listings/
  hotels_and_rentals/profile/rod-gun-lodge
- 💲 **

🚐 Chokoloskee Island Park

Südwestlich von Everglades City und bereits innerhalb des gleichnamigen Parks liegt dieser Campground und RV Park (5 km/3 mi Fahrstrecke vom Gulf Coast Visitor Center entfernt). Das Besondere an diesem Campground ist seine Lage, umgeben von Wasser, und seine gehobene Ausstattung. Der Platz wurde 2012 mit einem Preis ausgezeichnet.

- ✉ 1150 Hamilton Ln, Chokoloskee, FL 34138
- ☎ 1-239-695-2414
- @ manager@chokoloskee.com
- 🌐 www.chokoloskee.com

🅿 Ja	🚐 33	🔌 38
⚡ 10 (auf Anfrage auch mehr)	💲 Ja	
🚿 Ja	📶 Nein	💲 ***

Nach dem kleinen, lohnenswerten Ausflug nach Everglades City und damit einem letzten Kontakt mit dem Everglades National Park geht es über die State Road 29 wieder in nördliche Richtung zurück zum Tamiami Trail. Auf diesen biegen wir links ein und behalten die westliche Fahrtrichtung zur Golfküste weiter bei.

Ende des Ausflugs

Ungefähr 16.000 Inseln aller Größen gehören zu den Ten Thousand Islands.

🚶🌲🌲 BIG CYPRESS BEND TRAIL

🌲 COLLIER-SEMINOLE STATE PARK 🅸 ☆

Nach der Kreuzung des Tamiami Trails und der State Road 29, an der es links zum Ausflug nach Everglades City ging, folgt auf der rechten Straßenseite eine schöne Wanderung auf einem Boardwalk innerhalb des **Fakahatchee Strand Preserve** (nicht zu verwechseln mit dem Fakahatchee Strand Preserve State Park, den man über die State Road 29 in nördliche Richtung erreichen würde!). Damit befindet man sich nun übrigens an der westlichen Grenze des Big Cypress National Preserve. Kernstück des Fakahatchee Strand Preserve ist eine Wanderung auf dem **Big Cypress Bend**, einem Holzsteg, der durch einen Hunderte von Jahren alten Zypressensumpf führt. Begünstigt von länglichen Mulden (sogenannte „Strands"), die der sich auflösende Kalkstein hinterlassen hat, konnte sich im Laufe der Zeit eine wunderschöne Sumpflandschaft mit Zypressenbewuchs entwickeln. Am Ende des Bend haben sich kleinere Becken aus den tieferen Gewässern des Sumpflandes gebildet. Dort ist normalerweise wieder die ganze prominente Wildtierwelt der Region vertreten. Trotzdem liegt der Fokus dieser Wanderung eindeutig auf der beeindruckenden Pflanzenwelt. Deshalb am Ende des Boardwalks unbedingt auch die Augen offenhalten nach gerade blühenden, exotischen Blumen. Innerhalb des Preserve gibt es weitere Wege zu erkunden, oft aus alten Bahnschienen angelegt.

➡ *Parkplatz des Fakahatchee Strand Preserve am Tamiami Trail, an den Informationstafeln*

🕐 *1 Std.*

➡ *Leicht*

➡ *2 km*

Bevor die Reise wieder auf besiedeltere Gegenden trifft, wird mit dem Collier-Seminole State Park noch einmal ein Highlight auf dem Tamiami Trail angefahren. Der State Park befindet sich etwa 25 km/16 mi westlich der Kreuzung Tamiami Trail/State Road 29. Wandern, Paddeln und auch noch einmal Camping in schöner Umgebung sind hier angesagt. In dieser südwestlichen Ecke Floridas wird die Welt wilder und feuchter – streckenweise sieht es aus wie dicht bewaldetes Land, dazwischen immer wieder Mangrovensümpfe, die so undurchdringlich sind, dass man sie nur auf den Flüssen per Boot durchfahren kann. Das ist das wahre Dschungel-Feeling! Dieses kann man am besten auf einer Bootstour durch den Mangroven-Sumpf erleben (der übrigens einer der größten der Welt ist), indem man sich ein Kanu ausleiht (Vermietung an der Bootsrampe des Bootshafenbeckens beim Parkplatz) (💲 $ 5 pro Stunde, $ 25 für einen Tag) und über den **Blackwater River** paddelt oder an einer von einem Ranger geführten Bootstour teilnimmt.

Im State Park gibt es eine kleine Besucherinformation, bei der man Auskunft über die Angebote erhält. Das Gebäude ist eine Nachbildung eines Blockhauses aus dem Seminolenkrieg und alleine daher schon sehenswert. Neben der Mangroven-Bewaldung ist die seltene **Königspalme** im State Park heimisch. Eine besondere Augenweide ist auch die **Coral Bean Plant** (übersetzt Korallenstrauch), die sich aus vielen leuchtend pinkfarbenen Einzelblüten zusammensetzt. Der Collier-Seminole State Park wurde bereits zweimal zu Amerikas bestem State Park gekürt.

Der Natur wird ein **National Historical Mechanical Engineering Landmark** entgegengesetzt in Form einer überdimensional großen Baggerschaufel, die bei den Arbeiten am Tamiami Trail in Funktion war

Wenn man die Augen offenhält, kann man exotische Pflanzen entdecken.

Per Kanu erlebt man den State Park am eindrucksvollsten.

und mit der der Südwesten Floridas für Reisende erst zugänglich gemacht wurde. Das Ungetüm wurde 1924 gebaut und ist das letzte Exemplar der sogenannten Bay City Walking Dredges.

- ✉ *20200 Tamiami Trail, Naples, FL 34114*
- ☎ *1-239-394-3397*
- 🌐 *www.floridastateparks.org/park/Collier-Seminole*
- 🕐 *Tägl. 8 h–Sonnuntergang*
- 💲 *$ 5 pro Fahrzeug, $ 2 pro Fußgänger*

🚶 Wandern

▶ Nature Trail

Es ist der kürzeste von drei Wanderwegen im Park und führt über einen Boardwalk und eine Aussichtsplattform über einen Salzsumpf.

- 📍 *Gegenüber dem Bootshafenbecken (ausgeschildert)*
- 🕐 *1 Std.*
- 🔵 *Einfach*
- ➡ *1,5 km/1 mi*

▶ Adventure Trail

Diese lange Wanderung führt durch Kiefernwälder und den Zypressensumpf.

- 📍 *Außerhalb des State Parks direkt am Tamiami Trail*
- 🕐 *4 Std.*
- 🔵 *Anstrengend*
- ➡ *10,5 km/6,5 mi*

▶ Historic Marco Road

Dieser Weg ist sowohl mit dem Fahrrad als auch zu Fuß machbar und führt entlang der Historic Marco Road. Sumpfgebiet, Hammocks und Kiefernwald werden dabei auf 6,5 km/4,1 mi durchfahren oder durchwandert.

- 📍 *Am Tamiami Trail (Parkplatz) außerhalb des State Parks*
- 🕐 *2 Std.*
- 🔵 *Einfach*
- ➡ *5,5 km/3,5 mi*

Der kurze Naturlehrpfad gegenüber vom Hafenbecken.

189

🏠 Übernachten

🛏 Collier-Seminole SP Campground

Eine letzte Möglichkeit, idyllisch zu campen, bevor es an der Westküste wieder etwas turbulenter zugeht, bietet dieser State Park Campground. Allerdings sollte man ausreichend Vorkehrungen gegen die Stechmücken treffen. Die Plätze sind schön, großzügig und mit viel Grün angelegt. Es gibt sogar einen Waschsalon hier draußen in der Wildnis.

✉ *20200 Tamiami Trail, Naples, FL 34114*
☎ *1-239-304-3397*
☎ *1-800-326-3521 (Reservierungen)*
🌐 *www.floridastateparks.org/park/Collier-Seminole*

🛏 Ja	📷 91	🚐 17
♿ Ja	🛒 Ja	🛜 Nein
🐕 ✱		

Vom letzten Stopp auf dem Tamiami Trail, dem Collier-Seminole State Park, sind es nur noch 27 km/17 mi bis Naples. Nach der Fahrt durch das Sumpfgebiet ist eine etwas größere Stadt ganz angenehm, vor allem, was die Versorgung betrifft. Auf den wenigen Kilometern aber erleben wir noch einen völligen Szenenwechsel: Ging es eben noch

durch die Sumpflandschaft des Big Cypress im südlichen Florida, geht die Landschaft jetzt nahtlos über in das Sumpfgebiet der Mangroven im südwestlichen Bereich des Staates. Der Collier-Seminole Park fungiert als Schnittpunkt zwischen Land und Meer, Süßwasser und Salzwasser, tropischer und gemäßigter Zone.

Es bleibt jedoch nicht viel Zeit, die entsprechenden Veränderungen wahrzunehmen, denn schon bald nimmt uns das städtische Umfeld von Naples auf, wohin wir ohne abzubiegen auf dem Tamiami Trail (US Highway 41) durchfahren können. Ein Golfplatz nach dem anderen an der Straße bereitet die Reisenden auf die nun folgende Zivilisation vor, die im starken Kontrast zur eben gerade noch erlebten Natur steht.

Campen in herrlicher Umgebung innerhalb des Collier-Seminole State Park

VON NAPLES ÜBER DIE GOLFKÜSTE
UND DEN OCALA NATIONAL FOREST
ZURÜCK NACH ORLANDO

Von Naples über die Golfküste und den Ocala National Forest zurück nach Orlando

Auf dem Weg über den Tamiami Trail nach Naples wird Marco Island bewusst und im wahrsten Sinne des Wortes links liegengelassen, denn ein Abstecher dorthin lohnt sich nicht. Die Insel gehört zu den Ten Thousand Islands, unterscheidet sich aber von diesen, weil sie dicht besiedelt ist, darüber hinaus aber für Touristen wenig zu bieten hat. Das zeigt sich vor allem in mäßig attraktiven Hotel- und Apartmentblocks, die das Strandbild eher verunstalten.

Auf dem Weg vom Tamiami Trail Richtung Golfküste liegt der Naples/Marco Island KOA Campground, eine gute Übernachtungsalternative zu einem Aufenthalt am Tamiami Trail oder rund um Naples (▶Seite 200). Mit Naples ist die **Paradise Coast** erreicht, die diesen Namen nicht umsonst trägt. Traumhafte Strände erwarten uns an der Golfküste, manche davon wurden bereits zu den besten des ganzen Landes gekürt.

🏠 NAPLES 🖥️ℹ️➕❌🖼️🏛️

		Naples	Stralsund
🏘️	Stadt	22.000	58.000
👥	Metropol	322.000	
	pro km²	684	1.073
⊘	km²	37	39
〰️	über NN	1 m	9 m
🌧️	mm	1.318	656
❄️	°C	25	6
☀️	°C	32	18
📍	Key West		383 km/ 239 mi
	Cape Coral		61 km/ 38 mi

Naples ist vielseitig und anmutig – Idylle herrscht sogar mitten in der Stadt.

Gibt man im Internet „Naples" ein, erscheinen zuoberst englisch-sprachige Internetseiten über die italienische Stadt **Neapel**, deren englische Übersetzung Naples ist. Und dieser Zusammenhang ist natürlich kein Zufall. Den Namen haben Werbetreibende der Stadt verpasst, da sie der Meinung waren, dass die Bucht von Naples die von Neapel an Schönheit weit überrage. Sieht man vom mediterranen Flair ab, kann man den Vergleich zwischen den beiden Städten nicht ganz nachvollziehen. Naples ist von Wasserkanälen durchzogen, auf denen die Jachten der zahlreich ansässigen Millionäre vor An-

Am malerischen Pier von Naples befindet sich ein schöner Sandstrand – mitten in der Stadt.

ker liegen. Eine Assoziation wäre also eher mit der Lagunenstadt Venedig gegeben, aber diesen Vergleich hat sich ja schon Fort Lauderdale an der Atlantikküste auf die Fahnen geschrieben. Italienische Anklänge hat Naples jedoch allemal zu bieten, was sich in der Architektur der Villen oder an den von Palmen gesäumten Boulevards widerspiegelt.

Die Ureinwohner von Naples haben jedoch keine italienischen, sondern indianische Wurzeln. Sie bevölkerten den Landstrich bis zur Mitte des 19. Jahrhunderts. Dann kamen reiche Börsenspekulanten, es folgte das erste Hotel und schließlich gab es mit dem Bau eines Bahnanschlusses (1927) und des Tamiami Trails (1928) einen so großen Aufschwung, dass Naples zum Seebad wurde und reiche Urlauber anzog. Zu dieser Zeit wurde der Name Naples aus der Taufe gehoben, die Grundstückspreise stiegen, die Hotels schossen aus dem Boden. Es entstand die sogenannte „Millionaire's Row", eine Reihe schicker Strandhäuser, die heute die Altstadt (siehe unten) schmücken. Nach der Zerstörung fast der ganzen Stadt durch den Hurrikan Donna 1960 wurde erst recht gebaut – und Naples wächst bis zum heutigen Tag weiter.

Trotz der überschaubaren Größe ist Naples eine weitläufige Stadt. Ist man nach dem Collier-Seminole State Park dem Tamiami Trail weiter gefolgt, landet man automatisch mitten in Naples und auf der 5th Avenue South. In

diese geht der Tamiami Trail im Stadtgebiet nahtlos über. Die 5th Avenue South erstreckt sich bis zum Strand, während der Tamiami Trail beim Greater Chamber of Commerce in die 9th Avenue abzweigt und weiter Richtung Norden führt. Ein Netz von öffentlichen Verkehrsmitteln gibt es nicht, weswegen man auf einen eigenen fahrbaren Untersatz angewiesen ist. Alternativ gibt es wie in den meisten Städten etwas größeren Umfangs auch in Naples **Trolleys**, mit denen man Stadtrundfahrten unternehmen kann (▶Seite 195). Das Zentrum von Naples bildet die Altstadt **Old Naples** zwischen der Naples Bay, dem Golf von Mexiko und der **South 5th Avenue** mit Straßencafés, Galerien und Boutiquen. Wenn von der **Naples Bay** die Rede ist, ist ein schmaler, etwa sechs Kilometer langer, flacher Meeresarm mitten im Stadtgebiet von Naples gemeint, von dem Kanäle abgehen. Einer der Kanäle wird im weiteren Verlauf Richtung Norden zum **Gordon River**, auf dem man sehr gut paddeln kann (▶Seite 198) Die Altstadt ist wieder einmal schachbrettartig angelegt, was die Orientierung erleichtert. Mitten in der Stadt kommt man direkt am Ozean in den Genuss eines weißen Sandstrandes mit Palmen. Er ist kilometerlang und sein Highlight ist der etwa 300 Meter weit ins Meer hinausführende **Naples Pier**, der als Wahrzeichen dient. Man findet ihn in der Verlängerung der 12th Avenue South. Um das Pier zu besuchen, parkt man am besten am Ende der östlichen Verlänge-

Mediterrane Stimmung in Tin City

rung, wo es kostenlose öffentliche Parkplätze gibt (✉ 12th Ave, Naples, FL 34102).

Südlich der 5th Avenue gab es früher eine Fischfabrik, heute schlägt am Old Marine Marketplace at **Tin City** das Herz der Stadt (zwischen 5th und 6th Avenue South direkt an der Naples Bay). Hervorgegangen aus den robusten Gebäuden der Fabriken entstand in den 70er-Jahren des 20. Jahrhunderts eine bunte Mischung aus Souvenirläden und Restaurants. Herausragend edle Einkaufsmöglichkeiten gibt es in der **Venetian Bay** in der 3rd Street South und in den Shopping- und Dining-Areas der 5th Avenue.

✉ 1200 5th Ave Naples, FL 34102
☎ 1-239-262-4200
🌐 www.tin-city.com
🕐 Geschäfte: Mo–Sa 10–21 h, So 12–17 h; Restaurants: So–Do 11–22 h, Fr & Sa 11–23 h

Dort herrscht ganztägig südländisches Flair. Auf dem **Dockside Boardwalk**, einem schmalen Holzsteg entlang des Meeresarms, finden sich Restaurants, Bars und Anbieter für Schifffahrten, während auf dem Wasser die beeindruckenden Jachten in der Sonne schaukeln. Rund um Tin City kann man problemlos und meist kostenlos parken. Für den Boardwalk parkt man am besten am nördlichsten Parkplatz zu Tin City (erkennbar an dem groß aufragenden Leuchtreklameschild „Tin City") und begeht den Meeresarm und damit den Holzsteg ebenfalls an seinem nördlichen Ende.

Naples ist die Stadt der Strände, des Shoppings und der Reichen. Eine große

Zahl von Golfplätzen privater Golfclubs und prachtvolle Wohnviertel mit exklusiven Villen zeugen davon. Nutznießen kann man in einer für die USA ungewohnt vielfältigen, gehobenen Restaurantlandschaft von diesem Umstand. Vor allem der frische Fisch wird überall delikat zubereitet. Innerhalb der Saison steht die Steinkrabbe von Oktober bis Mai auf den meisten Speisekarten. Neben verstreut liegenden, exklusiven Einkaufsmöglichkeiten ist das **Coastland Center** eine Empfehlung für Shoppen, wenn man viele Geschäfte beisammen haben möchte.

🚩 Von der Kreuzung 5th Ave S und 9th Ave N dem US-41 etwa 3 km/2 mi folgen, dann folgt rechterhand das Center.
✉ 1900 Tamiami Trail N, Naples, FL 34102
☎ 1-239-262-2323
🌐 www.coastlandcenter.com
🕐 Mo–Sa 10–21 h, So 12–18 h

Zuletzt ist Naples eine kulturelle Stadt – die Zahl an Museen kann sich sehen lassen, Galerien sind in allen Einkaufsgegenden der Stadt zu finden.

Wer nach der Natur an der Südspitze Floridas am Strand entspannen will, findet mehrere Möglichkeiten. Für Familien ist der **Lowdermilk Park** im nördlichen Naples attraktiv, an dem es einen Spielplatz und Toiletten gibt. Von der Stadtmitte/5th Avenue aus ist er nur 3,5 km/2 mi entfernt. Man biegt am Banyan Boulevard nach links vom Tamiami Trail ab. Am **Vanderbilt Beach**, noch weiter im Norden von Naples, mögen die nahen Hotels störend sein – die karibische Atmosphäre ist aber dennoch beeindruckend. Man erreicht ihn über den Tamiami Trail, dem man ab der 5th Avenue South etwa 12,5 km/8 mi folgt. Die nördlich davon gelegene **Delnor-Wiggins Pass State Recreation Area** mit dem Puderzuckerstrand ist ein tropisches Paradies weiter entfernt von der Kulisse der Stadt. Dieser Park liegt auf der Weiterfahrt Richtung Cape Coral am US Highway 41, man kann ihn also auf der weiteren Fahrstrecke einplanen. Durch einen Mangrovenwald und Dünen muss man sich erst kämpfen, um den dafür umso idyllischeren **Clam Pass Beach** im Süden von Naples zu erreichen. Von der 5th Avenue aus sind es etwa 9 km/5,5 mi über den Tamiami Trail dorthin. An den meisten Stränden kann man für $ 4 pro Tag parken, an anderen muss man Münzen in eine Parkuhr werfen ($ 1,50 pro Stunde). Detaillierte Informationen findet man unter 🌐 www.explorenaples.com/beach-parking.phtml

Den Service eines Busses auf dem Wasser bietet **Naples Bay Water Shuttle**. Für 🔵 $ 7 pro Person kann man Sightseeing, Shoppingausflüge und den Besuch der an der Bay gelegenen Sehenswürdigkeiten kombinieren. Die Shuttles verkehren täglich zwischen 11.45 und 21.30 Uhr und starten am City Dock in der 📧 880 12th Avenue South, Naples, FL 34102. Informationen erhält man telefonisch unter 📞 1-239-206-0160. Route und Haltepunkte sind fix. Im Internet kann man sich unter 🌐 www.naplesbaywatershuttle.com informieren.

ℹ THE GREATER NAPLES CHAMBER OF COMMERCE

📧 2390 Tamiami Trail N, Suite 210, Naples, FL 34103
📞 1-239-262-6376
@ info@napleschamber.org
🌐 www.napleschamber.org
🕐 Mo–Fr 9–17 h

👁 Highlights

▶ Stadtrundfahrt Naples Trolleys

Mit diesen Bussen im Design der Cable Cars von San Francisco kann man sich einerseits auf Sightseeingtour begeben, andererseits kann man sie auch als einfache Fortbewegungsmittel zwischen den einzelnen Halte-

punkten nutzen und so den Mietwagen bei der Unterkunft stehenlassen. Unterwegs gibt es Informationen über die Stadt. Man kann den Bus jederzeit verlassen und später wieder zusteigen. Die komplette Rundfahrt dauert etwa zwei Stunden.

📧 1010 6th Ave S, Naples, FL 34102
📞 1-239-262-7300
🌐 www.naplestrolleytours.com
🕐 Tägl. 8.30–17.30 h
🔵 Erw. $ 27, Kinder (4–12 J.) $ 13

▶ Collier County Museum ★

Hier wird die Uhr gewaltig zurückgedreht, die Zeitreise reicht bis zu den Lebzeiten von Mammuts und noch weiter zurück, als Riesenhaie durch die warmen, tropischen Meere schwammen, die damals noch das heutige Südwestflorida bedeckten. Es geht aber auch um antike Instrumente der Muschelbearbeitung oder alte Masken der indianischen Bevölkerung, die schon Jahrhunderte vor den Europäern hier lebten. Natürlich spielen auch die Seminolen eine Rolle im Museum, vor allem ihre Handwerkskunst. Weiter geht es mit den ersten Siedlern, die ein Leben in völliger Isolation geführt haben, abgeschnitten von der Welt und über keinen Landweg angeschlossen. Dass dies nur etwas mehr als hundert Jahre her ist, kann man sich kaum vorstellen. Unter den Pionieren fanden sich die verschiedensten Spezialisten, vom Rinderzüchter über den Muschelgräber, vom Federnjäger bis hin zum Holzfäller und Eisenbahnarbeiter. Sie alle waren an der Geschichtsschreibung des County beteiligt und werden in diesem Museum entsprechend gewürdigt. Die Ausstellungsbereiche sind auf mehrere Themen aufgeteilt, wie zum Beispiel eine Gartenanlage mit den ursprünglichen Pflanzen der Region, restaurierte Farmhäuser aus den 1920er-Jahren, ein archäologisches Labor, Seminole Village mit Hütten aus Zypressenhölzern oder das Calusa Indian Camp.

🧭 Aus Richtung Old Naples/5th Ave dem US-41/Tamiami Trail in südöstlicher Richtung etwa 4 km/2,5 mi folgen.
📧 3331 Tamiami Trail E, Naples, FL 34112
📞 1-239-695-8476
🌐 www.colliermuseums.com
🕐 Mo–Sa 9–16 h
🔵 Frei

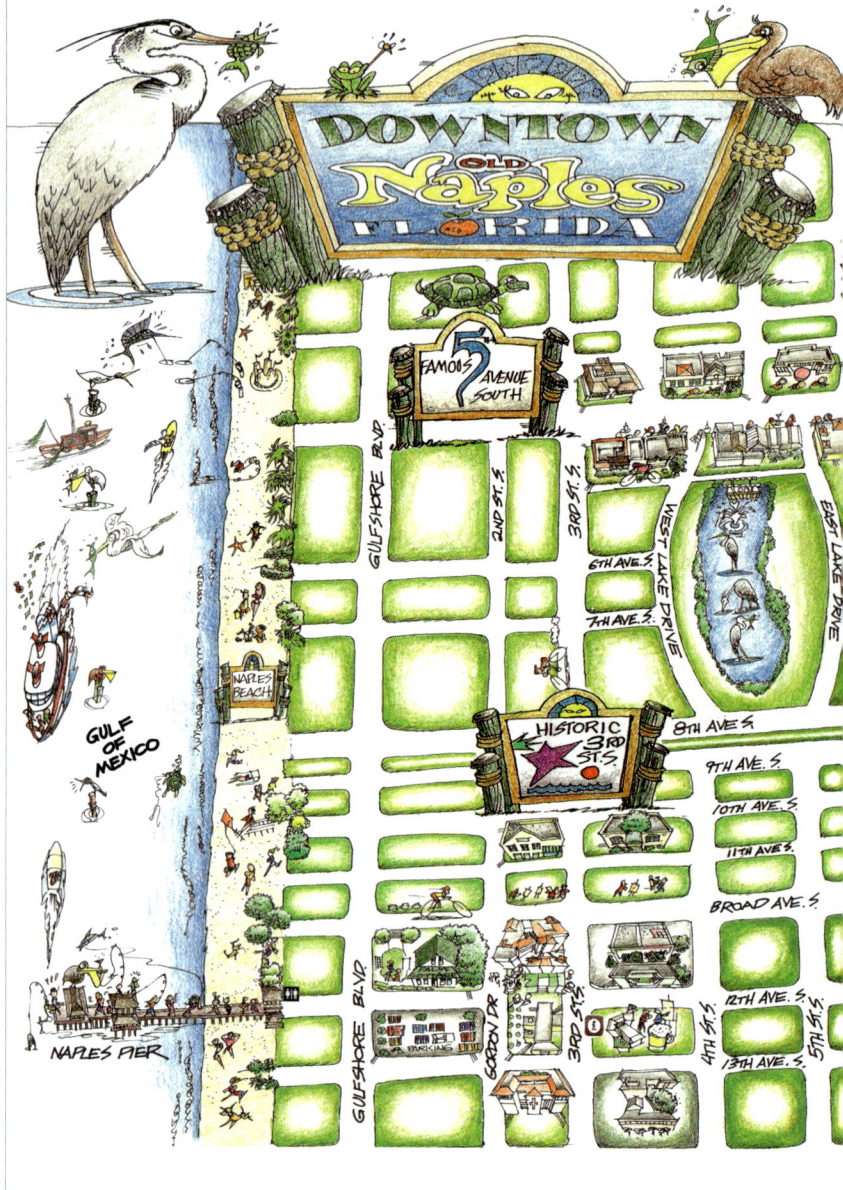

Ausflugsfahrten aller Art starten am Hafenbecken des Meeresarms.

▶ **Conservancy of Southwest Florida Nature Center** ♀️

Das Conservancy Nature Center wurde frisch restauriert und präsentiert seine Ausstellungen in modernem Gewand. Erwachsene und Kinder können das Center gleichermaßen genießen: Es geht um das Ökosystem Floridas und die hiesigen Wildtiere. Um das Theoretische zu veranschaulichen, kann man die Tiere in ihrem echten Lebensraum auf einer Bootsfahrt durch die **Allyn Family Lagoon** des Gordon River sehen (die stündlich von 10 bis 15 Uhr angeboten wird). Meeresschildkröten und tropisch-bunte Fische schwimmen in einem Aquarium, deren tägliche Fütterung um 14 Uhr man nicht verpassen sollte. Wer den Florida-Panther, von dem auf der Reise schon häufig die Rede war, einmal als täuschend echte Nachbildung erleben will oder einen ausgestopften Schwarzbären aus ungefährlicher Nähe, ist hier ebenfalls richtig. Interaktive Exponate bringen die Besucher in Kontakt mit Schlangen, Muscheln und typischen Vögeln, die man vielleicht noch nicht auf dem Weg hierher in freier Wildbahn angetroffen hat. Es gibt außerdem ein **Wildlife Hospital**, in dem kranke, gerettete Tiere gesund gepflegt werden.

🚗 *Vom Stadtzentrum kommend von der 5th Ave kurz vor Überquerung der Naples Bay auf die Goodlette-Frank Rd links abbiegen und ihr folgen, bis rechts die 14th Ave N abzweigt. Auf diese fahren, dann links zum Nature Center abbiegen.*

✉️ *1495 Smith Preserve Way, Naples, FL 34102*

📞 *1-239-262-0304*

@ *info@conservancy.org*
🌐 *www.conservancy.org*
🕐 *Nov.–April tägl. 9.30–16.30 h, Mai–Okt. Mo–Sa 9.30–16.30 h*
💲 *Erw. $ 12,95, Kinder (3–12 J.) $ 8,95*

▶ **Naples Zoo at Carribbean Gardens** ♀️

Nur eine Querstraße nördlich des Nature Center befindet sich dieser tierische Nachbar, ein kleiner, aber feiner Zoo, bei dem man den Tieren sehr nahe kommt. Shows und Tierfütterungen (zum Beispiel die Alligatorenfütterung am Vormittag) sowie Bootsfahrten gehören mit zu den Tagesprogrammen. Wer mehr über die Tiere erfahren möchte, trifft überall auf dem Gelände auf auskunftsfreudige Mitarbeiter. Zusammengefasst findet man hier die Tierwelt Floridas auf sicherem Terrain. Der Zoo ist eine reine Freiluftveranstaltung, also nur etwas für gutes Wetter. Für amerikanische Verhältnisse ungewöhnlich sind die Spielplätze, auf denen die Kleinen sich austoben können. Auf einer Bootsfahrt trifft man auf verschiedene Affenarten, die Tour wird begleitet und die Passagiere werden mit Informationen versorgt. Besonders schön für die Erwachsenen ist die Botanik, die mit tropischen Bäumen und Pflanzen der Parkanlage etwas Exotisches verleiht. Hier kann man auf den Spazierwegen schön lustwandeln.

💡 Da der Zoo recht klein ist, am besten gleich morgens kommen, dann ist der Besucherandrang noch nicht so groß

📍 *Vom Stadtzentrum kommend von der 5th Ave kurz vor Überquerung der Naples Bay auf die Goodlette-Frank Rd links abbiegen und dieser etwa 3,2 km/2 mi folgen. Der Zoo ist auf der rechten Straßenseite.*

✉ *1590 Goodlette-Frank Rd, Naples, FL 34102*

☎ *1-239-262-5409*

@ *info@napleszoo.org*

🌐 *www.napleszoo.org*

🕐 *Tägl. 9–17 h*

💰 *Erw. $ 22,95, Kinder (3–12 J.) $ 14,95, Sen. (über 65 J.) $ 21,95*

▶ Cruise Naples Florida

Dass es in Naples nicht nur den Ozean, sondern auch die Bay gibt, sollte genutzt werden. Täglich werden Fahrten verschiedenster Arten und Inhalte durch das ruhige, flache Innenstadtgewässer angeboten. Auf der Tour **Sightseeing Naples** beispielsweise schippert man eineinhalb Stunden durch die Bay und erfährt dabei viel über Landschaft, Geschichte und Flora und Fauna von Naples. Manchmal begleiten Delfine das Schiff und Seekühe kreuzen den Weg. Das Ganze gibt es auch in Romantisch bei den **Naples Florida Sunset Cruises** am Abend mit Sonnenuntergangsszenario. Fünfmal täglich startet eine Tour namens **Dolphin Watch Naples**, bei der Delfine entlang des Gordon Rivers beim Spielen im Wasser beobachtet werden können. Es gibt weitere Abenteuer-Touren des Anbieters, beispielsweise die **Jet Boat Adventure Tour**. Man sieht vom Ufer der Bay aus häufig die knallroten Boote, in der die Passagiere sich wohl mehr wie in einer Achterbahn als auf einem ansonsten ruhigen Gewässer fühlen (💰 Erwachsene $ 45, Kinder von 4 bis 12 Jahre $ 22,50, Familienpass für zwei Erwachsene und zwei Kinder $ 115). Der Anbieter vermietet aber auch Jetskis (💰 ab $ 125 für eine Stunde) und Boote aller Art, um die Bay auf eigene Faust zu erkunden (💰 ab $ 195 für zwei Stunden Miete).

📍 *In Old Naples, an der Ecke 12th St S und 6th Ave S*

✉ *1200 5th Ave S, Naples, FL 34102*

☎ *1-239-263-4949*

@ *info@purenaples.com*

🌐 *www.cruisenaplesflorida.com*

💰 *Erw. $ 37,50, Kinder (bis 12 J.) $ 18,75*

🚶 Wandern

▶ Gordon River Greenway

Innerhalb des Stadtgebietes von Naples gibt es die Wanderung **Gordon River Greenway**. Sie führt entlang des Flusses Gordon River, wo der Wanderweg seinen Umkehrpunkt hat. Man kann den asphaltierten Pfad auch mit dem Fahrrad befahren oder ein Kajak mieten und den Flussabschnitt paddelnd erleben. Boote für die Flusswanderung kann man bei **Naples Kayak Company** mieten, siehe 🌐 http://napleskayakcompany.com/gordon-river, ✉ 2360 Shadowlawn Dr, Naples, FL 34112 ☎ 1-239-262-6149. Trotz der Stadtnähe ist die Natur, die man durchwandert, unberührt: Es geht durch Mangroven, vorbei an Aussichtspunkten und Informationstafeln über die Gegend und über schmucke Brücken. Unterwegs gibt es immer wieder Picknickplätze und sogar Toiletten.

📍 *Von der 5th Ave aus folgt man 300 Meter dem Tamiami Trail und biegt dann links in den Shadowlawn Dr ein.*

🅿 *Parkplatz am Golden Gate Pwy im Norden von Naples*

🕐 *1,5 Std. (einfacher Weg)*

📊 *Moderat*

↔ *3,2 km (einfacher Weg)*

🏛 Übernachten

🏨 Bayfront Inn 5th Ave

Zentraler kann man in Naples kaum wohnen. Mitten in der Altstadt bietet das Boutique-Hotel mit karibischem Flair eine hübsche Poolanlage mit Poolbar, Zimmer mit Blick auf den Jachthafen und geräumige Zimmer sowie eine ansprechende Außenanlage. Fußläufig kann man alle Sehenswürdigkeiten der Innenstadt erreichen, während das Auto auf dem Hotelparkplatz kostenlos untergebracht ist. Gegenüber dem Hotel ist Tin City. Das Frühstück wird während der Saison auf der Terrasse eingenommen. Das Hotel liegt an einem Haltepunkt des Naples Bay Water Shuttles.

📍 *Das Hotel liegt direkt an der 5th Ave inmitten von Old Naples.*

✉ *1221 5th Ave, Naples, FL 34102*

☎ *1-239-649-5800*

🌐 *www.bayfrontinnnaples.com*

💰 *★★–★★★*

DoubleTree Suites by Hilton Naples

Alle Hotelzimmer sind geräumige, modern Suiten und haben viel Platz – Schlaf- und Wohnzimmer getrennt – und sind deshalb auch für einen längeren Aufenthalt gut geeignet. Es gibt zwei Restaurants und einen Außenpool mit Liegeterrasse. Der Fitnessbereich ist rund um die Uhr geöffnet. Ein Strand und der Delnor-Wiggins Pass State Park befinden sich ganz in der Nähe. Das Hilton liegt im Norden von Naples, etwa eine Viertelstunde Autofahrt entfernt vom städtischen Trubel. Dafür hat es eine ruhige Lage und ist ein guter Ausgangspunkt für Unternehmungen, Shopping- und Essensmöglichkeiten findet man in unmittelbarer Umgebung.

- Von der 5th Ave auf den US-41/Tamiami Trail auffahren und in nördliche Richtung ca. 16 km/10 mi folgen. Das Hotel befindet sich auf der rechten Straßenseite.
- 12200 Tamiami Trail N, Naples, FL 34110
- 1-239-593-8733
- doubletreenaples@guestservices.com
- www.doubletreenaples.com
- ★★★

Naples/Marco Island KOA

Auf dem Weg vom Tamiami Trail nach Naples liegt dieser KOA Campground recht günstig für eine Übernachtung zur Stadterkundung. Ausgestattet mit Pool und Whirlpool, Spielplatz und der Möglichkeit, ein Blockhäuschen zu mieten, bietet dieser Platz den üblich, hohen KOA-Standard zu den üblicherweise auch etwas höheren Preisen. Naples/Marco Island KOA wurde 2013 mit dem Preis für familienfreundliche Campgrounds ausgezeichnet.

- Aus Naples kommend von der 5th Ave aus etwa 12 km/7,5 mi in südöstliche Richtung auf dem US-41/Tamiami Trail fahren. Der Campground ist auf der rechten Seite. Aus Richtung Süden folgt man ab der Abzweigung nach Everglades City dem Tamiami Trail für 38,5 km/24 mi, dann zweigt links die SR-951 ab. Bis zur Tower Rd fahren und über diese in die Barefoot Williams Rd abbiegen.
- 1700 Barefoot Williams Rd, Naples, FL 34113
- 1-239-774-5455
- naples@koa.net
- http://koa.com/campgrounds/naples

Ja		146		16	
Ja		Ja		Ja	

- Ja, kostenpflichtig
- ★★★

Es gibt verschiedene Möglichkeiten, von Naples aus weiterzufahren. Das wird auch im weiteren Verlauf der Golfküste so bleiben und man wird sich immer wieder neu entscheiden müssen, ob man schnell oder schön vorwärtskommen möchte/muss. Ein Blick aufs Zeitbudget ist an dieser Stelle wichtig. Wenn man im Bereich Cape Coral oder Fort Myers einen längeren Aufenthalt plant, bekommt man dort viele Möglichkeiten, die Golfküste zu erkunden, sodass man jetzt auch eine Weiterfahrt Richtung Norden über eine Schnellstraße in Betracht ziehen kann, ohne jeden der folgenden Abstecher Richtung Küste mitzunehmen. Plant man die Golfküste ohne einen mehrtägigen Aufenthalt in einem der Feriengebiete, sollte man die Fahrstrecke so abwechslungsreich wie möglich gestalten und die empfohlenen Haltepunkte einplanen.

Das nächste Etappenziel ist Cape Coral, wohin man obigen Ausführungen zufolge entweder über die **Interstate 75** gelangt oder über den uns bereits wohlbekannten US Highway 41/Tamiami Trail. Wer an dieser Stelle der Reise keine ganze Woche mehr bis zum Rückflug ab Orlando zur Verfügung hat, sollte die schnellere Variante über die Interstate wählen. Prinzipiell bedeutet ein einmal gewählte Strecke aber nicht, dass man sie nicht mehr verlassen kann. Die beiden Straßen verlaufen zum großen Teil so dicht parallel nebeneinander, dass man jederzeit von der einen auf die andere wechseln kann.

Auf dem US Highway 41 ergeben sich unterwegs einige lohnenswerte Ziele. Die Bereiche um **Fort Myers Beach** und die vorgelagerten Inseln **Sanibel** und **Captiva** bleiben bis zum nächsten Ziel Cape Coral noch außen vor und werden dann von dort aus als Tagesausflüge angefahren.

Von der 5th Avenue in Old Naples aus geht es geradewegs auf den US Higway 41 gen Norden. Allmählich verlassen wir dabei das Stadtgebiet. Der **Delnor-Wiggins Pass State Park** wird passiert – eine gute Gelegenheit, hier zu halten, falls man von Naples aus noch nicht dazu gekommen, den Park zu besuchen. Hierzu muss man etwa 14,5 km/23 mi nördlich von Naples nach links auf die 111th Avenue North/Bluebill Avenue abbiegen. Ansonsten bleibt man auf dem US Highway 41, um kurz darauf den ersten möglichen Ausflug der Strecke anzusteuern, den **Barefoot Beach Preserve County Park**.

Feiner weißer Sand mit Muscheln übersät – das ist der Strand des Barefoot Beach Preserve.

Ausflug zum Barefoot Beach Preserve County Park

Etwa 21 km/13 mi nördlich von Naples geht es links auf die Bonita Beach Road Southwest ab, der man bis ans Ende an die Küste folgt. Dort biegt man dann erneut links in südliche Richtung zum County Park und auf die Barriereinsel ab. Von der Interstate aus kann man diesen lohnenswerten Ausflug im Übrigen ebenfalls mitnehmen, indem man auf die Bonita Beach Road Southeast abfährt. Diese geht nach der Kreuzung mit dem US Highway 41 in die Bonita Beach Road Southwest über. Prinzipiell ist dieser Ausflug auch von Naples aus machbar, aber da er sowieso in Fahrtrichtung liegt, kann man den County Park auch für eine Unterbrechung nutzen, die einen Umweg unbedingt wert ist. Ein solch ruhiges und beschauliches Ziel findet man selten in Florida und es ist bei all den spektakulären Erlebnissen des Staates eine wohltuende Abwechslung.

♔ BAREFOOT BEACH PRESERVE COUNTY PARK ℹ ✕ ☆

Da das Preserve ein Naturschutzgebiet ist, wird die paradiesische Atmosphäre nicht von Häusern gestört. Allein diese Tatsache gibt dem Ganzen etwas Ursprüngliches. Auf der Anfahrt zum Preserve kann man dies jedoch erst einmal nur schwer erahnen. Man durchfährt eine Luxus-Wohngegend mit prachtvollen Einfamilienhäusern und Villen, der Straßenrand ist gesäumt von Palmen. Dann ändert sich das Bild abrupt, die eben noch so herrlichen Anwesen werden ersetzt durch rosafarbene, mehrstöckige Hochhäuser. Umso erstaunlicher ist es, wenn es dann nahtlos in den Park und damit in die unberührte Natur hineingeht.

Im Westen wird das Preserve von einem über drei Kilometer langen Streifen Sandstrand an der Golfküste begrenzt, der bis in den Süden des Preserve an den Delnor-Wiggins Pass State Park reicht. Kernbereich des Parks ist das kleine **Preserve Learning Center**, dessen Themen die Vögel und Muscheln am Strand Bonita Beach sind. Naturschützer (Friends of Barefoot Beach Preserve) geben Auskunft über das Schutzgebiet. Auch geführte Touren durch das Preserve, bei denen die Besucher alles über die Tier- und Pflanzenwelt erfahren, gehören zu ihrem Programm. Ebenfalls im Rahmen einer Tour gibt es Informationen zur **Loggerhead Sea Turtle**. Die im Preserve geschützte **Gopher Tortoise** legt sogar ihre Eier hier ab. Die Nester sind deutlich gekennzeichnet, damit dem Gelege nichts passiert. Man erkennt sie an den orangefarbenen Holzbarrieren, die die Stellen markieren.

❗ Beim Ein- und Ausparken größte Vorsicht walten lassen, denn die Schildkröten verkriechen sich gerne in die Schatten der Autos!

Orangefarbene Holzbarrieren markieren die Stellen der Schildkrötennester.

Gegenüber des Learning-Centers befindet sich ein Imbiss mit sanitären Anlagen, Duschen und ein Netz aus **Boardwalks** (von den sanitären Anlagen aus zugänglich), über die man Schildkröten beobachten und die Vegetation erkunden kann. Außerdem gibt es einen Picknickbereich und die Möglichkeit, Strandausrüstung zu mieten. In der Nähe befindet sich außerdem ein Butterfly Garden. Die dort heimischen Pflanzen ziehen Schmetterlinge an.

Zum Preserve gehört ein von Dünen gesäumter Strandbereich, der aber leider auch kein Geheimtipp und am Wochenende und vor allem in der Hochsaison sehr überlaufen ist.

 Wer morgens um 10 Uhr kommt, hat den herrlichen Strand fast für sich alleine.

Ein 1,6 km/1 mi langer Naturlehrpfad ist ebenfalls vorhanden. Auf diesem kann man das Schutzgebiet eigenständig erkunden. Das Barefoot Preserve wurde 1990 erst etabliert und gilt als einer der naturbelassensten Orte in ganz Südwestflorida.

Der Barefoot Beach Preserve County Park befindet sich auf **Little Hickory Island**, eine Barriereinsel, die aus Sand entstanden und von Wind, den Gezeiten, den Wellen und den Strömungen geformt wurde. Das Festland wird durch diese vorgelagerte Insel vor Stürmen und dem Meer geschützt. Neben seiner natürlichen Schönheit hat das Preserve also auch einen sehr praktischen Nutzen.

Preserve Learning Center

✉ *505 Barefoot Beach Blvd, Bonita Springs, FL 34134*
☎ *1-239-591-8596 (Ranger Station) oder 1-239-252-4000 (Parkverwaltung)*
🕐 *8 h–Sonnenuntergang*
💲 *$ 8 (Parkgebühren)*

Ende des Ausflugs

....

*Über die Bonita Beach Road geht es zurück zum US Highway 41 (beziehungsweise zur Interstate 75) und weiter in nördliche Richtung durch eine weniger besiedelte Gegend. **Bonita Bay West** sowie **Pelican's Nest** werden passiert. 11 km/7 mi, nachdem wir wieder auf den Highway gefahren sind, folgt der Ort Estero mit 22.600 Einwohnern, der zentral zwischen Naples und Cape Coral liegt. Im Stadtgebiet führt linkerhand eine Abzweigung auf die Corkscrew Road (Von der Interstate 75 führt der Exit 123 ebenfalls direkt auf die Corkscrew Road). Wenn man dieser folgt, gelangt man nach wenigen hundert Metern zum nächsten Ziel der Fahrt, zum **Koreshan State Park** mit der gleichnamigen **Historic Site**.*

👁 **KORESHAN STATE HISTORIC SITE** 🅿

Das Besondere an diesem State Park ist, dass thematisch etwas ganz anderes im Fokus steht als bislang. Nicht die Natur, nicht die Tierwelt und nicht das Strandleben führten zur Gründung des Parks, sondern eine Gruppe religiöser Siedler. Die Sekte **Koreshanity** ließ sich 1894 hier in Estero nieder, um ein neues Jerusalem für ihre Glaubensrichtung zu errichten. Koreshanity war 1869 von einem Arzt namens Cyrus Reed Teed gegründet worden. Nach einer Vision, in der er als neuer Messias berufen worden sei, eine neue Gesellschaft zu gründen, änderte er seinen Namen in Koresh (Hebräisch für „Der Gesalbte") und sammelte Anhänger um sich. Seine Gemeinschaft gründete auf sozialistischen Ansätzen (Abschaffung des individuellen Besitzes) und der Gleichberechtigung von Mann und Frau und aller Rassen. Die Anhänger der Sekte lebten zölibatär. Geplant war eine Stadt mit zehn Millionen Einwohnern. Mit dem Tod von Cyrus Teed 1908 schrumpfte die Gemeinschaft rasant, 1961 vermachten die letzten Mitglieder dem Staat Florida das Land mit der Auflage, einen State Park daraus zu machen. Die Glaubensrichtung erlosch damit.

Heute bietet der Ort Erholungssuchenden ein herrliches Naturprogramm. Man kann auf den Naturlehrpfaden wandern, picknicken oder mit dem Kanu über den **Estero River** paddeln (es gibt eine Kanuvermietung im Park). Von dschungelartigen Ufern gesäumt ergießt es dabei ins Landesinnere. Auf den Spuren der Koreshan-Siedler kann man wandeln, indem man an einer Ranger-Tour teilnimmt (🕐 Erw. $ 2, Kinder $ 1) oder selbst durch die ehemalige Siedlung schlendert, die im nationalen Register historischer Orte verzeichnet ist. Ein voll ausgestatteter Campground wäre eine Übernachtungsalternative für Wohnmobilreisende zu einem Platz in und um Cape Coral (▶ Seite 208).

📧 3800 Corkscrew Rd, Estero, FL 33928
📞 1-239-992-0311
🕐 8 h – Sonnenuntergang
🌐 www.floridastateparks.org/park/Koreshan
💰 $ 5 pro Fahrzeug, $ 2 pro Fußgänger

🏠 Übernachten

🛏 Koreshan Historic Site Campground

Ein schöner, naturnaher Platz unter der Verwaltung des National Park Services. Die reinen Zeltplätze befinden sich direkt am Estero River. Die Privatsphäre der Stellplätze wird durch Bepflanzung gewährleistet. Trotz der Idylle und fast schon abgelegenen Lage ist der Campground sehr gut ausgestattet.

📧 3800 Corkscrew Rd, Estero, FL 33928
📞 1-239-992-0311
🌐 www.floridastateparks.org/park/Koreshan
🛏 Ja   🚗 42   ➕ 15
🔌 Ja   🚿 Ja   🚻 Ja
🐕 *

*Von der Koreshan State Historic Site geht es wieder zurück auf den US Highway 41 und etwa 22 km/14 mi weiter Richtung Norden. Die Fahrt ist kaum aufsehenerregend, das Straßenbild ist geprägt von Shopping Malls, Restaurants und Fast-Food-Ketten. Kurz vor Erreichen des Stadtgebietes von Fort Myers kreuzt die **State Road 884** (Colonial Boulevard). Auf diesen fährt man nach links auf und gelangt an den **Caloosahatchee River**. Den Fluss überquert man über die zweieinhalb Kilometer lange **Midpoint Memorial Bridge**, die, wie die parallel verlaufenden Brücken auch, nur in diese Richtung gebührenpflichtig ist (🚗 $ 2). Auf der anderen Seite bleibt die State Road die 884, heißt ab jetzt aber Veterans Memorial Parkway. Über diese Straße fährt man geradewegs hinein in den Ferienort Cape Coral, dessen Zentrum nördlich des Veterans Memorial Parkway liegt und über den 11 km/7 mi nach der Brücke rechts abzweigenden County Club Boulevard erreichbar ist.*

🏛 CAPE CORAL 🖼ℹ➕✖🎦🏛

		Cape Coral	Saarbrücken
👥	Stadt	180.000	178.200
	Metropol	646.000	
	pro km²	657	1.066
⊘	km²	298	167
〜	über NN	2 m	230 m
🌧	mm	1.376	865
❄	°C	24	7
☀	°C	31	20
📍	Naples		61 km/38 mi
	Fort Myers		176 km/ 110 mi

Drei Brücken verbinden Fort Myers und Cape Coral über den Caloosahatchee River.

💡 Ein Tipp vorneweg: Die in allen Himmelsrichtungen rund um die Stadt liegenden Highlights wie zum Beispiel Sanibel und Captiva Island, Fort Myers oder auch die südlich liegenden, unterwegs passierten State Parks sind von Cape Coral aus in kurzen Fahrstrecken erreichbar. Es empfiehlt sich ein mehrtägiger Aufenthalt in diesem ganz auf den Tourismus eingestellten Ferienort. So hat man eine feste Basis für alle Ausflüge in einem überschaubaren Radius, statt einmal kreuz und quer verschiedene Übernachtungsmöglichkeiten suchen zu müssen.

Cape Coral ist eine sehr junge Stadt, die erst 1957 gegründet wurde. Durch den streng symmetrischen Aufbau ist sie schnell erschlossen und überschaubar. Das floridianische Schachbrettmuster teilt sich in vier Quadrate: **Northwest** (N.W.), **Northeast** (N.E.), **Southwest** (S.W.) und **Southeast** (S.E.). Die vier Quadranten werden von zwei zentralen Straßen geteilt, dem **Santa Barbara Boulevard**, der die Ost-West-Achse darstellt, und der **Pine Island Road** zwischen dem Norden und dem Süden Cape Corals. Nur die Straßen im Gebiet des **Yacht Clubs** (südlich des Cape Coral Parkways und westlich des Santa Barbara Boulevards) haben Straßennamen, diejenigen oberhalb des Cape Coral Parkway sind durchnummeriert. Cape Coral liegt am nördlichen Mündungstrichter des Caloosahatchee River und ist nur durch ihn von der Nachbarstadt Fort Myers getrennt. Außer dem oben genannten Bereich nördlich des Veterans Memorial Parkways (und östlich des Santa Barbara Boulevards) gibt es weder ein Zentrum noch eine Altstadt – letztere hat Cape Coral schon alleine wegen seines jugendlichen Alters nicht. Der Stadtteil **Yacht Club** im Südosten der Stadt ist der älteste, es folgen **Gold Coast** im Osten, der Stadtteil wird vom Caloosahatchee River begrenzt, und die **Pelikan Area** zwischen dem Cape Coral Parkway im Süden und dem Beach Parkway im Norden im Süden Cape Corals.

Zahlreiche Kanäle durchziehen auf einer Gesamtlänge von 640 Kilometern das Stadtgebiet, an denen vor allem Einfamilienhäuser und Villen jeweils mit eigenem Pool und eigenen Jachtliegeplätzen stehen. Damit hat Cape Coral das größte Wasserkanalnetz der ganzen Welt, was der Stadt zu dem klangvollen Beinamen „**Waterfront Wonderland**" verholfen hat. Manche Kanäle münden in den nahen Golf von Mexiko. Nach Jacksonville weist Cape Coral die zweitgrößte zur Bebauung freigegebene Fläche auf. Das ist auch der Grund für die Einwohnerzahl, die im Vergleich der zuletzt im Süden Floridas durchfahrenen Städte ungewöhnlich hoch ist.

Innerhalb Cape Corals verkehren sechs Linien des Unternehmens **LeeTran**. Mit ihnen kann man auf etlichen Routen in der gesamten Region fahren und seinen Mietwagen an der Unterkunft stehenlassen. Informationen über den Fahrplan und die Fahrpreise gibt es unter 🌐 www.leegov.com/leetran. Die Einkaufsmöglichkeiten befinden sich vorwiegend an den beiden großen Straßen Santa Barbara Boulevard und Cape Coral Parkway. Auf Letzterem gibt es Restaurants aller Preisklassen und Nationalitäten, die sich auch auf den Stadtbereich nördlich und südlich des Cape Coral Parkway erstrecken.

Es ist nicht die Siedlung selbst, sondern ihre Ausgangslage, die Cape Coral attraktiv macht. Die Funktion als Basis könnte zwar auch die benachbarte Stadt Fort Myers wahrnehmen, aber Cape Coral als nahezu reines Wohngebiet versetzt die Reisenden in eine authentische amerikanische Wohnsituation. Es ist schon deshalb bestens geeignet für einen längeren Aufenthalt mit ein unendlich großes Angebot an schönen, teilweise sehr exklusiven, aber vergleichsweise bezahlbaren Ferienhäusern. Damit hat sich die junge Gemeinde innerhalb weniger Jahre sehr gemausert. Vor Gründung der Stadt hieß dieses Gebiet nur „die andere Seite des Flusses". Cape Coral ist heute die größte Stadt in Südwest-Florida und die größte zwischen Tampa und Miami. Besuchermagnete sind die zahlreichen Angebote für Golfer, Möglichkeiten, Boote zu Wasser zu lassen, und die Naturschutzgebiete. Der Strand des Ortes ist klein und fein und hat ein Pier, von dem aus man wunderschöne Sonnenuntergänge beobachten kann. Strand und Pier befinden sich innerhalb der sehenswerten **Cape Harbor Yacht Community** im Süden der Stadt (siehe oben) an einem Zipfel, der in den Caloosahatchee River ragt. Die Adresse ist ✉ 5819 Driftwood Parkway, Cape Coral, FL 33904. Hier kann man am Abend bummeln, dabei die Luxusjachten bewundern und in den schönen Geschäften einkaufen.

Anschließend kann man in einem der zum Teil sehr guten Restaurants einkehren. Damit haben sich die Attraktionen aber auch schon so gut wie erschöpft, weswegen die Stadt im Folgenden nicht ausführlich mit Highlights vorgestellt wird, sondern die Ausflüge zu den Zielen in der Umgebung im Vordergrund stehen, die von Cape Coral aus gut erreichbar sind.

💡 Wer einmal so richtig urtümlich amerikanisch essen gehen möchte, dem sei **Bubba's Roadhouse & Saloon** empfohlen. Dort geht es sehr rustikal zu, die Erdnussschalen wirft man einfach hinter sich, der Salat wird in Blechschüsseln serviert und das Ambiente entspricht dem eines Western-Saloons. Das Angebot an Fleisch ist gigantisch und die Portionen auch bei unmäßigem Hunger nicht zu schaffen, weswegen die Kellner schon obligatorisch eine Box zum Mitnehmen der Reste an den Tisch bringen. Dass es ein Geheimtipp ist, merkt man daran, dass fast ausschließlich Amerikaner hier essen.

🚗 *Vom Veterans Memorial Pkwy biegt man Richtung Norden auf den Chiquita Blvd S ab, folgt diesem für 3,5 km/2 mi und biegt dann links in die SW Pine Island Rd.*
✉ *2121 SW Pine Island Rd, Cape Coral, FL 33991*
☎ *1-239-282-5520*
🌐 *http://bubbasroadhouse.net*

🏛 **CHAMBER OF COMMERCE OF CAPE CORAL**

🚗 *Wenn man über den College Pkwy, die südlichste Brückenverbindung, nach Cape Coral fährt, befindet sich das Chamber gleich auf der rechten Straßenseite.*
✉ *2051 Cape Coral Pkwy East, Cape Coral, FL 33904*
☎ *1-239-549-6900*
@ *info@capecoralchamber.com*
🌐 *www.capecoralchamber.com*
🕐 *Mo–Fr 9–17 h*

Sonnenaufgang über dem Caloosahatchee River zwischen Fort Myers und Cape Coral

👁 Highlights

▶ Four Mile Cove Ecological Preserve

Gleich nach Überqueren der Midpoint Bridge landet man in diesem Park, einem Kleinod inmitten städtischer Umgebung. Besucher finden hier einen Wanderpfad, ein Visitor Center und verschiedene Veteranendenkmäler. In der Hauptsaison gibt es die Möglichkeit, Kajaks zu mieten (von November bis Mai an den Wochenenden). Auf welche Weise man den Park auch immer besucht – man kann auf Adler, Ibisse, Fischreiher, Waschbären und Schlangen treffen. Südlich des Parkplatzes befindet sich der Veterans Memorial Area. Hier wird der Soldaten gedacht, die in der U.S. Army für das Land dienen und gedient haben.

🚗 *Über die Midpoint Bridge Richtung Cape Coral bis zur Ausfahrt Del Prado. Hier rechts abbiegen und der Ausschilderung „Four Mile Eco Park" folgen.*

✉ *Ostende SE 23rd Terrace, Cape Coral, FL 33990*

☎ *1-239-549-4606*

🕐 *Tägl. 8 h – Sonnenuntergang*

Wanderung

Hinter dem Visitor Center geht es links zum Boardwalk, der mitten in die Graslandschaft führt. Unterwegs kann man Halt machen und auf einer der zahlreichen Bänke auf Wildtiere warten. Gleich zu Beginn der Wanderung folgt eine Aussichtsplattform. Danach geht es durch einen Mangrovenwald, durchzogen von hochwüchsigem Lederfarn. Wenig später wird wieder eine Plattform erreicht, diese ragt über den Caloosahatchee River. Der Boardwalk geht schließlich in einen normalen Wanderweg über und endet am Park-

platz. Hier kann man sich an einem Kiosk mit Essen und Trinken versorgen und eventuell zurück zum Visitor Center laufen.

💡 Alternativ kann man den dichten Mangrovenwald auch per Kajak erkunden. Diese kann man am **Kayak Schack Outpost** innerhalb des Preserve von Anfang November bis Ende Mai mieten. Sie kosten ab 💲 $ 20 für zwei Stunden, jede weitere Stunde kostet $ 10. Ein Zweierkajak kostet $ 30 für zwei Stunden und $ 15 für jede weitere Stunde. Informationen erhält man bei Kayak Schack unter ☎ 1-239-549-4606.

🚩 *Am Visitor Center des Four Mile Cove Eco Preserve*

🕐 *1 Std*

↔ *Moderat*

↔ *2 km/1,25 mi*

🏠 Übernachten

Die Ausflüge rund um Cape Coral machen einen Aufenthalt von mindestens vier Nächten sinnvoll. Man kann diese Zeit stilvoll und vergleichsweise kostengünstig (bei langfristiger Vorabplanung!) in einem schicken **Ferienhaus** verbringen. Bei 🌐 www.fewo-direkt.de beispielsweise finden sich Häuser und Wohnungen in allen Preisklassen, oft sind es deutsche Vermieter, die ihre Häuser anbieten. Auch bei 🌐 www.traum-ferienwohnungen.de finden sich bemerkenswerte Angebote. Der Vorteil einer Ferienwohnung/einem Ferienhaus gegenüber einem Hotel ist, dass man ein paar Tage lang selbst kochen kann und nicht immer essen gehen muss – und überhaupt eine Zeitlang mehr Privatsphäre genießen kann, als es im Hotel möglich ist. Man kann bei den zumeist gehobenen Ausstattungen der Objekte seine Wäsche waschen und einfach mal ungestört im Liegestuhl am eigenen Pool liegen. Diesem Umstand entsprechend gibt es in Cape Coral nicht das umfangreiche Angebot an Hotels wie es andernorts in Florida üblich ist.

🏨 Hideway Waterfront Resort & Hotel

Es ist nicht das neueste Hotel, aber es ist sauber, ansprechend, hat einen schönen Pool und vor allem ein sehr gutes Preis-Leistungsverhältnis. Die Zimmer sind meist ganze Apartments mit Schlafzimmer und Küchenecke, die Suiten haben noch zusätzlich ein Wohnzimmer. Alle Zimmer sind ausgestattet mit Balkon und Blick auf den Pool. Restaurants sind zu Fuß erreichbar. Strände und der Jachtclub sind ebenso nah, das Resort selbst liegt am Wasser und hat ein schönes Außenumfeld mit Strandbereich und Gasgrill. Es gibt eine Wäscherei.

🚗 *Bereits vor Erreichen des Stadtgebietes von Fort Myers vom US-41 links auf den Cypress Lake Dr fahren, dann rechts auf die Summerlin Rd und wieder links auf den College Pkwy abbiegen. Über die Cape Coral Bridge auf den Cape Coral Pkwy E, rechts auf den Coronado Pkwy und wieder links auf die SE 47th Terrace. Von hier zweigt die SE 5th Ave rechts ab.*

✉️ *4601 SE 5th Ave, Cape Coral, FL 33904*
☎️ *1-239-542-5812*
🌐 *www.hideawayflorida.com*
💰 *★–★★*

🏨 The Westin Cape Coral Resort at Marina Village

Nah am Strand des Caloosahatchee Rivers und auch ansonsten sehr romantisch liegt dieses Hotel im Süden von Cape Coral – eine sehr günstige Ausgangslage zu den Inseln Sanibel und Captiva Islands, dafür weiter entfernt vom Innenstadtbereich Cape Coral. Das Flussdelta vor dem Zimmerfenster bietet einen tollen Ausblick aufs Wasser, die Zimmer sind geräumig und ha-

ben ebenso große Bäder. Neben dem schönen Pool gibt es auch einen Whirlpool zum Entspannen. Wäscherei vorhanden.

🚗 *Bereits vor Erreichen des Stadtgebietes von Fort Myers vom US-41 links auf den Cypress Lake Dr fahren, dann rechts auf die Summerlin Rd und wieder links auf den College Pkwy. Über die Cape Coral Bridge auf den Cape Coral Pkwy E und diesem folgen, bis links der Pelican Blvd abzweigt. Dieser wird nach einem Rechtsknick zur Rose Garden Rd, von dieser links in den Silver King Blvd abbiegen.*

✉️ *5951 Silver King Blvd, Cape Coral, FL 33914*
☎️ *1-239-541-5000*
🌐 *www.westincapecoral.com*
💰 *★★★*

🏕️ Pine Island KOA

Direkt im Stadtgebiet von Cape Coral gibt es keinen Campground. Man kann nach Fort Myers ausweichen (▶ Seite 216), was jedoch nicht empfohlen wird. Die zumeist privaten Campgrounds verströmen den Charme von Supermarktparkplätzen und liegen wenig ansprechend an verkehrsreichen Stra-

Die Ferienhäuser in Cape Coral liegen sehr attraktiv am Fluss.

ßen. Man kann aber auch so richtig idyllisch campieren – und zwar auf der vorgelagerten Insel Pine Island. In diesem tropischen Paradies lässt es sich vortrefflich entspannen und genießen. Zur Unterhaltung der Gäste ist ebenfalls jede Menge geboten. Es gibt ein Basketballfeld, Billard, ein Spielzimmer, natürlich einen Außenpool und einen Whirlpool, einige Stellplätze gruppieren sich um drei Seen, in denen man jedoch nicht schwimmen darf. Natürlich hat man auch die Möglichkeit, Wäsche zu waschen. Wer ohne Camper unterwegs ist, kann ein Cottage auf dem Platz mieten.

🚗 *Über den US-41 und die Midpoint Bridge nach Cape Coral, weiter auf dem Veterans Memorial Pkwy (vorher Colonial Blvd) bis zur Kreuzung SR-78, dieser nach Westen bis zum Abzweig Springfellow Rd auf Pine Island folgen. Auf der Springfellow Rd dann nach Süden, der Campground ist nach 9,5 km/6 mi erreicht.*

✉ 5120 Stringfellow Rd, St. James City, FL 33956
☎ 1-239-283-2415
🌐 www.koa.com/campgrounds/fort-myers/albums
🚐 Ja   🛏 365   ♿ Ja
🍴 Ja   📶 Ja   🐾 Ja
⭐ ***

🚐 Cypress Woods RV Resort

In diesem luxuriösen Resort wird keine Langeweile aufkommen, man kann sich im Fitnessraum, auf dem Tennisplatz oder im Pool sportlich betätigen, Billard spielen, einfach relaxen oder sich eine Massage gönnen.

🚗 *Vom US-41 rechts auf die SR-884/Colonial Blvd abbiegen, dieser bis zur I-75 folgen. Auf diese Richtung Norden auffahren. Am Exit 139 rechts auf die Luckett Rd, dieser geradeaus bis zum Resort folgen.*

✉ 5551 Luckett Rd, Fort Myers, FL 33905
☎ 1-239-694-2191
🌐 www.cypresswoodsrv.com
🚐 Ja   🛏 170, alle Anschlussmöglichkeiten
🍴 Ja   📶 Ja   📶 Ja
⭐ ***

Wollen wir uns nun der Ausflugsziele rund um Cape Coral widmen, die einen längeren Aufenthalt in der Gegend sinnvoll machen (▶Seite 203). Diese Ziele sollen, bei Fort Myers beginnend, im Uhrzeigersinn und entlang der Golfküste vorgestellt werden. Alle Ziele in Richtung Norden folgen dann im weiteren Verlauf der Reisestrecke nach dem Aufenthalt in Cape Coral. Im Osten befindet

sich der Lake Okeechobee (▶Seite 87), der bereits bei der Fahrt entlang der Atlantikküste als Nebenstrecke auf dem Programm stand und von hier aus über die State Road 78 (Abfahrt vom US Highway 41 und Interstate 75 nördlich von Fort Myers nach Überqueren des Caloosahatchee Rivers).

....

Ausflug nach Fort Myers

Von Cape Coral ist es nur ein Katzensprung in das quirlige Fort Myers. Hierzu fahren wir vom Stadtzentrum über den Santa Barbara Boulevard bis zum **Hancock Bridge Parkway***. Dieser führt in nordöstliche Richtung bis zum US Highway 41, der hier North Cleveland Avenue heißt. Auf diesen fahren wir nach rechts auf, danach geht es über den Caloosahatchee River Richtung Süden. Auf der südöstlichen Seite des Flusses landet man unmittelbar in* **Downtown** *und dem* **Historic District** *von Fort Myers, dem Ausgangspunkt der Stadterkundung.*

🏙 FORT MYERS 🖼ℹ➕❌🔲🏛

		Fort Myers	Fulda
👥	Stadt	77.200	67.300
	Metropol	722.000	5.600.000
	pro km²	749	646
⬭	km²	105	104
〰	über NN	3 m	261 m
🌧	mm	1.424	665
❄	°C	24	3
☀	°C	31	14
📍	Cape Coral		15 km/ 9 mi
	Orlando		249 km/ 155 mi

Fort Myers beschränkt sich nicht alleine auf das Gebiet südlich des Caloosahatchee Rivers. Zum Ballungsraum zählen ebenso die Wohnstadt **Cape Coral**, **Fort Myers Beach**

Die Prachtstraße von Fort Myers ist der McGregor Boulevard, an dem das Edison Estate liegt.

auf Estero Island im Golf von Mexiko und neuere Ansiedlungen jenseits der Interstate 75 – und alles ist auch weiterhin im Wachstum begriffen. Die Bevölkerung nimmt stetig zu. Der Stadtbereich Fort Myers ist von gediegenem Wohlstand geprägt. Augenfällig ist eine starke Bepflanzung mit Palmen, sicherlich Grund für den Beinamen **„City of Palms"**. Demzufolge gilt auch die **Palm Alley** als Wahrzeichen der Stadt und der **McGregor Boulevard**, Hauptstraße am Fluss, ist auf 19 Kilometern Länge von Königspalmen aus Kuba gesäumt (siehe Foto Bucheinband).

Der erste Pflanzer der Palmen war ein Prominenter, nämlich **Thomas Alva Edison**, der die Straße vor seinem Haus verschönern wollte. Auf seinen Namen wird man in Fort Myers noch öfter stoßen. Im **Downtown Historical District**, vor allem rund um die Kreuzung Hendry und First Street, schlägt das Herz der Stadt. Hier gibt es Läden und Restaurants, das Viertel wirkt sauber und modern und passt sich den noblen Wohngebieten mit ihren Villenvierteln an. Von Norden über den Caloosahatchee River kommend erreichen Sie die First Street/State Road 80 über die erste Abfahrt nach dem Fluss, die Ecke Hendry Street ist wenige Blocks entfernt. Besonders hübsch innerhalb Downtowns ist die Fußgängerzone um den **Patio de Leon**, ein schöner Platz mit Geschäften, Bars und Restaurants (abgehend von de First Street inmitten des Blocks zwischen Broadway und Hendry Street). Die prominen-

ten Ex-Bürger von Fort Myers sind hier in den Namen der Gastronomie verewigt, so gibt es beispielsweise „Ford's Garage", ein schönes Diner mit leckeren Hamburgern, unendlich vielen Biersorten und einem authentischen Oldtimer vor der Tür. Oder das Restaurant „Firestone" mit Dachterrasse und Blick auf den Jachthafen.

Downtown erstreckt sich bis an die Ufer des Flusses und den Jachthafen, der sich zwischen den beiden Brückentrassen des Tamiami Trail befindet. Der US Highway 41 bildet die Hauptverkehrsachse durch Fort Myers. Im Osten und Südosten Downtowns sollte man ein wenig Vorsicht walten lassen, ansonsten gilt Fort Myers als sicheres Pflaster.

Der Name der Stadt geht zurück auf ein Fort, das 1850 als **Fort Harvie** am Ufer des Caloosahatchee Rivers im Kampf gegen die Seminolen angelegt wurde. Die weißen Siedler wollten die Indianer Richtung Westen vertreiben. Doch erst nach Ende des Bürgerkriegs kamen mehr Menschen hierher, um sich anzusiedeln. Als **Edison** das heutige Fort Myers 1885 erstmals betrat, zählte der Ort gerade mal 350 Einwohner. Edison war begeistert von der Gegend und verbrachte fortan seine Winter hier. Weitere Prominente folgten, unter ihnen der Autofabrikant **Henry Ford**. In den 80er-Jahren des 19. Jahrhunderts schließlich war die Einwohnerzahl deutlich gestiegen, 1886 bekam Fort Myers das Stadtrecht. Die Eröffnung eines Luxushotels Ende des Jahrhunderts und die Anbin-

Auf zwei separaten Trassen führt die Tamiami Trail Bridge über den Caloosahatchee River.

dung der Eisenbahn brachte Touristen und neue Einwohner und schließlich sicherte der Bau der „**Tamiami Trail Bridge**" (heute die Cape Coral Parkway/Colonial Bridge) über den Fluss im Jahr 1924 weiteres Wachstum.

Das frühere Fort Harvie (das erst später nach einem Armeeangehörigen namens **Colonel Abraham Myers** in Fort Myers umbenannt wurde) stand auf dem heutigen Gebiet des Historic Districts.

Während der Saison kann man als europäischer Tourist non-stop nach Fort Myers fliegen und landet dann auf dem **Southwest Florida International Airport** im Süden der Stadt. Wie Cape Coral wird Fort Myers von **LeeTran** mit Buslinien versorgt (siehe 🌐 www.leegov.com/leetran). Ein Einzelfahrschein kostet 💲 $ 1,50, ein für einen Tag gültiger Fahrausweis $ 4. Fort Myers ist eine fahrradfreundliche Stadt und deshalb ist der Drahtesel die empfehlenswerteste Art der Fortbewegung im Stadtgebiet. Bei **Wheel Fun Rentals** beispielsweise kann man nicht nur Fahrräder und Tandems, sondern auch Vier-Personen-Gefährte, Go-Carts oder Elektro-Carts mieten (📮 7330 Gladiolus Dr, Fort Myers, FL 33908 🌐 www.wheelfunrentals. com). Der Verleih befindet sich südlich des Downtown Historic Districts. Wer von Fort Myers nach Cape Coral fahren möchte, bezahlt an den beiden Brücken Midpoint und Cape Coral Parkway/Colonial Bridge sowie auf den Brückentrassen des Tamiami Trail jeweils 💲 $ 2, aber nur in Richtung Cape Coral – die Fahrt nach Fort Myers ist nicht gebührenpflichtig.

Innerhalb des Downtown Historic Districts kann man Pkws und Wohnmobile überall am Straßenrand parken, bezahlt wird an einer Parkuhr. Am Calusa Harbour in der 📮 2525 First Street, Fort Myers, FL 33901, kann man ebenfalls alle fahrbaren Untersätze parken. Der Parkplatz ist ein guter Ausgangspunkt zu Sehenswürdigkeiten der Stadt, ebenso zu Supermärkten, Restaurants und Downtown.

👁 Highlights

▶ Edison and Ford Winter Estates ★

Es ist die Hauptattraktion in Fort Myers und der Umgebung. **Gebäude in historischen Gartenanlagen**, das **Botanische Forschungslabor** von Edison und das **Edison Ford Museum** befinden sich auf dem weitläufigen Anwesen Edison and Ford Winter Estates, das sich auf zwei Straßenseiten verteilt. Im Museum kann man Erfindungen und persönliche Gegenstände Edisons und Fords bewundern. Detailliert werden Erfindungen erläutert, ein besonderer Schwerpunkt liegt auf der Entwicklung der Glühbirne. So verwundert es nicht, dass in Edisons ehemaligem Wohnhaus solche Glühbirnen die Räume erhellen, wie sie zu seinen Lebzeiten hergestellt wurden.

Edison kam bereits in den 80er-Jahren des 19. Jahrhunderts nach Fort Myers, weil

ihm seine Ärzte eine Überwinterung in wärmeren Gefilden geraten hatten. Das passte sehr gut zu seiner damaligen Entwicklung der Glühbirne, für die er Bambusfasern brauchte – ein Rohstoff, den es im Südwesten Floridas reichlich gibt. Insgesamt verbrachte Edison 46 Winter in Fort Myers.

Im Vordergrund des Grundstücks stehen Leben und Schaffen des Thomas Alva Edison und seinem Freund Henry Ford, dessen Haus 1916 direkt neben dem von Edison gebaut wurde. Auf diesen beiden als Ferienhäuser benutzten Gebäuden auf der Flussseite der Straße liegt einer der Schwerpunkte des Estate. Die beiden Freunde verbrachten ein paar Wochen des Jahres zusammen hier. Später gesellte sich ein dritter Prominenter zu dem kreativen Duo, **Harvey Firestone**, der für Ford Autoreifen entwickelte und oft zu Besuch war. Edisons Haus ist die **„Seminole Lodge"**, Fords Haus heißt **„The Mangoes"**.

Sowohl durch die Gartenanlage (Haupthaus, Gästehaus, Bedienstetenhaus und Poolbereich) als auch durch das Labor und das Museum auf der anderen Straßenseite werden verschiedene Führungen angeboten. Vorab kann man sich schon einmal unter www.edisonfordwinterestates.org/about/tour-options informieren.

Wer das ganze Anwesen sehen möchte, unternimmt am besten die Complete Estate Tour. Diese beinhaltet eine Audiotour durch die Gartenanlage und die historischen Häuser, einen Besuch des Labors und des Museums. Die sehenswerte Gartenanlage ist ohnehin nur im Gesamtpaket enthalten.

Die beiden Wohnhäuser liegen nebeneinander – links vorne Fords „The Mangoes", rechts dahinter Edisons „Seminole Lodge".

Der mächtige Feigenbaum im Hof des Edison Estate.

Die Audioguide-Touren für die Gartenanlagen gibt es auch in deutscher Sprache. Der botanische Teil der Gartenanlagen ist ein Highlight für sich. Edison hat ihn selbst angelegt und noch heute kann man hier fast 2.000 unterschiedliche Pflanzenarten bewundern. Der Fachmann erkennt eine gehäuft auftretende Pflanze, den **Bengalischen Feigenbaum**, **Banyan-Tree** auf Englisch. Er war Teil des Experiments der drei Freunde Edison, Ford und Firestone, eine brauchbare heimische Quelle für Latex zu züchten, die in der Region gedeihen sollte. Sie sollte dazu dienen, Kautschuk zu gewinnen, denn durch die von Ford forcierte Massenproduktion von Autos wurde Gummi als Ressource knapp. Ein überwältigendes Exemplar der Banyan-Feige, das 1925 gepflanzt wurde, steht auf dem Vorplatz vor dem Eingangsbereich und ist eines der größten seiner Gattung der kontinentalen USA.

Königspalmen und Bäume mit exotischen Früchten wie Mango, Zitrusgewächse, Papaya und Sternfrucht machen das tropische Erscheinungsbild komplett.

Aufwändig aufgemacht ist das ehemalige Labor. Es wirkt, als hätte der Wissenschaftler alles nur kurz liegengelassen, um gleich wiederzukommen. Sogar der staubige Geruch in der Luft wirkt authentisch. Leider ist alles rundum einge-zäunt, zu gerne würde man durch die Reihen schlendern und sich die Exponate aus der Nähe anschauen. Das Labor wurde 1928 in Betrieb genommen und war die Hauptarbeitsstätte Edisons und seiner Mitarbeiter. Geschlossen wurde es erst 1936, fünf Jahre nach Edisons Tod. Museum und Labor wirken auf den ersten Blick etwas unstrukturiert, es wird in den Themen gesprungen. Eine Führung bringt ein wenig Ordnung, auch in die Chronologie.

Ungeachtet der verschiedenen Themenführungen und persönlichen Schwerpunkte kann man wählen zwischen einem Eintritt für das komplette Estate oder nur für Museum und Labor, dann ohne die Wohnhäuser und anderen Gebäude.

Im ehemaligen Labor wirkt alles so, als würde immer noch geforscht und erfunden werden.

Über den US-41/S Cleveland Ave nach Fort Myers, in Downtown rechts auf den McGregor Blvd auffahren und diesem 1 km/06 mi bis zum Estate folgen.

- 2350 McGregor Blvd, Fort Myers, FL 33901
- 1-239-334-7419
- www.edisonfordwinterestates.org
- Tägl. 9–17.30 h
- Ganzes Estate: Erw. $ 30, Kinder (6–12 J.) $ 18, Jugendl. (13–19 J.) $ 25; nur Museum & Labor: Erw. $ 15, Kinder $ 8, Jugendl. $ 12

▶ Southwest Florida Museum of History

Zwei Themen sind für diese Stadt bezeichnend: Der **Seminolenkrieg**, in dessen Zusammenhang das Fort ursprünglich errichtet wurde, und **Colonel Myers**, Namensgeber der Stadt. Beides sind unter anderem Themen in diesem Museum, es geht aber auch um die **Calusa Indianer**, deren Werkzeuge und Artefakte, die Aufschluss über ihren Lebensstil geben. Ein Modell des Forts, die Ankunft der Eisenbahn in Fort Myers und die Häuser der ersten Siedler sind weitere Inhalte der Ausstellungen. Natürlich gehört bei der Stadt der Palmen auch ein **Palmengarten** zum Museum. Dieser befindet sich vor dem Gebäude am Dr. Martin Luther King Jr. Boulevard und ist als Park angelegt. Im Eintrittspreis ist eine Audioguide-Tour inbegriffen. Das Museum wird seit Juni 2016 restauriert, die Internetseite informiert über aktuelle Öffnungszeiten.

Zweimal pro Woche (mittwochs und samstags um 10 Uhr) wird von Januar bis April vom Museum eine Stadtführung durch Downtown Fort Myers angeboten. Sie startet um 9.45 Uhr am Museum und kostet $ 12 pro Teilnehmer.. Unter anderem wird der Platz, an dem das Fort stand, besucht. Eine Reservierung wird empfohlen (1-239-321-0405 oder www.truetours.de).

Das Museum war bei Redaktionsschluss vorübergehend geschlossen. Bitte prüfen Sie den aktuellen Stand vor dem Besuch auf der Webseite.

Über den US-41/S Cleveland Ave nach Fort Myers, in Downtown links auf die SR-80 und gleich wieder rechts auf die Monroe St fahren. Links zweigt dann der Dr Martin Luther King Jr Blvd ab, von diesem geht rechts die Jackson St ab.

- 2031 Jackson St, Fort Myers, FL 33901
- 1-239-321-7430
- www.museumofhistory.org
- Di–Sa 10–17 h
- Erw. $ 9,50, Sen. (über 55 J.) $ 8,50, Stud. $ 5

▶ Calusa Nature Center

Wieder einmal steht die Naturgeschichte der Region im Vordergrund, diesmal ergänzt von einem **Planetarium**. Neben dem Betrachten von lebendigen Exponaten wie Fischen, Vögeln und Schmetterlingen, Präriehunden und Waschbären kann man auf dem Gelände Spaziergänge durch die Natur unternehmen. Sehr beeindruckend ist eine Vogelvoliere, in der immer wieder verletzte Raubvögel gesundgepflegt werden. Reptilien und Amphibien sind Thema der Museumsausstellung, ebenso die Gattung der bedrohten Seekuh.

Das Planetarium innerhalb des Nature Centers ist das einzige in ganz Südflorida. Vorführungen finden täglich während der regulären Öffnungszeiten um 12 und 14 Uhr statt. Es lohnt sich, auf der Homepage nach dem monatlichen Programm sowohl des Nature Centers als auch des Planetariums zu schauen (unter www.calusanature.org/events). Es gibt **Spezialveranstaltungen** wie das „Sweetheart Special" zum Valentinstag oder eine Vorführung zum Thema Sterndeutung. Auch Nachtwanderungen gehören mit zum Programm, bei denen es auf die Suche nach den Tieren geht, die nach Einbruch der Dunkelheit hervorkommen – besonders für Kinder ein abenteuerliches Erlebnis.

Über den US-41/S Cleveland Ave nach Fort Myers, in Downtown links auf die SR-80 und gleich wieder rechts in die Monroe St fahren. Danach dem Dr Martin Luther Kig Jr Blvd etwa 6 km/4 mi in östliche Richtung folgen, dann rechts in die Ortiz Ave einbiegen.

- 3450 Ortiz Ave, Fort Myers, FL 33905
- 1-239-275-3435
- www.calusanature.org
- Mo–Sa 10–16 h, So 11–16 h
- Erw. $ 10, Kinder (3–12 J.) $ 5

Da im Rahmen dieses Routenreiseführers Cape Coral als Ausgangspunkt und Übernachtungsort für Aktivitäten in der Umgebung empfohlen wird, werden für Fort Myers und die anderen Ziele jeweils nur ein Hotel in der mittleren Preiskategorie und ein Campground vorgestellt.

🏠 Übernachten

🏨 Legacy Harbour Hotel & Suites

Die Lage des Hotels ist bestechend: zwischen Edison & Ford Winter Estates und Downtown Fort Myers. So kann man alle Sehenswürdigkeiten der Stadt bequem erreichen, ebenso Supermärkte, Restaurants und Theater. Die Suiten haben ein oder zwei Schlafzimmer, ein Wohnzimmer und voll ausgestattete Küchen. Damit erfüllen sie eine ähnliche Funktion wie eine Ferienwohnung und sind für längere Aufenthalte geeignet. Die Suiten haben Blick auf den Fluss und den Hafen. Normale Hotelzimmer sind ebenfalls vorhanden, sie sind gut eingerichtet, geräumig und sauber. Es gibt einen Pool und eine Sonnenterrasse.

🚗 *Über den US-41/Cleveland Ave nach Fort Myers, dort in Downtown rechts abbiegen und über den Henley Pl in die W 1st St fahren.*

✉ *2038 West 1st St, Fort Myers, FL 33901*

☎ *1-239-332-2048*

🌐 *www.legacyharbourhotel.com*

💰 *★★ (Hotelzimmer und Ein-Zimmer-Suite), ★★★ (Zwei-Zimmer-Suite)*

🚐 Pioneer Village RV Resort

Ein Platz der Extraklasse: Beheizter Pool, Spa und Fitness, ein Clubhaus, Tennis-, Basketball- und Volleyballplätze sowie ein tägliches Programm statten dieses RV-Resort aus. Der Platz befindet sich in North Fort Myers, also auf der nördlichen Flussseite östlich von Cape Coral. Die Wohnmobile stehen nebeneinander auf Rasenflächen und es gibt Cottages zu mieten. Waschsalon vorhanden.

🚗 *Von der Cleveland Ave (nördliche Flussseite) auf der Seite von Cape Coral rechts auf die Pondella Rd abbiegen, dann links auf den Tamiami Trail. Diesem folgen, bis rechts die Pine Island Rd abbiegt. Nach 7 km/4 mi geht es rechts ab in die Samville Rd.*

✉ *7974 Samville Rd, North Fort Myers, FL 33917*

☎ *1-877-570-2267*

🌐 *www.rvonthego.com/Pioneer-Village.html*

🛏 Ja	🔌 505	📶 Ja
🚿 Ja	📺 Nein	
💰 ★★		

Ende des Ausflugs

Ausflug über Fort Myers Beach nach Lovers Key

*Um zum 20 km/12 mi vom Hauptort Fort Myers entfernten Seebad Fort Myers Beach zu gelangen, nimmt man die südlichste der drei Brücken, die im Stadtgebiet von Cape Coral über den Caloosahatchee River führen. Diese erreicht man, indem man den Del Prado Boulevard South Richtung Süden und dann links auf den Cape Coral Parkway East fährt, der den Fluss als Cape Coral Bridge Road überquert. Nach Überqueren trifft man unmittelbar auf die **State Road 867**, auf die man nach rechts abbiegt. Über diese und die etwa 5 km/3,5 mi später abzweigende **State Road 865/San Carlos Boulevard** gelangt man schließlich auf **Estero Island**, eine der Barriereinseln, die dem Festland vorgelagert sind. Man fährt bis fast zum Strand durch, wo die Straße in den **Estero Boulevard** übergeht (in einer Linkskurve). An diesem Punkt befindet man sich bereits mittendrin im quirligen Leben des Seebads Fort Myers.*

💡 Die Fahrt nach Fort Myers Beach sollte man am Wochenende (und zwar schon bereits ab freitagnachmittags) vermeiden. Es bilden sich lange Autoschlangen vor dem einzigen Zugang im Norden der Insel. Um nicht auch noch bei der Parkplatzsuche viel Zeit zu verlieren, kann man vor der Brücke auf Park & Ride zurückgreifen. Mit einem Bus der **Trolley-Linie** geht es dann über die Brücke und zu verschiedenen Haltestellen. Wenn es doch das Wochenende sein muss, dann am besten zeitig morgens zum Seebad fahren.

🏖 FORT MYERS BEACH
🅿 ℹ ➕ ❌ 🚻 🏛

Der Ableger von Fort Myers am Ozean ist durch und durch touristisch geprägt. Das Zentrum des Ortes bildet der **Times Square** an der Kreuzung Estero und San Carlos Boulevard, über den man auf die Insel gekommen ist. Ein Pier, umgeben von Souvenirshops, Fast-Food-Läden und Restaurants, ergänzt die Szenerie. Straßenkünstler aller Art tragen zur Unterhaltung bei, am Pier kann man Jetskis mieten (normaler Führerschein

Der „Times Square" ist das Zentrum von Fort Myers Beach. Hier schlägt das touristische Herz.

reicht). Laute Musik beschallt den meist sehr gut besuchten Strand. Auf der ganzen Reise findet sich kein vergleichbarer Sand – fein und weiß wie Mehl. Es ist fast nicht zu glauben, dass es sich dabei tatsächlich um Sand handelt. Dieser Strand zieht sich über viele Kilometer und ohne Unterbrechung die ganze Barriereinsel an der Golfküste entlang. Die meisten Badegäste versammeln sich jedoch rund um den Pier. Kaum hat man dieses Zentrum verlassen, wird es ruhiger und natürlicher, dafür fehlt dann aber auch die Infrastruktur in Form von sanitären Anlagen und Restaurants und die Vermietung von Sonnenschirmen und Liegestühlen.

Wer sich nicht in den Trubel am Pier begeben möchte, sollte die Strände südöstlich und nordwestlich bis zum äußersten Zipfel Bodwitch Point ansteuern. Je weiter man sich vom Pier entfernt, desto ruhiger und beschaulicher wird der Strand. Statt Sonnenschirm an Sonnenschirm prägen Dünen und romantische Holzbrückchen das Bild, es ist kaum mehr etwas los. Auch hier kann man überall für $ 2 pro Stunde parken, die Strandzugänge werden entlang des Estero Boulevard durch grüne Schilder **„Beach Access"** angezeigt.

Während die ganze Insel Estero Islands mehr als 2.000 Jahre alt ist und schon die Calusa Indianer hier lebten, wurde Fort Myers Beach als Stadt erst 1995 gegründet. Ein historisches Zeugnis des 20. Jahrhunderts ist **Newton Park**, ein Anwesen der früheren Bewohner Jim und Ellie Newton direkt am Ozean (✉ 4650 Estero Blvd, Fort Myers Beach, FL 33931). Das Paar pflegte eine enge Freundschaft mit Edison, Ford, Firestone sowie mit Charles Lindbergh, worüber der Schriftsteller Jim Newton das Buch „Uncommon Friends" geschrieben hat. Herausragendes Merkmal des Ortes sind die kilometerlangen, weißen Sandstrände entlang der Golfküste. Es gibt hier kaum Wellengang, weshalb die Strände sehr gut für Familien mit kleineren, noch nicht so schwimmsicheren Kindern geeignet sind. Spektakulär sind die Sonnenuntergänge, die alleine schon einen Ausflug hierher lohnenswert machen. An allen Strandzugängen kann man parken. Gleich nach Überqueren der Brücke links kosten auf der Strandseite die **Parkplätze** $ 8 für unbegrenztes Parken, auf der anderen Seite $ 6. Hier können auch Wohnmobilreisende ihre Fahrzeuge abstellen. Kurzzeitparken ist am Old San Carlos Boulevard, am Estero Boulevard, an der Center Street und der Fifth Street möglich und von 9 bis 18 Uhr kostenpflichtig ($ 2 pro Stunde, zahlbar nur in Quarter!). Diese Parkplätze sind für Wohnmobile nicht geeignet.

Fort Myers Beach gibt nicht viel her, es ist laut und quirlig, aber als Ausgangsort für Sanibel und Captiva Island ist es sehr gut ge-

Während es rund um den Pier trubelig zugeht, ...

eignet, falls man keine Unterkunft auf dem Festland, also im Bereich Cape Coral oder Fort Myers hat.

🔒 FORT MYERS BEACH CHAMBER OF COMMERCE

- ✉ 1054 5ᵗʰ St, Fort Myers Beach, FL 33931
- ☎ 1-239-454-7500
- @ info@fmbchamber.com
- 🌐 www.fortmyersbeach.org

👁 Highlights

► Key West Express

Wer im Süden Floridas den Weg über die Keys nach Key West gescheut hat, bekommt hier eine zweite Chance für einen Expressbesuch des südlichsten Punktes der USA: Im Rahmen eines Tagesausfluges geht es morgens um 8.30 Uhr mit einem Katamaran in dreieinhalb Stunden nach Key West, dort kann man sich sechs Stunden lang aufhalten und die Stadt anschauen und anschließend am selben Tag um 18 Uhr wieder zurückfahren. Das Angebot kann man das ganze Jahr über wahrnehmen.

- 🚗 *Auf dem San Carlos Blvd geht es unmittelbar vor der Überfahrt auf die Barriereinsel Fort Myers Beach links ab in die Main St. Das Terminal für die Fahrten nach Key West folgt nach 1 km/0,6 mi auf der rechten Seite.*
- ✉ *1200 Main St, Fort Myers Beach, FL 33931*
- ☎ *1-239-463-5733*
- 🌐 *www.keywestexpress.net*
- 💲 *Erw. $ 155, Kinder (5–12 J.) $ 92, Kinder (bis 4 J.) $ 62, Sen. (über 62 J.) $ 145*

► Matanzas Pass Preserve

Unberührte Natur mitten in Fort Myers Beach! Auf Spazierwegen unter weißen, roten und schwarzen Mangrovendächern und durch Eichen-Hammocks kann man das Schutzgebiet erkunden und an einem Picknickplatz rasten, von dem aus man die Estero Bay überblickt. Der Weg ist in zwei Loops unterteilt, die schattig größtenteils über Holzstege führen. Oft drehen hier Fischadler ihre Runden. Das Preserve ist eines der letzten naturnahen Lebensräume dieser Barriereinsel und liegt parallel zum Estero Boulevard auf der Seite der Bucht.

- 🚗 *Knapp 2 km/1 mi, nachdem der San Carlos Blvd an die Küste stößt und zum Estero Blvd wird, zweigt links die Bay Rd ab. Im Bereich des Preserve kann man kostenlos parken.*
- ✉ *199 Bay Rd, Fort Myers Beach, FL 33931*
- ☎ *1-239-229-1610*
- 🌐 *http://friendsofmatanzaspasspreserve.org*
- 🕐 *Sonnenauf- bis Sonnenuntergang*

🏛 Übernachten

🏠 Manatee Bay Inn

In der Art eines B&B und im Kolonialstil gehalten liegt dieses Haus am Strand an einer Lagune in Fort Myers Beach. Man hat die

Möglichkeit, die Wäsche zu waschen, kann grillen, kostenlos parken und sich zwischen zwei Pools entscheiden. Restaurants, Shops und der Times Square von Fort Myers Beach sind zu Fuß erreichbar. Trotz der zentralen Lage ist das gemütliche Haus sehr ruhig in einer Nebenstraße gelegen. Es gibt nur sechs Zimmer, die als Apartments eingerichtet sind, mit voll ausgestatteten Küchen. Auf der gegenüberliegenden Straßenseite bietet das Manatee Inn Zimmer im Carriage House an, die günstiger sind als die Apartments im Haupthaus. Eine sehr empfehlenswerte Unterkunft mit ausgezeichnetem Preis-Leistungsverhältnis.

✉ 932 3rd St, Fort Myers Beach, FL 33931
☎ 1-239-463-6906
@ info@manateebayinn.om
www www.manateebayinn.com
🏨 **-***

🚐 San Carlos RV Park

In einer Bucht noch auf dem Festland vor den Barriereinseln liegt dieser gut ausgestattete Campingplatz mit Pool, Spa und Waschsalon. Einige Stellplätze gruppieren sich entlang der Bucht direkt am Wasser umgeben von Mangroven. Es gibt darüber hinaus farbenfrohe Cottages zu mieten. Der Campground ist etwa 3 km/2 mi von Fort Myers Beach entfernt, sodass es hier schon deutlich ruhiger zugeht als innerorts. Man kann am Platz Kajaks leihen und die Inselwelt erkunden. Es gibt keine extra ausgewiesenen Zeltplätze, aber man darf auf den RV-Stellplätzen auch ein Zelt aufstellen.

✉ 18701 San Carlos Blvd, Fort Myers Beach, FL 33931
☎ 1-239-466-3133
@ mail@sancarlosrv.com
www www.sancarlosrv.com

🛏 Ja		🚐 130		⚓ 130	
🏊 Ja		🍴 Ja		📶 Ja	
🐾 Nein		⭐ ***			

*Zum Lovers Key State Park folgt man dem Estero Boulevard ab Times Square noch etwa 11 km/7 mi gen Südwesten, verlässt dabei über die **Big Carlos Bridge** Estero Island und erreicht die nächste Barriereinsel, **Black Island**. Die Fahrt auf der schmalen Straße ist ein Erlebnis – auf der Golfseite verläuft ein einziger endloser Traumstrand (siehe Tipp ▶Seite 216). Es lohnt sich, irgendwo auszusteigen und die naturbelassene Schönheit dieses Paradieses zu genießen.*

... wird es Richtung Südwesten immer traumhafter.

⚓ LOVERS KEY STATE PARK
ℹ️ ❌ 🚻 ☆

Der romantische Name passt zu diesem State Park am westlichsten Zipfel der Insel Black Island, denn es ist ein richtiges Kleinod. Insgesamt gibt es drei Zugänge, der Hauptzugang ist der dritte zwischen den die Insel einschließenden Wasserwegen **Big Carlos Pass** und **New Pass**, Einfahrt direkt vom Estero Boulevard, ca. 1,8 km/1,1 mi nach Erreichen der Insel. Nachdem man rechts in den Park eingebogen ist, nimmt man Kurs auf den Ozean und passiert eine Ranger Station. Es folgt ein kleiner Laden mit Fahrrad- und Kajakvermietung, dann geht es zu dem vier Kilometer langen, paradiesischen Traumstrand entweder zu Fuß über einen etwa 300 Meter langen Boardwalk oder mit einer kostenlosen Trambahn, landet dann aber an einer durch die bessere Erreichbarkeit weniger idyllischen Stelle des Strandes in dessen südlichem Bereich. Hier gibt es einen Aussichtspunkt, das Fernglas also nicht vergessen. Je weiter Richtung Norden man sich am Strand wendet, desto naturbelassener wird er. Er ist als einer der schönsten Strände Floridas ausgezeichnet. Hier muss man unbedingt Muscheln und Krebsschalen sammeln, nirgendwo sonst gibt es so eine gute Gelegenheit mit so schönen Exemplaren.

❗ Muscheln, die noch bewohnt sind, darf man nicht anfassen! Manche Muschelarten sind geschützt und dürfen auf keinen Fall aus dem Land ausgeführt werden. Dasselbe gilt für Sanddollars, die einen grünen, pelzigen Belag haben, wenn sie noch lebendig sind. Im Zweifelsfall kann man die Muscheln sammeln und sich an der reinen Tätigkeit und dem schönen Anblick erfreuen, sollte sie am Ende aber sicherheitshalber vor Ort lassen.

Der State Park verfügt auch über Naturwanderwege, über die man sich an der Ranger Station informieren kann. Auf diesen gibt es die Möglichkeit, Pelikane, Fischadler und Meeresschildkröten zu beobachten. Der Park beheimatet außerdem den Großen Tümmler und Seekühe. An der Haltestelle der Trambahn kann man sowohl Kajaks, Kanus und Fahrräder mieten (erreichbar unter

☎ 1-239-765-7788) als auch Snacks, Getränke und Eis kaufen (🚲 Fahrrad $ 20 für einen halben Tag, Kanus und Kajaks ab $ 38).

💡 Gleich morgens, wenn der Park öffnet, kann man die Ruhe und Beschaulichkeit am besten genießen.

✉️ 8700 Estero Blvd, Fort Myers Beach, FL 33931
☎ 1-239-463-4588
🕐 Tägl. 8 h–Sonnenuntergang
🌐 www.floridastateparks.org/loverskey
💲 $ 8 pro Fahrzeug, $ 2 pro Fußgänger

🚶 Wandern

▶ **Black Island Trail**

Die Wanderung führt am Kanalufer entlang und durch maritime Mangrovenlandschaft. Es gibt verschiedene Erweiterungsmöglichkeiten, beispielsweise mit dem 1,8 km langen Eagle Trail, die den Trail auf 8 km verlängern.

🚩 Kiosk innerhalb des State Parks (an der Trambahn-Haltestelle)
🕐 3,5 Std.
➡ Anstrengend
➡ 4 km/2,5 mi

💡 Per Fahrrad lässt sich der Trail, der zumeist in der prallen Sonne verläuft, weniger anstrengend bewältigen.

Ende des Ausflugs

....

....

Ausflug nach Sanibel und Captiva Island

*Es folgen zweifelsfrei die beiden Highlights, die von Cape Coral aus erreichbar sind: die Barriereinseln **Sanibel und Captiva Island**. Es sei vorweg verraten: Dieser Ausflug ist eine Fahrt sowohl ins Paradies als auch in eine Vergangenheit vor dem modernen Amerika.*

Man verlässt Cape Coral über den Cape Coral Parkway East, der als Cape Coral Bridge Road den Caloosahatchee River überqert. Auf der anderen Uferseite geht es direkt rechts auf den McGregor Boulevard (State Road 867), diesem folgt man etwa 20 km/13 mi lang bis auf die erste Barriereinsel, Sani-

*Herrliche Natur und wenig Trubel
im Lovers Key State Park*

bel Island. Dabei überfährt auf dem knapp 6 km/3 mi langen, gebührenpflichtigen **Sanibel Causeway** zwischen Fort Myers und der Sanibel Island die San Carlos Bay, wo der Caloosahatchee River in den Golf von Mexiko mündet (☉ $ 6 für Hin- und Rückfahrt, bezahlbar – noch – in bar oder mit Sunpass). Danach ändert sich die Welt schlagartig. Alles ist in ruhigem Fluss, naturbelassen, unberührt – mit einem Wort: traumhaft. Hier wird ökologischer Tourismus betrieben und das äußert sich schon im ersten Eindruck, den man gewinnt. Die Gebäude sind flach gehalten, es gibt keine grelle Leuchtreklame und eine deutlich geringere Zahl an Hotels als an anderen touristischen Orten Floridas.

💡 Neben dem Sanibel Causeway gibt es den Causeway Island Park mit Stränden rechts und links der Zufahrtstraße. Diese sind nicht so überfüllt, wie manche Strände auf den beiden Barriereinseln.

🌊 SANIBEL ISLAND 🖼️➕❌🔲🏠

Juan Ponce de León soll der Namensgeber der Insel gewesen sein, benannt hat er sie nach seiner Königin Isabella: **„San Ybel"**. Die Insel war schon früh entdeckt, aber erst 1963 wurde die Brücke nach Sanibel gebaut. Das gefiel den bis dahin von der Umwelt recht abgeschiedenen und vom Festland abgeschnittenen Insulanern so wenig, dass sie die strengsten Landnutzungs-

gesetze Floridas verhängten. Dem heutigen Besucher kommt diese Trotzreaktion zugute. Kein Haus ist höher als die höchsten Palmen – es gibt demzufolge keine Hotelklötze und Hochhäuser, keine Ampelanlagen verunstalten das liebliche Landschaftsbild, es fehlen Neonreklamen und Verkehrsschilderwälder. Sattdessen leuchtet die Insel in satten, kräftigen Naturfarben. Nur die nötigste Infrastruktur ist vorhanden, es herrscht eine dörfliche Atmosphäre, wie man sie kaum aus den vorangegangenen Zielen Floridas kennt. Schnuckelige kleine General Stores, hübsche Wohnanlagen mit bunten Häusern und insgesamt wenig Besiedlung sorgen für einen malerischen Charme. Die fehlenden Ampeln führen zwar nicht selten zu Staus, aber Polizisten regeln an größeren Kreuzungen den Verkehr, sodass kein Chaos entstehen kann.

In früheren Zeiten haben die beiden Inseln Sanibel und Captiva sowohl als Zwischenstopp für spanische Eroberer fungiert als auch als Wohnsitz für die Reichen und Berühmten. So residierte auf Sanibel Island beispielsweise der Cartoonist Jay Norwood Darling (nach dem das National Widlife Refuge der Insel benannt ist, ▶ Seite 225) oder der ehemalige US-Präsident Teddy Roosevelt. Das war, bevor die Insel durch den Causeway zugänglich gemacht wurde. Doch den gemächlichen Fluss des täglichen Lebens hat sich die Insel glücklicherweise – auch durch die diversen Maßnahmen – bewahrt. Die Natur selbst hat dieses Paradies in Form einer Barriereinsel geschaffen, um das Festland vor Wind und Wetter zu schützen.

Es führt nur eine durchgehende Straße über die Insel bis nach Captiva Island, vorbei an dezenten Institutionen der Zivilisation (Tankstellen, Fast Food-Läden und Shops). Es ist die Verlängerung des Sanibel Causeways, der wenige hundert Meter nach Betreten der Insel in einer Rechtsbiegung in den **Periwinkle Way** übergeht. Etwa 4 km/2,5 mi später geht es rechts ab auf die Palm Ridge Road, die direkt zur **Sanibel-Captiva-Road** wird. Diese führt dann in einem Stück bis nach Captiva Island.

Die Vegetation auf Sanibel Island ist üppig subtropisch. Als absolutes Highlight jedoch fallen die unendlich weiten, weißen Sandstrände ins Auge. „**Shelling**" heißt hier das Zauberwort, nirgendwo sonst gibt es solche sagenhaften Muschelstrände wie auf Sanibel Island, nirgendwo sonst ist ein solches Vergnügen, die schönsten Exemplare zu sammeln. Besonders nach Ebbe oder nach einem Sturm bestehen ganze Strandabschnitte statt aus Sandkörnern fast nur noch aus Muscheln.

Vier Traumstrände hat Sanibel Island zu bieten: Am östlichsten Ende gibt es den **Lighthouse Beach Park**, der sich direkt am 1884 erbauten, begehbaren Leuchtturm befindet. Diese malerische Gegend bildet zugleich das Zentrum aller Inselträume. Dort gibt es zwei Strände: einen nördlich und einen südlich von der Inselspitze gelegenen – was weiter entfernt klingt als es die Strände sind, denn beide liegen nah aneinander, an der Inselspitze gehen sie sogar ineinander über. Allerdings befinden sich die Parkmöglichkeiten etwas auseinander (siehe unten). Die Strände sind familiengerecht, haben eine große Vielfalt an Muscheln, einen glasklaren, azurblauen Ozean, viele schattige Bäume. Der nördliche glänzt mit einem klei-

nen Pier. Zu den Stränden gelangt man, indem man vom Sanibel Causeway kommend dem Periwinkle Way nicht nach rechts folgt, sondern auf diesen in der Biegung nach links abbiegt. Danach geht es geradeaus – vor einem Linksknick des Ways geht es rechts zu den Parkplätzen des südlichen Strandes, der Straße nach links folgend zum nördlichen.

Weiter westlich liegt der **Gulfside City Park** mit schattigen Picknickplätzen unter altem Kiefernbestand. Ein Stück zu Fuß gehen muss man vom Parkplatz zum **Tarpon Bay Beach** am Ende der Tarpon Bay Road. Den Gulfside City Park erreicht man, indem man vom Sanibel Causeway aus dem Periwinkle Way in der Rechtbiegung folgt und ca. 2 km/1,3 mi später rechts auf die Casa Ybel Road abbiegt. Dieser folgt man weiter 2 km/1,3 mi, bis links die Algiers Lane abzweigt. Dieser bis zum Ende folgen.

Letzter Strand im Bunde ist schließlich **Bowman's Beach**, es ist der ruhigste der vier großen Strände, derjenige mit der größten Auswahl an Muscheln und der ausgezeichneten Möglichkeit, seltene Vögel zu beobachten. Er ist sowohl über die Pine Avenue als auch über die Bowmans Beach Road zugänglich und befindet sich wenige Meter vor dem Übergang von Sanibel zu Captiva Island.

Parkmöglichkeiten gibt es überall an den Strandzugängen für $ 4 pro Stunde. Auch wenn die Parkplätze voll sind, muss man nie besonders lange auf einen freien Platz warten, da ein sehr reges Kommen und Gehen herrscht. Auf Sanibel Island kann sich der Besucher auf insgesamt 40 Kilometern asphaltierter Strecke austoben beim Wandern, Radfahren oder mit dem Segway. Kanu-, Boot- oder Kajakfahren, sowie verschiedene Wassersportarten können bei einem längeren Aufenthalt auf dem Programm stehen.

Sanibel Island hat sich ihren Charme bewahrt.

Die Insel per Fahrrad zu erkunden, ist eine Empfehlung. Es gibt ein dichtes Netz an Radwegen, die oft zehn Meter von der Autostraße entfernt oder ganz von ihr getrennt sind. So entgeht man nicht nur den unvermeidlichen Staus, sondern sieht auch viel mehr von der natürlichen Insel und spart enorme Parkkosten.

Der erste Fahrradanbieter auf der Insel ist **Billy's Bike Shop & Segway of Sanibel** an der ✉ 1509 Periwinkle Way, Sanibel Island, FL 33957. Es sind nur 1,6 km/1 mi nach Auffahrt auf den Periwinkle Way, dann folgt der Verleih rechterhand. Man kann dann gleich zu Beginn das Auto oder Wohnmobil stehen lassen und die nun nachfolgenden Highlights mit dem Fahrrad statt mit dem Auto abfahren. Da sich hauptsächlich sowieso eine Hauptverkehrsstraße über die Insel erstreckt, lassen sich die Ziele rechts und links mühelos ansteuern. Weitere Anbieter

für Fahrradverleih findet man unter ⊕ www.sanibelisland.com/recreation.html. Hier gibt es auch Bootsvermietungen, beispielsweise kann man bei **Tarpon Bay Explorers** in der ✉ 900 Tarpon Bay Road, Sanibel Island, FL 33957, Kajaks und Kanus mieten. Um zu diesem Anbieter zu gelangen, biegt man an oben beschriebenem Fahrradverleih rechts ab und folgt der Palm Ridge Road bis zum Ufer der Tarpon Bay, einem See innerhalb des **J.N. „Ding" Darling National Wildlife Refuge** (▶Seite 225), das man von diesem Standort aus sehr schön erpaddeln kann.

Die Barriereinsel ist ein beliebtes Ziel für amerikanische und internationale Touristen. Das Klima ist subtropisch und ganzjährig angenehm mit viel Sonnenschein. In der Hauptsaison bekommt man nur sehr schwer eine Unterkunft auf Sanibel Island. Wenn es klappt, muss man hohe Übernachtungspreise bezahlen. Gleich nach der Fahrt über den Causeway erwartet die Gäste ein Visitor

Der Lighthouse Beach Park erstreckt sich vom Leuchtturm bis zu diesem kleinen Pier.

Pelikane am Bowmans Beach

als Freiluftmuseum zusammengestellt. Alle Häuser wurden so restauriert, dass sie den damaligen Originalzustand präsentieren. Auf diese Weise kann man sich ein sehr gutes Bild davon machen, wie der Alltag auf der Insel vor über hundert Jahren ausgesehen hat. Das Gelände steht voller Palmen, hier entlangzuflanieren, lohnt sich. Das Ensemble historischer Gebäude besteht beispielsweise aus dem **Rutland Home**, einem 1913 erbauten Holzhaus, dem **Bailey's General Store** mit einer alten Tanksäule, dem alten **Schulhaus** oder dem **Miss Charlotta's Tea Room**. Die Museumsmitarbeiter versorgen die Besucher mit Anekdoten und Geschichten aus vergangenen Zeiten. An den Öffnungstagen finden täglich um 10.30 und 13.30 Uhr geführte Touren statt, man kann sich aber auch im Rahmen einer Self-guided Tour auf den Weg ins Gelände machen.

✉ *950 Dunlop Rd, Sanibel, FL 33957*
☎ *1-239-472-4648*
@ *info@sanibelmuseum.org*
🌐 *www.sanibelmuseum.org*
🕐 *Nov.–April Di–Sa 10–16 h,*
Mai–Aug. Di–Sa 10–13 h
💲 *Erw. $ 10, Kinder bis 18 J. frei*

▶ **She Sells Sea Shells**

Dieser im Englischen sehr originelle Name entstammt einem Zungenbrecher, der im Komplettext so lautet: „She sells sea-shells on the sea-shore. The shells she sells are sea-shells, I'm sure. For if she sells sea-shells on the sea-shore, then I'm sure she sells sea-shore shells." Der erste Teil des unaussprechlichen Reims ist auf Sanibel Island für den Namen eines Ladens entliehen, der Muscheln in allen Ausführungen und Variationen verkauft. Als Schmuck, Büchereinbände, Bastelzubehör, Kleidung, Handtaschen oder sogar Christbaum-Deko und ganz neu als Tiere wie Pelikane, Schweine oder Pinguine – alles hier ist aus Muscheln. Es werden Vorführungen angeboten, wie man selbst kleine Kunstwerte aus Muscheln anfertigen kann. Auch wenn man nichts kauft oder sich nicht in die Kunst einweisen lassen will, ist ein Stopp an einem der beiden Läden auf Sanibel Island ein absolutes Muss. Viele amerikanische Magazine und Zeitschriften haben bereits über das Unternehmen berichtet und die Inhaberin, Anne Joffe, wurde schon mehrfach ausgezeichnet.

Center mit Info- und Kartenmaterial und den aktuellen Belegungsplänen der Unterkünfte. Hier kann man sich spontan ein Domizil suchen, besser ist es aber, vor allem in der Hauptsaison, vorab und vor allem frühzeitig eine Unterkunft zu reservieren.

🏢 SANIBEL CHAMBER OF COMMERCE

Das Visitor Center ist sowohl für Sanibel als auch für Captiva Island zuständig. Da Captiva Island kein eigenes Info-Center betreibt, sollten Sie bereits hier Informationen einsammeln, wenn Sie eine Weiterfahrt zur Schwesterinsel planen.

✉ *1159 Causeway Rd, Sanibel, FL 33957*
☎ *1-239-472-1080*
@ *island@sanibel-captiva.org*
🌐 *www.sanibel-captiva.org*

👁 **Highlights**

▶ **Sanibel Historical Village & Museum**

Die Geschichte von Sanibel Island ist hauptsächlich geprägt von den Calusa-Indianern sowie den frühen Siedlern zu Beginn des 19. Jahrhunderts. Um eine frühe Siedlung naturgetreu nachzubilden, wurden sieben historische Gebäude von ihrem Ursprungsort entfernt und zu einer historischen Village

Blickfang im Laden ist der mit Muscheln geschmückte Weihnachtsbaum.

✉ 2422 Periwinkle Way, Sanibel, FL 33957
☎ 1-239-472-8080
✉ 1157 Periwinkle Way, Sanibel, FL 33957
☎ 1-239-472-6991
🌐 www.sanibelshellcrafts.com

► The Bailey-Matthews Shell Museum

Mitten im Muschel-Eldorado passt dieses Museum natürlich thematisch bestens. Aber nicht nur die Sanibel-Muscheln, die hier an den Strand gespült werden, sondern Muscheln aus aller Welt sind im Muschelmuseum zu bewundern. Geschichtlich ist das Museum ebenfalls interessant, denn auch fossile Muscheln bereichern die Ausstellung sowie Werkzeuge und Angelausrüstungen aus Muscheln der frühen Calusa-Indianer. Muscheln in der Architektur, in der Geografie oder Muscheln in Rekordgröße – die Themenbereiche rund um die Muschel scheinen endlos zu sein. Besonderer Service: Wer selbst schon erfolgreich beim Sammeln war, kann hier von Fachleuten seine Funde inspizieren lassen oder sich über die Kunst des richtigen Muschelsammelns informieren.

✉ 3075 Sanibel-Captiva Rd, Sanibel, FL 33957
☎ 1-239-395-2233
🌐 www.shellmuseum.org
🕐 Tägl. 10–17 h
💲 Erw. $ 15, Kinder (5–11 J.) $ 7, Jugendl. (12–17 J.) $ 9

► J.N. „Ding" Darling National Wildlife Refuge 👫 ★

Herzstück der Insel ist dieses Refuge, das sich im Zentrum befindet und etwa ein Drittel der gesamten Inselfläche umfasst. Es ist Teil des größten, unberührten Mangroven-Ökosystems der ganzen USA. Zweieinhalb Quadratkilometer Mangroven-, Marsch- und Sumpflandschaft beinhaltet das Schutzgebiet, in dem die ganze Flora und Fauna, die sich in Südflorida wohlfühlt, beheimatet ist: Reiher, Flamingos, Seeadler und natürlich Alligatoren. Aber auch Krebse, Schlangen und eine sonderbare Art springende Fische sowie zahlreiche Krabben bevölkern das Schutzgebiet.

💡 Bei Niedrigwasser hat man die besten Chancen, Tiere zu beobachten. Am Eingang erfährt man die aktuellen Wasserstände.

Man durchfährt das J.N. "Ding" Darling National Wildlife Refuge mit dem Auto; es führt ein 8 km/5 mi langer **Wildlife Drive** mit verschiedenen Aussichtspunkten hindurch, an denen man anhalten und einen Blick in die Natur und auf die Tier- und Pflanzenwelt werfen kann. Dieser ist täglich außer freitags befahrbar. An einem Tag in der Woche sollen die Tiere die Gelegenheit haben, am Wegesrand in aller Ruhe gefüttert zu werden. Der Wildlife Drive ist eine Einbahnstraße, kann also nur in eine Richtung befahren werden.

Im Park gibt es auch eine Tram, die am Parkplatz des Visitor Centers startet. Bei Fahrt mit dieser kann man jedoch nicht selbstbestimmt festlegen, wo man aussteigen und ein wenig tiefer in das Schutzgebiet hineinschauen möchte. Von einigen Haltepunkten aus kann man nämlich über kurze Boardwalks zu Beobachtungsposten marschieren, von denen aus man am ehesten Alligatoren oder Seeottern entdecken kann. Eine Fahrt kostet für 😊 Erwachsene $ 13 und Kinder $ 8. Wer sowieso schon für den Besuch von Sanibel Island ein Fahrrad gemietet hat, kann sich natürlich auch damit auf den Weg durch das Schutzgebiet machen und den Wildlife Drive umweltbewusster befahren.

Die Mangrovenwildnis kann man aber auch auf einer Paddeltour erkunden, Kanus kann man am Visitor Center mieten, das sich direkt am Beginn des Wildlife Drives befin-

ROOSEVELT CHANNEL

Alison Hagerup Beach

Buck Key

WULFERT CHANNEL

Captiva Island

Runyon Key

WULFERT FLATS

Turner Beach

WULFERT KEYS TRAIL

Blind Pass Beach

PINE ISLAN

CALUSA SHELL MOUND TRAIL

Bowman's Beach Rd.

Bowman's Beach

INDIGO TRAIL

Sanibel-Captiva Rd.

C.R.O.W

YOU ARE HERE

Rabbit Road

U.S. DEPARTMENT OF THE INTERIOR

MARCH 3, 1849

U.S. FISH & WILDLIFE SERVICE

U.S. DEPARTMENT OF THE INTERIOR
U.S. Fish and Wildlife Service

NATIONAL WILDLIFE REFUGE SYSTEM

GULF OF MEXICO

Legend

Refuge lands

Refuge lands closed areas - *Access on designated trails only*

Refuge water boundary

Canoe/kayak trail

Foot/bicycle trails - *Walk bikes on all boardwalks*

Wildlife Drive - *Closed to all access on Fridays. One-way for vehicles and bicycles*

J.N. "Ding" Darling Wilderness Area *Motor boat use allowed except in no motor zone.*

No Motor Zone - *pole/paddle only*

Wulfert Flats Pole/Troll Zone - *Seagrass protection area. No combustion engine zone - pole/troll only.*

Fishing access - *All refuge waters are open to fishing. Florida State fishing regulations apply. Crabbing permitted, see specific crabbing regulations.*

Visitor/Education Center and Administration Headquarters

Canoe/kayak launch site

Red Mangrove Overlook

Cross Dike Pavillion

Observation tower

C.R.O.W Clinic for The Rehibilitation of Wildlife Healing Winds Visitor and Education Center

SCCF Sanibel-Captiva Conservation Foundation Nature Center *This private center offers exhibits, walking trails and guided tours. Operation hours are posted.*

Shell Museum Bailey-Matthews Shell Museum

Historical Village Sanibel Historical Museum and Village

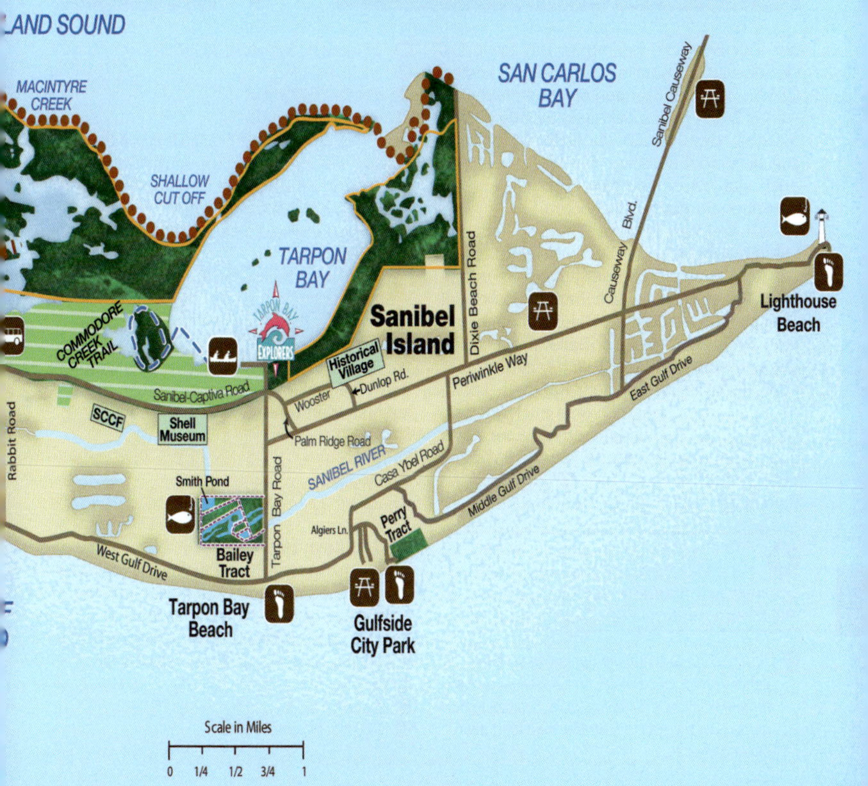

Picnic areas

Public beach access

Tram pick-up/drop-off at the "Ding" Darling Education Center (visitor center)

TARPON BAY RECREATION AREA—Tarpon Bay Explorers rentals – kayaks/canoes, bicycles and boats. guided tours – pontoon, kayak, and fishing phone: 239-472-8900

LAND SOUND

MACINTYRE CREEK

SHALLOW CUT OFF

SAN CARLOS BAY

TARPON BAY

COMMODORE CREEK TRAIL

Sanibel Causeway

Causeway Blvd.

Dixie Beach Road

Sanibel Island

Historical Village

Wooster

← Dunlop Rd.

Periwinkle Way

East Gulf Drive

Lighthouse Beach

Sanibel-Captiva Road

Rabbit Road

SCCF

Shell Museum

Palm Ridge Road

SANIBEL RIVER

Casa Ybel Road

Middle Gulf Drive

Smith Pond

Bailey Tract

Tarpon Bay Road

Algiers Ln.

Perry Tract

West Gulf Drive

Tarpon Bay Beach

Gulfside City Park

Scale in Miles

0   1/4   1/2   3/4   1

Das Wildlife Refuge ist ein wunder-schönes, naturbelassenes Schutzgebiet.

det. Der Betreiber ist Tarpon Bay Explorers (▶Seite 221), Kajaks und Kanus kosten 🔄 $ 25 für zwei Stunden (Zweierkajaks und -kanus $ 33), jede zusätzliche Stunde jeweils $ 12,50 bzw. $ 16,50. Im Visitor Center, das zugleich ein Education Center ist, werden auch gute Ausstellungen mit interaktiven Stationen für Kinder angeboten.

Auf drei Wanderwegen in verschiedenen Längen kann man in die Natur eintauchen, die Tiere beobachten oder auf einem mit Informationsschildern versehenen Boardwalk Geschichtliches über die Calusa Indianer lernen. Ein vierter Trail, der Bailey Tract, befindet sich außerhalb des Refuge, gehört aber noch dazu. Er ist auf dem Parkplan (siehe oben) eingezeichnet, den man auch am Kassenhäuschen am Eingang erhält. Eine Karte über die Wanderwege mitsamt Beschreibung findet man auch hier: 🌐 www.fws.gov/uploadedFiles/DingMap2015Final.pdf.

💡 Frühmorgens oder gegen Abend ist die beste Besuchszeit. Die Tiere verkriechen sich gerne in der Mittagshitze und Alligatoren werden in der Dämmerung aktiv.

📍 *Nach 3,5 km/2 mi auf der Sanibel-Captiva Rd geht es rechts zum Refuge. Das Kassenhäuschen für den Wildlife Dr (Einbahnstraße) befindet sich nördlich versetzt von der Straße, man fährt aber direkt darauf zu.*

✉ *1 Wildlife Dr, Sanibel, FL 33957*
☎ *1-239-472-1100*
@ *dingdarling@fws.gov*
🌐 *www.fws.gov/dingdarling*
🕐 *Wildlife Dr: Nov.–März 7–17.30 h, April & Sep.7–19 h, Mai & Aug. 7–19.30 h, Juni & Juli 7–20 und Okt. 7.30–18.30 h; Visitor Center: Jan.–April tägl. 9–17 h & Mai–Dez. tägl. 9–16 h).*
🔄 *$ 5 pro Fahrzeug, $ 1 pro Fußgänger oder Radfahrer (ab 15 J.)*

Wanderwege

Indigo Trail

Vor allem die Beobachtung von Alligatoren und anderen Wildtieren steht bei diesem leichten Wanderweg im Vordergrund.

🔄 *Am Visitor Center*
🕐 *3 Std.*
➋ *Einfach*
🔄 *3,2 km/2 mi (einfache Strecke)*

Wulfert Keys Trail

Der kurze Schotterweg führt direkt vom Wildlife Drive zum Coral Creek Inlet mit herrlichem Blick auf die Pine Island Sound.

🔄 *Etwa 6 km/3,8 mi nach Beginn des Wildlife Dr geht der Weg direkt von der Straße nach rechts ab.*
🕐 *45 Min.*
➋ *Einfach*
🔄 *400 m (einfache Strecke)*

Shell Mound Trail

Ein als Boardwalk ausgebauter Lehrpfad mit Informationstafeln zur umgebenden Natur und der hier früher ansässigen Calusa-Indianer.

- ↪ *Etwa 6,5 km/4 mi nach Beginn des Wildlife Dr. Der Parkplatz liegt linkerhand.*
- 🕐 *1 Std.*
- ➋ *Einfach*
- ↪ *600 m (Rundweg)*

Bailey Tract

Der Bailey Tract befindet sich außerhalb des Refuges, zählt aber noch dazu. Während das Hauptgebiet des Refuge freitags geschlossen ist, kann man diesen Weg immer begehen. Er führt durch Marschland an verschiedenen, kleineren Seen vorbei. Er ist unbekannter und daher meist nicht so überlaufen.

- ↪ *Vom Visitor Center des Wildlife Refuges fährt man die Sanibel-Captiva Rd ostwärts, nach etwa 3,5 km/2 mi biegt man rechts auf die Tarpon Bay Rd. Nach 1,2 km/0,8 mi rechts abbiegen auf den Parkplatz (kurz vor dem Zebrastreifen).*
- ➋ *Leicht*
- ↪ *Der Trail lässt sich in verschiedene Längen unterteilen, die gesamte Runde ist mit etwa 1,8 km/1,1 mi aber auch nicht wirklich lang (Rundweg).*

🏛 Übernachten

Die Übernachtungskapazitäten auf Sanibel Island sind längst nicht so groß, wie es bislang auf der Reise der Fall war. Vor allem muss man sich frühzeitig um eine Unterkunft kümmern, wenn man eine Übernachtung auf der Insel plant. Auch die Preise sind deutlich höher als auf dem Festland. Das sollte man einkalkulieren, bevor man sich auf die Suche nach einer Unterkunft macht.

🏛 Anchor Inn and Cottages

Nahe dem Sanibel Historical Village and Museum und dem Leuchtturm sowie dem Shell Museum befindet sich diese sehr ansprechende Unterkunft in der Nähe der Haupt-Sehenswürdigkeiten. Neben einem Außenpool sind Picknickbereiche und die Möglichkeit zum Grillen vorhanden. Von einer Terrasse aus hat man entweder einen Blick auf den Innenhof, den Garten oder den Pool. Die Cottages sind im Nur-Dach-Stil gestaltet und haben mehrere Wohnebenen, die über Wendeltreppen miteinander verbunden sind. Standard-Motelzimmer sind ebenfalls buchbar und etwas günstiger als die behaglichen Häuser, jedoch trotzdem in der oberen Preiskategorie. Zum Strand ist es ein Stückchen zu laufen, aber dafür lohnt sich die charmante, saubere Anlage als Unterkunft auf alle Fälle. Parken kann man kostenlos. Ein Zimmerservice wird nicht angeboten.

- ✉ *1245 Periwinkle Way, Sanibel, FL 33957*
- ☎ *1-239-395-9688*
- @ *info@sanibelanchorinn.com*
- 🌐 *www.sanibelanchorinn.com*
- 💲 *****

🏕 Periwinkle Park & Campground

Nicht direkt am Strand, aber auch nur etwa einen Kilometer entfernt liegt der einzige Campground nah der Zufahrt zur Insel. In die traumhafte Umgebung passt der Campground gut. Die Plätze sind schattig und manche schön in der tropischen Bepflanzung versteckt, sodass trotz enger Aneinanderreihung von Wohnmobilen genug Privatsphäre bleibt. Der Campground wird von vielen Dauergästen genutzt, deshalb ist der Platz insgesamt recht groß. In gut erreichbarer Nähe befinden sich der Strand, Läden und Restaurants.

- ✉ *1119 Periwinkle Way, Sanibel, FL 33957*
- ☎ *1-239-472-1433*
- @ *periwinklepark@aol.com*
- 🌐 *www.sanibelcamping.com*

🅿 *Ja*	🏕 *60*	🔌 *10*
🚿 *Ja*	📶 *Ja*	🐾 *Nein*
💲 *****		

Nachdem wir uns nun einige Zeit Sanibel Island gewidmet haben, führt der Weg weiter zur Schwesterinsel im Norden, die man über die Sanibel-Captiva Road ohne Umschweife erreicht.

*Nur ein ganz schmaler Kanal, der sogenannte **Blind Pass**, trennt die beiden Trauminseln voneinander. Auf beiden Seiten der kurzen Brücke befinden sich sehr schöne Strände – wer sich also nicht zwischen den Stränden der beiden Inseln entscheiden kann, der soll einfach hier am Übergang baden. Da die meisten Besucher gar nicht so weit fahren, sind die Strände am Blind Pass auch nicht so überfüllt. Die Sanibel-Captiva Road wird mit Überfahren der Brücke zum Captiva Drive.*

Dieser herrliche Strand mit türkisfarbenem Meer trennt Sanibel von Captiva.

Da auf der Sanibel-Seite weniger Parkplätze zur Verfügung stehen, kann man auf Captiva-Seite parken und über die kleine Brücke wieder zurückgehen.

CAPTIVA ISLAND

Man kann die zweite der beiden Barriereinseln sehr unterschiedlich erleben: Manche halten Captiva Island für noch romantischer als Sanibel Island und finden alles noch ursprünglicher als auf der größeren Schwesterinsel. Das Leben ist noch gemächlicher, die Häuser wirken noch kleiner, das Paradies erscheint noch greifbarer. Alles ist grüner, tropischer und traumhafter. Andere wiederum meinen, man kann auf Captiva Island kaum etwas unternehmen, außer vielleicht Bootsausflüge, Delfinbeobachtungstouren und Badetage am Strand. Beide haben Recht. Aber da die Wahrheit in der Mischung aus beiden Ansichten liegt, sollte man auf jeden Fall noch weiter bis Captiva Island fahren und sich selbst ein Bild machen.

Captiva Island ist viel schmaler als Sanibel Island. Auch diese Insel kann man gut mit dem Drahtesel „erfahren". Sie ist etwa acht Kilometer lang und an manchen Stellen höchstens einen Kilometer breit. Das Zentrum befindet sich in der Inselmitte, wo man

in exklusiven Restaurants gehoben speisen kann. Das Strandleben spielt sich am Strand **Turner Beach** ab, der vom Blind Pass im Süden der Insel mehrere Kilometer bis etwa zur Inselmitte verläuft. Wegen der starken Strömung sollte man hier nicht schwimmen, aber für Muschelsammler und Angler ist der Strand wunderschön. Auf beiden Seiten der Blind Pass Brücke kann man parken (siehe oben). Der zweite bemerkenswerte Strand ist **Captiva Beach**, von dem aus man einen spektakulären Sonnenuntergang genießen kann. Der Strand befindet sich am Ende des Captiva Drives, nördlich der Inselmitte und verläuft bis zum Nordende der Insel. Die Parkmöglichkeiten sind eingeschränkt. Die ganze Nordspitze des Eilands wird von einem Luxusresort für tennisspielende Touristen eingenommen.

Einzelne Attraktionen wie Sanibel Island hat Captiva tatsächlich nicht zu bieten. Man kann mit dem Boot zur **Delfinbeobachtung** ausfahren oder auf die Nachbarinsel **Cabbage Key** schippern, auf der es endgültig keine Straßen, Autos oder Hotels gibt. Hier ist das Gefühl, als Robinson Crusoe gestrandet zu sein, überwältigend. Die verschiedenen Bootstouren werden von **Captiva Cruises** angeboten, zum Beispiel Fahrten mit Delfinbeobachtung. Je nachdem, welche Bootstour man wählt, starten die Fahrten am Nordende am South Seas Island Resort oder an der McCarthy's Marina im Inselzentrum (Parkgebühr $ 5).

ℹ SANIBEL CHAMBER OF COMMERCE

✉ 1159 Causeway Rd, Sanibel, FL 33957
☎ 1-239-472-1080
@ island@sanibel-captiva.org
🌐 www.sanibel-captiva.org

Bootstouren Captiva Cruises
☎ 1-239-472-5300
🌐 www.captivacruises.com

Delfinbeobachtung
🕐 Tägl. um 16–17.30 h
💲 Erw. $ 27,50, Kinder (2–12 J.) $ 18

Fahrten nach Cabbage Key
🕐 Tägl. 10–15 h
💲 Erw. $ 40, Kinder $ 25

🏠 Übernachten

Es gibt zwar einige wenige Hotels und Inns auf Captiva Island, jedoch keine Campgrounds. Aufgrund der besseren Infrastruktur ist eine Übernachtung auf der größeren Nachbarinsel Sanibel empfehlenswert. Die Hotels auf Captiva Island befinden sich zudem preismäßig alle in der obersten Kategorie.

Der Rückweg von den Trauminseln zum Basislager in Cape Coral ist einfach: Über den Captiva Drive geht es gen Süden, auf Sanibel Island wechselt der Name zur Sanibel-Captiva Road, die wiederum (mit kleinem Zwischenweg auf der Palm Ridge Road) zum Periwinkel Way wird. Kurz vor dem Ende von Sanibel Island biegen Sie wieder links auf den Sanibel Causeway, überqueren die San Carlos Bay und folgen auf dem Festland der State Road 867/McGregor Boulevard. Nach 13 km/8 mi geht es links auf die Cape Coral Bridge Road, die Sie mit Erreichen von Cape Coral als Cape Coral Parkway East wieder ins Zentrum bringt.

Ende des Ausflugs

....

Die Zeit des Kurzurlaubes innerhalb des Urlaubes im Bereich Cape Coral/Fort Myers neigt sich dem Ende entgegen. Mitten in der Rundreise eine weitere Rundreise mit kleinerem Radius zu unternehmen, ist eine sehr lohnenswerte Abwechslung, lässt einem ein

*wenig zu Atem kommen und vor allem die paradiesischen Fleckchen Erde auf den Inseln unbeschwert genießen. Nun ist es aber Zeit, weiterzuziehen. Die Golfküste, die ab sofort **Lee Island Coast** heißt, wartet noch mit einer Menge Städte, Inseln und Attraktionen auf, bevor wir uns wieder Richtung Orlando wenden.*

*Vom Zentrum Cape Corals aus fahren wir den Santa Barbara Boulevard oder Del Prado Boulevard South gen Norden, bis die Pine Island Road/State Road 78 kreuzt. Dieser folgt man nach Osten, bis der US Highway 41 (in North Fort Myers) erreicht ist. Dem US Highway 41/Tamiami Trail folgen wir nach Norden und im weiteren Verlauf nach Nordwesten. Er ist angenehm zu fahren, es geht außerhalb der Stoßzeiten flüssig voran, obwohl er nur zweispurig ist. Wenige Ampeln behindern den Verkehrsfluss. Etwa 33 km/21 mi nördlich von North Fort Myers erreicht man den Ort **Punta Gorda**. Hier vereinigt sich der vom Osten kommende **Peace River** mit dem **Charlotte Harbor**, der wiederum in den Golf von Mexiko mündet. Der Ort zählt etwa 17.000 Einwohner und wurde in „America's best places to live" mit Platz 4 ausgezeichnet, weil er das beste Wirtschaftsergebnis der Nation präsentieren konnte.*

*Der US Highway 41 überquert den Fluss auf der rechten von der auf zwei Fahrspuren geteilten **Peace River Bridge/Gilchrist Bridge**. Es handelt sich dabei um zwei sehr futuristisch anmutende Bauwerke in geschwungener Optik. Auf der Nordseite des Flusses ist man bereits mitten in **Port Charlotte**, einer 54.000-Einwohner-Stadt. Man kann es kaum glauben, dass es hier vor 50 Jahren ausschließlich Viehweide gegeben hat. 2004 tobte in der Region Hurrikan „Charley", der sowohl in Port Charlotte als auch in Punta Gorda große Schäden verursachte. Beide Städte bieten zwar eine gute Infrastruktur, aber keine wirklich einzigartigen Highlights, die es im Rahmen dieser Route zu beachten gilt. Da darüber hinaus der Zeitplan nicht unendlich belastbar ist, werden beide Städte nicht als Haltepunkte empfohlen.*

*Nachdem der Peace River über die Punta Gorda Bridge überfahren ist, sind es noch 11 km/7 mi zum gut ausgeschilderte **Port Charlotte Town Center**. Dort quert die **State Road 776** (ebenfalls ausgeschildert), der wir auf der Hauptroute in Richtung Gasparilla Island folgen.*

Beginn der Alternativroute

Wer zeitlich enger ist, kann ab dieser Kreuzung die Alternativroute wählen, die schlicht weiter dem US Highway 41 folgt und sich 27 km/17 mi später wieder mit der Hauptroute vereinigt, die Sie als Alternativroute nutzen können.

Ende der Alternativroute

*Um der Hauptroute zu folgen biegt man auf die State Road 776 zunächst in westliche Richtung ein (El Jobean Road), bald macht die Straße jedoch einen deutlichen Linksknick. Man befindet sich unvermittelt auf einem Scenic Highway und zwar dem **Lemon Bay/Myakka Trail Scenic Highway**, der die ganze Rundfahrt bis zum südlichsten Zipfel von Gasparilla Island und an der Küste entlang zurück auf den US Highway 41/Tamiami Trail begleiten wird. Zunächst aber biegt man, etwa 2,5 km/1,6 mi nach Überqueren des Myakka Rivers, rechts auf die **FL-771** ab. Diese Straße führt auf den nächsten 12,5 km/8 mi bis an den südlichen Rand des Festlandes nach **Placida**. Eine weitere Brückentrasse folgt, der gebührenpflichtige **Boca Grande Causeway** (⊘ $ 6). Er ist etwa 3 km/1,9 mi lang und verbindet das Festland mit **Gasparilla Island**, einer Barriereinsel, die sich zwischen den Golf von Mexiko und die Einfahrt in den Charlotte Harbor drängt.*

🦌 GASPARILLA ISLAND

Wie kann etwas so Schönes nach einem Piraten benannt sein? Der Bösewicht soll José Gaspar geheißen und sich im 18. Jahrhundert mit seiner Mannschaft auf der Insel versteckt haben. Die Namensgebung ist noch nachvollziehbar, indes aber wohl eine Legende ist die Geschichte mit dem kopflosen Gespenst, das auf Gasparilla Island umgehen soll: Es ist die Erscheinung der spanischen Prinzessin Josefa, die Gaspar angeblich ent-

führt hat. Da sie die Liebe des Seeräubers nicht erwidert hat, soll er ihr den Kopf abgeschlagen, ihren Körper im Sand in der Nähe des heutigen Leuchtturms vergraben, ihren Kopf jedoch mitgenommen haben. So ist also heute der Geist immer noch auf der rastlosen Suche nach seinem Kopf – heißt es.

Die elf Kilometer lange Insel ist schmal und langgestreckt wie Captiva Island und hat eine Hauptdurchgangsstraße (Gasparilla Road), die von Feigenbäumen gesäumt ist. Die Insel gehört, wie die beiden zuvor besuchten Barriereinseln Sanibel und Captiva, zu der Golfinselkette. Im südlichen Bereich am Ende der FL-771 (Gasparilla Road) befindet sich **Boca Grande**, der Hauptort der Insel. Fast die ganze Südspitze wird vom **Gasparilla Island State Park** mit mehreren Stränden eingenommen. Muschelsammeln wird auch hier großgeschrieben. Wenn im Winter die Stürme reiche Muschelschätze an die Strände spülen, findet man die beeindruckendsten Exemplare. Prinzipiell ist auch hier die beste Muschelsuchzeit, wenn Ebbe ist. Es herrscht dieselbe friedvolle Inselstimmung wie auch auf den südlichen Nachbarinseln – alles ist in einem entspannten Fluss.

Wasser ist natürlich allgegenwärtig: im Westen der Golf von Mexiko, im Osten Charlotte Harbor und die Passagen zu den Nachbarinseln im Süden und Norden. Da bieten sich Aktivitäten auf dem Wasser geradezu an. An der **Whidden's Marina**, am östlichen Hafenbecken und in der ☎ 190 1st Street East, Boca Grande, FL 33921, gelegen, kann man Boote mieten. Informationen hierzu erhält man unter ☎ 1-941-964-2878 oder @ isabellewjoiner@gmail.com.. Ausflugsfahrten, zum Beispiel zu den südlich gelegenen Inseln **Cabbage Key** und **Cayo Costa**, bietet Knight Brothers Charters in der ☎ 391 Lee Avenue, Boca Grande, FL 33921, an. Die Halbtagestour ⊘ $ 59 pro Person und startet täglich um 10.30 Uhr von „The Pink Elephant" an den Docks in der 5th Street in Boca Grande. Weitere Bootstouren dieses Anbieters findet man unter 🌐 www.bocaboat.com.

Wer auf festem Boden bleiben will, kann mit dem Fahrrad oder auf Schusters Rappen losziehen. Es gibt einen Weg für Fahrräder und Golfcarts entlang der alten Bahnlinie, über die vor über 100 Jahren Phosphat zum südlichen Zipfel von Gasparilla Island transportiert wurde. Dort wurde wegen der unge-

Sand, Meer und Sonne gehen nahtlos ineinander über im Gasparilla Island State Park.

wöhnlichen Wassertiefe ein Hafen errichtet, von dem aus der Rohstoff, der 1885 an den Ufern des Peace River östlich von Gasparilla Island gefunden worden war, verschifft wurde. Der Weg heißt **Boca Grande Bike Path**; neben ihm führt ein Jogging-/Wanderweg entlang und er verläuft von einem Inselende zum anderen. Nach jeder Kurve bieten sich neue, herrliche Ausblicke.

🅱 BOCA GRANDE AREA CHAMBER OF COMMERCE

✉ 471 Park Ave, Boca Grande, FL 33921
☎ 1-941-964-0568
@ info@bocagrandechamber.com
🌐 http://bocagrandechamber.net
🕐 Mo–Fr 10–15 h

Boca Grande Bike Path

Informationen erhält man bei Gasparilla Island Conservation & Improvement Association unter ☎ 1-941-964-2667

➲ Gleich links nach Überqueren des Boca Grande Cswy
🕐 2 Std. (Fahrrad), 3,5 Std. (Wandern)
➲ Moderat
➲ 10,5 km/6,5 mi

👁 Highlights

▶ Boca Grande

Der Charme des Ortes rührt von seiner Abgeschiedenheit her: Alles ist noch sehr urtümlich und natürlich. Die ganze Insel und damit auch ihr Hauptort leben vom Fischfang und dem Tourismus. Es ist eine kleine Zeitreise in das „alte" Florida mit seiner geschichtsträchtigen Vergangenheit und all seiner Schönheit. Der Ort ist bemüht, sich seine Ursprünglichkeit und seinen Charme zu erhalten und das scheint in der ruhigen Gemeinde mit der faszinierenden Atmosphäre gut zu gelingen. Als mit den Phosphatfunden die Eisenbahn auf die Insel kam, wurde Boca Grande an die Welt angeschlossen. Zuerst wurde im heutigen Bereich von Downtown eine Eisenbahnstation gebaut, es folgten Straßen, Läden, ein Postamt, Wasser- und Telefonanschlüsse. Reiche Leute aus dem Norden kamen mit der Eisenbahn und bauten sich Winterresidenzen. Einige Cottages wurden der Bahnstation hinzugefügt. Der Zug hielt fortan auf der Insel an drei Stellen: im Fischerdorf im Norden der Insel, an der Bahnstation in

Downtown und am Hafenterminal im Süden. Auf diese Weise kamen Reisende noch bis 1958 auf die Insel, dann wurde der Boca Grande Causeway erbaut. Der Hafen für den Phosphatumschlag schloss 1979.

Der Name „Boca Grande" stammt übrigens aus dem Spanischen und bedeutet „Großer Mund". Das bezieht sich auf die Wasserstraße **Boca Grande Pass** am südlichen Ende der Insel. Weil es keine Tankstellen im Ort gibt, sind auffallend viele Golfcarts unterwegs – die ja praktischerweise einen Elektroantrieb haben. Praktisch sind diese Gefährte wegen der zahlreichen Golfanlagen allemal. Am **Boca Grande Public Beach** im südlichen Stadtgebiet von Boca Grande und am offenen Ozean kann man den unglaublich feinen Sand und das glasklare Wasser genießen, alles umgeben von einer kleinen Dünenlandschaft. Vom Parkplatz am Gulf Boulevard aus führt ein Boardwalk zum Strand. Mit etwas Glück kann man an diesem Strand Delfine beobachten, manchmal sind auch Hammerhaie unterwegs. Das scheint vor allem in den frühen Morgenstunden nicht ganz ungewöhnlich zu sein. Aber keine Sorge: Die Einheimischen berichten, dass die Haie normalerweise einen großen Bogen um Menschen machen.

Erkunden Sie das kleine Städtchen am besten zu Fuß – der Innenstadtbereich ist überschaubar groß und befindet sich westlich und östlich der Gasparilla Road etwa zwischen 5th und 1st Street. Hier finden Sie Geschäfte und Restaurants. Einige Parkmöglichkeiten sind vorhanden.

▶ Gasparilla Island State Park ★

Wenn schon auf der ganzen Insel nicht gerade Trubel herrscht, dann liegen die Südspitze und der State Park noch einmal abseits jeglicher Zivilisation. Wunderschöne, saubere, weißsandige Strände sind die Mühen des Umwegs hierher hundertprozentig wert. Zwei solcher bezaubernder Strände gibt es im Parkbereich: **Sea Grape** an der westlichen Küste der Insel und **Range Light** nördlich davon an der Parkgrenze, beides naturbelassene Strände voller Muscheln. Highlight und Blickfang ist der 1890 erbaute Leuchtturm **(Boca Grande Lighthouse)**, von dem aus man einen wunderschönen Blick auf den Boca Grande Pass hat, durch den immer noch private Schiffe unterwegs

sind. Der Bau des Turmes wurde verordnet, weil mit dem Abtransport des Phosphates so viele Schiffe den Hafen anfuhren, dass man die Südspitze markieren musste. In dem villenartigen Gebäude, auf das der kleine Turm mit Leuchtfeuer aufgesetzt ist, befindet sich das **Lighthouse Museum & Visitor Center** des Parks. Hier kann man sich zu den von Rangern geführten Spaziergängen anmelden, bei denen man mehr über die Geschichte der Insel und deren Flora und Fauna erfährt.

✉ *880 Belcher Rd, Boca Grande, FL 33921*
☎ *1-941-964-0375*
🌐 *www.floridastateparks.org/gasparillaisland*
🕐 *Tägl. 8 h–Sonnenuntergang, Lighthouse: Nov.–Mai Mo–Sa 10–16 h, So 12–16 h, Juni–Okt. Mi–Sa 10–16 h, So 12–16 h, August geschlossen*
💲 *$ 3 pro Fahrzeug, $ 2 für Fußgänger*

🏨 Übernachten

❗ Auf Gasparilla Island gibt es keine Übernachtungsmöglichkeit für Wohnmobilfahrer. Die nächste Übernachtungsmöglichkeit empfehlen wir nahe Sarasota (Turtle Beach Campground, ▶ Seite 240), für die 72 km/45 mi lange Fahrt dorthin müssen Sie etwa zwei Stunden einplanen.

🏨 The Anchor Inn

Der ganze Charme der kleinen Insel spiegelt sich in dieser Unterkunft wider. Geräumige, geschmackvoll eingerichtete Hotelzimmer oder Apartments, eine umlaufende Veranda, ein schöner Pool mit tropischer Bepflanzung und die Nähe zu den Restaurants und Läden des Ortes machen die Unterkunft empfehlenswert.

✉ *450 4th St E, Boca Grande, FL 33921*
☎ *1-941-964-5600*
🌐 *www.anchorinnbocagrande.com*
💲 *★★★*

Nach diesem Abstecher geht es wieder zurück aufs Festland, allerdings nicht den gesamten Weg zurück zum US Highway 41. Wir folgen dem Scenic Highway weiter, da es nach dem Abstecher nach Gasparilla Island praktischer ist. Zunächst geht es die Gasparilla Road nach Norden und über den Boca Grande Causeway zurück aufs Festland.

Sobald man dort angekommen ist, fährt man direkt nach der Brückentrasse auf die **Placida Road (FL-775)** nach links. Dieser folgt man, bis nach 15 km/9 mi die **State Road 776** kreuzt. Auf diese biegt man links ab und folgt ihr weitere 15 km/9 mi, bis die Straße auf den US Highway 41 trifft. Das ist das offizielle Ende des Lemon Bay/Myakka Trail Scenic Highway und der Treffpunkt mit der schnellen Alternativroute, die man ohne den Abstecher nach Gasparilla Island gekommen wäre.

Auch ohne den Abstecher nach Gasparilla Island bleibt der US Highway 41 beim Vordringen in nördlichere Gefilde unsere Straße. Zwar kann man bei gedrängtem Reiseplan auch weiterhin jederzeit auf die weitgehend parallel verlaufende Interstate 75 ausweichen, aber der Highway ist und bleibt die schönere Variante. Die Reise geht also ab Port Charlotte weiter in nordwestliche Richtung bis sie, 28 km/18mi nach dem Town Center von Port Charlotte, in **South Venice** einen deutlichen Rechtsknick macht. An dieser Stelle befindet man sich schon fast an der Golfküste. Diesem Rechtsknick folgend sind es nur noch 7 km/4 mi bis **Venice**. Die Festlandstrände von Venice zählen mit zu den schönsten im Südwesten Floridas. Außer einer großen Fülle von Parkanlagen in allen Größen und Arten hat das gepflegte kleine Strandstädtchen nicht viel zu bieten, weshalb es auf der Route nicht vorgesehen ist. Wer Zeit hat, kann bei den schönen Stränden (zum Beispiel im Bereich **Venice Beach**) prüfen, ob sie das Prädikat „Beste Festlandstrände Südwestfloridas" wirklich verdient haben. Um sie zu erreichen, biegt man am besten an oben genanntem Rechtsknick Richtung Küste in den South Venice Boulevard ab und später rechts in den Shamrock Drive. Über die Beach Road gelangt man zum ersten Strand, **Caspersen Beach**. Von hier aus geht praktisch ein Strand in den nächsten über. Man kann sie alle über die Küstenstraße Harbor Drive South in nördliche Richtung anfahren.

Mit oder ohne Strandbesuch führt der US Highway 41 immer tiefer in den Norden hinein. 12 km/8 mi nach Venice passiert man **Osprey**, weitere 18 km/11 mi später ist schließlich **Sarasota** erreicht, seit Naples die erste Großstadt auf der Reiseroute.

SARASOTA

		Sarasota	Lüneburg
🚶	Stadt	53.300	71.700
	Metropol	673.000	
	pro km²	796	1.024
⊘	km²	67	70
〰	über NN	7 m	17 m
🌧	mm	1.375	600
❄	°C	24	7
☀	°C	31	18
	Cape Coral		127 km/ 79 mi
	St. Petersburg		60 km/ 38 mi

Die US-41 bleibt den Reisenden auch in Sarasota erhalten, denn sie führt mitten hindurch. Das ehemalige Fischerdorf wird als attraktiver Erholungsort geschätzt. Hauptsächlich durch die großen vorgelagerten Inseln **Siesta Key**, **Lido Key** und **Longboat Key** hat sich eine etwa acht Kilometer breite Bucht gebildet, die **Sarasota Bay**. Die Keys sind untereinander mit Brücken verbunden, auf denen durchgehend die **State Road 789** als Hauptverbindungsstraße entlangführt. Die Küsten der Inseln sind von weißen Puderzuckerstränden gesäumt. Südlich der Inselkette liegt Siesta Key mit dem gleichnamigen, mehrfach als weltbesten ausgezeichneten Strand. Zu der Inselkette, die die Bucht bildet, gehört Siesta Key zwar nicht, einen Abstecher ist sie aber wegen des Strandes unbedingt wert (▶Seite 238). Auf die Insel Siesta Key folgen in nördliche Richtung die Inseln Lido Key und St. Armand's Key. Dort ist der **St. Armand's Circle** besonders erwähnenswert, ein exklusiver Shoppingkomplex, in dem auch Restaurants, Bars und Cafés untergebracht sind. Hierher fährt man zum Essen und Einkaufen, wenn man einen Stopp in Sarasota einlegt. Die nächste nördliche Insel ist Longboat Key, mit einer Länge von elf Kilometern die längste der Inseln der Sarasota Bay. Es folgt der herrliche **Coquina Beach** (▶Seite 241) mit seinen Schatten

Downtown Sarasota

spenden Palmen, der schönste Strand dieser Barriereinseln. Weit im Norden schließt **Anna Maria Island** die Inselkette ab. Sie ragt bereits weit in die Tampa Bay hinein.

Da der Empfehlung dieses Routenreiseführers gemäß die Weiterfahrt über die Keys folgt, kann man sie in all ihrer Pracht erleben und an beliebigen Stellen aussteigen und ihr karibisches Flair genießen. Aus dem Zentrum Sarasotas führt der **Ringling Causeway** hinüber zu den genannten Inseln.

Aber auch abgesehen von den herrlichen Inseln kann sich Sarasota durchaus sehen lassen. Das Herz der Stadt schlägt in **Downtown** (das ist der Bereich, in dem der US Highway 41 direkt an der Bay verläuft/Bayfront Drive), wo man vor allem in der noblen **Palm Avenue** exklusive Läden und Kunstgalerien findet. An dieser Stelle der Stadt landet man unweigerlich über den US Highway 41 Richtung Sarasota. Die Main Street bildet den gepflegten, modernen Mittelpunkt Downtowns mit schönen Cafés und Läden. Eineinhalb Blocks nördlich der Main Street gibt es eine Dependance des sehr empfehlenswerten Supermarktes **Whole Foods Market**, in dem man nicht nur Bioprodukte und Delikatessen kaufen, sondern auch hervorragend essen kann. Bei den warmen, frisch zubereiteten Speisen kann man sich selbst bedienen (☎ 1451 1st St, Sarasota, FL 34236). Im Bereich der **Bayfront** sticht die rosafarbene Van Hezel Hall ins Auge, eine Veranstaltungshalle direkt am Wasser mit Parkfläche außen herum. Die ganze Bayfront am Bayfront Drive, die sich um die von der kleinen Insel Bird Key und Siesta Key gebildete Bucht formt, ist sehr ansprechend gestaltet mit dem pfirsichfarbe-

nen Bürokomplex **Sarasota Quay**, der städtischen **Marina** am Ende der Main Street mit dem **Sarasota Bayfront Park**, von wo aus Bootsausflüge starten. Es sind kostenlose Parkplätze rechts und links an der Zufahrt zur Marina vorhanden. Von diesem Ausgangspunkt sind die Sehenswürdigkeiten der Stadt sehr gut zu erreichen. Aber auch in Downtown findet man am Straßenrand Parkmöglichkeiten, man kann in der Stadt insgesamt gut mit dem Fahrzeug zurechtkommen. Ein Wahrzeichen Sarasotas, das berühmte Standbild des küssenden Matrosen vom Times Square, bewacht Bucht und Hafen.

Innerhalb des Stadtgebietes kommt man mit dem **Sarasota Area Transit (SCAT)** günstig und schnell voran. Haltestellen dafür gibt es sogar auf den Keys. Eine Einzelfahrt kostet 🚍 für Erwachsene $ 1,25, für Kinder ab 5 Jahre $ 0,60, ein Tagespass $ 4 (nur in Bussen gültig). Informationen erhält man unter anderem im Visitor Center, in manchen Hotels liegen Fahrpläne aus. Dasselbe Unternehmen betreibt auch **Sarasota Trolley**, der innerhalb eines Scenic Loop alle wichtigen Ortsteile, Sehenswürdigkeiten und die Keys anfährt, aber auch auf kürzeren Strecken (zum Beispiel im Bereich Main St) genutzt werden kann. Informationen und Fahrpreise kann man im Visitor Center erhalten oder direkt beim Unternehmen unter ☎ 1-941-346-3115.

Sarasota hat etliche Beinamen: Sie wird wegen der ungewöhnlich hohen Zahl an Kunstmuseen „Stadt der Künste" genannt oder „Stadt des Geldes", aber auch „World Class Shopping" steht auf dem Programm. Umso schöner, dass sich die Stadt mit ihren noblen Wohngegenden entlang der Bay ihren natürlichen Charme bewahrt hat. Die schnörkeligen Gebäude mit ihren verspielten Elementen versprühen einen südländischen Charme, der die Stadt von anderen amerikanischen Städten unterscheidet.

ℹ SARASOTA COUNTY VISTORS CENTER

✉ *1710 Main St, Sarasota, FL 34236*
☎ *1-941-706-1253*
@ *info@visitsarasota.org*
🌐 *www.visitsarasota.org*
🕐 *Mo–Sa 10–17 h*

👁 Highlights

▶ Ringling Estate ★

Es ist das unbestrittene Highlight Nummer 1 in Sarasota: Der parkartig angelegte Ringling-Komplex mit dem **John & Mable Ringling Museum of Art** als Mittelpunkt, etwa 5 km/3 mi vom nördlichen Stadtzentrum entfernt. Das Ringling Estate findet man zwischen dem US Highway 41 und der Bucht. Der Name „Ringling" ist allgegenwärtig in Sarasota und gehört zu John Ringling, dem Pionier des Zirkuswesens in den USA. Zusammen mit seinen Brüdern schuf er zu Beginn des 20. Jahrhunderts ein Monopol in Sachen Zirkus und wurde damit berühmt. Er verbrachte die Wintermonate immer in Sarasota und deshalb ist ein Bestandteil des Komplexes das überwältigende und sehr schön direkt an der Bucht gelegene ehemalige Wohnhaus **Ca' d'Zan** (Venezianisch für

„Haus des Johannes" – und das wiederum bezieht sich auf den Vornamen John). Es ist ein beeindruckendes, palastartiges Wohnhaus im venezianischen Renaissance-Stil. Mit Dachziegeln aus Barcelona, Fensterglas aus Venedig und italienischem Marmor an den Verandatreppen ist es eine wunderschöne Nachbildung eines echten Renaissance-Gebäudes – mit Blattgoldelementen und vielen Schnörkeln eine Mischung aus antikem Zirkuswagen und italienischem Palast. Daneben kann man durch einen **Rosengarten** flanieren, in dem Ringling und seine Frau begraben sind (🕐 9.30–18 h). Auf der Anlage kann man aber auch regelrecht in die Zirkuswelt abtauchen und im **Circus Museum** den Zirkuswagen besichtigen, mit dem die Artistenfamilie unterwegs war, oder Erinnerungsstücke wie alte Plakate, Requisiten und Kostüme anschauen. Ein Miniaturzirkus dürfte vor allem Kinder erfreuen.

Das Kunstmuseum ist einer der Höhepunkte auf dem Gelände. Es repräsentiert das Staatsmuseum für Kunst in Florida. Die Kollektionen umfassen namhafte Barockkünstler und europäische Meister des 16./17. Jahrhunderts wie **Rubens** oder **Cranach**. Statuen wie Michelangelos „David" zieren den Innenhof des Museums. Ringling hat einen enormen Teil seines Vermögens in Kunst investiert – die heutigen Besucher nutznießen davon. Ringling vermachte seinen Besitz nach seinem Tod 1936 dem Staat Florida.

1950 gesellte sich ein weiteres bemerkenswertes Element zum Ringling Estate: Das Museum erwarb das Interieur des Barock-

Schicke Jachten zieren den Hafen von Sarasota.

theaters der Stadt Asolo in Italien. Nachdem das Museum das **Asolo Theater** erworben hatte, wurde es nach Sarasota verfrachtet und originalgetreu wieder aufgebaut. Anfangs wurde es sogar als Spielstätte genutzt, heute übernimmt diese Funktion das neue **Asolo Center for the Performing Arts**.

- *Aus Richtung Downtown über den US-41 5 km/3 mi in nördliche Richtung fahren. Dann links auf den Ringling Plaza und gleich wieder rechts auf die Bay Shore Rd abbiegen.*
- *5401 Bay Shore Rd, Sarasota, FL 34243*
- *1-941-359-5700*
- *www.ringling.org*
- *Tägl. 10–17 h, Do 10–20 h (ermäßigter Eintritt 17–20 h)*
- *Erw. $ 25, Kinder (6–17 J.) & Stud. (ab 18 J.) $ 5, Sen. (über 65 J.) $ 23*

▶ Mote Marine Laboratory & Aquarium

Das Aquarium befindet sich auf **Longboat Key** südlich der New Pass Bridge. Der Golf von Mexiko steht im Mittelpunkt der Einrichtung, in der Wissenschaftler und Meeresbiologen den Besuchern auf unterhaltsame und interessante Art die Natur näherbringen. Streichelbecken mit Rochen, Muscheln und Seesternen, Haifischbecken und Barrakudas, Hechte und Tarpune leben in diesem Aquarium, dessen ursprünglicher Zweck eigentlich in der Erforschung der Meereswelt des Golfes bestand. In der Zwischenzeit hat sich das Laboratorium allerdings zu einem weltweit anerkannten Forschungszentrum für maritime Lebensformen gewandelt. Haie, Seekühe und Meeresschildkröten dienen der Forschung und erfreuen den Besucher. Die Arbeit der angestellten Forscher geht über das Aquarium hinaus bis an die Küsten der Keys. Dort werden Schildkrötennester (der sogenannten Loggerhead Turtles) überwacht und bis zum Ausschlüpfen beobachtet und geschützt. Ganz neu kann man im Mote auch Seepferdchen-Babys bestaunen, die im ganzen Land gesammelt und zur Aufzucht hierher gebracht werden. Vor dem Aquarium kann kostenlos geparkt werden.

Über das Mote kann man auch an einer der Exkursionen des Unternehmens **Sarasota Bay Explorers** teilnehmen. Geführte Kajaktouren, eine Natursafari (Erw. $ 45, Kinder (6–12 J.) $ 40), eine Sea Life Encounter Cruise (Erw. $ 29, Kinder (3–12 J.) $ 25)

Südländische Gebäude wie die Baptist Church prägen das Stadtbild Sarasotas.

oder eine geführte Privat-Schifffahrt (Kajaktour Erw. $ 55, Kinder $ 45) stehen zur Auswahl. Weitere Informationen findet man unter www.sarasotabayexplorers.com.

- *Aus Downtown über die SR-789 (John Ringling Cswy) westwärts auf St Armands Key fahren, am Kreisverkehr die erste Abfahrt nach rechts nehmen und dem John Ringling Pkwy folgen. Von diesem geht in einer Rechtskurve der Ken Thompson Pkwy geradeaus ab.*
- *1600 Ken Thompson Pkwy, Sarasota, FL 34236*
- *1-941-388-4441*
- *info@mote.org*
- *www.mote.org*
- *Tägl. 10–17 h*
- *Erw. $ 22, Kinder (3–12 J.) $ 16*

▶ Siesta Key Public Beach ★

Er ist Direktor des Labors für Forschungen im Küstenbereich der Florida University und deshalb muss er es wissen: Dr. Stephen P. Leatherman bewertet Strände und kürt jedes Jahr als „**Dr. Beach**" die besten zehn des Landes. 2016 fiel die Wahl seiner Nummer 2 auf den Siesta Beach auf **Siesta Key**, weil seinen Ergebnissen zufolge dieser Strand die Strandbesucher mit dem feinsten und weißesten Sand der ganzen Welt verwöhnt. Auch früher gab es schon diverse Preise für diesen Strand, der natürlich als direkte Folge so vieler Ehrungen kein Geheimtipp mehr ist. Ein Erlebnis ist er allemal. Da der Sand des Strandes zu fast 100 Prozent aus Quarz besteht, ist er so unglaublich weich und fühlt sich an den Füßen erstaunlicherweise immer kühl an. Im Kontrast dazu stehen das kristallklare, blaue Wasser des Ozeans und die unendliche Weite des Strandes. Paradies pur! Wegen des quasi nicht vorhandenen Wellengangs und dem seichten Zugang ins Wasser ist der Strand auch geeignet für kleinere und nicht so schwimmsichere Kinder. Nach zehn Metern wird das Wasser jedoch recht schnell sehr tief, sodass man Kinder trotzdem nicht unbeaufsichtigt lassen darf. Es gibt Versorgungseinrichtungen wie Duschen, Snackbar und Picknickbereiche und man kann sich beim Volleyball austoben. Der große Parkplatz am Hauptzugang bei den Versorgungseinrichtungen ist kostenlos, er ist aber vor allem an den Wochenenden schnell überfüllt. Der Strand ist sehr breit, weswegen sich die vielen Badegäste glücklicherweise gut verteilen. Gleich am oberen Rand gibt es einige Palmengrüppchen, die schattige Plätze bieten. Der paradiesische Eindruck wird nur durch den Blick nach links getrübt, wo einige sehr unansehnliche Hochhäuser und andere Bausünden so ganz und gar nicht zu der Strandidylle passen wollen.

Entlang der verschiedenen Strandzugänge gibt es mehrere Haltestellen der Buslinie SCAT. Reist man damit aus Sarasota an, erspart man sich Stau (zu Stoßzeiten) und Parkplatzsuche.

📍 *Aus Downtown über den US-41 etwa 5 km/3 mi weit Richtung Süden fahren. Dann rechts auf die SR-758 fahren und dieser für etwa 7 km/4 mi folgen, bis zu einer Kreuzung, an der es nur rechts oder links geht. Hier rechts auf die Beach Rd fahren.*

✉ *900 Beach Rd, Sarasota, FL 34242*

🏛 Übernachten

🏨 Baymont Inn & Suites Sarasota

Mit guter Anbindung an alle Attraktionen der Stadt sowie einem guten Zugang zu den vorgelagerten Inseln hat dieses Motel seinen Schwerpunkt auf Umweltfreundlichkeit und Nachhaltigkeit gelegt. Die Strände, die Bayfront und gute Einkaufsmöglichkeiten sind ganz in der Nähe. Es gibt einen recht großen

Jedes Jahr unter die besten amerikanischen Strände gewählt: Siesta Beach

Außenpool und kostenlose Parkplätze. Die Zimmer sind geräumig, einfach und sauber, das Preis-Leistungsverhältnis sehr gut.

📍 *Das Hotel liegt direkt an der US-41, etwa 2 km/1 mi südlich von Downtown.*

✉ *1425 South Tamiami Trail, Sarasota, FL 34239*

☎ *1-941-955-9841*

@ *info@baymontsarasota.com*

🌐 *www.wyndhamhotels.com/baymont*

⚓ *★ – ★★*

🏨 Tropical Breeze Resort

Der Name ist verheißungsvoll und wenn man die Lage direkt neben dem exzellentesten Strand der USA auf Siesta Key betrachtet, scheint er auch gerechtfertigt zu sein. Aber trotz der verlockenden Strandnähe sollte man auch einen der drei schönen Außenpools nutzen. Man kann auswählen zwischen Standardzimmern oder Suiten mit separatem Schlafzimmer, beide Zimmerarten befinden sich in bungalowartigen Gebäudeteilen, die auf drei verschiedene Straßen verteilt sind. Jeder Komplex hat Gasgrills und Gartenmöbel zur Verfügung. Fußläufig sind Restaurants und Läden erreichbar.

📍 *Von Downtown der US-41 bis zur SR-758/Siesta Dr folgen, dort rechts auf Siesta Key fahren. Der Straße etwa 2,5 km/1,5 mi folgen, dann macht sie einen Linksknick und heißt Higel Ave, nach einem Rechtsknick geht's auf den Ocean Blvd. Von diesem zweigt 1,6 km/1 mi später rechts der Columbus Blvd ab.*

✉ *140 Columbus Blvd, Siesta Key, FL 34242*

☎ *1-941-349-1125*

@ *info@tropicalbreezeinn.com*

🌐 *www.tropicalbreezeinn.com*

⚓ *★★ (Zimmer und Ein-Zimmer-Suite), ★★★ (Zwei-Zimmer-Suite)*

🏕 Turtle Beach Campground

Direkt am preisgekrönten Strand und mit guter Ausgangslage in die Stadt bietet der Campground Stellplätze, die alle nicht weit vom Wasser entfernt sind. Zwar liegen die Plätze gewohnt eng aneinander, jedoch von Palmen umgeben, schattig und unasphaltiert. Es gibt einen Waschsalon. Die Zeltplätze werden von Palisadenzäunen eingegrenzt.

📍 *Vom US-41 etwa 8 km/5 mi südlich von Downtown auf die SR-72 rechts abbiegen und auf Siesta Key fahren. Die Straße mündet in der Midnight Pass Rd. Auf diese rechts einbiegen und bis zum Campground etwa 4 km/2,5 mi folgen.*

✉ *8862 Midnight Pass Rd, Sarasota, FL 34242*

☎ *1-941-861-2267*

@ *turtlebeachcampground@scgov.net*

🌐 *www.scgov.net/turtlebeachcampground*

🛏 Ja	🚐 40	⚓ 40
🏊 Ja	🔥 Ja	📶 Ja
🐾 Nein		

⚓ *★★★*

Nach dem Besuch von Sarasota mit seinen tollen Stränden geht die Route weiter Richtung Norden. Wir empfehlen den Reisenden mit Zeitpolster, die Route nun über die Keys der Sarasota Bay fortzusetzen, eine zwar langsame, aber traumhafte Küstenstrecke. Diese Alternativroute über die Keys stößt ca. 20 km/12,5 mi weiter nördlich, in Bradenton, wieder auf den US Highway 41.

Wer es eiliger oder genug von tollen Stränden hat, kann ab Downtown direkt auf den US Highway 41/Tamiami Trail gen Norden auffahren, für in Zeitnot Geratene steht die Interstate 75 weiter parallel verlaufend zur Verfügung. Aber die Empfehlung an die-

Ein Blick zurück nach Sarasota.

Zu Recht ist die Strecke über die kleinen Keys ein Scenic Highway.

ser Stelle ist, über die zauberhaften Keys an der Sarasota Bay zu fahren.

Da Siesta Key mit dem herrlichen Strand bereits während des Aufenthalts in Sarasota auf dem Programm stand, ist **St Armands Key** *nun die erste Barriereinsel, die auf dem Reiseplan Richtung Norden vorgesehen ist. Dazu verlässt man die Stadt über die* **State Road 789***, die ab dem Bereich Downtown/ Bayfront als* **John Ringling Causeway** *auf die Insel führt. Die State Road begleitet die Fahrt über alle Keys, bis sie auf Anna Maria Island endet und Richtung Festland in die* **State Road 64** *übergeht. Die Strecke über die Barriereinseln ist ein* **Scenic Highway***.*

Wunderschöne Blicke zurück auf die Bucht von Sarasota versüßen den ersten Teil der Fahrt über die „Keys". Im ersten Kreisverkehr geht es nach rechts (erste Ausfahrt) weiter, von nun an folgt man nur noch der State Road 789. Die kleine Insel **Lido Key** *ist schnell passiert, es folgt unmittelbar die etwas größere, vor allem längere Insel* **Longboat Key***. Kontrastreich sind die erste Kilometer, linkerhand gibt es ausschließlich Hochhäuser mit Golfplätzen davor, rechts säumen Palmen und prachtvolle Bougainvilleas den Straßenrand. Auf der linken Seite werden die Häuser niedriger und es weisen ständig Hinweisschilder auf einen „Beach Access" hin. Zwischen den Häusern schimmert immer wieder verlockend das tiefblaue Meer hervor. Die Strände, die sich hinter „Beach Access" verbergen, sind meist leer und traumhaft. Der äußerste Bereich (an der*

Straße) ist jeweils privat, aber vorne am Wasser ist der Zugang frei. Auch während der Saison sind diese Strände ein Geheimtipp und viel natürlicher als die überlaufenen, populären Strände.

💡 Da es zu diesen Strandzugängen keine öffentlichen Parkplätze gibt und man nicht einfach an der Straße parken kann, muss man nach Supermärkten und Läden Ausschau halten, auf deren Parkplätzen man parken kann. Sonst gibt es nur Privatparkplätze an den Wohnanlagen und Hotels. Alternativ kann man mit einem Trolley-Bus des **Manatee County Area Transit (MCAT)** kostenlos an die Strandzugänge fahren, es gibt diverse Haltestellen.

Nach 16 km/10 mi auf Longboat Key folgt über eine Brücke der Übergang zur nächsten Key **Anna Maria Island** *– auch hier bieten sich wieder herrliche Blicke in alle Richtungen. Rechts und links der Brücke findet man Traumstrände, die klein, fein und naturbelassen sind. 1,5 km/0,9 mi später ist* **Bradenton Beach** *erreicht und damit ein endlos langer Sandstrand namens* **Coquina Beach***, der sich linkerhand über viele Kilometer hinzieht. Davor befindet sich auf nahezu derselben Länge ein großer, kostenloser, schattiger Parkplatz. Spielplätze unter Schatten spendenden Bäumen, türkisfarbener Ozean, weite freie Sandflächen – hier ist ein Strandstopp ein Muss!*

Direkt nach der Strandidylle folgt die Village von Bradenton Beach mit kleinen

Ein Traum sind die fast menschen-leeren Strände am Scenic Highway, hinter Palmen verborgen.

Hotels, Läden mit Strandutensilien und Straßencafés. Ein niedliches kleines Seebad wie aus der Vergangenheit!

💡 Hier kann man sich mit Proviant und/ oder Grillgut eindecken und am Coquina Beach auf den Sonnenuntergang warten. Das hat auch den Vorteil, dass man die Insel erst nach dem nachmittäglichen Stau Richtung Festland verlässt.

Man kann die Fahrt über die Inselkette jetzt direkt beenden und über die in Bradenton Beach abzweigende **State Road 684** *zurück aufs Festland fahren oder die Tour weiter bis nach Anna Maria Island ausdehnen. Dort biegt man kurz vor Holmes Beach rechts auf die letztmögliche Zufahrtsstraße aufs Festland ab (auf die* **State Road 64**, *unsere Empfehlung). Man kann aber auch noch einen zusätzlichen Abstecher in den tiefsten Norden der Insel unternehmen und dort die beiden Städtchen Holmes Beach und Anna Maria besuchen. Ein wunderschöner Strand wartet gleich im Süden der Insel Anna Maria nördlich der Brücke über den* **Longboat Pass** *bei der State Road 684 (Richtung Festland). Allerdings muss man dort dann umkehren und kurz nach Holmes Beach über die State Road 64 und* **Perico Island** *zurück auf floridianisches Festland fahren.*

Fährt man über die State Road 684 auf das Festland, stößt man ca. 13 km/8 mi später in South Bradenton auf den US Highway 41/Tamiami Trail und folgt der Hauptroute gen Norden.

Über die empfohlene State Road 64 sind nach 7,5 km/5 mi die Ausläufer von **Bradenton** *erreicht, eine knapp 55.000-Einwohner-Stadt der Ausmaße von Sarasota, die wir aufgrund der bevorstehenden Städte St. Petersburg, Clearwater und Tampa links liegen lassen. Sehenswert ist hier einzig der* **Manatee Village Historical Park**.

👁 MANATEE VILLAGE HISTORICAL PARK

Das Village bietet anhand restaurierter Gebäude aus den Siedlerzeiten der Region einen geschichtlichen Einblick. Eine alte Kirche, ein altes Gerichtsgebäude und eine alte Schule im Holzbaustil geben Zeugnis der Zeit um die Jahrhundertwende 18./19. Jahrhundert.

🚗 Vom US-41 Richtung Osten auf die SR-64 bis zur 14th St fahren, der Park befindet sich linkerhand.

✉ 1404 Manatee Ave E, Bradenton, FL 34208

☎ 1-941-749-7165

@ manatee.village@manateeclerk.com

www www.manateeclerk.com/historical/ ManateeVillage.aspx

🕐 Mo–Fr & jeden 2. & 4. Sa im Monat 9–16 h

💲 Frei, Spende erwünscht

Im Bereich Downtown Bradenton (etwa 13,5 km/8,5 mi von Anna Maria Island entfernt) kreuzt der US Highway 41. Wer nicht über die Keys gen Norden gefahren ist, ist die 20 km/12,5 mi auf dem US Highway 41 bis

Bradenton durch randstädtisches Gebiet gefahren und trifft hier auf die Key-Reisenden.

Im Weiteren passiert man nun den **Manatee River** über die **Green Bridge**. Nach etwa 4,5 km/3 mi gelangt man an eine Gabelung. Der US Highway 41 zweigt nach rechts ab, nach links trifft man auf den US Highway 19. Es heißt Abschied nehmen vom Tamiami Trail. Man folgt 4 km/2,5 mi dem US Highway 19 und trifft in **Terra Ceia** automatisch auf die Auffahrt auf die Interstate 275. Über diese erreicht man die **Sunshine Skyway Bridge**, ein weiteres Highlight der Golfküste.

👁 BOB GRAHAM SUNSHINE SKYWAY BRIDGE

Bei der Sunshine Skyway Bridge handelt es sich genau genommen um eine Abfolge mehrerer Brücken, die auf einer Gesamtlänge von nahezu 16 km/10 mi die **Tampa Bay** vierspurig überspannen. Aus Richtung Süden ist sie die einzige Verbindung des Festlandes mit der Halbinsel **Pinellas** zwischen der Tampa Bay und dem Golf von Mexiko, auf der sich **St. Petersburg** und **Clearwater** befinden. Ihr offizieller Name ist „The Bob Graham Sunshine Skyway Bridge" und es kostet in beide Richtungen 🔵 $ 1,25 pro Pkw/RV Mautgebühr ($ 1,06 mit Sunshine Pass), sie zu befahren. Die Konstruktion ist eine Schrägseil-Brücke, die mit Stahlstreben abgespannt ist. Sie gilt als längste Brücke mit einer solchen Konstruktion und wurde zwischen 1982 und 1987 gebaut. Die besondere Attraktion der Brücke ist der Bereich mit einer etwa 7 Kilometer langen Hochbrücke, deren Mittelteil aus einer Hängekonstruktion besteht, die nur von zwei überdimensionalen Pylonen getragen wird. Durch diesen Teil der Brücke können auch die größten Schiffe passieren. Die Sunshine Skyway Bridge hat ihre Existenz einem Schiffsunglück zu verdanken, denn im Mai 1980 kollidierte ein Frachtschiff während eines Sturms mit einem Pfeiler der Vorgängerbrücke, wobei etwa 400 Meter der Brücke in die Bay stürzten und etliche Menschen ums Leben kamen. Von der alten, vollständig ersetzten Brücke sind heute nur noch zwei Angler-Piers übrig, die aus den früheren Brückenenden geschaffen wurden. Die neue Brücke ist höher und steiler gebaut, was ihr Faszination und ein besonderes Fahrerlebnis verleiht.

🌐 http://interstate275florida.com/ssb.htm

💡 Zum Fotografieren sollte man schon etwa 1,5 km/1 mi vor der Brücke anhalten, um die Gesamtansicht einzufangen und dann noch einmal kurz vor der Auffahrt, direkt nach der Toll Plaza an der **Rest Area**. Fotos kann man auch an einem der beiden Piers machen, für die es eigene Ausfahrten gibt (die Fahrt auf ein Pier kostet 🔵 $ 4). Von diesen aus ist vor allem der Sonnenuntergang ein Genuss. Die erste Abfahrt erfolgt unmittelbar nach der Rest Area (nach links), die zweite ist nur in die andere Fahrtrichtung unmittelbar nach Auffahrt auf die Brücke erreichbar.

*Nachdem die beeindruckende Brücke überquert ist, befindet man sich bereits mitten im Stadtgebiet von St. Petersburg, dem nächsten Etappenziel auf der Route und eine Großstadt, wie wir sie bislang an der Westküste noch nicht hatten. Zuletzt hat die Metropolregion um Miami diesen Großstadtcharme versprüht, wie er uns nun bei den Städten der Tampa Bay empfängt. Gleichzeitig erhält die Küste am Golf wieder einen neuen Namen – sie heißt fortan **Sun Coast**.*

SAINT PETERSBURG

		St. Petersburg	Chemnitz
	Stadt	250.000	244.000
	Metropol	4.000.000	
	pro km²	725	1.104
	km²	345	221
	über NN	13 m	296 m
	mm	1.375	725
	°C	24	5
	°C	31	20
	Sarasota		60 km/38 mi
	Clearwater		36 km/23 mi

Wie kann eine Stadt an der tropischen Westküste Floridas denselben Namen haben wie eine Stadt im tiefsten Russland? Diese Tatsache ist dem namensgebenden Einwanderer **Peter Demens** zu verdanken, der den Eisenbahnanschluss nach St. Petersburg brachte. Da Demens aus St. Petersburg in Russland stammte, hatte er sich verdient, dass die erst 1876 gegründete Stadt nach seinem Geburtsort benannt wurde. Erst gegen Ende des 19. Jahrhunderts hatten sich Weiße auf der **Pinellas Peninsula** angesiedelt, darunter Peter Demens. 1924 wurde die erste Verbindungsbrücke zwischen dem Festland und der Halbinsel eröffnet, die **Gandy Bridge**. Es folgte mit dem **Courtney Campbell Causeway** eine zweite Anbindung an die Außenwelt nach Clearwater. Im Bauboom der 20er-Jahre setzte sich ein mediterraner Stil durch, der auch heute noch an manchen Hotels sichtbar ist.

Der Stadtname ist recht lang und deshalb wurde er im Laufe der Jahre einfach abgekürzt – „**St. Pete**" ist als Spitzname geblieben. Das Seebad hat sogar nach einem Volksentscheid 1994 ganz offiziell seinen Namen in **St. Pete Beach** geändert. Die Stadt wird zusätzlich auch „**Florida's Sunshine City**" genannt. Das verwundert nicht, denn in St. Petersburg herrscht ein Übergangsklima

Downtown St. Petersburg
direkt an der Bucht

zwischen feucht-subtropischem und Savannenklima. Das heißt, die Sonne scheint fast täglich, es ist immer warm mit einer leichten Brise vom Meer. In den Sommermonaten kommt es allerdings zu häufigen, aber kurzen Regenfällen. Schneefall kann man in der Region nahezu nie erleben. Deshalb diente die Stadt ursprünglich als Winterresidenz wohlhabender Pensionäre aus den Nordstaaten, doch hat sie sich als Urlaubsort für Jung und Alt, nationale und internationale Touristen gemausert. Ihren ursprünglichen Charme konnte sich die Stadt dabei bewahren: Die Lage an der Spitze der Halbinsel, eine zur Bucht offene Downtown, Piers und Jachthäfen in gigantischen Ausmaßen und das Fehlen großer Industrieanlagen machen die Stadt attraktiv.

Man erreicht St. Petersburg aus Richtung Süden über die Sunshine Skyway Bridge/Interstate 275. Nach etwa 20 km/12,5 mi zweigt rechts die Interstate 175 ab, die mitten hinein in den Bereich **North Downtown St. Petersburg** führt. Das ist der Ausgangspunkt für die Unternehmungen innerhalb der Stadt. Die Interstate mündet in die 5th Avenue South, der man im weiteren Verlauf Richtung Norden und über den Bayshore Drive Southeast folgt, bis man die zentrale Sehenswürdigkeit von St. Petersburg erreicht: den **St. Pete Pier**.

Seit Stadtgründung gibt es in St. Petersburg eine zentrale Anlaufstelle und das ist ein Pier. Er verlängert die **2nd Avenue** und ragt fast einen Kilometer in die Bucht hinein. Bis 2014 war eine auf den Kopf gestellte Pyramide am Ende des Piers der Blickfang des Bauwerks, doch inzwischen ist diese abgerissen, der ganze Pier ist eine Baustelle. Ursprünglich sollte er 2015 wieder in ganz neuem Design eröffnet werden; im Frühsommer 2016 waren die Arbeiten jedoch noch keinen Schritt weiter gekommen, der Zeitpunkt der Eröffnung ist ungewiss. Man kann auch nicht einmal erahnen, wie der Pier aussehen wird, woraus ein großes Geheimnis gemacht wird. Auf der Internetseite 🌐 www.newstpetepier.com kann man sich zumindest auf dem Laufenden halten, wie weit die Neugestaltung vorangeschritten ist.

Am Pier kann man außerdem Boote mieten oder Gefährte wie ein „Wheel Fun", ein kutschenartiges Fahrrad für eine ganze Familie auf vier Rädern. Außerdem starten vom Pier aus geführte Bootstouren beispielsweise zur Delfin- und Seekuhbeobachtung. Der Anbieter ist **Pier Dolphin Cruises**, die Rundfahrten dauern 90 Minuten und kosten 🕐 $ 23,54 für einen Erwachsenen und $ 14,98 für Kinder von 3 bis zwölf Jahren. (✉ 400 2nd Ave, St. Petersburg, FL 33701). Man kann sich aber auch an den diversen Jachthäfen entlangschippern lassen und schauen, wie die Betuchten in St. Petersburg in ihren schönen Villen leben. Wer sein Fahrzeug am Pier parken möchte, findet – zum Teil eingeschränkt durch die Baustelle – beidseits je einen recht kostengünstigen Parkplatz für Pkw und RVs, den **Beach Drive Parking Lot** (✉ 506 2nd Ave NE 🕐 $ 3 unbegrenzte Parkzeit) und den **Pelican Lot** (✉ 509-899 2nd Ave NE 🕐 ebenfalls $ 3 für unbegrenztes Parken).

Ebenfalls in der 2nd Avenue befindet sich das modern gestaltete Shopping- und Entertainment-Center **Sundial**. Design- und

Anclote Key Park

HOWARD PARK CSWY.
Fred Howard Park
The Sponge Factory
Aquarium

DODECANESE BLVD.
SUNSET DR.
LIVE OAK ST.
TARPON AVE.
KEYS

Tarpon Springs

Sunset Beach Park
GULF RD.
FLORIDA AVE.
Tarpon Springs Cultural Center

St. Nicholas Orthodox Cathedral
PINELLAS AVE.
A.L. Anderson Park

W. CURLEW PL.
KLOSTERMAN RD.

Leepa Rattner Museum

Wall Springs Park
ALT 19
Innisbrook Resort

ALDERMAN RD.

19

Honeymoon Island

Crystal Beach

NEBRASKA AVE.

TAMPA RD.

Ozona

Palm Harbo

Honeymoon Island State Park
DUNEDIN CSWY.

58

CURLEW RD.
Dunedin Fine Arts Center

Caladesi Island

America's #1 Beach - 2008

SKINNER BLVD.
1

580

Caladesi Island State Park

Clearwater Harbor

Dunedin Historic Museum
Dunedin MAIN ST.
Knology Park
PATRICIA AVE.
BELCHER RD.
Westfield Shopping Town (Countryside)

North

Gulf of Mexico

ALT 19

UNION ST.

Dunedin

SUNSET POINT RD.

19

Clearwater Marine Aquarium

MANDALAY AVE.

Clearwater Ferry Service

ISLAND WAY

Coachman Park

MYRTLE AVE.

Long Center

NE COACHMAN RD.

Moccasi Nature P

Clearwater Beach

Pier 60 Park

GULFVIEW BLVD.

MEMORIAL CSWY.

Clearwater Air Park
DREW ST.

Clearwater Marina
• Starlite Majesty
• Captain Memo's
• Sea Screamer
• Dolphin Encounter
• Yacht Starship
• Show Queen

CLEVELAND ST.

CHESTNUT ST.

Sand Key

Harborview Center

COURT ST.

FORT HARRISON AVE.

COURT ST.
GULF TO BAY BLVD.

Clearwater

Phillies

Clear Mall

Sand Key Park

LAKEVIEW RD.

BrightHouse Network Field

Belleair Beach

Belleview Biltmore Resort

H

BELLEAIR RD.

HIGHLAND AVE.

KEENE RD.

19

Belleair Bluffs

INDIAN ROCKS RD.

ALT 19

Belleair Shore

BELLEAIR BEACH CSWY.

WEST BAY DR.

686

EAST BAY DR.

GULF BLVD.

Pinewood Cultural Park
• Botanical Gardens
• Gulf Coast Museum of Art
• Heritage Village
• County Extension

699

John Taylor Park

CLEARWATER
LARGO RD.
SEMINOLE BLVD.

Armed Forces Museum

Largo

ULMERTON RD.

RIDGE RD.

Largo Mall

STARKEY RD.

Indian Rocks Beach

WALSINGHAM RD.

BRYAN DAIRY RD.

Indian Rocks Beach Historical Society

HURST RD.

Ridgecrest Park
Walsingham Park

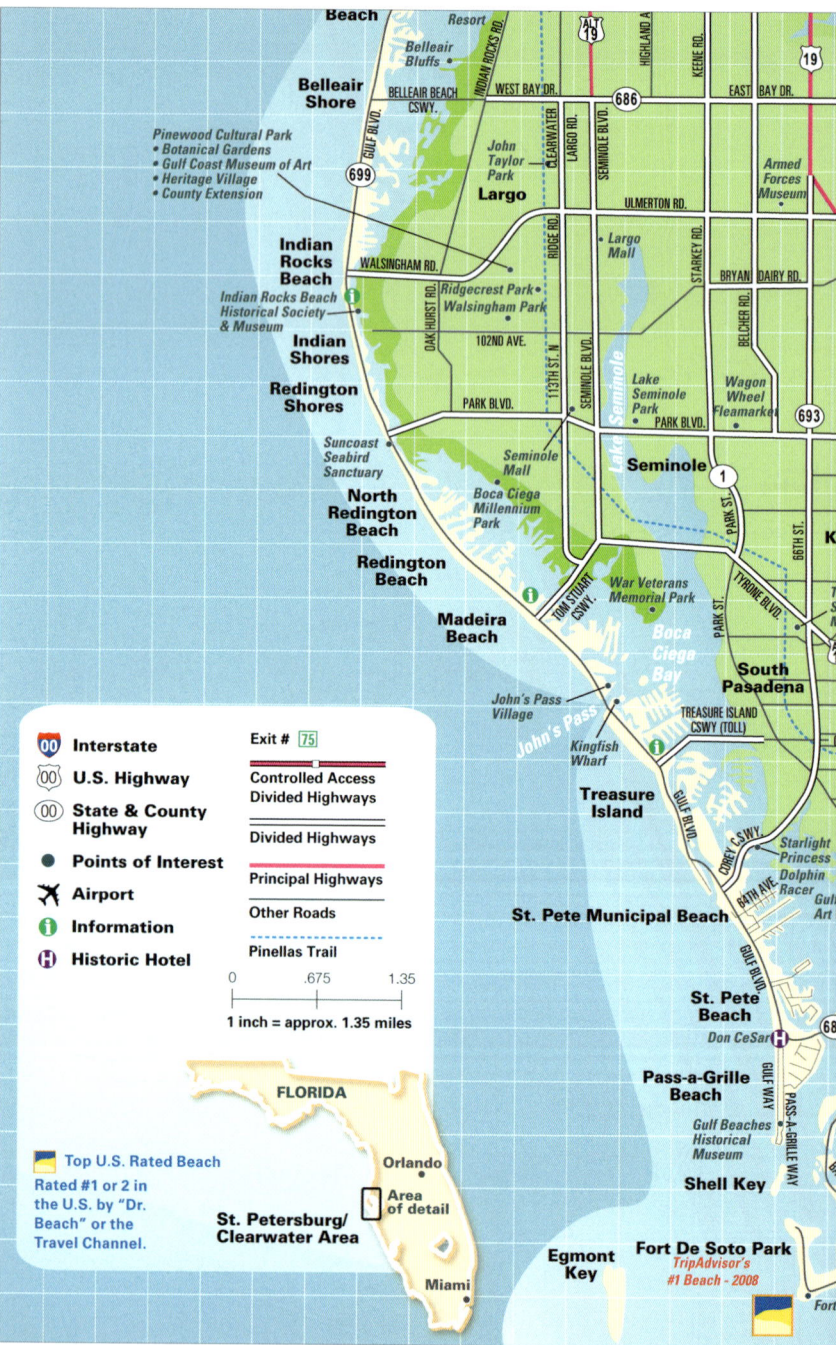

Beach

Resort

Belleair
Bluffs

**Belleair
Shore**

BELLEAIR BEACH
CSWY.

WEST BAY DR.

Pinewood Cultural Park
• Botanical Gardens
• Gulf Coast Museum of Art
• Heritage Village
• County Extension

John
Taylor
Park

Largo

ULMERTON RD.

*Armed
Forces
Museum*

**Indian
Rocks
Beach**

WALSINGHAM RD.

• Largo
Mall

BRYAN DAIRY RD.

*Indian Rocks Beach
Historical Society
& Museum*

Ridgecrest Park •
Walsingham Park

**Indian
Shores**

102ND AVE.

**Redington
Shores**

PARK BLVD.

Lake
Seminole
Park

PARK BLVD.

Wagon
Wheel
Fleamarket

*Suncoast
Seabird
Sanctuary*

Seminole
Mall

Seminole

**North
Redington
Beach**

Boca Ciega
Millennium
Park

**Redington
Beach**

War Veterans
Memorial Park

*Boca
Ciega
Bay*

**Madeira
Beach**

**South
Pasadena**

John's Pass
Village

TREASURE ISLAND
CSWY. (TOLL)

John's Pass

Kingfish
Wharf

**Treasure
Island**

Starlight
Princess
Dolphin
Racer
Gulf
Art

St. Pete Municipal Beach

**St. Pete
Beach**

Don CeSar

**Pass-a-Grille
Beach**

Gulf Beaches
Historical
Museum

Shell Key

**Egmont
Key**

Fort De Soto Park
*TripAdvisor's
#1 Beach - 2008*

Fort

© 2009 St. Petersburg/Clearwater Area Convention & Visitors Bureau

Downtown St. Petersburg

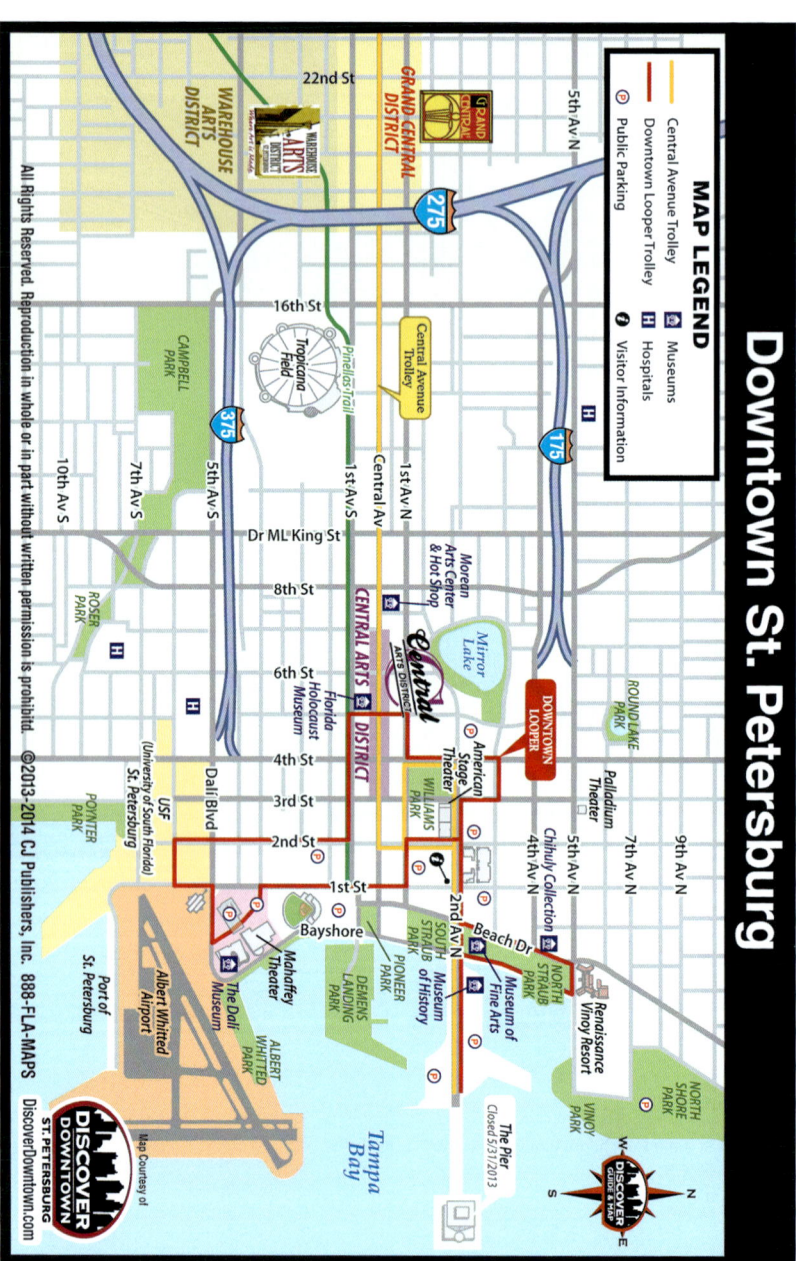

MAP LEGEND

— Central Avenue Trolley
— Downtown Looper Trolley
Ⓟ Public Parking

🅜 Museums
🅷 Hospitals
❶ Visitor Information

DiscoverDowntown.com

Map Courtesy of
DISCOVER
DOWNTOWN
ST. PETERSBURG

WAREHOUSE ARTS DISTRICT

22nd St

GRAND CENTRAL DISTRICT

GRAND CENTRAL

5th Av N

CAMPBELL PARK

16th St

Central Avenue Trolley

Tropicana Field

Pinellas Trail

10th Av S

7th Av S

5th Av S

1st Av S

Central Av

1st Av N

Dr ML King St

8th St

Morean Arts Center & Hot Shop

Mirror Lake

Central ARTS DISTRICT

ROSER PARK

6th St
Florida Holocaust Museum

4th St

3rd St

Dali Blvd

USF (University of South Florida) St. Petersburg

2nd St

POYNTER PARK

1st St

Bayshore

The Dali Museum

Mahaffey Theater

Port of St. Petersburg

Albert Whitted Airport

ALBERT WHITTED PARK

American Stage Theater

WILLIAMS PARK

DEMENS LANDING PARK

PIONEER PARK

SOUTH STRAUB PARK

Museum of History

Museum of Fine Arts

Tampa Bay

The Pier
Closed 5/31/2013

DOWNTOWN LOOPER

ROUNDLAKE PARK

Palladium Theater

7th Av N

9th Av N

Chihuly Collection
4th Av N

5th Av N

2nd Av N

Beach Dr

NORTH STRAUB PARK

Renaissance Vinoy Resort

VINOY PARK

NORTH SHORE PARK

DISCOVER GUIDE & MAP
N
S
E
W

250

Trendboutiquen sowie Bars und Restaurants und ein Kino mit 20 Sälen bestücken den Komplex. Westlich von Downtown ist im Stadtviertel **Grand Central**, das entlang der Central Avenue zwischen der 16th und der 31st Street verläuft, eine Künstlerkolonie innerhalb von **Historic Kenwood** angesiedelt. Der Bereich ist wegen seiner Geschichte und abwechslungsreichen Architektur sehenswert. Südlich Downtowns gibt es einen weiteren historischen Bereich, **Historic Roser Park**, der von den Straßen 5th Street South, 9th Street South, 6th Avenue und 11th Avenue gebildet wird. Wer lieber auf Natur-Expedition gehen möchte, sollte sich den **Boyd Hill Nature Park** rund um den **Lake Maggiore**, ebenfalls südlich Downtowns gelegen, anschauen. Er befindet sich entlang den Ufern des Sees im 📧 1101 Country Club Way South, St. Petersburg, FL 33705. Man erreicht ihn, indem man von Downtown aus über den US Highway 92 (der zur State Road 687 wird) 5 km/3 mi in südliche Richtung fährt und dann der 45th Avenue South nach Westen bis zum Abzweig des Country Club Way South folgt. Es gibt im Park ursprüngliche Pflanzen und seltene Tiere der Tampa Bay anzuschauen. Oder die **Sunken Gardens** nördlich der Stadtmitte mit einer üppigen tropischen und subtropischen Vegetation, einer Schmetterlingsvoliere und einer Papageienshow. Die Gartenanlage ist ebenfalls über den US Highway 92 erreichbar, sie folgt nach 2 km/1 mi Fahrt in nördliche Richtung. Nahebei, entlang der 4th Street von Downtown bis Gandy Boulevard, kann man in zahlreichen Restaurants vom Fast Food bis zur Haute Cuisine alles verspeisen, wonach einem der Sinn steht. Downtown selbst ist, vom Pier und seiner Umgebung abgesehen, das Geschäftsviertel der Stadt. Hier befinden sich außerdem die Universität, die Museen und entlang der **Central Avenue** einige Restaurants.

Ansonsten ist die Stadt selbst nicht eben reich mit Sehenswürdigkeiten gesegnet. Es sind eher die Strände an der Golfküste und die Seebäder dort, die Besucher anziehen. Beispielsweise **Madeira Beach**, nordwestlich von St. Pete Beach, mit einer sehr netten kleinen Ortschaft namens **John's Pass Village & Boardwalk**. Madeira Beach ist etwa 19 km/12 mi von Downtown St. Petersburg entfernt und über den US Highway 19 ALT, später die State Road 666 und die State Road 699 zu erreichen. In John's Pass Village & Boardwalk reihen sich entlang eines Holzsteges Restaurants aller Preisklassen und Bootsvermieter aneinander. Das Zentrum des quirligen Touristenortes befindet sich im 📧 12901 Gulf Boulevard, Madeira Beach, FL 33708. Madeira Beach ist nur ein kurzes Stück entfernt. Alle Einrichtungen des Village sind täglich geöffnet. Näheres findet man unter 🌐 www.johnspass.com. Jedoch sind die Strände entlang der Barriereinseln, die der Halbinsel vorgelagert sind, ganz und gar der Freizeitindustrie überlassen. So herrlich sie auch sind mit ihrem weißen, feinen Sand, so überlaufen sind sie auch. Da die Küstenlinie umfangreich mit Hotels und Restaurants versorgt wurde, ist auch der Blick in die endlose Weite des Puderzuckerstrandes oftmals getrübt von Hotelkomplexen. Wenn man aus dem paradiesischen Süden Floridas kommt und von manch einsamem Strand verwöhnt ist, sind die Pinellas Beaches deshalb hier keine Empfehlung.

Der Hafen von St. Petersburg ist innerhalb Floridas, zusammen mit dem in Miami, einer der Dreh- und Angelpunkte für Kreuzfahrtschiffe. Von hier aus geht es zu nahen Zielen wie Key West ebenso wie zu Fernzielen nach Kuba oder Mittelamerika. Über den Luftweg ist St. Petersburg mit dem

Modern präsentiert sich in der Innenstadt das neue Shopping- und Entertainment-Center Sundial

St. Petersburg-Clearwater International Airport an Ziele aus aller Welt angeschlossen. Innerhalb der Stadt kommt man mit einem Trolley des Betreibers **Pinellas Suncoast Transit Authority (PSTA)** gut herum, der den ganzen Tag am St. Pete Pier alle 15 Minuten startet (an den Parkplätzen des Piers) und durch den Innenstadtbereich St. Petersburg wichtige Ziele wie die Museen oder den Shopping-Komplex BayWalk anfährt (eine Einzelfahrt kostet ✪ $ 0,50, weitere Informationen unter ⊕ www.loopertrolley.com).

ℹ **SAINT PETERSBURG AREA CHAMBER OF COMMERCE**

✉ 100 2nd Ave N, St. Petersburg, FL 33701
☎ 1-727-821-4069
⊕ www.stpete.com
🕐 Mo–Do 10–19 h, Fr & Sa 10–17 h

👁 Highlights

▶ **Salvador Dalí Museum** ★

St. Petersburg bietet einige Kunstmuseen, an dieser Stelle wird das Dalí-Museum als das interessanteste herausgestellt. Es befindet sich im Bereich Downtown, etwa 1,5 km/1 mi südlich des Piers. Hier ist die größte Sammlung der Werke Salvador Dalís außerhalb Europas präsentiert. Die surrealistische Ausstellung zeigt Exponate aus Öl, Aquarelle, Zeichnungen, Grafiken und Skulpturen. Das Museum ist aus einer privaten Sammlung hervorgegangen. Das Industriellen-Ehepaar **Morse** war eng mit dem Künstler befreundet und kaufte die Werke von ihm selbst. Als ihr Wohnhaus zu groß für die Sammlung wurde, errichteten die Morses in St. Petersburg mit städtischer und staatlicher Unterstützung das erste Dalí-Museum, das die Werke übernahm. 2011 zog das Museum in ein nur etwa eine Kilometer entferntes Neubau von äußerst futuristischem Erscheinungsbild: ein rechteckiges Bauwerk mit angesetzten Blasen aus Glas. Die extravagante Konstruktion soll Bezug nehmen auf die Kuppel des Dalí-Museums in Spanien. Die Ausstellung wird vervollständigt von Aspekten zum Leben und Schaffen des spanischen Künstlers (1904–1989). Es werden Führungen sowohl durch die Galerien als auch durch die außergewöhnliche Architektur des Gebäudes angeboten (🕐 Mo–Sa jede halbe Stun-

Abendstimmung in St. Petersburg

de oder Stunde zwischen 10.30 & 15.30 h, Do-Abend zusätzlich 17.30 und 18.30 h, So alle halbe Stunde ab 12 h, eine genaue Zeitenaufstellung gibt es unter ⊕ www.thedali.org/visit/tours).

Im Außenbereich kann man in einer Parkanlage direkt an der Bucht im Mathematikgarten flanieren und die Beziehung zwischen der Mathematik und der Natur erfahren oder sich in einem Labyrinth verirren.

🚗 Die 2nd St vom Pier aus über den Bayshore Dr SE in Richtung Süden fahren. Nach knapp 1 km/0,6 mi ist der Dali Blvd erreicht (das Auto sollte man am Pier stehen lassen).
✉ 1 Dali Blvd, St. Petersburg, FL 33701
☎ 1-727-823-3767
⊕ http://thedali.org
🕐 Tägl. 10–17.30, Do 10–20 h
🎫 Erw. $ 24, Kinder (6–12 J.) $ 10, Jugendl. (13–17 J.) $ 17, Stud. $ 17, Sen. (über 65 J.) $ 22, Do ab 17 h $ 10, Kinder $ 8

▶ **Fort De Soto Park** ★

Wo die Tampa Bay auf den offenen Ozean trifft, versperrt die Barriereinsel **Mullet Key** den Weg. Man kann sie vom Schiff oder

Schon von außen ist das Museum ein Highlight.

Boot aus sehen: Es gibt keine Häuser auf Mullet Key, nur reine Natur. Mehrere kleine Inseln sind in einer Gruppe zu Mullet Key zusammengefasst. In ihrer südwestlichen Ecke umschließt sie das Naturschutzgebiet des Fort De Soto Parks, den größten Park im Pinellas County. Schon allein deshalb einen Besuch wert, weil der Strand des Parks ebenfalls schon einmal im Jahr 2005 die Hitliste der besten zehn Strände des Dr. Beach anführte (Dr. Beach ►Seite 306, Siesta Beach ►Seite 238). Aber auch sonst ist der unberührte, unter Naturschutz stehende Park ein attraktives Ziel mit Wanderwegen, einer wunderschönen Campingmöglichkeit und Bootsvermietungen. Natürlich gibt es auch ein altes Fort, namensgebend für den Naturschutzpark. 1898 wurde im Spanisch-Amerikanischen Bürgerkrieg mit dessen Bau begonnen, jedoch blieb die Festung unvollendet – der Krieg endete vor der Fertigstellung.

Bei dem zur Nummer 1 gekürten Strand handelt es sich um den **Fort De Soto North Beach** (im nördlichen Bereich des Parks). Entstanden ist der Traumstrand aus einer natürlichen Sandbank, die in die Tampa Bay hineinragt, einen Teil des Golfs vom Meer abtrennt und damit eine Badelagune bildet. Warum der Strand so gut abgeschnitten hat, ist schnell herausgefunden: Der Strand ist perfekt. Klares Wasser, weißer Puderzuckersand und vor allem kein übermäßiger Touristentrubel. Das macht ihn trotz seiner Auszeichnung immer noch zum Geheimtipp. Man kann ungehindert und ohne verbauten

Blick in die Unendlichkeit träumen, nur umgeben von Dünen, Palmen, Meer und Ozean. Wer einen ganzen Tag die Ruhe und Schönheit des Ortes genießen möchte, kann hier grillen und an überdachten Tischen picknicken. Bei Ebbe lohnt es sich, nach besonderen Muscheln Ausschau zu halten.

Wer neben dem Strandgenuss noch Zeit für weitere Erkundigungstouren hat, kann einen Spaziergang entlang des südwestlichen Zipfels des Parks unternehmen. Hier standen die früheren Gebäude der Festung, Fundamente und Grundmauern sind noch vorhanden. Eine schöne Aussicht bietet sich von einem Hügel namens **Battery Laidley** aus. Die ersten Bewohner von Mullet Key, die **Tocobaga-Indianer**, überbrückten die Strecke zwischen Insel und Festland mit dem Kanu. Auf Indianerart kann man die Wege heute noch nachverfolgen und innerhalb des Parks Kanus mieten und auf eigene Faust lospaddeln. Es gibt auch einen 3,6 km/2,25 mi langen Trail für Kanuten. Telefonische Informationen über die Anmietung von Kajaks und Kanus erhält man unter ☎ 1-727-864-1991. Eine Stunde Paddeln kostet $ 23, der ganze Tag $ 55, im Zweierkanu beziehungsweise -kajak $ 30 und $ 70. Weitere Informationen, auch über die Möglichkeiten, ein Fahrrad zu mieten, findet man unter 🌐 www.unitedparkservices.com.

An Land kann man eine selbstgeführte historische Tour starten. Im Park Office gibt es Informationsmaterial, mit deren Hilfe der Rundgang erläutert, die Standorte der histo-

Kontrastprogramm: rechts die Relikte des alten Forts, links der preisgekrönte Strand

rischen Gebäude aufgezeigt und die frühere Besiedlung der Insel nachgestellt wird. Sehr empfehlenswert! Innerhalb des Fort De Soto Parks gibt es mehrere Parkmöglichkeiten. Bei Zeitnot kann man die einzelnen Parkplätze anfahren und sich einen Überblick über das Naturschutzgebiet verschaffen. Häufig kann man vom Pier kurz vor der Südwest-Ecke der Insel Delfine beim Schwimmen beobachten.

📍 *Über die I-275 aus Downtown St. Petersburg Richtung Süden, dann über die SR-682 Richtung Westen auf die erste vorgelagerte Insel Isla del Sol fahren, dort am Yacht Island Country Club über den Pinellas Bayway/die SR-679 (gebührenpflichtig,* 💰 *$ 1,50) über mehrere kleine Inseln bis zur letztmöglichen Insel Mullet Key. Die Fahrtstrecke beträgt ca. 19 km/12 mi.*

✉ *3500 Pinellas Bayway S, Tierra Verde, FL 33715*
☎ *1-727-582-2267*
🌐 *www.pinellascounty.org/park/05_ft_desoto.htm*
💰 *$ 5 (Parkplatzgebühr)*

Übernachten

Fort De Soto Campground

Man erreicht den Platz gleich nach Einfahrt in den Fort De Soto Park, wo sich rechterhand das Office befindet. Viele Palmen, Stellplätze direkt am Wasser, malerische Umgebung mit dem Hauch von Robinson-Feeling – was braucht man mehr für einen gelungenen Campingaufenthalt? Für die Rundreise dürfte dieser Platz mit Abstand einer der schönsten, idyllischsten und natürlichsten sein. Alle Stellplätze liegen schattig und mit viel Privatsphäre rundherum. Dabei

muss aber der Komfort nicht leiden, denn der Campingplatz ist mit allem ausgestattet, was man für einen längeren Aufenthalt braucht (Waschsalon, Duschen, Campingbedarf am Platz, Imbiss innerhalb des Parks).

✉ *3500 Pinellas Bayway S, Tierra Verde, FL 33715*
☎ *1-727-582-2267*
🌐 *www.pinellascounty.org/park/camping.htm*
🛏 *Ja (10 % first-come, first-served)*
🏕 *149*   🚐 *85*   *Ja*
🚿 *Ja*   🏊 *Ja*
💰 *RV: ★★ (zuzügl. $ 2 für Stellplätze am Wasser & $ 3,50 Saisongebühr Jan.–April)*
💰 *Zelte und Vans; ★★ (zuzügl. $ 2 für Stellplätze am Wasser & $ 3,50 Saisongebühr Jan.–April)*

▶ St. Pete Beach

Auf dem Weg von St. Petersburg nach St. Pete Beach ist ein Highlight wahrhaftig nicht zu übersehen: Nach der Überfahrt über den Pinellas Bayway South Richtung Barriereinseln fährt man direkt auf eine rosafarbene Palastanlage zu, das Hotel **Don CeSar**. Man ahnt, dass dieser gigantische Hotelkomplex keine Billig-Unterkunft ist, hat es doch bereits in den 20er-Jahren des letzten Jahrhunderts Gäste wie **F. Scott Fitzgerald** oder **Al Capone** begrüßt. In der Nebensaison kann man aber vielleicht mit etwas Glück ein bezahlbares Zimmer ergattern und dem Luxus frönen, wofür man ab $ 359 aufwärts pro Standardzimmer und Nacht rechnen muss (🌐 www. doncesar.com).

Unter all den Badeorten und Seebädern, die sich entlang der Golfküste im Westen von

Ein palastartiges Märchenschloss: das Don CeSar in Fort Myers Beach

St. Petersburg aneinander reihen, ist St. Pete Beach mit seinen knapp 10.000 Einwohnern der bekannteste. Er befindet sich auf der Barriereinsel **Long Key**. Da den Ort sowieso niemand bei seinem sperrigen Namen „St. Petersburg Beach" nannte und um die Verwechslungen mit St. Petersburg zu beenden, wurde der Ortsname offiziell in St. Pete Beach abgekürzt. Dass St. Pete Beach mit seiner exponierten Lage, dem klaren Golfwasser und den weißen Sandstränden ein guter Urlaubsort ist, hat sich jedoch international herumgesprochen. Das Ergebnis ist eine Fülle an Hotels und Resorts, die kaum überschaubar ist und dem Ort das Authentische nimmt. Wer zwischen verschiedenen Stränden wechseln möchte, aus einem großen Angebot von Restaurants der verschiedenen Preisklassen und Nationalitäten auswählen und einen guten Standort für Ausflüge suchen möchte, ist in St. Pete Beach gut aufgehoben.

💡 Wer ruhiges, nicht gar zu sehr überfülltes Strandleben sucht, wird in den südlicheren Gefilden fündig. Im Bereich **Pass-a-Grille** am südlichen Ende von Long Key kann man ein weniger überlaufenes Strandleben und vor allem einen unverbauten Blick auf die Tampa Bay genießen.

🚗 Über die I-275 aus Downtown St. Petersburg Richtung Süden fahren und in westliche Richtung auf den Pinellas Bayway/SR-682 abbiegen. An deren Ende rechts auf den Gulf Blvd abbiegen und diesem 4 km/2,5 mi bis St. Pete Beach folgen.
🌐 www.stpetebeach.org

🏛 Übernachten

💡 Sowohl in St. Petersburg selbst als auch in St. Pete Beach zahlt man trotz der großen Kapazitäten saftige Übernachtungspreise. Unter $ 100 ist kein einfaches Mittelklassemotel zu haben. Deshalb empfiehlt es sich, einen Übernachtungsstandort in Clearwater oder – eingeschränkt – auch Tampa zu wählen, wo die Preise moderater sind. Was die Campgrounds betrifft, ist eine klare Empfehlung der Platz im Fort De Soto Park (▶ Seite 252). Mit einer Übernachtung in diesem State Park kann man das Sightseeing in St. Petersburg verbinden und anschließend zu den anderen Städten der Tampa Bay weiterfahren.

🏕 St. Petersburg/Madeira Beach KOA

Komfortabel ausgestattet bietet der Campground zahlreiche Freizeitaktivitäten für Jung und Alt, die Stellplätze haben alle Anschlussmöglichkeiten. Wer noch nicht genug Hitze in Florida „getankt" hat – hier kann man bequem in der Sauna schwitzen.

🚗 Madeira Beach von der SR-699 rechts Richtung Osten auf 150th Ave (Tom Stuart Cswy/SR-666, I-19), dieser folgen bis Abzweig links 95th St N zum CG.
✉ 5400 95th St N, St. Petersburg, FL 33708
☎ 1-727-392-2233
@ stpetersburg@koa.net
🌐 http://koa.com/campgrounds/st-petersburg
🅿 Ja   🏕 Alle Anschlussmöglichkeiten
🅿 Ja   🍴 Ja   📶 Ja
😊 ★★★

Ein Stopp muss sein am Strand des Naturschutzgebietes des Sand Key Parks.

Die Route führt nun nach Clearwater, allerdings nicht auf unromantischem Weg über die Schnellstraßen, sondern über schöne Straßen entlang der Golfküste und über die Barriereinseln. Um diese zurückzulegen, fährt man zunächst genauso wie nach St. Pete Beach: Aus der Stadt St. Petersburg hinaus geht es über die Interstate 275 zurück in den Süden der Halbinsel und dann über die **State Road 682/Pinellas Bayway** hinaus auf die westlichen Barriereinseln. Dort angekommen, endet die State Road und die Strecke geht nach rechts Richtung Norden über die **State Road 699/Gulf Boulevard** weiter. Dieser schlängelt sich 32 km/20 mi lang fortan über die einzelnen Inseln und endet in Clearwater Beach, dem nächsten Etappenziel der Reise.

Für Reisende in Zeitnot oder für alle, die genug Barriereinseln gesehen haben, ist die schnellere Strecke nach Clearwater von Downtown über den US Highway 19 North eine Alternative. Auch kann die Fahrt mitunter, vor allem in der Hochsaison, über die Inseln recht schleppend vorangehen. Dann ist die Strecke über das Festland sinnvoller. Hierzu folgt man dem Highway zunächst 22 km/14 mi Richtung Norden. Links zweigt dann die **State Road 60/Gulf to Bay Boulevard** ab. Die Straße führt in westliche Richtung ins Stadtgebiet von Clearwater und zur Überfahrt nach Clearwater Beach.

Vorbei an St. Pete Beach (▶ Seite 254) ist das nächste Ziel **Treasure Island**, eine etwa 6 km/4 mi lange Barriereinsel, von der aus gleich zwei Brücken zum Festland auf die Pinellas Halbinsel hinüberführen. Auf Treasure Island wird, wie in St. Pete Beach auch, der Badetourismus großgeschrieben. Es wird im weiteren Streckenverlauf deutlich, dass die Bebauung zwischen den Inseln nahezu übergangslos ist, ob man sich nun innerhalb einer Ortschaft befindet oder nicht. Damit ist die Strecke bei Weitem nicht so schön, wie die über die Barriereinseln weiter südlich, aber die Alternative über das Festland bis Clearwater ist noch weniger attraktiv.

Nach Treasure Island wird Madeira Beach passiert, danach die Strände von **Redington Beach**, **North Redington Beach** und **Redington Shores**. Langsam wird es etwas schöner und ruhiger, man bekommt auch wieder Lust aufs Baden. Es folgt der Ort **Indian Shores** mit dem **Suncoast Seabird Sanctuary** (🌐 www.seabirdsanctuary.com), wohin verletzte Vögel gebracht und gesundgepflegt werden. Dann erreicht man die Insel **Sand Key**, die längste Barriereinsel auf dem Weg nach Clearwater. Dort kann man am **Sand Key Park** haltmachen, einem Naturschutzgebiet mitsamt herrlichem Strand, einem Spielplatz, Naturpfaden und Bootsverleih (🌐 www.pinellascounty.org/park/15_sand_key.htm).

Und schließlich landet man nach einer letzten Brücke auf der Insel von Clearwater Beach, die als Highlight von Clearwater später beschrieben wird (▶ Seite 259). Zur Mutterstadt Clearwater auf dem Festland führt ab Clearwater Beach der **Memorial Causeway/State Road 60**.

CLEARWATER

		Clearwater	Kassel
	Stadt	110.000	195.000
	Metropol	2.800.000	
	pro km²	1.028	1.822
	km²	107	107
	über NN	9 m	166 m
	mm	1.375	696
	°C	24	3
	°C	31	14
	St. Petersburg		36 km/ 23 mi
	Tampa		37 km/ 23 mi

Clearwater liegt, wie St. Petersburg auch, auf der Halbinsel **Pinellas** und zwar auf einer Landzunge zwischen der Tampa Bay und dem Golf von Mexiko am **Clearwater Intracoastal Waterway**. Nach Tampa und St. Petersburg ist Clearwater die dritte der großen Städte, die zusammen den Großraum Tampa Bay bilden. Das Stadtgebiet von Clearwater ist in einem Gitternetz angelegt. Es gibt eine Ost-West-Achse, das ist die **Florida State Road 60/Gulf to Bay Boulevard**. Sie verbindet – wie der Name schon sagt – die Golfküste mit der Bay-Seite und schließt auch das Seebad Clearwater Beach an. Als Nord-Südachse fungiert der **US Highway 19 North**, der die Stadt im Osten von Nord nach Süd durchzieht.

Die Downtown von Clearwater liegt im Westen der Stadt, 3 km/2 mi von Clearwater Beach entfernt, sodass die Umgebung bestehend aus Wasser rund um Clearwater Harbor und die nicht ganz unspektakuläre State Road 60 (die auch **Clearwater Memorial Causeway** heißt) die Innenstadt dominieren. Downtown wird im Süden von der Chestnut Street begrenzt, im Norden von der Drew Street, im Osten von der South Martin Luther King Jr Avenue und im Westen von der Golfküste. Inmitten Downtowns zweigt auch der Clearwater Memorial Causeway nach Clearwater Beach ab.

Downtown hat in jüngster Zeit einige Modernisierungsmaßnahmen erlebt, das heutige Ergebnis sind eine große Marina mit Anglershops, Souvenirläden und Restaurants, ebenso neue Bars, Restaurants, Shops und Boutiquen im Zentrum der Stadt, was zur Umbenennung der ehemaligen Downtown in die modernere Bezeichnung **„Cleveland Street District“** geführt hat.

Weitere Restaurierungen haben der Stadt zu einem sehr ansprechenden Erscheinungsbild verholfen, beispielsweise das hochmoderne **Royalty Theatre** (1921 als Capitol Theatre eröffnet), ein Veranstaltungs-, Theater- und Kinokomplex.

Der Clearwater Memorial Causeway verbindet Clearwater mit seinem Seebad.

In der **Garden Parking Garage**, 28 North Garden Avenue, einer Querstraße nördlich der Cleveland Street nahe dem Memorial Causeway, kann man zwei Stunden lang kostenlos parken, wenn man bei einem der am Programm angeschlossenen Dienstleister einkauft oder essen geht. Die Teilnehmer am Programm sind unter www.clevelandstreetdistrict.com/visitors/parking aufgelistet. Auf derselben Seite findet man auch alternative Parkmöglichkeiten.

Man kann sein Fahrzeug bei der Unterkunft stehenlassen und auf die Trolleys der **Pinellas Suncoast Transit Authority (PSTA)** zurückgreifen. Sie verkehren auf verschiedenen Routen, beispielsweise auf der Clearwater Beach Route (die im Halbstundentakt Ziele innerhalb Clearwater Beach ansteuert) oder der Coastal Route (die stündlich auf dem Festland entlang der Küste vor Clearwater Beach, Caldesi Island und Honeymoon Island pendelt und Downtown anbindet). Weitere Routen durchqueren die Stadt in nördliche und südliche Richtung, Fahrpläne erhält man unter anderem beim St. Petersburg/Clearwater Area Convention & Visitors Bureau.

- www.clearwaterjolleytrolley.com
- So–Do 10–22 h, Fr & Sa 10–24 h
- Einzelfahrt $ 2.25, Tageskarte $ 5

ST. PETERSBURG/CLEARWATER AREA CONVENTION & VISITORS BUREAU

- *Von Downtown Clearwater über die SR-60 bis zur Kreuzung mit dem US-19 N fahren. Auf diesen rechts abbiegen und 8 km/5 mi folgen. Dann links in die Ulmerton Rd und wieder links in die 58th St N abbiegen.*
- 8200 Bryan Dairy Rd, Suite 200, Largo, FL 33777
- 1-727-464-7200
- www.visitstpeteclearwater.com
- Mo–Fr 8.30–17 h

Highlights

Dunedin

Im Norden erstreckt sich Clearwater bis nach Dunedin, einem sehr charmanten Stadtteil Clearwaters. Empfehlenswerte Restaurants mit gehobener Speisekarte fernab von Fastfood und Ketten findet man an einer Art Mini-Fußgängerzone, alles wirkt mediterran

Dunedin ist einen Abstecher wert.

und beschaulich und nicht so hektisch, wie im Stadtbereich von Clearwater. Parken am Straßenrand ist nirgendwo ein Problem. Um abends wegzugehen, ist das eine sehr schöne Alternative. Folgt man der Main Street in östliche Richtung, finden sich alle Supermärkte und Läden für den täglichen Bedarf.

- *Von Downtown Clearwater folgt man dem US-19 ALT 5 km/3 mi Richtung Norden. Kurz nach Passieren des Willkommensschildes von Dunedin macht der Highway einen Rechtsknick und geht über in die Main St. An dieser Straße befinden sich die Restaurants.*
- www.dunedin-fl.com

Clearwater Marine Aquarium (CMA)

Das Aquarium bietet gleich mehrere Attraktionen. Zum einen steht natürlich die Welt der Meeresbewohner im Vordergrund, die aus geretteten, verletzten Tieren wie Walen, Delfinen und Meeresschildkröten besteht, mit denen die Menschen zum Teil interagieren können (beispielsweise vom Beckenrand aus Delfine streicheln und füttern). In diesem Bereich sind auch Touren hinter die Kulissen möglich, sowie weitere Programmangebote, die ständig wechseln. Zum anderen kann man eine 90-minütige **Sea Life Safari Boat Tour** unternehmen, auf der man nach Delfinen Ausschau halten kann – aber auch nach Seevögeln und anderen Meeresbewohnern. Während der Fahrt gibt es interessante Informationen. Ziel der Tour ist eine Muschelinsel, wo mit einem Netz allerhand Kleintier aus dem Wasser gezogen wird, das man gemeinsam begutachtet, bevor es zurück ins Wasser geworfen wird. Die Safari-Touren starten je nach Saison täglich zu unterschiedlichen Zeiten, die man unter 🌐 www.seewinter.com/sea-life-safari-boat-tour einsehen kann. Im letzten Bereich **„Winter's Dolphin Tale Adventure" (WDTA)** schließlich trifft man auf den Filmhelden „Winter" aus dem Spielfilm **„Dolphin Tale"** (deutscher Titel „Mein Freund, der Delfin"), mit einem verletzten Delfin in der Hauptrolle, der in Clearwater spielt. Das Delfinmädchen ist auch im wirklichen Leben verletzt zum Marine Aquarium gekommen und spielt im Film sozusagen sich selbst.

🧭 *Clearwater über die SR-60 Richtung Clearwater Beach verlassen. Vor Erreichen der Barriereinsel rechts nach Island Estate abbiegen und gleich wieder links auf die Winward Psge. Das Aquarium ist auf der linken Seite.*

✉ 249 Windward Psge, Clearwater, FL 33767
☎ 1-727-441-1790
🌐 www.seewinter.com
🕐 Mo–So 9–18 h, Winter's Dolphin Tale Adventure 10–18 h
🎫 Erw. $ 21,95, Kinder (3–12 J.) $ 16,95, Sen. (über 60 J.) $ 19,95 (jeweils für CMA & WDTA zusammen); Safari-Tour: Erw. $ 25,95, Kinder (3–12 J.) $ 16,95, Sen. (ab 60 J.) $ 22,95; Parken und Shuttle zwischen CMA & WDTA sind kostenlos

▶ Sand Key Park

Der Park dreht sich um einen exzellenten Sandstrand mit allen Annehmlichkeiten, die man für einen entspannten Strandtag braucht. Wer aufmerksam ist, findet gelegentlich Eier von gefährdeten Schildkrötenarten. Es gibt in einem zweiten Parkbereich einen Salzmarsch, innerhalb dessen man über einen Boardwalk bedrohte Vögel beim Nisten und Fressen beobachten kann. Der Ort ist vor allem ein schönes Ziel, weil er abseits vom Strandtrubel in Clearwater Beach eine ruhige und beschauliche Abwechslung bietet – dennoch ausgestattet mit Spielplatz, Picknicktischen, Duschen, Imbiss und reichlich Parkmöglichkeiten. Man

kann Boote und Kajaks mieten und auch Strandliegen und Sonnenschirme. Der County Park liegt auf der gleichnamigen Barriereinsel **Sand Key** südlich von Clearwater Beach zwischen Festland und Golf.

🧭 *Clearwater über die SR-60 nach Clearwater Beach verlassen. Auf der Barriereinsel links auf die SR-699 abbiegen und dieser folgen, bis sie in einem Rechtsknick über den Clearwater Pass und die Clearwater Bridge (Gulf Blvd) führt. Damit ist Sand Key erreicht. Der Parkeingang ist gleich rechterhand, der Parkplatz folgt geradeaus.*

✉ 1060 Gulf Blvd, Clearwater, FL 33767
☎ 1-727-588-4852
🌐 www.pinellascounty.org/park/15_sand_key.htm
🎫 $ 5 (Parkplatzgebühr)

▶ Clearwater Beach

Zentrale Attraktion des Seebades ist ein etwa vier Kilometer langer Sandstrand, dessen Hintergrundkulisse gepflastert ist mit Hotels, Resorts und Restaurants. Mit dem Bau einer hübsch gestalteten Fußgängerzone im südlichen Strandbereich wurden auch Teile des Strandes renaturiert, was Clearwater Beach als Ort extrem aufgewertet hat. Am Ende des Clearwater Memorial Causeway befindet sich der **Pier 60**, legendär für seine abendlichen Sonnenuntergangszeremonien. Es herrscht Volksfestcharakter ähnlich wie in Key West (▶Seite 159), wenn abends die Verkaufsstände öffnen, Straßenkünstler auftreten und sich Einheimische und Touristen versammeln, um die Sonne im Meer versinken zu sehen. Das Getümmel startet schon zwei Stunden, bevor die Sonne dann tatsächlich untergeht. Samstags und sonntags gibt es Freiluftkino unter dem Sternenhimmel.

Die Leser von USA Today kürten Clearwater Beach 2013 zur **„Best Beach Town in Florida"**. Sicherlich trägt das vor allem dem Umstand Rechnung, dass Clearwater Beach wegen des milden Klimas ein Ganzjahres-Urlaubsziel ist. Natürlich hält der zu beiden Seiten von Wasser umgebene Ort jede Menge Möglichkeiten für Aktivitäten zu Wasser bereit: Segeln, Jetskifahren, mit dem Speedboot über den Ozean brettern, mit dem Piratenschiff auf Tour gehen, Delfinbeobachtungen oder Kajaktrips unternehmen – alles ist möglich.

🧭 *Clearwater Beach ist vom Festland aus einfach über den etwa 3 km/2 mi langen Memorial Cswy/ SR-60 erreichbar.*

🌐 www.clearwaterbeach.com

Man erahnt den Trubel, der im berühmten Clearwater Beach (Hintergrund) herrscht.

▶ Caladesi Island

Die im Norden auf Clearwater Beach folgende Insel ist **Caladesi Island**. Das knapp fünf Kilometer lange Eiland ist unbewohnt und nicht per Fahrstraße/Brücke erreichbar. Ein Zugang auf die Insel ist nur auf dem Wasserweg möglich und zwar entweder mit einem gemieteten Boot oder der Fähre ab der Nachbarinsel **Honeymoon Island**, die wiederum über den **Causeway Boulevard** (nördlich von Clearwater, Gemeinde Dunedin) mit dem Festland verbunden ist. Ursprünglich waren die beiden Nachbarinseln einmal ein- und dieselbe, die damals Hog Island hieß, bis ein Hurrikan sie im Jahr 1921 in zwei Hälften geteilt hat. Beide wurden im Anschluss zu State Parks ernannt.

Durch die eingeschränkte Erreichbarkeit hat sich Caladesi Island die Beschaulichkeit und damit eine bezaubernde Atmosphäre bewahrt. Daher ist es auch kein Wunder, dass die Strände der Insel ebenfalls schon ganz oben auf dem Siegertreppchen des Dr. Beach standen, nämlich 2008 (▶ Seite 306).

Das Fährunternehmen **Caladesi Island Ferry** legt am westlichen Ende des **Causeway Boulevard/State Road 586** ab und bringt Reisende in dieses karibische Paradies. Täglich fahren die Schiffe ab 10 Uhr im Halbstundentakt Caladesi Island an. Die Fahrt dauert 20 Minuten und kostet hin und zurück 🚌 $ 14 für Erwachsene und $ 7 für Kinder von 6 bis 12 Jahre. Von Mitte September bis Mitte Februar verkehrt die Fähre nur stündlich (🌐 www.caladesiferry.org). Man hat dann vier Stunden Gelegenheit, die unberührte Natur der Insel unbeschwert zu genießen. Ein bisschen Zivilisation hat auch trotz aller Abgeschiedenheit Einzug gehalten, es stehen den Gästen eine Snackbar, ein Souvenirladen, Picknicktische und Picknickpavillons zum Mieten zur Verfügung. Auch eine Ranger Station ist vor Ort.

🧭 *Von Downtown Clearwater die SR-595 an der Küste entlang nach Norden fahren, an Dunedin vorbei, bis der Causeway Blvd kreuzt. Diesem nach links auf die Barriereinsel Honeymoon Island folgen, am Ende des Causeway Blvd legt die Fähre ab.*

✉ 1 Causeway Boulevard, Dunedin, FL 34698
☎ Ferry: 1-727-734-1501
☎ State Park: 1-727-469-5918
🌐 www.floridastateparks.org/caladesiisland
🕐 8 h–Sonnenuntergang
💲 $ 6 für Boote, $ 2 für Kajakfahrer

Wandern

Island Trail ★

Caladesi Island eignet sich wunderbar, um wieder einmal die Wanderschuhe zu schnüren. Zunächst geht es zum Boardwalk des Strandes. Kurz bevor man das Kiosk erreicht, sieht man an einer T-Kreuzung das Schild „Island Trail". Hier geht es nach links. Daraufhin taucht der Wanderweg tief in die Küstenpflanzenwelt ein. An dem Hinweisschild „Shortcut to Beach" geht man achtlos vorbei und geradeaus weiter. An einem Schild mit Wandersymbol biegt man links auf den Hammock Loop ab. Entlang des folgenden Weges eröffnen sich Blicke auf das herrliche Wasser am Dunedin Pass. Danach erreicht man eine Frischwasserquelle und beendet den Loop schließlich am Schild „Nature Trail", an dem es nach links auf den Beach Trail geht. Wieder wird das Abkürzungsschild ignoriert und man überquert eine Brücke über eine von Mangroven gesäumte Lagune. Ab jetzt nimmt man deutlich Kurs auf den Strand, bis man wieder am Boardwalk herauskommt, an dem die Wanderung gestartet ist.

- Am Kiosk vor dem Strand
- 1,5 Std.
- Moderat
- 4,8 km/3 mi

▶ **Honeymoon Island**

Schon allein weil sie ganz einfach zugänglich ist, hat diese Insel trotz ihres überaus romantischen Namens harte Konkurrenz. Die Namensgebung wurde 1939 vollzogen, als ein New Yorker 50 Häuschen mit Strohdach speziell für flitternde Paare baute (Englisch: Honeymooner). Highlight der Insel ist einer von wenigen noch existierenden Wäldern Südfloridas mit Karibischen Kiefern, sogenannten Elliot-Kiefern. Ranger bieten Touren an, in denen diese Besonderheit thematisiert wird.

Besucher können schwimmen, schnorcheln und die schöne Kulisse am Strand bewundern, auch Muschelsucher werden fündig. Souvenirläden, Snackbars und ein Nature Center dürfen ebenfalls nicht fehlen. An den Stränden geht es beschaulich zu, schon allein, weil keine Hotelklötze die Sicht auf die herrliche Umgebung trüben.

Es gibt mehrere unterschiedliche Strandabschnitte mit jeweils eigenem Parkplatz und Versorgungseinrichtung. Je weiter Richtung Norden man fährt, desto leerer werden die Strände.

- Von Clearwater Downtown die SR-595 an der Küste entlang nach Norden fahren, an Dunedin vorbei, bis der Causeway Blvd kreuzt. Diesem nach links auf die Honeymoon Island folgen. Der Park liegt am westlichen Ende des Blvd.
- 1 Causeway Blvd, Dunedin, FL 34698
- 1-727-469-5942
- www.floridastateparks.org/honeymoonisland
- 8 h–Sonnenuntergang
- $ 8 pro Fahrzeug, $ 2 für Fußgänger

Unberührte Natur am Strand von Honeymoon Island

🏨 Übernachten

💡 Clearwater und Clearwater Beach sind die Übernachtungsorte für alle drei Städte der Tampa Bay: St. Petersburg, Clearwater und Tampa. In St. Petersburg und St. Pete Beach sind die Übernachtungspreise sehr hoch, in der Großstadt Tampa kann man nicht so schön übernachten wie in der Region um Clearwater. Wer also innerhalb der Tampa Bay eine Übernachtungsmöglichkeit sucht, ist in Sachen Preis-Leistungs-Verhältnis in Clearwater oder Clearwater Beach am besten aufgehoben.

🏨 Comfort Suites Clearwater - Dunedin

Etwas außerhalb von Clearwater, dafür mit einem bestechenden Preis-Leistungs-Verhältnis liegt dieses Hotel. Es sind nur wenige Kilometer bis zum netten kleinen Stadtteil Dunedin oder nach Clearwater Beach. Nur durch eine (wenig befahrene) Straße getrennt, erreicht man den Golf von Mexiko, das vorgelagerte Clearwater Beach ist von den Zimmern Richtung Westen aus zu sehen. Das Hotel hat einen Pool und einen Whirlpool und sieht von außen recht ansprechend aus. Manche Zimmer, vor allem deren Teppichbeläge, sind jedoch in die Jahre gekommen, allerdings wurde das Hotel kürzlich sowohl außen als auch zum Teil innen renoviert. Ansonsten sind die Zimmer sehr geräumig und haben Kühlschrank und Mikrowelle. Der Frühstücksraum ist winzig und bietet für die Bettenkapazität des Hotels bei Weitem nicht genug Plätze. Das Preis-Leistungsverhältnis ist sehr gut.

🚗 *Von Downtown Clearwater/SR-60 aus in nördliche Richtung auf der SR-595 (US-19-ALT/Edgewater Dr) etwa 3,5 km/2 mi fahren, dann folgt das Hotel auf der rechten Seite.*

✉️ *1941 Edgewater Dr, Clearwater, FL 33755*
☎️ *1-727-489-5000*
🌐 *www.choicehotels.com/florida/clearwater/comfort-suites-hotels/fl636*
💲 ★★

🏨 Charthouse Hotel & Suites

Mit einer sehr idyllischen Lage punktet dieses Hotel an der südöstlichen Spitze der Insel Clearwater Beach. Von den Balkonen aus sind wegen der ruhigen Lage ausschließlich schöne Blicke zu genießen (auf Innenhof, Garten oder Wasser). Man wohnt abseits des Stadtlärms, erreicht aber alles Sehenswerte dennoch sehr einfach. Trotz des nahen Strandes steht ein Außenpool zur Verfügung und es kann kostenlos geparkt werden. Für die Insel wird ein Shuttle-Service angeboten. Die Zimmer sind ausgesprochen geräumig und auch Apartments sind zu haben. Küche mit Kühlschrank, Mikrowelle und Kaffeemaschine haben alle Räume des Hotels.

🚗 *Von Downtown Clearwater über die SR-60 nach Clearwater Beach fahren. Am Kreisverkehr links Richtung Sand Key abbiegen auf den Coronado Dr/South Gulfview Blvd. Kurz vor der Überfahrt nach Sand Key zweigt linkerhand der Bayway Blvd ab.*

✉️ *850 Bayway Blvd, Clearwater Beach, FL 33767*
☎️ *1-727-449-8007*
@ *info@ChartHouseSuites.com*
🌐 *www.charthousesuites.com*
💲 ★★ (Suites ★★★)

🏨 Residence Inn by Marriott Clearwater Downtown

Mitten in Downtown Clearwater und damit im Zentrum des Geschehens befindet sich das Hotel der gehobenen Preisklasse. Außenpool und Fitnessbereich sowie eine Wäscherei sind vorhanden. Die Zimmer sind sehr gemütlich und komfortabel, auffallend sauber und groß, teilweise in Form von Studios. Für amerikanische Verhältnisse ist das Frühstück sehr gut und abwechslungsreich. Neben den Einrichtungen und Sehenswürdigkeiten von Downtown ist auch ein naher Strand gut erreichbar.

🚗 *Das Hotel befindet sich inmitten von Downtown Clearwater auf der SR-60.*

✉️ *940 Court St, Clearwater, FL 33756*
☎️ *1-727-562-5400*
🌐 *www.marriott.de/hotels/travel/tparw-residence-inn-clearwater-downtown*
💲 ★★★

🚐 Dunedin Sun RV Resort

Eine recht grüne Anlage, dennoch komplett asphaltiert, und die inzwischen gewohnte Enge der Stellplätze zeichnen diesen Platz aus. Da es in Clearwater Beach gar keine und in Clearwater nur wenig schön gelegene Campgrounds gibt, ist es dennoch ratsam, mit dem Wohnmobil hierher in den Norden auszuweichen. Außenpool und Fitnessbereich sind vorhanden, ebenso diverse Spiel-

Der Hillsborough River ist allgegenwärtig in Tampa.

felder und ein Waschsalon. Wer eine Nacht im richtigen Bett verbringen möchte, kann dies im **Blue Moon Inn** tun, ein dem Campground angeschlossenes Hotel.

Der Campground liegt 11 km/7 mi nördlich von Downtown Clearwater direkt am US-19-ALT, der von Clearwater über Dunedin in den Norden führt.

2920 US-19-ALT, Dunedin, FL 34698

1-844-727-1507

dunedinrv@suncommunities.com

www.dunedinrvpark.com

Ja	233	233
Ja	Ja	Ja
★★★		

Indem wir Clearwater verlassen, entfernen wir uns unweigerlich von der Golfküste. Es geht schnurgerade wieder zurück ins Landesinnere, ins zentrale Florida. An dieser Stelle heißt es also Abschied nehmen vom offenen Meer, von den fantastischen Stränden und der gelegentlich ganz und gar unberührten Natur. Der Badeurlaub neigt sich damit ebenfalls dem Ende entgegen, die Zielgerade zum Abflugort Orlando ist erreicht. Mindestens ein attraktives Ziel wirft sich allerdings noch dazwischen – und das ist eine der berühmtesten Städte Floridas: *Tampa*. Der Weg dorthin führt zunächst Richtung Osten über die State Road 60 (hier *Gulf to Bay Boulevard*). Es folgt wieder einmal, aber auch zum letzten Mal, eine 15 km/9 mi lange Brückenpassage über die **Old Tampa Bay**. Die State Road 60 heißt auf diesem Streckenabschnitt **West Courtney Campbell Causeway** und ist al-

lein wegen ihrer Länge und der gefühlten Fahrt in die Unendlichkeit eine Attraktion. Das hat dem Causeway den Status eines *Florida Scenic Highway* eingebracht. Es ist die nördlichste Verbindung über die Bay. Mit Verlassen der Brücke bei **Rocky Point** befindet man sich bereits in der westlichen Peripherie von Tampa. Wer des Strandganges noch nicht überdrüssig ist, hat sowohl am östlichen Ende der Brücke, am **Ben T. Davis Municipal Beach**, als auch an einem Strand am Westende noch einmal Gelegenheit für einen Wassergang.

In Richtung Innenstadtbereich Tampa geht es recht unspektakulär weiter. Die State Road 60 macht nach Erreichen des Festlandes einen Rechtsknick, dem man folgt, und stößt auf die **Interstate 275**. Auf diese fährt man in östliche Richtung auf und erreicht nach etwa 7 km/4 mi das Zentrum. Nach Downtown Tampa nimmt man die Abfahrt **North Ashley Drive**.

🏛 TAMPA 🎞🛏➕❌🛍🏛

		Tampa	Erfurt
👪	Stadt	353.000	206.000
	Metropol	2.800.000	
	pro km²	799	766
⊘	km²	442	269

		Tampa	Erfurt
〰️	über NN	15 m	195 m
🌧️	mm	1.116	502
❄️	°C	24	6
☀️	°C	31	20
	Clearwater		37 km/ 23 mi
	Orlando (inkl. Besuch Ocala National Forest)		298 km/ 186 mi
	Orlando (direkte Fahrt)		136 km/ 85 mi

Tampa bietet noch einmal alles, was in einer floridianischen Stadt dieser Größe zur Verfügung stehen sollte: Kilometerlange Sandstrände, eine Skyline aus Hochhäusern, historische Viertel und eine Bucht, die **Hillsborough Bay**, die zumindest einen Hauch von Ozean aus hierher trägt: Die Bucht fließt mit der **Old Tampa Bay** zusammen, um gemeinsam die Tampa Bay zu bilden, die wiederum in den Golf von Mexiko mündet. Tampa liegt außerdem an der Mündung des **Hillsborough River** (auf dem man im Übrigen streckenweise recht idyllisch mit einem gemieteten Kajak paddeln kann, beispielsweise mit dem Veranstalter **Canoe Escape**, ⓦ www.canoeescape.com), der ebenfalls in die Hillsborough Bay fließt. Canoe Escape findet man im John B. Sargeant Park am ⓐ 12702 US 301, Thonotosassa, FL 33592, das ist 26 km/16 mi nordöstlich von Downtown Tampa. Aus dem Osten der Stadt mündet der kleinere Fluss Palm River in die McKay Bay, eine kleine Bucht am nordöstlichen Ende der Hillsborough Bay. Tampa als Stadt hat also die ungewöhnliche Funktion, als Halbinsel zwischen zwei Buchten die Hillsborough Bay im Osten von der Old Tampa Bay im Westen zu trennen.

Dass man sich bei dem Stadtbild von Tampa an Miami erinnert fühlt, liegt wohl auch an dem hohen Anteil kubanischer Einwohner. Nachdem Tampa zunächst ein bedeutungsloses Fischerdorf der **Tocobaga-Indianer** war, führte die Anbindung an das Eisenbahnnetz 1885 zu einem Aufschwung des Ortes. Die Flussmündung wurde zum Tiefseehafen ausgebaut, sodass der spanische Zigarrenhersteller **Vicente Martinez Ybor** wegen der guten Importmöglichkeiten die Produktion von Kuba und Key West nach Tampa verlegte. Mit dieser Maßnahme kamen unzählige kubanische Arbeiter nach Tampa, die noch heute stark das Stadtbild prägen. Aber bereits Jahrhunderte zuvor war die Tampa Bay als größte Bucht an der Florida-Golfküste als natürlicher Hafen genutzt worden. Ein bekannter Name taucht in diesem Zusammenhang wieder auf: Ponce de León landete 1521 in der Bay. Da er und nachfolgende Seefahrer mehr an Gold interessiert waren, das es hier nicht gab, hielt es sie aber nicht lange in der Gegend – umso mehr Interesse bekundeten später Pioniere, die Grund und Boden erwerben wollten. 1824 wurde ein Reservat für die Ureinwohner eingerichtet, zu dessen Bewachung ein Fort gebaut wurde, um das wiederum eine Siedlung entstand. Diese wurde später Tampa genannt, die Bezeichnung der Calusa-Indianer für diesen Ort. Es bedeutet so viel wie „**Feuerstöcke**" und bezieht sich vermutlich auf die vielen Blitzeinschläge in der Region während der Sommermonate.

Zentrum der Stadt ist wie zumeist in Floridas Großstädten **Downtown**. Der Stadtteil befindet sich östlich der Mündung des Hillsborough River, in den drei anderen Himmelsrichtungen eingerahmt von der Interstate 275 im Norden, **Channelside** im Osten, und dem **Garrison Channel** im Süden. In diesem Bereich spielt sich tagsüber das Leben ab, vor allem im Bereich der **Franklin Street Mall** in der ⓐ 711 N Franklin Street, Tampa, FL 33602, einer begrünten Fußgängerzone. Blickfang ist hier das **Tampa Theatre** aus dem Jahr 1926, das heute unter Denkmalschutz steht. Bis auf wenige Sehenswürdigkeiten wie das **Henry B. Plant Museum** (▶ Seite 269) und das **Florida Aquarium** (▶ Seite 269) ist Downtown jedoch ein reines Business-Viertel, weswegen am Abend auch alle Betriebsamkeit erlischt und sich nach Centro Ybor verlagert (▶ Seite 268). Den eindrucksvollsten Blick auf Downtown kann man vom Stadtteil Channelside vom Channelside Bay Plaza aus erhaschen.

💡 Um einen umfangreichen Überblick über Downtown zu erhalten, empfiehlt sich ein Gang auf dem **Riverwalk**. Dabei geht es vom Kreuzfahrthafen (am Channelside Drive, dem nördlichen Einstiegspunkt am Flussausläufer Garnison Channel) bis

Downtown Tampa von der Strand-promenade Bayshore Boulevard aus

zum Water Works Park am Fluss entlang inklusive einiger Schleifen und Sehenswürdigkeiten.

Entlang des Riverwalks gibt es etliche Parkhäuser. RVs stellt man am besten am Straßenrand nördlich des Kennedy Boulevard ab, hier parkt man abends ab 18 Uhr und am Wochenende sogar kostenlos. Um sich die Fußgängerzone anzuschauen, kann man in der **Franklin Street** parken, ✉ 808 North Franklin Street, Tampa, FL 33602, wofür man ✪ $ 2 pro Stunde bezahlt. Wer es mit kostenlosem Parken versuchen will, dem sei Parken an der Straße auf dem **North of Kennedy Boulevard** empfohlen, wo man am Wochenende und werktags nach 18 Uhr kein Geld mehr in die Parkuhr werfen muss. So einfach das Parken in der Innenstadt ist, so vielfältig ist das Angebot an öffentlichen Verkehrsmitteln. Es verkehrt sogar ein **Wassertaxi**, das man täglich von 9 bis 22 Uhr sowohl als herkömmliches Taxi als auch für spezielle Thementouren nutzen kann (beispielsweise eine geschichtliche Hafentour, die 90 Minuten dauert und ✪ $ 30 pro Person kostet). Eine Einzelfahrt kostet ✪ $ 5 pro Person. Der Riverwalk lässt sich sehr gut mit diesem Service kombinieren. Um ein Taxi zu ordern beziehungsweise eine Tour zu buchen, wendet man sich telefonisch an ☎ 1-888-665-8687. Den Anbieter selbst findet man im ✉ 200 North Ashley Drive, Tampa, FL 33602. Informationen und weitere Angebote gibt's auch unter 🌐 www.tampawatertaxico.com.

Zu Land sind auch in Tampa **Trolleys** unterwegs, die aber im Vergleich zu den Trolleys in St. Petersburg und Clearwater in Tampa Straßenbahnen sind. Auf einer Strecke von 4,3 km/2,7 mi fährt die **TECO Line Streetcar** elf Stationen an, wovon sich zwei innerhalb Downtowns befinden. Sie ist montags bis donnerstags von 12 bis 22 Uhr alle 20 Minuten im Einsatz, freitags und samstags von 11 bis 1.30 Uhr und sonntags von 12 bis 20 Uhr und kostet ✪ $ 2,50 für Erwachsene und für Kinder von 4 bis 17 Jahre $ 1,25. Ein Tagespass kostet $ 5, eine Familienkarte (zwei Erwachsene und drei Kinder) $ 12,50 (weitere Infos: 🌐 www.tecolinestreetcar.org).

Zu guter Letzt kann man sich mit einem Bus der **Hillsborough Area Regional Transit Authority (HART)** auf mehreren Linien fortbewegen. Informationen hierfür erhält man bei der Visitor Information Tampa Bay & Company (siehe unten) oder unter 🌐 www.gohart.org.

Mit dem **Tampa International Airport** ist Tampa an Ziele in aller Welt angeschlossen. Jährlich werden hier an vier Terminals 17 Millionen Passagiere abgefertigt, damit ist er einer der größeren Flughäfen Nordamerikas. Er befindet sich 10 km/6 mi westlich des Stadtzentrums.

Entgegen anderer Großstädte spielt der Tourismus in Tampa nicht die größte Rolle. Auch die Viehzucht, der Fischfang und der Zitrusanbau sind entscheidende Wirtschaftsfaktoren. Nachdem gegen Ende des 19. Jahrhunderts sowohl Phosphate gefunden, als auch die Eisenbahn ange-

IN-TOWN TROLLEY

In-Town Trolley
Service & Stops
(Marion Transit Center to
Dick Greco Plaza/Harbour Island)

MON-FRI 6 AM - 8:30 AM and 3:30 PM - 6 PM
Service Every 15 minutes

HART LOCAL SERVICE

Local Route 30 Airport Service
Service & Stops*
(Downtown to
Tampa International Airport/Town 'N Country)

Local Route 8
Service & Stops*
(Downtown to Progress Village/Brandon)

MetroRapid
Service & Stops*
(Downtown to UATC/Hidden River Park-n-Ride)

* Please refer to Route Schedules

**Local HART Routes
serving Downtown**
(Routes serving Marion Transit Center: 1, 2, 4,
5, 6, 6LTD, 7, 8, 9, 10, 12, 14, 18, 19, 30, 96, 20X,
22X, 27LX, 28X, 47LX, 51X, 61LX, 100X,
MetroRapid, 200X, 300X)

POINTS OF INTEREST

Marion Street Transit Parkway

Points of Interest

? **Visitor Information Centers**

Public Parking Garages

Tampa Riverwalk

Temporary Riverwalk/Connector

© 2013 - Hillsborough Area Transit Authority

06/13

Viertel mit kubanischem Flair: Ybor City in Downtown Tampa

bunden wurde, entwickelte sich das kleine, von manchen Zerstörungen (beispielsweise im Bürgerkrieg) gebeutelte Dörfchen zu der aufstrebenden Stadt, die es heute ist – um 1900 bereits eine der größten Floridas.

🚩 TAMPA BAY VISITOR CENTER & GIFT SHOP

📧 615 Channelside Dr, Suite 101A, Tampa, FR 33602
☎ 1-813-223-2752
🌐 www.visittampabay.com

👁 Highlights

► Ybor City

Ybor City bezeichnet ein eigenes Quartier im nordöstlichen Downtown von Tampa. Noch heute ist es berühmt für Zigarren, da es seine Entstehung dem Zigarrenhersteller Vincente Martinez Ybor verdankt, der dieses Viertel 1886 gründete. Heute sind historische Gebäude, Restaurants verschiedenster Nationalitäten (Spanisch, Kubanisch, Italienisch, Griechisch und Französisch) und ein allgegenwärtiger lateinamerikanischer Flair geblieben. Flippige Läden, Musikgeschäfte,

Bars und zumeist von Kubanern verkaufte Zigarren sorgen für einen Hauch von Havanna. Der sehenswerteste Bereich **(Centro Ybor)** ist der auf der 7th („La Setima") und 8th Avenue zwischen der 21st und 22nd Street mit Häusern aus Holz und Ziegeln oder historischen Gebäude wie das **Ritz Theater** mit Art-Déco-Elementen in der Lobby. Im Westen markiert der Park **José Marti** die Grenze. Hier kann man tagsüber die Geschäfte und Läden anschauen (vor allem im **Centro Ybor**, einem Shopping- und Restaurantcenter) und abends, nach 20 Uhr, Partystimmung erleben. Dann heißt es eintauchen in die Welt von Salsa, Jazz, Blues und Reggae. Freitags und samstags ist die 7th Avenue sogar komplett gesperrt. „Bummeln, schauen und staunen" lautet hier die Devise.

Es gibt drei **Parkhäuser**, die man anfahren kann, um Ybor City und hier vor allem Centro Ybor zu besuchen, zwei nördlich der 7th Avenue und eins südlich davon. Sie befinden sich alle in der 🚗 19th Street und zwar mit den Hausnummern 1812, 1813 und 1701 (von Nord nach Süd).

📧 7th und 8th Ave, Tampa, FL 33605
🌐 www.ybor.org

Ybor City Museum

Zwar gibt es heute keine handgedrehten Zigarren mehr zu kaufen, die Authentizität des Viertels jedoch ist geblieben, vor allem, was die Zigarrenherstellung anbelangt. Wer tiefer in die Materie eintauchen möchte, kann dies im **Ybor City Museum** tun. Hier geht es vor allem um Erinnerungstücke an die große Zeit der Tabakproduktion. Der Eintrittspreis beinhaltet das Museum, den Garten und die Casita, die Nachbildung des Hauses eines Zigarrenherstellers. Man kann an der Straße kostenlos parken.

✉ *1818 East 9ᵗʰ Ave, Tampa, FL 33605*
☎ *1-813-247-6323*
🌐 *www.ybormuseum.org*
🕐 *Mi–So 9–17 h*
💲 *Erw. & Kinder (ab 5 J.) $ 4*

▶ Hyde Park

Nein, man ist nicht versehentlich in London oder New York gelandet, auch wenn „Hyde Park" und „SoHo" das nahelegen. In Tampa ist Hyde Park ein historisches Viertel, in dem die Strandpromenade **Bayshore Boulevard**, der historische Ort **Hyde Park Village** und das Vergnügungsviertel **SoHo** (**So**uth **Ho**ward Avenue) zusammengefasst sind. Der Hyde Park liegt direkt an der Hillsborough Bay, von der nordöstlich gelegenen Downtown durch den Hillsborough River getrennt. Die nördliche Grenze bildet die **Swann Avenue**, im Westen ist es die **Rome Avenue** und im Südosten der **Bayshore Bouelvard**. Man darf sich keinen Park im herkömmlichen Sinn vorstellen, der Hyde Park ist eher ein schmuckes, historisches Wohnviertel mit viktorianischen Gebäuden, die die Uhr auf die vorletzte Jahrhundertwende zurückdrehen. So ist dann auch die ganze Atmosphäre innerhalb Hyde Park Village geprägt von vergangenen Zeiten, in die man sich auch in den Edel-Boutiquen, Restaurants und Jazzkneipen zurückversetzt fühlt.

🌐 *www.hydeparkvillage.com*
🌐 *www.oldhydeparkfl.org*

 Vom Bayshore Boulevard aus kann man die besten Blicke auf die Skyline von Donwtown erhaschen.

▶ Henry B. Plant Museum

Er hat die Eisenbahn nach Tampa gebracht, infolgedessen ist ihm auch dieses Museum gewidmet. Alles dreht sich hier um Henry Bradley Plant und seine Eisenbahn, aber vor allem ist in den Räumen des Museums ein ehemaliges Hotel zu bewundern, das **Tampa Bay Hotel**. Es wurde 1891 errichtet und war für damalige Verhältnisse ein Luxuspalast. Heute steht es unter Denkmalschutz, der Südflügel ist noch original ausgestattet und beherbergt den Museumsteil mit seinem prachtvollen Mobiliar. Ein besonders authentischer Raum ist der „Writing & Reading Room", der nahezu im Originalzustand erhalten ist und so aussieht, als wäre er aus dem Jahr 1898 direkt in die Gegenwart versetzt worden. Es gibt einen Einführungsfilm mit dem Titel „The Tampa Bay Hotel: Florida's First Magic Kingdom" zu sehen, der einen informativen Überblick über den Eisenbahnmagnaten bietet.

Neben der Person Plants beleuchten Exponate den viktorianischen Hintergrund der Epoche, den Beginn der Tourismusindustrie in Florida und die ersten Jahre, als Tampa zur Stadt geworden war. Das Gebäude allein ist eine Sehenswürdigkeit mit seinen minarettartigen Türmen und dem orientalischen Erscheinungsbild. Neben Audioguide-Touren werden Führungen durch das Museum angeboten, die dienstags und donnerstags um 13 Uhr stattfinden.

🚗 *Von Downtown aus über die SR-685 knapp 1 km/0,6 mi und über den Hillsborough River in südwestliche Richtung fahren. Das Museum befindet sich auf dem Gelände der University of Tampa. Es gibt einen kostenlosen Parkplatz vor dem Museum.*
✉ *401 W Kennedy Blvd, Tampa, FL 33606*
☎ *1-813-254-1891*
🌐 *www.plantmuseum.com*
🕐 *Di–Sa 10–17, So 12–17 h*
💲 *Jan.–Nov. Erw. $ 10, Sen. & Stud. $ 7, Kinder (4–12 J.) $ 5*

▶ Florida Aquarium 🚻

Man denkt, man hätte nun genug Aquarien in Florida gesehen, aber dieses ist noch einmal

Ein exotisches Erscheinungsbild bietet das Aquarium auch von außen.

ein Höhepunkt. Schon allein die riesige Glaskuppel, unter der Tausende von Meerestieren und Pflanzenarten in verschiedenen Ökosystemen beheimatet sind, ist den Besuch wert. Nicht zu Unrecht zählt das Florida Aquarium zu einer der Top-Sehenswürdigkeiten Tampas. Highlight ist ein künstliches **Korallenriff**, um das farbenfrohe Fische herumschwimmen.

Programmpunkte wie „Schwimmen mit Fischen" oder gar „Tauchen mit Haien" ist zwar nur etwas für Menschen mit starken Nerven (und einem Tauchschein), aber für diese ist es ein sensationelles Erlebnis. Die beeindruckenden Raubfische zwischen Meeresschildkröten und Muränen dahingleiten zu sehen, reicht für eine Gänsehaut. Täglich werden auch Shows zu verschiedenen Themen angeboten, man sollte sich deshalb gleich nach Ankunft im Aquarium das Tagesprogramm anschauen (oder vorab im Internet unter 🌐 www.flaquarium.org/Explore-the-Aquarium/things-to-do/show-schedules.aspx).

Das Aquarium bietet außerdem Fahrten in die Tampa Bay zur Delfinbeobachtung an. 500 sollen in der Tampa Bay leben, die Wahrscheinlichkeit, auf sie zu treffen, ist also einigermaßen groß. Auch Seekühe lassen sich dabei nicht selten blicken. Die 90-minütige **Wild Dolphin Cruise** startet täglich um 13 und 14.30 Uhr und kostet zusammen mit dem Eintritt ins Aquarium für Erwachsene $ 49,50 und Kinder $ 40,90. Die Online-Preise sind ca. $ 6–10 günstiger.

🚩 *Das Aquarium befindet sich mitten in Downtown in der südwestlichen Ecke am Ybor Channel. Von Downtown aus über die N Morgan St Richtung Südwesten fahren, nach 500 Metern zweigt links der Channelside Dr ab. Parkplätze sind vorhanden.*

✉ *701 Channelside Dr, Tampa, FL 33602*
☎ *1-813-273-4000*
🌐 *www.flaquarium.org*
🕐 *Tägl. 9–17 h*
💲 *Erw. $ 26,95, Kinder (3–11 J.) $ 21,95, Sen. (über 60 J.) $ 24,95, Online-Preise sind günstiger*

▶ **Museum of Science and Industry (MOSI)** 👨‍👧

Die Themengebiete Umwelt, Wetter und Raumfahrt sind in diesem Museum speziell auf Florida übertragen dargestellt. In interaktiven Vorführungen, mit Exponaten und anschaulichen Darstellungen geht es um Technik und Naturwissenschaft. Hautnahes Erleben wird hier großgeschrieben, infolgedessen sieht sich der Besucher beispielsweise einem Hurrikan ausgesetzt. Überhaupt spielt das Wetter beziehungsweise dessen extreme Versionen eine große Rolle – die Wissenschaft von Tornados, Hurrikanen und Flächenbränden beanspruchen eine eigene Ausstellungsfläche. Ob man den menschlichen Körper erforschen oder im Planetarium astronomische Shows anschauen möchte – sogar wer ohne Höhenangst in 10 Metern Höhe über ein Drahtseil balancieren möchte – hier wird so ziemlich jeder fündig auf der Suche nach seinem Lieblings-Wissenschaftsbereich. Abgerundet wird das Angebot von einem IMAX Kino, in dem Familienkurzfilme, Tier- und Naturfilme angeboten werden. Es gibt einige Angebote speziell für Kinder (zum Beispiel „Kids in Charge!", das größte Kinder-Wissenschaftscenter der USA), wofür diese aber gut bis sehr gut Englisch sprechen können sollten.

Von Downtown aus auf den I-275 nordwärts fahren. Diesem etwa 11 km/7 mi folgen, dann rechts auf die East Fowler Ave abbiegen. Das Museum folgt nach etwa 5 km/3 mi.

✉ 4801 E Fowler Ave, Tampa, FL 33617

☎ 1-813-987-6000

🌐 www.mosi.org

🕐 Mo–Fr 10–17, Sa & So 10–18 h

💰 Erw. $ 26,95, Kinder (2–12 J.) $ 20,95, Sen. (über 60 J.) $ 25,95 (jeweils inkl. Eintritt, eine Planetarium-Show und ein IMAX Film)

▶ **Busch Gardens** 👫

Es ist *die* Attraktion in Tampa und nicht nur in der Stadt, sondern weit über die Grenzen hinaus berühmt. Die Besonderheit des Freizeitparks ergibt die Mischung aus Vergnügungspark mit Schwerpunkt Achterbahnen und einem Zoo mit dem thematischen Fokus auf „Afrika". Wer an einer **Serengeti Safari** teilnimmt, kann sich auch tatsächlich wie in Afrika fühlen, denn es geht auf Tuchfühlung mit den Tieren. Vorbei an Zebras und Giraffen, die man zum Teil aus der Hand füttern kann, geht es im offenen Jeep durch die Steppe (💰 je nach Saison ab $ 29).

Nervenkitzel im Park: Die Achterbahn Cheetah Hunt

Besonders spektakulär ist die „Rhino Ralley", bei der mächtige Nashörner den Weg des Jeeps kreuzen. Eine Alternative zur Jeep-Safari ist eine Fahrt mit der „Serengeti Railway", eine von einer Dampflokomotive gezogenen Bimmelbahn, die um die Tiergehege herumfährt.

Oder eine Tierbeobachtung aus der Vogelperspektive mit dem „Skyride". Man kann aber auch Rundgänge unternehmen und dabei Auge in Auge, nur durch eine Glasscheibe getrennt, einem Löwen oder einer Hyäne gegenüberstehen.

Der Park ist in mehrere afrikanische Regionen aufgeteilt, man reist nach Nairobi, Ägypten und Timbuktu, wo man auf Affen, Tiger und Löwen trifft. Aber auch andere landestypische Sehenswürdigkeiten wie ein Nachbau des Grabes von Tutenchamun, ein nachgebautes Massai-Dorf oder ein Stück Regenwald kann man in Busch Gardens besuchen. Hinzu kommen täglich zahlreiche Shows innerhalb der Themenwelt Afrikas. Die Shows und deren Zeiten ändern sich ständig. Vorab informieren kann man sich über 🌐 www.buschgardens.com/tampa.

Was die Rollercoaster im Park betrifft – diese sind nichts für schwache Nerven. Der neu-

Interessante Kombination: Giraffen, Palmen, Achterbahnen

este und spektakulärste ist „Cheetah Hunt". Mit oder ohne Looping, mit freiem Fall und Überschlag – es ist alles geboten, was das Adrenalin steigen lässt. Dazwischen gibt es auch mehrere Wasserbahnen (die ihren Namen verdienen, denn man wird richtig nass dabei), und auch einige Fahrgeschäfte für jüngere Kinder dürfen nicht fehlen. Das ist beispielsweise ganz ungestresst und ohne Adrenalin-Ausschüttung mit der „Serengeti Railway" möglich. Kleine Kinder können sich im Bereich „Sesame Street Safari of Fun" auf Abenteuerspielplätzen austoben.

Im Parkeintritt inbegriffen sind die Shows. Alle geführten Touren und Interaktionen mit den Tieren sind exklusive. Es gibt verschiedene Kombinationen zum Beispiel mit **SeaWorld Orlando** (▶ Seite 63) oder **Adventure Island**, einem Wasserpark mit abenteuerlichen Rutschen in Tampa. Hier kann man sich auf der Internetseite die aktuellen Angebote vorab anschauen.

Achterbahnfans sollten morgens früh da sein und sich dann gleich auf die neueste Achterbahn stürzen. Gleich morgens sind die Warteschlangen noch nicht so lang, der Andrang gerade auf die neuesten Sensationen steigert sich im Tagesverlauf. An Wochentagen außerhalb der Saison sind die Wartezeiten unproblematischer. An den Wochenenden der Hochsaison und zu Zeiten von Spring Break allerdings ist eine Stunde Warten vor einer Achterbahn keine Seltenheit.

💡 Während der Saisonzeiten sollte man unbedingt ein sogenanntes **Quick Queue Ticket** kaufen. Es ermöglicht, an der Warteschlange vorbei direkt in die nächste Bahn zu steigen. 💰 Das kostet pro Person $ 59,99. Allerdings sollte man unbedingt beachten, dass es für diese Tickets nur ein begrenztes Kontingent gibt, das zu Stoßzeiten noch am Vormittag ausverkauft ist.

Auch wenn man morgens zeitig da ist, sollte man bedenken, dass vom Abbiegen auf den Parkplatz an über die Zuweisung eines Parkplatzes und die Fahrt mit der Tram beziehungsweise dem Fußmarsch zum Eingang und das dortige Anstehen, um ein Ticket zu kaufen, gut eine Stunde vergehen kann. Diese Zeit sollte man beim Besuch einkalkulieren, sie wird mit wachsendem Andrang im Laufe des Vormittages ebenfalls länger.

🚗 *Von Downtown aus auf die I-275 nordwärts fahren. Dieser etwa 10 km/6 mi folgen, dann abfahren auf den East Busch Blvd Richtung Osten und nach etwa 4 km/2,5 mi links auf die North McKinley Blvd einbiegen.*

✉ *10165 N McKinley Dr, Tampa, FL 33612*
📞 *1-888-800-5447*
@ *BGA.GuestInformation@BuschGardens.com*
🌐 *www.buschgardens.com*
🕐 *Je nach Saison tägl. 9–18/19/20/22/23 h*
💰 *Personen ab 3 Jahre: $ 104,99 (Online im Voraus $ 89,99), $ 20 Parkgebühr*

▶ Hillsborough River State Park

Der Park liegt zwar fast 28 km/18 mi außerhalb von Tampa nordöstlich des Zentrums, ist aber einen Ausflug trotzdem wert. Vor allem der Campground des State Park ist eine Empfehlung, wenn man im Bereich Tampa übernachten will (▶ Seite 274). Es war einer der ersten State Parks in Florida und er bietet ein umfangreiches Freizeitangebot: Man kann Kajaks und Kanus mieten (💰 Kanus ab $ 25 für 2 Std., Kajaks ab $ 15 pro Std) und auf dem Hillsborough River paddeln, den Park per Drahtesel erkunden (💰 $ 10 pro Stunde, $ 20 für einen halben Tag) oder wandern gehen, drei gut ausgewiesene Trails stehen dafür zur Verfügung. Es gibt einen Pool zum Schwimmen, der allerdings kostenpflichtig ist (💰 $ 4 pro Tag, Kinder unter 5 Jahre sind frei).

🚗 *Von Downtown aus fährt man zunächst für ein kurzes Stück auf der I-275, dann über die I-4 erst in östliche und dann in einem Bogen in nordöstliche Richtung bis Abfahrt US-301. Auf diese in nördliche Richtung auffahren und 18 km/11 mi bis zum State Park folgen.*

✉ *15402 US-301, North Thonotosassa, FL 33592*
📞 *1-813-987-6771*
🌐 *www.floridastateparks.org/hillsboroughriver*
🕐 *8 h–Sonnenuntergang*
💰 *$ 6 pro Fahrzeug, $ 2 für Fußgänger*

Wandern

Rapids Trail

Dieser Weg kann in beliebiger Länge gegangen und von einem kurzen Spazierweg bis zu einer Länge von 9 km/5,6 mi ausgedehnt werden. Er führt ans Ufer des Hillsborough River. Bis zum Aussichtspunkt auf den Fluss ist der Weg ca. 3 km/2 mi lang. Der Weg kann mit dem unten beschriebenen Baynard Trail verbunden werden.

Urwaldidylle nahe der Großstadt im Hillsborough River State Park

- Am Schild „Nature Trail" am Parkplatz
- Bis zu 3,5 Std
- Einfach bis moderat
- 9 km/5,5 mi

Baynard Trail

Der Trail ist eine herrliche Urwaldwanderung mit romantischen Holzbrücken und einer außergewöhnlichen Vegetation. Er ist als Rundweg angelegt. Er schließt am Aussichtspunkt des Hillsborough River unmittelbar an den Rapids Trail (siehe oben) an und verlängert diesen zu einer Extrarunde nordwestlich des Aussichtspunktes.

- Am Schild „Nature Trail" am Parkplatz
- 2 Std
- Einfach bis moderat
- 5,5 km/3,5 mi

Wetlands Restoration Trail

Der Wetlands Restoration Trail hat seinen Namen daher, dass er Instandsetzungsarbeiten bei Naturschäden zum Thema hat, die in den letzten Jahren unternommen wurden. So führt er durch junge Zypressendächer und Kieferngehölze und ist knapp 5 km lang. Auf diesem Weg ist auch das Fahrradfahren erlaubt (nur auf diesem!).

- Nach der Ranger Station links zum Parkplatz abbiegen
- 2 Std.
- Einfach bis moderat
- 5 km/3 mi

Fort Foster State Historic Site

Neben der beschaulichen Natur, die so nahe der Großstadt Tampa eher surreal wirkt, gibt es im Hillsborough State Park eine zweite Attraktion, die Fort Foster Historic Site. Sie befindet sich im östlichen Teil des State Park. Es ist die restaurierte Anlage eines Forts aus den Zeiten des Zweiten Seminolenkrieges um 1830. Wer hier tiefer in die Geschichte eindringen will, dem sei eine Ranger-Tour empfohlen, die jeden ersten und dritten Samstag im Monat um 14 Uhr und jeden ersten und dritten Sonntag um 11 Uhr stattfindet und $ 2 pro Teilnehmer kostet. Treffpunkt ist der Parkplatz 4 beim Boot- und Fahrradverleih, von wo aus es in einer Bahn zum Fort geht. Im Besucherzentrum (tägl. 8–17 h) kann man sich ebenfalls einen Überblick über den Seminolenkrieg verschaffen. Auch das Leben im Fort spielt bei den Ausstellungsstücken und Artefakten eine Rolle.

🏠 Übernachten

Wer nicht im Bereich Clearwater übernachtet hat, wird auch in Tampa in Sachen Unterkunft gut fündig. Da aber die Empfehlung dieses Routenreiseführers wegen der schöneren Lage eine Übernachtung in Clearwater/Clearwater Beach ist (▶ Seite 262), werden im Folgenden nur je ein Hotel und ein Campground empfohlen.

🏨 Hilton Garden Inn Tampa Ybor Historic District

Das Hotel liegt günstig mitten im Viertel Ybor Historic District. Auch das Aquarium und Sehenswürdigkeiten in Downtown sind schnell und bequem zu erreichen, sodass man sein

Fahrzeug beim Parkplatz des Hotels für $ 10 pro Tag stehenlassen kann. Das Hotel selbst bietet einen kleinen Pool sowie einen Whirlpool und einen Fitnessraum. Die Zimmer sind geräumig und gemütlich eingerichtet, das Preis-Leistungsverhältnis für ein Mittelklassehotel in so zentraler Lage ist gut.

🚗 *Von Downtown über den Nuccio Pkwy fahren, nach etwa 2 km/1 mi rechts auf die East Palm Ave abbiegen, die vierte Querstraße rechts auf die North 17th St einbiegen und gleich wieder links auf die East 9th Ave.*

✉ *1700 E 9th Ave, Tampa, FL 33605*

☎ *1-813-769-9267*

🌐 *http://hiltongardeninn3.hilton.com*

💲 ★★★

🏕 ## Hillsborough River State Park Campground

Idyllischer kann man im Bereich Tampa nicht übernachten. Der Park und mit ihm der Campground sind zwar etwas abgelegen, aber mehr als eine Übernachtung wert. Trotz der beschaulichen Lage ist alles da, was man für einen Aufenthalt in der Natur braucht, inklusive eines Ladens mit allen wichtigen Dingen fürs Campen. Die Stellplätze sind schattig und riesig, mitten in die Natur eingebettet, jeder Gast hat dadurch viel Privatsphäre. Der Platz ist zwar nicht überlaufen, man sollte aber trotzdem rechtzeitig reservieren.

🚗 *Von Downtown aus fährt man zunächst für ein kurzes Stück auf der I-275, dann über die I-4 erst in östliche und dann in einem Bogen in nordöstliche Richtung bis Abfahrt US-301. Auf diesen in nördliche Richtung auffahren und 18 km/11 mi bis zum State Park folgen.*

✉ *15402 US-301, North Thonotosassa, FL 33592*

☎ *1-800-326-3521*

🌐 *www.floridastateparks.org/hillsboroughriver*

💰 Ja	🚐 98	🚴 93
🔌 Ja	🚿 Ja	🛁 Ja
💲 ★		

*Von Tampa aus geht es nun langsam aber sicher zurück zum Abflugort Orlando. Wer an dieser Stelle in akuter Zeitnot ist oder noch einiges in Orlando erledigen möchte, kann von Downtown aus nun 136 km/85 mi durchgehend auf der **Interstate 4** Richtung Nordosten fahren und ist nach eineinhalb bis zwei Stunden Fahrt in Orlando angekommen (▶Seite 284).*

Wir empfehlen allen anderen Reisenden, den nun folgenden Schlenker gen Norden zum **Ocala National Forest** unbedingt mitzunehmen – es ist einer der Geheimtipps der Reise, nicht so überlaufen und vor allem abseits des Mainstreams. Schon ein Tag Puffer reicht, um diese lohnenswerte Fahrt zu unternehmen, die nur einen zusätzlichen Weg von etwa 170 km/106 mi und drei bis vier extra Stunden reine Fahrtzeit bedeutet.

Hierzu verlässt man Tampa über den **Interstate 275** Richtung Norden, die nach etwa 25 km/16 mi zum **Interstate 75** wird. Auf dieser Strecke erreicht man eine zunehmend ländliche Gegend. Auf den Weiden rechts und links dösen Kühe, die Landschaft wird allmählich grün und bereitet uns auf das Waldszenario vor. Sobald man auf den Interstate auffährt, verschwinden sowohl die Kühe als auch die Besiedlung von der Landschaftskulisse rechts und links der Straße. Es wird grün, Bäume dominieren in vorderster Reihe, dahinter lugt landwirtschaftliche Nutzfläche hervor, vereinzelt sieht man die bewirtschaftenden Farmen dazu. Es herrscht vergleichsweise viel Verkehr auf der Autobahn und der Höhenmesser des Navigationsgerätes zeigt erstmals eine Höhe von über 30 Meter über dem Meeresspiegel an – eine Sensation im flachen Florida. Der Interstate wird etwa 20 km/13 mi vor der Abfahrt dreispurig. Gleichzeitig kehrt die Zivilisation zurück, an allen Ausfahrten prangt nun Werbung für Fast Food und Einkaufszentren. Nach etwa 139 km/87 mi verlässt man die Interstate, um über die **State Road 40** in östliche Richtung zu fahren. Kurz darauf erreicht man den Ort **Ocala**. Die Stadt mit über 57.000 Einwohnern bietet Besuchern nicht viel, weswegen sie im Folgenden nicht ausführlicher beschrieben wird. Die Infrastruktur einer großen Stadt ist vorhanden, wer einen längeren Aufenthalt im **Ocala National Forest** plant, kann sich hier mit allem eindecken, was dazu nötig ist. Am auffälligsten ist, dass Ocala hügelig ist – daran muss man sich erst wieder gewöhnen. Hauptanziehungspunkt ist eine attraktive Altstadt (**Ocala Historic District**, zwischen Broadway, SE 8th St, Silver Springs Pl, SE 3rd St, 13th Ave und Watula Ave gelegen) mit Ziegelhäuschen aus der Zeit von 1880 bis 1930. Für Pferdefreunde ist interessant, dass in und um Ocala arabische Vollblüter gezüchtet werden und es jede Menge Gestüte gibt.

Kanuten erhalten mannig-
faltige Möglichkeiten, den
Wald zu erkunden.

Alle mit Ziel Ocala National Forest durchqueren die Stadt auf der State Road 40, der uns im Folgenden auch durch den ganzen National Forest begleiten wird. Etwa 5 km/3 mi nach Ocala sind die westlichen Ausläufe des Nationalwaldes im Bereich von **Silver Springs** *bereits erreicht. Berühmt ist der Ort vor allem für Glasbodenbootfahrten (☎ 6565 East Silver Springs Blvd, Silver Springs, FL 34488 ☎ 1-352-261-5842 ☺ Erw. 11, Kinder (ab 5 Jahre) & Sen. $ 10) durch kristallklares Quellwasser (weitere Informationen unter 🌐 www.silversprings.com). Es gibt kaum eine andere Möglichkeit, das exotische Leben tief unter der Wasseroberfläche so schön betrachten zu können. Mit Silver Springs ist auch der Startpunkt des* **Black Bear Scenic Byway** *erreicht, der sich von Silver Springs bis Ormond Beach an der Atlantikküste auf einer Länge von 96 km/60 mi erstreckt.*

🔥 OCALA NATIONAL FOREST
🅿️ 🚻 ❌ 🍴 🏛️ ☆

Dieser Wald ist nicht irgendein Wald – er ist einer der größten Naturschätze des Bundesstaates. Er ist außerdem der älteste National Forest östlich des Mississippi und der südlichste auf dem ganzen amerikanischen Festland überhaupt. Der Wald liegt im wahrsten Sinne des Wortes im Schatten von Orlando. Viele Reisende sind so auf die Ver-

gnügungsstadt fixiert, dass sie dieses Juwel im Norden nicht beachten. Auf diese Weise ist der Nationalwald auch heute noch ein Geheimtipp und eine erholsame Abwechslung zu der Betriebsamkeit der Tampa Bay und vor allem Orlandos. Man kann sich auch gut länger hier aufhalten, denn der Ocala National Forest bietet unendlich viele große und kleine Seen zum Schwimmen oder Angeln. Viele Kilometer Wanderwege, Radfahren, Kanufahren oder Reiten sind ebenfalls Aktivitäten, um den subtropischen Wald mit seinen Sandkiefern, Palmetto-Palmen und seiner gefährdeten Flora und Fauna besser kennenzulernen, die es sonst nirgendwo gibt.

Gekrönt wird dieser Naturschatz durch das Vorkommen riesiger Quellen, die unglaubliche Mengen an kaltem, glasklarem Wasser hervorbringen und damit Flüsse speisen, die wiederum von saftigen, tropischen Pflanzen eingerahmt werden. Mehrere große Flüsse durchziehen den Nationalwald, unter anderem der **Silver**, der **Ocklawaha**, der **St. Johns** und der **Tomoka River**. Das klare Wasser ist artesisch, das aufgrund eines unterirdischen, gespannten Grundwasserleiters aus den Quellen blubbert. Dieses Phänomen trägt maßgeblich zur Besonderheit des Schutzgebietes bei, dessen Natur nicht spektakulär, aber so unberührt ist, dass man gar nicht mehr zurück nach Orlando möchte. Für Naturfreunde ist es deshalb ein krönender und genussvoller Abschluss. Es ist das Amerika, das man eigentlich erwartet mit einer unendlichen Weite, Gelassenheit und Idylle – fernab von karibischen Traumsträn-

275

den, Sumpflandschaften und glamourösen Städten.

Der gesamte Nationalwald besteht aus mehreren ausgewiesenen Gebieten, sowohl State Parks als auch Recreation Areas oder sogenannte **„Springs"**. Übersetzt bedeutet das „Quellen" und wird meist im Namen des jeweiligen Gebietes innerhalb des National Forests mitgeführt. Es deutet darauf hin, dass man hier größere Quellen vorfindet, die zumeist auch badetaugliche Becken und Lagunen gebildet haben. Ebenso charakteristisch sind auch die munter vor sich hin blubbernden **Sandquellen**. Diese entstehen, wenn Wasser, das unter Druck steht, durch ein Sandbett hervorschießt. Das Ganze sieht dann aus, als ob Sand sprudelnd kochen würde. Man kann die Sandquellen sowohl innerhalb der größeren Quellen als auch separat entdecken.

Der Ocala National Forest wird von zwei Hauptdurchgangsstraßen erschlossen, das ist zum einen die **State Road 19**, der im östlichen Bereich des Waldgebietes von Nord nach Süd verläuft und zum anderen die **State Road 40**, die die Ost-West-Achse darstellt und über die wir uns jetzt nähern. Die State Road 19 ist ebenso wie die State Road 40 ein Teil des **Black Bear Scenic Byway**.

Der Ocala National Forest wurde 1908 von Präsident Theodore Roosevelt zum Schutzgebiet erklärt, in dem die für das zentrale Florida typische Waldlandschaft bewahrt werden soll. Kiefern auf sandigem Untergrund sind charakteristisch für den zentralen Bereich des National Forests. Sie ragen aus dem Buschland heraus, das **„Big Scrub"** genannt wird. Hammocks mit Magnolien, Eichen, Lorbeerbäumen und Palmen sind die Baumarten, die den Wald in den Niederungen ausmachen. Im Ocala National Forest leben Schlangen, Alligatoren und Waschbären – außerdem auch die seltenen Schwarzbären und Florida-Panther. Der hiesige Bestand an Schwarzbären ist sogar der größte ganz Nordamerikas. Nicht oft, aber doch gelegentlich soll man auch einen Weißkopfseeadler elegant durch die Lüfte schweben sehen. Der Wald ist durchaus für einen längeren Aufenthalt ausgelegt. Aktivsportler kommen ebenso auf ihre Kosten wie Ruhesuchende. Allein das Baden im zu allen Jahreszeiten konstant 23 Grad warmem Quellwasser ist ein unvergessliches Erlebnis. Insgesamt 14 Campgrounds stehen zur Verfügung und wer ein Dach über dem

Kopf braucht, kann Blockhäuschen mieten. Aufgrund der Fülle werden nicht alle verfügbaren Campgrounds vorgestellt, sondern nur die herausragend schönen. Im Ocala National Forest gibt es einige State Parks, Recreation Areas und Forests, die ebenfalls nicht alle beschrieben werden können. Prinzipiell ähneln sie einander bis auf teilweise unterschiedliche Schwerpunkte, man muss nicht alle davon gesehen haben. Auch hier sollen ausgewählte Highlights die Entscheidung erleichtern, wo man einen Stopp einlegt. Ist an eine besuchte Recreation Area oder einen State Park ein Campground angeschlossen, wird dieser ebenfalls mit seinen wichtigen Details vorgestellt – ist er besonders empfehlenswert, wird er ausführlich beschrieben.

In Silver Springs gab es bis vor kurzem ein Visitor Center des Ocala National Forest, das aber bis auf Weiteres geschlossen ist. Das einzige Visitor Center ist nun das Pittman Visitor Center, das erst am Ende der Durchfahrt durch den Ocala National Forest erreicht wird (▶S. 283):

ℹ PITTMAN VISITOR CENTER

✉ 45621 SR-19, Altoona, FL 32702
☎ 1-352-669-7495
🌐 www.fs.usda.gov/ocala

Nach etwa 20 km/13 mi auf der State Road 40 folgt die Ranger Station, bei der man sich über den National Forest informieren kann (▶Seite 278).

🦇 SILVER SPRINGS STATE PARK ℹ🏕

Ausgestattet mit einem kleinen, informativen Museum, das im Rahmen eines Schulprojektes unterhalten wird (nur am Wochenende von 9 bis 17 Uhr geöffnet, 💲 pro Person $ 2), einem Campingplatz mit Blockhäuschen und schönen Wanderwegen ist dieser friedvolle State Park ein unbedingter Haltepunkt im Ocala National Forest. In die Zeiten der Fernsehserie „Unsere kleine Farm" fühlt man sich zurückversetzt, wenn man die restaurierten Gebäude des historischen Dorfes betrachtet. Vor allem das schnuckelig hergerichtete Schulhaus mit nur einem Klassenzimmer, in dem um 1885 Kinder al-

Eine Art Freiluftmuseum stellen die Gebäude des historischen Dorfs dar.

ler Altersstufen gemeinsam gebüffelt haben, wirkt sehr authentisch. Aber auch einfache Blockhäuser aus dieser Zeit nehmen die Besucher des Parks mit auf eine Zeitreise. Ebenfalls restauriert sind Farmhäuser der hart arbeitenden Farmer, die **„Cracker"** genannt wurden – nach dem Knallen (to crack) der Peitsche über den Ochsengespannen. Das Gebiet um Silver Springs war bereits um 1870 ein Touristenziel. Die Besucher kamen mit Schaufelraddampfern über den St. Johns und den Ocklawaha River zum Silver River.

Der Silver Springs State Park wurde 1987 eröffnet und schmiegt sich an einen der schönsten Flüsse im Süden der USA, den **Silver River**. Er wird von 25 Quellen gespeist, die größte davon ist **Silver Springs**, die im Norden angrenzt (zu erreichen über den Highway 40, dort ausgeschildert). Sie ist hauptverantwortlich für das unglaublich klare Wasser des Silver Rivers. Dieser entspringt im Ort Silver Spring und mündet im Ocala National Forest in den Ocklawaha River. Besonders nah kann man die Idylle erleben, indem man mit dem Kanu über dieses Gewässer paddelt. Hierzu kann man sich an der Ranger Station ein Zweier-Kanu leihen, das kostet 🟢 $ 18 für die erste und $ 9 für jede weitere Stunde. Ein besonderes Erlebnis ist es, durch diese unberührte Natur zu reiten. Bei **Cactus Jack's Trail Rides** kann man ein- oder zweistündige Ausritte durch den State Park unternehmen. Eine Stunde kostet 🟢 $ 50, zwei Stunden $ 70, jeweils zuzüglich Steuern. Informationen zum Anbieter gibt es auch unter ☎ 1-352-266-9326 oder 🌐 www.cactusjackstrailrides.com.

🟠 *Der Hauptzugang zum Park aus der Fahrtrichtung Tampa/Ocala befindet sich 1,6 km/1 mi südlich der SR-40 an der SR-35 (NE 58th Ave).*

✉ *1425 NE 58th Ave, Ocala, FL 34470*
☎ *1-352-236-7148*
🌐 *www.floridastateparks.org/park/Silver-Springs*
🕐 *8 h–Sonnenuntergang*
💲 *$ 8 pro Fahrzeug, $ 2 für Fußgänger*

🚶 Wandern

▶ Sinkhole Trail

Auf dieser Wanderung steht das Hochland oberhalb des Flusses Silver River im Vordergrund. Es geht über Sandhügel, Buschland und Eichen-Hammocks, die ein riesiges Sinkloch umgeben. An einer Nebenstrecke der Wanderung (Old Field Loop) trifft man außerdem auf Informationsschilder mit geologischen Hinweisen.

Vom Parkplatz aus geht es zunächst durch Buschland, dann über Sandhügel. Es folgt nach etwa 1,3 km eine Kreuzung mit dem Sandhill Nature Trail. Man bleibt links auf dem Sinkhole Trail. Kurz darauf erreicht man die Kante des großen Sinklochs. Von den kurze Zeit später folgenden Picknickplätzen aus kann man in den Wald im Sinkloch blicken, einem Mischwald aus Ahorn, Amberbäumen und immergrünen Eichen. Jetzt folgt rechterhand der Nebenweg über den Old Field Loop mit vorwiegend jungen Pflanzen. Vorbei an der Einfriedung des Campground führt der Weg zurück auf den Sinkhole Trail und zum Ausgangspunkt der Wanderung.

🟠 *An der T-Kreuzung der Parkzufahrtsstraße*
🕐 *1,5 Std.*
🔴 *Moderat*
🟢 *4 km/2,6 mi (Rundweg)*

Über einen Boardwalk geht es durch den Dschungel ans Flussufer.

▶ **Swamp Trail**

Über den Swamp Trail gelangt man ans Ufer des Silver River, wo man sich im Dschungel wiederfindet. Es ist ein Rundweg, der rechts vom Museumsgelände startet und am Spielplatz bei den Picknick-Pavillons endet. Der sandige Weg ist gut ausgeschildert und wird von Schildern mit Informationen zur Geologie des State Park begleitet. Am Scheitelpunkt des Weges geht es über einen Boardwalk, von dem aus man einen herrlichen Blick auf den Silver River genießen kann. Der Fluss ist hier azurblau, das Wasser ganz klar, man kann bis auf den Grund sehen. Kanuten paddeln vorbei, die Vögel zwitschern – es ist ein durch und durch friedvoller Ort.

🚗 Ausgeschilderter Zugang rechts vom Museum
🕐 1 Std.
🏃 Einfach
↔ 3 km/1,9 mi (Rundweg)

🏛 **Übernachten**

🛏 **Silver Springs SP Campground**

Auf dem Platz kann man auch Blockhäuschen mieten. Es stehen zehn Stück zur Verfügung, in denen man mit bis zu sechs Personen wohnen kann. Sie kosten 💲 $ 110 pro Nacht, Details findet man unter 🌐 http://floridastateparks.reserveamerica.com.

📧 1425 NE 58th Ave, Ocala, FL 34470
📞 1-352-236-7148
🌐 www.floridastateparks.org/silverriver
🚻 Ja   🏕 59   🅿 59
🚿 Ja   🔥 Ja   ♿ Nein
🐾 *

Nach dem schönen Erlebnis des State Park führt der Weg zurück zur State Road 40 und weiter ostwärts über diesen Scenic Byway. Man überquert den Ocklawaha River und den **Marjorie Harris Carr Cross Florida Greenway**, der vom Golf von Mexiko bis zum St. Johns River führt und ein unasphaltierter Naturweg ist. Der Straßenrand ist gesäumt von Sumpfkiefern.

Etwa 17 km/11 mi später kommt man in den Bereich des **Big Scrub** des Ocala National Forests, den größten Sandkiefernwald der Welt. Waldbrandspuren sind deutlich sichtbar. Im unteren Bereich sind Baumstämme verbrannt, im oberen Bereich sind die Kronen unbeschadet. So wird auf natürliche Weise ausgedünnt, die vorhandenen Bäume haben von unten mehr Luft zum Atmen. Man durchfährt den Sandkiefernwald und passiert die Lake George Ranger Station.

ℹ **LAKE GEORGE RANGER DISTRICT**

📧 17147 E SR-40, Silver Springs, FL 34488
📞 1-352-625-2520
🕐 Werktags 7.30–16 h

Das nächste Ziel erreicht man wenig später: die **Juniper Springs Recreation Area**. Die Zufahrt zweigt links vom Highway ab.

🌿 **JUNIPER SPRINGS RECREATION AREA** 🏕

Juniper Springs ist eine der ältesten und beliebtesten National Forest Recreation Areas (errichtet 1930). Die subtropische Landschaft inmitten des Waldes bietet ein teilweise bizarres Landschaftsbild. Man kann auf dem kurzen Lehrpfad entlang des Juniper Creek mehr über dieses außergewöhnliche Naturschauspiel erfahren (▶Seite 280). Juniper Springs ist sowohl ein landschaftliches als auch ein historisches Denkmal.

Innerhalb der Recreation Area sprudeln zwei Quellen, **Fern Hammocks** und die namensgebende **Juniper Springs**. Die beiden großen Quellen fördern gemeinsam täglich fast 50 Millionen Liter artesisches Wasser zutage. Zusammen liefern sie damit das Wasser für den **Juniper Springs Run** (auch **Juniper**

Mittelpunkt des State Park ist das Badebecken mit dem glasklaren Wasser.

Springs Creek genannt), einen der beliebtesten und besten Flüsse Floridas für Kanus und Kajaks (siehe unten). Er fließt durch die **Juniper Prairie Wilderness Area**. Neben den beiden Riesenquellen blubbern hunderte kleinere Quellen munter vor sich hin. Sie strömen gewaltig aus Erdspalten heraus, was unter einem Baldachin aus Palmen und Eichen ein beeindruckendes Spektakel darstellt. Das Buschland wirkt wie eine Wüste, worin sich die Quellen und das daraus entstehende Wasserbecken wie eine Oase ausmachen. Man kann in dem Naturpool herrlich baden, auch wenn es keinen Strand, sondern nur eine gemauerte Begrenzung gibt. Ohne Badegang sollte man Juniper Springs auf keinen Fall verlassen.

Ein ebensolches Highlight innerhalb des Erholungsgebiets ist eine **Fahrt mit dem Kanu**. Man kann eines ausleihen und damit 11 km/7 mi lang durch einsame Seen- und Waldlandschaften paddeln. Es gibt einen kostenpflichtigen Shuttle-Service, der die Kanuten am Ende der Strecke wieder aufsammelt. Bevor man vom Parkplatz aus das Badebecken erreicht, kommt man an sanitären Anlagen und an einem Laden vorbei. Dort meldet man sich, um ein Boot zu mieten. Am besten reserviert man das Boot schon am Vortag unter der Telefonnummer ☎ 1-352-625-2808. Wenn man sich spontan für die Tour entscheidet, darf man nicht nach 11.30 Uhr vormittags ankommen, das ist die letztmögliche Abfahrtszeit. Denn man kann sich bei der Länge der zu paddelnden Strecke leicht verschätzen und der Abholservice ist nur begrenzt lange verfügbar. Die Miete kostet ☺ $ 35 pro Kanu und Tag und $ 20 Kaution. Man sollte für die reine Paddelstrecke etwa vier Stunden einkalkulieren, die Abholzeiten sind zwischen 13.30 und 16.30 Uhr stündlich.

❶ Manchmal, zum Beispiel nach Stürmen, können Baumstämme im Weg liegen oder zu trockenen Jahreszeiten kann das Kanu wegen des niedrigeren Wasserstandes auch mal auflaufen. In solchen Fällen kann die Fahrt zu einem Hindernislauf ausarten. Man sollte sich vorher beim Vermieter der Kanus über den aktuellen Zustand der Wasserstrecke informieren.

Ein weiteres Highlight ist die **alte Mühle**, die 1935/36 gebaut wurde, um das Gebiet mit Strom zu versorgen. Mit Hilfe eines unterschlächtigen Wasserrades wurde das Wasser der Juniper Springs als Antrieb genutzt, um einen Generator anzutreiben und Energie zu erzeugen. Heute ist das historische Millhouse restauriert und zeigt in seinem Inneren eine Ausstellung zur Vergangenheit von Juniper Springs.

✉ 26701 E Hwy 40, Silver Springs, FL 34488
☎ 1-352-625-3147
🌐 www.fs.usda.gov/recarea/ocala/recarea/?recid=34064
🕐 8–20 h (kann saisonal abweichen)
☺ $ 5 pro Person

Die restaurierte Mühle am Juniper Springs Creek

🚶 Wandern

▶ Juniper Springs Nature Trail

Vom Badebecken aus gehen diverse Wanderwege in die Wilderness Area rund um den Fluss Juniper Springs Run los. Der schönste ist der oben genannte Lehrpfad **Juniper Springs Nature Trail**, der von der alten Mühle zu einigen Aussichtspunkten am Juniper Creek führt. Auf Informationsschildern erfährt man mehr über Tiere und Pflanzen der Area und über die Natur des Flusses selbst. Der Weg über einen Fußpfad und einen Boardwalk führt zur zweiten großen Quelle, Fern Hammock Springs.

- 🔜 Alte Mühle am Badebecken
- 🕐 45 Min.
- 🔄 Einfach
- ↔ 1,3 km/0,8 mi

🏛 Übernachten

🛏 Juniper Springs Campground

Dieser Platz gilt als einer der schönsten im ganzen Forest. Große, schattige Plätze sowohl für Zelte als auch für Wohnmobile und die Nähe zum schönen Badebecken der Recreation Area machen den Platz so beliebt. Alle drei Loops des Campgrounds befinden sich in der Nähe des Juniper Creeks und der Quellen. Anschlüsse gibt es keine, das Campen ist sehr naturnah. Lediglich eine Dump-Station ist vorhanden. Ein kleiner Laden ist vor Ort, in dem man sich mit dem Nötigsten versorgen kann.

- 🔜 Juniper Springs Recreation Area, 26701 E Hwy 40, Silver Springs, FL 34488
- ☎ 1-352-625-3147
- ☎ 1-877-444-6777 (Reservierungen)
- 🌐 www.recreation.gov

🏧 Ja	💰 79	⚡ 79
🚿 Ja	🔥 Ja	📶 Nein
🐕 ★		

Weiter geht es ein Stückchen auf dem Black Bear Scenic Byway entlang, es sind 16,5 km/10,3 mi bis zum nächsten Stopp. Zwar ist die Gegend wenig besiedelt, es bieten sich auf der Strecke aber immer wieder Einkaufsmöglichkeiten in kleinen Läden, es gibt Restaurants und Fast Food, einige private Campgrounds (nicht so idyllisch wie die in den State Parks). Wer ein festes Dach über dem Kopf haben möchte, findet auch Blockhäuschen, die man mieten kann. Was es nicht gibt, sind Hotels.

*Immer wieder tauchen schnuckelige, kleine Villages auf, unterbrochen von Strecken mit nichts außer Wald (gelegentlich Mischwald) am Fahrbahnrand des zweispurigen Highways. Die Fahrt ist Entspannung und Genuss zugleich, man sollte sich Zeit nehmen und Stopps einplanen. Der nächste lässt auch nicht lange auf sich warten, diesmal ist es eine Wanderung. Auf dem Weg dorthin durchfährt man die **Juniper Prairie Wilderness Area**, durch die uns die nun folgende Wanderung auch führen wird. Dazu geht es bei der Kreuzung der State Road 40 mit der State Road 19 ein Stück Richtung Norden auf der State Road 19, womit man auf dem Black Bear Scenic Byway bleibt. Etwa 9,5 km/6 mi nach* *der Kreuzung weist ein großes Schild links gegenüber der **Silver Glen Springs Recreation Area** auf den Startpunkt der Wanderung hin.*

👣 YEARLING TRAIL

Der Yearling Trail besteht aus zwei Loops, einem etwas längeren, äußeren, den ein Teilstück des Fernwanderwegs **Florida Trail** begleitet und einem inneren Loop. Beide sind vom Parkplatz aus durch das Gebiet Big Scrub miteinander verbunden.

Der Yearling Trail führt zu **Pat's Island**, einer Insel inmitten besonders fruchtbaren Bodens, auf dem Sumpfkiefern gedeihen. Pat's Island war Ende des 19./Anfang des 20. Jahrhunderts eine Farmergemeinde und Schauplatz der Novelle „**The Yearling**" der Autorin **Marjorie Kinnan Rawling**, die damit den Pulitzerpreis gewann. Pat's Island ist heute ein schattiger Ort inmitten einer wüstenartigen Buschlandschaft mit historischen Artefakten.

Die Tour führt gleich zu Beginn mitten hinein in die Buschlandschaft. Kletterpartien über umgefallene Bäume könnten notwendig werden, da der Trail durch eine Wilderness Area führt. Gerade dies macht den Weg aber besonders, da naturnah. An der Kreuzung mit „Jody's Trace" wendet man sich nach rechts und folgt der Ausschilderung Richtung Pat's Island. Es geht vorbei an einer Viehtränke und den im Gestrüpp versteckten Überresten eines alten Hauses. In einem Eichen-Hammock wird ein weiterer Trail gekreuzt. Hier gilt es zu entscheiden, ob man die 5,5 km-Variante wählt, zweimal links abbiegt und sich wieder auf den Rückweg macht.

Schöner ist es aber, dem Weg weiter zu folgen und eine große Runde daraus zu machen. Dazu geht man rechts, wo man sogleich auf ein Sinkloch trifft. Schließlich wird der Florida Trail erreicht, auf den man

links abbiegt (orangefarbene Markierung). An der nächsten Kreuzung geht es wieder nach links. Man kommt an verschiedenen Relikten der Farmerfamilie Long vorbei, unter anderem dem Friedhof, auf dem die Familienmitglieder begraben sind. An einem Schild biegt man rechts auf die Old Granville Road ab. Schließlich geht es durch die Buschlandschaft wieder zurück zum Parkplatz.

🔄 Kiosk am Parkplatz am Highway 19
🕐 3 Std. (kurze Runde 2 Std.)
🔄 Moderat bis schwierig
🔄 9 km (kurze Runde 5,5 km)

*Direkt gegenüber vom Startpunkt der Wanderung und auf der anderen Straßenseite gibt es die **Silver Glen Spring Recreation Area**. Wenn man schon einmal hier ist und Zeit erübrigen kann, kann man dort ein paar schöne Stunden inmitten blubbernder Sandquellen und einem großen Badebecken verbringen.*

🏊 SILVER GLEN SPRING RECREATION AREA

Es gibt auch eine kurze Bootszufahrt zum nahen Lake George, wofür man in der Recreation Area Kanus ausleihen kann (🔄 $ 16 für zwei Stunden, $ 24 für vier Stunden und $ 38 für einen ganzen Tag, jeweils zuzüglich

In diesem kristallklaren Wasser lässt es sich vortrefflich schnorcheln.

$ 20 Kaution). Ansonsten ist Schnorcheln angesagt, denn es tummeln sich sowohl Salzwasser- als auch Süßwasserfische im Quellbecken. Im Winter verirren sich auch mal Seekühe hierher, um dem kalten Wasser des St. Johns River zu entfliehen.

☀☀ Wandern

▶ Lake George Trail

Der Rundweg führt entlang der Uferlinie des Lake George und endet an einer malerischen Felsklippe.

- 🔄 Nahe der alten Village der Timucua (auf halbem Weg zwischen Kiosk und Quellen)
- 🕐 4 Std.
- 🔄 Anstrengend
- 🔄 9,5 km/6 mi

▶ Spring Boils Trail

Ein kurzer, netter Spaziergang zu einer Bucht mit kleinen, blubbernden Quellen am Fuße eines Hügels. Die Quellen bilden einen Wasserzufluss zum Silver Glen Run. Am Ende des Weges ist ein Boardwalk.

- 🔄 Westlich der Hauptquelle; auf dem Weg zwischen Haupteingang und Becken weist rechts ein Schild zum Ausgangspunkt.
- 🕐 1 Std.
- 🔄 Einfach
- 🔄 1,5 km/0,75 mi

*Mit oder ohne Recreation Area – die 9,5 km/6 mi muss man auf der State Road 19 nun wieder zurück gen Süden in Richtung State Road 40 fahren. Wer die im Folgenden als Alternativroute beschriebene **Alexander Springs Recreation Area** auslassen möchte, überquert die State Road 40, bleibt auf der State Road 19 und folgt ihr weiter Richtung Süden. Nach 15 km/9 mi trifft die Alternativroute wieder auf die State Road 19.*

....

Alternativroute zur Alexander Springs Recreation Area

*Um Alexander Springs mitzunehmen, folgt man der State Road 40 für 7,7 km/4,7 mi in östliche Richtung bis **Astor Park**. Dort geht es über eine kurze Verbindungsstraße auf*

*die **South Fairview Avenue** in südliche Richtung. Gleich danach gabelt sich die Straße und es geht links über die **County Road 445** weiter. Nach etwa 9 km/5,5 mi ist man bei Alexander Springs angekommen.*

☀ ALEXANDER SPRINGS RECREATION AREA ☒🏛

Alexander Springs beherbergt eine der größten Quellen Floridas und das merkt man auch am Besucheraufkommen. Das große, glasklare Badebecken mit der umgebenden Talaue und Ahornbäumen, Amberbäumen und Palmettopalmen bietet ein ganz neues, subtropisches Umfeld. Mutter Natur hat hier ein Badeparadies geschaffen und auch sonst stehen genügend Freizeitmöglichkeiten zur Verfügung, um einen längeren Aufenthalt einzuplanen. Neben einem Campground für RVs und Zelte und einem etwas entlegenen, einfachen Platz nur für Zelte gibt es Wanderwege und einen Lehrpfad sowie einen Kajak- und Kanuverleih (🔄 $ 16 für zwei Stunden, $ 24 für vier Stunden und $ 38 für einen ganzen Tag, jeweils zuzüglich $ 20 Kaution). Aus der Quelle Alexander Springs sprudelt das Wasser hervor, das den Fluss **Alexander Run** beziehungsweise **Alexander Springs Creek** hervorbringt. Auf einer Länge von knapp 10 km/6 mi kann man ihn durch die **Alexander Springs Wilderness** bis zum Parkplatz „52 Landing" entlangpaddeln (es gibt keinen Abholservice, man sollte die Rückfahrt also mit einplanen!). Der Fluss ist zum größten Teil breit und fließend mit kleinen Inselchen. Taucher mit Tauchschein und Schnorchler dürfen in die Tiefen des Quellbeckens eintauchen und die schöne Unterwasserwelt aus der Nähe betrachten.

- 🏠 49525 County Rd 445, Altoona, FL 32702
- ☎ 1-352-669-3522
- 🌐 www.fs.usda.gov/recarea/ocala/recreation/water-activities/recarea/?recid=32209&actid=79
- 🕐 8–20 h, saisonal auch früher
- 🔄 $ 5,50 pro Person ab 6 J.

☀☀ Wandern

▶ Timucuan Trail

Der kurze Spaziergang Timucuan Trail ist ein Lehrpfad innerhalb der Recreation Area, auf dem man mehr über die Ureinwohner von Alexander Springs, die **Timucuan-Indianer**, erfährt. Der Pfad führt vorbei an blubbernden Quellen, durch Buschwald und entlang des bewaldeten Felsufers des Alexander Run, das von Magnolien gesäumt ist. Meist geht es auf einem Boardwalk entlang und es gibt unterwegs Informationsschilder.

- Am Weg zum Badebecken ausgeschildert mit großem Schild „Timucuan Trail"
- 1 Std.
- Einfach
- 1,5 km/0,75 mi

🏛 Übernachten

☐ Alexander Springs Campground

Alle Stellplätze sind nahe dem Badebecken. Sie sind großzügig angelegt und schattig. Ein Laden mit Campingbedarf und Feuerholz ist vorhanden. Der Platz ist sehr naturnah, überschaubar groß und einfach ausgestattet.

- 49525 County Rd 445, Altoona, FL 32702
- 1-352-669-3522
- 1-877-444-6777
- www.recreation.gov

Ja	67	67
Ja	Ja	Nein
*		

Von der Alexander Springs Recreation Area aus sind es noch 8 km/5 mi Fahrt in südwestliche Richtung. Die Fahrt gestaltet sich allmählich zur Berg- und Talfahrt – was natürlich leicht übertrieben ist, aber es kommt einem doch so vor, denn der schnurgerade Straßenverlauf, den man bislang in Florida kennengelernt hat, wird jetzt von einer hügeligen Straßenführung abgelöst. Es ist ein netter Kontrast zu den vorangegangenen Fahrstrecken. Schließlich trifft man wieder auf die State Road 19 und damit auf die Hauptroute.

Ende der Alternativroute

....

3 km/2 mi nach der Kreuzung State Road 19/County Road 445 kommt man noch einmal an einem Visitor Center vorbei (auf der rechten Straßenseite gelegen).

🛈 PITTMAN VISITOR CENTER 🛈

Nachdem man schon fast durch den Nationalwald durch ist, erscheint ein Stopp an einem Visitor Center nicht mehr ganz sinnvoll. Ein schöner Eindruck ist es allemal, da die Einrichtung in einem historischen Holzhaus der **Civilian Conservation Corps** untergebracht ist. Das ist eine Vereinigung, die einst eine große Rolle bei der Erschließung des Ocala National Forests gespielt hat. Die Visitor Information befindet sich gegenüber der **Lake Dorr Recreation Area**. Da sie nicht durchgehend besetzt ist, sollte man telefonisch nach den Öffnungszeiten fragen. Ist das Visitor Center geschlossen, wird auf die in 8 km/5 mi folgende **Seminole Ranger Station** verwiesen, die sich bereits außerhalb des National Forest in Fahrtrichtung befindet.

- 45621 SR-19, Altoona, FL 32702
- 1-352-669-7495
- www.fs.usda.gov/ocala

☐ LAKE DORR CAMPGROUND

Auf der anderen Straßenseite des Visitor Center findet man noch einen schönen, naturnahen Campground, der für Wohnmobilreisende eine ernstzunehmende Übernachtungsalternative für einen Platz in Orlando bietet (das von hier aus in einer Fahrzeit von einer Stunde erreichbar ist). Es ist ein kleiner Platz, eingebettet in den subtropischen Wald und direkt am Lake Dorr gelegen. Die Stellplätze sind sehr groß und unter Sumpfkiefern und Eichen schattig gelegen. Zur Miete wird auch ein Blockhäuschen angeboten (💲 $ 138 pro Nacht für maximal zehn Personen).

- 45621 SR-19, Altoona, FL 32702
- 1-352-669-3153
- www.fs.usda.gov

Nein	34	34
Ja	Ja	Nein
*		

Einen Kilometer nach dem Visitor Center verlässt man recht schlagartig den Ocala National Forest. Ein Schild verkündet das Ende des Scenic Highway. Man passiert kurz darauf den

Ein letzter Blick hinab auf das nächtliche, bunt illuminierte Orlando.

winzigen Ort **Altoona** *mit seinen nicht einmal hundert Einwohnern und folgt der State Road 19 weiter gen Süden, wobei die südlichen Ausläufer des Waldes uns noch ein Stückchen begleiten. Nur allmählich nimmt uns die Zivilisation wieder auf, das friedvolle Ambiente des National Forest bleibt noch ein wenig erhalten. 16,5 km/10 mi später trifft man auf den* **US Highway 441**. *Auf diesen fährt man in östliche Richtung auf und befährt ihn, einem scharfen Rechtsknick folgend, 21,5 km/13,5 mi lang. Nun wird es allmählich deutlich urban, die Großstadt schickt ihre Vorboten. Um direkt ins Zentrum von Orlando zu gelangen, zweigt man vom US Highway 441 auf den gebührenpflichtigen* **John Land Expressway (State Road 414)** *in südliche, später in östliche Richtung ab und an dessen Ende nach 15 km/9 mi Richtung Süden auf die kreuzende* **Interstate 4**. *Nach 11 km/7 mi ist das Zentrum Orlandos/Downtown erreicht.*

🏛 ZURÜCK IN ORLANDO – DAS ENDE EINER ABENTEUERLICHEN REISE

Hat man zu Beginn in Orlando schon das ganze bunte Programm der Vergnügungsmetropole abgearbeitet, ist die Reise nun zu Ende. Dann folgt die Fahrt zum Flughafen und es heißt Abschied nehmen. Hat man sich einen Teil der Großstadt aufgehoben, um nach den harmonischen Eindrücken des Ocala National Forest noch einmal – wie so oft auf dieser Reise – das vollkommene Kontrastprogramm zu erleben, dann hat man an dieser Stelle noch ein wenig Action in Orlando vor sich.

Mit dem Fahrzeug kann man in Orlando sehr gut herumkommen, das gilt auch für Wohnmobile (▶ Seite 48). Man kann bis zum Schluss das Fahrzeug behalten und es am Ende der Reise in Orlando am Flughafen abgeben, wenn der Vermieter dort eine Station hat. Wer sich einen bestimmten Bereich Orlandos für das Ende der Reise vorgenommen hat, kann jedoch ebenso gut auf ein eigenes Fahrzeug verzichten. Das gilt vor allem, wenn man am Ende beispielsweise nur Downtown oder nur Downtown Disney mit den Parks auf dem Programm und für dieses Vorhaben einen praktischen Übernachtungsstandort gewählt hat.

Ob man nun die Reise mit den naturgewaltigen Eindrücken der Quellen im Ocala National Forest beschließt oder mit den weltberühmten Attraktionen Orlandos – irgendwann geht es unweigerlich zum **Orlando International Airport**. *Dazu folgt man ab Downtown dem gebührenpflichtigen* **East West Expressway** *Richtung Osten und biegt nach etwa 7 km/4 mi Richtung Süden/Flughafen auf den* **South Semoran Boulevard** *ab. Nun geht es nur noch geradeaus, man überfährt den großen* **Beachline Expressway** *und ist auch schon am Flughafen.*

Nun wird es ernst, die Zeit im Sunshine State neigt sich dem Ende entgegen. Das kann man in der Gewissheit tun, kaum ein Fleckchen Erde zu finden, bei dem man auf vergleichsweise so kleinem Raum so Vielfältiges erleben kann: Die Natur in all ihrer Ursprünglichkeit, Traumstrände à la Karibik, Sumpflandschaften, Subtropen, Korallenriffe und eine unvergleichliche Tierwelt einerseits, ein buntes Unterhaltungsprogramm, schillernde Städte und Sehenswürdigkeiten mit Weltruhm andererseits.

Für einen einzigen Urlaub viel zu viel zu verarbeiten. Warum also nicht wiederkommen?

Informationen zur Nutzung

Zur besseren Strukturierung der Reiseinformationen in diesem Routenreiseführer ist das Kapitel Wissenswertes in drei Abschnitte unterteilt. Im Abschnitt **Reisevorbereitung** erhalten Sie alle relevanten Informationen, die Sie vor dem Start in den Urlaub benötigen und/oder beachten sollten. Der Abschnitt **Unterwegs** beinhaltet die wichtigsten Informationen, die Sie während Ihrer Reise durch Florida benötigen. Aber auch diesen Teil sollten Sie bereits vor Reisebeginn gelesen haben. Zuletzt finden Sie im Anhang einige **Checklisten**, die Ihnen in übersichtlicher und chronologischer Form noch einmal die wichtigsten Dinge zusammenfassen, die es zu erledigen oder beachten gilt. Diese werden ergänzt durch eine Medienliste mit vertiefenden Quellen und Literaturempfehlungen.

Reisevorbereitungen

Die Vorbereitung für diese Reise, die in jeder Beziehung eine Traumreise werden soll, ist knifflig und erfordert eine prinzipielle Entscheidung: Möchten Sie in der Gewissheit losfliegen, alles genau durchgeplant zu haben, damit unterwegs nichts schiefgehen kann und Sie sich wirklich auf die Erlebnisse konzentrieren können? Oder möchten Sie aufs Geratewohl ins Abenteuer starten und die Freiheit genießen, sich Ihre Zeit nach Belieben einteilen zu können? Beides hat seine Reize, und es hängt nicht nur von Ihren Gewohnheiten und Vorlieben ab, wie Sie sich entscheiden, sondern auch vom Zeitpunkt im Jahr, zu dem die Reise stattfinden soll.

RESERVIERUNGEN UND ERLEDIGUNGEN

Soll es in der Hochsaison über den großen Teich gehen, die in Florida im Winterhalbjahr zwischen November und Ostern liegt, sollten Sie unbedingt die Campgrounds in den National and State Parks beziehungsweise bei den populären Touristenzielen vorab reservieren. Übers Internet geht dies sehr einfach, ebenso übers Telefon. Die entsprechenden Adressen und Nummern finden Sie jeweils bei der Beschreibung des Campgrounds. Sie müssen sich im Normalfall selbst darum kümmern, da die Reisebüros auf diese Dienstleistungen nicht eingerichtet sind (und

meist auch gar nicht wissen, dass solche Reservierungen überhaupt möglich sind). Die meisten State Parks stehen unter der Verwaltung von Florida State Parks, im Internet zu finden unter 🌐 www.floridastateparks.org. Reservierungen können online unter 🌐 http://floridastateparks.reserveamerica.com oder telefonisch unter ☎ 1-800-326-3521 von morgens 8 Uhr bis abends 20 Uhr Ortszeit vorgenommen werden. Die Plätze kann man frühestens elf Monate bis zu einem Tag im Voraus reservieren. Storniert man einen bereits gebuchten Platz, werden hierfür Stornierungsgebühren in Höhe von $ 17,75 fällig (gilt bis zu dem Tag vor der geplanten Anreise. Bei späteren Stornierungen muss man zusätzlich zu den Gebühren eine Nacht voll bezahlen). Die Campgrounds der National Parks werden vom National Park Service verwaltet. Zentrale Internetadresse 🌐 www.recreation.gov, telefonisch erreichbar unter ☎ 1-888-449-1474. Für Stornierungen gilt: Je näher am geplanten Datum man den Aufenthalt storniert, desto weniger bekommt man vom bereits bezahlten Übernachtungspreis wieder. In allen Fällen wird eine Stornierungsgebühr von $ 10 fällig. Weitere Informationen zur Reservierung von Campgrounds findet man im Kapitel „Unterwegs" (▶Seite 301). Während des großen Besucheransturms in den Saisonmonaten ist es sogar außerhalb der Touristenziele nicht einfach, einen Übernachtungsplatz auf dem ausgewählten Campground zu ergattern. Das heißt: Während dieser Reisezeit müssen Sie sich in einem gewissen Maße vorher festlegen. Dasselbe gilt für Hotels und Motels: Für die beliebtesten Anlaufstellen der Reise ist trotz eines großen und vielseitigen Angebots an Unterkünften eine Vorabreservierung empfehlenswert.

Zu allen Jahreszeiten kann es reizvoll sein, ohne genaue Vorabplanung loszuziehen und die Reise auf sich zukommen zu lassen. Aber wirklich empfehlenswert ist es nicht, vor allem nicht, wenn man das erste Mal in diesem Gebiet unterwegs ist. Es kann die Reise stark beeinträchtigen, wenn man täglich spätestens ab der Mittagszeit damit beschäftigt ist, sich das potenzielle abendliche Ziel zu überlegen und daraufhin nach passenden Campgrounds oder Motels zu recherchieren. Dann geht das Telefonieren los, denn ganz entspannt darauf hoffen, dass es sicher noch ein Plätzchen für Sie geben wird, sollten Sie je nach Ziel nicht. Bedenken Sie, dass zum Beispiel innerhalb des Everglades National Parks nur zwei Campgrounds zur Verfügung stehen und damit die Kapazität begrenzt ist. Noch viel mehr gilt dies für die Plätze innerhalb beziehungsweise nahe der großen Städte.

Neben diesen freien und persönlichen Entscheidungen gibt es allerdings eine Reihe von unbedingt erforderlichen Vorbereitungen: Auf jeden Fall sollten Sie bereits zu Hause Ihr Gefährt mieten, sei es über das Reisebüro oder direkt vor Ort über das Internet.

💡 Wenn Sie sich frühzeitig auf Florida als Reiseziel festlegen und über das Reisebüro buchen wollen, sollten Sie so früh wie möglich auch Ihr Wohnmobil oder Ihren Mietwagen buchen, da die Reiseveranstalter mit sogenannten **Flex Rates** arbeiten: Die Reisebüros erhalten über die Veranstalter unterschiedliche Kontingente der Autovermieter, die sich nach der Nachfrage für den betreffenden Reisezeitraum richten. Je nach Auslastung der Fahrzeuge bei den infragekommenden Anmietstationen werden die Raten dem aktuellen Angebot und der Nachfrage entsprechend wöchentlich angepasst – eine hohe Nachfrage bedeutet also einen höheren Mietpreis. Es ist ein kleines Glücksspiel, einen diesbezüglich günstigen Buchungszeitpunkt zu erwischen. Generell kann man aber davon ausgehen, dass die Nachfrage kleiner ist, je weiter entfernt man noch vom avisierten Reisetermin ist. Anders verhält es sich bei einer Buchung über das Internet. Hier fallen die Preise, wenn das Reisedatum näher rückt. Im Zweifelsfall kann es dann aber passieren, dass von den maximal drei Wohnmobilanbietern keiner mehr ein Fahrzeug in der gewünschten Kategorie zur Verfügung hat. Auch das ist ein Pokerspiel. Falls Sie auch den Flug über das Reisebüro buchen wollen, gilt entsprechend: Je früher, desto günstiger.

Was Sie ebenfalls schon von zu Hause aus erledigen sollten, ist das Reservieren des Hotels für die erste Nacht. Um sich eine frustrierende Zimmersuche nach der Ankunft zu ersparen, legen Sie sich lieber im Voraus schon auf Ihr Wunschhotel fest, das Sie selbstständig, übers Reisebüro oder über Internetvermittler wie expedia.de oder hrs.de reservieren können.

Beachten Sie bitte auch, dass es bei manchen Auto- und Wohnmobilvermietungen nicht möglich ist, am selben Tag Ihrer Ankunft in den USA bereits mit dem gemieteten Fahrzeug loszuziehen. Ob das im Einzelfall tatsächlich Konsequenzen hätte, wenn man sich darüber hinwegsetzt, sei dahingestellt. Tatsache aber ist, dass Sie sich aufgrund des Jetlags sowieso nicht zu viel zumuten sollten und gut beraten sind, es etwas ruhiger anzugehen.

Zu guter Letzt spielen Ihre **Reisedokumente** eine wichtige Rolle bei den Vorbereitungen. Sie brauchen für die USA keinen Internationalen Führerschein, aber der deutsche beziehungsweise EU-Führerschein muss natürlich gültig sein. Selbstverständlich ebenfalls gültig sein müssen die Kreditkarte und der EU-Reisepass, den übrigens auch Kinder haben müssen (der deutsche Kinderpass gilt nicht!). Ihr Reisepass muss mindestens für die Dauer des geplanten Aufenthaltes gültig sein (▶ Seite 292).

KLIMA

Entsprechend der Saisonzeiten ist das Klima in Florida – aufgrund der Nähe zum Äquator – etwas „verdreht" – zumindest für unser europäisches Empfinden. Die regnerische Zeit fällt in den Sommer zwischen Juni und September mit teils heftigen Gewittern, die sich täglich um dieselbe Tageszeit (Nachmittag) mit einem beeindruckenden Platzregen entladen. In diesen Monaten kommt es auch nicht selten zu den berühmt-berüchtigten tropischen Wirbelstürmen (**Hurrikane**). Die Sommermonate sind heiß, feucht und deshalb schwül. Dagegen gibt es im Winter keinen Frost und Schneefall – zumindest nicht in Zentralflorida und im Süden.

Innerhalb des Bundesstaates gibt es verschiedene Klimazonen: Im Norden ist es warm aber gemäßigt, im Süden herrscht karibisches, tropisch-feuchtes Klima. Die Übergangszone dazwischen ist subtropisch. Die in diesem Reiseführer beschriebene Route startet in der Mitte Floridas und erkundet den südlichen Teil, daher werden Sie ausschließlich subtropisches und tropisches Klima erleben. In den tropischen Bereichen herrscht zwar ein Tageszeitenklima, betrachtet man aber den Bereich der Route als Ganzes, kann man von zwei „Jahreszeiten" sprechen. Die eher als Sommer empfundene Jahreszeit dauert von Mitte Mai bis Oktober und ist gekennzeichnet durch eine hohe Luftfeuchtigkeit und Tagestemperaturen zwischen 31 Grad (Miami und Key West) und 33 Grad (Orlando). In Zeiten von Hitzeperioden klettert das Thermometer auch locker über 40 Grad. Die Monate von November bis April sind die „kühleren" Wintermonate mit Temperaturen zwischen 24 und 27 Grad in Miami und Key West und zwischen 22 und 28 Grad in Orlando. Die meisten Sonnenstunden bieten die Monate April und Mai (jeweils zehn Sonnenstunden am Tag). Für die traumhaften Werte im Winter und Frühling sind die östlichen Wind verantwortlich, die sich über den warmen Gewässern des Golfstroms erwärmen. Der Winter ist zusätzlich zu den angenehmen Temperaturen niederschlagsarm. Der kälteste Monat ist in allen Regionen der Januar. Wenn im Routenverlauf von der **Hauptsaison** die Rede ist, sind immer die angenehmen Wintermonate (November–März/April) gemeint. Leider gibt es jedoch keine Wettergarantie. So wurde beispielsweise der ansonsten zuverlässig warme März im Jahr 2013 als der kälteste März in der Geschichte des Bundesstaates deklariert.

In Amerika werden Temperaturen in Fahrenheit angegeben (°F), die Umrechnung erfolgt über eine komplizierte Formel. Zur Orientierung ein paar relevante Werte: 32 °F entsprechen 0 °C, und 0 °C entspricht -17,8 °F. Die angenehme Temperatur von 25 °C entspricht in Fahrenheit etwa 78 °F, bei sommerlichen 35 °C sind wir in den USA bei 96 °F. In Zehnerskalen sieht das Ganze dann wie folgt aus:

Fahrenheit	Celsius
30 ° bis 40 °	-1 ° bis +4 °
40 ° bis 50 °	+4 ° bis +10 °
50 ° bis 60 °	+10 ° bis +16 °

Fahrenheit	Celsius
60 ° bis 70 °	+16 ° bis +21 °
70 ° bis 80 °	+21 ° bis +27 °
80 ° bis 90 °	+27 ° bis +32 °
90 ° bis 100 °	+32 ° bis +38 °

Umrechnungsformeln

Celsius zu Fahrenheit: $F = (C * 9/5) + 32$
Fahrenheit zu Celsius: $C = (F - 32) * 5/9$

REISEZEIT

Das Wetter gibt die ideale Reisezeit eigentlich schon vor: Es sind die Monate von November bis April mit gemäßigten Temperaturen und wenigen Niederschlägen. Man genießt, dass es deutlich wärmer ist als zur selben Zeit in Europa. Allerdings reagiert darauf auch die Tourismusbranche. Da im Winter und ganz speziell zwischen Dezember und Ostern die meisten Urlauber in Florida unterwegs sind, sind die Preise vor allem für Übernachtungen sehr hoch.

Im Sommer ist es allerdings im Bereich Miami und den Keys zum Teil unerträglich heiß und schwül. Zur selben Zeit ist die Niederschlagswahrscheinlichkeit mit 12 Regentagen im Juli und 15 im August recht hoch, deshalb ist dieser Reisezeitraum eher ungünstig. Entsprechend sinken die Preise im Sommer für Touristen. Zentralflorida und Orlando mit eher tropischem Klima sind zwar durchaus Ganzjahresziele – da Orlando aber vor allem wegen des Besuchs der Vergnügungsparks attraktiv ist, kann auch das Anstehen in den Warteschlangen in der brennenden Sommersonne anstrengend sein. Im Übrigen sind die Zeiten mancher Angebote in den National und State Parks im Sommer eingeschränkt!

Ganz anders sieht es für den Norden Floridas aus, in dem es im Winter sogar schneien kann. Hier ist wiederum der Sommer zwischen Juni bis Mitte August die Haupttreisezeit mit den höchsten Preisen. Mit dieser klimatischen Diskrepanz müssen Sie sich für diese Route nicht auseinandersetzen, wir führen Sie ausschließlich durch die südlichen Bereiche des Staates, die nicht nur angenehmer temperiert, sondern touristisch auch wesentlich spannender sind.

Für beide Teile Floridas gelten dieselben Nebensaisonzeiten, nämlich April, Mai und Juni sowie September, Oktober und November.

Wenn Sie sich an den **Schulferien** orientieren müssen, wird es allerdings schwierig. Eine Reisezeit von drei Wochen ist in keinen anderen deutschen, österreichischen oder schweizerischen Ferien unterzubringen als in den Sommerferien. Die Route ohne Abstecher ist deshalb darauf ausgelegt, notfalls auch in zwei Wochen machbar zu sein. So haben die Bewohner von deutschen Bundesländern mit zweiwöchigen Oster- oder Pfingstferien die Möglichkeit, Florida von seiner klimatisch schönsten Seite kennenzulernen. Schweizer Urlauber können ebenfalls die zweiwöchigen Frühjahrsferien im April nutzen. Auch die Weihnachtsferien, die zwischen zwei und drei Wochen lang sein können, wären eine Option für deutsche und Schweizer Touristen und die einzige Möglichkeit, die österreichische Familien außerhalb der Sommerferien haben.

Wenn Sie von Ferienzeiten unabhängig sind, sollten Sie hingegen möglichst die Osterzeit meiden. Zu den europäischen Urlaubern kommen dann noch die kanadischen Touristen hinzu, die im Frühjahr Ferien haben, und die amerikanischen Urlauber und College-Studenten, die um diese Zeit Spring Break feiern. Das sind Frühlingsferien, die etwa zehn Tage lang dauern und im März/April liegen. Besonders beliebt innerhalb Floridas sind dann Ziele wie Daytona Beach (nordöstlich von Orlando) und Key West. Beachten Sie auch die amerikanischen Weihnachtsferien, die ebenfalls in einer Zeitspanne von zwei Wochen um Weihnachten und Silvester liegen. Sind Sie unabhängig von all diesen Faktoren, sind Sie auf jeden Fall mit einer Reise in der Nebensaison (siehe oben) gut beraten. Dann stimmen die Verhältnisse preislich und klimatisch.

Die Kern-Sommerferien reichen in den USA von Ende Juni bis Ende August. Manche Distrikte starten schon im Mai und beginnen wieder Anfang August mit der Schule. Die meisten amerikanischen Schulen haben aber bis Ende August Ferien.

REISEDAUER

Wie schon angesprochen, ist eine Reisedauer von drei Wochen das Minimum für die Rundtour mit den Attraktionen auf der Hauptroute. Nur so ist gewährleistet, dass Sie auch einmal zur Entspannung einen Tag länger bleiben können beziehungsweise für den Notfall (Panne, Krankheit etc.) einen Puffer haben. Im Zeitplan inbegriffen sind Wanderungen und Ausflüge, die Sie sich „leisten" können und die mit einer oder zwei Übernachtungen pro Ziel verbunden sind. Mit den unaufwändigeren Abstechern, die Sie als Alternativroute beschrieben finden, bleiben Sie ebenfalls im selben Zeitrahmen, jedoch ohne Puffer. Prinzipiell wäre die Reise auch in zwei Wochen machbar – aber nur, wenn man auf entspannende Strandtage, ausgiebige Stadtbesichtigungen und einen zeitlichen Puffer verzichtet. Zwei Wochen reichen jedoch definitiv nicht mehr, wenn Sie Abstecher und Umwege mitnehmen und/oder eine der Metropolen ausgiebiger erleben wollen. Dann müssen Sie drei Wochen und mehr ansetzen.

💡 Haben Sie genug Zeit zur Verfügung, können Sie zusätzlich zur Hauptroute einen **Badeurlaub** am Golf von Mexiko einlegen. Die Infrastruktur ist besonders im Bereich Cape Coral auf eine solche Auszeit ausgelegt. Unzählige Ferienunterkünfte vom einfachen Apartment bis hin zur Luxusvilla werden recht günstig zur Miete angeboten. Auch eine tageweise Anmietung ist möglich, sodass man nicht gezwungen ist, eine ganze

Meist mit direktem Wasserzugang: wunderschöne Ferienhäuser in Cape Coral.

Woche an einem festen Standort zu verbringen. Cape Coral hat zudem den Vorteil, dass von hier aus einige Ziele zwischen dem Everglades National Park und Tampa erreicht werden können. In dieser Zeit müsste man also nicht umziehen, sollte man mit einem Mietwagen unterwegs sein und entsprechend in einem Hotel/Motel übernachten.

ROUTENPLANUNG

Bezüglich der Routenplanung gibt Ihnen die Routenbeschreibung in diesem Reiseführer bereits sehr konkrete zeitliche Orientierungspunkte vor. Die Strecke ist darauf ausgelegt, alles mit aufzunehmen, was an Attraktionen im erreichbaren Umfeld liegt. Aufgrund der Fülle von Attraktionen (Natur, Städte, Strände) erhebt sie aber natürlich keinen Anspruch auf Vollständigkeit. Es ist beispielsweise nicht möglich, die ganze Fülle an State Parks aufzuführen. Ebenso wenig ist es möglich, in den Städten das komplette Sightseeing-Programm zu absolvieren. Die Stärke der Route liegt darin, dass wir Ihnen die aufwändige Recherche- und Planungsarbeit abgenommen haben und die lohnenswertesten Ziele erfassen, unter denen Sie unter Umständen aber nochmals eine Auswahl nach Ihren Vorlieben und Ihrem Zeitplan treffen müssen. Prinzipiell können Sie sich innerhalb des vorgegebenen Rahmens bewegen, ohne Gefahr zu laufen, eine völlig utopische Planung aufzustellen oder etwas Wichtiges zu verpassen. Ihrer Entscheidung obliegt es vielmehr, nach persönlichen Prioritäten einzuteilen, an welchem Ort Sie sich wie lange und mit wie vielen Zielen aufhalten möchten.

KOSTEN

Dass dieser Individualtrip kein Billigurlaub wird, ist im Vorfeld schon klar. Es gibt allerdings beeinflussbare Faktoren, mit denen man die Kosten reduzieren kann. Das ist in erster Linie die Wahl des Fortbewegungsmittels im Reiseland. Beim Mietwagen als Fahrzeug der Wahl spielt natürlich der günstige Preis eine überzeugende Rolle bei der Entscheidung (meist inklusive unbegrenzter Freimeilen). Allerdings müssen Sie dann auch, beim Frühstück angefangen, für alle Mahlzeiten essen gehen. In den Hotels wird zwar oft auch Frühstück angeboten, ist aber nicht grundsätzlich im Zimmerpreis inbegriffen. Davon abgesehen, dass viel Zeit bei der Wahl eines Restaurants verlorengeht, ist das Auswärtsessen zwar ein nicht unerheblicher Kostenfaktor, aber aufgrund des großen Angebots steuerbar. Zu der Miete für den Wagen kommen die Übernachtungskosten, die in einfachen Motels am günstigsten sind. Aber auch diese sind in den attraktiven Gebieten, den Städten und vor allem auf den Keys und rund um den Everglades National Park erstaunlich hoch.

Natürlich könnten Sie all das umgehen, indem Sie eine organisierte Pauschalreise buchen. Allerdings verlieren Sie dadurch einiges an Freiheit und Erlebniswert. Pauschalreisen übernehmen zwar ebenfalls die grundsätzliche Organisation, schnüren das Korsett aber gerade zeitlich meist so eng, dass für eigene Schwerpunkte und/oder spontane Änderungen des Zeitplans keine Möglichkeit besteht. Gerade im Land der großen Weite und Freiheit kann dies das Erlebnis trüben. Wanderungen, Strandaufenthalte und persönliche Erkundungstouren entfallen meist komplett, was in diesem Bundesstaat schade ist. Man muss auch die Möglichkeit haben, an einem herrlichen Strand eine Stunde lang auf den Sonnenuntergang zu warten.

Ein Mietwagen der Kategorie Midsize/SUV kostet unabhängig von der Saisonzeit ab $ 200 pro Woche. Bei den meisten Autovermietern sind bei diesen Preisen die Kilometer unbegrenzt und auch die gängigen Versicherungen sowie ein Zweitfahrer bereits inklusive. Diese günstigen Preise sind fix und nicht durch Faktoren wie Frühbuchung oder Saisonzeiten beeinflusst.

Je nach Anbieter und Reisezeit und mit einer günstigen Flex Rate und mit Frühbucher-Rabatt gebucht kostet ein Wohnmobil für 20 Tage ab € 1.600 (Achtung, Angaben in Euro, da üblicherweise ab Deutschland gebucht!). In einem solchen Mietpreis sind meist noch keine Meilen enthalten. Diese können als Paket dazu gebucht werden. Man muss mit ca. € 300–400 pro 1.000 Meilen rechnen. Für die vorgegebene Rundreise brauchen Sie mindestens 2.000 Meilen. Ein realistischer Gesamtpreis inklusive Freimeilen (meist bis zu 1.000) fängt bei € 2.000 an.

Für ein Doppelzimmer im Motel in der Nebensaison ohne Frühstück und außerhalb der National Parks und Städte müssen Sie ab $ 100 kalkulieren, in der Hauptsaison steigt der Preis auf etwa $ 140. Im Vergleich kostet die Übernachtung mit einem Wohnmobil auf einem privaten Campground im Schnitt etwa $ 60–70 pro Nacht. Wie weiter oben schon beschrieben, sind diese Plätze üblicherweise gut ausgestattet mit Full Hook-up als Standard. Die staatlichen Campgrounds sind deutlich günstiger zwischen $ 20 bis 35 pro Nacht ohne Full Hook-up und nur geringfügig

Gut erkennbar sind die Parks als State Park, County Park oder Recreation Area ausgewiesen.

mehr, wenn es Stellplätze mit Anschlüssen gibt. Full Hook-up ist auf diesen Plätzen eher selten. Weitere Informationen finden Sie unter dem Stichwort „Übernachten auf Campgrounds" (▶ Seite 296).

Die **Benzinkosten** sind ein schwierig zu veranschlagender Kostenpunkt, da auch in Amerika die Preise stark schwanken. Zusätzlich gestalten sich die Preise allein innerhalb Floridas extrem unterschiedlich. In den großen Städten und deren Peripherien ist das Benzin günstiger als im Hinterland, in unbesiedelten Gebieten oder auf den Keys. Zahlt man beispielsweise im Einzugsgebiet von Orlando etwa $ 2 pro Gallone Sprit (eine Gallone entspricht 3,78 Liter), wird auf Key West auch mal $ 3,60 pro Gallone verlangt. Diese Werte können sich aber innerhalb kürzester Zeit grundlegend ändern. Grob kann man auf der Hauptroute von 2.200 Kilometern ohne die Abstecher eine Gesamt-Benzinrechnung von ca. $ 400 für einen Mietwagen der Kategorie Midsize/SUV veranschlagen und etwa $ 200 mehr für ein Wohnmobil.

Genauer berechnen kann man es mit Hilfe der aktuellen Preise auf der Seite: ⬤ www.gasbuddy.com

Ein weiterer hoher Kostenfaktor ist der **Flug**, bei dem Sie innerhalb der Hauptsaisonzeit (Ostern) mit einem Betrag zwischen € 1.200 und € 2.000 inklusive Steuern und Treibstoffzuschlag pro Person für einen Direktflug rechnen müssen. Auch hier gilt wieder: Je früher man bucht, desto günstiger ist der Flug. Diese Preisangaben gelten für einen Nonstop-Flug Frankfurt – Orlando. Kinder bis einschließlich 11 Jahre zahlen nur etwa € 200 weniger, ab zwölf Jahre zahlen sie den vollen Erwachsenenpreis.

Innerhalb der National und State Parks kommen keine weiteren großen und unvorhersehbaren Kosten auf Sie zu. Die Parkeintritte

sind nicht überteuert: Der Everglades National Park kostet $ 25 pro Fahrzeug, der Dry Tortugas National Park $ 10 pro Person ab 16 Jahre und der Biscayne National Park ist sogar kostenlos. Der Jahrespass für $ 80 ermöglicht uneingeschränkt viele Parkeintritte, lohnt sich aber für Florida alleine nicht. Die Dienstleistungen in den Parks wie Ranger-Service sind generell kostenlos (gilt nicht für geführte Touren!). Die Eintritte für die State Parks bewegen sich zwischen $ 5–8 (meist pro Fahrzeug). Auch hier gibt es einen Jahrespass, der jedoch mit $ 60 pro Person bzw. $ 120 für eine Familie sehr teuer und für Touristen wohl eher nicht rentabel ist. Besonders kostspielig wird es in den Städten und an der Küste. Eintritte, Unternehmungen und Unterkünfte sowie spezielle Ausflüge, Schifffahrten und Parkkosten schlagen hier noch einmal kräftig zu Buche.

PRAKTISCHE INFORMATIONEN

Mit diesem Reiseführer starten Sie bereits gut gerüstet in den Urlaub. Wenn Sie sich einzelne Städte, State Parks oder Scenic Byways genauer anschauen möchten, finden Sie bei den Informationsteilen der Routenbeschreibung alle relevanten Internetadressen. Brauchen Sie eher eine Seite, auf der Sie möglichst viele Ziele mehr oder weniger ausführlich finden, ist die Empfehlung die Seite des National Park Services, auf der Sie neben den National Parks auch einige der anderen Ziele und Attraktionen finden: ⬤ www.nps.gov

Daneben gibt es eine Florida-spezifische Seite, auf der die meisten State Parks des Bundesstaates gelistet sind: ⬤ www.floridastateparks.org

Vor Ort ist die Informationsbeschaffung dann überhaupt kein Problem mehr. Auch die kleinsten Visitor Center sind unglaublich gut mit Material ausgestattet, fast alle Broschüren sind kostenlos. Meist finden Sie nicht nur Prospektmaterial für das aktuelle Ziel, sondern auch über die ganze Umgebung bis hin zu entfernten Zielen, die für Besucher von Interesse sein könnten. Halten Sie also immer die Augen offen bezüglich Informationen über Ziele, die an einem anderen Ort Ihrer Route liegen.

KARTEN

Zusätzlich zu den Orientierungskarten in diesem Reiseführer finden Sie für die grobe Navigation und einen pauschalen Routenüberblick in Deutschland einige sehr gute Karten. Eine Karte mit sehr hoher Detailgenauigkeit für die Region ist die von „International Travel Maps" mit dem Maßstab 1:12 500. Hiervon sollte man für das bereiste Gebiet zwei Karten im Gepäck haben, nämlich „Orlando & Central Florida" sowie „Miami & South Florida". Die Karten kann man in speziellen Reisebuchläden kaufen (▶ Seite 327).

Alternativ kann man auf das detaillierte Kartenmaterial zurückgreifen, das es vor Ort in den Visitor Centern, Reiseläden oder auch an Tankstellen gibt.

Wenn Sie in Ihrem Heimatland ein portables Navigationsgerät besitzen, können Sie dieses natürlich mit der entsprechenden USA-Karte ausstatten und mitnehmen. Sie können auch ein **Navigationsgerät** vom Autovermieter zusammen mit dem Fahrzeug mieten oder sich vor Ort ein auf die USA zugeschnittenes Gerät kaufen. Manche Vermieter (vor allem von Wohnmobilen) geben bereits standardmäßig ein Navigationsgerät ohne gesonderte Berechnung mit auf den Weg. Sie sollten bei der Reservierung des Fahrzeuges danach fragen. Wird jedoch Miete für ein Gerät berechnet, so lohnt sich das in den meisten Fällen nicht. Bei einer Mietgebühr von $ 80–90 können Sie ebenso gut in einem der vielen Einkaufszentren ein amerikanisches Navigationsgerät kaufen.

Das Mieten oder Mitnehmen eines Navigationsgerätes ist vor allem für die Metropolregionen unbedingt ratsam, da man ohne diese Hilfsmittel schnell komplett überfordert ist, vor allem, wenn man sich mit einem für heimische Verhältnisse ungewöhnlich großen Gefährt (SUV oder Wohnmobil) fortbewegt. Vernünftiges Kartenmaterial sollten Sie darüber hinaus aber ebenfalls mitführen, damit abseits der Hauptverkehrsrouten und vor allem auf den äußersten Küstenstraßen eine gute Orientierung gewährleistet bleibt.

EINREISEFORMALITÄTEN & DOKUMENTE

ESTA

Die Vereinigten Staaten sind sehr kreativ, was Einreisebedingungen betrifft. Bis 2008 genügte für deutsche, österreichische und Schweizer Staatsbürger für die Einreise in die USA ein noch mindestens drei Monate gültiger, maschinenlesbarer Reisepass. Auch der Kinder-Reisepass (mit Lichtbild) allein berechtigte zur visafreien Einreise, sofern er vor dem 26. Oktober 2006 ausgestellt und ab diesem Datum nicht mehr verändert wurde. An diesen Bestimmungen hat sich zwar nichts geändert, zusätzlich zum Reisedokument ist seit Anfang 2009 jedoch eine vorherige Autorisation über das Internet vorgeschrieben. Vor einer beabsichtigten, visumfreien Einreise müssen Sie eine gebührenfreie, elektronische Einreiseerlaubnis **(Electronic System for Travel Authorization (ESTA))** einholen. Diese Autorisation ist für zwei Jahre oder bis zum Ablauf des Reisepasses gültig. Innerhalb dieser Zeit dürfen Sie unbegrenzt oft einreisen, müssen die Prozedur also nicht jedes Mal wiederholen. Online zu finden unter 🌐 https://esta.cbp.dhs.gov/esta

Seit 2010 wird außerdem eine **Einreisegebühr** in die USA von $ 14 pro Person erhoben. Diese Gebühr für die elektronische Reiseerlaubnis fällt bei der Nutzung des elektronischen Einreisesystems an. Sie setzt sich aus $ 4 für die Bearbeitung des Einreiseantrags und $ 10 für die Genehmigung zusammen. Als Zahlungsmittel werden nur die gängigen Kreditkarten anerkannt. Diese „Eintrittsgebühr" ist zwei Jahre lang gültig und berechtigt zu beliebig vielen Einreisen in die USA innerhalb dieses Zeitraums. Verliert Ihr Reisepass innerhalb dieser zwei Jahre seine Gültigkeit, muss der Antrag für eine erneute Einreise neu gestellt werden. Ohne die elektronische Einreiseerlaubnis kommen Sie übrigens nicht einmal an Bord des Flugzeuges.

Ihr Antrag muss bis spätestens 72 Stunden vor Abflug autorisiert sein. Da der Antrag im Zweifelsfall aber auch abgelehnt werden kann, sollten Sie sich mit einem entsprechenden zeitlichen Vorlauf vor der Reise anmelden, damit Sie notfalls noch ein Visum beantragen können.

Da sich in Sachen Einreiseformalitäten immer wieder etwas ändert, schadet es nicht, regelmäßig vor einer geplanten Reise auf der Homepage des Auswärtigen Amtes nachzuschauen. Dort finden Sie die aktuellen Bestimmungen für die Einreise: 🌐 www.auswaertiges-amt.de (Navigation: Reise & Sicherheit/Länder A-Z/USA)

Sicherheitsbestimmungen

Haben Sie diese Hürde im Vorfeld genommen, heißt es, sich mit den Regelungen für das Gepäck, hauptsächlich für das Handgepäck, vertraut zu machen. Die neuesten Sicherheitsrichtlinien diesbezüglich finden Sie auf der Homepage der **TSA (Transportation Security Administration)** unter www.tsa.gov

Aktuell gilt, dass Flüssigkeiten beziehungsweise Gels nicht ins Handgepäck dürfen, sondern in das Gepäck müssen, das Sie aufgeben. Die Flüssigkeiten, auf die Sie nicht verzichten können, dürfen Sie in einem Klarsichtplastikbeutel mit Reißverschluss und einem Fassungsvermögen von knapp einem Liter im Handgepäck mitführen. Dieser Klarsichtbeutel darf nur Flüssigkeits- oder Gel-Behälter mit einem Fassungsvermögen von jeweils höchstens 100 Milliliter enthalten. Pro Passagier ist nur ein solcher Beutel erlaubt.

Wenn Sie mit einem Kleinkind an Bord gehen, dürfen Sie außerdem Säuglingsnahrung, Muttermilch und Babynahrung mit ins Handgepäck nehmen. Des Weiteren sind Medikamente, Flüssigkeiten (inklusive Wasser, Säfte oder Flüssignahrung) oder Gelees für Diabetiker und andere medizinische Bedürfnisse erlaubt. Einen Nachweis der Notwendigkeit Ihres Arztes sollten Sie mitführen.

Für die Durchleuchtung des Gepäcks und Ihrer Person müssen Sie am Flughafen Zeit einplanen. Schuhe und Jacken müssen ausgezogen und aufs Band gelegt werden, Handys und andere elektronische Geräte, Schlüssel, Münzgeld, Schmuck und größere Metallgegenstände müssen ausgepackt und in einem Container durch die Röntgenschleuse geschickt werden.

Aufgrund der umfangreichen Sicherheitschecks empfehlen die Airlines, bei einem Flug in die USA drei Stunden vor Abflug am Flughafen zu sein. Diese Empfehlung ist sinnvoll, Sie müssen mit langen Wartezeiten rechnen.

Einreise

Die nächste Warteschlange erwartet Sie nach der Landung am Schalter für „Non US Citizens (Nicht US-Bürger)" des Ankunftsflughafens. Die Einreiseprozedur beinhaltet Folgendes: Fragen zum Reisegrund, dem Ziel und der Reisedauer, manchmal auch nach der ersten Unterkunft. Danach werden Ihre biometrischen Daten erfasst (Foto und Fingerabdrücke beider Hände). Nach der Abholung des Gepäcks geht es noch durch den Zoll – dann kann der Urlaub beginnen.

Wenn man keinen Direktflug nach Orlando oder Miami gebucht und innerhalb der USA einen Zwischenstopp hat, muss man an diesem Flughafen auch einreisen. Das heißt, die Einreiseprozedur findet an dem Flughafen statt, an dem man zuerst einen Fuß auf amerikanischen Boden setzt. Das müssen Sie bei der Planung von inländischen Anschlussflügen unbedingt einkalkulieren – den Folgeflug also nicht zu knapp nach der Landung des Transatlantikfluges auswählen. Bedenken Sie auch, dass Sie, wenn Sie umsteigen, auch Ihr Gepäck abholen und neu aufgeben müssen. Verlassen Sie sich nicht blind auf die Umsteigezeiten, die bei den Buchungsportalen berücksichtigt werden, sondern prüfen Sie die Zeitplanung genau, um keinen Anschlussflug zu verpassen. Als zeitlich akzeptables Minimum gilt bei den Airlines eine Zeitspanne zwischen Landung und Neustart der Anschlussmaschine von 50 Minuten. Das ist in den meisten Fällen zu knapp bemessen, wenn man bedenkt, dass ein Flugzeug bei der Landung ja auch Verspätung haben kann. Im Zweifel sollten Sie auf Direktflüge zurückgreifen.

> ❗ Bei ganz konkreten Fragen zu den Zoll- und Einreisebestimmungen kann man sich im Heimatland jederzeit an die nächstgelegene diplomatische Vertretung der USA wenden.

GEPÄCK

Seit Juni 2011 darf das Gepäck, das aufgegeben wird, bestimmte Maße nicht mehr überschreiten. Bei Lufthansa beispielsweise dürfen Länge, Höhe und Breite eines Gepäckstücks zusammengerechnet maximal 158 Zentimeter betragen. In der Economy-Klasse gilt grundsätzlich ein Freigepäckgewicht von 23 Kilogramm pro Gepäckstück. Da diese Vorgaben von Fluggesellschaft zu Fluggesellschaft variieren, sollte man sich nach der auf dem Flugschein ausgewiesenen Freigepäckmenge richten und sich auf der Internetseite der Gesellschaft über die jeweiligen Bestimmungen informieren.

Auch das Handgepäck unterliegt besonderen Bestimmungen, die jede Fluggesellschaft individuell aufstellt. In die Economy-Klasse darf gewöhnlich ein Handgepäckstück mitgenommen werden, aber auch für dieses gibt es je nach Fluggesellschaft unterschiedliche Maßvorgaben. In der Regel dürfen für ein Handgepäckstück die Maße 55 x 40 x 20 Zentimeter und ein Gewicht von 8 Kilogramm nicht überschritten werden. Elektronische Geräte wie Laptop, iPad und tragbare CD-Player sind meist an Bord erlaubt.

Beide Vorgaben, die für das aufgegebene Gepäck und die für das Handgepäck, werden recht streng am Flughafen überprüft. Verlassen Sie sich niemals auf eine mögliche Kulanz der Angestellten der Airlines – sie sind rigoros: Zu schweres Gepäck muss „erleichtert" werden, ein zu großes Handgepäck kommt nicht mit an Bord!

Zu einer nicht sehr angenehmen Erfahrung kann es werden, wenn der Transportation Security Administration die aufgegebenen Gepäckstücke öffnet und überprüft (wozu er berechtigt ist!). Man darf seinen Koffer auf keinen Fall abschließen, da im Verdachtsfall die Behörde befugt ist, den Koffer gewaltsam und auf Ihre Kosten zu öffnen. Lediglich ein TSA-Schloss ist erlaubt, das die Beamten mit einem Generalschlüssel öffnen können. Leider kommt es bei solchen Kontrollen vor, dass das Gepäck ziemlich durchwühlt am Zielort ankommt beziehungsweise Lebensmittel geöffnet werden, die anschließend im Koffer alles verdrecken. Verlassen Sie sich nicht auf die Sorgfalt der Kontrolleure, sondern packen Sie Ihre Koffer vorausschauend und vermeiden Sie Dinge, die im Koffer in geöffnetem Zustand Schaden anrichten können.

BOTSCHAFTEN UND KONSULATE

Deutschland

Visa-Informationen
🌐 https://de.usembassy.gov/de

Amerikanische Botschaft Berlin
🌐 Clayallee 170, 14191 Berlin
☎ 030-8305-0

Konsularabteilung der Vereinigten Staaten
✉ Clayallee 170, 14195 Berlin
☎ 030-8305-1200

Generalkonsulat der Vereinigten Staaten
✉ Alsterufer 27/28, 20354 Hamburg
☎ 040-41171-100

US-Generalkonsulat Düsseldorf
✉ Willi-Becker-Allee 10, 40227 Düsseldorf
☎ 0211-788-8927

US-Generalskonsulat Frankfurt
✉ Gießener Str. 30, 60435 Frankfurt/Main
☎ 069-7535-0

US-Generalkonsulat Leipzig
✉ Wilhelm-Seyfferth-Str. 4, 04107 Leipzig
☎ 0341-213-840

US-Generalkonsulat München
✉ Königinstr. 5, 80539 München
☎ 089-2888-0

Österreich

Visa-Informationen und Einreise
🌐 https://at.usembassy.gov/de

Botschaft der Vereinigten Staaten
✉ Boltzmanngasse 16, 1090 Wien
☎ 01-31339-0

Schweiz

Visa-Informationen und Einreise
🌐 https://ch.usembassy.gov/de/visas-de

Botschaft der Vereinigten Staaten
✉ Sulgeneckstr. 19, CH-3007 Bern
☎ 031-3577011
🌐 https://ch.usembassy.gov

MIETFAHRZEUGE FÜR DIE REISE

Wohnmobil

Dass man einen fahrbaren Untersatz für die Route braucht, steht außer Frage. Innerhalb der Städte würden Sie zwar mit Bussen, Bahnen und Taxis zurechtkommen, die Strecken zwischen den einzelnen Zielen sind aber ein unüberwindbares Hindernis. Ein Netz aus Öffentlichen Verkehrsmitteln nach unserem Verständnis existiert in den USA nicht. Vor allem die Fahrt über die Keys ist nur mit dem eigenen Fahrzeug machbar, ebenso Ausflüge zu den Parks und an viele Strände. Auch die Fahrt in die jeweiligen Tiefen des Everglades National Park ist nicht anders denkbar. Einzige Alternative zum eigenen Fahrzeug wäre es, sich einer pauschalen Reisegruppe anzuschließen, aber damit verpassen Sie das On-the-Road-Gefühl, der eigentliche Sinn der Reise wäre verloren.

Für das Gefühl von Freiheit und Unabhängigkeit ist ein Camper im Allgemeinen allen anderen Fortbewegungsmitteln vorzuziehen. Allerdings sollten Sie bedenken: „Wild" campen ist auch in den USA nicht gestattet. Das heißt, Sie müssen mit Ihrem Wohnmobil für jede Übernachtung auf einen Campground. Die Kosten hierfür sind in Florida deutlich höher als in anderen Staaten, nichtsdestotrotz aber minimierbar: Sie brauchen nicht in jeder Nacht einen Komplettanschluss für den

Camper, den sogenannten „Full Hook-up". Beim **Full Hook-up** verfügen Sie direkt am Stellplatz über einen Elektroanschluss, den Sie mittels eines Kabels mit dem Camper verbinden, einen Anschluss für das Frischwasser und einen, um die Schmutzwasser-Tanks abzulassen. Es reicht, wenn Sie die allumfassenden Anschlussmöglichkeiten alle zwei bis drei Nächte in Anspruch nehmen. Ein Stellplatz ohne Anschlüsse oder nur mit Wasser beziehungsweise Strom ist deutlich preiswerter, als wenn Sie Ihre eigene sogenannte **Dump-Station** noch mit am Platz haben. (Eine Dump-Station besteht aus zwei Anschlüssen: einem für die Aufnahme des Frischwassers und einem für das Ablassen des Abwassers.) Da die meisten Campgrounds über Duschen verfügen, sind Sie auch nicht zwingend auf das Duschen „an Bord" angewiesen, was Sie von den Anschlussmöglichkeiten für den Camper wieder flexibler sein lässt.

Die Camper werden in Amerika „**RV**" genannt (Recreational Vehicle) und üblicherweise nach Länge in Feet klassifiziert: Die Fahrzeugtypen C23, C25, C29, C31 entsprechen Längen von 7,0 m, 7,6 m, 8,8 m und 9,4 m. Auch das kleinste amerikanische Wohnmobil ist größer als die meisten, die wir von unserem Kontinent her kennen. Deshalb sollten Sie sich vorab gut überlegen, welche Platzansprüche Sie haben. Für eine vierköpfige Familie ist der Typ C25 absolut ausreichend mit einem Schlafplatz für zwei Personen über dem Fahrerhaus im Alkoven und einem Doppelbett im hinteren Fahrzeugbereich. Je größer der Camper sind, desto unbeweglicher werden sie auch. Zwar sind die breiten amerikanischen Straßen und die teilweise unbegrenzten Platzverhältnisse ebenso wenig ein Problem wie die Größe der Stellplätze auf den Campgrounds, aber das Fahrzeug muss dennoch für Sie manövrierbar bleiben – vor allem auf den engen Küstenstraßen und in den Großstädten. Für alle Kategorien reicht ein normaler Pkw-Führerschein aus, das Mindestalter der Fahrer beträgt 21 Jahre. Bei Fahrern zwischen 21 und 24 Jahren wird oft ein Risikozuschlag erhoben. Sollten Sie also unter 25 Jahre alt sein und ein Wohnmobil mieten wollen, klären Sie diesen Punkt gleich bei der Buchung.

Da die Vermieter vor Ort ein Wirrwarr unterschiedlicher Versicherungen anbieten, ist die Preiszusammensetzung nicht ganz transparent. Sobald man die wirklich notwendigen Versicherungen zum Auto auswählt, erhöhen sich die Preise zum Teil auf mehr als das Doppelte.

💡 Mieten Sie das Fahrzeug schon von zu Hause aus entweder direkt über das Internet oder beim Reisebüro an. Damit sparen Sie sich aufwändige Recherchen am Ankunftsort – außerdem ist es meist günstiger, weit im Voraus zu buchen. Die passende und wirklich sinnvolle Versicherung ist dann auch schon inklusive, sodass Sie sich nicht durch die einzelnen Varianten forsten müssen.

Vorab buchen können Sie auch bereits ein Ausrüstungspaket (**Convenience Kit**) mit Geschirr und Kochutensilien, wofür Sie mit ca. $ 70 rechnen müssen. Die Gegenstände sind für gewöhnlich nicht im Mietpreis enthalten. Pro Person sollten Sie auch ein Ausrüstungspaket mit Bettwäsche (meist bestehend aus Laken und Schlafsack beziehungsweise Bettbezügen) und Handtüchern reservieren, um diese Platz fressenden Utensilien von zu Hause mitschleppen zu müssen. Elektronische Geräte wie Toaster oder Kaffeemaschine können Sie ebenfalls mieten, wenn sie nicht vom Vermieter mit dazu gegeben werden. Bei solchen Geräten muss allerdings beachtet werden, dass sie nur mit einem externen Stromanschluss in Betrieb zu nehmen sind. Die Fahrzeugbatterie, die Ihnen auch im Stand die Innenbeleuchtung gewährleistet, ist mit 24 Volt nicht auf die Stromspannung ausgelegt, die Geräte wie Toaster und Kaffeemaschine von der Steckdose brauchen (nämlich 110 Volt). Diesen Strom gewinnen Sie entweder durch Verbinden des Campers mit einem externen, elektronischen Anschluss (auf dem Stellplatz) oder durch den Generator des Fahrzeuges. Ladegeräte (z.B. für Mobiltelefone oder Kameraakkus) sind also ohne Generator oder externen Anschluss nicht aufladbar. Für die meisten Geräte gibt es jedoch Kfz-Adapter, die an den meist mehrfach vorhandenen 12V-Anschlüssen (Zigarettenanzünder) betrieben werden können. Diese Adapter sollten Sie allerdings bereits vor Reiseantritt besorgen, um sich unnötiges Suchen vor Ort zu ersparen.

Üblicherweise hinterlassen Sie je nach Vermieter eine Kaution zwischen $ 500 und $ 1.000 bei der Übernahme des Fahrzeugs. Dieser Betrag wird Ihrer Kreditkarte belastet und bei einwandfreier Rückgabe des Campers zurückgebucht.

Sie sollten bei Fahrzeugübernahme unbedingt kritisch auf den Zustand schauen und gegebenenfalls Mängel dokumentieren lassen. Manche Fahrzeuge haben bereits eine hohe Kilometerlaufleistung auf dem Buckel und müssten eigentlich gründlich generalüberholt werden, sind aber stattdessen nur notdürftig an mehreren Stellen geflickt (es geht dabei vor allem um den Innenbereich). Sollte man Ihnen ein solches Fahrzeug zugedacht haben, sollten Sie sich nicht scheuen, bei gravierenden Mängeln und schlechtem Gesamteindruck des Fahrzeuginneren ein anderes Fahrzeug zu fordern. Das ist durchaus machbar und spart Ihnen auf der späteren Reise eine Menge Ärger.

Nicht alle Vermietstationen haben deutschsprachige Mitarbeiter, dennoch sollten Sie sich nach Kräften bemühen, bei der Fahrzeugübernahme wirklich alles zu verstehen. Manchmal gibt es Einführungsvideos, die teilweise auch auf Deutsch angeboten werden – nehmen Sie sich unbedingt die Zeit, sich das anzuschauen! Denn hier werden am Fahrzeug die wichtigsten Handgriffe demonstriert und die Fachausdrücke erklärt. Nur so können Sie später wissen, dass *Black Water* das Schmutzwasser der Toilette ist und *Grey Water* das Abwasser von Dusche und Waschbecken und wie und wo Sie es entsorgen müssen. Sie erfahren außerdem, dass Sie das Frischwasser im Tank des Wohnmobils nicht trinken oder zum Kochen verwenden dürfen und wie Sie die Anzeigen der einzelnen Tanks lesen und werten sollen. Vieles spielt sich dann auf der Fahrt sehr schnell von selbst ein, und Sie werden (auch als blutiger Anfänger) sehen, dass es keine Wissenschaft ist, einen Camper zu bedienen. Ein sicheres Grundwissen ist aber trotzdem nötig.

Im Falle einer Panne oder eines Unfalls unterwegs auf Ihrer Reise müssen Sie umgehend die Vermietstation darüber in Kenntnis setzen. Wenn Reparaturen fällig werden, ist der Vermieter immer vorher davon zu unterrichten. Die entsprechende Telefonnummer erhalten Sie bei Anmietung des Fahrzeuges und sie befindet sich im Normalfall auch gut sichtbar im Fahrerhaus des Wohnmobils.

Am Ende Ihrer Reise müssen Sie das Fahrzeug besenrein und möglichst mit leeren Abwassertanks und gefüllter Gasflasche zurückgeben. Ansonsten werden Gebühren fällig, die man gut vermeiden kann. Der Benzintank muss normalerweise der Füllmenge Ihrer Übernahme des Campers entsprechen. Es gibt aber auch Vermieter, die prinzipiell auf einen vollen Tank bei Rückgabe des Campers bestehen.

❶ Sie sollten vermeiden, das Wohnmobil direkt beziehungsweise mit knapp kalkuliertem Zeitplan vor Ihrem Rückflug abzugeben. Auch wenn die Abgabe an sich (Inspektion des Fahrzeuges, Endabrechnung, Kautionsrückbuchung) schnell erledigt ist, kann es zu Wartezeiten kommen, die vor so einem wichtigen Termin wie dem Rückflug schon mal Panik auslösen können.

Die drei einzigen, großen Vermieter von Wohnmobilen sind jeweils in und in der weiteren Umgebung von Orlando oder Miami angesiedelt, Cruise America zusätzlich auch in Fort Lauderdale und Tampa:

El Monte RV

Orlando
✉ 3800 W Colonial Dr, Orlando, FL 32808
☎ 1-407-872-7730

Miami
✉ 18645 SW 103rd Court, Miami, FL 33157
☎ 1-305-231-4230
🌐 www.elmonterv.com

Road Bear RV

Orlando
✉ 7276 Narcoossee Rd, Orlando, FL 32822
☎ 1-866-491-9853
🌐 www.roadbearrv.com

Cruise America Motorhome Rental

🌐 www.cruiseamerica.com/rent/locations

Orlando
✉ 2915 N Orange Blossom Trail, Kissimmee, FL 34744
☎ 1-407-931-1409

Miami
✉ 17110 S Dixie US-1, Miami, FL 33157
☎ 1-305-234-5444

Fort Lauderdale
✉ 2490 SW 32 St, Dania, FL 33312
☎ 1-954-583-7363

Tampa
✉ 3210 N Florida Ave, Tampa, FL 33603
☎ 1-813-221-4135

Falls Sie die in diesem Routenreiseführer als Rundreise konzipierte Strecke variieren und den Camper woanders als bei der Anmietstation zurückgeben möchten, müssen Sie den Zuschlag für eine Einwegmiete einkalkulieren beziehungsweise sichergehen, dass dies bei dem Vermieter Ihrer Wahl überhaupt möglich ist.

Übernachten auf Campgrounds
Campen ist in den USA eines der populärsten Freizeitvergnügen, für ausreichend viele

Großzügig angelegte, schattige und naturnahe Campgrounds findet man in Florida nur in den State und National Parks.

Campingplätze ist folglich gesorgt. Diese können trotzdem, vor allem in den begehrten Reisemonaten, recht schnell belegt sein. Auf den vom National Park Service verwalteten Campgrounds in den State Parks und in den National Parks bekommt jeder Camper einen großzügigen Stellplatz und Sie können dem Nachbarn normalerweise nicht auf den Teller schauen. Standardausstattung der Plätze ist eine weitläufige Parzelle mit Stellplatz, Tisch-Bank-Garnitur und Feuer- beziehungsweise Grillstelle. Diese Plätze haben fast immer ein Abendprogramm mit regionalem Schwerpunkt, meist finden die Veranstaltungen in einem direkt am Campground gelegenen Amphitheater statt. Oft gehören zusätzliche Einrichtungen wie Lebensmittelläden, Souvenir Shops und Campingbedarf sowie Waschräume mit Münzwaschmaschinen und -trocknern zum Angebot. Auf manchen Plätzen kann man auch kleine Blockhütten mieten.

Ein sehr schöner, naturnaher und gut gepflegter Platz im Everglades National Park (Flamingo) ist eine der drei einzigen Übernachtungsmöglichkeit innerhalb der drei National Parks auf der Route (der Platz im Dry Tortugas National Park ist ein reiner Zeltplatz). Diese und die Plätze der State Parks kann man gebührenfrei unter einer zentralen Internetadresse ab sechs Monate im Voraus reservieren: 🌐 www.recreation.gov

Nach Eingabe des entsprechenden National Parks finden Sie zumindest die Campgrounds, die sich im Bereich des gesuchten Ortes befinden. Alle relevanten staatlichen Campgrounds und auch die um die Parks verteilten Plätze sowie die in den Städten finden Sie ohnehin in diesem Routenreiseführer aufgelistet. Wenige Tage vor Ankunft auf dem gewünschten Campground können die

Plätze nur telefonisch unter ☎ 1-877-444-6777 reserviert werden.

Prinzipiell ist die Dichte an Campgrounds in Florida zufriedenstellend hoch. Es ist deshalb zwar weitgehend unproblematisch, einen Platz zu bekommen, zu Saisonzeiten allerdings selten ohne Reservierung! Die idyllisch gelegenen und großzügig angelegten staatlichen Plätze sind in der Regel recht günstig, wohingegen die Preise für private Plätze in unmittelbarer Umgebung eines beliebten Touristenziels ungeheuerlich hoch sein können – das gilt vor allem in der Hochsaison von Dezember bis Ostern und für die Keys und die begehrten Plätze direkt an den Stränden und rund um die Metropolstädte. Dann kann man locker auf Übernachtungskosten von $ 100 und mehr pro Nacht und Fahrzeug kommen.

❗ Nicht nur wegen der günstigeren Kosten sollte man, wann immer es möglich ist, innerhalb eines State Parks oder auf einem staatlichen Platz übernachten, wo die Plätze schön, naturnah und großzügig angelegt sind.

Die privaten Plätze sind zumeist luxuriös ausgestattet und bieten nicht nur jeden Komfort, sondern auch eine Fülle an Unterhaltungsangeboten – es fehlt ihnen aber oft jegliche Idylle, Privatsphäre und Nähe zur Natur. Die Stellplätze sind asphaltiert und liegen eng beieinander. Das Abenteuergefühl bleibt bei solchen Plätzen auf der Strecke. Auch einige privat betriebene KOA-Campgrounds befinden sich auf der Route. **KOA (Kampgrounds of America)** ist der Mercedes unter den Campingplätzen. Meist haben auch diese Plätze einen hohen Standard mit Freizeitaktivitäten, Pools und sehr gepflegten sanitären Anlagen und Duschen.

Im Schnitt sind sie dafür aber ebenfalls um einiges teurer als die staatlichen Plätze. Einen Überblick erhalten Sie im Internet unter 🌐 www.koa.com

Autovermietungen/Leihwagenfirmen

Übernachten im Hotel

Sind Sie mit dem Mietwagen unterwegs, werden die zahlreichen Hotels und Motels auf der Strecke Ihre Anlaufstelle fürs Übernachten sein. Preislich variieren sie stark, was nicht durch Komfort und Ausstattung, sondern am meisten durch die geografische Lage bedingt ist. In den floridianischen National Parks selbst gibt es keine Hotel-Übernachtungsmöglichkeiten. In den Peripherien sind jedoch Hotels in allen Preiskategorien vorhanden. Die Hotels in den etwas größeren Städten sind dann preiswerter, wenn das Umfeld außerhalb der Reichweite eines attraktiven Ziels liegt. Insgesamt kann man aber wieder günstiger wegkommen, wenn man außerhalb der Saison reist. Die großen Ketten in Florida sind zum Beispiel Marriott in der oberen Preisklasse (ab $ 150), Best Western, Day's Inn und Holiday Inn in der mittleren Kategorie (ab $ 100) und Ramada oder Budgethost in der unteren Preisklasse (ab $ 50–80). Prinzipiell gilt für den ganzen Süden der Bundesstaates: Das Angebot an Motels, Hotels, Bed & Breakfast und sogar Ferienhäusern ist überwältigend groß. Als ADAC-Mitglied sollten Sie sich bei Buchung eines Motels aus einer Kette nach Triple A Rates des amerikanischen Automobilclubs AAA erkundigen, dann erhalten Sie in diesen Häusern Rabatte. In diesem Reiseführer werden auch individuelle Häuser, solche kleinerer Ketten oder Unterkünfte der besonderen Art vorgestellt.

Übernachtungskosten allgemein

Florida ist ein teures Pflaster, die Übernachtungen können ganz schön ins Geld gehen. Eine vorausschauende Planung kann helfen, Kosten einzusparen, indem man im Vorfeld nach günstigeren Hotels Ausschau hält. Ohne Reservierungen muss man vor Ort auf die Angebote zurückgreifen, die noch verfügbar sind – und das sind vermutlich nicht eben die Hotels mit dem besten Preis-Leistungs-Verhältnis. Um einen groben Überblick zu bekommen, hier die einzelnen Kategorien der Hotels und Motels und deren Kosten (die Preise gelten jeweils für ein Doppelzimmer pro Nacht und ohne Frühstück):

Kategorie Luxus ab $ 200	★★★
Komfortabel $ 120–200	★★
Günstig bis $ 120	★

Im Vergleich weisen die Campgrounds eine große Preisspanne auf. Die Preise liegen zwischen $ 21 auf einem Platz des Nationalpark-Service (ganzjährig konstant) und über $ 100 in der Hauptsaison und in den Städten oder auf einem privaten Platz mit extrem guter Lage und Ausstattung beispielsweise direkt am Strand (die Preise gelten pro Nacht und Stellplatz, selten wird nach Personen berechnet):

Einfache Kategorie	bis $ 25
Kategorie mit etwas Komfort	$ 25–40
Gehobene Kategorie	ab $ 40

„Gehobene Kategorie" muss allerdings nicht gleichbedeutend mit exklusiver Ausstattung sein, sondern kann auch nur die Lage widerspiegeln.

Recht häufig wird auf der Rundreise **B&B (Bed and Breakfast)** angeboten, was in den USA eher einer privat geführten Pension entspricht, das heißt: Zimmer mit Frühstück, meist in familiärem und nostalgischem Rahmen. Allerdings sind diese Unterkünfte auch nicht gerade günstig, zumal meist pro Person abgerechnet wird. Sie müssen mit $ 80–150 pro Person und Übernachtung rechnen.

Sie können sich bei der Suche nach Unterkünften direkt an die im Routenreiseführer empfohlenen Hotels wenden oder einen der Hotel-Vermittlungsservices im Internet wählen, um darüber hinaus nach geeigneten Unterkünften zu suchen. Zwei Empfehlungen sind:

Hotel Reservation Service
🌐 www.hrs.de

Expedia
🌐 www.expedia.de

Über einen solchen Veranstalter ist es günstig, das erste Hotel in Orlando zu buchen. Bei Buchung über ein Reisebüro zahlen Sie unnötige Gebühren und kommen auch beim Übernachtungspreis oft teurer weg, als bei einer Direktbuchung im Hotel Ihrer Wahl oder einer Buchung über einen der beiden oben genannten Dienstleister.

GESUNDHEIT UND VERSICHERUNGEN

Ist während Ihres Aufenthaltes in den USA ein **Arztbesuch** vonnöten, müssen Sie diesen zunächst selbst in voller Höhe bezahlen. Da die Gesetzlichen Krankenkassen diese Kosten aber auch nachträglich nicht übernehmen, empfiehlt sich eine **Auslandskranken- und/oder Unfallversicherung**, die auch die USA abdeckt. Besonders günstige

Versicherungen, auch für eine ganze Familie, bietet beispielsweise der ADAC an.

Private Krankenversicherungen übernehmen im Normalfall die in Nordamerika entstandenen Behandlungskosten. Um diesbezüglich aber ganz sicher zu sein, sollten Sie das Kleingedruckte Ihres Tarifvertrages studieren beziehungsweise im Vorfeld bei Ihrer Versicherung anfragen. Rückversichern sollten Sie sich auch, was konkret im Falle eines **Krankenhausaufenthaltes** erstattet wird. Florida ist der teuerste Bundesstaat der USA in Sachen Gesundheitsversorgung. Rechnungen über stationäre Behandlungen können leicht einmal die Höhe eines neuen Kleinwagens erreichen. Es gibt Tarifvereinbarungen zwischen den Behandlern und den Versicherern, die eine Rechnung rabattieren. Fragen Sie auch danach.

In allen Fällen sollten Sie, wenn vorhanden, eine deutsche Versicherungskarte dabei haben (gilt auch für Privatpatienten!). Auch wenn die Amerikaner zunächst nichts damit anfangen können, weil sie ja nicht direkt, sondern über den Patienten abrechnen, ist die Versicherungsnummer und das Vorhandensein eines Versicherungsschutzes für amerikanische Ärzte und Krankenhäuser ein wichtiger Faktor.

Medikamente, insbesondere solche für chronische Erkrankungen, sollten Sie in der für die Dauer der Reise ausreichenden Menge mitnehmen. Zusätzlich ist ein in englischer Sprache verfasster Brief des Arztes Pflicht, in dem die Medikamentation begründet wird. Für gewöhnliche Befindlichkeiten wie Kopfschmerzen erhält man in den größeren Supermärkten beziehungsweise in der Apothekenkette Walgreens rezeptfrei Medizin wie Aspirin, Nasenspray, Vitamintabletten etc. Die Drugstores oder manchmal auch Pharmacies belegen in den Supermärkten meist einen eigenen Verkaufsraum.

Impfungen sind für Amerika nicht erforderlich. Hilfe im Notfall ruft man über die Telefonnummer „1" (Operator) oder „911" (landesweiter **Notruf**).

Mit der Buchung der Reise auch eine Reiserücktrittsversicherung abzuschließen, ist in jedem Fall wichtig. Sollten Sie vor Ihrer Abreise ernsthaft krank werden, springt diese Versicherung ein und erstattet die Kosten für die stornierte Reise. Bei einer Reise dieser Größenordnung und Kostenhöhe sollten Sie sich gut absichern, sodass außerplanmäßige Ereignisse, die die Reise unmöglich machen, von einer Versicherung aufgefangen werden.

Sprachhilfe Arztbesuch/Krankenhaus

Deutsch	Englisch
Krankheit	illness
Behandlung	treatment
Untersuchung	check-up
Diagnose	diagnosis
Operation	surgery
Röntgen	to x-ray
Wartezimmer	waiting room
schlecht gehen	to be not well
leiden an	suffer from
sich übergeben	to be sick
ansteckend	contagious
Ansteckungsgefahr	risk of infection
verletzen, schmerzen	to hurt
Zahnschmerzen	toothache
Bauchschmerzen	stomachache
Rezept, Verschreibung	prescription
Gift	poison
Krankenversicherung	health insurance

Sprachhilfe Unfall/Verletzung

Deutsch	Englisch
Unfall	accident
bewusstlos	unconscious
zusammenbrechen, kollabieren	to collapse
Erste Hilfe	First aid
Verbandskasten	First aid kit
wiederbeleben	to resuscitate
Gehirnerschütterung	concussion

MITNEHMEN

Neben Stadterkundigungen und Ausflügen zu Attraktionen, für die bequeme Kleidung sinnvoll ist, stehen die Natur und der Aufenthalt im Freien im Vordergrund der Reise. Die meisten Wanderungen bedürfen wegen des selten unwegsamen Geländes keiner Wanderschuhe. Gute Turnschuhe oder leichte Outdoor-Schuhe sind völlig ausreichend. Eine wind- und wasserabweisende Funktionsjacke sollte ebenfalls ins Gepäck – vor allem, wenn Sie während der regenreicheren Sommermonate unterwegs sind. Strandutensilien und Badebekleidung dürfen auf gar keinen Fall fehlen. Sind Sie während der zuverlässig warmen und trockenen Wintermonaten in Florida, ist eine ausreichende Menge an leichter Sommerkleidung das Richtige. Sie sollten für den Notfall aber auch ein Paar lange Hosen und ein oder zwei langärmelige Oberteile dabei haben (schon alleine für den Flug im klimatisierten Flugzeug). Wenn Sie in den Städten nicht gerade supernobel essen gehen wollen, reicht legere und bequeme Kleidung in den Restaurants. Wegen der hohen Sonnenintensität ist ein ausreichender Sonnenschutz ein absolutes Muss. Nehmen Sie sowohl schützende Kleidung wie Kopfbedeckungen mit als auch Sonnencreme mit hohem Lichtschutzfaktor. Dies gilt umso mehr, wenn Sie zur europäischen Winterzeit in Florida sind und Ihre Haut der karibischen Sonne keinerlei Vorbräunung als natürlichen Schutz entgegensetzen kann. Sonnenschutzprodukte erhalten Sie zwar auch überall unterwegs, Sie müssen sich aber nicht mit unnötigen Dingen aufhalten, während Sie ja eigentlich Ihre große Reise genießen wollen.

Neben Ihren Papieren darf natürlich die Kreditkarte auf gar keinen Fall im Gepäck fehlen. Sie ist auch jenseits der Städte als Zahlungsmittel anerkannt und meist beliebter als Bargeld. Einen gewissen Vorrat an Dollar sollte man dennoch bereithalten, da man auch der Aussage „Cash only" hin und wieder begegnet – verwunderlich für Amerika, dem Land der Kreditkarte. Wenn etwas zu Hause vergessen wurde, kann es auf fast allen Etappen der Reise recht gut besorgt werden (Ausnahme im Bereich der National und State Parks). Lediglich den Adapter für die amerikanischen Steckdosen sollten Sie auf jeden Fall von zu Hause mitnehmen, da dieser Anschlussstecker vor Ort schwer zu bekommen ist. Mitgebrachte elektronische Geräte, die gemäß europäischer Norm auf 230 Volt Wechselstrom ausgelegt sind, müssen auf 110 Volt umschaltbar sein, da in den USA nur 110 bis 120 Volt in die Leitungen eingespeist werden.

Das Rathaus im sonnigen Key West

Unterwegs

Die in der folgenden Auflistung aufgeführten Stichpunkte orientieren sich ganz spezifisch an den Erfordernissen der bereisten Region und beziehen sich nicht pauschal auf die gesamten USA. Regionale Unterschiede und Charakteristika werden konkret für die Nationalparkroute betrachtet und vorgestellt. Außerdem spiegeln einzelne Kategorien die persönlichen Erfahrungen wider, die die Autorin bei der eigenen Reise gesammelt hat.

ALLIGATOREN

Sie sind unbenommen das Markenzeichen Floridas: Alligatoren, „Alligator Mississippiensis" im Fachjargon. Es ist unmöglich, in Florida gewesen zu sein, ohne auch nur einen einzigen Alligator gesehen zu haben. Mindestens eine Million dieser Reptilien leben in Floridas Feuchtgebieten. Damit kommt auf acht Einwohner ein Alligator – unwahrscheinlich also, keinen zu treffen. Kaum zu glauben, dass die Spezies in den 60er-Jahren vom Aussterben bedroht war. Vor allem im Rahmen von Bootstouren und in den Everglades trifft man auf die Echsen, die einem schon eine ordentliche Gänsehaut verursachen können. Damit sie nicht abtauchen, fahren die Bootsführer im Normalfall nicht zu nah an sie heran. Ein Fernglas im Gepäck und eine Kamera mit Teleobjektiv sind also nicht verkehrt. Auch in „freier Wildbahn" ist es eigentlich ganz einfach, einen Alligator zu sichten. Die Chancen sind im Winterhalbjahr am größten, wenn es trocken ist und sich die Alligatoren an den wenigen Wasserlöchern aufhalten. Das ist vor allem im südlichen Teil Floridas der Fall. Gelegentlich kann eines dieser zwei bis drei Meter langen Reptilien auch mal am Straßenrand liegen – das ist nicht nur beeindruckend, man muss innerlich auch auf eine solche Begegnung vorbereitet sein. Vor allem am Tamiami-Trail zwischen Miami und Tampa ist die Wahrscheinlichkeit groß, rund um die Kanäle neben der Straße Alligatoren zu sehen. Stoppt man hier, sollte man beim Aussteigen darauf achten, wohin man tritt. Das gilt vor allem für die Kanäle am Rande der nicht asphaltierten Straßen, die nach Norden und Süden vom Tamiami-Trail abgehen. Ein Geheimtipp für Fotografen ist die Loop Road im Big Cypress National Preserve (▶ Seite 181). Nebenbei lassen sich auch mal Schildkröten blicken und auch die Vogelwelt Floridas ist zahlreich vertreten.

Alligator-Farmen, die es häufig im bereisten Gebiet gibt, werden in diesem Routenreiseführer grundsätzlich nicht beschrieben. Da man die Reptilien in der Natur zuhauf antrifft, ist es hinfällig, sie in einer zooartigen und nur unnötig für Touristen aufgepeppten Gefangenschaft anzuschauen.

Alligatoren sind von Natur aus scheu. Prinzipiell sind erwachsene Menschen von Alligatoren nicht bedroht, kleine Kinder sollte man jedoch nicht unbeaufsichtigt in der Nähe von Teichen oder Kanälen spielen lassen. Man sollte alles vermeiden, was gefährlich werden könnte, zum Beispiel die Beine über einem Wasserlauf baumeln zu lassen. Alligatoren werden von ihrem Instinkt geleitet und sie können eidechsenflink reagieren. Kommt man einem Alligator in die Quere, sollte man einen Sicherheitsabstand von drei Metern einhalten, ihn nicht

Nahezu geräuschlos gleiten die Reptilien durchs Wasser.

füttern oder mit Gegenständen bewerfen. Bei Bootstouren in entsprechendem Gewässer sollten alle Gliedmaßen an Bord bleiben. Wer ganz auf Nummer sicher gehen will, sollte Alligatoren in den National und State Parks von Holzstegen aus (sogenannten Boardwalks) beobachten – derer gibt es einige, an den entsprechenden Textstellen wird auf eine hohe Alligator-Wahrscheinlichkeit hingewiesen. Prinzipiell gilt für die Alligatoren nur das als Beute, was kleiner ist als sie selbst. In Zeiten allerdings, in denen ihr natürlicher Speiseplan knapp ist (zum Beispiel während großer Trockenheit), sollte man sich auf diesen Grundsatz lieber nicht verlassen!

Entwarnung gibt es an den Stränden Floridas: Dort wird man die Krokodilartigen nicht treffen. Alligatoren halten sich bevorzugt in Süß- beziehungsweise Brackwasser auf. Man unterscheidet den Alligator übrigens von dem sehr viel selteneren Krokodil dadurch, dass er eine stumpfere Schnauze hat, schwarz-braun und deutlich kleiner ist.

ALKOHOL

Leichte Alkoholika und Bier gibt es grundsätzlich in den Supermärkten und meist auch in den kleinen Läden der Campgrounds, Spirituosen verkaufen die „Liquor Stores" und die Tankstellen. Um Alkohol kaufen zu können, müssen Sie mindestens 21 Jahre alt sein, im Zweifelsfall ist ein Ausweis vorzulegen. Alkoholische Getränke sollte man im Kofferraum des Fahrzeuges verstauen.

Die Gesetze und Bestimmungen zum Alkoholkonsum sind nicht nur Sache der einzelnen Bundesstaaten, sondern sogar der einzelnen Countys und demnach nicht einheitlich geregelt. In öffentlich zugänglichen Anlagen wie zum Beispiel Recreation Areas und State Parks sollte kein Alkohol getrunken werden. In der Öffentlichkeit zu trinken, ist generell im ganzen Land kritisch, es ist manchmal verboten, manchmal wird es toleriert.

Autofahren unter Alkoholeinfluss wird streng bestraft. Die gesetzliche **Promillegrenze** beträgt 0,8. Es ist aber eindeutig zu empfehlen, sich nach Alkoholkonsum generell nicht ans Steuer zu begeben. Im Falle eines Unfalls nach Alkoholkonsum zahlt die Versicherung nicht.

ANREISE

Die schnellste und bequemste Art der Anreise auf den nordamerikanischen Kontinent ist das Fliegen. Es gibt ein sehr großes Angebot von internationalen Airlines, wobei man meistens eine Zwischenlandung im Heimatland der jeweiligen Airline einkalkulieren muss (Alitalia beispielsweise legt einen Zwischenstopp in Rom ein, Air France in Paris). Florida wird von einigen Fluggesellschaften angeflogen. Nicht nur die beiden großen internationalen Flughäfen Miami und Orlando, sondern auch die kleineren wie Tampa, Fort Lauderdale (z.B. von Condor, aber nur von Juni bis September als Direktflug) oder Fort Myers. Das Augenmerk gemäß der Routenplanung soll auf Orlando oder Miami als Zielflughafen liegen.

Als Linienfluggesellschaft steuert Lufthansa Orlando von Deutschland aus nonstop an, Startflughafen ist Frankfurt/Main. Von Frankfurt aus können Sie auch mit der amerikanischen Fluggesellschaft United nonstop in ca. 10 Stunden nach Orlando fliegen. Delta Air Lines bietet Direktflüge von München und Düsseldorf nach Orlando an, Air Berlin fliegt ab Berlin nonstop. Andere Fluggesellschaften haben einen Zwischenstopp in New York, Atlanta oder Chicago.

Miami als Zielflughafen wird von einigen deutschen Großstädten aus angeflogen. Es gibt Direktflüge der Lufthansa von Frankfurt/Main, Hamburg, Berlin-Tegel, Düsseldorf, München und Stuttgart. Auch aus Zürich startet ein Nonstop-Flug nach Miami. Ein besonderes Angebot der Lufthansa, das für manche Reisenden attraktiv sein könnte, ist ein Gabelflug. Man landet in Orlando und fliegt von Miami aus zurück oder umgekehrt. Der Unterschied von Ziel- und Startflughafen kostet bei rechtzeitiger Buchung keine beziehungsweise nur eine geringfügige zusätzliche Gebühr. Die meisten Autovermieter erheben keine Gebühr, wenn man das Fahrzeug an einem anderen Ort abgibt, als dort, wo man es aufgenommen hat.

Es gibt eine große Zahl von Billigfluganbietern und Internet-Flugsuchmaschinen, die Sie ebenfalls unter die Lupe nehmen können. Da kommen Sie zwar unter dem Strich etwas günstiger weg, müssen sich aber durch ein nahezu unübersichtliches Angebot forsten. Es ist ratsam, auch hier auf die Buchung über ein Reisebüro zurückzugreifen. Dort erhalten Sie gezielte Informationen zu Ihren Flugabsichten und werden beraten.

Wollen Sie aus Kostenersparnis einen anderen amerikanischen Flughafen anfliegen und im Inland einen der günstigen Weiterflüge nach Orlando oder Miami nehmen, gibt es dafür zwar vor Ort wiederum eine große Auswahl an Möglichkeiten. Sie sollten aber bedenken, dass man in den USA große Distanzen zurücklegen muss und ein

Inlandsflug Sie wertvolle Urlaubszeit kostet. Eine Suchmaschine für verschiedene Verbindungsmöglichkeiten findet sich im Internet unter 🌐 http://flug.idealo.de

Am Ankunftstag ist unbedingt zu beachten, dass man nach der Landung am Zielflughafen keinesfalls angekommen ist. Nach der Einreiseprozedur (▶Seite 292) folgen Gepäckabholung, Zoll und meist die Aufnahme des Campers oder Mietwagens. Sie sollten ca. drei Stunden Zeit einrechnen, die Sie nach der Landung noch innerhalb des Flughafenareals zubringen werden.

Wundern Sie sich nicht, wenn der Hinflug länger dauert als der Rückflug – das ist normal. In westliche Richtung fliegt man mit der Erdumdrehung, der Flieger wird aber gleichzeitig von der zurückweichenden Luft gebremst. Beim Flug in Richtung Osten dagegen schiebt dieser Wind zusätzlich an. In Bezug zur umgebenen Luft fliegt das Flugzeug zwar in beiden Richtungen gleich schnell. Aber im Verhältnis zur Erdoberfläche spielt die Windgeschwindigkeit auch eine Rolle.

Flughafen Orlando

Der **Orlando International Airport (MCO)** ist der größte internationale Flughafen Floridas. Die Abkürzung MCO stammt von seinem früheren Namen McCoy-Airbase. Pro Jahr werden etwa 35 Millionen Passagiere an vier Terminals abgefertigt. Der Flughafen liegt etwa 16 Kilometer südöstlich des Stadtzentrums. Shuttle-Busse bringen ankommende Passagiere von Ebene 1 der A- und B-Seite des Terminals zu Zielen außerhalb des Stadtgebietes (🌐 www.mearstransportation.com) und die Lynx-Busse der Linien 11, 41, 42 und 51 von der A-Seite des Terminals alle halbe Stunde zum Zentrum. Die Fahrzeit dorthin beträgt 40 Minuten (🌐 www.golynx.com).

Orlando International Airport (MCO)

✉ 1 Jeff Fuqua Blvd, Orlando, FL 32827
☎ 1-407-825-2001
🌐 http://de.orlandoairports.net

Flughafen Miami

Ein alternativer Flughafen zu Orlando ist der **Miami International Airport (MIA)**. Er befindet sich 11,5 Kilometer von Downtown Miami und 20 Kilometer von Miami Beach entfernt im Westen der Stadt und ist mit öffentlichen Verkehrsmitteln sowie Hotel-Shuttle-Bussen gut erreichbar (🌐 www.miami-airport.com/hotel_shuttles.asp). Prinzipiell kann man also auch nach Miami fliegen und dort in die Route einsteigen. Dann fügt man den Abschnitt zwischen Orlando und Miami einfach am Ende der Reise an.

AUSKUNFT

Im Reiseland kommen Sie ganz unproblematisch an gutes Informationsmaterial heran, zum Beispiel über die Welcome und Visitor Centers, die regionalen Chambers of Commerce und die Convention & Visitors Bureaus. Zentrale Anlaufstellen sind die **Florida Welcome Center**, die über lokale Sehenswürdigkeiten informieren. Auf der Homepage von Visit Florida (siehe unten) findet man die Orte der Center mit Adressen und genauen Informationen: 🌐 www.visitflorida.com/en-us/visitor-services/florida-welcome-centers.html

Die Rufnummern und/oder Adressen der entsprechenden Stellen finden Sie in diesem Routenreiseführer beziehungsweise vor Ort in den örtlichen Telefonbüchern.

Mitglieder des ADAC und des Schweizer beziehungsweise österreichischen Automobilclubs können schon zu Hause Resematerial der American Automobil Association (AAA) anfordern. Neben diesen für Mitglieder kostenlosen Unterlagen ist auch sehr gutes Kartenmaterial erhältlich. Im Internet finden Sie den Automobilclub unter 🌐 www.aaa.com

Eine zentrale, staatlich betriebene Seite, auf die man immer stößt und auf der man nicht nur auf der Suche nach groben Informationen über das Reiseland fündig wird, ist: 🌐 www.visitflorida.com

AUTOFAHREN

Nach dem ersten Schreck über das riesige Ungetüm von Wohnmobil, das ab sofort Ihr rollendes Zuhause sein soll, werden Sie sich schnell an das Fahren gewöhnen. Das gilt auch dann, wenn Sie mit einem Mietwagen unterwegs sind, der vermutlich auch klobiger, größer und schwergängiger sein wird als der herkömmliche europäische Großwagen. Auf den US-Highways können sich europäische Autofahrer allerdings entspannen. Die Fahrweise ist viel rücksichtsvoller und gemächlicher als in Europa. Auf den Interstates darf man maximal 70 mph (112 km/h) fahren, auf den Freeways 65 mph (105 km/h) und auf den Highways 55 mph (88 km/h) beziehungsweise bei vier Spuren bis 70 mph (112 km/h). Halten Sie sich an die Geschwindigkeitsvorschriften, die normalerweise regelmäßig ausgeschildert sind. Wenn kontrolliert wird, sind die Strafen bei Geschwindigkeitsüberschreitungen happig und sofort vor Ort zu bezahlen. Gewöhnungsbedürftig ist das Fahren in den verkehrsreichen Städten, an der südlichen Ostküste und auf kleineren Straßen zu reizvollen Zielen. Da

Sind die Stoppschilder ausgefahren und blinken die roten Lichter, darf der Schulbus nicht überholt werden.

kann vor allem das Wohnmobil schon richtig schwierig manövrierbar sein. Wie auch aus bereits zuvor genannten Gründen ist auch hier die Lösung, ein nicht allzu großes Wohnmobil zu mieten, auch wenn es noch so verlockend ist.

Auf den floridianischen City-Autobahnen sind während der Zeiten des Berufsverkehrs gewisse Fahrspuren „Fahrgemeinschaften" vorbehalten. Das heißt, diese Spuren dürfen nur Fahrzeuge benutzen, in denen neben dem Fahrer noch mindestens ein Mitfahrer unterwegs ist, sowie Busse und Taxis. Sie werden **Carpool-Lanes** oder HOV Lane genannt, was für High Occupancy Vehicle steht. Man muss sich zuerst registrieren lassen, bevor man diese Fahrspuren benutzen darf. Auf Schildern an den Interstates findet man die entsprechende Telefonnummer. Bei Zuwiderhandeln drohen $ 179 Strafe. Manchmal werden sogar mehr als zwei Mitfahrer gefordert, damit diese Spur benutzt werden darf.

Die Fahrweise in den Großstädten unterscheidet sich vom gemächlichen Tempo auf den Überlandstraßen. Rücksichtnahme ist nicht mehr erstes Gebot. Es geht hektischer zu. Ein Spurenwechsel in der Rush Hour kann zu einem beinahe unmöglichen Unterfangen werden – vor allem mit einem Wohnmobil. Wagt man es dennoch, ertönt ein Hupkonzert, das einen ganz schnell von seinem Vorhaben abbringt. Auch sonst sind Floridas Autofahrer mit Hupen schnell bei der Sache, auch wenn der eingangs „Fehltritt" schon längst erledigt ist und alles wieder normal läuft. Glücklicherweise fällt jedoch das Fahren in fremden floridianischen Städten aufgrund der schachbrettartig

durchnummerierten Straßen oft leichter als in unbekannten europäischen Städten, denn dadurch ist eine gute Orientierung möglich. Innerorts sind höchstens 30 mph (48 km/h) erlaubt, in Wohnbezirken und in der Nähe von Schulen nur 15 mph (24 km/h).

Was in Florida im Vergleich zu anderen Bundesstaaten sehr gewöhnungsbedürftig ist, sind die zahlreichen, äußerst zähen Staus. Hauptsächlich vor Ampeln, die eine ungewöhnlich lange Rotphase haben, und vor den populären Besucherattraktionen kann man sehr viel Zeit und Nerven verlieren.

💡 Einen großzügigen Puffer bei allen Anfahrten einzuplanen, schont das Nervenkostüm und gewährleistet, dass man am Ziel angekommen noch genug Zeit für die Besichtigung hat.

Verkehrsregeln

Ungewohnt ist das System an ampellosen Kreuzungen. Grundsätzlich gilt: Wer zuerst an der Kreuzung zum Stehen kommt, fährt zuerst wieder, aber anhalten müssen trotzdem alle, die die Kreuzung erreichen (alle vier Fahrbahnen haben Stoppschilder mit dem Zusatz „4-Way-Stop"). Gibt es eine Ampel, darf man auch bei Rot rechts abbiegen, aber erst, wenn man angehalten und sich vergewissert hat, dass dabei niemand behindert oder gefährdet wird. Verboten ist das Rechtsabbiegen bei Rot nur in Zusammenhang mit dem Hinweisschild „No turn on red". Grundsätzlich befinden sich die Ampelanlagen übrigens erst hinter der Kreuzung.

Da in Florida nur das hintere Nummernschild Pflicht ist, gilt grundsätzlich beim schrägen Einparken: Das Heck muss zur Straße beziehungsweise Fahrspur zeigen. Eine vorbeifahrende Polizeistreife muss das Nummernschild sehen können – sonst gibt es einen Strafzettel.

❗ Die gelben **Schulbusse** dürfen weder überholt noch vom Gegenverkehr passiert werden, wenn gerade Kinder ein- und aussteigen. Man erkennt die Stopp-Situation am Warnblinklicht und an den seitlichen Stoppschildern. Das Nichtbeachten dieser Regelung ist ein schweres Verkehrsdelikt!

Falls Sie im Rückspiegel ein Polizeifahrzeug mit Blaulicht sehen, halten Sie sofort am Straßenrand an, bleiben Sie im Fahrzeug sitzen und verhalten Sie sich ruhig. Öffnen Sie das Fenster einen Spalt breit und legen Sie danach die Hände wieder aufs Lenkrad, sodass der nahende Officer diese sehen kann. Der Umgangston der amerikanischen Polizisten ist ruppiger als gewohnt, ebenso sind Kontrollen ohne erkennbaren Grund häufiger. Den Anweisungen des Polizisten sollten Sie ohne Diskussion Folge leisten – dann ist die Kontrolle auch schnell wieder vorbei.

Tanken

Das Tanken ist im Vergleich zu Europa günstiger, aber auch in Amerika schwanken die Preise. In Florida ist die Tankstellenkette Race Trac die mit Abstand günstigste, gefolgt von Hess. Gemessen wird das Benzin in Gallonen (1 Gallone = ca. 3,78 Liter). Prinzipiell muss man vor dem Tankvorgang ins Kassenhaus, wo man sich mit der Kreditkarte anmeldet und einen Tankbetrag festlegt. Erst dann wird eine Zapfsäule freigegeben. An manchen Tankstellen kann man direkt an der Zapfsäule per Kreditkarte tanken. Das geht nicht nur am schnellsten, weil man nicht ins Kassenhäuschen muss, sondern erspart einem auch weitere Hürden im Tankvorgang wie beispielsweise eine begrenzte Abgabemenge an Benzin.

Hat man anfangs einen zu hohen Betrag angegeben, muss man zurück ins Kassenhaus, um sich die Differenz erstatten zu lassen. Ist es zu wenig gewesen, kann man auf demselben Weg wie zuvor nachtanken.

❗ Die auf den großen Anzeigen der Tankstellen angegebenen Preise sind normalerweise die Preise für Barzahlung. Diese sind in der Regel 5–6 Cents pro Gallone günstiger als bei Bezahlung mit Kreditkarte.

Inhaber des Sunpass müssen kein passendes Kleingeld bereithalten und fahren auf der Expressspur.

Auch wenn man in ein großes Gefährt wie ein Wohnmobil intuitiv Diesel einfüllen würde, fahren die meisten Fahrzeuge dieser Kategorie in Amerika mit Benzin, was auch für SUVs gilt – Diesel bleibt praktisch nur den Trucks vorbehalten. Es gibt drei Typen von Benzin: Regular (87 Oktan), Midgrade (89 Oktan) und Premium (91 Oktan). Bei der Vermietstation erfahren Sie, welches davon für Ihr Fahrzeug das richtige Benzin ist.

Gebührenpflichtige Straßen

Im Gegensatz zu manchen anderen Bundesstaaten gibt es in Florida einige gebührenpflichtige Straßen. Die Kosten sind unterschiedlich. Eine besonders teure Strecke ist beispielsweise Florida's Turnpike von Orlando nach Florida City (knapp $ 20). Man kann den Betrag direkt an den Mautstellen bezahlen oder man wählt eine Lochkarte – dann begleicht man, wenn man die jeweilige Toll Road verlässt. In beiden Fällen kann man jedoch nur bar, nicht mit Kreditkarte bezahlen! Es empfiehlt sich allerdings die Nutzung des sogenannten **Sunpass**. Für Passinhaber gibt es an den Mautstellen Express Lanes. Per Video werden die registrierten Fahrzeuge identifiziert und die Rechnungen an den Vermieter geschickt. Dieser belastet die Kreditkarte des Mieters mit den Rechnungsbeträgen und eventuellen Servicegebühren. Mit dem Pass spart man nicht nur Zeit, sondern muss auch nicht ständig (Klein-)Geld bereithalten. Seit 2012 kann man außerdem die Maut des Florida's Turnpike gar nicht mehr anders bezahlen. Bei Alamo beispielsweise ist diese Art der Video-Mautabrechnung grundsätzlich inbegriffen und kostet $ 3,95 pro Tag Nutzungsgebühr. Mehr als $ 19,75 pro Anmietung wird jedoch nicht erhoben. Fragen Sie Ihren Vermieter am besten bereits bei der Buchung des Mietfahrzeuges nach entsprechenden Regelungen. Informationen zum Sunpass mit Mietwagen findet man unter ⚫ www.sunpass.com/rentalcar

AUTOVERMIETUNGEN/LEIHWAGENFIRMEN

Der Flughafen von Orlando bietet den größten Mietwagenmarkt der Welt, auf dem die meisten der namhaften Mietwagenfirmen vorhanden sind. Es wird kein Shuttle-Bus zur Vermietstation benötigt. Die Firmen befinden sich in den Terminals A und B sowie auf dem Level 1 (Ground Transportation Level). Die großen Anbieter sind:

Alamo
✉ 1 Jeff Fuqua Blvd, Orlando, FL 32827
☎ 1-844-370-3164
⚫ www.alamo.com

Avis
✉ 1 Jeff Fuqua Blvd, Orlando, FL 32827
☎ 1-407-825-3700
⚫ www.avis.com

Budget
✉ 1 Jeff Fuqua Blvd, Orlando, FL 32827
☎ 1-407-825-1700
⚫ www.budget.com

Enterprise
✉ 1 Jeff Fuqua Blvd, Orlando, FL 32827
☎ 1-407-281-3555
⚫ www.enterprise.com

Hertz
✉ 1 Jeff Fuqua Blvd, Orlando, FL 32827
☎ 1-407-859-8400
⚫ www.hertz.com

Alle Vermieter haben auch Dependancen innerhalb der Stadt.

Beim Abholen des Mietwagens werden Sie von manchen Vermietern darauf hingewiesen, dass Sie – gegen entsprechende Gebühr natürlich – ein Upgrade für Ihr Fahrzeug wählen können. Dann bekommen Sie eine größere Kategorie und/oder bessere Ausstattung. Sie sollten sich vor Abholung darüber im Klaren sein, ob das angemietete Fahrzeug das Fahrzeug Ihrer Wahl ist. Damit können Sie den Verhandlungsprozess beim Vermieter abkürzen.

Bei allen Vermietern muss der Fahrer mindestens 21 Jahre alt sein, Mieter unter 25 Jahren müssen außerdem in aller Regel einen Risiko-Zuschlag bezahlen. Es wird ein gültiger Führerschein Klasse 3 benötigt, ein Internationaler Führerschein ist nicht notwendig.

💡 Erkundigen Sie sich bei Ihrem Automobilclub über mögliche Rabatte bei bestimmten Anbietern.

BADEURLAUB

Karibische, feinsandige Strände, smaragdgrünes Meer und warme Wassertemperaturen von über 20 °C – Badestopps müssen sein in Florida! Sowohl an der Atlantikküste als auch vor allem am Golf von Mexiko gibt es eine Vielzahl von Traumstränden, sodass es nicht einfach ist, aus diesem Übermaß einen besonders schönen Strand auszuwählen, an dem man ein paar Tage verbringen möchte. Eine Empfehlung für die Bade-Auszeit ist die Gegend um den **Siesta Beach** in Sarasota an der Golfküste. Dieser wurde von Amerikas **„Dr. Beach"**, Stephen Leatherman, 2011 zum Gewinner der zehn schönsten Strände der USA gekürt.

Am Golf von Mexiko jagt ein Traumstrand den nächsten. Von der feinsandigen, idyllischen Bucht bis zum stark bevölkerten „In-Strand" ist alles geboten. Nicht umsonst gibt es ein großes Angebot an Ferienwohnungen und -häusern zwischen Naples und St. Petersburg, die auch einen längeren Aufenthalt möglich machen. Auf Platz 10 der Liste des Dr. Beach findet sich der Cape Florida State Park auf Key Biscayne als Empfehlung für die Ostseite des Südzipfels.

Damit es auch ein wirkliches Badevergnügen wird, sollte man beachten, dass es an den Küsten mitunter starken Wellengang mit Strömungen geben kann (vor allem an der Atlantikküste). Salzwasser und hohe Sonnenintensität können leicht zu Sonnenbrand führen. Zuletzt ist allzu freizügige Bekleidung oder gar FKK an den Badestränden verboten. Männer sollten Badeshorts, Frauen immer ein Oberteil tragen. Beachtet man all diese Faktoren, wird es ein unvergessliches Stranderlebnis.

MIT BEHINDERUNG IN DEN USA

Alle Einrichtungen in den USA sind behindertengerechter, als wir es aus Europa kennen. Überall gibt es Angebote für „Handicapped Persons" wie Rollstühle an den Flughäfen und in den Visitor Centern, ausgewiesene Parkplätze, spezielle Toiletten und Rampen zu öffentlichen Gebäuden und Restaurants. Die Amerikaner sind sehr entgegenkommend und hilfsbereit behinderten Menschen gegenüber. In den Hotelbeschreibungen im Internet findet man auch meist den Hinweis auf Zimmer für körperbehinderte Gäste („Persons with Disabilities" oder „Disabled Persons"). In Florida bieten große Mietwagenfirmen wie Avis und Dollar behindertengerechte Fahrzeuge an, daneben gibt es eine spezielle Firma für behindertengerecht ausgestattete Fahrzeuge, meist sind das Vans (Wheelchair Getaways, 🌐 www.wheelchair-getaways.com). Behindertengerechte Wohnmobile kann man bei Go RVing mieten. Auf der Internetseite 🌐 https://gorving.com/compare-rvs/specialty-rvs/rvs-for-the-disabled findet man auch die entsprechend ausgestatteten Campgrounds.

Ganz auf die Bedürfnisse behinderter Reisender stellen sich die Reiseführer 🌐 www.disabledtravelers.com und 🌐 www.accessable.com ein. In Florida gibt es sogar eine spezielle Organisation für Menschen mit Behinderungen, die eine Reise in den Sunshine State planen:

Florida Disabled Outdoors Association (FDOA)
- ✉ 2475 Apalachee Pkwy, Suite 205, Tallahassee, FL 32301
- ☎ 1-850-201-2944
- 🌐 www.teamusa.org/US-Paralympics/Find-A-Club/Club-Search/Florida-Disabled-Outdoors-Association

BOTSCHAFTEN

Bei rechtlichen Problemen, Überfall, Diebstahl oder Verlust der persönlichen Dokumente sind die Botschaften und Generalkonsulate in den USA eine wichtige Anlaufstelle:

Deutschland

Botschaft der Bundesrepublik Deutschland
- ✉ 4645 Reservoir Rd. N.W., Washington D.C. 20007-1998
- ☎ 1-202-298-4000
- 🌐 www.germany.info

Generalkonsulat der Bundesrepublik Deutschland
- ✉ 100 N Biscayne Blvd, Suite 2200, Miami, FL 33132
- ☎ 1-305-358-0290
- ☎ 1-202-298-4000 (Notfälle)

Österreich

Botschaft der Republik Österreich
- ✉ 3524 International Court NW, Washington, D.C. 20008
- ☎ 1-202-895-6700
- 🕐 Mo–Fr 10.30–13 h
- 🌐 http://botschaft.austria.org

Konsulat Österreich in Orlando
- ✉ Firenze Blvd, Orlando FL 32836
- ☎ 1-407-924-3877
- 🌐 www.botschaft-konsulat.com/at

Schweiz

Botschaft der Schweizerischen Eidgenossenschaft
- ✉ 2900 Cathedral Ave NW, Washington, D.C. 20008
- ☎ 1-202-745-7900
- 🌐 www.eda.admin.ch/washington

Generalkonsulat der Schweizerischen Eidgenossenschaft
- ✉ The Four Ambassadors, 825 Brickell Bay Dr, Suite 1450, Miami, FL 33131
- ☎ 1-305-377-6700

ESSEN UND TRINKEN

Essen

Ein Hinweis vorneweg: Einen Gourmeturlaub dürfen Sie nicht erwarten. Der Anteil an Fast Food ist wie überall in Amerika groß. McDonald's, Burger King und Subway sind als Klassiker ebenso vertreten wie Kentucky Fried Chicken, Wendy's oder Taco Bell. Die gute Nachricht jedoch ist: Es gibt mannigfaltige Alternativen zur Nahrungsaufnahme in einem Restaurant einer Fast-Food-Kette. Eine Stufe besser beispielsweise sind die sogenannten Family Restaurants, Restaurants einer Kette mit Bedienung. Hier gibt es meist große Portionen typisch amerikanischen Essens. Die meisten Restaurants dieser Ketten haben durchgehend geöffnet. Was man immer findet, sind Diner in allen Größen. Bei diesen ist die Umgebung meist etwas ansprechender als in den Restaurants der Ketten.

Wem der Sinn nach Pizza steht, der findet in Florida eine flächendeckende Versorgung durch die Kette Papa John's vor. Die Pizzen gibt es in drei verschiedenen Größen, die mit einem Grundpreis berechnet werden und denen man nach persönlichen Vorlieben Beläge hinzufügen kann. Sehr leckere und frische Pizza, die man mitnehmen oder sich liefern lassen kann – viele Hotels zählen zu den Lieferadressen des Pizza-Services, fragen Sie an der Rezeption danach. Einen Gaststättenbereich bietet Papa John's allerdings nicht.

Soll es gehobeneres Essen sein, sollte man eines der Steakhäuser aufsuchen, die jedoch auch nicht selten zu einer Kette gehören. Im Sizzler Steakhouse beispielsweise wird „All you can eat" angeboten, ein gehobeneres, aber durchaus bezahlbares Steak-Vergnügen erlebt man bei **Ruth's Chris Steak House** (beispielsweise in Fort Myers). Gerade bei Steaks ist es bei der Bestellung im Restaurant wichtig, dass der deutsche Bratzustand „blutig" nicht zu „bloody" im Englischen wird, sondern „extra rare" heißt. So richtig blutig wie in Europa bekommen Sie das Fleisch sowieso nicht, in Amerika wird in den einzelnen Stufen jeweils etwas stärker durchgebraten. Beliebt sind auch Hühnchenfleisch (z.B. als gebackene Hühnerbruststücke oder Geflügelteile zubereitet und Schweinefleisch, vor allem in Form von Spareribs. Als Beilage kann man zwischen Baked Potato mit Sour Creme oder Pommes Frites (die hier French Fries heißen) wählen.

In Florida ist die kubanische Küche weit verbreitet, die im Wesentlichen aus einfachen, aber deftigen Gerichten aus Schweine- oder Rindfleisch mit Reis, Bohnen und einer frittierten, bananenartigen Frucht besteht. Abgeschmeckt wird das Ganze meist mit Zwiebeln, Knoblauch und oft auch einer Knoblauch-Zitronen-Sauce. Auch Mexiko nimmt in Florida Einfluss auf die Küche. Tortillas, Fajitas, Enchiladas und Burritos stehen auf den Speiseplänen der mexikanischen Restaurants.

Was man in nahezu allen Restaurants findet, sind Fisch und Meeresfrüchte. Während der Fisch üblicherweise gegrillt oder frittiert serviert wird, gibt es in Florida auch die Zubereitungsart „blackened", eine Kombination aus Grillen und Braten. Neben vegetarischen Gerichten in allen Restaurants gibt es auch zumindest in den Urlaubsorten sogar vegetarische Lokale.

Auf einer Reise mit Selbstversorgung kann man sich so ziemlich alles nach seinen persönlichen Vorlieben beschaffen. Es gibt nahezu keinen Streckenabschnitt auf der Reise, an dem man nicht auf einen Supermarkt mit riesiger Auswahl zurückgreifen könnte. Die Supermarktkette Publix ist vorherrschend in Florida, hat ein gutes Preis-Leistungs-Verhältnis und eine große Auswahl. Rindfleisch gibt es im Vergleich zu den europäischen Preisen recht günstig in den Supermärkten – teilweise günstiger als Geflügel oder marinierte Steaks. Dagegen ist in manchen Regionen Floridas Obst und Gemüse erschreckend teuer.

Ein kleines Abenteuer kann man das Frühstück sein. Den Tag mit süßen Pancakes und noch süßerem Sirup zu starten, ist nicht jedermanns Sache. Man unterscheidet zwischen dem süßen Continental Breakfast und dem mächtigen American Breakfast mit jeder Menge Eier, Schinken, Speck und Cornflakes. Bei einem normalen Hotel-Frühstück kann es durchaus passieren, dass die Pancakes, Muffins, Waffeln oder gar frittierten Leckereien das Angebot dominieren. Ein Frühstückscafé, sofern greifbar, wäre eine Alternative. Ansonsten kann man bei der Kette Denny's ganz passabel frühstücken. Insgesamt kann man sich durchaus ein „europäisches" Frühstück arrangieren, auch wenn solche Angebote auf den Frühstückskarten der Cafés mit der Lupe zu suchen sind.

Das Mittagessen hat in den USA weniger Bedeutung und wird meist aus den Fast-Food-Restaurants bedient. Erst das Abendessen (Dinner) ist wie das Frühstück wieder eine große Mahlzeit und wird recht früh eingenommen – die Küchen mancher Restaurants sind entsprechend früh auch wieder kalt.

Was Ihnen am Anfang sicher befremdlich vorkommen wird, ist die Verweildauer im Restaurant. Kaum haben Sie den letzten Bissen hinuntergeschluckt, wird Ihnen ohne Aufforderung die Rechnung auf den Tisch gelegt. Das dürfen Sie nicht persönlich nehmen, die Essenszeiten pro Gast sind einfach kürzer getaktet, auch wenn gerade offensichtlich nicht viel los ist.

Auch in den heimischen Restaurants wird es immer gängiger, sich nicht einfach einen Platz zu suchen. In Amerika ist dies völlig unüblich, Sie müssen immer warten, bis Ihnen ein Tisch zugewiesen wird („wait to be seated").

Um im Restaurant nicht mit mühsamem Suchen im Wörterbuch über der Speisekarte brüten zu müssen, hier die wichtigsten Essensvokabeln:

Sprachhilfe Essen

Englisch	Deutsch
Frühstück	
bacon	Schinkenspeck
boiled egg	gekochtes Ei
bread	Brot
cereal	Cornflakes
cheese	Käse
cream	Kaffeesahne
french toast	in Fett gebackener weicher Toast
fried eggs	Gebratene Eier

Englisch	Deutsch
ham	Schinken
ham and eggs	Spiegeleier mit Schinken
jam	Marmelade
jelly	Gelee
maple syrup	Ahornsirup
milk	Milch
over easy egg	Spiegelei, von beiden Seiten gebraten
pancakes	Pfannkuchen
peanut butter	Erdnussbutter
poaches eggs	pochierte Eier
raisin bread	Rosinenbrot
rolls	Brötchen
sausage	Würstchen
scrambled eggs	Rührei
sunny side up eggs	Spiegelei
waffles	Waffeln
white bread	Weißbrot
wholewheat bread	Vollkornbrot
Beilagen	
baked potatoes	in der Schale gebackene Kartoffel
boiled potatoes	Salzkartoffeln
french fries	Pommes frites
hash browns	Reibekuchen
mashed potatoes	Kartoffelbrei
potatoe pancakes	Kartoffelpuffer
potatoe salad	Kartoffelsalat
salad	Salat
vegetables	Gemüse
Gemüse	
asparagus	Spargel
beans	Bohnen
beetroot	Rote Beete
cabbage	Kohl, Kraut
carrots	Karotten
cauliflower	Blumenkohl
cole slaw	Krautsalat

Englisch	Deutsch
corn	Mais
cucumber	Gurke
garlic	Knoblauch
mushrooms	Pilze
onion	Zwiebel
onion rings	frittierte Zwiebelringe
peas	Erbsen
potatoes	Kartoffeln
pumpkin	Kürbis
red and green pepper	rote und grüne Paprika
rice	Reis
spinach	Spinat
tomatoes	Tomaten
yam	süße Kartoffel
Obst	
apples	Äpfel
apricots	Aprikosen
cherries	Kirschen
dates	Datteln
grapes	Trauben
lemon	Zitrone
peaches	Pfirsiche
pears	Birnen
pineapple	Ananas
strawberries	Erdbeeren
Fisch und Meeresfrüchte	
bass	Barsch
clams	Muscheln
cod	Kabeljau
crabs	Krebse
halibut	Heilbutt
lobster	Hummer
lox	geräucherter Lachs
oyster	Auster
salmon	Lachs
seafood	Meeresfrüchte
shark	Hai
shrimps	Garnelen

Englisch	Deutsch
sole	Scholle
swordfish	Schwertfisch
trout	Forelle
tuna	Thunfisch
Fleisch	
bacon	Schinkenspeck
beef	Rindfleisch
chicken	Hühnchen
duck	Ente
filet mignon	Filetsteak
fried chicken	Brathähnchen
ham	gekochter Schinken
lamb	Lamm
meat balls	Hackbällchen
pork	Schweinefleisch
pork chops	Kotelett
prime rib	Hochrippe
prime rib steak	Hochrippe als Steak gebraten
sirloin steak	Lendensteak
spareribs	Schweinerippchen
T-Bone steak	Steak mit Knochen
tenderloin steak	Filet
turkey	Puter
veal	Kalb
wings	Flügel
Zubereitungsarten bei Fleisch	
boiled	gekocht
broiled	gebraten
fried	frittiert
grilled	gegrillt
sauteed	gedünstet

Getränke

Auch die Getränke sind eine Wissenschaft für sich. Eine Überraschung ist der Kaffee. Gerade die Kaffees zum Mitnehmen sind exzellent und haben in den meisten Fällen Starbucks-Qualität. Auch der zum Frühstück gereichte Kaffee ist längst keine dünne Brühe mehr, sondern ganz guter Filterkaffee, der jederzeit kostenlos nachgefüllt wird. Sie können außerdem überall, vor allem in den Coffee Bars,

Latte Macchiato, Espresso und Cappuccino bestellen, ohne ratlose Blicke zu ernten.

In Restaurants des Fast-Food-Bereichs werden Sie sich an das erfreuliche „Free Refill" der Softgetränke (Cola, Fanta etc.) gewöhnen. Es bedeutet, wie beim Frühstückskaffee auch, dass Sie sich jederzeit an den Getränkeautomaten die Becher neu auffüllen dürfen, ohne extra zu bezahlen.

Das Sortiment an Softdrinks in Supermärkten füllt viele Regalreihen. Neben Cola in unzähligen Variationen (diet, coffeine free etc.) gibt es das typische Root Beer (eine Art Wurzelbier ohne Alkohol, sehr gewöhnungsbedürftig), das legendäre Dr. Peppers (die maximale Steigerungsform von Red Bull und Cola) oder Sprite, das in Amerika „Mist" heißt. Wirklich durstlöschend sind die verschiedenen, mit Kohlensäure versetzten Fruchtsäfte oder der Ice Tea in allen Geschmacksrichtungen. Orangensaft wird meist in Behältern mit fünf Litern Füllmenge zu einem günstigen Preis verkauft und hat die Qualität frisch gepressten Saftes. Hier muss man allerdings genau auf die Etiketten schauen, um nicht an einen Kanister aus Pulver angerührten „Saftes" zu geraten. Empfehlenswert sind die Produkte aus floridianischen Orangen, die es meist im 2-Liter-Tetrapak zu kaufen gibt.

Eine echte Überraschung ist das amerikanische Bier. Für Florida typisch sind die einheimischen Marken „Budweiser" und „Miller" oder die mexikanische Marke „Corona". Importiertes Bier ist teurer und schmeckt zumindest in diesem Umfeld nicht halb so gut. Besonders empfehlenswert sind die lokalen Biere, es gibt von Region zu Region unterschiedliche, aber alle sind besonders.

Der Wein kommt aus der ganzen Welt, die wenigsten Weinsorten stammen aus den USA. Stellvertreter für die „harten" Getränke sind Whiskey und Brandy, und die typischen Cocktails sind unter anderem Piña Colada und vor allem Margarita, die man meist aus vielen verschiedenen Mixturen wählen kann.

Sprachhilfe Getränke

Englisch	Deutsch
beer	Bier
champagne	Sekt
coffee	Kaffee
decaf	koffeinfreier Kaffee
diet	kalorienarm
draught	Fassbier
hot chocolate	heiße Schokolade

Englisch	Deutsch
iced tea	Eistee
milk	Milch
orange juice	Orangensaft
root beer	Wurzelbier (alkoholfrei, mit Kohlensäure)
sugar free	zuckerfrei, evtl. mit Süßungsmitteln
tea	Tee
water	Wasser
wine	Wein

FEIERTAGE

Normalerweise haben alle öffentlichen Institutionen das ganze Jahr über geöffnet, nur wenige sind saisonal geschlossen. In diesem Routenreiseführer wurde meist „ganzjährig geöffnet" angegeben, da dies bis auf die Ausnahme zweier Tage zutrifft. Diese beiden Tage, an denen überall und alles geschlossen bleibt, sind Thanksgiving und der 25. Dezember. An diesen Tagen haben auch die Visitor Center und Museen geschlossen, die ansonsten wirklich durchgehend das ganze Jahr geöffnet haben. Weihnachten beschränkt sich in den USA auf den ersten Weihnachtsfeiertag, den 25. Dezember; Thanksgiving findet immer am vierten Donnerstag im November statt. Ansonsten gibt es relativ wenige solcher offiziellen Feiertage und selbst an diesen sind mit Ausnahme von Thanksgiving, Ostersonntag, Weihnachten und Neujahr die meisten Geschäfte geöffnet. Die wenigsten Feiertage sind terminlich fest datiert. Im Gegensatz zu uns haben die Amerikaner an Ostern und Pfingsten jeweils keinen zweiten Feiertag. Fällt ein Feiertag auf ein Wochenende, wird er am darauffolgenden Montag „nachgeholt". Den Auftakt der Reisezeit innerhalb Amerikas bildet der Memorial Day (letzter Montag im Mai) und das Ende der Saison läutet der Labour Day ein (erster Montag im September).

Einheitliche Feiertage sind außerdem:

New Year (Neujahr)	1. Januar
Geburtstag von Martin Luther King	3. Montag im Januar
President's Day	3. Montag im Februar
Good Friday (Karfreitag, regional)	Karwoche

Memorial Day (Soldatengedenktag)	letzter Montag im Mai
Independence Day (Unabhängigkeitstag)	4. Juli
Labour Day (Tag der Arbeit)	erster Montag im September
Columbus Day	zweiter Montag im Oktober
Veteran's Day (Tag der Veteranen)	11. November
Thanksgiving Day (Erntedankfest)	vierter Donnerstag im November
Christmas Day (Weihnachten)	25. Dezember

GELD

Die Währungseinheit der USA ist der US-Dollar. Die Reisekasse kann man auf drei Zahlungsmittel verteilen: Bargeld, Reisechecks (Travellerschecks auf US-Dollar ausgestellt) und natürlich die Kreditkarte (Visa, Eurocard, American Express etc.). An Bargeld dürfen Sie theoretisch bis zu $ 10.000 ins Land einführen.

Kreditkarte

Da die Zahlung mit Kreditkarte neuerdings deutlich eingeschränkt ist und gelegentlich nur bar bezahlt werden kann (▶ Seite 299), sollten Sie auch Bargeld mit auf die Reise nehmen. Mit der Kreditkarte können Sie sowohl Bargeld bei den Banken abheben (allerdings nur solche mit Geheimzahl) als auch in den Supermärkten, Hotels, Restaurants und Souvenirläden bezahlen. Ein Muss ist die Karte beispielsweise für die Miete des Campers oder Mietwagens, denn sie wird mit der Kaution belastet. Bargeld wird an dieser Stelle nicht akzeptiert. Auch im Gesundheitsbereich ist die Kreditkarte unverzichtbar, weil viele Praxen oder Einrichtungen den Patienten ansonsten gar nicht behandeln würden.

Bei Verlust oder Diebstahl sollte man die Karte sofort sperren lassen. Für alle sperrbaren elektronischen Geräte und für Kreditkarten gibt es Notfall-Nummern: ☎ +49-116116 oder +49-30-40504050.

Ansonsten können Sie bei Problemen mit der Kreditkarte auch direkt beim entsprechenden 24-Stunden-Service kostenlos in Amerika anrufen (in Klammern stehen die Telefonnummernder entsprechenden Institutionen in Deutschland):

American Express

☎ +49 69 97 97 2000

Master Card

☎ 1-800-627-8372 (0800-819-1040 aus dem deutschen Festnetz, von außerhalb der USA: +1-636-722-7111 (R-Gespräch))

Visa

☎ 0800-811-8440 aus Deutschland, aus dem Ausland +1-303-967-1096 (R-Gespräch)

Diners Club

☎ +49 69 9000 150-135 oder -136

Bargeld

In den Städten, den großen Einkaufszentren und an den Flughäfen von Orlando und Miami gibt es Banken. Auf Barabhebungen mit der EC-Karte sollte man sich allerdings nicht verlassen. Die Abhebung mit der persönlichen PIN funktioniert nur in Europa zuverlässig. Einen gewissen Bargeld-Vorrat sollten Sie auf jeden Fall von zu Hause mitnehmen. Denken Sie daran, dass die meisten Banken zu Hause jedoch größere Mengen ausländischer Währungen ein paar Tage im Voraus bestellen müssen, sodass Sie mit Ihrer Order nicht zu knapp vor dem Reisestart sein sollten. Sie sollten möglichst kleine Scheine bestellen, 100-Dollar-Noten sind nicht sehr beliebt bei den Empfängern!

Der US-Dollar ist in 100 Cent unterteilt, die meisten Cent-Beträge haben einen „Spitznamen", den Sie verinnerlichen sollten: Es gibt Münzen zu 1 Cent („Penny"), 5 Cent („Nickel"), 10 Cent („Dime"), 25 Cent („Quarter"), 50 Cent („Half Dollar") und 1 Dollar (selten).

Die Banknoten, die sich derzeit im Umlauf befinden, sind: 1, 2, 5, 10, 20, 50 und 100 Dollar. Die Scheine sehen alle gleich aus und haben auch noch dieselbe Größe, sodass man schon genau hinschauen muss. Am häufigsten sind die 1- und 5-Dollar-Scheine.

Sales Tax

Zu guter Letzt werden Sie sich anfangs wundern, dass beim Einkauf die von Ihnen gewählten Artikel an der Kasse immer mehr kosten als gedacht. Die Preise werden meist ohne Umsatzsteuern (Sales Tax) angegeben, diese wird erst an der Kasse berechnet. Es gibt keinen einheitlichen Umsatzsteuersatz, grob liegt dieser je nach Produktbereich zwischen 3 und 6,5 Prozent, für Übernachtungen bis zu 15 Prozent des Nettobetrages.

HANDYS

Insgesamt ist es in Florida kein Problem, mit dem eigenen Handy zu telefonieren. Es gibt so gut wie keine Gebiete, in denen es zu nachhaltigen Empfangsstörungen kommt.

Wenn Sie auf ein mobiles Telefon angewiesen sind, weil Sie beispielsweise von unterwegs aus die Campgrounds oder Hotels reservieren möchten, könnten Sie sich bereits in Orlando entsprechend ausrüsten. Entweder kaufen Sie für Ihr europäisches Handy eine amerikanische SIM-Karte ohne Vertrag (ca. $ 10–20 Grundgebühr zuzüglich beliebiger Aufladung), dann haben Sie für die Reise eine neue Nummer. Empfehlenswerte Anbieter sind AT&T und T-Mobile. Prinzipiell brauchen Sie ein Triband Handy für GSM-1900-Mobilfunknetze, die meisten aktuellen Handys und Smartphones unterstützen diesen Standard. Nehmen Sie ihr eigenes Handy mit, müssen Sie vorab prüfen, ob man mit dessen aktuellen **Roaming-Konditionen** in den USA telefonieren kann (kann man in anderen europäischen Ländern uneingeschränkt telefonieren, muss das nicht zwingend für die USA zutreffen!) und mit welchen Kosten dies verbunden ist.

Alternativ können Sie ein komplettes amerikanisches (Billig-)Handy mit SIM-Karte für ca. $ 45 inklusive etwa 200–300 Freiminuten kaufen, worin der Prepaid-Anteil bereits enthalten ist. Dieses kann man beispielsweise bei Wal Mart oder Radio Shack (ein in Florida weit verbreiteter Elektronikladen) finden. Man muss das Handy aber für Auslandsgespräche freischalten lassen, wodurch sich die Freiminuten reduzieren. Damit Sie sich jedoch auf Ihren Urlaub konzentrieren und keine wertvolle Zeit mit der Suche nach einem Mobiltelefon vertun müssen, können Sie sich auch von zu Hause aus vorab um das mobile Telefonieren in den USA kümmern. Ein guter Anbieter mit unkomplizierten Konditionen ist **Cellion**. Ausführliche Informationen findet man unter

🌐 www.cellion.de

❗ Eine lauernde Kostenfalle sind die Roaminggebühren für Datenverbindungen. Aktuelle Mobiltelefone und Smartphones (ebenso auch manche Netbooks und Tablets) arbeiten standardmäßig mit einer dauerhaft aktivierten Datenverbindung, die durch die Roaminggebühren innerhalb kürzester Zeit hohe Kosten verursachen kann. Mittels dieser Verbindung werden zum Beispiel die Internet- und E-Mail-Funktionen der Geräte betrieben. Diese Datenverbindung lässt sich bei den meisten Telefonen problemlos abschalten – im Zweifelsfall sollten Sie zusätzlich Ihren Anbieter kontaktieren, um mögliche Kostenprobleme zu vermeiden.

INTERNET

Auf dieser Reise gibt es viele Möglichkeiten, sich in den Städten, den Hotels und Motels, den Campgrounds oder natürlich in den Internet-Cafés mit dem mitgebrachten Laptop in ein WLAN-Netz einzuwählen. Auf manchen Campgrounds und in manchen Hotels ist es kostenpflichtig, meistens jedoch kostenfrei – man braucht aber immer einen Zugangscode, den man normalerweise an der Rezeption erhält.

Wenn Sie jedoch unterwegs unabhängig von einem WLAN-Hotspot online sein wollen, sollten Sie Ihren Laptop, den Datenstick oder das Tablet mit einer reinen Datentarif-SIM-Karte ausstatten. Eine solche erhalten Sie in Florida in Elektronik- oder Mobilfunkläden für $ 50–60 für 2,5 bis 5 GB Datenvolumen. Per Kreditkarte kann man Monatsverträge abschließen. Auch hier ist wegen der guten Verbreitung der Anbieter AT&T eine Empfehlung. Im Anschluss an die Reise darf man nicht vergessen, den gewählten Vertrag wieder zu kündigen (was jederzeit möglich ist, keine Mindestlaufzeiten).

Übrigens: Wer in den USA nach WLAN fragt, wird ratlose Blicke ernten. „Wireless LAN" heißt in Amerika Wi-Fi.

KINDER

So kinderfreundlich die Amerikaner sind, so kinderfreundlich sind die Einrichtungen ihres Landes. Sei es das Kindermenü im Restaurant, sei es die kostenlose Unterbringung der Kinder im Motelzimmer der Eltern oder sei es die überschwängliche Freundlichkeit, mit der die Menschen auf die lieben Kleinen zugehen. Auch pädagogisch werden Kinder lehrreich versorgt: In den National Parks bieten die Ranger eigens für Kinder konzipierte Programme an, in den Museen gibt es Führungen und Videovorträge nur für Kinder. Neben dem Naturerlebnis, den Städte-Highlights und natürlich der Disney-Welt machen solche interaktiven Programme das Land zu einem familienfreundlichen Ziel.

MASSE UND GEWICHTE

1 inch (in)	2,54 cm
1 foot (ft)	30,48 cm
1 yard (yd) = 3 ft.	91,44 cm
1 mile (mi) = 1760 yd	1,609 km
1 fluid ounce (fl. oz.)	29,57 ml
1 gallon (gal)	3,79 l
1 ounce (oz)	28,35 g
1 pound (lb)	453,59 g

1 cm	0,39 in
10 cm	0,33 ft
1 m	1,09 yd
1 km	0,62 mi
1 l	0,624 gal
100 g	3,527 oz
1 kg	2,205 lb
10 kg	1,57 stone

MOSKITOS

In den schwülen Sommermonaten wird Süd-Florida von regelrechten Moskitoplagen heimgesucht. Ihre „Saison" beginnt rund um Key Biscayne im Juni, im Everglades National Park bereits im Mai. Dann helfen nur noch Unmengen von Mückenspray, langärmlige Oberteile und lange Hosen gegen die Stechtiere. Man unterscheidet zwei Sorten der Stechmücken: Die etwas größeren Moskitos und die kleineren, die die Amerikaner bezeichnenderweise „no-see-ems" nennen – das heißt, man sieht sie nicht, spürt sie aber umso mehr. Sie werden auch „Biting Mitches" genannt und ihre Bisse verursachen große, rote, stark juckende Flecken auf der Haut. Sogar die engmaschigen Netze, die vor allem an der Golfküste oft zum Schutz vor den Stechtieren über die Terrassen vor den Häusern gespannt sind, lassen die kleinen Biester durch und bieten keinen ausreichenden Schutz. Lassen Sie sich vor Ort beraten, welche Sprays die Moskitos am effektivsten abwehren.

NATIONAL UND STATE PARKS

Im ersten Moment denkt man bei der Bezeichnung National Park an einen Freizeit- oder Vergnügungspark. Das trifft die Bedeutung der amerikanischen National Parks aber mitnichten. Es handelt sich im Gegenteil um speziell geschützte Gebiete der Natur. Die **State Parks** haben in Florida ebenfalls eine mindestens genauso große, wenn nicht größere Bedeutung und sind recht zahlreich vertreten. Sie bieten in der Regel dasselbe Programm wie die National Parks mit Ranger-Service, Schutzgebiet, Wanderwegen und im Falle Floridas jeder Menge Wasser – sei es am Meer, an Flüssen, Seen oder Quellen. Zu guter Letzt gibt es Erholungsgebiete, die sogenannten Recreation Areas, die oft ebenfalls als Schutzgebiete ausgewiesen sind.

Neben Rangern, die das Schutzgebiet verwalten, gibt es Regeln, die zum Beispiel Erkundigungen im Hinterland oder in der Wilderness auf eigene Faust einschränken oder ganz untersagen. In vielen Fällen brauchen Sie für besonders tief in die Landschaft eindringende Wanderungen oder Kanutrails sogenannte Permits, das sind Erlaubnisse der Ranger, dass Sie diese Wanderung unternehmen dürfen. Das gilt vor allem für ausgewiesene Naturschutzgebiete, für die es Wilderness Permits gibt (▶ Seite 321).

Im Internet findet man fast alle amerikanischen Schutzgebiete unter 🌐 www.nps.gov. Die National Parks kosten in Florida keine einheitliche Eintrittsgebühr. Während der Biscayne National Park frei zugänglich ist, kostet der Dry Tortugas National Park $ 10 pro Person ab 16 Jahren, der Everglades National Park $ 25 pro Fahrzeug. Es gibt einen „America the Beautiful – Annual Pass" für $ 80. Mit diesem Pass können Sie ein Jahr lang beliebig viele National Parks besuchen. Im Fall der beschriebenen Route rechnet sich dieser Pass nicht. Wenn Sie aber weitere Verwendung für den Pass haben, zum Beispiel, weil Sie innerhalb eines Jahres erneut in die USA reisen wollen, erhalten Sie den Pass an allen Eingängen der National Parks und National Monuments beziehungsweise auch schon vorab über die Seite 🌐 www.nps.gov.

Insgesamt betrachtet sind die National Parks und im Falle Floridas die vielen State Parks jeden Dollar Eintrittsgeld wert. Überall findet man liebevoll und gebäudetechnisch authentisch gestaltete Visitor Center, die ausführliches Informationsmaterial zur Verfügung stellen. Hier stehen auch die Park Ranger bereit, um geduldig alle Fragen zu beantworten, Tipps zu geben und geführte Touren anzubieten. In den allermeisten Fällen schließt sich noch ein Museum an (meist sind die Exponate recht aufwändig und ansprechend dargestellt), es gibt Erfrischungen, Souvenirs und Literatur zu kaufen, und Sie finden überall ordentliche sanitäre Anlagen.

Viele Wanderungen (Trails) sind in den Schutzgebieten für die Besucher angelegt und werden auch gut gepflegt. Die Highlights finden Sie stets ausführlich in den Besucherzeitungen und -broschüren beschrieben. An den Parkeingängen wird Ihnen direkt bei Ankunft das jeweilige Informationsmaterial ausgehändigt. Sie finden darin alles für diesen National oder State Park Relevante: die Übernachtungsmöglichkeiten, klimatische Bedingungen, Wissenswertes über Flora und Fauna, das Angebot der Ranger, Aktivitäten aller Art, Wandervorschläge, Tipps für Ihre Erkundigungen und vieles mehr.

Die Parks sind ganzjährig geöffnet, es gibt nur wenige Einschränkungen beispielsweise wegen Überflutungsgefahr in den Sommermonaten im Everglades National Park. Das betrifft dann aber nur einen von vier Eingängen.

ÖFFNUNGSZEITEN

Die Supermärkte in den Großstädten haben meist rund um die Uhr inklusive sonntags geöffnet, Malls und Einkaufszentren im Allgemeinen außer sonntags bis etwa 21 Uhr. Ansonsten kann man in Supermärkten außerhalb der Städte normalerweise von 8 bis 21 Uhr, in manchen auch bis 24 Uhr einkaufen, bei Wal Mart überall rund um die Uhr. Öffentliche Einrichtungen wie Postämter oder Touristeninformationen sind meist von 9 bis 17 Uhr geöffnet, die touristischen Anlaufstellen in der Hauptsaison auch länger. Die Outlets haben individuelle Öffnungszeiten, die meisten sind auch sonntags geöffnet.

In den Restaurants wird mittags zwischen 11.30 und 14.30 Uhr Mittagessen serviert, Abendessen gibt es zwischen 17 und 22 Uhr.

RAUCHEN

Rauchverbot besteht in öffentlichen Gebäuden und Verkehrsmitteln. In Hotels gibt es oft ausgewiesene Raucherzimmer, die aber meist schlechter und teurer sind als Nichtraucherzimmer. Die Tendenz geht zu ausgewiesenen Nichtraucherhotels. Tabakwaren dürfen nur an über 18-Jährige verkauft werden. Insgesamt ist die Einstellung gegenüber Tabakkonsum nicht so rigoros wie in Bezug auf Alkohol.

SEHENSWÜRDIGKEITEN

Auf der beschriebenen Rundreise auch nur annähernd alle Sehenswürdigkeiten besuchen zu wollen, ist utopisch. In diesem Routenreiseführer ist bereits eine umfangreiche Auswahl enthalten. Es empfiehlt sich zusätzlich unterwegs auf die braunen Schilder am Straßenrand zu achten, die immer auf ein besonderes Ziel (meist sind dies State Parks und Ziele in der Natur) hinweisen.

SHOPPING

Für viele ist eine Reise nach Florida ein Synonym für Shoppen. Jeder touristische Ort in Florida bietet vielfältige Einkaufsmöglichkeiten, angefangen bei der Shopping Mall mit großem Supermarkt, Imbissen, Dienstleistungen wie Arztpraxen und manchmal auch einem Restaurant (meist Fast Food). Hauptattraktion für Einkaufs-Fans sind jedoch die **Factory Outlets** – das sind Fabrikverkäufe von Markenartikeln zu günstigen Preisen (Preisnachlass bis zu 70 Prozent). Eines der größten Outlet-Center der Welt befindet sich in Fort Lauderdale, die **Sawgrass Mills Mall**. Eine sehr gute Übersicht, wo man welches Outlet findet, wie viele Shops es hat und vor allem Adresse und Öffnungszeiten gibt es unter 🌐 www.florida-infoguide.de/florida-shopping-malls-outlets.htm.

Eine besondere Empfehlung sind die Miromar-Outlets. Sie gehören zu den günstigsten, haben gute Angebote und alle denkbaren Marken, die man sich nur wünschen kann. Sie wurden schon mehrfach zum „Best Factory Outlet Shopping Center" in Südwestflorida gewählt. Informationen und Standorte der Outlets findet man unter 🌐 www.miromaroutlets.com.

Wer auf Shopping-Tour gehen möchte, um sich günstig mit Kleidung einzudecken, wird vom Angebot überwältigt sein. Auch die Qualität der Waren und das umfangreiche Produktangebot rechtfertigen es, die Zeit vom Urlaubstagekonto abzuzweigen. Die touristische Hochsaison im Frühjahr zur Osterzeit hat zumindest den Vorteil, dass überall „Sale" ist – das ist der Frühjahrsausverkauf, bei dem man richtige Schnäppchen machen kann.

💡 Markenkleidung aller Art (vor allem Jeans von Levi's und Wrangler) gibt es zu unschlagbar günstigen Preisen bei Wal Mart. Die Preise sind zum Teil deutlich unter denen der Outlets!

Beliebte Mitbringsel aus Florida sind T-Shirts mit entsprechenden Aufdrucken, indianisches Kunsthandwerk, Muschelschalen, Schwämme aller Arten und handgedrehte Zigarren.

Beachten sollte man im Kaufrausch jedoch, dass nach Deutschland mitgebrachte Waren und Geschenke nur bis zu einem bestimmten Betrag steuerfrei sind. Die **Zollfreimenge** der gekauften Ware bei der Rückkehr nach Deutschland liegt aktuell bei € 430 pro Person. Übersteigen die Einkäufe die genannte Freimenge, sind Einfuhrabgaben zu entrichten und die entsprechenden Waren bei Ankunft in der Europäischen Union anzumelden. Hierzu benutzt man am Flughafen den roten Ausgang für anmeldepflichtige Waren beim Verlassen des Zollbereichs. Dort werden dem Zollbeamten die Waren benannt. Nähere Informationen unter 🌐 www.zoll.de.

SICHERHEIT

In den 90er-Jahren häuften sich die Meldungen über Touristenmorde in Florida. Autofahrer wurden mit ihrem Fahrzeug gerammt, ausgeraubt und erschossen. Das betraf vor allem den Ballungsraum Miami – Fort Lauderdale – Palm Beach. Seit diesen Ereignissen sind Mietwagen in den USA nicht mehr als solche erkennbar, um die Insassen nicht für jedermann als Touristen kenntlich zu machen. Die Situation hat sich zwar heute weitgehend beruhigt, Vorsicht ist in Florida aber nach wie vor angebracht. Einige Regeln sollte man unbedingt beachten, um sich keiner unnötigen Gefahr auszusetzen: Parkanlagen, ungepflegte Viertel und unübersichtliche Straßen sollte man nach Einbruch der Dunkelheit meiden. Man sollte möglichst nicht alleine unterwegs sein. Wenn man in einen Unfall verwickelt wird, der sich auf seltsame Weise zugetragen hat, sollte man erst einmal im verschlossenen Fahrzeug sitzen bleiben und die Situation einschätzen. Vorher nicht aussteigen!

Es gibt einige Vorkehrungen, die zur Minimierung des Schadens bei einem Überfall beitragen können: Nie zu viel Bargeld bei sich tragen, Wertgegenstände und größere Bargeldmengen sollten im Hotelsafe bleiben. Statt Schultertaschen nehmen Sie lieber eine feste und nicht sichtbare Gürteltasche mit. Den Schmuck lassen Sie am besten ganz zu Hause.

Bei Problemen wählen Sie die Notrufnummer der Polizei, das ist in den gesamten Vereinigten Staaten die 911. Mit dieser Nummer alarmieren sie auch die Feuerwehr oder rufen einen Krankenwagen.

Heute ist vor allem die Drogenkriminalität ein großes Problem in Florida. Die Nähe zu den mittel- und südamerikanischen Drogenproduktionsstätten hat die Gegend um Miami zu einem gefährlichen Drogenumschlagplatz werden lassen.

Auch die ausgeprägten sozialen Kontraste innerhalb einer multikulturellen Bevölkerung führen immer wieder zu Problemen, mit denen die Sicherheitskräfte zu kämpfen haben.

Ein Risiko ganz anderer Art kann das Baden vor allem an den Atlantikstränden sein. Hier sind Wellengang und Strömung mitunter gefährlich. Nicht so sichere Schwimmer sollten an bewachten Stränden ins Wasser gehen.

SPRACHE

In Florida wird – klar! – amerikanisches Englisch gesprochen. Das unterscheidet sich zwar vom Schulenglisch (und zwar sowohl im Vokabular als auch in der Aussprache), wer aber befürchtet, komplett zu versagen, irrt sich. Die Einwohner bemühen sich ganz offensichtlich um eine langsame, wohl artikulierte Sprache, wenn sie an Touristen geraten. Das fällt extrem auf und ist eine höfliche Geste der Gastgeber, die dafür berühmt sind, Silben gerne mal zu verschlucken.

Hilfreich ist es, einige Vokabeln zu kennen, die speziell in Florida beziehungsweise auf Ihrer Rundreise von Bedeutung sind:

Spezifische Vokabeln

Englisch	Deutsch
airboat	Propellerboot
apartment	Wohnung
carribbean	Karibik
daylight saving time	Sommerzeit
first floor	Erdgeschoss
first name	Vorname
flash flood	Plötzliche Wassermassen nach starken Regenfällen
flashlight	Taschenlampe
hammock	Hartholz-Bauminsel
hurricane	Hurrikan, Wirbelsturm
junk food	Essen ohne Nährwert
last name	Nachname
long distance call	Ferngespräch
manatee	Seekuh
restroom	Toilette
RV (Recreation Vehicle)	Wohnmobil
second floor	erster Stock

Englisch	Deutsch
swamp	Sumpf, Flachmoor
trailer	Wohnwagen
tropical	tropisch
wilderness	unberührtes Gebiet, Wildnis
zip code	Postleitzahl

Geläufige Abkürzungen

Abkürzung	Bedeutung
BLT	Bacon, Lettuce and Tomatoe (Schinken, Salat und Tomaten): Sandwich
BBQ	Barbecue
Dept.	Department (Abteilung)
ID	Identification (Ausweis)
Limo	Limousine (nicht Limonade!)
P.O. Box	Post Office Box (Postfach)
X-mas	Christmas (Weihnachten)
X-ing	Etwas kreuzt die Straße

Nützliche Redewendungen

Deutsch	Englisch
Entschuldigung!	Excuse me!
Danke	Thank you (very much)
Bitteschön	You are welcome (nicht: Sie sind willkommen!)
Wie geht's?	How are you?
Es freut mich, Sie kennenzulernen.	Nice to meet you.
Woher kommen Sie?	Where are you from?
Einen schönen Tag!	Have a nice day
Ich verstehe Sie nicht	I don't understand you
Wie bitte?	Pardon me?
Ich spreche nur wenig Englisch.	I only speak a little English.
Können Sie mir bitte helfen?	Can you help me, please?
Könnten Sie das bitte wiederholen?	Could you repeat that, please?

Deutsch	Englisch
Wie viel kostet das?	How much is it/that?
Kann ich mit Kreditkarte bezahlen?	Can I pay by credit card?
Wie viel Uhr ist es?	What time is it?
Wie ist Ihr Name, bitte?	What's your name, please?
Mein Name ist ...	My name is ...
Ich habe eine Panne.	My car is broken down.
Wo ist der nächste Arzt/Zahnarzt?	Where is the nearest doctor/dentist?
Das ist ein Notfall!	This is an emergency!
Ich habe bei Ihnen ein Zimmer reserviert.	I have booked a room
Wir hätten bitte gerne einen Tisch für 4 Personen.	We'd like a table for four, please.
Rechnung/Bezahlen, bitte	May we have the bill, please?

SPORTMÖGLICHKEITEN

Angeln
Angeln ist Volkssport in Florida. Bei so viel Wasser allüberall ist das auch kein Wunder. An den beiden Ozeanen ist das Angeln kein Problem. Man kann von den Piers aus die Angel ins Wasser auswerfen. Diese kosten zwar manchmal Eintritt, aber man braucht keine Lizenz. An den Seen und Flüssen vor allem im Landesinneren jedoch ist eine **Fishing License** nötig (🌐 $ 17 pro Genehmigung mit einem Jahr Gültigkeit). Man erhält sie ganz unkompliziert in den Geschäften für Anglerbedarf, in Outdoor-Läden oder bei den lokalen Finanzbehörden. Informationen findet man unter 🌐 http://myfwc.com/license.

Baden
Die Ostküste ist mit einem fast durchgehenden Strand aus feinem Sand, Dünen und warmen Wassertemperaturen wie gemacht für einen Badeurlaub. Noch wärmer ist der Golf von Mexiko, wo der Seegang zusätzlich seichter ist als auf der Atlantikseite. Hier verstecken sich die meisten Traumstrände des Staates.

Golf
Der Sunshine State ist ein Eldorado für Golfer. Über tausend Golfplätze im ganzen Staat sorgen dafür, dass jeder Golfer auf seine Kosten kommt. Kein US-Staat hat so viele Golfplätze zu bieten. Unter 🌐 www.visitflorida.com/en-us/golf.html kann man einen kostenlosen Golfführer anfordern. Wer nicht selbst aktiv werden möchte, kann sich eines der hochkarätigen Turniere anschauen. Und wer es kleiner angehen will: Es gibt unzählige Adventure-Minigolfanlagen in den ausgefallensten Erscheinungsbildern, von der Piratenhöhle bis zum Safaripark.

Kanu-, Kajakfahren
Hunderte von Kilometer lange Wasserwege lassen das Herz jedes Kanuten und Kajakfahrers höher schlagen. Nicht nur an den beiden Ozeanküsten, sondern auch auf zahlreichen Wasserläufen, Kanälen und Seen im Binnenland kann man diesem Wassersport nachgehen. Ganz Sportliche können die Halbinsel auf dem **Intracoastal Waterway** umrunden oder auf dem **Okeechobee Waterway** durchqueren. Auch die Fahrten durch Sumpfgebiete sind sehr beliebt. An den entsprechenden Stellen kann man Kanus und Kajaks mieten.

Radfahren
In den Küstenstädten werden überall Fahrräder zur Miete angeboten, um auf einem immer ausgeprägteren Wander- und Radwegenetz den Staat per Drahtesel zu erkunden. Entsprechende Trails gibt es auch in den Naturschutzgebieten; in den National Parks, den State Parks und Recreation Areas sind sogar spezielle Trails für Radler angelegt, nicht selten in Verbindung mit einem Verleih. Als Radwege dienen auch immer mehr ausgelassene Fahrwege und Bahntrassen. Besonders reizvoll ist es, die Inselgruppen am Golf von Mexiko mit dem Fahrrad zu erleben.

Surfen
Für Surfer, die noch am Anfang ihrer Karriere stehen, ist das Gebiet an der Atlantikküste zwischen Daytona Beach und Cape Canaveral gut geeignet. Die Wellen sind dort zwar meist niedrig, aber gerade deshalb für Anfänger gut geeignet. Unterhalb von Cape Canaveral befindet sich bei Cocoa Beach die Surfer-Hauptstadt der Ostküste. An der Golfküste gibt es dagegen fast gar keinen Wellengang, sodass das Surfen auf dieser Seite weniger sinnvoll ist.

Tauchen und Schnorcheln
Bei einer Reise nach Florida muss unbedingt eine Schnorchelausrüstung ins Gepäck. Das

klare Wasser bietet beste Voraussetzungen zum Beobachten und Fotografieren. Im Biscayne National Park und im Dry Tortugas National Park ist es quasi Pflicht, tauchen oder zumindest schnorcheln zu gehen. Auch die Gewässer um die Florida Keys sind sehr beliebt. Hier kann man nicht nur die Unterwasserwelt der Korallenriffe bestaunen, sondern auch auf Schiffswracks stoßen. Um in Florida tauchen gehen zu können, braucht man einen Tauchschein (vor Ort in mehrtägigen Kursen erwerbbar). Allemal eindrucksvoll ist aber schon das Unterwassererlebnis mit Schnorchel und Brille. Beides kann man überall kaufen, in den Urlaubsorten auch stundenweise mieten.

Wandern

Beim Wandern liegt der Fokus in Florida eindeutig auf den National Parks, den State Parks und anderen Naturschutzgebieten. Viele der angelegten Nature Trails haben Lehrcharakter und informieren über Landschaft, Geschichte, Flora und Fauna des Gebietes. Oft führen sogenannte **Boardwalks** (Holzstege) über Sumpfgebiete und zu Aussichtspunkten. Das ist auch gut so, denn die höher gelegten Stege bieten eine gewisse Distanz zu den überall präsenten Alligatoren. Eine Besonderheit ist der Florida Trail, ein Fernwanderweg, der auf über 2.000 Kilometern Länge einmal quer durch Florida führt. Viele Wanderer begehen Teilstücke davon, vor allem die innerhalb von State Parks, State Forests und County Parks. Der gesamte Trail beziehungsweise seine Teilstücke sind auch für Rucksackwanderer bestens geeignet. Einen guten Überblick, auch über die Rund- und Seitenwege des Trails und Übernachtungsmöglichkeiten, findet man unter www.floridatrail.org.

STRASSEN

Landläufig geht man davon aus, dass der amerikanische „**Highway**" der europäischen „Autobahn" entspricht, das ist aber ein Trugschluss. Der Highway wird meist vom entsprechenden Bundesstaat unterhalten und trägt dessen Kürzel – im Falle von Florida ist das FL. In Florida sind die meisten Scenic Byways US-Highways. Der Florida Keys Scenic Highway von Key Largo nach Key West heißt beispielsweise US-1. Solche Straßen entsprechen am ehesten Bundesstraßen in unserer Vorstellung, sind aber viel idyllischer und wirken wegen ihrer Weitläufigkeit weniger befahren, zumal sie sich außerhalb der Ballungsräume befinden. In Florida verlaufen sie zumeist parallel zu den großen, viel befahrenen Straßen, die meist Interstates sind (siehe nebenstehend). Da die Highways in Florida mit Ampeln reich gesegnet sind, ziehen viele Touristen die weniger reizvollen, großen Straßen vor. Entscheiden Sie sich für die landschaftlich reizvolleren Highways, müssen Sie einen entsprechend großzügigen zeitlichen Puffer einbauen, der oft mehrere Stunden betragen sollte.

Zu erkennen sind die Highways an den weißen Schildern mit schwarzer Schrift. Oft wird auf diesen Hinweisschildern die konkrete Stadtangabe ausgespart, stattdessen lesen Sie meist nur die Bezeichnung des Highways und die jeweiligen Himmelsrichtungen, wenn das Schild an einer Kreuzung steht. Sie sollten also immer up to date sein, welchen Highway Sie als nächstes in welche Richtung befahren müssen.

Unserer Autobahn entspricht die amerikanische „**Interstate**", die durch ihre blau-weiße Beschilderung gekennzeichnet ist. Da kommt schon mehr das bekannte Autobahn-Feeling auf, denn die Straßen sind meist mindestens sechs-, manchmal sogar achtspurig (vor allem im großstädtischen Bereich). Im Gegensatz zu unseren Autobahnen ist allerdings das Überholen auf der rechten Spur erlaubt, das heißt, Sie müssen beim Spurenwechseln sowohl nach rechts als auch nach links dieselbe Vorsicht walten lassen. Besonders ist, dass die Ausfahrten auch nach links abgehen können, Sie also gegebenenfalls einmal quer über alle Spuren wechseln müssen. Für europäische Verhältnisse undenkbar, im eher ruhigen Fluss auf einer Interstate aber eigentlich ganz unproblematisch.

Manche Straßen sind in Florida gebührenpflichtig. Dann steht unter der Straßenbezeichnung „Toll" für „Maut" (▶Seite 303).

TELEFONIEREN

Es ist nicht wirklich einfach, aus Florida in Deutschland beziehungsweise Europa anzurufen. Zunächst muss man den Zeitunterschied bedenken, um niemanden mitten in der Nacht aus dem Bett zu scheuchen. Dann ist es fast unmöglich, mit einem Münztelefon ein Übersee-Gespräch zu führen. Sie wählen zunächst die 1, dann die Vorwahl und Rufnummer, woraufhin Ihnen eine Computeransage die fälligen Gebühren nennt. Diese in Münzen einzuwerfen, führt nicht immer zum gewünschten Erfolg. Entweder verweigert der Apparat die Münzen oder es sind – trotz vorheriger Ansage – zu wenige. Wesentlich unkomplizierter ist das Telefonieren mit einer **Phone Card**, die man in Geschäften, an Tankstellen und bei allen touristischen Einrichtungen kaufen kann. Diese gibt es mit den bereits aufgeladenen Werten 10, 20 oder 50 Dollar. Das meiste Geld zahlt man bei dieser Variante für das Zustandekommen der Verbindung. Hat man den Teilnehmer erst einmal an der Strippe, kann man erstaunlich lange für wenig Geld telefonieren. Es kann aber auch passieren, dass eine nicht geringe Gebühr von der Karte abgezogen wird, obwohl am anderen Ende der Leitung besetzt ist oder niemand abgenommen hat.

Die amerikanischen Telefonnummern bestehen aus einer dreistelligen Vorwahl, dem Area Code und einer siebenstelligen Rufnummer. Wählt man die 0, erhält man einen Operator, der weiterhelfen kann. Rufnummern mit der Vorwahl 800, 866, 877 und 888 sind kostenfrei (toll free).

Gerade wenn man mit dem Operator plaudert oder im Motel ein Telefongespräch anmelden möchte (was allerdings sehr teuer ist!), ist ein kleines Grundvokabular unbedingt nötig.

Sprachhilfe Telefonieren

Englisch	Deutsch
Can I leave a message?	Kann ich eine Nachricht hinterlassen?
dial	wählen
please hold	Bitte warten/bleiben Sie dran

Englisch	Deutsch
answer the phone	ans Telefon gehen
pick up the phone	zum Hörer greifen
area code	Vorwahl
I can't hear you.	Ich kann Sie nicht hören.
Could you speak up, please?	Könnten Sie etwas lauter sprechen?
local call	Ortsgespräch
collect call	R-Gespräch, Gebühr bezahlt Empfänger
Thank you for calling.	Danke für den Anruf

Für Europäer ungewöhnlich wird es, wenn die letzten Ziffern der Telefonnummer in Buchstaben angegeben werden (vanity number), was die Amerikaner gerne zu tun pflegen. Es ist ein Blick auf die Telefontastatur nötig, um eine Nummer richtig „verstehen" zu können. Steht da zum Beispiel 1-800-RV4Rent, heißt dies „übersetzt": 1-800-784-7368.

Als kleine Hilfestellung hier die entsprechende Tastatur:

1	2	3
	abc	def
4	**5**	**6**
ghi	jkl	mno
7	**8**	**9**
prqs	tuv	wxyz

Internationale Vorwahlen
(von den USA aus, jeweils + Vorwahl (ohne 0) + Teilnehmernummer):
Deutschland: 01149
Österreich: 01143
Schweiz: 01141
USA: 001 (von Europa aus)

Gespräche innerhalb der USA
Innerhalb eines Telefonbezirks:
1 + Teilnehmernummer
Landesweit:
1 + Vorwahl (Area Code) + Teilnehmernummer

TRINKGELD

In Europa bekommen Bedienungen im Restaurant das Trinkgeld als Dreingabe zum Verdienst – nicht so in Amerika. Dort macht das

319

Trinkgeld („Gratuity" oder „Tip") meist einen Großteil des Gehaltes der Bedienung aus. Irritierend werden Sie es anfangs finden, dass ein Trinkgeldanteil in Höhe von genau 18 Prozent auf der Rechnung schon als eigene Position ausgewiesen ist. Zwar bleibt das Bezahlen des entsprechenden Betrags dennoch freiwillig, eine Weigerung würde jedoch zu einer peinlichen Situation führen. Ist das Trinkgeld nicht in der Rechnung inbegriffen, müssen Sie beim Bezahlen daran denken. Die Höhe des Trinkgelds richtig sich natürlich auch nach Ihrer Zufriedenheit, es sollte aber schon im Bereich 15–20 % liegen. In Fast-Food-Restaurants ist Trinkgeld dagegen nicht üblich.

Dem Gepäckträger am Hotel stehen etwa $ 2 pro Gepäckstück zu, dem Zimmermädchen sollten Sie $ 2–4 pro Übernachtung im Zimmer zurücklassen. Denken Sie auch bei der Taxifahrt an Trinkgeld in Höhe von etwa 15 Prozent des Fahrpreises für den Fahrer. Gleiches gilt auch für andere Dienstleistungen (z.B. Friseurbesuch).

Bei Zahlung mit Kreditkarte tragen Sie unter dem Rechnungsbetrag den Trinkgeldbetrag im Feld „Tip" ein. Von Ihrer Karte wird dann der Gesamtrechnungsbetrag inklusive Trinkgeld abgebucht.

TRINKWASSER

Egal, ob es das Duschwasser im Hotel oder das zum Essen servierte Wasser im Krug ist –Wasser, das aus der Leitung kommt, ist in Nordamerika mehr oder weniger leicht mit Chlor versetzt. Das ist beim Duschen oder Waschen noch unproblematisch, im Trinkwasser ist der Geschmack aber gewöhnungsbedürftig, wenn auch nicht gesundheitsschädlich. Wenn Sie den chlorigen Beigeschmack nicht mögen, sollten Sie sich mit Trinkwasser aus dem Supermarkt eindecken. Die günstigste Variante ist einfaches Wasser ohne Kohlensäure (Spring Water), das meist in größeren Kanistern erhältlich ist und entsprechend lange vorhält. Dieses Wasser sollten Sie auch zum Kochen benutzen.

Nicht zum Trinken geeignet ist das „fresh water" Ihres Wohnmobils, dieses sollten Sie nur zum Spülen, Duschen etc. benutzen. Das Zähneputzen ohne Schlucken des Wassers ist dagegen meist unbedenklich.

UHRZEIT UND DATUM

In den USA gibt es bei der Zeitangabe grundsätzlich kein 24-Stunden-System. Der Tag wird vielmehr in zweimal 12 Stunden unterteilt, das heißt, die Uhrzeiten von Mitternacht bis 12 Uhr mittags werden mit a.m. (ante meridiem, lat. für „vor Mittag") angegeben und die Stunden von mittags bis Mitternacht mit p.m. (post meridiem, lat. für „nach Mittag").

Die Datumsangabe steht nicht in der für uns gewohnten Reihenfolge – die Amerikaner geben zuerst den Monat an, dann den Tag und zuletzt das Jahr. Der 1. März 2014 wird also so geschrieben: 03/01/14.

UMGANGSFORMEN

In den USA geht man weit weniger förmlich miteinander um als in Europa. Wenn man sich jemandem vorstellt, tut man dies mit seinem Vornamen, was aber nicht mit dem Duzen zu vergleichen ist, das wir kennen. Bei der Begrüßung die Hand zu reichen, ist nicht unbedingt üblich und findet – wenn überhaupt – nur beim ersten Kennenlernen statt oder wenn man förmlich vorgestellt wird.

Grundsätzlich begegnen die Amerikaner in Florida den Europäern herzlich, hilfsbereit und sehr freundlich. Egal, ob selbst Tourist oder Einheimischer – sie sind daran interessiert, woher man kommt, was man schon alles in den USA gesehen hat und wie man das Land findet. Nie würde man nebeneinander auf einer Bank sitzen, ohne ein paar Worte zu wechseln. Man soll sich aber nichts vormachen – es steckt auch ein wenig Oberflächlichkeit in diesem Wesenszug. Eine schnell mal ausgesprochene Essenseinladung ist normalerweise nicht wirklich ernst gemeint.

In den Restaurants, Visitor Centern und auf den Campgrounds ist das freundliche und offene Auftreten der Amerikaner besonders offenkundig. Es verhält sich allerdings ganz so, wie wir es auch gerade aus Europa kennen: Begegnet man sich auf einer Wanderung in Oberbayern oder im Schweizer Bergland, grüßt man sich auch grundsätzlich. In einer Großstadt wie München oder Zürich hetzen die Menschen allerdings wieder achtlos aneinander vorbei. Ähnliche „Verhaltensveränderungen" dürfen Sie auch in Florida erwarten.

UMWELTSCHUTZ

Wer mit dem Klischee im Kopf in die Staaten reist, eine in Sachen Umweltschutz komplett ignorante Gesellschaft anzutreffen, sieht sich positiv überrascht. Es gibt sichtbare Bemühungen hinsichtlich eines Recyclingprogramms mit Mülltrennung. Der Müll, der in der Natur entsteht, sollte auf alle Fälle wieder mit zurück zu den Müllcontainern genommen werden. Nur so haben alle nachfolgenden Besucher denselben Spaß an der unberührten Landschaft.

Im Straßenverkehr kann man dazu beitragen, Umweltbelastungen zu vermeiden, indem man auf verbrauchsarmes Fahren achtet. Bei mehreren Übernachtungen im selben Hotel beziehungsweise Motel kann man klar signalisieren, dass die Handtücher nicht täglich gewechselt werden müssen, indem man sie nach Benutzung wieder an der Stange aufhängt.

Es ist in der Diskussion, dass Florida der Behörde CARB (Californian Air Resources Board) beitritt, die in Kalifornien eine Abgasgesetzgebung mit eigenen Grenzwerten, Standards und Abgasklassen erlassen hat. Die Amerikaner sind aber, trotz ihres erwachenden Umweltbewusstseins, in Sachen Umweltschutz in einigen Punkten immer noch weit hinter den Europäern zurück. Sie verbrauchen einen unverhältnismäßig hohen Anteil der Weltenergie, konsumieren deutlich mehr Wasser, Kohle und Strom und fahren Fahrzeuge mit hohem Benzinverbrauch – und haben überhaupt einen überdurchschnittlichen Benzinverbrauch durch vieles Fahren, sowohl kleinster als auch riesiger Strecken. Als europäischer Gast im Land muss man nun nicht unbedingt dazu beitragen, solche exorbitanten Werte weiter mit in die Höhe zu treiben.

WÄSCHE WASCHEN

Sehr viele Campgrounds und Hotels bieten Waschmaschinen an, in denen Sie Ihre Wäsche selbst waschen und danach in den Trockner stecken können. Ihre Reise sollte mit diesem Service flächendeckend ausgestattet sein. Hat Ihr Campground oder Hotel gerade keine Waschmöglichkeiten, gibt es in den Städten auch Läden mit Waschautomaten (Laundry), die meist münzbetrieben sind und mit dem Einwurf von Quarters (25c-Stücke) funktionieren. Eine Waschmaschinenladung kostet etwa $ 2,50, ein Trocknerdurchgang $ 1,50.

WILDERNESS PERMIT

Auf unserer bereisten Strecke gibt es Wilderness Areas, unter denen man Naturschutzgebiete versteht, die besonders geschützt werden. Hier gibt es keine Infrastruktur, also keine Straßen, Gebäude, Campingplätze oder sonstige Einrichtungen. Gebietsweise werden Wege gepflegt, jedoch nicht sehr ausgeprägt. Um diese Gebiete im Rahmen einer Wanderung mit Übernachtung oder zum Teil auch nur für Tageswanderungen zu betreten, braucht man eine Wilderness Permit. Damit wird die Zahl der Wanderer in diesem fragilen Schutzgebiet besser kontrolliert. Informationen erhält man jeweils unter den entsprechenden offiziellen Seiten des Parks oder des Gebiets oder in den Visitor Centern. Im Falle Floridas betrifft das weniger Wanderungen als vielmehr Kanutrails durch Schutzgebiete, die bei denen aufgrund der Länge meist Übernachtungen nötig sind. Die Kosten für eine Wilderness Permit betragen etwa $ 10 für bis zu sechs Personen, können aber je nach Gebiet und Jahreszeit davon abweichen.

ZEITVERSCHIEBUNG

Im von uns bereisten Teil Floridas gilt die Eastern Time Zone, kurz EST. Zur Mitteleuropäischen Zeit (MEZ) beträgt der Zeitunterschied 6 Stunden – das heißt, in Florida liegt man 6 Stunden hinter der europäischen Zeit zurück. Von Mitte März bis Anfang November werden Floridas Uhren eine Stunde vor auf Sommerzeit gestellt (Daylight Saving Time). Da der Zeitraum der Sommerzeit fast genau der europäischen entspricht, hat dies keine Auswirkung auf die Zeitdifferenz.

Jetlag

Der Zeitunterschied kann Ihnen nach dem Flug ganz schön zu schaffen machen. Indem Sie mehrere Zeitzonen durchfliegen, werden Ihr Schlaf-Wach-Rhythmus und verschiedene Körperfunktionen gestört – man spricht vom sogenannten Jetlag („Syndrom der Zeitverschiebung"). Weil Tageslicht und Dunkelheit nicht zu den gewohnten Zeiten auftreten, kommen die natürlichen Rhythmen wie Essens- und Schlafenszeit, Hormonproduktion oder Körpertemperatur aus dem Takt. Da die innere Uhr sich nicht kurzfristig an die neue Ortszeit angleichen kann, treten die körperlichen und psychischen Beschwerden des Jetlags in unterschiedlicher Ausprägung auf. Es gibt allerdings ein paar Verhaltensempfehlungen, mit deren Hilfe die Anpassung an die Zeitzone des Zielortes erleichtert wird.

Bereits im Flugzeug sollten Sie Ihre Uhr auf die Uhrzeit des Ziellandes einstellen (die über die Bildschirme an Bord auch jederzeit parallel mit angezeigt wird). Den Tagesrhythmus des Zielortes sollten Sie gleich übernehmen. Das heißt, wenn Sie in der Mittagszeit landen, sollten Sie unbedingt bis zum Abend (Einbruch der Dunkelheit genügt) durchhalten, ohne ein Nickerchen dazwischen zu machen. Da dieses nur äußerst kurz ausfallen dürfte, werden

Sie erstens sowieso nach einer Stunde nur sehr schwer wieder wach und zweitens sind Sie danach noch viel müder als vor dem Schläfchen. Am besten verbringen Sie die Zeit zwischen Landung und Abend hauptsächlich im Freien. Wenn Sie dann noch ins Bett sinken, schlafen Sie ruhig aus und vermeiden an den beiden Folgetagen große körperliche Anstrengungen. Wichtig: In dieser Zeit weder Schlafmittel noch Alkohol konsumieren!

Schon vor dem Flug über mehrere Zeitzonen kann man einiges tun, um die Symptome des Jetlags zu minimieren. Bei Westflügen schon zwei bis drei Tage vorher später als normalerweise zu Bett gehen. Dadurch kann man seinen Biorhythmus der Schlafenszeit am Zielort annähern. Bei Ostflügen gilt umgekehrt, einige Tage vorher ein bis zwei Stunden früher zu Bett gehen. Das verschiebt die Schlafphase nach vorne.

Viele Menschen empfinden die Beeinträchtigungen der Hinreise (Richtung Westen) als weniger schlimm, als die bei der Rückreise Richtung Osten. Das ist nicht nur gefühlt so, sondern wissenschaftlich belegt. Bei Westflügen wie von Mitteleuropa in die USA wird der Tag verlängert. Damit wird die innere Uhr leichter fertig, als mit einer Verkürzung des Tages. Nach einer unbequemen Nacht im Flugzeug landet man beispielsweise in der Mittagszeit im Heimatland und ist todmüde, weil man kaum geschlafen hat und die „biologische Uhr" auf die USA-Zeit und damit auf Nacht eingestellt ist. Man passt sich zwar an die Verkürzung des Tages zunächst schneller an, dadurch sind aber die Auswirkungen des in Unordnung geratenen Rhythmus umso heftiger, und man ist in seiner Leistungsfähigkeit deutlich eingeschränkt. Man geht am Tag der Rückkehr zu früh ins Bett, nach neuer Zeit zwar am Abend, aber der Körper ist eigentlich noch auf Mittagszeit eingestellt. An den Folgetagen bekommt man tagsüber Müdigkeitsanfälle, nachts liegt man oft stundenlang hellwach im Bett. Deshalb sollten Sie auf gar keinen Fall am Tag nach der Heimkehr wieder arbeiten gehen. Geben Sie Ihrem Körper Zeit, wieder in den neuen Rhythmus zu finden – es gibt keine anderen Mittel, dieses Prozedere zu beschleunigen.

Man rechnet pro Stunde Zeitverschiebung mit einem Tag, den die Anpassung an den neuen Rhythmus benötigt. Wundern Sie sich also nicht, wenn Ihre Körperfunktionen eine Woche lang nicht in gewohnter Weise arbeiten.

ZOLL

Da die nachfolgenden Ein- und Ausfuhrbestimmungen immer mal wieder geändert werden, sollten Sie sich frühzeitig über eventuelle Änderungen informieren.

Einfuhr

Neben den Gegenständen des persönlichen Bedarfs (Kleidung, Kamera etc.) dürfen folgende Waren zollfrei in die USA eingeführt werden:

- 200 Zigaretten oder 50 Zigarren oder 3 Pfund Tabak
- 1 Liter alkoholische Getränke pro Person ab 21 Jahren
- Geschenke im Wert von $ 100
- Zahlungsmittel bis $ 10.000
- Wegen Seucheneinschleppungsgefahr dürfen tierische und pflanzliche Frischprodukte (Obst, Wurst, Gemüse) nicht eingeführt werden. Gebäck, haltbar gemachter Käse und Süßigkeiten (ohne Alkoholfüllung!) sind erlaubt.
- Hunde und Katzen dürfen Sie in die USA mitnehmen, wenn die Tiere nicht in den USA bleiben sollen und sie gemäß einem tierärztlichen Attest frei von auf den Menschen übertragbaren Krankheiten sind. Hunde müssen mindestens 30 Tage vor der Einreise gegen Tollwut geimpft worden sein.
- Für die Einfuhr von gefährlichen Arzneimitteln für den eigenen Bedarf ist ein Rezept in englischer Sprache notwendig, das bestätigt, dass Sie diese Medikamente brauchen. Dabei haben müssen Sie außerdem den Beipackzettel und einen entsprechenden Arztbrief. Das betrifft auch scheinbar harmlose Hustenmittel, die aber zum Beispiel Kodein beinhalten, einen Abkömmling des Opiums.

Ausfuhr

Deutschland

Bei der Rückreise nach Deutschland dürfen Sie folgende Waren zollfrei mitnehmen:

- 200 Zigaretten oder 100 Zigarillos oder 50 Zigarren oder 250 g Rauchtabak oder eine anteilige Zusammenstellung dieser Waren
- 1 Liter Spirituosen mit einem Alkoholgehalt von mehr als 22 % oder 2 Liter Alkohol und alkoholische Getränke mit einem Alkoholgehalt von 22 % oder weniger oder eine anteilige Zusammenstellung dieser Waren und 4 Liter nicht schäumende Weine und 16 Liter Bier. (Personen, die Alkohol oder Tabakwaren

einführen, müssen mindestens 17 Jahre alt sein)

Außerdem darf mitgeführt werden:
- 500 g Kaffee oder 200 g Auszüge, Essenzen oder Konzentrate aus Kaffee oder Zubereitungen auf der Grundlage dieser Waren oder auf der Grundlage von Kaffee
- (Bei Kaffee muss das Mindestalter 15 Jahre sein)
- 50 g Parfüms und 0,25 Liter Eau de Toilette.
- Arzneimittel für den persönlichen Bedarf
- Waren bis zu einem Warenwert von 430 Euro (bei Reisenden unter 15 Jahren bis zu einem Warenwert von 175 Euro)

Weitere Informationen und Links findet man unter: 🌐 www.zoll.de

Österreich
Für die Rückreise nach Österreich gilt:
- 200 Zigaretten oder 100 Zigarillos oder 50 Zigarren oder 250 g Rauchtabak
- 1 Liter Alkohol und alkoholische Getränke mit einem Alkoholgehalt von mehr als 22 % oder 2 Liter Alkohol und alkoholische Getränke von höchstens 22 % oder eine anteilige Zusammensetzung dieser Waren und 4 Liter nicht schäumende Weine und 16 Liter Bier. (Für die Einfuhr von Alkohol und Tabakwaren nach Österreich müssen die Personen ebenfalls mindestens 17 Jahre alt sein)
- 500 g Kaffee oder 200 g Kaffee-Extrakt
- 100 g Tee oder 40 g Tee-Extrakt
- 50 g Parfum
- Katzen und Hunde dürfen mit Tollwutimpfzeugnis nach Österreich reisen. Das Impfzeugnis muss mindestens 30 Tage und höchstens ein Jahr alt sein.
- Arzneimittel für den persönlichen Bedarf
- Waren bis zu einem Warenwert von 430 Euro (bei Reisenden unter 15 Jahren bis zu einem Warenwert von 150 Euro)

Weitere Informationen unter:
🌐 www.bmf.gv.at/zoll

Schweiz
Zollfreie Mengen von Waren bei Einreise in die Schweiz sind:
- 200 Zigaretten oder 50 Zigarren oder 150 g Tabak
- 2 Liter alkoholische Getränke bis zu 15 % Alkoholgehalt, 1 Liter alkoholische Getränke über 15 % Alkoholgehalt
- (Beides wieder nur für Personen über 17 Jahre wirksam)

- Waren sind bis zu einem Wert von sfr 300 pro Person zollfrei. Wird dieser Gesamtwert aller Waren überschritten, sind alle Waren abgabepflichtig. (ausgenommen von dieser Wertfreigrenze sind alkoholische Getränke und Tabakwaren, die in oben angegebenen Mengen abgabefrei sind!). Personen unter 17 Jahren dürfen Geschenke bis zu sfr 50 zollfrei in die Schweiz mitnehmen.

Weitere Informationen unter:
🌐 www.ezv.admin.ch

Allgemeine Regelungen
Grundsätzlich darf in keines der drei Länder Folgendes mitgenommen werden beziehungsweise unterliegt strengen Regelungen: Dinge, die unter den Artenschutz fallen (z.B. Elfenbein), Betäubungsmittel, Fleisch und Fleischwaren, Lebensmittel, gefährliche Hunde (Kampfhunde), Gift, Feuerwerkskörper, Schusswaffen und Munition.

Da sich in Florida an vielen Stränden das Sammeln von Muscheln anbietet, sei in diesem Zusammenhang darauf hingewiesen, dass es geschützte Muschelarten gibt, die nicht aus- bzw. eingeführt werden dürfen. Man kann schwer einen pauschalen Tipp geben, sicherlich werden aber vor allem große und seltene Exemplare unter Artenschutz stehen. Generell nicht sammeln und schon gar nicht ausführen dürfen Sie lebende Organismen, inklusive Muscheln.

Sprachhilfe Einreise/Zollabfertigung

Englisch	Deutsch
To declare goods	Waren verzollen
Customs	Zollabfertigung
Entry	Einreise
Departure	Ausreise
Clearing the goods for exportation	Zollabfertigung der Ware zur Ausfuhr
Clearing the goods for import	Zollabfertigung der Ware zur Einfuhr

Checklisten

Hinweis: Die folgenden Listen verstehen sich als Gedankenstütze für die wichtigsten Dinge. Natürlich kann nicht jeder Spezialfall erfasst werden, ebenso werden Sie einige Punkte für sich als nicht notwendig einstufen. Die Ausrüstung und eventuell besondere Vorkehrungen für speziellere Aktivitäten (z.B. Schnorcheln/Tauchen, mehrtägige Kanutouren oder Wanderungen mit Zeltübernachtung) können natürlich zur Sicherstellung einer allgemeinen Anwendbarkeit und Übersichtlichkeit nicht detailliert berücksichtigt werden.

Service: Die Checklisten können Sie sich unter ⊟ **www.seitnotiz.de/NPRFLO2** kostenlos im A4-Format herunterladen.

KONKRETE UND FRÜHE REISEPLANUNG

- ☐ Gültigkeit der Reisepässe kontrollieren (Neubeantragung dauert einige Wochen!), ESTA-Anträge stellen
- ☐ Flugrecherche und Buchung, Vergleiche von Angeboten der Reisebüros und des Internets
- ☐ Hotelreservierung; beachten Sie, ob es einen Shuttle-Service vom Flughafen zum Hotel gibt.
- ☐ Reservierung Fahrzeug; auch hier ist ein Shuttle vom Hotel bzw. dem Flughafen zum Vermieter wichtig, da es bei den Entfernungen zu hohen Taxi-Rechnungen kommen kann.
- ☐ Reiserücktrittsversicherung und Auslandskrankenversicherung abschließen
- ☐ Richtlinien für Gepäck und Handgepäck der befördernden Airline recherchieren
- ☐ Bei Mitnahme eines Haustieres die entsprechenden Bestimmungen der Fluggesellschaft und der Einreise checken
- ☐ Zweite Kreditkarte zur Sicherheit beantragen
- ☐ Fahrten zum und vom Flughafen im Heimatland organisieren
- ☐ Betreuungsunterkunft für Haustiere suchen

UNMITTELBAR VOR DER REISE

- ☐ Tageszeitung abbestellen
- ☐ Rechtzeitig US-Dollar bei der Bank ordern, die Lieferung dauert einige Werktage
- ☐ Evtl. Travellerschecks besorgen
- ☐ Regelmäßige Briefkastenleerung durch Nachbarn oder Freunde bzw. Postlagerung organisieren

- ☐ Wohnungsschlüssel bei Vertrauensperson deponieren
- ☐ Blumengießen in der Wohnung und ggf. im Garten sicherstellen, Rasenpflege
- ☐ Alle innerhalb der Reisezeit fälligen Rechnungen bezahlen
- ☐ Wertsachen und wichtige Dokumente sicher verschließen oder an Vertrauensperson geben
- ☐ Vertrauensperson/Familienangehörige über Erreichbarkeit im Urlaubsland (Handynummer, Hotels) informieren

TAG DER ABREISE

- ☐ Elektrogeräte ausschalten (Kaffeemaschine, Fernseher)
- ☐ Anrufbeantworter abschalten
- ☐ Heizung abstellen, im Winter auf Frostschutz achten
- ☐ Haustier zur Betreuung bringen
- ☐ Verderbliches aus dem Kühlschrank entfernen
- ☐ Müll entsorgen
- ☐ Wichtige Dokumente wie Flugticket, Reiseunterlagen, Pässe, Telefonnummern aller Buchungen im Urlaubsland ins Handgepäck
- ☐ Und zu guter Letzt: Fenster schließen (Keller nicht vergessen), Rollläden im Erdgeschoss herunterlassen, Haustür abschließen

KOFFERPACKEN

Kleidungsstücke

- [ ] Gut passende und robuste Outdoor-Schuhe, möglichst schon eingelaufen, alternativ Sportschuhe
- [ ] Sandalen
- [ ] Bequeme Schuhe, die auch fürs Restaurant geeignet sind
- [ ] Je nach Jahreszeit evtl. wind- und wasserdichte Goretex- oder Softshell-Jacke
- [ ] Kopfbedeckung
- [ ] Badebekleidung inklusive Badeschlappen für die Duschen auf den Campgrounds
- [ ] Socken, Strümpfe
- [ ] Unterwäsche
- [ ] Schlafanzüge
- [ ] Hosen, Jeans, Funktionskleider fürs Wandern/Radfahren/Kanufahren
- [ ] T-Shirts
- [ ] Ein Pullover oder Strickjacke/Fleece
- [ ] Sportausrüstung z.B. zum Schnorcheln je nach persönlichem Bedarf

Mit Kindern unterwegs

- [ ] Sonnenkappe
- [ ] Bekleidung (siehe oben)
- [ ] Robuste Halbschuhe; bei Kindern besonders auf gute Qualität achten
- [ ] Ggf. Windeln für die ersten Tage
- [ ] Kuscheltier
- [ ] Kuschelkissen
- [ ] Schnuller / Schmusetuch fürs Flugzeug
- [ ] Altersgerechtes Spielzeug/Musik/Hörspiele/Gerätschaften/Bücher fürs Fahren
- [ ] Kleinere Rucksäcke für die Wanderungen
- [ ] Trinkflaschen
- [ ] Eigenes Taschengeld für größere Kinder
- [ ] Schwimmtiere oder Schwimmflügel

Mit Haustier unterwegs

- [ ] Transportbox fürs Flugzeug
- [ ] Evtl. Lieblingsspielzeug für Transportbox
- [ ] Maulkorb, Halsband, Geschirr, Leine
- [ ] Impfbescheinigung oder sonstige Papiere für die Einreise
- [ ] Wenn nötig, Medizin

Medikamente

- [ ] Medikamente, die regelmäßig eingenommen werden müssen inkl. Attest
- [ ] Ggf. Pille/Verhütungsmittel
- [ ] Ggf. Mittel gegen Insektenstiche (kann auch vor Ort besorgt werden)
- [ ] Ggf. Mückenabwehrmittel (kann auch vor Ort besorgt werden)
- [ ] Kleines Erste-Hilfe-Set mit Pflastern, Wundsalbe und Verbänden; die meisten schmerzstillenden Medikamente oder solche gegen Erkältungen und grippale Infekte können Sie frei verkäuflich in allen großen Läden und Apotheken erhalten.

Sonstiges

- ☐ (Mehrere) Adapter für US-Steckdosen (vor Ort kaum zu bekommen)
- ☐ Reiseföhn (umschaltbar auf 110 V)
- ☐ Leselektüre, Spiele, Bücher
- ☐ Sonnenbrillen
- ☐ Wäscheklammern und Schnur
- ☐ Fernglas
- ☐ Fotoapparat, Digitalkamera
- ☐ GPS-Gerät
- ☐ Evtl. Notebook/Tablet inkl. Ladekabel und Stick für die Foto-Übertragung von der Kamera
- ☐ Mobiltelefon (vorher checken, ob der Vertrag für die USA registriert ist)
- ☐ Großer Rucksack
- ☐ Evtl. Wanderstöcke
- ☐ Taschenlampe (in den Wohnmobilen meist bei der Ausrüstung dabei)
- ☐ Schreibzeug
- ☐ Führerschein
- ☐ Versichertenkarte der Krankenkasse/ privaten Versicherung
- ☐ Kartenmaterial, evtl. Navigationsgerät mit entsprechender Software
- ☐ Reiseführer
- ☐ Wörterbuch
- ☐ Adresse Mietwagen-Vermieter, Voucher für Mietwagen, Hotels und sonstige bereits bezahlten Reiseleistungen
- ☐ 12-Volt-Anschlüsse für elektronische Geräte, die während der Fahrt bzw. unabhängig von Stromanschlüssen auf den Campingplätzen geladen werden müssen.

! Auf keinen Fall Lebensmittel in die Koffer packen! Die Koffer werden durchleuchtet, Lebensmittel fallen als Kohlenwasserstoffverbindungen auf und werden ggf. beschlagnahmt bzw. sorgen zumindest für unnötiges Aufheben.

ERSTEINKAUF WOHNMOBILFAHRER

- ☐ Getränke
- ☐ Wasser (auch zum Kochen)
- ☐ Obst
- ☐ Spülmittel
- ☐ Spüllappen
- ☐ Seife, Duschgel, Shampoo
- ☐ Kartoffeln, Nudeln, Reis
- ☐ Zwiebeln
- ☐ Eier
- ☐ Gewürze (Salz, Pfeffer, Paprika, Kräuter)
- ☐ Essig, Öl
- ☐ Butter, Margarine
- ☐ Wurst
- ☐ Käse
- ☐ Marmelade, Schokocreme, Honig
- ☐ Kaffee, Tee
- ☐ Milch, Milchprodukte
- ☐ Müsli, Cornflakes
- ☐ Brot, Toastbrot
- ☐ Knabbereien
- ☐ Holzkohle, Grillanzünder
- ☐ Küchentücher
- ☐ Toilettenpapier (muss abbaubar sein!)
- ☐ Chemie für Toilette im Camper
- ☐ Alufolie, Gefrierbeutel
- ☐ Plastikbehälter (3 verschiedene Größen)
- ☐ Mülltüten

Medienliste

Die nachfolgend empfohlenen Produkte bieten sich für alle Leser an, die in einzelne Themenbereiche tiefer einsteigen möchten, für die beiden Großstädte Miami und Orlando über diesen Routenreiseführer hinausgehendes Material benötigen oder sich noch intensiver auf die Reise einstimmen möchten. Alle aufgeführten Produkte sind über amazon.de erhältlich, manche sind in englischer Sprache. Die komplette Liste finden Sie auch online zum direkten Einkauf unter ≡ **www.seitnotiz.de/NPRFLO3**.

Kartenmaterial
Orlando & Central Florida – Maßstab Orlando 1:12 500, Central Florida 1:400 000, detaillierte Karte der Region, International Travel Maps, EAN 9781553416791

Miami & South Florida – Maßstab Miami 1:12 500, South Florida 1:400 000, detaillierte Karte der Region, International Travel Maps, EAN 9781553416746

Städteführer
Miami and the Keys, Lonely Planet Verlag, EAN 9781741795776

Top 10 Reiseführer Orlando, Shopping-, Restaurant- und Parktipps, Dorling Kindersley Reiseführerverlag, EAN 9783831016716

Der Park-Planer für das Walt Disney World Resort bei Orlando, Florida, spezieller Parkführer durch die Disney-Themenparks, Books on Demand, EAN 9783839141663

Wörterbücher, Sprachhilfe
Das große Oxford Wörterbuch, Standardwörterbuch, Cornelsen Schulverlag, EAN 9783068013052

Amazon Kindle
Das neue Wörterbuch Englisch-Deutsch. Jetzt mit über 310.000 Einträgen, Sprachhilfe für unterwegs, kindle edition ASIN B0076ZT2AG

Reiseberichte und –dokumentationen
Merian Florida: Miami – Unterwegs in Amerikas Latino-Hauptstadt – Abenteuertour durch die Everglades. Keys – Karibik-Feeling in Floridas Süden, Jahreszeitenverlag, EAN 9783834207012

Natur- und Tierwelt
Naturführer Meeresfauna Karibik und Florida – 469 Arten ind Wort und Bild,

Ulmer Verlag, EAN 9783800141647

Krokodile und Alligatoren. Entwicklung, Biologie und Verbreitung, Anatomie, Verhalten und Fortpflanzung der Panzerechsen, Bassermann, EAN 9783572013197

Biografien
Ernest Hemingway, Kindle Edition, ASIN B00KL21SQW

Spielfilme, Serien und Bücher
The Yearling, Handlungsort im Ocala National Forest, Kindle Edition, ASIN B01D9014F2

To have and have not – Hemingway, Handlungsort in Key West, Scribner Book Company, ASIN B005C8NDLI

Miami Vice, Polizeiserie der 80er-Jahre in Miami, Gesamtbox (30 DVDs), ASIN B0094M7V98

Mein Freund, der Delfin (Dolphin Tale), Schauplatz Clearwater, ASIN B006RF1KQK

Sag niemals nie, James Bond, Schauplatz Silver Springs, DVD, ASIN B00B7XHH3M

Diverse Tarzan-Filme, Schauplatz Silver Springs

True Lies – Wahre Lügen, Arnold Schwarzenegger, Schauplatz Seven Mile Bridge, Florida Keys, DVD, ASIN B0030FXXJ2

Lizenz zum Töten, James Bond, Schauplatz Seven Mile Bridge, Florida Keys, DVD, ASIN B008JR9BVK

Webseiten
www.visitflorida.com: Florida, allgemeine Informationen und Tipps

www.linguee.de: Linguee, Sprachhilfe mit Kontext

http://dict.leo.org: Leo, Deutsch-Englisch/ Englisch-Deutsch-Vokabular

Stichwortverzeichnis

T

U

KARTE

351

40 km/25 mi

Horseshoe Beach

Suwannee

Chiefland

Bronson

24

98

19

24

24

Cedar Key

98

Inglis

19

Crystal Riv

44

Homosassa Spri

98

19

19

589

340

Port Richey

54

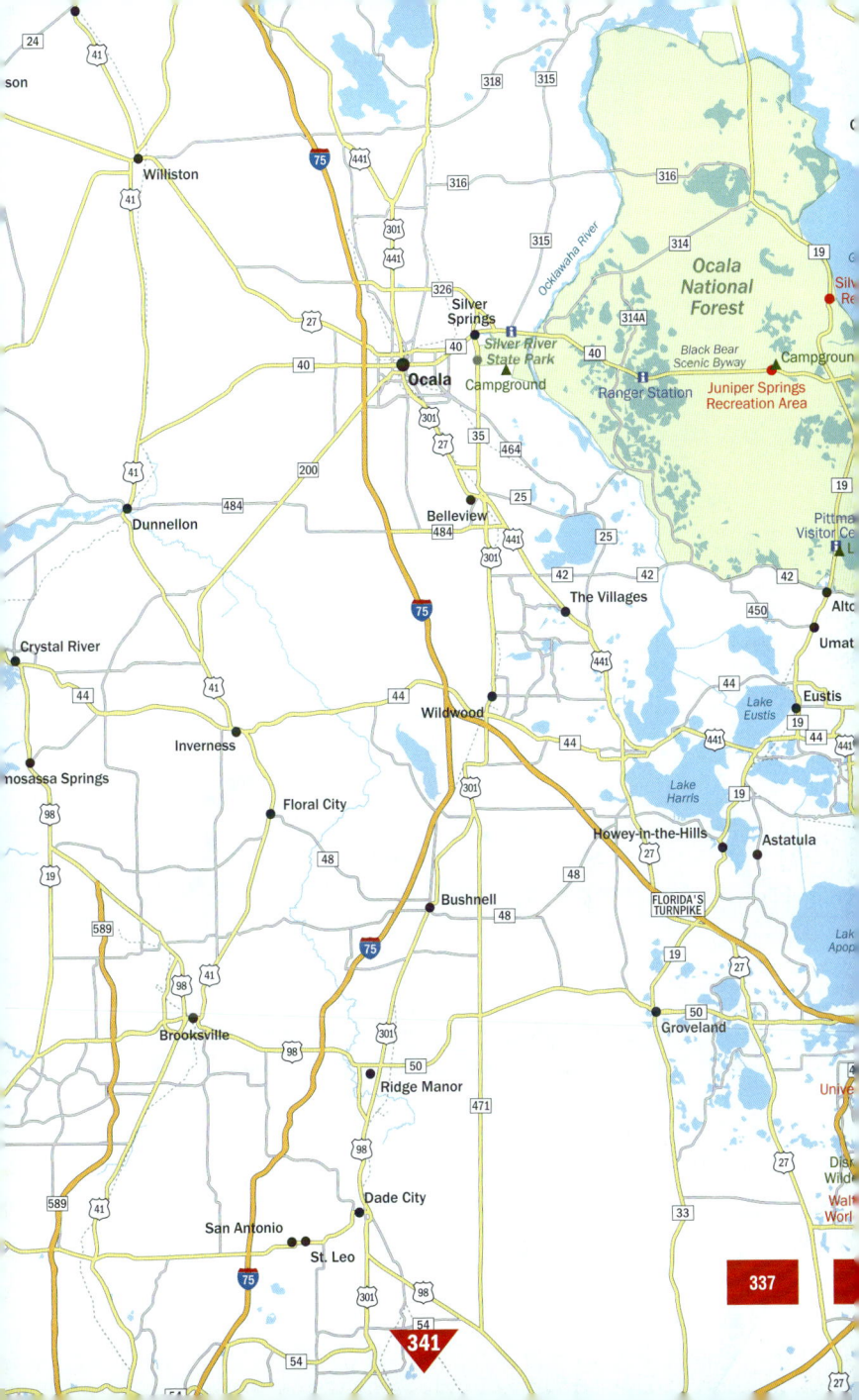

Flagler Beach

Bunnell

Crescent City

17

20

1

11

Lake George

19

Silver Glen Springs Recreation Area/ Yearling Trail

Pierson

Ormond Beach

Campground

40

Daytona Beach

I-95

Daytona Beach Shores

40

445

Astor Park

445

11

445

Alexander Springs Recreation Area Campground

19

92

I-4

Ponce Inlet

DeLand

445

Pittman Visitor Center

Lake Dorr Campground

42

42

44

450

42

Altoona

Orange City

44

Umatilla

92

17

Deltona

1

Eustis

Lake Eustis

19

44

441

Sanford

46

9

Zellwood

I-4

17

Astatula

441

46

I-95

South Apopka

417

Lockhart

441

92

Goldenrod

Titusville

Fairview Shores

17

Union Park

50

1

50

408

50

Orlo Vista

Orlando

Bithlo

50

405

Windermere

429

91

I-4

436

Conway

417

520

Universal Orlando Resort

17

92

Wet 'n Wild

528

407

Dr. Phillips

528

Orlando International Airport

528

528

Disney's Fort Wilderness CG

27

SeaWorld, Discovery Cove, Aquatica

Lake Whippoorwill KOA

520

Walt Disney World Resort

417

Gatorland

338

9

I-4

17

91

East Lake Tohopekaliga

520

27

92

Kissimmee

342

Breva

27

17

92

n Shores

let

95

usville

1

Kennedy Space
NASA Causeway Center

405

407

3

528

Jetty Park Campground

528

528

Cape Canaveral

Cocoa

Merritt
Island

A1A

520

Rockledge

1

Cocoa Beach

Indian River Lagoon

Space Coast

Brevard Zoo

404

Satellite Beach

343

40 km/25 mi

Port Richey

54

611

19

194

Honeymoon
Island

Caladesi Island
State Park

Caladesi Island

Clearwater Marine
Aquarium

Clearwater Beach

Sand Key Park

Sand Key

Dunedin RV Resort

589

Causeway
Blvd

595

586

580

580

Dunedin

611

194

Courtney Campbell
Causeway

60

St. Petersburg-Clearwater
International Airport

Clearwater

Tampa
International
Airport

580

Ben T. Davis
Beach

589

60

685

275

Old Tampa
Bay

699

19

Largo

600

Indian Shores

Suncoast Seabird Sanctuary

Redington Beach

Madeira Beach

666

699

St. Petersburg
Madeira Beach KOA

St. Petersburg

St. Pete Pier
Salvador Dalí M

Treasure
Island

682

St. Pete Beach

Long Key

Tampa
Bay

679

19

Fort de Soto North Beach

Campground

Mullet
Key

Fort de
Soto Park

275

Egmont
Key

Terra Ceia

19

41

Anna Maria

Holmes Beach

Anna
Maria
Island

789

64

Bradenton
Beach

Bradenton

901

Man
Hist

684

Coquina Beach

Longboat Key

41

789

Sarasota
Bay

Ringli

Longboat
Key

G. W

Mote Marine Laboratory & Aquarium

789

S

Lido
Key

St. Arma

Siesta
Key

758

Siesta Key
Public Beach

Turtle Beach
Campground

Ve

Cas
Be

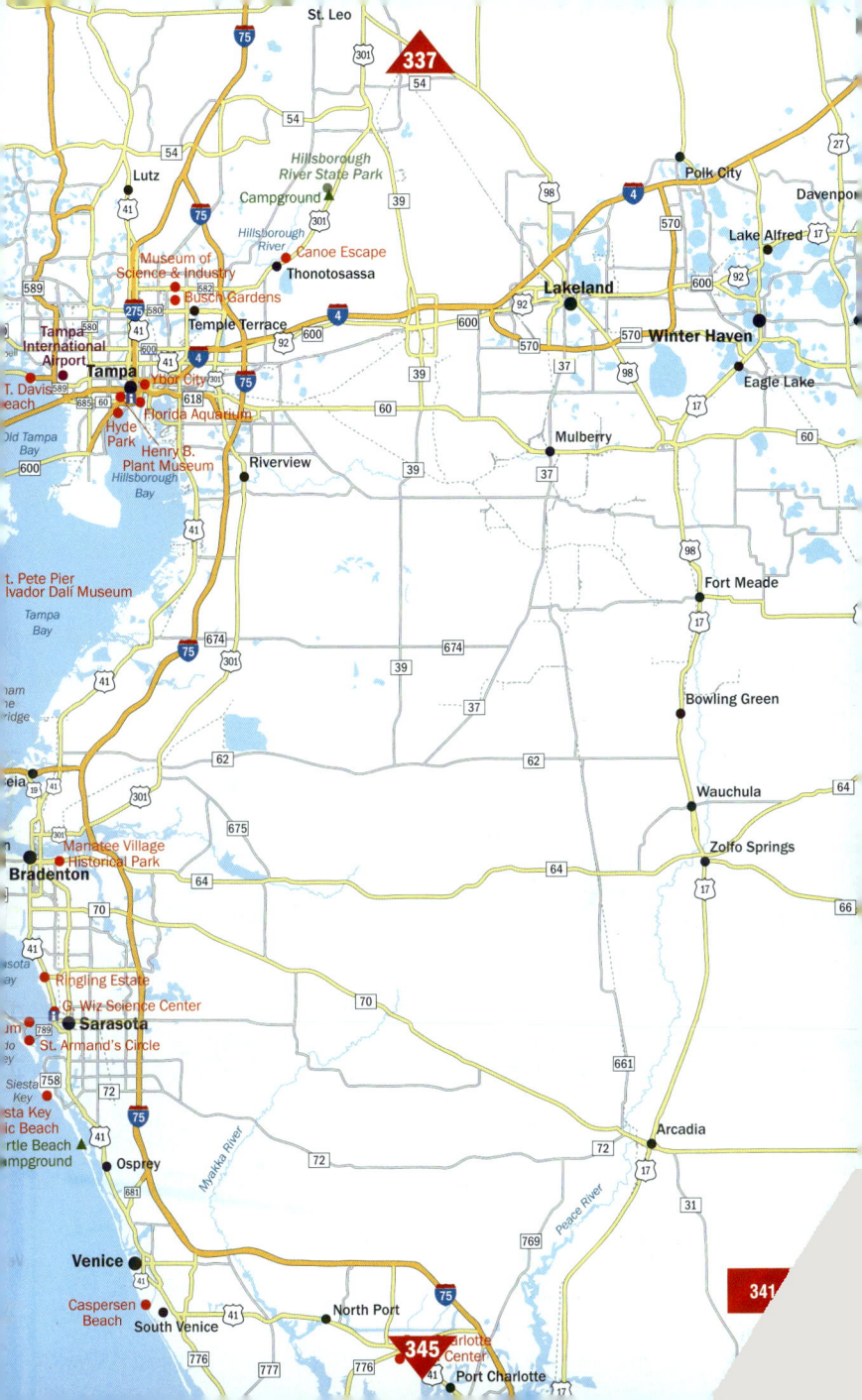

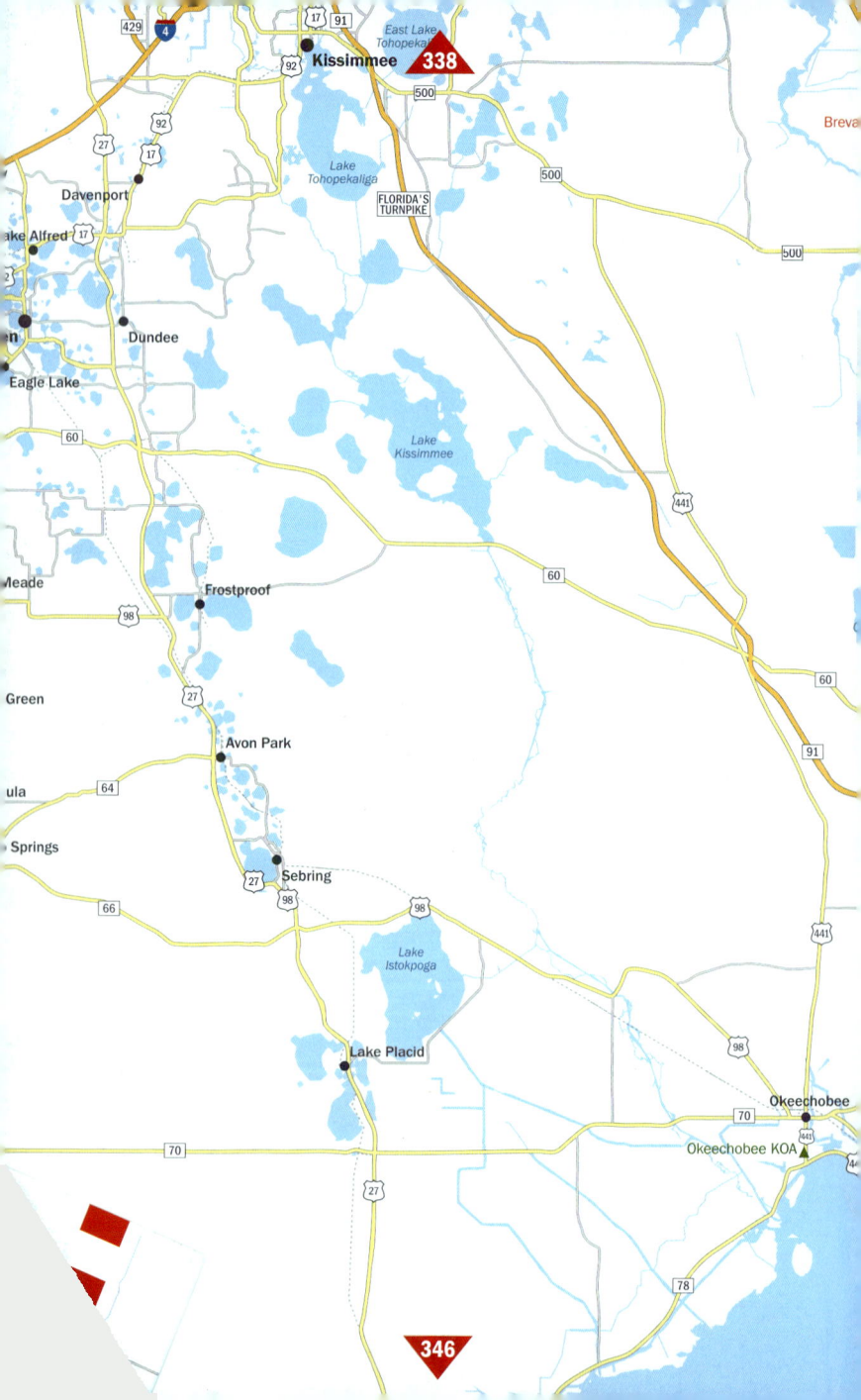

Cocoa Beach

40 km/25 mi

Brevard Zoo

404

Satellite Beach

518 Indian Harbour Beach

Melbourne
500

500 Melbourne Beach

Palm Bay

Malabar

1

95

A1A

Long Point Park Campground
Sebastian Inlet State Park
Sebastian Inlet SP Campground

Fellsmere

Sebastian

Pelican Island National
Wildlife Refuge
Wabasso Beach
Wabasso Beach Rd
Environmental Learning Center

Wabasso

Blue
Cypress
Lake

60

Paleo Discoveries

91

60

1

Vero Beach
656
McKee Botanical Garden

FLORIDA'S
TURNPIKE

A1A

Round Island Park

Avalon State Park

Pepper Beach State Recr. Area
Navy UDT-SEAL Museum
Fort Pierce Inlet State Park
Fort Pierce Inlet

95 713

Fort Pierce/Port St. Lucie KOA

68

615

Fort Pierce

441

70 Heathcote Botanical Gardens
Frederick Douglass Memorial Park

70

709

Hutchinson
Island

1

Port St. Lucie

709

716 Port St. Lucie Botanical Gardens

Okeechobee

441
KOA

441

710

98

70

714

714

A1A

Stuart Sewall's Point

91 714

714 76

609

1 A1A

726 76

708

Indiantown

711

Jonathan Dickinson
State Park CG

76

Tequesta

40 km/25 mi

Venice

Caspersen
Beach
South Venice

North Port

341
75

Port Charlotte
Town Center

Port Charlotte

Punta Gorda

74

17

Charlotte
Harbor

Placida

31

Gasparilla
Island

Boca Grande

Gasparilla Island
State Park

Four Mile Cove
Ecologic Preserve

Suncoast Estates

Pioneer Village RV Resort

80

Bokeelia

Cayo Costa
State Park

Cabbage
Key

North
Captiva
Island

Cypress Woods
RV Resort

78

Edison & Ford
Winter Est.

Fort Myers

82

Calusa Nature Center

884

82

Gateway

Captiva Beach

Captiva
Island

St. James City

Cape Coral

867

Arborwood

Pine Island
KOA

884

876

Pinebrook Lakes

Turner Beach

Lighthouse
Beach

San Carlos
RV Park

867

865

Gulf Coast Town Cent

Bowmans Beach

J.N. „Ding" Darling
National Wildlife Refuge

Key West
Express

75

Miramar Lakes

850

Estero

Koreshan State Historic S
Campground

Sanibel
Island

Fort Myers
Beach

Estero
Island

Gulfside City Park
Tarpon Bay Beach

Matanzas Pass
Preserve

865

Pelican's Nest

Periwinkle Park
& Campground

Lovers Key
State Park

Black Island

Bonita Bay

Bonita Springs

Barefoot Beach
Preserve County Park

865

Delnor-Wiggins
Pass State Park

41

846

846

Pelican Bay

31

951

Conservancy of SW
Florida Nature Center

Naples Zoo

Naples

84

Collier County Mus

951

Naples/Marco
Island KOA

41

951

92

Marco Island

345

349

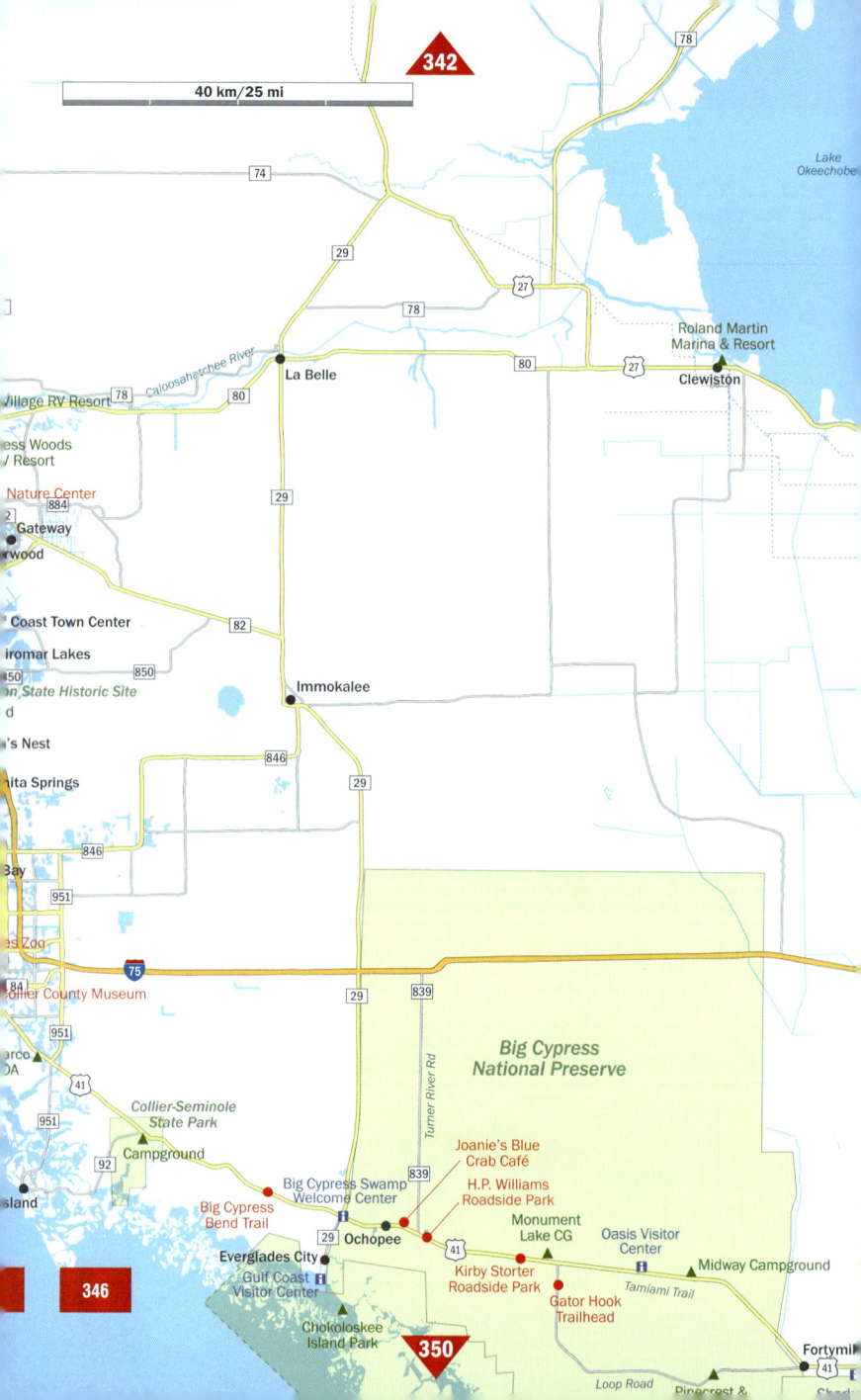

40 km/25 mi

74

29

78

27

Roland Martin
Marina & Resort

Caloosahatchee River

Village RV Resort

78

80

La Belle

80

27

Clewiston

Lake
Okeechobe

78

ess Woods
/ Resort

Nature Center

884

2

Gateway

rwood

Coast Town Center

82

iromar Lakes

350

850

n State Historic Site

d

29

's Nest

846

Immokalee

ita Springs

846

846

29

Bay

951

es Zoo

75

84

ollier County Museum

951

29

839

arco
OA

41

Collier-Seminole
State Park

951

Campground

92

Big Cypress
National Preserve

Turner River Rd

Big Cypress Swamp
Welcome Center

Joanie's Blue
Crab Café

839

sland

Big Cypress
Bend Trail

29

Ochopee

H.P. Williams
Roadside Park

41

Monument
Lake CG

Oasis Visitor
Center

Midway Campground

Everglades City

Gulf Coast
Visitor Center

Kirby Storter
Roadside Park

Gator Hook
Trailhead

Tamiami Trail

Fortymi

41

Chokoloskee
Island Park

350

Loop Road

Pinecrest &

Shea

40 km/25 mi

Dry Tortugas
National Park

Fort Jefferson
(Garden Key)

Leo's Campground

MM 1

Bl

Key We

Chica

Key

Key W

MM 0

Smathers Beach

Fort Zachary Taylor
State Park

Boyd's Key W

Ein Fahrrad, 26 Länder und jede Menge Kaffee

Markus Maria Weber
Ein Coffee to go in Togo
Ein Fahrrad, 26 Länder und jede Menge Kaffee

📖 ISBN 978-3-95889-138-8
📱 ISBN 978-3-95889-143-2

Ein wahnwitziges Reiseabenteuer zwischen Aufbruchlaune, Selbstfindung und ungewöhnlichen Begegnungen auf 14.037 Radkilometern

Eines Tages wirft der Unternehmensberater Markus Weber seine heile Welt über den Haufen und stürzt sich Hals über Kopf in ein Abenteuer.

Er setzt sich auf sein Fahrrad und fährt los – durch 26 Länder, bis nach Togo. Seine Reise führt ihn durch verlassene osteuropäische Dörfer und über zermürbende Sandpisten in Westafrika. Er fährt per Anhalter durch die Sahara, radelt durch den unerschlossenen guineischen Regenwald und schmuggelt sich in Liberia über geschlossene Grenzübergänge.

Alles, um zwei Fragen zu beantworten: Wer bin ich? Und: Gibt es eigentlich *Coffee to go* in Togo?

»Kurzweilig, ungefiltert und schonungslos ehrlich.« (Badische Zeitung)

»Eine fesselnde Lektüre und eine Liebeserklärung an Afrika.« (Café Solo)

CONBOOK
www.conbook-verlag.de

FLORIDA'S TURNPIKE

347
821
826
836
Miami International Airport
I-95
Miami
 AIA

Tamiami Trail
41
West Miami
Coral Gables
395
Miami Beach
South Beach

41
Fortymile Bend

Shark Valley Visitor Center

Coopertown Airboat Tours
997
825
913
Virginia Key
Historic Virginia Key Beach Park
Miami Seaquarium
Crandon Park
Key Biscayne

Coconut Grove
Vizcaya Museum & Garden

94
Kendall
Matheson Hammock County Park
Bill Baggs Cape Florida State Park

Chekika
Miami Zoo
Larry & Penny Thompson Park & CG
994
Fairchild Tropical Botanic Garden

Miami Everglades Resort
821

997
Biscayne Bay
Boca Chita
Sands

1
Biscayne National Park

The Boardwalk RV Resort
Homestead
N Canal Dr
Elliot Key

Pahayokee Overlook
9336
Main Park Road
Taulen
W Palm Dr
Florida City
Biscayne National Underwater Park
Adams Key

Long Pine Key Area
9336
Ernest Coe Visitor Center
Old Rhodes Key

Long Pine Key Campground
Royal Palm Area

Overseas Highway

1

Key Largo

MM 105
Campground
John Pennekamp Coral Reef State Park
Dolphin Cove
Key Largo
MM 100
Dolphins Plus/Island Dolphin Care
African Queen Canal Cruises

Florida Bay
Tavernier Key
MM 90
Tavernier

Theater of the Sea
Plantation Key

Lignumvitae Key
Islamorada
MM 80
Robbie's Pier
Upper Matecumbe Key
Indian Key

70
1
Lower Matecumbe Key
Long Key
Long Key State Park

hock
CG

40 km/25 mi